W0063534

Die Schriften des chinesischen Meisters Han Fei

Die Kunst der Staatsführung

Die Schriften des chinesischen Meisters Han Fei

Gesamtausgabe

Aus dem Altchinesischen übersetzt,
mit Vorwort und Kommentaren
von Wilmar Mögling

Originaltitel: Han Feizijishi
© Aufbau Verlagsgruppe GmbH
(Die Originalausgabe erschien 1994 im Gustav Kiepen-
heuer Verlag; Gustav Kiepenheuer ist eine Marke der
Aufbau Verlagsgruppe GmbH)
– Diese Lizenzausgabe wurde vermittelt durch die
Aufbau Media GmbH, Berlin –
Lizenzausgabe für KOMET Verlag GmbH, Köln
www.komet-verlag.de
Gesamtherstellung: KOMET Verlag GmbH, Köln
ISBN 978-3-89836-675-5

Inhalt

Vorwort

Das Buch „*Han Feizi*" wird dem altchinesischen Philosophen und Staatsmann *Han Fei,* auch *Han Feizi* – „Meister *Han Fei*" genannt, zugeschrieben. Er lebte von ca. 280 bis 253 v. Chr. und war der in den „Historischen Aufzeichnungen" des *Sima Qian* enthaltenen Biografie zufolge ein Prinz aus dem Staate *Han.* Zusammen mit *Zi Si* – dem späteren Premierminister des ersten chinesischen Kaisers *Qin Shihuang* – war er ein Schüler des Konfuzianers *Xunzi.* Es wird berichtet, dass *Han Fei* gestottert haben soll, weshalb er sicher als Redner bei den Mächtigen seiner Zeit nicht besonders gut angekommen sein mag. Dafür verstand er es vorzüglich, seine Ideen und Gedanken niederzuschreiben. Diesem Umstand verdanken wir es, dass uns heute ein Werk mit seinem Namen vorliegt, das zu den umfangreichsten sowie historisch und literarisch wertvollsten seiner Zeit zählt. Es paart in sich auf harmonische Weise historische Begebenheiten und philosophische Ideen mit literarischer Meisterschaft. In kaum einem anderen altchinesischen Werk fanden Parabeln und Metaphern eine derart treffliche Aufnahme, wurden der Nachwelt historische Fakten so meisterlich vermittelt.

Das Schicksal wollte es, dass *Han Fei* zu seinen Lebzeiten nicht die Anerkennung erfuhr, die ihm gebührte. Er fand anfangs mit seinen Ratschlägen kein Gehör beim Herrscher von *Han.* Als er schließlich doch in diplomatischer Mission nach *Qin* geschickt wurde, um die drohende Vernichtung des Staates *Han* abzuwenden, und Hoffnung hegen durfte, von einem der wenigen Männer empfangen zu werden, die schon damals von seinen Schriften begeistert gewesen sein sollen – dem Herrscher *Zheng* von *Qin,* dem späteren *Qin Shihuang,* verhinderten Intrigen ein erfolgreiches Ende. Der Neid des geistig Unterlegenen und die Angst seines ehemaligen Mitschülers *Li Si* um seinen eigenen Einfluss, die *Han Fei* als Meister der Analyse von Intrigen doch eigentlich hätte vorhersehen müssen, brachten ihn ins Gefängnis. Um ganz sicher zu gehen, soll ihm *Li Si* schließlich noch Gift geschickt haben, mit dem *Han Fei* seinem Leben dann ein Ende setzte. Die Begnadigung des *Qin*-Herrschers erreichte *Han Fei* nicht mehr. Dafür fanden *Han Feis* Ideen Verwirklichung in der Politik des *Qin Shihuang*. Sie waren ihm geistige Nahrung, um das Reich vereinen und die *Qin*-Dynastie gründen zu können. Obwohl diesem Triumph die baldige Tragödie des Untergangs der *Qin*-Herrschaft folgte, die zugleich auch die Unzulänglichkeit der Lehre des *Han Fei* offenbarte, hinterließ *Han Fei* mit seinen Ideen bleibende Spuren in der chinesischen Kultur und Geschichte. Dieses Buch, das über Jahrhunderte der Kritik der Konfuzianer ausgesetzt war, hat nichtsdestoweniger das Denken und Handeln der meisten chinesischen Herrscher beeinflusst. Zwar trugen sie die Etikette konfuzianischer Moralität öffentlich zur Schau, doch in ihrem Inneren waren ihnen die Ideen des *Han Fei* nur allzu vertraut. Dies musste wohl so sein, wenn sie in einer Welt voller Intrigen, Korruption und Machtkämpfen bestehen und eines natürlichen Todes sterben wollten. Auf diese Weise wurde *Han Feis* Werk zu einem öffentlich geächteten und zugleich heimlich geschätzten Handbuch der chinesischen Kaiser.

Das Buch „*Han Feizi*" ist das zentrale Werk einer Richtung der altchinesischen Philosophie, die später als Legismus *(fajia)* bekannt wurde. Wie die anderen Richtungen war auch der Legismus eine geistige Reaktion auf veränderte gesellschaftliche Realitäten und einen sich vollziehenden radikalen Umbruch der chinesischen Gesellschaft während der *Chunqiu*- und *Zhanguo-Zeit* (8. bis 4. Jh. v. Chr.). Alte Gesellschaftsstrukturen waren auseinandergebrochen und Machtmechanismen unwirksam geworden. Die gesellschaftliche Realität verlangte nach geistiger Bewältigung und neuen politischen Modellen. Im Gegensatz zu den anderen großen Schulen der klassischen chinesischen Philosophie (Konfuzianismus, Mohismus und Daoismus), die auf unterschiedliche Weise die alten Verhältnisse idealisierten und von der Notwendigkeit und Möglichkeit der Anpassung der Realität an diese Idealbilder ausgingen, war der Legismus der neuen Realität gegenüber positiv eingestellt. Er war selbst Resultat der veränderten politischen Praxis, die ab dem 6. Jh. v. Chr. durch die Einführung von schriftlich fixierten Strafbestimmungen geprägt war, und entwickelte sich schließlich zum geistigen Träger dieser Tendenz, indem er die Funktion der ideologisch-konzeptionellen Begründung der neuen politisch-rechtlichen Ordnung übernahm.

Han Fei war der letzte und bedeutendste Vertreter dieser geistigen Strömung. Sein Werk stellt nicht nur eine Zusammenfassung und Weiterführung der Ideen und praktischen Erfahrungen seiner legistischen Vorgänger dar, sondern ist zugleich eine Synthese des Wissens seiner Zeit. Er stützt sich dabei vor allem auf *Shen Buhais* Idee der Staatskunst *(shu)*, *Shen Daos* Lehre der Macht *(shi)* und *Shang Yangs* Politik des Gesetzes *(fa)* – die drei Eckpfeiler der legistischen Gesellschaftskonzeption. Darüber hinaus greift er aber auch auf Gedanken und Ideen der anderen Schulen der klassischen chinesischen Philosophie zurück und interpretiert sie auf seine „legistische" Weise. So gelingt es ihm, die ursprünglich politisch-pragmatische legistische Lehre zu einer Gesellschaftskonzeption weiterzuentwickeln.

In Anbetracht der Wirren, der endlosen Kriege zwischen den „streitenden Reichen" der *Zhanguo-Zeit,* der Misswirtschaft und Korruption der bürokratischen Herrschaftselite und vieler anderer brennender Fragen sucht *Han Fei,* wie auch die anderen altchinesischen Philosophen, nach einem Ausweg aus dem Chaos. Im Resultat ent-

11

steht das Modell eines bürokratischen Staatstyps, das sich später in etwas abgewandelter Form verwirklichen und jahrhundertelang von Bestand sein sollte. Man kann *Han Fei* in diesem Sinne ohne Übertreibung zu den geistigen Vätern des chinesischen Kaiserreiches zählen. Sein Werk ist in vielen Fällen eine geistige Antizipation der späteren politischen Realität.

Die Herausforderung der Zeit und entsprechend auch das Anliegen des *Han Fei* bestanden darin, Ordnung zu schaffen. Den Ausgang von Ordnung sieht *Han Fei* als Vertreter der legistischen Schule im Gesetz *(fa)*. Das Gesetz ist die Nabe, um die sich alles dreht. Um das Gesetz philosophisch zu begründen und zu legitimieren, versucht er, seinen Ursprung aus der Natur heraus zu erklären. Dies gelingt ihm, indem er das daoistische *dao* aufgreift und diese allgemeine Gesetzmäßigkeit der Natur auf die Gesellschaft überträgt. Die diesbezüglich bedeutsamen Kapitel 20 und 21 (die ersten Kommentare zum *Daodejing*) sowie 5 und 8 sind neben den Kapiteln 29 und 49 die philosophisch wichtigsten und aussagekräftigsten Schriften des *Han Fei*. So wie das *dao* in der Natur, soll das Gesetz in der Gesellschaft mit der Notwendigkeit eines Naturgesetzes wirken. Das Gesetz *(fa)* wird zum *dao* in der Gesellschaft, von *Han Fei* erklärt als der Weg bzw. die Methode des rechten Regierens.

Han Fei verleiht dem Gesetz in der Gesellschaft den imperativen Charakter einer Naturgewalt. Dies stellt ihn vor ein neues Problem, steht doch die Dimension der Zeitlosigkeit des allgemeinen Naturgesetzes *(dao)* im Widerspruch zu der Tatsache, dass es sich bei dem Gesetz *(fa)* um eine politisch-rechtliche Innovation handelt. Das Gesetz löst die alten Ordnungsmechanismen in Gestalt der gewohnheitsrechtlich-moralischen Ritualnormen *(li)* ab und steht somit für gesellschaftlichen Wandel und historischen Fortschritt. Dieser geistige Widerspruch von Zeitlosigkeit und Innovation führt *Han Fei* zu der für seine Zeit bemerkenswerten Erkenntnis von Kontinuität und Wandel in der historischen Entwicklung, wie sie uns im Kapitel 49 in seiner Evolutionstheorie entgegentritt.

Die Ursache gesellschaftlicher Wandlungen erklärt *Han Fei* mit der demografischen Entwicklung und dem sich zwangsläufig aus ihr ergebenden Widerspruch zwischen der Bevölkerungszahl und den zur Verfügung stehenden materiellen Mitteln, dem Widerspruch zwischen den Lebensbedingungen und den Bedürfnissen der Menschen. Dieser Widerspruch, so meint *Han Fei,* führt zu einer Entfaltung des von Natur aus egoistischen Charakters der Menschen. Während er die Ursache für gesellschaftliche Entwicklung noch in den objektiv gegebenen Existenzbedingungen sieht, sucht er das entscheidende Kriterium, die Triebkraft der Entwicklung in der Gesellschaft selbst, im Verhalten der Menschen. Es geht ihm um die Bestimmung menschlicher Verhaltensweisen und die Möglichkeit ihrer Beeinflussung, d. h. in erster Linie um das subjektive Moment im menschlichen Handeln.

Fa wirkt aus der Sicht des *Han Fei* mit der Notwendigkeit eines Naturgesetzes. Und doch unterscheidet es sich von Letzterem, denn es ist das Resultat menschlichen Handelns, und dies in doppelter Hinsicht. Zum einen ist es eine Reaktion auf das Handeln der Menschen, indem es Gesetzestreue honoriert und Verstöße erbarmungslos ahndet. Andererseits wird es vom Herrscher – der alleinigen legislativen Kraft in *Han Feis* Verständnis – zum Zwecke der Schaffung bzw. Erhaltung von Ordnung erlassen. Ordnung und damit auch Gesetz und Macht sind nichts Übernatürlich-Göttliches, sondern Produkt menschlichen Handelns, verkörpert in der Person des Herrschers, der sich auf diese Weise vom Rest der Gesellschaft abhebt. Er ist der Eine, der über allen thront. Er ist die Quelle und zugleich oberstes Ziel von Ordnung. Der Staat ist das ausführende

Organ und das Gesetz das Mittel, um diese totale Ausrichtung der Gesellschaft auf den Herrscher zu gewährleisten. Um in diesem Sinn wirksam werden zu können, muss das Gesetz folgende Eigenschaften aufweisen: Universalität, Stetigkeit, Eindeutigkeit, Klarheit und Glaubwürdigkeit. Nur wenn es alle diese Merkmale in sich vereint, bringt seine Anwendung den gewünschten Erfolg. Praktisch wird das Gesetz wirksam, indem ihm gemäß Belohnungen für Verdienste bei der Einhaltung und Durchsetzung der Gesetze bzw. der in ihnen verankerten Ordnung und Strafen für ihre Missachtung und Verletzung festgelegt und angewandt werden. Durch Belohnung und Strafe wirkt das Gesetz verhaltensbestimmend-stimulierend und gesellschaftsordnend-verbietend. Dies ist möglich, weil das Verhalten der Menschen durch Wünsche und Abneigungen geprägt ist, sie nach Meinung des *Han Fei* ihrem von Natur aus egoistischen Wesen entspringende Gefühle besitzen, die es in diesem Sinne gezielt zu nutzen gilt. Das Erwünschte wird zum Gegenstand von Belohnungen und das Verabscheute zum Inhalt der Strafe gemacht.

Das Gesetz ist im legistischen Sinn vor allem eine schriftlich fixierte Normierung von Strafen und Belohnungen und soll dazu dienen, das Handeln jedes einzelnen Menschen sowie das Funktionieren der Staatsmaschinerie so zu beeinflussen und zu lenken, dass die Interessen des Herrschers, die als die öffentlichen Interessen der Gesellschaft dargestellt werden, gewahrt sind. Deshalb besteht letztlich das Anliegen von Strafen und Belohnungen auch nicht darin, eine bestimmte Tat – sei sie nun gut oder böse – entsprechend zu vergelten. Das eigentliche Ziel der Strafe ist nicht die Bestrafung eines bestimmten Bösewichts für sein Vergehen, sondern die abschreckende Wirkung, die Prävention von Verstößen gegen die Ordnung. Auf die gleiche Weise geht es bei einer Auszeichnung nicht um die konkrete gute Tat, sondern um die Vorbildwirkung und Sti-

mulierung von im Sinne des Gesetzes positiven Verhaltensweisen. Und da dies aus der Sicht des *Han Fei* umso wirkungsvoller erreicht werden kann, je härter die Strafen und
je höher die Belohnungen sind, fordert er, sie in ihrer ex-
tremsten Form zur Anwendung zu bringen. Auf diese
Weise, so schlussfolgert er, wird es irgendwann einmal –
in einer zukünftigen Idealwelt – keine Strafen mehr geben,
weil es niemand mehr wagt, gegen die Ordnung zu verstoßen. Ordnung wird also als Resultat repressiver Gewalt
verstanden, die sich von selbst aufhebt, wenn sie nur lange
und hart genug ausgeübt wird.

Han Fei war Realist genug zu erkennen und hatte aus
den Erfahrungen seiner Vorgänger gelernt, dass Ordnung
mit dem Gesetz allein nicht zu verwirklichen war. Das Gesetz ist nur das Mittel, das es durchzusetzen gilt. Dazu
braucht man jedoch Macht. Erst die Macht *(shi)*, die aus
der gesellschaftlichen Stellung erwachsende Autorität und
der Einfluss ermöglichen es dem Herrscher, sein Ziel zu
verwirklichen. Macht ist aber sowohl Voraussetzung als
auch Resultat der Durchsetzung der im Gesetz verankerten Ordnung. Einerseits kann nur der, der die Macht besitzt, Gesetze erlassen und deren Einhaltung erzwingen.
Andererseits schafft die Anwendung der Gesetze Macht
und Autorität, und deshalb darf der Herrscher die zwei
Handhaben der Machtausübung – Strafen und Belohnungen – nicht aus seinen Händen geben. *Han Fei* erkennt,
dass die Macht nicht im Resultat übernatürlicher Einflüsse
entsteht, sondern das Produkt menschlichen Handelns ist.
Der Herrscher erwirbt sie durch seine Tätigkeit und muss
sie ständig verteidigen, denn er braucht sie zur Durchsetzung der Gesetze. Macht und Gesetz bedingen einander.

So wichtig Macht und Gesetz aber auch sein mögen,
ohne ein drittes Element – die Staatskunst – bleiben sie wirkungslos. Schließlich ist der Herrscher allein nicht in der
Lage, seine Herrschaft praktisch umzusetzen. Er braucht

ein exekutives Organ, dass seinen in Gesetzen verankerten Willen in der Gesellschaft durchsetzt – den Staat. Mit den radikalen Veränderungen in der Gesellschaft, die sich zwischen dem 8. und 4. Jh. v. Chr. vollzogen, war auch eine Neuorganisation des Staates einhergegangen. Die alte Beamtenaristokratie, durch patriarchalische Beziehungen in den Staat eingebunden und dem Herrscher verpflichtet, war ersetzt worden durch eine Beamtenbürokratie. Nicht mehr Geburt und Erbfolge, sondern Können und Leistung waren Zugangsvoraussetzung zu den Beamtenposten. Der Staat wurde zu einem bürokratischen Apparat, den es auf neue Weise zu organisieren, zu leiten und zu kontrollieren galt. Zu diesem Zweck braucht der Herrscher die Staatskunst, eine Art Herrschaftstechnik, die von *Han Fei* verstanden wird als praktische Methode oder auch Strategie und Taktik der Führung eines bürokratischen Staatsapparates. In ihr besitzt der Herrscher das Macht- und Kontrollmittel gegenüber der Bürokratie, auf die er bei der Verwirklichung seiner Herrschaft angewiesen ist, die aber zugleich durch ihre Partizipation an der Macht für ihn die größte Gefahr darstellt. Nicht zuletzt deshalb bringt *Han Fei* unzählige historische Beispiele erfolgloser, entmachteter, betrogener oder ermordeter Herrscher, die das Opfer intriganter, treuloser, hinterhältiger und machthungriger Untertanen geworden sind.

Die Staatskunst *(shu)* steht für die Gesamtheit der Techniken und Methoden der Machtausübung, die sich der Herrscher zu eigen machen muss. Sie sind ein zentrales Thema, das sich durch das gesamte Werk zieht, illustriert und belegt durch positive und vor allem negative historische Begebenheiten. So bieten die Kapitel 30 und 31 zum Beispiel eine recht umfangreiche und detaillierte Darstellung verschiedener Geheimnisse der Macht. Eine der wichtigsten Herrschaftstechniken ist das „Nichthandeln" *(wu wei)*. *Han Fei* übernimmt diesen ursprünglich daoistischen

16

Begriff, wie auch das *dao,* und interpretiert ihn um. Der Herrscher darf im legistischen Sinne nur als Schöpfer der Gesetze aktiv auftreten. Bei der Anwendung der Gesetze muss er sich nicht handelnd zurückhalten. Die praktische Politik ist Aufgabe der Bürokratie. Auf diese Weise steht der Herrscher über der Gesellschaft. Greift er hingegen selbst aktiv ein in die Politik, offenbart er seine Wünsche und Abneigungen, kann Fehler machen, wird berechenbar und verliert seinen Status der Unantastbarkeit. Deshalb ist das Nichthandeln für ihn so wichtig. Es ist für den Herrscher die einzige Möglichkeit, sich vor den Übergriffen der Beamten zu schützen.

Bei aller Vorsicht, die der Herrscher insbesondere gegenüber den hohen Beamten walten lassen muss, ist es doch unumgänglich, den Beamten zur Erfüllung ihrer Amtsaufgaben gewisse Machtbefugnisse einzuräumen. Um hierbei die Möglichkeit einer Machtanmaßung und -konzentration zu verhindern, will *Han Fei* die Kompetenzen und Ressorts der einzelnen Beamten genau festlegen. Auf diese Weise hat jeder eine konkrete Aufgabe, ist kontrollierbar und kann für seine Tätigkeit jederzeit zur Verantwortung gezogen werden. Da aber der Herrscher selbst nicht alle Beamten kontrollieren kann, empfiehlt *Han Fei* den Aufbau eines Kontrollsystems, in dem sich die Beamten gegenseitig überwachen.

Han Fei wendet sich mit seinen Schriften an den Herrscher. Er entwirft eine ars politica, die eine absolute Machtkonzentration in der Person eines despotischen Herrschers anstrebt und zugleich aufzeigt, wie diese zu erreichen ist. Letztlich liegt aber dahinter eine Vision verborgen, das Bild einer perfekten, intakten und geordneten Gesellschaft. Sie zu verwirklichen – das war nicht nur Anliegen des *Han Fei,* sondern auch ein objektives Bedürfnis in einer Gesellschaft, die über Jahrhunderte von Kriegen heimgesucht und von Machtkämpfen zerrüttet wurde. Für *Han Fei* war die Despotie der einzig gangbare Weg zu diesem Ziel. Sie sollte nur Mittel sein, war aber mehr als das. So nimmt es nicht Wunder, dass dieses Bild einer perfekten Herrschaft immer wieder die chinesischen Kaiser in ihren Bann gezogen hat.

Der Übersetzung liegt der altchinesische Originaltext zugrunde, der auf eine Ausgabe aus der *Song*-Zeit (10. bis 13. Jh.) zurückgeht. Die in der Bibliografie erwähnten Übersetzungen wurden zum Vergleich herangezogen. Obwohl die Autorenschaft des *Han Fei* bis heute nicht eindeutig nachgewiesen ist, kann man davon ausgehen, dass es sich um einen weitestgehend authentischen Text handelt. Das heute vorliegende Werk, das den Namen des Meisters *Han Fei* trägt, besteht aus 55 Kapiteln, die in 20 Büchern *(juan* = Schriftrollen) zusammengefasst sind. Das entspricht exakt der im *„Han shu"*, einem Geschichtswerk aus dem 1. Jh. n. Chr., genannten Kapitelzahl. In den *„Historischen Aufzeichnungen"* des *Sima Qian* (ca. 145–86 v. Chr.) ist *Han Fei* explizit als Autor von elf Schriften (Kap. 11, 12, 22, 23, 30–35 und 49) genannt, die zusammen etwa einen Umfang von 40 000 Schriftzeichen haben. Die Schriften „Klage eines Einzelnen" und „Fünf Schädlinge" sollen in die Hände des Herrschers von *Qin* gelangt sein und ihn äußerst beeindruckt haben. Weiterhin erfahren wir von *Sima Qian,* dass das Buch *„Han Feizi"* mehr als 100 000 Zeichen enthält und sich somit nicht auf die genannten Schriften beschränkt haben kann. Die Zahl entspricht vielmehr fast genau dem heutigen Umfang des Buches von etwa 108 000 Zeichen. Es ist folglich anzunehmen, dass das Buch *„Han Feizi"* spätestens im zweiten vorchristlichen Jahrhundert im heute vorliegenden Umfang existiert haben muss.

Des Weiteren besteht heute Einigkeit darüber, dass ein Teil der Schriften mit Sicherheit aus der Feder des *Han Fei* stammt. Einzelne Kapitel wurden wahrscheinlich von seinen Anhängern und Schülern verfasst. Interpolationen nichtlegistischen Materials oder später vorgenommene Änderungen des Textes können natürlich nicht ganz ausgeschlossen werden. Es muss jedoch berücksichtigt werden, dass *Han Fei* selbst gezielt Ideen und Gedanken nichtlegistischen Ursprungs benutzt und verarbeitet hat. Alles in allem lässt der relativ einheitliche Stil den Schluss zu, dass der Text authentisch ist, die Anschauungen des *Han Fei* widerspiegelt und gleichzeitig das legistische Gedankengut jener Zeit allgemein repräsentiert.

ERSTES BUCH

1. Kapitel

Das erste Treffen mit dem Herrscher von Qin

Ich habe gehört: Wer redet, ohne zu wissen, ist nicht weise; wer nicht redet, obwohl er etwas weiß, ist unloyal. Ein unloyaler Untertan muss ebenso sterben, wie jemand, dessen Worte nicht zutreffen. Dennoch will ich alles sagen, was ich gehört habe. Möge der mächtige Herrscher über meine Schuld entscheiden. Weiter kam mir zu Gehör: Im Reich unter dem Himmel haben sich *Yan* im Norden und *Wei* im Süden mit *Jing* zusammengeschlossen, sich der Unterstützung von *Qi* versichert, *Han* auf ihre Seite geholt und so die Nord-Süd-Union gebildet, die sich gen Westen orientiert und das starke *Qin* in Bedrängnis bringen will, worüber ich insgeheim lachen muss. Das sage ich deshalb, weil es heute drei Formen des Untergangs gibt, und alle drei sind sie in den Staaten vorhanden.

Ich kann dazu nur Folgendes sagen: Wenn ein in Wirren geratener Staat einen wohlgeordneten überfällt, ist er genauso zum Untergang verdammt, wie ein von Verrätern geführter Staat, der über einen korrekt geleiteten herfällt, und ein gegen die Gesetzmäßigkeiten handelnder, der einen der Natur folgenden Staat attackiert. Nun sind die Schatzkammern und Speicher der Staaten leer. Man könnte das ganze Volk mobilisieren, um die Armee um Hunderttausende zu vergrößern, und es würden sich wohl auch genügend Männer bereit finden, den Kopf zu neigen, um das Federrangabzeichen in Empfang zu nehmen und sich als

General in vorderster Front dem Tod zu stellen. Alle sind mit Worten bereit zu sterben, doch wenn blanke Klingen vor ihnen und Streitäxte hinter ihnen aufblitzen, nehmen sie Reißaus und fliehen vor dem Tod. Es ist nicht so, dass sie nicht bis zum Tod kämpfen könnten. Es liegt am Herrscher, der es nicht vermag, das Volk dazu zu bringen. Versprochene Belohnungen werden nicht vergeben und verhängte Strafen nicht vollstreckt. Belohnungen und Strafen sind nicht glaubhaft, und darum geht das Volk nicht in den Tod.

Nicht so in *Qin*. Dort erlässt man Anordnungen und Befehle, verteilt entsprechende Belohnungen und Strafen und alle tun unabhängig von ihren bisherigen Verdiensten ihre Pflicht. Sie haben noch nie einen lebenden Feind zu Gesicht bekommen, nachdem sie dem Schoß ihrer Eltern entwachsen sind, doch wenn sie die Kunde vom Krieg erreicht, stampfen sie vor Zorn mit den Füßen, werfen sich ohne Rüstung den blanken Klingen entgegen, gehen über glühende Kohlen und entscheiden sich für den Tod in vorderster Front. Es ist wahrlich nicht dasselbe, sich für den Tod anstatt für das Leben zu entscheiden, und wenn das Volk von *Qin* dies tut, so deshalb, weil man ihre Entscheidung für den Tod hoch achtet. Ein todesmutiger Mann hält zehn Gegnern stand, zehn widerstehen einhundert, einhundert nehmen es mit eintausend auf, eintausend halten zehntausend auf und zehntausend sind in der Lage, das Reich zu unterwerfen. *Qin* verfügt heute über ein Territorium von einigen Tausend *li* im Quadrat und eine ruhmreiche Armee aus einigen Hunderttausend Soldaten. In seinen auf Befehlen und Anordnungen beruhenden Belohnungen und Strafen sowie seinen territorialen Gegebenheiten ist *Qin* allen Staaten im Reich überlegen. Stellt man *Qin* diesbezüglich dem Reich gegenüber, so kommen ihm die anderen Staaten nicht einmal als Verbund gleich. Deshalb war *Qin* in

Schlachten immer siegreich, eroberte in Feldzügen stets neue Ländereien, vernichtete alle, die sich ihm widersetzten und weitete sein Territorium auf mehrere Tausend *li* aus. Dergestalt war die große Leistung des Staates *Qin*. Wenn jedoch heutzutage die Armee schwach ist, das Volk kränkelt, die Vorräte erschöpft sind, die Felder brach liegen, die Speicher leer sind, die Nachbarfürsten sich nicht unterwerfen und der Herrscher nicht zum Hegemon geworden ist, so liegt das einzig und allein an der ungenügenden Loyalität der Berater des Herrschers.

Der ergebene Diener erlaubt sich Folgendes zu sagen: In früheren Zeiten zerschlug der Staat *Qi* im Süden *Jing* und im Osten *Song*, unterwarf im Westen *Qin*, besiegte im Norden *Yan* und machte sich im Zentrum *Han* und *Wei* gefügig. Sein Territorium war groß und seine Armee mächtig. *Qi* war siegreich in Schlachten, erfolgreich in Attacken und hatte die Befehlsgewalt über das Reich unter dem Himmel. Der klare *Ji*-Fluss und der trübe gelbe Fluss bildeten seine natürlichen Grenzen und lange Mauern und gewaltige Deiche dienten ihm als Befestigung. In fünf Kriegen war *Qi* erfolgreich, doch eine verlorene Schlacht brachte seinen Untergang. Daraus ist ersichtlich, dass das Wohl und Wehe eines großen Staates wirklich durch Kriege bestimmt wird. Es heißt auch: Wer einen Baum fällt, darf die Wurzel nicht zurücklassen. Dulde kein Unheil an deiner Seite, dann kann auch kein Unheil bestehen.

Qin führte Krieg mit *Jing* und brachte ihm eine große Niederlage bei. Die Stadt *Ying* wurde eingenommen und *Dongting*, *Wuzhu* und *Jiangnan* wurden erobert, sodass der Herrscher von *Jing* mit seinem Hofstaat die Flucht ergriff und sich im Osten dem Staat *Chen* unterwarf. Hätte *Qin* zu dieser Zeit mit seiner Armee die Verfolgung aufgenommen, hätte *Jing* erobert werden können, und sein

Volk wäre brauchbar und sein Territorium von Nutzen für *Qin* gewesen. Man hätte auf diese Weise im Osten *Qi* und *Yan* schwächen und im Zentrum die drei Teilstaaten des ehemaligen *Jin* unterwerfen können. Auf einen Schlag wäre dem Herrscher der ehrwürdige Status eines Hegemonen zuteil geworden und die Fürsten wären von überall her zu Audienzen an seinem Hof erschienen. Doch seine Berater handelten nicht so, sondern veranlassten im Gegenteil den Rückzug der Truppen und schlossen Frieden mit *Jing*. So hatte *Jing* die Möglichkeit, den Staat vor dem Ruin zu retten, sein zerstreutes Volk zu sammeln, seine Herrschaft über den Altar des Erdbodens und der Feldfrüchte wiederzuerlangen und seinen fürstlichen Ahnentempel wieder zu errichten. Man ließ es zu, dass *Jing* zum Führer der Staaten emporstieg, sich gen Westen richten und *Qin* in Schwierigkeiten versetzen konnte. Dies war zweifellos das erste Mal, dass *Qin* den Weg zur Vorherrschaft verfehlte.

Später verbündeten sich die Staaten erneut und zogen ihre Armeen in der Gegend von *Huaxia* zusammen. Der große Herrscher von *Qin* befahl, sie zu zerschlagen, und seine Truppen gelangten bis an die Tore von *Liang*. Nach mehrwöchiger Belagerung hätte man *Liang* einnehmen können, und danach wären auch *Wei* gefallen und die Kontakte zwischen *Jing* und *Zhao* lahmgelegt worden. Das wiederum hätte *Zhao* in Gefahr und *Jing* in Verlegenheit gebracht. Man hätte im Osten *Qi* und *Yan* schwächen und im Zentrum die drei Teilstaaten von *Jin* unterwerfen können. Auf einen Schlag wäre dem Herrscher der ehrwürdige Status eines Hegemonen zuteil geworden, und die Fürsten wären von überallher zu Audienzen an seinem Hof erschienen. Doch seine Berater handelten nicht so, sondern veranlassten im Gegenteil den Rückzug der Truppen und schlossen Frieden mit den *Wei*. So hatte der *Wei*-Clan die Möglichkeit, den Staat vor dem Ruin zu retten, sein zerstreutes Volk zu sammeln, seine Herrschaft über den Altar des Erdbodens und der Feldfrüchte wiederzuerlangen und seinen fürstlichen Ahnentempel wieder zu errichten. Man ließ es zu, dass *Wei* zum Führer der Staaten emporsteigen, sich gen Westen richten und *Qin* in Schwierigkeiten bringen konnte. Dies war zweifellos das zweite Mal, dass *Qin* den Weg zur Vorherrschaft verfehlte.

Als einst Marquis *Xiang* in *Qin* regierte, versuchte er, mit der Armee eines Staates Erfolge für zwei Staaten zu erringen. Im Ergebnis standen die Soldaten von *Qin* ihr Leben lang im Feld, die Zivilisten litten in der Heimat, und der ehrwürdige Status des Hegemonen blieb unerreicht. Dies war zweifellos das dritte Mal, dass *Qin* den Weg zur Vorherrschaft verfehlte.

Zhao ist ein zentral gelegener, von verschiedenen Volksgruppen bewohnter Staat. Die Leute dort sind leichtfertig und schwer zu regieren. Die Befehle und Erlasse sind unwirksam, die Belohnungen und Strafen unglaubwürdig und die geografischen Bedingungen ungünstig. Den Herrschenden gelingt es nicht, das Volk zur Verausgabung seiner Kräfte zu bringen. Das alles sind Anzeichen eines untergehenden Staates, doch ohne sich um das Wohl und Wehe des Volkes zu kümmern, mobilisierte *Zhao* sein gesamtes Volk bei *Changping* zum Kampf um das Gebiet von *Shangdang* im Staate *Han*. Der mächtige Herrscher von *Qin* befahl, sie zu vernichten und *Wuan* zu erobern. Zu jener Zeit standen sich im Staate *Zhao* die Herrschenden und die Untertanen einander nicht nahe, und die Edlen und das gemeine Volk vertrauten einander nicht, sodass seine Hauptstadt *Handan* nicht zu halten gewesen wäre. Hätte *Qin* die Stadt *Handan* eingenommen, die Gebiete von *Shandong* und *Hejian* besetzt und die Armee in Marsch gesetzt, um im Westen *Xiuwu* anzugreifen, *Yangchang* zu

durchqueren und *Dai* und *Shangdang* zu unterwerfen, so
wären die 36 Kreise von *Dai* und die 17 Kreise von *Shangdang* in den Besitz von *Qin* übergegangen, ohne dass ein
Soldat hätte in den Kampf ziehen oder ein Untertan hätte
leiden müssen. *Dai* und *Shangdang* wären letztlich kampflos an *Qin* gefallen, während *Dongyang* und *Hewai* ihrerseits auch kampflos an *Qi* und die Gebiete nördlich von
Zhongshan und *Hutuo* kampflos an *Yan* gegangen wären.
Auf diese Weise hätte man *Zhao* ausgehoben, was wiederum zum Untergang von *Han* geführt und damit *Jing*
und *Wei* die Unabhängigkeit gekostet hätte. Auf einen
Schlag hätte man *Han* vernichten, *Wei* schaden und *Jing*
bedrängen, im Osten *Qi* und *Yan* schwächen und mit der
Überflutung der Furt des weißen Pferdes den *Wei*-Clan
ausmerzen können. Es wäre *Qin* auf einen Schlag gelun-
gen, die drei Teilstaaten von *Jin* zu vernichten und der
Nord-Süd-Union eine Niederlage zuzufügen. Der mächtige
Qin-Herrscher hätte die Hände in den Schoß legen und
darauf warten können, dass ihm die Staaten im Reich alle-
samt folgen und sich unterwerfen und er den ruhmvollen
Namen eines Hegemonen erhält. Doch seine Berater handelten nicht so, sondern veranlassten im Gegenteil den
Rückzug der Truppen und schlossen Frieden mit den
Zhao. Es lag einzig an der Unfähigkeit der Berater, dass es
trotz der Weisheit des mächtigen Herrschers und der
Stärke der *Qin*-Armee nicht gelang, die Vorherrschaft zu
erringen und einen Meter Land zu gewinnen.

Zum ersten Mal kamen im Reich Zweifel an den Beratern
von *Qin* auf, als das zum Untergang verdammte *Zhao*
nicht zugrunde ging und das zur Vorherrschaft bestimmte
Qin sein Ziel nicht erreichte. Später zweifelte man im
Reich an der Kraft von *Qin*, als zum wiederholten Male
die gesamte Armee die Stadt *Handan* attackierte und sie
dennoch nicht einnehmen konnte, woraufhin die Soldaten

die Waffen wegwarfen und vor Angst zitternd vom Schlachtfeld flohen. Und ein drittes Mal hegte man im Reich Zweifel an der Stärke von *Qin,* als sich die Truppen zurückzogen und bei *Lixia* sammelten, vom Herrscher neu formiert und wieder in den Kampf geschickt wurden, doch auch dieses Mal der Feind nicht besiegt werden konnte und die Armee sich aus der Schlacht zurückzog. Im Lande vertraute man nicht auf Eure Berater, und in der Fremde widerstand man Eurer Armee. Deshalb meint Euer ergebener Diener, dass die Nord-Süd-Union der Staaten nicht in Bedrängnis zu bringen war. Die Armee von *Qin* war zerrüttet, das Volk litt, die Vorräte waren erschöpft, die Felder lagen brach und die Kornspeicher standen leer, während die anderen Staaten in einem festen Bündnis gegen *Qin* standen. Der mächtige Herrscher möge dies bedenken.

Euer ergebener Diener vernahm auch Folgendes: Seid furchtsam und schreckhaft, handelt bedacht Tag für Tag, und wer sich sorgt um seinen Weg, dem wird das Reich gehören. Woher weiß ich, dass dem so ist? In vergangenen Zeiten war *Zhou* als Sohn des Himmels Befehlshaber über eine unermesslich große Armee, deren linke Flanke ihr Trinkwasser aus dem Flüsschen *Qi* nahm und die rechte Flanke aus dem Flüsschen *Huan,* bis das Wasser der beiden Flüsse versiegte. Mit dieser Armee zog er gegen den *Zhou*-König *Wu,* der nur über dreitausend trauernde Soldaten befehligte, aber in einer nur einen Tag währenden Schlacht *Zhous* Staat zerschlug, ihn selbst gefangen nahm, seine Ländereien in Besitz nahm und sein Volk unterwarf, ohne dass dies im Reich jemand bedauert hätte.

Ebenso hatte Graf *Zhi* die Befehlsgewalt über die Armeen von drei Staaten, als er Graf *Xiang* von *Zhao* bei *Jinyang* angriff. Er zerstörte die Deiche des Flusses und setzte die Stadt drei Monate lang einer Überschwemmung aus. Als die Besetzung der Stadt schließlich bevorstand, ließ Graf *Xiang* das Schildkrötenpanzerorakel durchführen, um Gewinne und Verluste abzuwägen und den Staat zu bestimmen, dem man sich ergeben wollte. Sodann entsandte er seinen Berater *Zhang Mengtan,* der heimlich die Stadt verließ. Es gelang ihm, das Bündnis des Grafen *Zhi* zu sprengen und die beiden anderen Staaten auf seine Seite zu bringen. Mit ihrer Hilfe griff er den Grafen *Zhi* an, nahm ihn gefangen und restaurierte die Herrschaft des Grafen *Xiang.*

Heute verfügt *Qin,* wenn man den Grenzverlauf begradigt, über ein Territorium von mehreren Tausend Quadrat-*li* und eine nach Hunderttausenden zählende ruhmreiche Armee. Die auf Befehlen und Verordnungen beruhenden Belohnungen und Strafen und die territorialen Gegebenheiten von *Qin* sind ohnegleichen im Reich. Mit diesen Mitteln sollte es *Qin* möglich sein, dass Reich unter dem Himmel zu vereinen und unter seine Herrschaft zu bringen. Daher hofft Euer ergebener Diener unter Verachtung seines Todes auf eine Audienz bei Eurer Majestät, um den Weg darzulegen, wie die Nord-Süd-Union der Staaten zerschlagen, *Zhao* besetzt, *Han* vernichtet, *Jing* und *Wei* unterworfen sowie *Qi* und *Yan* gefügig gemacht werden können, um den ruhmreichen Namen eines Hegemonen zu erlangen und die Lehnsfürsten der Nachbarstaaten zu Audienzen an Euren Hof zu bringen. Mögen dem mächtigen Herrscher meine Worte wirklich zu Gehör kommen, und falls das von mir Gesagte nicht eintreten sollte beim ersten Versuch, so möge der große Herrscher seinen ergebenen Diener richten lassen, dem ganzen Staate zur Warnung und den unloyalen Ratgebern zur Mahnung.

2. Kapitel

Die Rettung des Staates Han

Han war *Qin* mehr als dreißig Jahre hörig. In Zeiten des
Aufbruchs war es für *Qin* ein schützender Wall und in Zeiten der Einkehr ein Ruhelager. Wenn *Qin* Spezialtruppen
zur Eroberung neuer Gebiete entsandte und *Han* ihm dabei
folgte, erntete es den Groll der Staaten, während das mächtige *Qin* den Erfolg genoss. In seiner Ableistung von Tri-
buten und Diensten unterscheidet sich *Han* durch nichts
von den Bezirken und Kreisen des Staates *Qin*. Nun hörte
der ergebene Diener insgeheim von Plänen Eurer Minister,
ein Heer gegen *Han* zu entsenden. Doch es ist der *Zhao*-
Clan, der versucht, Truppen zu sammeln, die Anhänger der
Nord-Süd-Union zu fördern und die Armeen der Staaten
zu vereinen. Sie verstehen sehr wohl, dass den Ahnentempeln der Lehnsfürsten der Untergang droht, wenn *Qin*
nicht geschwächt wird. Darum wollen sie sich gen Westen
richten und ihr Ansinnen verwirklichen. Ein fürwahr nicht
an einem Tag geplantes Vorhaben. Sollte nun *Qin* die von
Zhao ausgehende Bedrohung nicht beachten und stattdessen über das längst unterwürfige *Han* herfallen, würden
die Staaten des Reiches das Vorhaben des *Zhao*-Clans verstehen.

Han ist wahrlich nur ein kleiner Staat, und um sich der An-
griffe der Staaten des Reiches aus allen vier Himmelsrichtungen zu erwehren, mussten der Herrscher Schmach und
die Untertanen Leid ertragen. Sie teilten seit Langem miteinander all ihre Sorgen. Verteidigungsanlagen und Waffen wurden instand gesetzt, man bereitete sich auf starke
Feinde vor, Vorräte und Reserven wurden angelegt und
Stadtmauern und Wassergräben zur Verteidigung errichtet. Sollte *Qin* jetzt *Han* angreifen, so kann es wohl in

einem Jahr nicht vernichtet werden. Zieht sich *Qin* aber nach der Eroberung einer Stadt zurück, so wäre seine Macht gegenüber den Staaten des Reiches geschwächt, und sie könnten unsere Armee vernichten. Sollte *Han* rebellieren, würde es von *Wei* unterstützt, und *Zhao* würde bei *Qi* um Hilfe ersuchen. Auf diese Weise wären *Han* und *Wei* eine Stütze für *Zhao*, das zudem von *Qi* gestärkt wird. Das führt zu einer Festigung der Nord-Süd-Union im Kampf um die Macht mit *Qin*. *Zhaos* Heil wäre *Qins* Unheil. Wenn *Qin* gegen *Zhao* vorgeht, ohne es bezwingen zu können, und auf dem Rückzug *Han* attackiert, ohne es erobern zu können, werden sich seine Elitetruppen auf dem Schlachtfeld verausgaben und die rückwärtigen Truppen ihren Aufgaben in der Etappe nicht nachkommen. Sammelt *Qin* dann seine leidgeprüften, geschwächten Massen, um sie gegen den über zwanzigtausend Kampfwagen verfügenden Gegner in den Kampf zu schicken, wird das ursprüngliche Ansinnen, *Han* zu vernichten, nicht realisierbar sein. Wenn alles nach den Vorhaben Eurer Minister geschieht, wird *Qin* zwangsläufig zur Zielscheibe aller Armeen im Reich, und Eure Majestät wird den Tag der Vereinigung des Reiches unter dem Himmel nicht erleben, selbst wenn Ihr das Alter von Stein und Metall erreichen würdet.

Euer unwürdiger Diener erlaubt sich nun folgenden Vorschlag: Schickt einen Gesandten nach *Jing* mit reichen Geschenken für die wichtigsten Minister und lasst ihn *Zhaos* Arglist gegenüber *Qin* aufdecken. Beruhigt *Wei* durch die Gewährung eines Pfandes, verbündet Euch mit *Han* und zieht gegen *Zhao*, das dann trotz seines Paktes mit *Qi* kein Übel heraufbeschwören kann. Nach Abschluss der Sache mit *Qi* und *Zhao* lässt sich auch die Angelegenheit mit *Han* auf diplomatischem Wege klären. Und wenn es gelingt, mit einem Schlag die beiden Staaten *Qi* und *Zhao* zu vernichten, werden sich sicher auch *Jing* und *Wei* von selbst unterwerfen.

Man sagt, Waffen sind Unheil bringende Geräte, die man nicht unüberlegt handhaben sollte. Wenn *Qin* mit *Zhao* um die Macht streitet, richtet es sich auch gegen *Qi*. Und wenn sich *Qin* nun überdies noch von *Han* lossagt und sich nicht des Wohlwollens von *Jing* und *Wei* versichert, wird die erste verlorene Schlacht Unheil für *Qin* heraufbeschwören. Pläne sind zur Bestimmung von Handlungen da, und man sollte sie genau prüfen. Das nächste Jahr wird über die Stärke oder Schwäche von *Zhao* und *Qin* entscheiden. Schon lange schmiedet *Zhao* geheime Komplotte mit den Lehnsfürsten gegen *Qin*. Es würde Gefahr für *Qin* bedeuten, wenn es sich bei der ersten Aktion schwächer als die Lehnsfürsten erweisen würde. Und wie viel größer noch wäre das Unheil für *Qin*, wenn es zulässt, dass die Lehnsfürsten seine Absichten durchschauen. Diese beiden Nachlässigkeiten sind nicht der Weg, um die Lehnsfürsten an Stärke zu übertreffen. Euer untertäniger Diener hofft ergebenst, dass Eure Majestät dies gründlichst überlegen möge. Wenn Ihr *Han* angreift und zulasst, dass sich die Nord-Süd-Union einmischt, ist es zu spät für Reue.

Auf allerhöchsten Erlass wurde das von der Gesandtschaft aus *Han* eingereichte Memorandum, in dem die Unmöglichkeit der Besetzung von *Han* dargelegt ist, an Euren ergebenen Diener *Li Si* weitergereicht. Euer ergebener Diener *Si* ist ganz und gar nicht der darin geäußerten Ansicht. *Han* ist für *Qin* dasselbe, wie eine latente innere Krankheit für einen Menschen. Verweilt er in Ruhe, kränkelt er, als ob er in einem feuchten Loch haust. Die Krankheit ist da, ohne akut zu sein. Wird er jedoch aktiv, dann bricht sie aus. Genauso ist und bleibt *Han* ein Übel für *Qin,* auch wenn es sich *Qin* unterworfen hat. Und einem Bericht, den ein Gefolgsmann der *Han* heute abgibt, darf man nicht trauen. Zwischen *Qin* und *Zhao* gibt es Zwistigkeiten. Man schickte *Jing Su* nach *Qi* und hat bisher keine Nachricht über den Verlauf seiner Mission. Nach Ansicht Eures ergebenen Dieners dürfte es *Jing Su* nicht gelungen sein, die Kontakte zwischen *Qi* und *Zhao* zu stören. In diesem Fall aber muss *Qin* alle seine Kräfte aufbieten, um zwanzigtausend Kampfwagen widerstehen zu können. *Han* hat sich nicht aus Gründen der Gerechtigkeit *Qin* unterworfen, sondern fügte sich dem Stärkeren. Richten wir uns nun gegen *Qi* und *Zhao,* wird sich *Han* verhalten wie eine ausbrechende Krankheit, und sollte es ein Komplott zwischen *Han* und *Jing* geben, das die Zustimmung der Lehnsfürsten findet, stünde *Qin* erneut vor einem Desaster wie in den *Yao*-Bergen.

Besteht der Zweck des Kommens des *Han Fei* denn nicht darin, seine Position im Staate *Han* zu stärken, indem er seine Fähigkeit zur Rettung des Staates *Han* demonstriert. Mit geschickten Reden und gewählten Worten, versteckter Falschheit und arglistigem Ansinnen versucht er, in *Qin* für sich Vorteile zu erheischen und insgeheim zum Nutzen von *Han* die Vorhaben Eurer Majestät zu ergründen. Wenn die Beziehungen zwischen *Qin* und *Han* enger werden, gewinnt *Fei* an Einfluss. Dergestalt ist sein selbstsüchtiges Ansinnen. Euer ergebener Diener nahm *Feis* Worte zur Kenntnis. Er zeigt darin wahrlich ein besonderes Talent für ausschweifende Reden und wohlklingende Wendungen, sodass Euer ergebener Diener fürchten muss, dass Eure Majestät sich von *Feis* Worten verwirren lässt und auf sein verbrecherisches Ansinnen hereinfällt, ohne die Umstände genauestens zu prüfen.

Erlaubt Eurem ergebenen Diener nun, einen nichtswürdigen Vorschlag zu unterbreiten: Wenn *Qin* sein Heer mobil macht, ohne den Feind zu benennen, werden es die Minister von *Han* gutheißen, *Qin* dienen zu dürfen. Dann bittet Euer Diener *Si* darum, dass Ihr ihn zu einem Treffen mit dem Herrscher von *Han* entsenden möget, um jenen zu einer Audienz an Euren Hof zu holen. Nachdem Ihr, mächtiger Herrscher, ihn empfangen habt, behaltet ihn am Hof und lasst ihn nicht mehr fort. Beordert danach einige dem Herrscherhaus der *Han* gegenüber loyale Minister zu Euch und verhandelt mit ihnen. So könnt Ihr Euer Herrschaftsgebiet noch tiefer nach *Han* hinein ausdehnen. Anschließend lasst *Meng Wu* die Truppen der östlichen Bezirke mobilmachen und an der Grenze heimlich aufmarschieren, ohne einen avisierten Feind zu benennen. Auf diese Weise in Furcht versetzt, wird man in *Qi* auf *Jing Sus* Vorschläge eingehen. Ohne ein Ausrücken unserer Armee werden wir das unbeugsame *Han* einnehmen und das mächtige *Qi* gefügig machen. Die Kunde davon wird den Lehnsfürsten zu Gehör kommen. Den *Zhao*-Clan wird der Mut verlassen, und die *Jings* werden voller Zweifel sein und sich schließlich für Loyalität gegenüber *Qin* entscheiden. Wenn sich *Jing* ruhig verhält, bedeutet *Wei* auch keine Gefahr mehr. Wir werden die Lehnsstaaten verschlingen, wie die Seidenraupen die Blätter des Maulbeerbaumes, und können *Zhao* als Feind gegenübertreten. Möge Eure Majestät den Vorschlag Eures unwürdigen Dieners genauestens prüfen und nicht unbeachtet lassen.

Qin schickte darauf alsbald *Li Si* als Abgesandten nach *Han*. *Li Si* begab sich zum Herrscher von *Han*, um ihn zu einer Audienz nach *Qin* zu bitten, wurde aber nicht empfangen. Daraufhin reichte er folgendes Schreiben ein:

In vergangenen Zeiten vereinten *Qin* und *Han* Kraft und Sinn, um sich gegenseitig nicht anzugreifen, und kein Staat im Reich wagte es, sich gegen sie aufzulehnen. Dieser Zustand währte mehrere Generationen. Einst versuchten die fünf Lehnsfürsten, gemeinsam *Han* anzugreifen, woraufhin *Qin* seine Truppen aussandte, um *Han* zu retten. *Han* ist ein im Zentrum gelegener Staat mit einem Territorium von kaum eintausend *li*. Dass er trotzdem einen gleichberechtigten Platz unter den Lehnsfürsten im Reich einnehmen konnte und Herrscher und Volk sich gegenseitig unterstützten, geschah dank seiner über Generationen praktizierten Politik des Zusammengehens mit *Qin*. Zu einer anderen Zeit griffen die fünf Lehnsfürsten *Qin* an. *Han* wandte sich den Lehnsfürsten zu und zog im Gänsemarsch mit ihnen am Grenzpass gegen die *Qin*-Armee. Doch als ihre Truppen in Nöten und am Ende ihrer Kräfte waren, blieb den Lehnsfürsten nur der Rückzug ihrer Armeen. Als *Du Cang* Premierminister von *Qin* wurde, mobilisierte er Soldaten und Offiziere, um sich an den Staaten zu rächen, und ließ zuerst *Jing* angreifen. Der Befehlshaber von *Jing* sprach voller Zorn: „*Han* warf *Qin* Ungerechtigkeit vor, doch verbündete sich mit ihm, um die Staaten in Schwierigkeiten zu bringen. Dann wendete es sich schließlich ab von *Qin*, um es im Gefolge der Staaten anzugreifen. *Han* ist ein zentraler Staat, von dem man nie weiß, wem er sich zuwendet." Die Reichsstaaten entzogen *Han* zehn Städte und traten sie an *Qin* ab, um einen Abzug der Armee zu erreichen. Kaum wandte sich *Han* von *Qin* ab, ging der Staat zugrunde, das Territorium wurde annektiert, und die Armee ist bis heute geschwächt. Der Grund dafür liegt im Vertrauen auf das unnütze Geschwätz von korrupten Staatsdienern und in der Missachtung der Wirklichkeit. Selbst eine Hinrichtung der verräterischen Staatsdiener würde *Han* heute nicht mehr zu seiner alten Stärke verhelfen. Nun hat *Zhao* die Absicht, seine Armee gegen *Qin* zu mobilisieren. Man schickt Abgesandte nach *Han,* um unter dem Vorwand eines Angriffs auf *Qin* eine Passage durch *Han* zu erbitten. Doch in Wirklichkeit wird man sich zuerst gegen *Han* und dann gegen *Qin* wenden. Dazu weiß

ich folgenden Vergleich: „Ohne Lippen erfrieren die Zähne."
Es ist doch offensichtlich, dass *Qin* und *Han* das gleiche
Schicksal erwartet. Als *Wei* eine Armee gegen *Han* ins Feld
schicken wollte, entsandte *Qin* einen Vermittler nach *Han*.
Heute nun schickt der Herrscher von *Qin* seinen Untergebenen *Li Si*, doch man verweigert ihm eine Audienz, sodass ich befürchten muss, dass die Berater Eurer Majestät
den Geist der damaligen verräterischen Staatsdiener fort-
leben lassen und *Han* erneut dem Verhängnis territorialer
Verluste aussetzen. Sollte Euer Diener *Si*, ohne zur Audienz
vorgelassen zu werden, zum Bericht nach *Qin* zurückkehren müssen, würde das die Beziehungen zwischen *Qin* und
Han belasten. Euer Diener *Si* kam als Gesandter mit dem
Wohlwollen des Herrschers von *Qin* und einem nützlichen
Vorschlag. Warum sollte Eure Majestät dem ergebenen
Diener nun derart abweisend begegnen?

Euer Diener *Si* wünscht eine einzige Audienz, um Euch seinen unwürdigen Vorschlag unterbreiten zu können und
danach seinen Körper zerstückeln zu lassen. Möge Eure
Majestät dies gnädigst überdenken. Sollte Euer Diener in
Han den Tod finden, würde Eurer mächtigen Majestät
daraus keine Stärke erwachsen, doch wenn Ihr nicht auf
meinen Vorschlag hört, wird Euch unweigerlich ein Unheil
ereilen. Sendet *Qin* erst seine Truppen aus, sind sie nicht
mehr aufzuhalten, und der Altar des Erdbodens und der
Feldfrüchte des Staates *Han* wird in arge Nöte geraten.
Wenn der Körper Eures ergebenen Dieners *Si* erst auf dem
Marktplatz von *Han* zur Schau gestellt wurde, kann der
einfältige, aber aufrichtige Plan Eures unwürdigen Dieners
nicht mehr verwirklicht werden, selbst wenn Ihr ihn zu
prüfen wünscht. Für eine Anwendung des Vorschlages
Eures Dieners *Si* wird es zu spät sein, wenn die Grenzen
bedrängt sind, der Staat verteidigt werden muss und der
Lärm der Trommeln und Glocken in den Ohren klingt.

Man wendet sich vom starken *Qin* ab, obwohl der Zustand der *Han*-Armee im Reich bekannt ist. Sind die Städte erst verlassen und die Armee geschlagen, werden Aufrührer und Plünderer sich der Hauptstadt bemächtigen. Die Leute werden weglaufen und es gibt keine Soldaten mehr. Kann die Hauptstadt verteidigt werden, wird *Qin* Eure letzte Bastion mit seiner gesamten Armee umlagern. Ohne Verbindung zur Außenwelt lassen sich aber keine Pläne mehr verwirklichen, und Eure Position ist rettungslos. Möge Eure Majestät genauestens die unbrauchbaren Pläne Ihrer Berater prüfen. Und sollten die Worte Eures Untergebenen *Si* in einem Punkt nicht stimmen, so bitte ich Eure Majestät, mir gnädigst zu erlauben, meine Ausführungen vor Eurem Angesicht beenden zu dürfen. Für meine Hinrichtung wird es auch dann nicht zu spät sein. Der Herrscher von *Qin* kennt weder Genuss bei Speise und Trank, noch Vergnügen auf Reisen. Sein ganzes Sinnen ist gegen *Zhao* gerichtet. Er sandte den ergebenen Diener *Si* und bittet Euch zu einem persönlichen Treffen, um mit Eurer Majestät über Dinge von größter Wichtigkeit zu beraten. Lasst Ihr nun den ergebenen Diener nicht vorsprechen, wird man Zweifel an der Glaubwürdigkeit der *Han* hegen und die Armee nicht gegen *Zhao* sondern gegen *Han* schicken. Möge Eure Majestät nochmals alles überdenken und dem ergebenen Diener gnädigst Eure Entscheidung kundtun.

3. Kapitel

Die Schwierigkeit des Ratgebens

Eurem ergebenen Diener *Han Fei* fällt das Unterbreiten von Ratschlägen nicht schwer, obwohl es schwer ist, Ratschläge zu erteilen. Klingen die Worte angenehm und anmutig wie Seidenschleifen, betrachtet man sie zwar als prächtig doch unaufrichtig. Sind sie erfüllt von Aufrichtigkeit und Offenheit, gelten sie als grob und unhöflich. So wie man ausschweifende Worte und häufige Vergleiche für leeres Gerede ohne Nutzen hält, wirken zusammenfassende Schlüsse und unverblümte Direktheit verletzend und ungeschickt. Zu große Intimität und Menschenkenntnis erachtet man als Verleumdung und Unhöflichkeit. Umfangreiches Wissen und ein weiter Gesichtskreis sind als nutzlose Prahlerei verschrien. Interne Details und abwägende Worte verurteilt man als vulgär. Zu sehr angepasste, widerspruchslose Reden gelten als Gier und Schmeichelei. Den Gewohnheiten und dem Erleben der Menschen zu widersprechen, betrachtet man als Prahlerei. Behände, gelehrsame Worte sind als Fantasterei verpönt. Verzichtet man auf wohlklingende Wendungen und spricht nur über die nackten Fakten, ist man gewöhnlich. Zitiert man aus den Büchern der Lieder und Urkunden unter Berufung auf das Altertum, wird man als Büchergelehrter abgetan. Aus all diesen Gründen erscheint es Eurem ergebenen Diener *Fei* schwierig, ja sogar gefährlich, Vorschläge zu unterbreiten.

Eure Regeln und Maße sind zwar korrekt, finden aber ebenso nicht in jedem Fall Anwendung, wie Eure Gerechtigkeit und Grundsätze, obwohl auch jene ausgeprägt sind. Wenn Eure Majestät auf diese Art unstetig ist in Ihren Entscheidungen, wird Euer Diener für seine Vorschläge zumindest Schimpf und Schande ernten, vielleicht aber auch Kummer, Leid und Tod für sich heraufbeschwören. War nicht auch *Zixu* ein großer Stratege und wurde dennoch in *Wu* hingerichtet. *Zhongni* war ein großer Lehrer und wurde doch in *Kuang* umzingelt, und auch *Guan Yiwu* wurde in *Lu* gefangen genommen, obwohl er wahrhaft weise war. Waren diese drei Würdenträger etwa nicht weise? Den drei Herrschern fehlte es an Klugheit. Im tiefen Altertum waren *Tang* der vollkommenste und *Yi Yin* der weiseste Mensch. Doch der weiseste Mann wandte sich siebzigmal erfolglos an den vollkommensten mit Ratschlägen. Er musste erst als Koch mit Kessel und Hackbrett hantieren und sein Vertrauen gewinnen, ehe *Tang* seine Weisheit erkannte und ihn als Minister in Dienst nahm. Deshalb heißt es, dass die Unterweisungen des weisesten Mannes von einem vollkommenen Herrscher nicht immer sofort verstanden werden, wie es bei *Yi Yin* und *Tang* der Fall war. Und dass ein Weiser bei einem Dummkopf kein Gehör findet, sah man an den Ratschlägen, die König *Wen* dem *Zhou* gab. König *Wen* belehrte *Zhou,* doch dieser ließ ihn einsperren. Markgraf *Yi* wurde verbrannt und Markgraf *Gui* geopfert, *Bigan* wurde das Herz durchbohrt und Graf *Mei* wurde zerstückelt. *Guan Yiwu* wurde gefesselt, *Cao Ji* musste nach *Chen* fliehen, *Boli Zi* bettelte auf der Wanderschaft, *Fu Yue* wurde als Sklave verkauft, *Sunzi* verlor seinen Fuß in *Wei, Wu Qi* verwischte seine Tränen bei *Anmen,* klagte darüber, dass *Qin* das Land am Westfluss besitzt, und wurde schließlich in *Chu* geviertelt. *Gongshu Zuo* sprach über die Waffen des Staates, doch man hielt es für falsch, sodass *Gongsun Yang* nach *Qin* ging. *Guan Longpeng* wurde enthauptet, *Chang Hong* wurden die Eingeweide herausgerissen, *Yinzi* wurde in eine mit Nadeln bestückte Fallgrube gestoßen, *Sima Ziqi* wurde getötet und in den *Yangzi*-Fluss geworfen, *Tian Ming* wurde unschuldig gerichtet, *Mi Zijian* und *Ximen Bao* hatten mit niemandem Streit und starben doch von Menschenhand. *Dong Anyu* wurde getötet und auf dem Markt zur Schau gestellt. *Zai Yu* konnte sich nicht vor *Tian Chang* retten, und *Fan Sui* wurden in *Wei* die Rippen gebrochen.

Alle diese Männer waren menschenliebend, weise, loyal, tugendhaft und verstanden sich auf den Weg und die Kunst des Regierens, und dennoch mussten sie sterben, weil sie leider an die falschen, an verwirrte, unwissende und arglistige Herrscher geraten waren. Warum wohl konnten sie trotz ihrer Weisheit und Tugend dem Tod nicht entrinnen und die Schmach nicht vermeiden? Weil ein Dummkopf nur schwer zu belehren ist. Deshalb fällt es dem Edlen so schwer, Ratschläge zu geben. Selbst den besten Worten widersetzt sich das Ohr, das Herz sträubt sich gegen sie, und nur ein wahrhaft weiser und tugendhafter Mensch vermag, sie wirklich zu verstehen. Möge Eure Majestät gnädigst das Gesagte überdenken.

4. Kapitel

Favorisierte Höflinge

Stehen die favorisierten Höflinge dem Herrscher zu nahe, ist seine Person unweigerlich gefährdet. Sind die hohen Würdenträger zu geachtet, entziehen sie dem Herrscher seine Stellung. Sind die Frauen des Herrschers ohne gegenseitige Rangordnung, ist die Person des Kronprinzen mit Sicherheit bedroht. Ordnen sich die Brüder des Herrschers nicht unter, gerät der Altar des Erdbodens und der Feldfrüchte in Gefahr.

Der ergebene Diener hat gehört: Wenn ein Fürst mit eintausend Kampfwagen keine Vorsorge trifft, hat er sicher einen Würdenträger mit einhundert Kampfwagen neben sich, der das Volk auf seine Seite zieht und den Staat stürzt. Wenn ein Herrscher mit zehntausend Kampfwagen keine Vorsorge trifft, hat er sicher einen Familienclan mit eintausend Kampfwagen an seiner Seite, der die Autorität des Herrschers untergräbt und den Staat stürzt. Aus diesem Grund blühen und gedeihen treulose Minister, während der Weg des Herrschers zu Verfall und Untergang führt. In der übermäßigen Größe der Fürstentümer liegt der Schaden des Himmelssohnes begründet. Der Ruin des Herrschers beruht auf dem zu großen Reichtum der Beamtenschar. Jene Generäle und Minister, die den Herrscher umgarnen und auf das Wohl ihrer Familien bedacht sind, müssen vom Herrscher ferngehalten werden. Von allen Dingen ist nichts geachteter als die Person des Herrschers, nichts höher als seine Stellung, nichts gewichtiger als seine Autorität und nichts größer als seine Macht. Der Herrscher sucht diese vier Vorzüge nicht außerhalb und erbittet sie nicht von den Menschen; er entspricht ihnen und besitzt sie. Daher gilt, dass der Herrscher, wenn er nicht vermag, diese ihm gebührenden Kostbarkeiten anzuwenden, sein Leben im Exil beendet. Das sollte ein Herrscher nie vergessen.

Der Sturz des *Zhou* und der Niedergang der *Zhou*-Dynastie im Altertum lagen in der übermäßigen Größe der Fürstentümer begründet. Die Aufteilung des Staates *Jin* und die Machtergreifung in *Qi* hatten ihre Ursache im zu großen Reichtum der Beamten. Dergestalt waren auch die Fürstenmorde in *Yan* und *Song*. Die Beispiele der *Yin* und *Zhou*, als auch die von *Jin* und *Qi* sowie *Yan* und *Song* beruhen alle auf diesem Prinzip. Daher verwaltet ein intelligenter Herrscher seine Beamten, indem er sie mit Hilfe der Gesetze zur Verausgabung ihres Könnens veranlasst und durch vorbeugende Maßnahmen im Zaum hält. Er gewährt weder Begnadigungen bei Hinrichtungen noch Herabsetzungen des Strafmaßes, denn beides würde heißen, dass er seine Autorität verliert, der Altar des Erdbodens und der Feldfrüchte gefährdet wird und die Macht im Staate aufseiten der Beamten wäre. Deshalb gelingt es den hohen Ministern trotz ihrer großen Pfründe nicht, neue Städte unter ihren Einfluss zu bringen, und obwohl sie eine Schar Gleichgesinnter und Anhänger um sich haben, können sie keine

Privatarmee unterhalten. Folglich haben die im Staatsdienst stehenden Beamten keine privaten Audienzen und die in der Armee dienenden Offiziere keine privaten Freundschaften. Es gelingt ihnen nicht, aus den Speichern und Schatzkammern des Staates private Anleihen an bestimmte Familien zu vergeben. So gebietet ein kluger Regent dem Verrat Einhalt. Ebenso wird niemandem erlaubt, über eine vierspännige Eskorte zu verfügen, oder spezielle Schutztruppen mit sich zu führen. Wenn es doch jemand tun sollte, ohne ein Bote oder Gesandter des Monarchen zu sein, ist er des Todes und wird nicht begnadigt. Auf diese Weise bereitet sich ein kluger Regent auf unerwartete Ereignisse vor.

5. Kapitel

Das dao des Herrschers

Dao ist der Anfang aller Dinge und das Maß für Richtig und Falsch. Deshalb hält der kluge Regent fest am Anfang, um den Ursprung der Dinge zu wissen, und lässt sich leiten vom Maß, um die Quelle von Gut und Böse zu kennen. In Leere und Ruhe verweilt er, damit die Namen sich von selbst benennen und die Taten sich von selbst bestimmen. Von den Gedanken befreit in geistiger Leere erkennt er das Wesen der Dinge. Den Taten entsagend in physischer Ruhe erfasst er die Korrektheit des Handelns. Wer Vorschläge macht, nennt die Dinge selbst beim Namen, und wer tätig ist, gibt seinem Handeln selbst eine Form. Form und Name muss er nur auf ihre Übereinstimmung prüfen. Mehr hat der Herrscher nicht zu tun, denn dann reduziert sich alles auf sein ursprüngliches Wesen. Daher heißt es, dass der Herrscher seine Neigungen nicht zeigen darf. Zeigt er sie doch, passen sich die Untergebenen in ihrem Handeln daran an. Der Herrscher sollte nicht seine Absichten bloßlegen. Macht er es doch, äußern die Untergebenen nicht ihre eigentlichen Ideen. Deshalb sage ich: Offenbart weder Vorliebe noch Abneigung, und die Beamten zeigen ihr wahres Gesicht. Lasst ab von Erfahrung und Wissen, und die Beamten gehen von selbst an die Arbeit. Der Herrscher sollte nicht sein Wissen in die Planung von Tätigkeiten einbringen, sondern die Dinge ihren Platz finden lassen. Er sollte nicht seine Tugend in den Taten offenbaren, sondern auf die Motive im Handeln seiner Untergebenen achten. Und ebenso wenig sollte er seine Tapferkeit durch offenen Zorn dokumentieren, sondern seine Gefolgschaft zur Verausgabung aller Kräfte anhalten. Indem der Herrscher von seiner Weisheit, Tugend und Tapferkeit ablässt, gedeihen kluge Gedanken, erfolgreiche Handlungen und militärische Stärke. Die Gefolgsleute kommen den Amtspflichten nach, die Beamten haben ihre Vorschriften zum Handeln und jeder wird entsprechend seinen Fähigkeiten eingesetzt. Das nenne ich eine auf Gewohnheiten und Normen beruhende Politik.

Es heißt: „So still ist das *dao*, es hat keinen Platz und ist doch da. So leer ist es, niemand vermag es zu finden." Ein kluger Regent verweilt nicht handelnd über den anderen, während seine Gefolgsleute sich unter ihm fürchten. Der Weg eines klugen Regenten besteht darin, die Weisen zur Ausschöpfung ihrer Pläne zu bringen, während er selbst danach nur über die Taten urteilt und so seine Weisheit nicht verausgabt. Er lässt die Tugendhaften ihr Talent offenbaren, um sie daraufhin in Dienst zu nehmen, ohne dass er seine Fähigkeiten erschöpft. Im Falle eines Erfolges erntet der Herrscher den Ruhm, und bei Misserfolgen tragen die Beamten die Schuld, sodass die Reputation des Herrschers nie gefährdet ist. Ohne selbst tugendhaft zu sein, wird er zum Lehrmeister der Tugendhaften, und ohne selbst weise zu sein, wird er zum Maßstab der Weisen. Die Beamten machen die Arbeit, und der Herrscher genießt den Erfolg – so lautet eine Grundregel des klugen Regenten.

Dao existiert, ohne gesehen zu werden, und findet Anwendung, ohne erkannt zu werden. In Leere und Stille tatenlos verweilend, sieht der Herrscher aus dem geheimnisvollen Dunkel heraus die Fehler seiner Untertanen. Sieht, ohne gesehen zu werden; hört, ohne gehört zu werden; erkennt, ohne erkannt zu werden. Wird ein Vorschlag unterbreitet, äußert oder korrigiert er nichts, sondern prüft und vergleicht Wort und Tat. Besetzt einen Posten nur mit einem Mann und grenzt die Vorschläge voneinander ab, dann werden alle Dinge bis zum Ende geführt. Verhüllt Eure Spuren und verbergt den Anfang, so können die Untergebenen den Ursprung nicht finden. Lasst ab von der Weisheit und legt beiseite Euer Können, so bleiben den Leuten Eure Absichten verschlossen. Hört auf meinen Vorschlag, prüft und vergleicht ihn. Seid vorsichtig im Umgang mit den Handhaben der Macht, doch haltet sie fest in Euren Händen. Zerschlagt die Hoffnungen und zerstört die Absichten, erlaubt niemandem, nach den Handhaben der Macht zu gelüsten. Achtet der Herrscher nicht darauf, dass das Tor stark und immer gut verschlossen ist, kommen die Tiger herein. Ist er nicht sorgsam in seinen Angelegenheiten und verbirgt nicht sein Wesen, machen sich Verräter breit. Tiger sind jene, die den Herrscher töten, sich seines Thrones bemächtigen und die Menschen auf ihre Seite ziehen, während die Verräter an der Seite des Herrschers dienen und insgeheim darauf warten, dass er einen Fehler begeht. Jagt ihre Anhänger auseinander und ergreift ihre Parteigänger. Versperrt ihnen den Zugang und nehmt ihnen die Unterstützung, dann gibt es keine Tiger im Land. Seid zu groß, um gemessen, und zu tief, um ergründet werden zu können. Stellt Form und Name vergleichend gegenüber, prüft und untersucht Gesetze und Regeln und richtet jene, die eigenmächtig handeln, dann gibt es keine Verräter im Land. Fünffach kann der Herrscher von den Staatsdienern hintergangen werden, indem sie ihn von der Wirklichkeit abschirmen, den Reichtum des Staates verwalten, eigenmächtig Befehle erteilen, Wohltätigkeiten verteilen und Massen um sich scharen. Im ersten Fall verliert der Herrscher seine Stellung, im zweiten die Güte der Belohnung, im dritten die Autorität der Herrschaft, im vierten seine Reputation und im fünften seine Anhänger. All diese Dinge sollte der Herrscher allein verwalten und nicht zulassen, dass sich die Untergebenen ihrer bemächtigen.

Das *dao* des Herrschers schätzt Ruhe und Zurückgezogenheit. Ohne selbst tätig zu sein, unterscheidet er Unfähigkeit und Geschick, und ohne selbst Pläne zu entwerfen, kennt er Glück und Verhängnis. Er macht keine Vorschläge und findet doch eine gute Antwort. Er legt sich nicht fest und erreicht doch ein gutes Ergebnis. Finden die Worte eine Antwort, gilt dies als Vertrag. Ist eine Tätigkeit vollbracht, hält er sich an das Resultat. Aus dem Vergleich von Vertrag und Ergebnis erwachsen Belohnung und Strafe. Haben die Gefolgsleute ihre Vorschläge unterbreitet, überträgt der Herrscher ihnen eine entsprechende Aufgabe und fordert eine demgemäße Leistung. Belohnungen gibt es für den Aufgaben entsprechende Leistungen und den Vorschlägen gemäße Taten. Diskrepanzen zwischen Wort, Tat und Ergebnis werden bestraft. Zum *dao* eines klugen Regenten gehört es, dass die Untergebenen keine Vorschläge machen, die sie nicht einhalten können. Die von einem weisen Herrscher verteilten Belohnungen sind üppig wie ein rechtzeitiger Frühlingsregen. Das Volk zieht daraus seinen Nutzen. Seine Strafen sind furchterregend wie Gewitter und Donnergrollen. Selbst Weise können sich ihnen

nicht entziehen. Ein kluger Regent vergisst weder eine Belohnung, noch erlässt er eine Strafe, da sonst die Verdienstvollen ihr Amt vernachlässigen und die Verräter leicht ab-
trünnig werden. Hat jemand wahrhaftig etwas geleistet,
muss er ungeachtet fehlender Beziehungen und niederen
Standes ebenso belohnt werden, wie bei wahrhaftigen Vergehen auch die Vertrauten und Günstlinge des Herrschers
der Strafe nicht entrinnen dürfen. Dann werden die einen
nicht nachlässig und Letztere nicht überheblich.

ZWEITES BUCH

6. Kapitel

Die Notwendigkeit des Maßes

Es gibt keine ewig starken und allzeit schwachen Staaten. Stärke und Schwäche eines Staates hängen davon ab, ob der Einfluss der dem Gesetz ergebenen Männer groß oder klein ist. König *Zhuang* von *Jing* eroberte sechsundzwanzig Staaten und weitete sein Land auf dreitausend *li* aus. Als er jedoch den Altar des Erdbodens und der Feldfrüchte verließ, ging der Staat *Jing* unter. Herzog *Huan* von *Qi* vereinte dreißig Staaten und vergrößerte sein Land auf dreitausend *li*. Aber auch *Qi* ging unter, als er starb. König *Xiang* von *Yan* machte den gelben Fluss zur Südgrenze und *Ji* zu seiner Hauptstadt, kreiste *Zhuo* und *Fangcheng* ein, vernichtete *Qi* und unterwarf *Zhongshan*. Wer *Yan* als Bündnispartner besaß, war mächtig, die anderen waren schwach. Doch auch *Yan* ging unter nach König *Xiangs* Tod. König *Anli* von *Wei* überfiel *Yan* und befreite *Zhao*, besetzte das Land östlich des gelben Flusses und annektierte *Tao* und *Wei* vollständig. Er entsandte Truppen nach *Qi* und machte *Pinglu* zu seiner Hauptstadt. Er überfiel *Han*, eroberte *Guan* und siegte in der Schlacht am *Qi*-Fluss. Bei *Suiyang* schlug er die erschöpfte Armee von *Jing* in die Flucht, um sie dann bei *Cai* und *Shaoling* zu zerschlagen. Er entsandte seine Armee in alle vier Himmelsrichtungen und besaß Autorität in allen zivilisierten Ländern. Und dennoch brachte der Tod des *Anli* den Untergang von *Wei*. So besaßen *Jing* und *Qi* die Vorherrschaft zu Lebzeiten von König *Zhuang* und Herzog *Huan*, und

Yan und *Wei* waren stark zu Lebzeiten der Könige *Xiang* und *Anli*. Doch schließlich gingen ihre Staaten unter, weil ihre Staatsdiener und Beamten Chaos anstelle von Ordnung schufen, und obwohl ihre Staaten chaotisch und schwach waren, ließen sie ab vom öffentlichen Gesetz und waren auf ihre persönlichen Beziehungen nach außen bedacht. Da kann man auch Brennholz herantragen, um ein Feuer zu löschen. So werden Chaos und Schwäche nur noch größer.

Wem es heute gelingt, individuelle Falschheit zu unterbinden und sich an das öffentliche Gesetz zu halten, dessen Volk lebt in Ruhe und sein Staat ist wohlgeordnet. Wer egoistische Handlungen durch die Handhabung des öffentlichen Gesetzes ausschließt, dessen Armee ist stark und seine Feinde sind schwach. Lässt der Herrscher Gesetze und Regeln über Erfolg und Misserfolg entscheiden und stellt sie über die Beamtenschar, kann er nicht durch Arglist und Heuchelei hintergangen werden. Lässt er Waage und Gewichte über Schwer und Leicht entscheiden und behandelt auf diese Weise Vorgänge in der Ferne, kann der Herrscher nicht durch irgendjemandes Einfluss betrogen werden. Basiert jedoch heute eine Karriere im Staatsdienst auf Protektion, wenden sich die Gefolgsleute vom Herrscher ab und scharen sich umeinander. Bestimmen Cliquen über die Besetzung von Ämtern, sind alle um den Aufbau von Beziehungen bemüht und keiner sucht eine Anstellung nach dem Gesetz. Fehlen aber fähige Männer in den Ämtern, gerät der Staat in Unordnung. Belohnungen beruhen dann auf Lob und Strafen auf Verleumdung, sodass auf Belohnung hoffende und Strafe fürchtende Männer sich in ihrem Handelnnicht vom öffentlichen Gesetz, sondern von persönlichen Geheimnissen leiten lassen und zum gegenseitigen Vorteil Klüngel bilden. Sie vernachlässigen die Interessen des Herrschers und pflegen ihre Beziehungen nach außen, um ihre Parteigänger zu fördern, sodass schließlich kaum noch jemand zum Wohle des Herrschers tätig ist. Die Beziehungen sind vielfältig, die Gruppierungen zahlreich und Cliquen entstehen am Hofe und außerhalb. Selbst bei großen Vergehen finden sie genug Beistand. Treue Untergebene werden schuldlos mit der Gefahr des Todes konfrontiert, während schlechte, hinterhältige Staatsdiener ohne jegliches Verdienst Ruhe und Vorteil genießen. Gute Beamte ziehen sich zurück, wenn sie mit ihrer Treue schuldlos den Tod riskieren, während bösartige Männer Karriere machen, wenn sie trotz ihrer Schlechtheit verdienstlose Nutznießer sind. Hier liegt die Wurzel des Untergangs.

Wenn es sich so verhält, lässt die Beamtenschar ab vom öffentlichen Gesetz und praktiziert persönlichen Einfluss. Zu Scharen umlagern sie die Tore einflussreicher Männer, und niemand begibt sich an den Hof des Herrschers. Zu Hunderten sorgen sie sich um den Vorteil reicher Familien, und kein Einziger denkt an des Herrschers Staat. Obwohl die Zahl der Untertanen groß ist, trägt sie nicht zum Ruhm des Herrschers bei, und trotz ihrer Vorbereitung dienen die Ämter nicht der Verwaltung des Staates. Folglich besitzt der Herrscher zwar den Namen eines Regenten, hat die Herrschaft aber in Wirklichkeit an die Sippen der Beamten übertragen. Deshalb sage ich: Am Hofe eines untergehenden Staates gibt es keine Männer. Das heißt nicht, dass der Hof leer wäre. Es bedeutet, dass sich die Familienclans gegenseitig zum Vorteil gereichen und nicht der Wohlfahrt des Staates dienen. Die hohen Würdenträger verhelfen sich gegenseitig zu Ehren und denken nicht an die Reputation des Herrschers. Die niederen Staatsdiener nutzen ihre Einkünfte und bauen Beziehungen auf, ohne ihren Amtspflichten nachzukommen. Das alles geschieht nur deshalb, weil der Herrscher nicht das über allen stehende Gesetz entscheiden lässt, sondern den Tätigkeiten seiner Untertanen vertraut. Ein kluger Regent ernennt die Menschen nicht selbst, sondern lässt sie durch das Gesetz auswählen; er misst ihre Verdienste nicht selbst, sondern macht das Gesetz zum Maßstab dafür. So können Fähige nicht verborgen bleiben und Unfähige sich nicht verstellen. Zu Unrecht Gepriesene machen keine Karriere und böswillig Verleumdete werden nicht verdrängt. Sind die Unterschiede zwischen dem Herrscher und den Beamten deutlich gemacht, ist die Ordnung einfach zu schaffen. Die Anwendung des Gesetzes durch den Herrscher ermöglicht dies.

Ein Weiser, der in den Staatsdienst eintritt, richtet sein Gesicht gen Norden, verbeugt sich vor dem Herrscher und schwört, ihn niemals zu hintergehen. Am Hof lehnt er keine niedere Tätigkeit ab, und im Feld schreckt er nicht vor Gefahren zurück. Er folgt den Anweisungen seines Herrn und gehorcht dem Gesetz. Er befreit sein Herz in Erwartung von Befehlen, ohne über deren Richtigkeit zu debattieren. Sein Mund spricht nicht selbstsüchtig, und seine Augen sehen nicht eigennützig, denn sie dienen dem Herrscher. Ein Staatsdiener ist wie die rechte Hand des Herrschers. Er umsorgt ihn von Kopf bis Fuß und schützt ihn vor Hitze und Kälte ebenso, wie er das *Moye*-Schwert von seinem Körper abwehrt. Es gibt weder aus Selbstsucht kluge Staatsdiener, noch aus Eigennutz fähige Beamte. Die Menschen verlassen nicht ihre Dörfer, um Freundschaften zu knüpfen, und haben keine Verwandten in einhundert *li* Entfernung. Edelleute und gemeines Volk vermischen sich nicht miteinander. Einfältige und Weise haben ihren entsprechenden Platz. Dergestalt ist die perfekte Ordnung.

Jene, die heutzutage Rang und Einkommen leichtnehmen, einfach ihren Dienst niederlegen, sich zurückziehen und ihren Herrn selbst suchen, nenne ich unredlich. Jene, die ihre Worte fälschen und das Gesetz hintergehen, sich dem Herrscher widersetzen und ihn zurechtweisen, nenne ich treulos. Jene, die Wohltaten austeilen und Vorteile vergeben, das Volk für sich gewinnen und sich so einen Namen machen, nenne ich unmenschlich. Jene, die sich aus dem Leben zurückziehen und in Abgeschiedenheit wohnen, um mit Heuchelei dem Herrscher den Dienst zu versagen, nenne ich verantwortungslos. Jene, die außerhalb den Lehnsfürsten hörig sind, im Inneren ihren Staat zugrunde richten und auf den Moment der Gefahr warten, um den Herrscher in Schrecken zu versetzen und zu sagen: „Lasst niemanden an Euch heran, der nicht auch mein Freund ist, und verstoßt niemanden, der nicht auch mein Feind ist", jene gewinnen das Vertrauen des Herrschers und den Gehorsam des Staates. Sie schaden dem Ruf des Herrschers, um sich selbst hervorzutun, und vergeuden den Reichtum des Staates, um ihre Familien zu bereichern. Ich nenne sie nicht klug. All das sind Verhaltensweisen in einer Zeit der Gefahr, die das Gesetz der früheren Könige nicht zuließ. Dieses Gesetz besagte: „Kein Staatsdiener darf sich in seinem Handeln von seinem eigenen Vorteil und Nutzen leiten lassen, sondern hat den Weisungen des Herrschers zu gehorchen. Er darf nicht aus persönlichem Hass handeln, sondern hat dem Weg des Herrschers zu folgen." Früher, in geordneten Zeiten hielten sich die Menschen an das Gesetz, ließen ab von persönlichen Machenschaften und unifizierten ihr Denken und Handeln in der Erwartung, in Dienst genommen zu werden.

Der Tag wäre wahrlich zu kurz und des Herrschers Kraft zu klein, wollte er alle Staatsdiener selbst kontrollieren. Und überdies ist es so, dass sich die Untergebenen verstellen, wenn sich der Herrscher auf seine Augen verlässt. Ihre Sprache ist heuchlerisch, wenn er seinen Ohren vertraut, und sie überschütten ihn mit einem Wortschwall, wenn er auf seine Sinne baut. Die frühen Könige verstanden diese dreifache Unzulänglichkeit und verließen sich deshalb nicht auf ihre eigenen Fähigkeiten, sondern vertrauten auf Gesetze und Zahlen und urteilten mit Belohnung und Strafe. Die frühen Könige hielten den Schlüssel zur Macht fest in ihrer Hand, sodass die Gesetze, obwohl gering an Zahl, nicht verletzt wurden. Da das Land innerhalb der vier Meere von ihnen allein beherrscht wurde, gelang es weder den Weisen, sie zu täuschen, noch den Arglistigen, sie zu betrügen, und boshafte, verräterische Staatsdiener fanden keine Unterstützung. Selbst in eintausend *li* Entfernung wagten sie nicht, ihre Worte leichtfertig auszusprechen. Die Macht lag in den Händen des Herrschers, und niemand wagte es, Gutes zu verbergen und Böses zu beschönigen. Die Beamten am Hofe versammelten sich ohne Umwege. Jeder war geheimnisvoll für den anderen und niemand erlaubte sich eine Überschreitung seiner Befugnis. Es ist seine Macht, auf die sich der Herrscher stützen muss, damit das Regieren ihn nicht völlig in Anspruch nimmt und noch Zeit für ihn verfügbar bleibt.

Die Beamten greifen in die Rechte des Herrschers ein, gerade so, als ob sie die Erde bearbeiten. Sie gehen allmählich vor, sodass der Herrscher den Anfang aus den Augen verliert und schließlich selbst nicht merkt, wie er sich von Osten nach Westen wendet. Aus diesem Grund nutzten die frühen Könige die gen Süden gerichtete Nadel des Kompasses, um die Richtung von Sonnenaufgang und -untergang zu bestimmen. Deshalb gestattet ein kluger Regent seinen Staatsdienern nicht, dass sich ihre Gedanken außerhalb des Gesetzes bewegen und sie unter Umgehung des Gesetzes Wohltaten verteilen. Es gibt keine gesetzlosen Handlungen. Durch ein striktes Gesetz verhindert man gesetzloses, eigennütziges Handeln, und mit harten Strafen maßregelt man die Untertanen nach dem Gesetz. Autorität kann nicht von mehreren gleichzeitig genutzt werden, und

Herrschaft ist nicht für alle zugänglich. Wenn doch, kommt alle Boshaftigkeit zum Vorschein. Sind die Gesetze nicht glaubhaft, gerät der Herrscher in Gefahr. Sind die Strafen nicht strikt, kann die Schlechtheit nicht ausgemerzt werden. Darum heißt es: „Ein geschickter Handwerker kann die Richtschnur nach Auge und Gefühl anlegen, und doch nimmt er zuerst Zirkel und Winkel als Maß. Ein wirklich Weiser kann anhand von Erfolg und Auftreten über die Dinge urteilen, und doch nimmt er zuerst das Gesetz der frühen Könige als Vergleich." Ist die Richtschnur ausgerichtet, kann selbst ein krummes Holz zurechtgeschnitten werden. Ist die Wasserwaage in Ruhe, können selbst große Unebenheiten ausgeglichen werden. Ist die Waage aufgehängt, lassen sich Schwer und Leicht auseinanderhalten. Ist das Scheffelmaß geeicht, lassen sich Viel und Wenig unterscheiden. Den Staat mit Gesetzen zu regieren heißt nichts anderes, als jeweils entsprechend zu fördern oder zu strafen. Das Gesetz verschont die Edelleute ebenso wenig, wie sich die Richtschnur dem Krummholz nicht anpasst. Wo das Gesetz Anwendung findet, können sich weder die Weisen lossagen, noch wagen es die Tapferen zu streiten. Die Strafen für Vergehen machen vor hohen Würdenträgern keinen Halt, und die Belohnungen für Erfolge schließen das gewöhnliche Volk nicht aus. Einen Irrtum des Herrschers richtigzustellen, die Schlechtheit der Untertanen aufzudecken, das Chaos zu ordnen und die Fehler zu korrigieren, die Neidvollen zu entfernen und die Verfehlten zurechtzuweisen – was wäre wohl besser zur Unifizierung des Volkes geeignet, als das Gesetz. Und was ist wirkungsvoller für die Züchtigung der Beamten und die Abschreckung des Volkes, für die Ausmerzung von Schlechtheit und Faulheit sowie von Heuchelei und Lüge, als die Strafe. Sind die Strafen hart, wagen es die Edelleute nicht, das gemeine Volk zu traktieren. Sind die Gesetze strikt, wird der Herrscher geehrt und nicht angegriffen. Er ist stark und besitzt den Schlüssel zur Macht. Deshalb bauten die frühen Könige auf das Gesetz und überlieferten es. Sollte der Herrscher ablassen wollen vom Gesetz und stattdessen persönliche Interessen zur Wirkung kommen lassen, würden die sozialen Ränge verwischt.

7. Kapitel

Die zwei Handhaben der Macht

Es gibt nur zwei Handhaben der Macht, mit deren Hilfe der kluge Herrscher die Beamten unter Kontrolle hält, und zwar Strafe und Güte. Was bedeuten Strafe und Güte? Unter Bestrafung versteht man das Töten und Hinrichten, unter Güte – das Belohnen und Auszeichnen. Die Untergebenen fürchten Hinrichtungen und Strafen und profitieren von Belohnungen und Auszeichnungen. Wenn also der Herrscher seine Bestrafung und Güte selbst handhabt, dann fürchtet die Beamtenschar seine Autorität und orientiert sich auf seinen Nutzen. Anders steht es mit den treulosen Beamten der heutigen Zeit. Sie erschleichen sich die Autorität des Herrschers und strafen jene, die ihnen verhasst sind. Sie ergaunern seine Güte und belohnen jene, denen sie zugetan sind. Wenn nun der Herrscher nicht dafür sorgt, dass die auf den Strafen beruhende Autorität und der auf die Belohnungen zurückführende Nutzen von ihm selbst ausgehen, sondern vielmehr bei der Anwendung von Belohnungen und Strafen auf seine Minister hört, dann fürchten sich alle Menschen im Land vor den Ministern und begegnen dem Monarchen mit Geringschätzung, orientieren sich an den Beamten und wenden sich vom Herrscher ab. Dergestalt ist das Unglück, wenn der Herrscher die Handhaben der Bestrafung und Güte verliert.

Es sind die Krallen und Zähne, mit deren Hilfe es dem Tiger gelingt, sich den Hund gefügig zu machen. Legt aber der Tiger seine Krallen und Zähne ab und überlässt sie dem Hund, dann wird der Tiger seinerseits vom Hund unterworfen. Der Herrscher hält mit Hilfe von Bestrafung und Güte die Beamten unter Kontrolle. Lässt er nun aber von diesen beiden Mitteln ab und gestattet den Beamten, sie zu nutzen, dann wird er seinerseits von den Beamten kontrolliert. So bat *Tian Chang* um Titel und Pfründe und verteilte sie unter der Beamtenschar, vergrößerte das Scheffelmaß und teilte Getreide an das einfache Volk aus. Herzog *Jian* verlor das Mittel der Güte aus seinen Händen, und *Tian Chang* nutzte es, sodass Herzog *Jian* schließlich ermordet wurde. *Zihan* sagte zum Regenten von *Song:* „Fürwahr, Belohnungen und Geschenke erfreuen das Volk. Ihr, Herr, solltet sie selbst handhaben. Hinrichtungen und Strafen hasst das Volk. Lasst Euren ergebenen Diener die Verantwortung dafür übernehmen." So gab der Regent von *Song* das Mittel der Bestrafung aus seinen Händen, *Zihan* nutzte es, und der Regent geriet ins Verhängnis. *Tian Chang* bemächtigte sich nur des Mittels der Güte, und Herzog *Jian* wurde ermordet. *Zihan* eignete sich nur das Mittel der Bestrafung an, und der Regent von *Song* geriet ins Unglück. Wenn nun die Beamten der heutigen Zeit gleichzeitig das Mittel der Bestrafung und das Mittel der Güte an sich reißen, dann befinden sich die Herrscher dieser Zeit in noch größerer Gefahr als Herzog *Jian* und der Regent von *Song*. Einen Herrscher, der ermordet oder von der Außenwelt abgeschirmt wurde, ohne dass er die Mittel der Bestrafung und Güte aus der Hand gelegt, sie den Beamten überlassen und sich dadurch Gefahr und Untergang ausgesetzt hätte, hat es bisher noch nicht gegeben.

Will der Herrscher Verrat unterbinden, muss er genau prüfen, ob Form und Name einander entsprechen, ob Wort und Tat übereinstimmen. Unterbreitet ein Untergebener einen Vorschlag, wird ihm vom Herrscher eine entsprechende Tätigkeit übertragen, und einzig dieser Tätigkeit gemäß soll er sich verdient machen. Entspricht das Verdienst der Tätigkeit und die Tätigkeit dem Vorschlag, sollte er belohnt werden. Stimmen sie aber nicht überein, muss er bestraft werden. Jene aus der Beamtenschar, die große Worte machen, aber nur kleine Verdienste aufzuweisen haben, müssen bestraft werden. Bestraft wird nicht das geringe Verdienst, sondern die Diskrepanz zwischen Versprechen und Leistung. Jene Beamten, die sich mit Worten zurückhalten, aber zugleich große Leistungen vollbringen, obliegen ebenfalls der Bestrafung. Nicht, dass man sich nicht über große Leistungen freuen würde. Man straft in der Einsicht, dass der Schaden, der aus der Diskrepanz zwischen Versprechen und Leistung erwächst, größer ist als jedwedes große Verdienst.

Einst begab es sich, dass Marquis *Zhao* von *Han* sich betrank und einschlief. Der Verwalter der herrschaftlichen Krone bemerkte, dass sein Gebieter fror, und bedeckte ihn mit einem Gewand. Als jener aus dem Schlaf erwachte, freute er sich und fragte sein Gefolge, wer ihm das Gewand übergelegt hatte. Die Höflinge gaben zur Antwort, dass es der Verwalter der herrschaftlichen Krone war. Daraufhin bestrafte er beide, den Verwalter der herrschaftlichen Gewänder und den Verwalter der herrschaftlichen Krone, den ersten, weil er seinen Pflichten nicht nachgekommen war, und den zweiten, weil er seine Befugnisse überschritten hatte. Nicht, dass er die Kälte nicht fürchtete, doch er meinte, dass der Schaden von Amtsübergriffen schlimmer ist als Kälte. Deshalb können die Beamten, wenn ein weiser Herrscher sie leitet, weder durch Überschreiten der Amtsbefugnisse Verdienste erwerben, noch Vorschläge unterbreiten, die ihren Taten nicht entsprechen. Wer seine

Amtsbefugnisse überschreitet, wird zum Tode verurteilt. Wer in seinen Taten den Worten nicht entspricht, wird bestraft. Treu sind jene, die ihren Pflichten nachkommen und ihren Worten entsprechen. Dann gibt es auch keine Cliquen- und Vetternwirtschaft.

Für den Herrscher gibt es zwei Arten von Unglück: wenn er weise Männer mit Ämtern betraut, können die Beamten jene Weisen benutzen, um den Herrscher ins Verhängnis zu stürzen, und wenn er unbesonnen Beförderungen vornimmt, leiden die Staatsgeschäfte darunter und bleiben ohne Erfolg. Liebt der Herrscher die Weisen, so verzieren die Beamten ihre Handlungen, um den Wünschen des Herrschers zu entsprechen. Auf diese Weise bleibt das wahre Wesen der Beamten im Dunkeln, und der Herrscher hat keine Möglichkeit, treue und falsche Untertanen voneinander zu trennen.

So liebte zum Beispiel der Regent von *Yue* die Tapferen, und im Volk gab es viele, die den Tod leicht nahmen. Fürst *Ling* von *Chu* hatte eine Schwäche für schmale Hüften, und es gab im Land viele Leute, die hungerten. Herzog *Huan* von *Qi* war eifersüchtig und liebte die Frauen, sodass sich *Shu Diao* selbst kastrierte, um den Harem zu verwalten. Herzog *Huan* liebte ausgefallene Speisen, und so dämpfte *Yi Ya* den Kopf seines Sohnes und servierte ihn. *Zikuai*, der Herrscher von *Yan*, liebte die Weisen, und deshalb verkündete *Zizhi*, dass er den Thron nicht geschenkt nehmen würde.

Lässt der Herrscher seinen Hass erkennen, verbergen die Beamten die Motive ihres Handelns. Tut er seine Liebe kund, beschönigen sie ihre Fähigkeiten. Wenn der Herrscher seine Wünsche offenbart, finden die Handlungen der Beamten Unterstützung. So gebrauchte *Zizhi* die Weisheit als Vorwand, um seinen Herrscher zu verdrängen, und *Shu Diao* und *Yi Ya* folgten den Wünschen des Herrschers, um in dessen Rechte einzugreifen. Schließlich starb *Zikuai* in den Wirren und Herzog *Huans* Leichnam wurde nicht bestattet, sodass die Würmer zur Tür herauskrochen. Worin lag die Ursache dafür? Das Übel bestand darin, dass der Herrscher den Beamten seine Gefühle offenbarte. Die Gefühle der Untertanen beruhen nicht unbedingt darauf, dass sie ihren Souverän lieben, sondern auf dem eigenen Vorteil. Wenn nun der Herrscher seine Gefühle nicht zu verbergen weiß, seine Motive nicht verschleiert und somit die Staatsdiener in seine Rechte eingreifen lässt, dann wird es der Beamtenschar nicht schwerfallen, wie *Zizhi* und *Tian Chang* zu handeln. Daher gilt der Grundsatz: Lass ab von der Liebe, lass ab vom Hass. Dann zeigt ein jeder sein wahres Gesicht, und der Regent wird nicht vom Leben abgeschirmt.

8. Kapitel

Die Apologie der Macht

Der Himmel hat seine natürlichen Abläufe und der Mensch sein Schicksal. Wahrhaftig, aromatischer Geruch und zarter Geschmack, ob von starkem Wein oder fettem Fleisch, erquicken den Gaumen, aber schaden dem Körper. Eine anmutige Erscheinung und perlweiße Zähne erfreuen die Gefühle, aber verwirren den Geist.

Deshalb: tu ab das Extreme, tu ab das Zusehr,
dann droht dem Körper kein Schaden mehr.
Verborgen sein will die wahre Macht,
tatenlos, schlicht von Natur aus gedacht.

Die Taten auf alle vier Seiten verteilt,
der Schlüssel zur Macht im Zentrum verweilt.
Ein Weiser den Schlüssel in Händen hält,
aus allen Enden zu ihm strömt die Welt.
Er harret der Menschen mit Ruhe erfüllt,
von selbst ihm zu dienen sind sie gewillt.
Auch wenn verborgen die vier Meere bestehen,
aus dem Dunkel er das Licht kann ersehen.
Alsbald ein jeder kennt seinen Rang,
die Tore man öffne zum Empfang.
Ohne zu ändern und zu wandeln,
der Herrscher sich stützt auf Worte und Handeln.
Derart zu wirken ohne innezuhalten,
heißt wahrhaft an den Weg der Natur sich halten.

Fürwahr, jedes Ding hat seinen Zweck und jede Begabung ihre Verwendung. Wenn sich jeder an seinem Platz befindet, dann verwirklichen die Oberen wie die Untertanen das Prinzip des Nicht-Handelns. Lass den Hahn die Nacht verwalten und die Katze Mäuse fangen. Wenn alle ihre Fähigkeiten nutzen, bleibt dem Herrscher nichts zu tun. Leitet der Herrscher selbst etwas, liegt die Tätigkeit in den falschen Händen. Zeigt er voller Stolz seine Fähigkeiten, nutzen die Untergebenen das aus, um ihn zu hintergehen. Streitet er um Weisheit und liebt das Leben, richten sich die Untertanen nach seinen Fähigkeiten. Vertauschen die Oberen und die Niederen ihre Plätze, so liegt darin die Ursache für die Wirren im Staat.

Wird dem Weg des Einen gefolgt, steht der Name an erster Stelle. Sind die Namen richtiggestellt, sind auch die Dinge bestimmt. Weichen die Namen jedoch ab, geraten auch die Dinge in Verwirrung. Deshalb hält der Weise am Einen fest und verweilt in völliger Ruhe, sodass die Namen sich selbst vorbringen und die Taten sich selbst bestimmen. Offenbart der Herrscher seine wahren Gefühle nicht, verhalten sich die Untergebenen einfach und korrekt. Entsprechend ihren Fähigkeiten nimmt er sie in Dienst und lässt sie ihre Tätigkeiten selbst bestimmen. Entsprechend ihren Worten überträgt er ihnen Aufgaben, sodass sie aus eigener Kraft emporsteigen können. Ist der Name korrekt, dann setzt er sie ein und lässt sie ihr Handeln selbst bestimmen. Gemäß den Namen überträgt der Herrscher die Ämter. Ist der Name nicht bekannt, dann rekonstruiert er ihn aus der Form. Nachdem Form und Name gegenübergestellt und verglichen wurden, wendet der Herrscher die von ihm ausgehenden Strafen und Belohnungen an. Wenn diese beiden Mittel wirklich glaubwürdig gehandhabt werden, dann offenbaren die Untertanen ihre wahren Gefühle. Der Herrscher ist weise, wenn er sich streng an den Taten orientiert, dem Lauf der natürlichen Ordnung folgt und den Schlüssel zur Macht nicht aus den Händen verliert.

Des wahrhaft weisen Herrschers Weg
im Abtun von Weisheit und Kunst besteht.
Von Weisheit und Kunst er nicht lassen kann,
Ordnung nur schwer zu schaffen ist dann.
Der Mann aus dem Volk sie zur Anwendung bringt,
sich selbst er stürzt ins Verderben;
der Herrscher oben sie zur Anwendung bringt,
der Staat wird daran sterben.
Folge dem Weg der Natürlichkeit,
kehr zurück zu der Formen Gesetzmäßigkeit.
Form und Name hab ständig im Blick,
am Ende der Anfang dann kehrt zurück.
Er halt' sich zurück in Leere und Ruhe,
niemals der Herrscher selbst etwas tue.
Das größte Unheil doch darin erscheint,
wenn der Anfang von Hoch und Niedrig vereint.
Glaubwürdig sein und den Unterschied wahren,
dann wird das Volk ihm folgen in Scharen.

Fürwahr, das *dao* ist groß und ohne Gestalt. Das *de* existiert in den Gesetzmäßigkeiten und ist überall. Es erreicht alles Existierende, und wird es mit Bedacht angewandt, findet alles auf der Welt seine Vollendung, ohne Ruhe zu finden. *Dao* ist in den Dingen, lenkt die himmlischen Abläufe und bestimmt die Zeit von Leben und Tod. Vergleiche Name und Tätigkeit, durchdringe das Eine, das gleich macht die Gefühle. Heißt es doch: *dao* ist nicht identisch mit den Dingen, *de* ist nicht identisch mit *yin* und *yang*, die Waage ist nicht identisch mit Leichtigkeit und Schwere, die Richtschnur ist nicht identisch mit den Abweichungen, die Flöte ist nicht identisch mit Trockenheit und Nässe, der Herrscher ist nicht identisch mit der Untertanen Schar. Alle diese sechs Dinge sind das Ergebnis des Wirkens von *dao*. *Dao* ist nicht zweifach, deshalb heißt es das Eine. Der kluge Regent weiß die Einmaligkeit des *dao* zu schätzen. Herr und Diener folgen nicht dem gleichen Weg. Der Untergebene tritt mit seinem Vorschlag auf. Der Herrscher hält an den Worten fest, und der Diener arbeitet an ihrer Verwirklichung. Erweisen sich Form und Name bei der Prüfung als identisch, können Obere und Untergebene in Frieden und Einklang leben.

Der richtige Weg des Anhörens der Untergebenen ist, die von ihnen eingebrachten Vorschläge an dem zu messen, was sie abrechnen. Der Herrscher erforscht die Namen und legt die Stellung des Einzelnen fest, macht die Teilung deutlich und unterscheidet die verschiedenen Gruppen. Beim Anhören von Vorschlägen sollte er so tun, als sei er völlig betrunken. Lippen und Zähne bewege er nicht als Erster. Je mehr er durcheinander zu sein scheint, desto besser. Wenn jene von selbst beginnen zu erklären, kann er dem Gesagten folgen und ihre Absichten verstehen. Recht und Unrecht sammeln sich beim Herrscher, ohne dass er sich ihnen anschließt.

Voller Leere und Ruhe, ohne zu handeln,
das ist des dao Natur.
Gegenüberstellen, ordnen und vergleichen der Namen,
das zeigt der Tätigkeit Form.

Der Herrscher stellt die Namen gegenüber, um die Dinge zu vergleichen, und ordnet sie, um die Nichtentsprechenden zu vereinen. Wenn die Wurzel und der Stamm nicht geändert werden, gehen die Handlungen nicht verloren. Der Herrscher muss die Untertanen handeln und das Ihre tun lassen, dann kann er sie verwalten, ohne selbst zu handeln. Zeigt er seine Freude, wächst die Zahl der Tätigen, zeigt er seine Abneigung, erzeugt er damit Feindschaft. Also legt er Freude und Hass beiseite, um leeren Herzens zur Verkörperung des *dao* zu werden. Der Herrscher teilt seine Macht nicht mit den Beamten und wird vom Volk verehrt. Er nimmt nicht deren Pflichten auf sich und lässt sie selbst tätig sein. Der Herrscher verharrt in seinem Inneren, betrachtet die im Hof ablaufenden Vorgänge aus dem Haus, hat alles genau vor Augen und kennt der Dinge Platz. Wem eine Belohnung zusteht, der wird belohnt; wem Strafe gebührt, der wird bestraft. Wenn er die Handlungen der Untergebenen verfolgt, werden sie alle von selbst zur Vollendung gebracht. Ziehen Gut und Schlecht die entsprechende Reaktion nach sich, wer sollte da an der Glaubwürdigkeit zweifeln. Sind Zirkel und Dreieck erst einmal angelegt, dann ergeben sich die anderen drei Ecken des Rechtecks von selbst.

Thront der Herrscher nicht geheimnisvoll über allen,
seinen Wünschen man unten versteht zu gefallen.
Selbst wenn eine Sache missglückt ihm ist,
der Untergebene am Gewohnten sich misst.
Wie Himmel und Erde der Herrscher erscheint,
die Dinge er wahrhaft erkennt und vereint.

Die Größe von Erde und Himmel er hat,
was bedeutet da noch der Verwandtschaft Grad?
Wer vermag zu sein wie Himmel und Erde,
ein wahrer Weiser genannt er werde.
Wer im Harem Ordnung will wahren,
auf Abstand der Diener zu sich halte;
wer am Hofe Ordnung will wahren,
jedes Amt ein Mann nur verwalte.
Lass niemand nach seinem Gutdünken leben,
wer wagt dann ein fremdes Amt anzustreben.
Der Herrscher die Minister fürchtet bloß,
wenn deren Anhängerschar wird zu groß.
Der Ordnung Gipfel ist erklommen,
wenn die Unteren dem Herrscher nicht nahekommen.
Der Herrscher auf Form und Name gibt acht,
ist das Volk auf der Pflichten Erfüllung bedacht.
Lässt er davon ab und strebt nach mehr,
ein wahrlich großer Irrtum dies wär'.
Er würde des Volkes Arglist nur mehren
und treulose, schlechte Minister nähren.

Deshalb gilt für den Herrscher: Bereichere niemand so
sehr, dass du bei ihm borgen musst; lass niemand so geehrt
sein, dass er dir ebenbürtig ist; vertraue nie einem Menschen so sehr, dass du Palast und Staat an ihn verlierst.

Die Wade den Schenkel überflügelt an Kraft,
mit Mühe man den Weg nur schafft.
Das Geheimnisvolle an sich er büßt ein,
von Tigern verfolgt der Herrscher wird sein.
Und wenn sie vom Herrscher unerkannt,
die Tiger schlüpfen ins Hundegewand.
Der Herrscher sie nicht beizeiten kann wehren,
die Hunde sich unaufhörlich vermehren.
Und sind die Tiger vereint erst zur Schar,

die eigene Mutter zerfleischen sie gar.
Ein Herrscher, der keine Getreuen hat,
niemals regieren kann einen Staat.
Jedoch aufs Gesetz der Herrscher baut,
der stärkste Tiger ängstlich schaut;
und wenn er Strafen wendet an,
der mächtigste Tiger gibt sich zahm.
Wo Gesetze und Strafen glaubwürdig sind,
Tiger in Menschen sich verwandeln
und jeder sich anpasst in seinem Handeln.

Will der Herrscher den Staat in Ordnung halten, muss er die Anhängerschaft der großen Familien zerschlagen, da jene sich sonst immer mehr ausbreiten. Will der Herrscher die Ländereien in Ordnung halten, muss er darauf achten, dass das Land entsprechend den Fähigkeiten verliehen wird, da die Menschen sich sonst im Streben nach dem eigenen Vorteil verlieren. Würde man den Bitten jener Menschen nachkommen, hieße das, dem Feind die Axt zu borgen. Die Axt darf aber auf keinen Fall verborgt werden, da jene sie gegen uns selbst einsetzen würden. Ein Ausspruch des gelben Kaisers besagt: „Herrscher und Untertanen fechten jeden Tag einhundert Schlachten aus." Die Untergebenen verbergen ihre Wünsche, um erst die Reaktion des Herrschers zu erforschen. Der Herrscher hält sich an Gesetze und Regeln, um die Untertanen im Handeln zu beschränken. Deshalb ist die Aufstellung von Gesetzen und Regeln des Herrschers Schatz, während der Beamten Schatz im Zusammenrotten von Gleichgesinnten besteht. Wenn die Minister ihren Souverän nicht ermorden, dann nur, weil sie keine Cliquen von Gleichgesinnten um sich geschart haben. Verliert der Herrscher nur eine Handbreit an Boden, gewinnen die Untertanen ein Vielfaches. Ein dem rechten Weg folgender Herrscher lässt die Fürstenstädte nicht zu groß, die Familien nicht zu reich und die

Minister nicht zu geachtet werden. Lässt er sie nämlich zu reich und geachtet werden, treten sie bald an seine Stelle. Ist der Herrscher auf Gefahr und Bedrohung vorbereitet und bestimmt den Kronprinzen rechtzeitig, findet das Übel keinen Nährboden. Will der Herrscher, dass im Inneren seinen Forderungen entsprochen wird und außerhalb des Palastes seine Verbote beachtet werden, muss er sich selbst um die Einhaltung seiner Gesetze und Regeln bemühen. Wer unrechtmäßig viel hat, büßt etwas ein; wer seiner Leistung entsprechend zu wenig hat, erhält etwas dazu. Verlust und Gewinn müssen feststehenden Maßstäben folgen, sodass die Untergebenen sich nicht zusammentun und gemeinsam den Herrscher hintergehen können. Der Verlust komme unmerklich wie der abnehmende Mond; der Gewinn steige allmählich wie die Wärme des Feuers. Die Erlasse müssen verständlich sein und die Strafen sorgfältig und konsequent bis zum Schluss gehandhabt werden.

Wer den Bogen entspannt sein lässt,
findet zwei Männchen in einem Nest.
In einem Nest zwei Männchen leben,
Zank und Streit nur wird es geben.
Schakal und Wolf im Stall verkehren,
die Schafe können sich nicht vermehren.
Eine Familie zwei Herren woll'n leiten,
ohne Erfolg sind die Tätigkeiten.
Mann und Frau um die Macht sich streiten,
der Sohn nicht folgen kann beiden Seiten.

Wer Herrscher sein will, muss den Baum des Öfteren verschneiden, damit die Äste nicht zu üppig wuchern. Wenn sie sich nämlich zu üppig entfalten, versperren sie bald den öffentlichen Zugang, sodass die privaten Hintertüren bedrängt werden, während der öffentliche Hof leer bleibt und der Herrscher selbst vom Leben abgeschirmt wird. Der Baum muss des Öfteren verschnitten werden, damit die Äste nicht nach außen ragen. Sollten sie nach außen ragen, engen sie bald des Herrschers Platz ein. Der Baum muss des Öfteren verschnitten werden, damit die Äste nicht stärker werden als der Stamm. Übertreffen die Äste den Stamm erst an Größe, wird der Baum dem Frühlingswind bald nicht mehr standhalten. Dann schaden die Äste dem ganzen Baum. Ist die Zahl der Prinzen zu groß, stöhnt die Familie des Thronfolgers vor Sorge. Der Weg, um hier Einhalt zu gebieten, kann nur sein, den Baum des Öfteren zu verschneiden und die Äste nicht üppig wachsen zu lassen.

Den Baum zur rechten Zeit lass verschneiden,
die Bildung von Cliquen du kannst vermeiden.
Ist die Wurzel erst freigelegt,
der Baum auch nicht mehr lange lebt.
Den tosenden Abgrund schütte zu,
kein Wassertröpfchen so verlierst du.
Auf das Innerste der Beamten gib acht,
so kannst du entreißen ihnen die Macht.
Die Macht in sich er hat vereint,
wie Blitz und Donner der Herrscher erscheint.

9. Kapitel

Acht Formen von Verrat

Es gibt acht Möglichkeiten, wie Untergebene verräterische Schurkereien verwirklichen können. Die erste Möglichkeit ist die „Bestechung im Bett". Was heißt das? Der Herrscher lässt sich betören von Hofdamen, Geliebten, Favoritinnen und Schönheiten. Sie missbrauchen die Freuden des Herrschers im inneren Palast und nutzen die Gunst der Stunde von Speis und Trank, um sich ihre Wünsche erfüllen zu lassen, was ihnen mit Sicherheit gelingt. Die Beamten biedern sich bei den Damen im Palast durch kostbare Geschenke aus Gold und Jade an, damit sie den Herrscher in ihrem Sinne täuschen. Das ist mit „Bestechung im Bett" gemeint.

Die zweite Möglichkeit ist die „Bestechung der Vertrauten des Herrschers". Was heißt das? Komiker und Zwerge, Vertraute und Nahestehende sind ständig in der Nähe des Herrschers und zu allen Diensten bereit. Sie lesen ihm die Befehle von den Lippen ab und erraten die Anweisungen aus seinen Gesichtszügen, um seinen Wünschen zuvorzukommen. Sie kommen und gehen stets in Scharen und fragen und antworten wie aus einem Mund, um den Herrscher zu beeinflussen. Die Beamten versichern sich ihrer Unterstützung nach innen durch kostbare Geschenke aus Gold und Geschmeide und nach außen durch ungesetzliche Taten zu ihren Gunsten, um über sie Einfluss auf den Herrscher auszuüben. Das nennt man „Bestechung der Vertrauten".

Die dritte Möglichkeit ist die „Ausnutzung der nächsten Verwandten". Was heißt das? Die Söhne der Nebenfrauen genießen die Liebe des Herrschers, und mit den hohen Würdenträgern am Hofe bespricht er seine Pläne. Sie vertreten ihre Vorschläge mit aller Kraft, sodass der Herrscher stets auf sie hört. Die Beamten bringen die Prinzen mit Musik und Gespielinnen und die höfischen Würdenträger mit schönen Worten auf ihre Seite. Sie geben Empfehlungen für Bündnisse und Vorhaben, und wenn diese zum Erfolg führen, erhöhen sich ihr Rang und ihre Würde. Um ihre eigenen Ziele zu erreichen, veranlassen sie, dass der

Herrscher hintergangen wird. Das ist gemeint mit der „Ausnutzung der nächsten Verwandten".

Der vierte Weg ist die „Nährung des Unheils". Was heißt das? Der Herrscher erfreut sich an Palästen, Terrassen und Teichen und vergnügt sich mit Gespielinnen, Hunden und Pferden. Darin verbirgt sich sein Unheil. Die Beamten strapazieren die letzten Kräfte des Volkes zur Verschönerung der Paläste, Terrassen und Teiche und erhöhen Steuern und Abgaben zum Herausputzen der Favoritinnen, Hunde und Pferde, um dem Herrscher Vergnügen zu bereiten und seinen Geist zu verwirren. Sie folgen seinen Wünschen und ziehen ihren eigenen Nutzen daraus. Das ist gemeint mit der „Nährung des Unheils".

Der fünfte Weg ist das „Gedeihen des Volkes". Was heißt das? Die Beamten verteilen aus öffentlichen Mitteln Almosen, um den kleinen Mann zu erfreuen, und erweisen kleine Wohltaten, um die Masse für sich zu gewinnen. Sie lassen sich auf diese Weise bei Hofe und auf den Marktplätzen rühmen, um den Herrscher zu umgehen und ihre Ziele zu erreichen. Das nennt man das „Gedeihen des Volkes".

Der sechste Weg sind „flüssige Reden und schöne Worte". Was heißt das? Wenn der Herrscher beständig abgeschirmt wird von Informationen und nur selten Dispute und Diskussionen zu hören bekommt, ist er leicht durch wohlklingende, geschickte Worte zu beeinflussen. Die Staatsdiener suchen nach gewandten Rednern in anderen Staaten und fördern sie im eigenen Land, um durch sie ihre selbstsüchtigen Absichten vorbringen zu lassen. Mit kunstvollen Worten und wohlklingenden Reden belehren sie den Herrscher über Nutzen und Macht und machen ihm Angst mit Unheil und Verderben. Mit jeglicher Art inhaltloser Worte versuchen sie, dem Herrscher zu schaden. Das bedeuten „flüssige Reden und schöne Worte".

Die siebente Art ist „Ansehen und Stärke". Was heißt das? Würde und Stärke des Herrschers liegen in seinen Beamten und seinem Volk begründet. Was für Beamte und Volk gut ist, betrachtet er als gut, was nicht, betrachtet er als schlecht. Doch die Staatsdiener scharen private Schwertträger um sich und ziehen todesmutige Schergen heran, um ihre Macht zu demonstrieren und allen zu zeigen, dass ihre Anhänger den Nutzen haben und ihre Gegner sterben müssen. So versetzen sie die Beamten und das Volk in Angst und Schrecken und verfolgen ihre selbstsüchtigen Ziele. Das bedeuten „Ansehen und Stärke".

Die achte Art ist die „Unterstützung aus allen vier Himmelsrichtungen". Was heißt das? Sind der Staat eines Herrschers klein und seine Armee schwach, muss er großen Staaten zu Diensten sein und starke Armeen fürchten. Ein kleiner Staat hat stets den Forderungen großer Staaten zu folgen, und ein schwaches Heer hat sich immer einer starken Armee zu unterwerfen. Die Staatsdiener erhöhen Abgaben und Steuern, plündern Schatzkammern und Speicher und pressen dem Land das Letzte ab, um großen Staaten zu dienen. Mit ihrer eigenen Autorität versuchen sie, den Herrscher in die Irre zu führen. In besonders schlimmen Fällen lassen sie durch fremde Truppen die Grenzen belagern, um die Macht im Inneren zu kontrollieren. Andere versuchen, durch häufig eintreffende fremde Gesandtschaften den Herrscher in Furcht und Schrecken zu versetzen. Das bedeutet „Unterstützung aus allen vier Himmelsrichtungen".

Dies sind die acht Formen des Verrats durch die Untergebenen und die acht Wege, wie der Herrscher beraubt und hintergangen werden kann. Der Herrscher sollte nie vergessen, dass es sie gibt, und gut darauf achten.

Das Verhältnis des klugen Regenten gegenüber den Frauen ist so, dass er sich an ihrer Schönheit erfreut, aber niemals ihren Wünschen nachgibt und ihren Bitten folgt. In der Haltung zu seinen Vertrauten, die er um sich herum duldet, sieht er darauf, dass sie für ihre Worte geradestehen und nicht auf ihren Nutzen bedacht sind. Seine nächsten Verwandten und hohen Würdenträger lässt er nicht einfach Karriere machen, sondern verfolgt ihre Reden, um sie dann zu bestrafen oder zu befördern. Im Hinblick auf Vergnügungen achtet er auf genaue Regeln und gestattet es niemandem, eigenmächtig vor- oder wegzutreten und seine Gedanken zu erforschen. Bei der Verteilung von Almosen sieht er darauf, dass die Gewährung oder Beschränkung von Gütern und die Öffnung der Speicher zum Nutzen des Volkes von ihm ausgehen und nicht von Untergebenen zum eigenen Vorteil missbraucht werden. Bei Disputen und Diskussionen, der Hervorhebung als Gut und der Herabwürdigung als Böse prüft er stets die Fähigkeiten und Vergehen und lässt keine Abstimmung der Untertanen untereinander zu. Bezüglich der tapferen Krieger achtet er darauf, dass Verdienste im Feld genügend belohnt und Streitigkeiten im eigenen Lager entsprechend bestraft werden, sodass die Beamten keine persönlichen Reichtümer vergeben können. Und was die Forderungen der Lehnsfürsten angeht, so entspricht er ihnen, wenn sie gerecht sind, und verwirft sie, wenn sie nicht gerechtfertigt sind.

Mit einem dem Untergang geweihten Herrscher meint man nicht einen Herrscher ohne Staat, sondern einen, der einen Staat hat und ihn doch nicht selbst besitzt. Jener Herrscher ist verloren, der seinen Staatsdienern erlaubt, mit fremder Hilfe den Staat zu beherrschen. Wenn man sich in die Hörigkeit eines großen Staates begibt, um dem Ruin zu entgehen, so kommt er dadurch nur noch schneller. Deshalb sollte der Herrscher sich nicht in Hörigkeit begeben. Sobald die Staatsdiener seinen Entschluss gegen eine Hörigkeit bemerken, werden sie nicht mit den Lehnsfürsten paktieren, und die Lehnsfürsten werden nicht darauf hoffen, dass die Beamten ihren Herrscher hintergehen.

Der kluge Herrscher schafft Ämter, Posten, Adelsränge und Pfründe, um damit die Tugendhaften zu fördern und die Verdienstvollen zu ermuntern. Deshalb heißt es: Die Tugendhaften beziehen hohe Einkommen und bekleiden hohe Posten. Die Verdienstvollen genießen eine geachtete Stellung und erhalten reiche Belohnungen. Bevor weise Männer in Dienst genommen werden, prüft der Herrscher ihre Fähigkeiten, und bevor Adelswürden vergeben werden, misst er ihre Leistungen. Darum dienen weise Männer ihrem Herrscher, ohne Fähigkeiten vorzutäuschen, und verdienstvolle Männer freuen sich über ihre Karriere, sodass die Angelegenheiten erfolgreich abgeschlossen werden. Heutzutage sieht die Sache allerdings ganz anders aus. Man trennt nicht zwischen Edel und Gemein und fragt nicht nach den Verdiensten. Die Günstlinge der Lehnsfürsten finden eine Anstellung. Die Wünsche der Höflinge werden erfüllt. Die nächsten Verwandten und hohen Würdenträger erbitten vom Herrscher Adelsränge und Pfründe und verkaufen sie an Gleichgesinnte, häufen auf diese Weise persönliche Reichtümer an und bilden Cliquen. Reiche Männer erkaufen sich Posten, um geachtet zu sein, und die Freunde der Höflinge tragen Bitten vor, um soziales Gewicht zu erlangen. Verdienstvolle Untertanen finden keine Berücksichtigung, und Karrieren im Staatsdienst basieren auf keinerlei Regeln. Staatsdiener ergaunern sich Posten, bauen Beziehungen mit fremden Mächten auf, vernachlässigen ihre Amtsgeschäfte und streben allein nach dem

Reichtum. Im Resultat werden die weisen Männer träge und sind durch nichts zu ermuntern. Die Verdienstvollen werden faul und vernachlässigen ihre Arbeit. Das ist die Atmosphäre eines untergehenden Staates.

DRITTES BUCH

10. Kapitel

Die zehn Verfehlungen

Zu den zehn Verfehlungen, die ein Herrscher begehen kann, zählen folgende: Erstens schadet man der wahren Loyalität durch kleine Treuebeweise. Zweitens verhindert man großen Nutzen durch das Erheischen kleiner Vorteile. Drittens bringt man sich selbst in höchste Gefahr durch übertriebene Eitelkeit und mangelnde Höflichkeit gegenüber den Lehnsfürsten. Viertens richtet man sich zugrunde, wenn man sich den Schönheiten der Musik und nicht den Pflichten der Politik widmet. Fünftens sind Gier und Gewinnsucht die Wurzel für Staatsruin und Tod. Sechstens ziehen übermäßige Vergnügungen mit Freudenmädchen und die Vernachlässigung der Staatsgeschäfte Unheil für den Staat nach sich. Siebentens sind weite Reisen und das Ignorieren von Mahnungen der Weg zur Gefährdung der eigenen Person. Achtens verliert man seine Würde und wird zum Gespött der Menschen, wenn man Fehler begeht und dabei nicht auf loyale Minister hört, sondern nur auf seinen eigenen Ansichten beharrt. Neuntens wird man sein Land verlieren, wenn man die Kräfte im eigenen Land nicht richtig einschätzt und sich auf andere Lehnsfürsten stützt. Zehntens wird das Land keine Zukunft haben, wenn man ungeachtet der geringen Größe des eigenen Staates sich den großen Staaten gegenüber nicht gebührend verhält und die Hinweise der Minister missachtet.

Was ist mit kleinen Treuebezeugungen gemeint? Einst standen sich König *Gong* von *Chu* und Herzog *Li* von *Jin* bei *Yanling* als Feinde gegenüber. Das *Chu*-Heer wurde geschlagen und König *Gong* am Auge verwundet. Während der erbitterten Schlacht verspürte *Zifan*, der Heerführer der *Chu*-Truppen, großen Durst und verlangte nach einem Getränk. Als ihm daraufhin sein Diener *Shu Guyang* eine Schale mit Wein reichte, schrie *Zifan*: „Ha, das ist Wein, weg damit!" Doch *Shu Guyang* sprach: „Es ist kein Wein", woraufhin *Zifan* die Schale nahm und austrank. Da nun *Zifan* ein Liebhaber des Weines war und ihm dieser Wein mundete, konnte er nicht davon ablassen und betrank sich. Als die Schlacht beendet war und König *Gong* erneut in den Kampf ziehen wollte, entsandte er einen Boten, um seinen Heerführer *Zifan* rufen zu lassen. Da sich *Zifan* unter dem Vorwand eines Herzanfalls verweigerte, ließ König *Gong* die Pferde einspannen und fuhr selbst zu ihm. Als er sein Zelt betrat, verspürte er den Geruch des Weines, kehrte um und sprach: „Oh, ich Unglücklicher! In der heutigen Schlacht wurde ich selbst verwundet. Meine einzige Hoffnung war mein Heerführer. Doch indem er sich so maßlos betrank, stürzte er den Altar des Erdbodens und der Feldfrüchte des Staates *Chu* in den Untergang und mein Volk ins Verhängnis. Ich Unglückseliger brauche nicht mehr in den Kampf zu ziehen." Er veranlasste den Rückzug der Armee und ließ den Heerführer *Zifan* als Staatsverbrecher hinrichten. *Shu Guyang* wollte seinem Herrn *Zifan* nichts Böses tun, als er ihm den Wein reichte. Er war ihm ergeben in Treue und Liebe, und doch genügte seine Hingabe, um ihn in den Tod zu stürzen. Darum heißt es: Kleine Treuebezeugungen schaden der wahren Loyalität.

Was bedeutet das Erheischen kleiner Vorteile? Einst wollte Herzog *Xian* von *Jin* den Staat *Guo* überfallen und zu diesem Zweck vom Herrscher des Staates *Yu* die Erlaubnis erbitten, dessen Land passieren zu dürfen. Daraufhin schlug *Xun Xi* vor: „Wenn Ihr, mein Fürst, Euch den Herrscher von *Yu* gewogen macht mit Jade aus *Chuiji* und einem Viergespann aus *Quchan*, wird er uns durch sein Land passieren lassen." Der Fürst entgegnete: „Die Jade aus *Chuiji* ist der Schatz meiner fürstlichen Ahnen, und die Pferde aus *Quchan* sind meine schnellsten Hengste. Was ist, wenn sie unsere Geschenke annehmen, ohne uns den Durchgang zu gewähren?" *Xun Xi* gab zur Antwort: „Wenn sie uns den Durchgang verweigern, werden sie es nicht wagen, die Geschenke anzunehmen. Nehmen sie aber unsere Geschenke an und gestatten uns den Durchgang durch ihr Land, so heißt das nichts anderes, als dass wir die Kostbarkeiten aus der inneren Schatzkammer in eine äußere Schatzkammer zur Aufbewahrung bringen und die Pferde aus dem inneren Stall in einen äußeren Stall stellen. Seid unbesorgt, mein Fürst." Der Fürst gab sein Einverständnis und entsandte *Xun Xi* mit den Geschenken zum Herrscher von *Yu*, um ihn gewogen zu stimmen und den Durchgang durch sein Land zu erbitten. Aus lauter Habsucht wollte der Herzog von *Yu* die Jade und die Pferde als Geschenk entgegennehmen, doch sein Berater, *Gong Zhiqi*, mahnte ihn mit den Worten: „Ihr solltet die Geschenke nicht annehmen. *Yu* und *Guo* gehören zusammen wie Wagen und Räder. So wie der Wagen von den Rädern und die Räder vom Wagen abhängen, gehören *Yu* und *Guo* zusammen. Wenn Ihr den Durchgang gewährt, wird *Guo* im Morgengrauen untergehen und *Yu* ihm am Abend folgen. Es darf nicht sein, und deshalb bitte ich Euch, die Geschenke nicht anzunehmen." Doch der Herzog von *Yu* hörte nicht auf den Rat und gestattete den Durchgang durch sein Land. Drei Jahre vergingen, nachdem *Xun Xi* den Staat *Guo* überfallen und besiegt hatte, da fiel er auch über *Yu* her und vernichtete es. Als *Xun Xi* die Pferde und die Jade nach Hause brachte und dem Herzog *Xian* Bericht erstattete, sprach dieser voller Freude: „Die Jade ist geblieben, wie sie war, nur die Zähne der Pferde sind etwas länger geworden." Warum wohl wurde Herzog *Yus* Armee geschlagen und sein Land annektiert? Weil er kleine Vorteile liebte, ohne auf das davon ausgehende Unheil zu sehen. Darum heißt es, dass das Erheischen kleiner Vorteile dem großen Nutzen zuwiderwirkt.

Was bedeutet übertriebene Eitelkeit? Als einst König *Ling* von *Chu* ein Treffen in *Shen* anberaumte und der Kronprinz von *Song* sich verspätete, ließ er ihn festnehmen und einsperren. Zudem beleidigte er den Fürsten von *Xu* und ließ den *Qing Feng* aus *Qi* arretieren. Einer seiner Berater versuchte ihn davor zu warnen und sagte: „Wenn man die Lehnsfürsten versammelt, ist es eine Frage von Leben und Tod, dass man ihnen der Etikette gemäß begegnet. In alten Zeiten hielt *Jie* ein Treffen mit den *Rong*-Barbaren ab, und die *Min* rebellierten. *Zhou* veranstaltete eine Frühjahrsjagd in den *Li*-Bergen, und die *Rong*- und *Di*-Barbaren gerieten in Aufruhr. Das geschah wegen der Nichteinhaltung der Etikette. Möge der Herrscher dies bedenken." Doch der Fürst missachtete diesen Rat und blieb bei seinen Ansichten. Noch vor Ablauf eines Jahres begab sich König *Ling* auf eine Reise in den Süden, auf der er von seinen Begleitern beraubt wurde und schließlich an einem ausgetrockneten Bergfluss verhungerte. Daher heißt es, dass man sich selbst in höchste Gefahr begibt durch übertriebene Eitelkeit und mangelnde Höflichkeit gegenüber den Lehnsfürsten.

Was bedeutet Liebe zur Musik? Einst begab es sich, dass Herzog *Ling* von *Wei* auf dem Weg nach *Jin* war. Als er am *Pu*-Fluss anlangte, ließ er die Wagen abstellen, die Pferde ausspannen und eine Hütte zur Übernachtung errichten. Inmitten der Nacht vernahm er eine fremde Trommelmelodie, die ihn sehr erfreute. Er ließ seine Vertrauten befragen, doch keiner hatte etwas gehört. Also beorderte er den Musikmeister *Juan* zu sich und sprach: „Ich vernahm eine fremde Trommelmelodie, doch niemand von meinen Vertrauten hat sie gehört. Es ist, als ob es sich um Geister handelte. Versucht Ihr, für mich diese Musik zu hören und niederzuschreiben." – „Wie Ihr wünscht", entgegnete der Musiker *Juan*. In der Stille der Nacht setzte er sich, spielte die Laute und schrieb die Noten nieder. Am nächsten Morgen berichtete er, dass er die Melodie gefunden, aber nicht genug Zeit zum Üben gehabt hätte und eine weitere Nacht zum Üben brauche. Herzog *Ling* gab sich einverstanden. Sie blieben noch eine Nacht, und nachdem er nochmals die Melodie geübt hatte, begaben sie sich am nächsten Tag nach *Jin*. Herzog *Ping* von *Jin* bewirtete sie mit Wein auf der *Shiyi*-Terrasse. Als das Gelage seinen Höhepunkt erreicht hatte, erhob sich Herzog *Ling* und sprach: „Es gibt eine neue Melodie, die ich Euch vorspielen möchte." Und da Herzog *Ping* zustimmte, ließ man den Musiker *Juan* herbeirufen, hieß ihn, sich neben den Musiker *Kuang* zu setzen und auf der Laute die Melodie zu spielen. Doch noch bevor das Lied geendet hatte, hörte der Musiker *Kuang* auf zu spielen und sprach: „Das ist die Melodie eines untergehenden Staates. Man sollte sie nicht spielen." Auf Herzog *Pings* Frage, woher diese Melodie stamme, antwortete der Musiker *Kuang:* „Es ist eine Komposition des Musikers *Yan,* die er zur Belustigung des *Zhou* schrieb. Als König *Wu* über *Zhou* herfiel, floh der Musiker *Yan* ostwärts, um sich am *Pu*-Fluss selbst in die Fluten zu stürzen. Diese Melodie kann also nur am *Pu*-Fluss vernommen worden sein, und wer sie als Erster hört, dessen Staat wird untergehen. Deshalb darf sie nicht weitergespielt werden." Doch Herzog *Ping* liebte Musik und bestand darauf, dass sie zu Ende gespielt wird. Musiker *Juan* gehorchte und spielte weiter. Herzog *Ping* fragte den Musiker *Kuang:* „Was für ein Ton ist das?" – „Der sogenannte reine zweite Ton", lautete die Antwort. „Und ist dies der traurigste Ton?" – „Nein", sprach der Musiker *Kuang*, „der reine vierte Ton ist noch trauriger." Auf des Herzogs Frage, ob man denn den reinen vierten Ton hören könne, antwortete der Musiker *Kuang*: „Nein. Jene, die im Altertum den reinen vierten Ton zu hören vermochten, waren Herrscher von vollendeter Tugend und Gerechtigkeit. Eure Tugend reicht nicht aus, um ihn vernehmen zu können." – „Ich liebe Musik und wünsche diesen Ton zu hören", sprach Herzog *Ping* und befahl dem Musiker *Kuang*, die Laute zu nehmen und zu spielen. Als er zum ersten Spiel ansetzte, kamen aus Süden zweimal acht schwarze Kraniche geflogen und versammelten sich auf dem Dach über dem Eingang zur Säulenhalle. Beim zweiten Spiel setzten sie sich in einer Reihe auf, und beim dritten Spiel reckten sie ihre Hälse und fingen an zu singen, breiteten ihre Flügel aus und fingen an zu tanzen. Die *Gong*- und *Shang*-Töne erklangen gen Himmel, und Herzog *Ping* und alle Anwesenden waren aufs Höchste entzückt. Herzog *Ping* erhob sich, nahm seine Weinschale und brachte einen Toast auf den Musiker *Kuang* aus. Nachdem er sich wieder gesetzt hatte, fragte er: „Gibt es keinen Ton, der trauriger wäre als der reine vierte?" – „Doch, der reine dritte Ton", bekam er zur Antwort. Und auf die Frage, ob man den reinen dritten Ton hören könne, sprach der Musiker *Kuang*: „Nein. In längst vergangener Zeit versammelte der Gelbe Kaiser die Geister und Dämonen auf dem Berg *Taishan*. Er fuhr in einem von sechs Drachen gezogenen fantastischen Wagen. Die Achse wurde von *Bifang*, dem Geist des Baumes, zusammengehalten, Aufrührer *Chiyou* marschierte vorweg, *Fengbo*, der Geist des Windes, fegte ihm den Weg frei, *Yushi*, der Geist des Regens benetzte den Weg mit Wein, Tiger und Wölfe liefen vor ihm, Geister und Dämonen folgten ihm, fliegende Schlangen warfen sich vor ihm auf die Erde und Phönixe schwebten über seinem Kopf. Auf diese Weise hielt er eine große Versammlung der Geister und Dämonen ab und ließ den reinen dritten Ton erklingen. Eure Tugend, mein Herrscher, ist zu klein, um ihn hören zu können. Wenn Ihr darauf besteht, wird es, so fürchte ich, Unheil bringen." Doch Herzog *Ping* entgegnete: „Ich bin alt und liebe Musik. Deshalb bestehe ich darauf, ihn zu hören." Dem Musiker *Kuang* blieb nichts anderes übrig, als ihn zu spielen. Kaum hatte er zum ersten Spiel angesetzt, da bedeckten dunkle Wolken den nordwestlichen Himmel. Als er jedoch das zweite Mal spielte, erhob sich ein tosender Orkan, gefolgt von einem sintflutartigen Regen, zerfetzte die Zelte und Vorhänge, zerstörte die Opfertische und -gefäße und deckte die Ziegeln von den Dächern. Die Anwesenden stürmten auseinander, und Herzog *Ping*, voller Angst und Schrecken, warf sich in einem Zimmer zu Boden. Der Staat *Jin* erlebte daraufhin eine schreckliche Dürre, die drei Jahre lang nichts wachsen und gedeihen ließ, und Herzog *Ping* wurde schließlich von einer tödlichen Krankheit heimgesucht. Daher heißt es, dass sich zugrunde richtet, wer sich den Schönheiten der Musik hingibt, anstatt den Pflichten des Regierens nachzukommen.

Was bedeutet Gier und Habsucht? Einst führte Graf *Zhi* die Armeen von *Han, Zhao* und *Wei* in den Kampf gegen *Fan* und *Zhonghang* und vernichtete sie. Nach der siegreichen Rückkehr und einigen friedlichen Jahren forderte er Ländereien vom *Han*-Clan. Graf *Kang* von *Han* wollte sie ihm verweigern, doch sein Berater *Duan Gui* mahnte ihn mit den Worten: „Wir können nicht umhin, das Land abzutreten. Graf *Zhi* ist ein habsüchtiger und eingebildeter Mann. Er schickte einen Gesandten mit der Forderung nach Ländereien, und wenn wir sie ihm nun verweigern, wird er mit Sicherheit seine Armee gegen *Han* ins Feld schicken. Darum geht auf seine Forderung ein. In diesem Fall wird er sich daran gewöhnen und auch von anderen Staaten fordern, dass sie ihm Ländereien abtreten. Einer dieser Staaten wird sich weigern, und Graf *Zhi* wird seine Truppen gegen ihn ausschicken. So kann *Han* das Unheil umgehen und auf eine Wendung der Umstände warten." Graf *Kang* stimmte zu und veranlasste, dass ein Kreis mit zehntausend Familien an den Grafen *Zhi* abgetreten wird. Jener war höchst erfreut über den Ausgang und schickte sofort jemanden nach *Wei*, um auch von ihnen Land zu fordern. Auch Graf *Xuan* von *Wei* wollte seine Forderung ablehnen, doch sein Berater *Zhao Jia* warnte ihn mit den Worten: „Als er Land von *Han* forderte, wurde ihm dies gewährt. Nun fordert er Land von *Wei*, und wenn wir es ihm nicht abtreten, heißt das, dass wir uns im Inneren auf unsere Stärke verlassen und nach außen den Zorn des Grafen *Zhi* provozieren. Geben wir ihm keine Ländereien, wird er sicherlich gegen uns ins Feld ziehen. Es wäre besser, auf seine Forderung einzugehen." Daraufhin stimmte Graf *Xuan* zu und veranlasste, dass ein Kreis mit zehntausend Familien an den Grafen *Zhi* abgetreten wird. Schließlich schickte dieser auch einen Gesandten nach *Zhao*, um seinen Anspruch auf die Gebiete *Cai* und *Gaolang* vorzubringen. Da aber Graf *Xiang* von *Zhao* seiner Forderung nicht nachkam, ging Graf *Zhi* ein geheimes Bündnis mit *Han* und *Wei* ein, um *Zhao* zu überfallen. Graf *Xiang* ließ seinen Ratgeber *Zhang Mengtan* rufen und sprach: „Graf *Zhi* ist wahrlich ein Mensch, der nach außen allen nahesteht, aber in seinem Inneren jedem fremd ist. Er schickte Botschafter nach *Han*, *Wei* und zu mir, und da ich seiner Forderung nicht nachkam, wird er seine Armee gegen mich richten. Wo kann ich da noch sicher sein?" *Zhang Mengtan* sprach darauf: „*Dong Yanyu*, ein fähiger Minister Eures Vaters, des Grafen *Jian*, regierte über *Jinyang*. Ihm folgte *Yin Duo*. Der beiden gelehrsamer Einfluss wirkt dort bis auf den heutigen Tag nach. Ihr solltet Euren Wohnsitz dorthin verlagern." Der Herrscher stimmte zu und ließ *Yanling Sheng* herbeirufen. Er schickte ihn mit einem Konvoi voraus nach *Jinyang* und folgte ihm später. Als er dort eintraf und die Stadtmauern und Vorratslager inspizieren wollte, fand er die Mauern in einem verwahrlosten Zustand, die Speicher ohne Getreide, die Schatzkammern ohne Geld, das Zeughaus ohne Waffen und die ganze Stadt nicht in Verteidigungsbereitschaft vor. Voller Furcht ließ er *Zhang Mengtan* rufen und sprach zu ihm: „Ich habe die Mauern und Vorratslager inspiziert und musste feststellen, dass keinerlei Vorbereitungen getroffen sind. Wie kann ich mich da dem Feind stellen?" Doch *Zhang Mengtan* entgegnete: „Ich habe gehört, dass für einen weisen Herrscher die Ordnung im Volk und nicht die Ordnung in den Speichern und Lagern wichtig ist und dass er sich der Vervollkommnung seiner Lehren und nicht der Reparatur der Stadtmauern widmet. Gebt einen Erlass heraus, dass jedermann im Volk sich Getreidevorräte für drei Jahre anlegen und den Überschuss in die Kornspeicher bringen soll, sich Mittel für drei Jahre zurücklegen und das überschüssige Geld an die Schatzkammern abgeben soll und dass alle Leute, die keine Arbeit zu verrichten haben, sich zum Ausbessern der Stadtmauern einzufinden haben." Der Befehl wurde am Abend erlassen, und am nächsten Tag konnten die Speicher das Korn nicht fassen, die Schatzkammern waren überfüllt und das Zeughaus zu klein für die Masse der Waffen. Nach fünf Tagen waren die Stadtmauern instand gesetzt und alle Vorbereitungen zur Verteidigung abgeschlossen. Der Herrscher rief *Zhang Mengtan* zu sich und fragte: „Die Mauern sind instand gesetzt, die Verteidigung ist vorbereitet, Geld und Getreide sind ausreichend vorhanden und Waffen gibt es genügend. Aber was kann ich ohne Pfeile ausrichten?" *Zhang Mengtan* sprach: „Ich habe gehört, dass zu der Zeit, als Meister *Dong* über *Jinyang* regierte, um alle Palastanlagen ein Schutzwall aus dickem Schilf und grobem Dornengestrüpp angelegt wurde, der heute einen Klafter an Höhe misst. Ihr solltet ihn zur Herstellung von Pfeilen nutzen." Als man das Schilf und Gestrüpp abschlug und probierte, stellte sich heraus, dass es an Festigkeit sogar dem besten Bambus überlegen war. Da sprach der Herrscher: „Pfeile habe ich nun genügend, aber was kann ich ohne Metall ausrichten?" *Zhang Mengtan* erwiderte: „Ich habe gehört, dass zu der Zeit, als Meister *Dong* über *Jinyang* regierte, die Stützen und Pfeiler in den Palasthallen und Amtsgebäuden aus Bronze gegossen wurden. Nutzt diese zur Gewinnung von Metall." Man befolgte diesen Rat und hatte genügend Metall zur Verfügung.

Kaum waren die Befehle und Erlasse herausgegeben und die Vorbereitungen zur Verteidigung abgeschlossen, trafen die Armeen der drei Staaten ein. Sie stürmten sofort auf die Stadtmauern von *Jinyang* zu und warfen sich in den Kampf, konnten aber in drei Monaten die Stadt nicht einnehmen. So ließ man die Truppen ausschwärmen und die Stadt umzingeln. Zudem flutete man den Fluss, der *Jinyang* mit Wasser versorgte. Drei Jahre belagerte man die Stadt *Jinyang*. Die Menschen in der Stadt lebten in Nestern und kochten ihr Essen in hängenden Töpfen. Als die Rücklagen und Vorräte zur Neige gingen und sich Krankheiten unter den Beamten und Offizieren ausweiteten, ließ Graf *Xiang* seinen Berater *Zhang Mengtan* rufen und sprach: „Unsere Vorräte gehen zur Neige, die Gelder sind aufgebraucht und die Beamten und Offiziere kränkeln. Ich fürchte, wir können uns unter diesen Umständen nicht länger halten. Doch welchem Staat sollte ich mich ergeben?" Sein Ratgeber entgegnete: „Ich habe gehört, dass im Angesicht von unvermeidbarem Untergang und drohender Gefahr Edelmut und Weisheit nichts mehr gelten. Lasst also ab von Eurem Ansinnen und erlaubt mir stattdessen, heimlich die Stadt zu verlassen und mit den Herrschern von *Han* und *Wei* zu sprechen." Als *Zhang Mengtan* die Herrscher von *Han* und *Wei* aufsuchte, sprach er zu ihnen: „Ich habe gehört, dass die Zähne ohne die schützenden Lippen frieren. Nun ist Graf *Zhi* im Bündnis mit Euch über *Zhao* hergefallen, und *Zhao* steht kurz vor dem Untergang. Doch dem Untergang von *Zhao* wird Euer Untergang folgen." Die beiden Regenten entgegneten: „Wir wissen sehr wohl, dass es sich so verhält, aber Graf *Zhi* ist ein Mensch voller Misstrauen und mit wenig Nächstenliebe. Wenn wir gegen ihn intrigieren und er davon Kenntnis erhält, wird Unheil über uns hereinbrechen. Was können wir dann noch tun?" Darauf sprach *Zhang Mengtan*: „Nur Ihr, die Ihr darüber sprecht, und ich, der alles gehört, wissen von den geheimen Plänen, sonst niemand." So beschlossen die beiden Herrscher zusammen mit *Zhang Mengtan,* mit ihren drei Armeen gegen *Zhi* zu rebellieren, und legten den Zeitpunkt dafür fest. Nachts schickten sie *Zhang* zurück nach *Jinyang,* um dem Grafen *Xiang* Bericht zu erstatten über ihr Komplott. Jener empfing *Zhang* mit allen Ehren und war voller Furcht und Freude zugleich. Nachdem die beiden Herrscher *Zhang Mengtan* mit ihrer Zusage zurückgeschickt hatten, begaben sie sich zu einer Audienz beim Grafen *Zhi*. Auf dem Rückweg trafen sie vor dem Tor des Hauptkommandos *Zhi Guo*, der sich über ihren Gesichtsausdruck wunderte und dem Grafen *Zhi* davon berichtete, dass sie sich verändert hätten. Auf die Frage, was er damit meine, antwortete *Zhi Guo*: „Sie sind voller Selbstbewusstsein und guten Mutes, nicht mehr so vorsichtig wie sonst. Es wäre besser, wenn Ihr ihnen zuvorkommt." Der Herrscher sprach darauf: „Ich habe mit den beiden Herrschern ein ehrenvolles Abkommen geschlossen, das vorsieht, *Zhao* zu zerschlagen und sein Land unter uns drei aufzuteilen. Aus diesem Grund bin ich ihnen nähergekommen. Sie können mich nicht hintergehen. Unsere Truppen stehen seit drei Jahren vor den Toren von *Jinyang,* und es ist sehr bald mit der Einnahme der Stadt und folglich mit der Verwirklichung unseres Zieles zu rechnen. Wie sollten sie da jetzt anderer Meinung sein? Das kann unmöglich sein. Vergesst Eure Sorgen und sprecht nicht mehr darüber." Am anderen Morgen waren die beiden Herrscher wieder zur Audienz und trafen auf dem Rückweg erneut am Tor des Hauptkommandos auf *Zhi Guo*. Jener ging zum Grafen *Zhi* und fragte: „Habt Ihr den beiden Herrschern von meinen Worten erzählt?" Auf die Frage, woher er das wisse, entgegnete er: „Als sie heute von der Audienz bei Euch zurückkamen und mich sahen, waren sie erregt und starrten mich an. Sie planen mit Sicherheit einen Putsch, und es wäre besser, wenn Ihr sie töten lasst." Als der Graf daraufhin befahl, dass er nicht mehr über sie sprechen solle, blieb *Zhi Guo* hartnäckig und sagte: „Nein, das geht nicht. Ihr müsst sie hinrichten lassen. Und wenn Ihr das nicht tun wollt, dann bindet sie enger an Euch." Auf die Frage des Grafen, was er damit meine, sagte er weiter: „*Zhao Jia* ist der Berater des Grafen *Xuan* von *Wei* und *Duan Gui* der Berater des Grafen *Kang* von *Han*. Beide haben großen Einfluss auf ihre Herren. Vereinbart mit ihren Herren, dass Ihr die beiden Ratgeber nach der Zerschlagung von *Zhao* jeweils mit einem Kreis von zehntausend Familien belehnt. Dann werden sie ihre Absichten nicht ändern können." Darauf entgegnete Graf *Zhi*: „Wenn wir *Zhao* nach der Zerschlagung dreiteilen und ich den beiden Ratgebern noch jeweils einen Kreis mit zehntausend Familien als Lehen abtrete, bleibt für mich selbst zu wenig übrig. Das geht nicht." Als *Zhi Guo* sah, dass sein Rat nicht befolgt würde, ging er und wechselte mit seiner gesamten Familie zum *Fu*-Clan über. In der festgelegten Nacht ließ der Herrscher von *Zhao* die Wächter der Deiche ermorden, die Deiche überfluten und die Armee des Grafen *Zhi* unter Wasser setzen. *Zhis* Heer geriet auf der Flucht vor dem Hochwasser in große Panik und wurde zudem von den Flanken durch die Armeen von *Han* und *Wei* angegriffen.

Graf *Xiang* startete mit seiner Armee einen Frontalangriff, fügte Graf *Zhis* Heer eine vernichtende Niederlage zu und nahm ihn selbst gefangen. Graf *Zhi* fand den Tod, sein Heer wurde vernichtend geschlagen, sein Land in drei Teile gespalten und er wurde zum Gespött im ganzen Reich. Darum heißt es, dass Gier und Gewinnsucht die Wurzel von Tod und Staatsruin sind.

Was bedeutet, sich mit Freudenmädchen zu vergnügen? Einst schickte der Herrscher von *Rong* einen Gesandten namens *You Yu* mit Geschenken nach *Qin*. Herzog *Mu* fragte ihn: „Ich habe schon viel über den rechten Weg des Regierens gehört, ohne mich je mit eigenen Augen davon überzeugen zu können. Könnt Ihr mir sagen, wie die klugen Herrscher des Altertums ihren Staat erhalten beziehungsweise verloren haben?" *You Yu* gab zur Antwort: „Es ist mir zu Ohren gekommen, dass sie mit ihrer Sparsamkeit den Staat erhalten und ihn durch Verschwendung verloren haben." Herzog *Mu* sprach: „Ich schämte mich nicht, Euch nach dem rechten Weg des Regierens zu befragen, doch Ihr gabt mir nur eine derart spärliche Antwort, wieso?" Darauf sagte *You Yu:* „Ich weiß, dass in vergangenen Zeiten einst *Yao* das Reich regierte. Er aß aus Tonschalen und trank aus Tonkrügen. Sein Land erstreckte sich im Süden bis *Jiaozhi*, im Norden bis *Youdu*, im Osten und Westen bis zum Horizont, wo Sonne und Mond auf- und untergehen, und alle im Reich unterwarfen sich ihm. Als *Yao* die Herrschaft über das Reich abtrat an *Yu Shun*, ließ dieser neue Speisegefäße anfertigen. Man fällte Bäume in den Bergen, schnitt sie in Stücke, schälte und bearbeitete das Holz, bis die Oberfläche glatt war, färbte es schwarz mit flüssigem Lack und ließ es dann als Speisegefäße in den Palast bringen. Die Lehnsfürsten hielten ihn für verschwenderischer als seinen Vorgänger, und dreizehn Staaten verweigerten ihm schließlich den Gehorsam. Als

Shun die Herrschaft über das Reich an *Yu* weitergab, ließ dieser Opfergefäße anfertigen, die von außen schwarz gefärbt und von innen rot bemalt waren. Er bettete sich auf Seidenkissen und frische Schilfmatten, benutzte farbig verzierte Weinbecher und Suppenlöffel und hatte geschmückte Weinkrüge und Opferschalen. Er galt als noch verschwenderischer, und dreiunddreißig Staaten verweigerten ihm schließlich den Gehorsam. Als der *Xiahou*-Clan untergegangen und die Herrschaft in die Hände des *Yin*-Clans gekommen war, ließen die *Yin* große Wagen bauen und neun mit Edelsteinen bestückte Kronen anfertigen. Ess- und Trinkgefäße waren verziert mit Schnitzereien und Gravierungen, die Wände weiß getüncht, die Terrassen mit weißem Ton überzogen und die Ruhematten mit Ornamenten bedeckt. Da dies eine noch viel größere Verschwendung war, verweigerten dreiundfünfzig Staaten den Gehorsam. Je mehr Zierrat und Feinheiten die Edelleute kennen, desto weniger Menschen finden sich bereit, ihnen zu dienen. Darum sage ich, dass der rechte Weg in der Sparsamkeit liegt." Als *You Yu* gegangen war, ließ der Herzog seinen Kanzler *Liao* rufen und sprach zu ihm: „Es heißt, dass ein Weiser in einem Nachbarstaat den feindlichen Staaten Kummer bringt. *You Yu* ist nun so ein weiser Mann, und das bereitet mir Sorgen. Was kann ich nur tun?" Kanzler *Liao* gab zur Antwort: „Soweit mir bekannt ist, liegt der Palast des *Rong*-Herrschers weit entfernt und abgelegen, und er hat noch nie die Musik der zentralen Staaten gehört. Ihr solltet ihm einige Tänzerinnen und Sängerinnen zum Geschenk machen, um so seine Politik durcheinanderzubringen. Lasst außerdem *You Yus* Rückkehr verschieben, um seinen Einfluss auszuschließen. Ist erst ein Keil zwischen Herrscher und Berater getrieben, könnt Ihr Pläne gegen sie schmieden." Der Herrscher war einverstanden und entsandte seinen Kanzler *Liao* mit zweimal acht Sängerinnen als Geschenk zum *Rong*-Herrscher, um eine spätere Rückkehr des *You Yu* zu erwirken. Der *Rong*-Herrscher nahm das Geschenk entgegen, und als er die Sängerinnen sah, war er so erfreut, dass er endlose Trinkgelage veranstaltete und sich die ganze Zeit dem Gesang der Mädchen hingab. Bis zum Jahresende ließ er die Weideplätze nicht mehr wechseln, sodass die Hälfte der Rinder- und Pferdeherden verhungerte. Als *You Yu* schließlich zurückkehrte und dem *Rong*-Herrscher Vorhaltungen machte, hörte dieser nicht auf seinen Rat. So ging *You Yu* seiner Wege und begab sich nach *Qin*. Herzog *Mu* von *Qin* empfing ihn mit allen Ehren, machte ihn zum Minister und befragte ihn nach der militärischen Stärke und den topografischen Bedingungen von *Rong*. Nachdem er die gewünschten Informationen erhalten hatte, mobilisierte er die Armee, überfiel *Rong*, eroberte zwölf Staaten und erweiterte sein Territorium auf eintausend *li*. Darum heißt es, dass übermäßige Vergnügungen mit Freudenmädchen und die Vernachlässigung der Staatsgeschäfte Unheil über den Staat bringen.

Was bedeutet, sich auf weite Reisen zu begeben? Als sich einst Herzog *Jing* von *Qi* auf einer Reise über das Meer vergnügte, erließ er eine Order an die ihn begleitenden Würdenträger, die besagte, dass jeder sterben muss, der von der Heimkehr spricht. Darauf sprach *Yan Zhuoju*: „Ihr, mein Gebieter, genießt die Freuden des Reisens, doch was ist, wenn die Minister derweil einen Staatsstreich planen? Was wird später mit den Vergnügungen, die Ihr heute noch habt?" Herzog *Jing* von *Qi* erwiderte: „Gerade habe ich befohlen, dass jeder, der von Heimkehr spricht, zu töten ist, und nun setzt Ihr Euch über meine Order hinweg." Er nahm eine Lanze und wollte *Yan* damit durchbohren. Jener aber sprach: „In alten Zeiten wurde *Guan Longpeng* von *Jie* hingerichtet und *Zhou* tötete den Prinzen *Bigan*. Heute nun wäre ich der Dritte, dessen Körper

Ihr, mein Herr, auslöschen könnt, doch bedenkt, dass es mir um den Staat und nicht um meine Person geht." Seinen Hals vorstreckend forderte er den Herrscher auf, ihn zu töten, aber dieser warf die Lanze weg und ordnete die sofortige Heimkehr an. Drei Tage nach seiner Rückkehr vernahm Herzog *Jing* von geheimen Plänen, dass seine Rückkehr verhindert werden sollte. So verdankte es Herzog *Jing* von *Qi* schließlich dem *Yan Zhuoju*, dass er die Herrschaft über den Staat *Qi* behielt. Daher heißt es, dass der Herrscher durch weite Reisen seine eigene Person gefährdet.

Was heißt, Fehler zu begehen und nicht auf loyale Minister zu hören? Früher gelang es Herzog *Huan* von *Qi*, die Lehnsfürsten neunmal zu Treffen an seinem Hof zu versammeln, das Reich zu ordnen und der erste der fünf Hegemonen zu sein. *Guan Zhong* stand ihm dabei als Diener zur Seite. Als *Guan Zhong* zu alt war für den Staatsdienst, zog er sich in die Geborgenheit seiner Familie zurück. Herzog *Huan* begab sich zu ihm und fragte: „Ehrwürdiger *Zhong*, Ihr lebt zurückgezogen in Eurer Familie und seid krank. Was wird sein, wenn es das Unglück will und Ihr Euch nicht von dieser Krankheit erholt? Wem soll ich die Leitung des Staates anvertrauen?" *Guan Zhong* gab zur Antwort: „Euer Diener ist zu alt, um nach Rat gefragt zu werden. Ich weiß nur, dass niemand die Beamten besser kennt als der Herrscher, so wie der Vater seine Söhne am besten kennt. Vertraut in Eurer Entscheidung auf Euer Herz, mein Gebieter." Auf die Frage, ob *Bao Shuya* geeignet wäre, sagte *Guan Zhong*: „Nein, er ist ein harter, unnachgiebiger und grausamer Mann, der mit seiner Strenge dem Volk schadet, wegen seiner Unnachgiebigkeit nicht die Herzen des Volkes gewinnen kann und dem die Menschen wegen seiner Grausamkeit nicht zu dienen bereit sind. Er kennt keine Furcht und ist nicht der richtige Helfer für einen

Hegemonen." Und auf die Frage, wie es mit *Shu Diao* stehe, gab er zur Antwort: „Nein, es liegt in der Natur des Menschen, dass er auf seinen eigenen Körper bedacht ist. Nun ist es so, dass Ihr, Herzog, die Frauen liebt und von schrecklicher Eifersucht geplagt werdet. Deshalb kastrierte sich *Shu Diao* selbst, um Eurem Harem vorstehen zu können. Wie könnte er Euch lieben, wenn er seinen eigenen Körper nicht liebt?" – „Wie ist es dann mit dem Prinzen *Kaifang* aus *Wei*?", fragte der Herzog. „Nein", sprach *Guan Zhong*, „die Reise von *Qi* nach *Wei* dauert kaum zehn Tage. Doch *Kaifang* besuchte fünfzehn Jahre lang seine Eltern nicht, weil er Euch dienen und zu Willen sein wollte. Das widerspricht den Gefühlen des Menschen. Wer seinen Eltern nicht nahesteht, wie könnte er seinem Herrscher nahestehen?" Und auf die Frage nach der Tauglichkeit des *Yi Ya* erwiderte *Guan Zhong*: „Nein, *Yi Ya* befasste sich mit der Zubereitung von ausgefallenen Speisen für Euch. Als er feststellte, dass das Einzige, was Ihr bislang nicht probiert hattet, Menschenfleisch war, dämpfte er den Kopf seines Sohnes und reichte ihn Euch als Speise. Das wisst Ihr doch. Es gibt keinen Menschen, der nicht seinen Sohn lieben würde. Wenn er nun den Kopf seines Sohnes dämpft und Euch als Speise reicht, so liebt er nicht einmal seinen Sohn. Wie sollte er da seinen Herrscher lieben?" Da fragte der Herzog: „Wer wäre also der rechte Mann?" – „*Xi Peng*", sprach *Guan Zhong*, „wäre der rechte. Innerlich standhaft und nach außen ehrlich hat er kaum eigennützige Wünsche und ist Euch voller Treue ergeben. Mit seiner inneren Standhaftigkeit ist er den anderen ein Vorbild, aufgrund seiner Ehrlichkeit kann man ihm wichtige Aufgaben anvertrauen, dank seiner Uneigennützigkeit ist er zur Verwaltung der Massen geeignet, und durch seine ergebene Treue zu Euch kommt er auch für Kontakte zu anderen Staaten in Betracht. Er wäre der rechte Gehilfe für einen Hegemonen. Ihr solltet auf ihn zurückgreifen." Der

Herrscher stimmte dem zu. Als nach einem reichlichen Jahr *Guan Zhong* starb, übertrug aber der Herrscher die Führung des Staates nicht an *Xi Peng*, sondern setzte *Shu Diao* an dessen Stelle ein. Als dieser bereits drei Jahre die Staatsgeschäfte geführt hatte und Herzog *Huan* sich auf eine Reise nach *Tangfu* im Süden begab, stiftete *Shu Diao* den Prinzen *Kaifang* von *Wei, Yi Ya* und die anderen hohen Würdenträger zum Aufruhr an. Herzog *Huan* litt Durst und Hunger, bis er einsam in einer Schlafkammer am Südtor verstarb. Sein Leichnam blieb drei Monate lang unbestattet liegen, bis die Maden zur Tür herausgekrochen kamen. Woran lag es, dass Herzog *Huan*, dessen Armee das gesamte Reich durchquerte und der der erste der fünf Hegemonen war, schließlich von seinen Ministern ermordet wurde, seine Würde verlor und zum Gespött des ganzen Reiches wurde? Er beging den Fehler, nicht auf *Guan Zhong* zu hören. Daher heißt es, dass man seine Würde verliert und zum Gespött der Menschen wird, wenn man einen Fehler begeht und nicht auf loyale Minister hört, sondern nur auf seinen eigenen Ansichten beharrt.

Was bedeutet, die Kräfte im eigenen Land falsch einzuschätzen? Als einst *Qin* die Stadt *Yiyang* angriff, war der *Han*-Clan in großer Gefahr. Da sprach *Gongzhong Peng* zum Herrscher von *Han:* „Auf unsere Verbündeten ist kein Verlass. Wir sollten *Zhang Yi* nach *Qin* schicken, um Frieden zu schließen. Bestechen wir zudem *Qin*, indem wir ihm eine bekannte Stadt abtreten, und ziehen wir mit ihm zusammen gen Süden ins Feld gegen *Chu*, wälzen wir das Unheil auf *Qin* und den Schaden auf *Chu* ab. Der Herrscher war damit einverstanden und schickte *Gongzhong* mit einer Friedensmission gen Westen nach *Qin*. Als der Herrscher von *Chu* davon Kenntnis bekam, war er voller Furcht, ließ *Chen Zhen* zu sich rufen und sagte: „*Peng* aus *Han* ist nach Westen aufgebrochen, um mit *Qin* Frieden zu schließen. Was können wir nur tun?" Darauf erwiderte *Chen Zhen*: „Nachdem *Qin* eine Stadt von *Han* als Geschenk erhalten hat, werden sie ihre besten Truppen aufbieten, um zusammen mit *Han* in Richtung Süden gegen *Chu* aufzumarschieren. Das ist es, wofür der Herrscher von *Qin* bei der Abhaltung seiner Ahnenopfer gebetet hat. Ein Unheil für *Chu* ist gewiss. Ihr solltet auf schnellstem Wege einen Vertrauten nach *Han* entsenden und dem Herrscher von *Han* viele Wagen mit kostbaren Geschenken überbringen lassen mit den Worten: Mein Staat ist zwar nur klein, aber wir haben bereits alle unsere Soldaten mobilisiert. Möge Euer großer Staat *Qin* widerstehen und einen Gesandten zu uns schicken, um sich von unserer Mobilisierung zu überzeugen." *Han* schickte darauf alsbald einen Abgesandten nach *Chu*. Unterdessen hatte der Herrscher von *Chu* Wagen und Reiterei an der Straße nach *Han* postieren lassen und sprach zum Gesandten aus *Han*, er möge seinem Regenten berichten, dass die *Chu*-Armee bereits im Aufbruch nach *Han* begriffen ist. Als der Gesandte mit dieser Nachricht nach *Han* zurückkehrte und seinem Herrscher davon berichtete, war dieser sehr erfreut darüber und ließ *Gongzhongs* Mission stoppen. *Gongzhong* wandte dagegen ein: „Das geht nicht. *Qin* stellt eine reale Gefahr für uns dar, während *Chu* uns nur mit Worten beisteht. Wenn wir auf die leeren Versprechungen von *Chu* hören und das von dem mächtigen *Qin* ausgehende Unheil ignorieren, beschwören wir eine große Gefahr für den Staat herauf." Da der Herrscher von *Han* aber nicht auf seine Mahnungen hörte, verließ *Gongzhong* voller Zorn den Hof und erschien zehn Tage lang nicht zur Audienz. Als die Situation für die Stadt *Yiyang* immer bedrohlicher wurde, schickte der *Han*-Herrscher einen Boten nach *Chu*, um dessen Heer schnell zu Hilfe zu rufen. Doch obwohl die Truppenteile so eng beieinanderstanden, dass sie sich gegenseitig sehen konnten, kamen die Soldaten niemals an, sodass *Yiyang* schließlich eingenommen wurde und alle Welt über *Han* lachte. Daher heißt es, dass man sein Land verliert, wenn man die Kräfte im eigenen Land falsch einschätzt und sich auf andere Lehnsfürsten verlässt.

Was bedeutet ungebührliches Verhalten eines kleinen Staates? Als Prinz *Chonger* von *Jin* einst im Exil lebte, trug es sich zu, dass er auf der Durchreise durch *Cao* war. Der Herrscher von *Cao* hieß ihn, sich auszuziehen, und betrachtete seinen Körper. Da sprach *Shu Zhan,* der zusammen mit *Xi Fuji* dem Herrscher zur Seite stand: „Wie ich sehe, ist der Prinz von *Jin* kein gewöhnlicher Mann. Ihr habt ihn ungebührlich behandelt. Sollte es ihm irgendwann gelingen, in seine Heimat zurückzukehren und eine Armee zu mobilisieren, befürchte ich für *Cao* ein großes Unheil. Ihr solltet ihn deshalb töten lassen." Doch der Herrscher von *Cao* hörte nicht auf seinen Rat. Von Sorgen geplagt ging *Xi Fuji* nach Hause. Seine Frau fragte ihn, weshalb er so betrübt nach Hause komme. *Fuji* gab zur Antwort: „Meine Erfahrung sagt mir, dass das Glück des Herrschers mich nicht erreicht, aber sein Unheil auch über mich hereinbrechen wird. Heute nun empfing er den Prinzen von *Jin* und behandelte ihn ungebührlich. Ich stand an der Seite des Herrschers. Deshalb bin ich so betrübt." Seine Frau sprach daraufhin: „Der Prinz von *Jin* ist ein potenzieller Herrscher und seine Helfer sind potenzielle Minister eines Staates mit zehntausend Kampfwagen. Jetzt befindet er sich in einer schlechten Lage, muss im Exil leben und wird auf seinem Weg durch *Cao* derart ungebührlich behandelt. Gelingt es ihm jemals, in seine Heimat zurückzukehren, wird er alle strafen, die ihm nicht standesgemäß begegnet sind. *Cao* wird dabei der Erste sein. Ihr solltet ihm bereits jetzt anders gegenübertreten." *Fuji* war damit einverstanden, legte Gold in einen Krug, füllte ihn mit Speisen auf, verzierte ihn mit etwas Jade und ließ ihn in der Nacht zum

Prinzen bringen. Als der Prinz den Boten sah, verneigte er sich zweimal, nahm das Essen entgegen, weigerte sich aber, die Jade anzunehmen. Von *Cao* aus reiste der Prinz weiter nach *Chu*, und von dort begab er sich nach *Qin*. Eines Tages, als er schon drei Jahre in *Qin* verbracht hatte, ließ Herzog *Mu* von *Qin* seine Ratgeber versammeln und sprach: „Als Herzog *Xian* von *Jin* früher gute Beziehungen zu mir hatte, waren uns alle Lehnsfürsten unterwürfig. Leider hat uns Herzog *Xian* vor zehn Jahren verlassen, und sein Nachfolger ist kein rechtschaffender Mann. Ich fürchte, dass er seinen Ahnentempel nicht sauber halten und auf dem Altar des Erdbodens und der Feldfrüchte keine Opfergaben darbringen wird. Ein derartig unziemliches Verhalten ist nicht der rechte Weg, um mit anderen gute Beziehungen aufzubauen. Deshalb gedenke ich, *Chonger* zu unterstützen und dafür zu sorgen, dass er nach *Jin* zurückkehren kann. Was haltet Ihr davon?" Die Ratgeber gaben sich alle einverstanden. Daraufhin mobilisierte der Herzog ein Heer aus fünfhundert erstklassigen Kampfwagen, zweitausend der besten Reiter und fünfzigtausend einfachen Soldaten. Er half *Chonger*, nach *Jin* zurückzukehren, und setzte ihn auf den Thron von *Jin*. Nachdem er drei Jahre regiert hatte, fiel er mit seiner Armee über *Cao* her. Er schickte einen Boten zum *Cao*-Herrscher und ließ ihm ausrichten: „Bindet *Shu Zhan* und lasst ihn aus der Stadt bringen. Ich werde ihn richten lassen als großen Verbrecher." Außerdem schickte er jemanden zu *Xi Fuji* mit der Botschaft: „Meine Truppen sind dabei, die Stadt zu erstürmen. Ich erinnere mich sehr wohl, dass Ihr die Etikette nicht missachtet habt. Lasst ein Zeichen an Euren Besitzungen anbringen. Ich werde meine Soldaten anweisen, dass sie Euch verschonen." Als die Bewohner von *Cao* davon hörten, suchten über siebenhundert Familien mit allen ihren Angehörigen Zuflucht auf den Ländereien des *Xi Fuji*. Das geschah, weil er die Etikette beach-

tet hatte. *Cao* war ein kleiner Staat, der von zwei Seiten bedrängt wurde durch *Jin* und *Chu*. Dem Herrscher von *Cao*
drohte die Gefahr, zerdrückt zu werden wie ein rohes Ei,
und da er sein Amt nicht mit dem nötigen Respekt versah,
ging sein Geschlecht zugrunde. Daher heißt es, dass ein
Staat keine Zukunft hat, wenn sich der Herrscher trotz der
geringen Größe des eigenen Staates großen Staaten gegenüber ungebührlich verhält und die Ermahnungen der Ratgeber missachtet.

VIERTES BUCH

11. Kapitel

Die Klage eines Einzelnen

Mit der Staatskunst vertraute Männer müssen weitblickend in ihren Ansichten und tiefgründig in ihren Untersuchungen sein. Ansonsten gelingt es ihnen nicht, Eigennutz auszumerzen. Dem Gesetz ergebene Männer müssen entschlossen und unbeugsam sein. Ansonsten schaffen sie es nicht, Verrat zu unterbinden. Untergebene, die Befehle befolgend ihren Tätigkeiten nachgehen und dem Gesetz gemäß ihr Amt verwalten, zählen nicht zu den Machtbesessenen. Machtbesessen sind nämlich jene, die ohne Befehl eigenmächtig handeln, auf Kosten des Gesetzes ihre Selbstsucht befriedigen, zulasten des Staates ihrer Familie Vorteile verschaffen und mit ihrer Macht Einfluss auf den Herrscher ausüben. Das sind die Mächtigen! Wenn mit der Staatskunst vertraute Männer tiefgründig prüfen und beim Herrscher Gehör und Anstellung finden, legen sie die geheimen Ansinnen der Mächtigen bloß. Wenn dem Gesetz ergebene Männer unbeugsam sind und Gehör und Anstellung finden, korrigieren sie das verräterische Auftreten der Mächtigen. Nimmt man mit der Staatskunst vertraute und dem Gesetz ergebene Männer in Dienst, entpuppen sich geehrte und mächtige Beamte als den Normen nicht entsprechend. Die gesetzestreuen Männer sind deshalb die Todfeinde derer, die heute über die Geschicke des Staates bestimmen.

Wenn die Lenker des Staates heute eigenmächtig über die wichtigsten Angelegenheiten entscheiden können, werden die Staatsdiener am Hofe und außerhalb zu Marionetten in ihren Händen. Sie werden selbst von feindlichen Staaten gepriesen, weil die Lehnsfürsten, die ihnen nicht folgen, mit ihren Unternehmungen keinen Erfolg haben, und die Beamten lassen sich von ihnen ausnutzen, weil sie sonst in ihrer Karriere nicht vorankommen. Die Höflinge schirmen den Herrscher in ihrem Interesse von der Außenwelt ab, weil sie sonst nicht in die Nähe des Herrschers gelangen können, und die Gelehrten reden ihnen nach dem Mund, weil sie sonst ein klägliches Einkommen haben und herabwürdigend behandelt werden. Mit der Unterstützung dieser vier Gehilfen vertuschen verderbte Untertanen ihre eigene Falschheit. Die Mächtigen können dem Herrscher nicht treu sein und fördern seine Feinde, während es dem Herrscher nicht gelingt, ihnen die vier Arten von Gehilfen zu nehmen und seine Untergebenen zu durchschauen. Aus diesem Grund wird der Herrscher in dem Maß verdrängt, wie die hohen Beamten an Einfluss gewinnen.

Meist begegnet der Herrscher denen, die den Weg des Staates bestimmen, mit Vertrauen und Wohlwollen, und sie sind ihm nahestehend und lange bekannt. Doch wenn sie den Neigungen des Herrschers entsprechen, indem sie die gleichen Vorlieben und Abneigungen vortäuschen, dann sicher deshalb, um selbst voranzukommen. Ihre Ämter und Ränge sind ehrenvoll und gewichtig, Cliquen von Gleichgesinnten umgeben sie in Scharen und im ganzen Land werden sie gerühmt. Nicht so die Hüter von Gesetz und Staatsräson. Wenn sie eine Audienz wünschen, können sie sich weder auf ein Verhältnis des Vertrauens und Wohlwollens, noch auf die Gunst der Nähe und der alten Bekanntschaft stützen. Mehr noch, sie stehen im Gegensatz zum Herrscher, indem sie mit ihren Reden über Gesetz und Staatsräson versuchen, seine fehlerhaften Ansichten zu berichtigen. Ihre Stellung und ihr Einfluss sind niedrig und gering. Sie stehen einsam und allein, sind ohne Anhang. Im Widerstreit mit den Nahestehenden und Vertrauten haben weitläufig Entfernte ebenso wenig Aussicht auf Erfolg, wie Neuankömmlinge und Fremde gegenüber alten Bekannten. Das Gleiche gilt auch für Kritiker der Meinung des Herrschers gegenüber sich anbiedernden Schmeichlern, Prestige- und Machtlose gegenüber Edlen und Mächtigen sowie einem einzelnen Sprecher gegenüber dem ganzen Land. Die Hüter von Gesetz und Staatsräson befinden sich in einer fünffach aussichtslosen Position und haben über Jahre hinaus nicht die geringste Möglichkeit zu einer Audienz, während die Bestimmer der Staatsgeschicke dank ihrer fünffach überlegenen Stellung ständig beim Herrscher ein- und ausgehen. Auf welchem Weg sollte es den gesetzes- und staatstreuen Männern gelingen hervorzutreten, und wann sollte der Herrscher sich seiner Fehler gewahr werden? Wie sollten die Gesetzestreuen nicht in Gefahr sein, da ihre Stellung keinerlei Aussicht auf Erfolg bietet und sie nicht an der Seite der Mächtigen existieren können? Entweder es gelingt, ihnen fiktive Vergehen anzudichten und sie nach dem öffentlichen Recht zu richten, oder ihrem Leben wird durch die Schwertträger mächtiger Familien ein Ende gesetzt, wenn ihnen kein Verstoß und Fehler nachzuweisen ist. Wer Gesetz und Staatsräson klarstellt und dem Herrscher zu widersprechen wagt, stirbt durch das Schwert eines einzelnen mächtigen Familienclans oder wird vom Henker erschlagen. Das Vertrauen der Mächtigen gewinnen jene, die durch Cliquen- und Vetternwirtschaft den Herrscher abschirmen und ihre Worte zum persönlichen Vorteil fälschen. Mit Amt und Rang werden jene geehrt, die irgendwelche Leistungen und Verdienste vorgeben können, und wer sich nicht auf eine gute Reputation stützen kann, gewinnt seinen Einfluss durch äußere Mächte. Gelingt es jenen, die den Herrscher von der Realität abschirmen und sich vor den Toren mächtiger Familien drängen, nicht, durch Amt und Rang berühmt zu werden, vergrößern sie ihre Macht durch die Unterstützung von außen. Die Herrscher von heute richten die Hüter des Gesetzes, ohne zuvor ihre Worte überdacht und geprüft zu haben, und bedenken die Günstlinge mächtiger Clans mit Rängen und Pfründen, noch bevor sie sich durch Verdienste hervorgetan haben. Warum sollten sich die gesetzes- und staatstreuen Männer Tod und Verderben aussetzen und ihre Memoranden dem Herrscher präsentieren, und warum sollten verräterische, falsche Untergebene freiwillig auf ihren Vorteil verzichten und sich aus dem Dienst zurückziehen? Im Ergebnis verliert der Herrscher zunehmend an Achtung, während die einflussreichen Familienclans immer mehr geehrt werden.

Yue war ein reicher Staat mit einer starken Armee, doch die Herrscher der mittleren Staaten verstanden, dass *Yue* für sie nicht erreichbar und somit ohne Nutzen war. Deshalb sagten sie: „Diesen Staat können wir nicht beherrschen." Heute ist ein Staat, mag sein Territorium noch so groß und sein Volk noch so zahlreich sein, für den Herrscher ebenso nutzlos wie *Yue*, wenn der Herrscher von der Realität ferngehalten wird und die hohen Beamten die Macht an sich reißen. Der Herrscher weiß wahrhaftig nichts vom Vergleichen, wenn er versteht, dass *Yue* sich seiner Macht entzieht, aber nicht begreift, dass er seinen eigenen Staat nicht mehr besitzt. Mit dem Untergang des Staates *Qi* ist nicht das Ende des Landes und der Städte gemeint. Die Familie *Lü* vermochte es nicht, über *Qi* zu herrschen, sodass der *Tian*-Clan ihr die Herrschaft entriss. Mit dem Untergang des Staates *Jin* ist ebenfalls nicht das Ende des Landes und der Städte gemeint. Die Familie *Ji* vermochte es nicht, über *Jin* zu herrschen, und die sechs Minister usurpierten die Macht. Es ist nicht klug von einem Herrscher, wenn die hohen Beamten über die Mittel der

Macht verfügen und allein Entscheidungen treffen können, während er nicht weiß, wie er seine Vorrechte nutzen soll. Wer die Krankheit eines Toten hat, kann nicht überleben, und wer die Handlungen eines versunkenen Staates wiederholt, kann nicht fortbestehen. Es ist unmöglich, heute auf den Pfaden von *Qi* und *Jin* zu wandeln und eine friedliche Existenz des Staates garantieren zu wollen.

Generell ist die Handhabung von Gesetz und Staatsräson nicht nur für einen Herrscher mit zehntausend Kampfwagen, sondern auch für einen Herrscher mit eintausend Kampfwagen schwierig. Die Umgebung des Herrschers muss nicht unbedingt weise sein. Wenn er nun den Vorschlag eines seiner Meinung nach weisen Mannes anhört und danach dessen Worte mit seiner Gefolgschaft erörtert, bedeutet das, mit Dummköpfen über Weisheit zu sprechen. Ebenso wenig ist die Umgebung des Herrschers nicht unbedingt tugendhaft. Wenn er nun einem seiner Meinung nach tugendhaften Mann mit allen Ehren begegnet und danach mit seiner Gefolgschaft dessen Auftreten erörtert, heißt das, mit Unwürdigen über Tugendhafte zu sprechen. Lässt man Dummköpfe über die Vorschläge von Weisen entscheiden und Unwürdige das Handeln von Tugendhaften werten, müssen weise und tugendhafte Männer Scham empfinden und die Folgerungen des Herrschers fehlerhaft sein. Die Wohlgebildeten unter denen, die ein Amt anstreben, stärken ihren Charakter durch Lauterkeit, und die Weisen setzen in ihrer Karriere auf die Vervollkommnung im Disputieren. Sie leisten ihre Dienste nicht für Geld und Bestechung. Ihre Lauterkeit macht es ihnen unmöglich, in ihrem Handeln das Gesetz zu umgehen. Gebildete und weise Untertanen lassen sich weder von den Gefolgsleuten des Herrschers zu Diensten missbrauchen, noch haben sie ein Ohr für persönliche Bitten und Gesuche.

Die Gefolgsleute des Herrschers sind in ihrem Handeln nicht so treu wie *Bo Yi*. Erreichen sie ihr gewünschtes Ziel nicht und haben ihre Bestechungen keinen Erfolg, werden die lauteren Tätigkeiten durch böswillige Verleumdungen zunichte gemacht. Gelingt es den Vertrauten des Herrschers, über die im Disput gewandten Männer zu dominieren, und bestimmen Verleumdung und Schmeichelei über die Lauterkeit des Auftretens, werden die gebildeten und weisen Staatsdiener verdrängt und dem Herrscher die klare Sicht auf die Dinge versperrt. Misst der Herrscher Weisheit und Handeln nicht an Verdiensten und Leistungen und urteilt über Vergehen nicht anhand von Untersuchungen und Beweisen, sondern hört nur auf die Worte seines Gefolges und seiner Vertrauten, dann ist der Hof voll von unfähigen Nichtsnutzen, und habsüchtige Nichtskönner hocken auf den Amtsposten.

Das Unheil des Herrschers eines großen Staates liegt in der übermäßigen Macht der hohen Beamten begründet. Dem Herrscher eines mittleren Staates wird das übertriebene Vertrauen zu seinem Gefolge zum Verhängnis. Beides sind generelle Gefahren für den Herrscher. Mehr noch, die Beamten machen sich auf diese Weise eines großen Vergehens schuldig, und der Herrscher lässt ein großes Versäumnis zu. Die Interessen von Herrscher und Untergebenen stehen einander entgegen. Wie lässt sich das erklären? Ich sage dazu: Es liegt im Interesse des Herrschers, fähige Männer in Ämter einzusetzen, während es im Interesse der Untergebenen ist, ohne Fähigkeiten eine Anstellung zu finden. Der Herrscher ist bestrebt, Ränge und Pfründe für wirkliche Verdienste zu vergeben, doch die Untergebenen wollen ohne Arbeit reich und ehrbar werden. Der Herrscher sucht tapfere, heldenhafte Männer, die ihr Können zur Anwendung bringen, aber die Untergebenen denken an ihren persönlichen Vorteil und schließen sich Cliquen an. So schrumpft das Staatsterritorium, während der Reichtum einzelner Familien wächst. Der Herrscher büßt seine Achtung ein, während die hohen Würdenträger zu Einfluss gelangen. Schließlich verliert der Herrscher seine Macht, und die Beamten bemächtigen sich des Staates. Der Herrscher erniedrigt sich zum Lehnsfürsten, und der erste Minister übernimmt das Brechen der Siegelmarken. Aus diesem Grund hintergehen die Staatsmänner den Herrscher und verfolgen ihren Eigennutz. Wohl kaum zwei oder drei von zehn mächtigen Beamten der heutigen Zeit würden die ehemalige Gunst des Herrschers genießen, wenn dieser seine Haltung ändern würde. Wo liegt wohl der Grund dafür? Das Vergehen dieser Staatsdiener ist ungeheuer. Ihre große Schuld, den Herrscher hintergangen zu haben, verlangt nach der Todesstrafe. Weise Männer, weitsichtig und mit Furcht vor dem Verderben, folgen nicht den Mächtigen, und tugendhafte Männer, die unbestechlich sind und sich schämen, gemeinsam mit hinterhältigen Staatsdienern den Herrscher zu betrügen, schließen sich nicht den mächtigen Beamten an. Entweder ist die Anhängerschar der heute Mächtigen dumm und sieht deshalb nicht die Gefahr für sich, oder sie ist verdorben und gibt sich bewusst dem Verrat hin. Die hohen Beamten unterstützen die Dummen und Verdorbenen, um mit ihnen zusammen nach oben den Herrscher zu hintergehen und nach unten das Volk plündernd ihren Nutzen zu haben. Sie schließen sich zu Cliquen und Klüngeln zusammen und reden wie aus einem Mund, um den Herrscher in die Irre zu führen und das Gesetz zu umgehen. Sie stürzen das Volk ins Chaos, führen den Staat ins Verderben und bringen Schande über den Herrscher. Dergestalt ist ihre große Schuld. Das große Versäumnis des Herrschers aber besteht darin, dieses große Vergehen seiner Untergebenen nicht zu unterbinden. Es ist unmöglich, einen Staat vor dem Ruin zu bewahren, wenn dem Herrscher dieses Versäumnis unterläuft und die Untergebenen diese Schuld tragen.

12. Kapitel

Die Schwierigkeit des Überzeugens

Die Schwierigkeit des Überzeugens besteht nicht darin, dass mein Wissen dazu nicht ausreichen würde. Es liegt auch nicht daran, dass ich nicht redegewandt genug wäre, um meine Gedanken klarzumachen, oder dass es mir an Mut fehlen würde, um meine Fähigkeiten voll auszuschöpfen. Die Schwierigkeit des Überzeugens besteht darin, das Innere des zu Überzeugenden zu kennen, um ihn mit meinen Worten zu erreichen.

Trachtet der zu Überzeugende nach einem ruhmvollen Namen, während ich mit großem Vorteil argumentiere, so wird er auf mich verächtlich herabschauen, mir wie einem Unwürdigen begegnen und mich aus seiner Nähe verstoßen. Trachtet der zu Überzeugende nach großem Vorteil, während ich mit Ruhm und Ehre argumentiere, so wird er in mir einen Mann ohne Verstand sehen, mich für weltfremd halten und meinen Rat nicht annehmen. Trachtet der zu Überzeugende jedoch insgeheim nach großem Vorteil, während er vorgibt, nach Ruhm und Ehre zu streben, so wird er mich öffentlich anerkennen und in Wirklichkeit von sich fernhalten, wenn ich mit Ruhm und Ehre argumentiere. Spreche ich aber von großem Nutzen, so wird er im Stillen meinen Worten folgen und mich in der Öffentlichkeit verstoßen. All das darf man nicht außer Acht lassen.

Die Vorhaben gelingen, wenn sie verborgen bleiben, und die Worte versagen, wenn sie bekannt werden. Entlarve niemals die geheimen Wünsche des Herrschers, denn wer über Dinge spricht, die der Herrscher verborgen hält, bringt sich in Gefahr. Nimmt der Herrscher öffentlich eine Sache in Angriff, um damit ein anderes Ziel zu verfolgen, so ist man auch in Gefahr, falls man darüber spricht. Man weiß nämlich nicht nur, was gemacht wird, sondern auch, warum es gemacht wird. Hat ein Ratgeber eine außergewöhnliche Sache geplant und die Zustimmung des Herrschers dafür erhalten, doch jemand stellt Vermutungen an, errät die Sache und trägt sie nach außen, so ist der Ratgeber in Gefahr, weil der Herrscher sicher ihn verdächtigen wird. In Gefahr gerät ein Ratgeber auch, wenn er mit all seinem Wissen zu überzeugen versucht, ohne die uneingeschränkte Gunst des Herrschers zu genießen. Wird sein Rat befolgt und hat Erfolg, wird man ihn schnell vergessen. Wird sein Rat aber nicht befolgt oder endet mit einem Misserfolg, begegnet man ihm mit Misstrauen. Ein Ratgeber begibt sich in Gefahr, wenn er fehlerhafte Neigungen des Herrschers bloßstellt, indem er von Sitte und Rechtschaffenheit spricht. Es bedeutet Gefahr für den Ratgeber, wenn der Herrscher von irgendjemand einen Plan übernommen hat, sich selbst die Verdienste zuschreiben will und der Ratgeber darum weiß. In Gefahr ist auch derjenige, der den Herrscher zu etwas zwingt, was er nicht zu tun vermag, und von etwas abhält, wovon er nicht lassen kann. Spricht man mit dem Herrscher über große Männer, so wird er glauben, dass man seine eigenen Unzulänglichkeiten vertuschen will. Spricht man mit ihm über kleine Leute, so wird er meinen, dass man Einfluss erheischen will. Spricht man über das, was er mag, so wird er annehmen, dass man seine Gunst erschleichen will. Spricht man über das, was er hasst, so wird er denken, dass man seine Möglichkeiten prüfen will. Bringt man die Argumente kurz und bündig ohne Umschweife, wird man vom Herrscher für unwissend gehalten und verstoßen. Redet man ausschweifend über die kleinsten Kleinigkeiten, wird man vom Herrscher als schwatzhaft angesehen und ferngehalten. Nennt man wenig Fakten und bringt altbekannte Ideen vor, gilt man als unfähig und nachlässig. Geht man den Dingen auf den Grund und ist breit in seinen Argumenten, wird man für unhöflich und hochnäsig gehalten. All diese Schwierigkeiten des Überzeugens sollte man kennen.

Generell ist es die Sache eines Ratgebers, sich darauf zu verstehen, den Ruhm des zu Überzeugenden zu bedienen und seine Scham zu verbergen. Hat der Herrscher persönliche Nöte, müssen diese als Frage der öffentlichen Gerechtigkeit dargestellt und ihre Dringlichkeit bekräftigt werden. Verfolgt der Herrscher ein niederes Ansinnen und lässt sich nicht davon abbringen, so stellt der Ratgeber das Gute heraus und erwähnt nur beiläufig, dass er es nicht tun sollte. Hat der Herrscher ein hohes Ziel, das er nicht erreichen kann, so zählt der Ratgeber die Nachteile auf, macht den Schaden deutlich und rät ihm immer wieder davon ab. Will sich der Herrscher mit Weisheit und Fähigkeiten rühmen, sollte der Ratgeber ihm in vielen Fragen ähnliche Dinge unter anderem Namen nahelegen und so erreichen, dass er sich durch den Rat unterstützen lässt, ohne zu merken, dass seine Weisheit Unterstützung erfährt. Will man Ratschläge zum friedlichen Nebeneinander mit anderen Staaten vorbringen, muss man diese Sache mit klangvollen Worten anpreisen und insgeheim durchblicken lassen, dass sie den ureigensten Interessen des Herrschers selbst entspricht. Hat man die Absicht, über die Gefährlichkeit einer Angelegenheit und das aus ihr entspringende Verhängnis zu sprechen, muss man diese offen diffamieren und verleumden und dem Herrscher heimlich suggerieren, dass er daraus persönliche Nachteile hätte.

Man muss jene lobpreisen, die ebenso handeln wie der Herrscher, und jene als Vorbild darstellen, die nach den gleichen Plänen vorgehen wie er. Hat jemand die gleichen Fehler wie der Herrscher begangen, muss man mit allen Mitteln ihre Harmlosigkeit herausstellen. Hat jemand den gleichen Misserfolg erlitten wie der Herrscher, muss man verdeutlichen, dass es keinen Verlust gegeben hat. Hält der

Herrscher viel von seiner eigenen Kraft, sollte man vermeiden, dass Schwierigkeiten ihm Verdruss bereiten. Hält er seine Entscheidungen für mutig, sollte man ihn nicht mit deren Fehlerhaftigkeit erzürnen. Hält er seine Pläne für weise, sollte man ihn nicht mit deren Fehlschlag zum Äußersten treiben. Man kann seine Weisheit und Redegewandtheit nur dann voll entfalten, wenn man mit großen Gedanken nicht die Absichten des Herrschers durchkreuzt und die Worte und Belehrungen nicht aufdringlich und lästig erscheinen. Wem es gelingt, so zu handeln, der wird dem Herrscher nah und vertraut sein, und man wird nicht an ihm zweifeln, sodass seine Worte ihr Ziel erreichen.

Yi Yin verdingte sich als Koch und *Baili Xi* ließ sich gefangen nehmen, um in den Dienst des Herrschers zu treten. Beide waren weise Männer, und doch konnten sie nicht umhin, sich selbst so zu erniedrigen, um zum Herrscher vorzudringen. Nehmt heute mich als Koch oder Gefangenen, wenn es mir dadurch nur gelingen möge, Gehör und Anstellung beim Herrscher zu finden und den Staat retten zu können. Ein Mann von Begabung empfindet dies nicht als beschämend. Ist es doch so, dass im Lauf der Zeit die Gunst des Herrschers zunehmen wird. Dann wird er auch keine Zweifel mehr hegen, wenn man ihm weitreichende Pläne unterbreitet, und er wird es nicht als Vergehen betrachten, wenn man mit ihm ein Wortgefecht führt. Es wird möglich sein, Nutzen und Schaden deutlich auseinanderzuhalten, um die eigene Leistung zu dokumentieren, und Recht und Unrecht unumwunden aufzuzeigen, um sich ins rechte Licht zu rücken. Werden diese Prinzipien von beiden Seiten beachtet, ist die Beratertätigkeit von Erfolg gekrönt.

Einst hatte Herzog *Wu* aus dem Staate *Zheng* die Absicht, *Hu* zu überfallen. Aus diesem Grund gab er dem Herrscher von *Hu* zuerst seine Tochter zur Frau, um ihn wohlgesonnen zu stimmen. Dann stellte er seinen Beamten die Frage: „Ich habe die Absicht, Krieg zu führen. Wen kann ich angreifen?" General *Guan Qisi* gab zur Antwort: „Den Staat *Hu* könnt Ihr überfallen." Herzog *Wu* war erbost darüber und ließ den General töten mit den Worten: „*Hu* ist ein uns brüderlich verbundener Staat. Wie könnt Ihr sagen, dass ich ihn angreifen soll?" Als der Herrscher von *Hu* davon hörte, glaubte er *Zheng* für immer auf seiner Seite und bereitete sich nicht auf einen Angriff von *Zheng* vor. *Zheng* startete jedoch einen Überraschungsangriff gegen *Hu* und eroberte es.

Einst lebte im Staate *Song* ein reicher Mann, dessen Hauswand vom Regen zerstört wurde. Sein Sohn sprach: „Wenn das Loch in der Wand nicht repariert wird, werden Diebe kommen." Der Vater der Nachbarfamilie sagte dasselbe zu ihm. Und so geschah es denn auch. Als die Nacht hereinbrach, wurde er bestohlen. Daraufhin hielt die Familie ihren Sohn für sehr klug, den Vater der Nachbarfamilie hingegen verdächtigte man.

Die Ratschläge des Generals und des Nachbarn trafen sehr wohl zu. Dass der Erste aufs Schlimmste bestraft wurde mit dem Tode, während sich der andere zumindest dem Verdacht ausgesetzt sah, lag nicht etwa am fehlenden Wissen, sondern daran, dass sie es nicht verstanden, ihr Wissen zur rechten Zeit anzuwenden. Auf die gleiche Weise trafen *Rao Chaos* Worte zu und er galt als Weiser im Staate *Jin,* während er im Staate *Qin* hingerichtet wurde. Das sollte man als Ratgeber nicht vergessen.

Einst genoss *Mi Zixia* die Gunst des Herrschers von *Wei.* Dem Gesetz des Staates *Wei* zufolge, wurden jedem die Füße abgeschlagen, der es wagte, heimlich in der Kutsche des Herrschers zu fahren. Da trug es sich zu, dass *Mi Zixias*

Mutter krank wurde. Jemand machte sich in der Nacht auf den Weg und teilte es Meister *Mi* mit, woraufhin sich dieser anmaßte, in des Herrschers Kutsche zu seiner Mutter zu fahren. Als der Herrscher davon erfuhr, huldigte er ihm mit den Worten: „Wie groß ist doch seine Sohnesehrfurcht! Für das Wohl seiner Mutter ist er sogar bereit, sich zur Strafe die Beine abschlagen zu lassen." Eines anderen Tages wandelte er mit dem Herrscher in einem Obstgarten und aß einen Pfirsich, der so süß war, dass er ihn nicht aufaß, sondern dem Herrscher die verbleibende Hälfte überreichte. Da rief der Herrscher: „Wie groß ist doch deine Liebe zu mir! Du verzichtest auf deine Gaumenfreude, um mich daran teilhaben zu lassen." Später blätterte *Mizis* Farbe ab und sein Stern beim Herrscher ging unter. Als er sich wieder einmal eines Vergehens vor dem Herrscher schuldig gemacht hatte, sprach dieser: „Er maßte sich dereinst an, in meiner Kutsche zu fahren, und wagte es, mir einen angebissenen Pfirsich zu reichen." Die Handlungsweise des *Mizi* hatte sich nicht geändert. Dass er zuerst als Edelmann und später als Verbrecher behandelt wurde, lag daran, dass die Liebe des Herrschers in Hass umschlug. Wer die Gunst des Herrschers genießt, kann seine Weisheit entfalten und immer mehr das Vertrauen des Herrschers gewinnen. Wer hingegen den Hass des Herrschers auf sich zieht, kann seine Weisheit nicht zur Geltung bringen, wird beschuldigt und verstoßen. Deshalb sollte derjenige, der Ratschläge, Ermahnungen, Erörterungen oder Hinweise vorbringen möchte, bevor er dies tut, unbedingt ergründen, ob der Herrscher Liebe oder Hass ihm gegenüber empfindet.

Ist ein Drachen friedfertig wie ein Wurm, kann jedermann ungezwungen mit ihm umgehen und auf ihm reiten. Er hat aber an seinem Hals eine empfindliche Stelle von einem Fuß Durchmesser. Wer ihn an dieser Stelle berührt, muss sterben. Der Herrscher besitzt ebenfalls eine solche empfindliche Stelle. Ein Ratgeber, dem es gelingt, die empfindliche Stelle des Herrschers zu umgehen, ist dem Gipfel der Kunst des Beratens nahe.

13. Kapitel

Die Geschichte des Bian He

Einst fand ein Mann aus *Chu* mit Namen *Bian He* in den *Chu*-Bergen ein Stück ungeschliffener Jade und wollte es voller Ehrerbietung dem König *Li* zum Geschenk machen. König *Li* ließ es von einem Juwelier begutachten, und dieser sagte, es handele sich um einen gewöhnlichen Stein. Der König hielt *He* für einen Betrüger und ließ ihm den linken Fuß abschlagen. Als König *Li* verstorben war und König *Wu* den Thron bestiegen hatte, wollte *He* erneut sein Jadestück dem König gehorsamst zum Geschenk machen. König *Wu* ließ es ebenfalls von einem Juwelier begutachten, und auch diesmal sagte der Juwelier, es sei ein gewöhnlicher Stein. Der König hielt *He* auch für einen Betrüger und ließ ihm den rechten Fuß abschlagen. Als König *Wu* verstorben war und König *Wen* den Thron bestiegen hatte, nahm *Bian He* sein Jadestück in die Hände und weinte am Fuße der *Chu*-Berge. Nachdem er drei Tage und drei Nächte geweint und alle Tränen vergossen hatte, weinte er Blut. Als der König davon Kunde erhielt, schickte er einen Boten zu ihm und ließ nach dem Grund fragen mit den Worten: „Im Reich unter dem Himmel gibt es gar viele, denen die Füße abgeschlagen wurden. Warum also weint Ihr so bitterlich?" Darauf entgegnete *Bian He*: „Ich bin nicht betrübt, weil mir die Füße abgeschlagen wurden, sondern gräme mich, weil ein kostbarer Edelstein für einen gewöhnlichen

Stein gehalten und ein unbescholtener Untertan als Betrüger diffamiert wurde. Das ist der Grund für meine Bitterkeit." Daraufhin beauftragte der König einen Juwelier, das Jadestück zu bearbeiten, und brachte eine Kostbarkeit zum Vorschein, der man den Namen „Jadescheibe des *He*" gab.

Perlen und Edelsteine sind bei den Herrschern begehrt. *Bian He*, der das Jadestück in ungeschliffenem Zustand darbrachte, wollte den Herrscher damit nicht kränken. Er konnte aber die Kostbarkeit des Steines erst beweisen, nachdem ihm beide Beine abgeschlagen worden waren. Auf diese Art zu beweisen, wie kostbar etwas ist – das ist wahrlich ein schweres Los. Heute nun scheinen Gesetz und Staatskunst dem Herrscher nicht so erstrebenswert wie die Jade des *He*. Doch er braucht sie, um der eigennützigen Schlechtheit der Beamten und des Volkes Einhalt zu gebieten. Die um den rechten Weg der Regierung wissen, werden aber vom Herrscher nur solange nicht verächtlich behandelt, bis sie ihm diesen Edelstein der Kaiser und Könige darzubringen versuchen. Unter einem Herrscher, der auf die Staatskunst setzt, können die hohen Würdenträger nicht eigenmächtig entscheiden und wagen es die Vertrauten nicht, Einfluss zu verkaufen. Unter der Aufsicht von Behörden, die nach dem Gesetz gehen, werden die leichtfertigen Müßiggänger zur Feldarbeit angehalten und die Wandergelehrten der Gefahr des Kriegsdienstes ausgesetzt. Darum sehen die Beamten und das Volk in den Gesetzen und der Staatskunst ein Unheil für sich. Und sollte es der Herrscher nicht verstehen, sich den niederträchtigen Ratschlägen seiner Würdenträger zu entziehen, den Verleumdungen der Wanderprediger zu widerstehen und einzig und allein der Verkündung des wahren Weges zu folgen, wird es den Verfechtern von Recht und Staatskunst nicht möglich sein, die Richtigkeit ihrer Lehre zu beweisen, selbst wenn sie dafür in den Tod gehen.

Einst unterwies *Wu Qi* den *Chu*-König *Dao* in der Führung des Staates *Chu* und sagte: „Sind die hohen Beamten zu mächtig und die Lehnsfürsten zu zahlreich, bringen sie den Herrscher in Bedrängnis und behandeln das Volk grausam. Dies macht den Staat arm und die Armee schwach. Ihr würdet besser daran tun, den Söhnen und Enkeln der Lehnsfürsten nach der dritten Generation Rang und Pfründe ihrer Vorfahren zu entziehen, die Stellung und das Einkommen der Beamten zu beschneiden und zu kürzen sowie nicht benötigte Unterämter abzuschaffen, um über ausgewählte, geübte Staatsdiener zu verfügen." König *Dao* befolgte diesen Rat. Als er jedoch nach einem Jahr verstarb, wurde *Wu Qi* im Staate *Chu* geviertelt.

Shang Yang lehrte den Herzog *Xiao* von *Qin*, das Volk in Verbänden von zehn und fünf Familien zu organisieren und ein System der Anzeigepflicht und gegenseitigen Haftung einzurichten, die klassischen Bücher des Konfuzianismus zu verbrennen und Gesetze und Verordnungen klarzumachen, den Bitten von Privatleuten Einhalt zu gebieten und Arbeiten zum öffentlichen Wohl zu fördern, den Wandergelehrten Posten zu verwehren und Bauern und Soldaten zu würdigen. Herzog *Xiao* setzte diesen Rat in die Tat um. Er selbst lebte daraufhin geachtet und sicher und sein Staat war reich und stark. Als er jedoch nach acht Jahren verstarb, wurde *Shang Yang* in *Qin* mit Wagen in Stücke gerissen.

Chu war schwach und zerrüttet, weil *Wu Qis* Rat nicht umgesetzt wurde, und *Qin* war reich und mächtig, weil *Shang Yangs* Gesetze Anwendung fanden. Wie kam es aber, dass *Wu Qi* geviertelt und *Shang Yang* von Wagen in Stücke gerissen wurde, obwohl sich beider Ratschläge letztlich als richtig erwiesen? Dies geschah, weil die Beamten die Gesetze als lästig empfinden und das gemeine Volk die Ordnung hasst. Heute nun sind die Gier der hohen Beamten nach Macht und das Verlangen des gemeinen Volkes nach Durcheinander noch größer, als sie damals in *Chu* und *Qin* waren. Wenn unter diesen Umständen die Herrscher nicht so klug sind wie König *Dao* und Herzog *Xiao*, wie sollten es da die Verfechter von Recht und Staatsräson wagen können, das Risiko eines *Wu Qi* und *Shang Yang* auf sich zu nehmen und ihre Idee von Recht und Staatskunst klarzustellen. Aus diesem Grund herrscht heute Chaos und gibt es keinen Hegemonen.

14. Kapitel

Treulose, machtgierige und mordlüsterne Untergebene

Treulose Untergebene versuchen, sich den Neigungen des Herrschers anzupassen, um durch die Vertrautheit und Gunst des Herrschers zu Einfluss zu gelangen. Was dem Herrscher gefällt, wird von ihnen entsprechend gepriesen, und was er verabscheut, wird von ihnen entsprechend schlechtgemacht. Es ist ein Wesenszug der Menschen, sich gegenseitig recht zu geben, wenn sie in ihren Zu- und Abneigungen übereinstimmen, und jeweils den anderen im Unrecht zu glauben, wenn ihre Meinungen darüber auseinandergehen. Wenn nun die Untergebenen genau das anpreisen, was der Herrscher für richtig hält, so bedeutet dies Übereinstimmung in den Zuneigungen, und wenn sie das schlechtmachen, was er für falsch hält, so bedeutet dies Übereinstimmung in den Abneigungen. Ich habe noch nie davon gehört, dass Leute mit den gleichen Zu- und Abneigungen sich gegenseitig etwas getan hätten. Auf diesem Weg erschleichen sich die Untergebenen das Vertrauen und die Gunst des Herrschers. Die treulosen Untergebenen können ihren auf Vertrauen und Gunst beruhenden Einfluss geltend machen und so die anderen Staatsdiener verleumden oder anpreisen, protegieren oder verstoßen, weil der Herrscher nicht über die Staatskunst und die Mittel verfügt, um ihnen Einhalt zu gebieten, und sie nicht überprüft und durchschaut, um sich ein Urteil über sie zu bilden. Er wird ihren Worten heute glauben, weil sie früher der gleichen Meinung waren wie er. Es gelingt den Günstlingen, den Herrscher zu hintergehen und ihre selbstsüchtigen Absichten zu verwirklichen, sodass der Herrscher schließlich der Betrogene ist und die Untergebenen die Macht haben. Man nennt diese Untergebenen die Usurpatoren der Macht des Herrschers.

Wenn es in einem Staat Untergebene gibt, die die Macht an sich reißen, haben die Staatsdiener keine Möglichkeit, ihr Wissen und ihre Kraft voll zur Geltung zu bringen, um ihre Treue zu zeigen. Den verschiedenen Amtsträgern bleibt es verwehrt, die Gesetze durchzusetzen und sich verdient zu machen. Wie lässt sich dies veranschaulichen? Es ist charakteristisch für die Menschen, nach Sicherheit und Vorteil zu streben und Gefahr und Nachteil zu meiden. Wenn nun aber Staatsdiener, die ihre ganze Kraft verausgaben, um sich Verdienste zu erwerben, und ihr Wissen ausschöpfen, um ihre Treue zu beweisen, sich damit selbst in Schwierigkeiten bringen, ihre Familie zur Armut verdammen und darüber hinaus auch noch ihre Väter und Söhne in Mitleidenschaft ziehen, während jene, die mit hinterhältigen Absichten den Herrscher betrügen und sich mit Bestechungsgeldern und Geschenken bei den edlen und reichen Familienclans anbiedern, sich damit selbst zu Ehren verhelfen, ihre Familien bereichern und auch ihre Väter und Söhne an ihrem Glück teilhaben, wenn es sich so verhält, warum sollte da wohl jemand den sicheren, gewinnbringenden Weg verlassen und sich auf den Weg der

Gefahr und des Nachteils begeben? Es ist doch nur allzu klar, dass der Herrscher nicht erreichen kann, dass es unter seinen Gefolgsleuten keine Treulosigkeit gibt und die Amtsträger das Gesetz hochhalten, wenn er in der Führung des Staates derart fehlerhaft vorgeht.

Sobald die Gefolgsleute merken, dass ihnen Treue und Tugend weder Sicherheit noch Vorteil bringen, werden sie sagen: „Dem Herrscher treu und aufrichtig zu dienen und mit verdienstvoller Arbeit nach persönlicher Sicherheit zu streben ist so hoffnungslos, wie der Versuch eines Blinden, schwarz von weiß zu unterscheiden. Und so wie der Versuch eines Tauben, reine von unsauberen Tönen zu trennen, ist es hoffnungslos, dem Herrscher dienen und nach persönlicher Sicherheit streben zu wollen, indem man den wahren Prinzipien des rechten Weges folgt und sich nicht zu den noblen und reichen Familienclans hinziehen lässt. Wenn keiner dieser beiden Wege zu persönlicher Sicherheit führt, warum wohl sollten wir uns dann nicht gemeinsam zu Cliquen zusammenschließen, den Herrscher hintergehen und treulose Absichten verfolgen, um den Mächtigen zu Diensten zu sein?" Solche Gefolgsleute werden nicht mehr für die gerechte Sache des Herrschers eintreten. Und auch die Amtsträger werden, sobald sie gemerkt haben, dass man mit Aufrichtigkeit und Ehrlichkeit nicht sicher sein kann, sagen: „Rein und unbestechlich zu sein im Dienst am Herrscher, um persönliche Sicherheit zu erlangen, ist so hoffnungslos wie der Versuch, ohne Zirkel und Winkel einen Kreis oder ein Quadrat fertigzustellen. Und so wie der Versuch, sich mit dem Fuß am Kopf zu kratzen, ist es hoffnungslos, im Bestreben nach persönlicher Sicherheit seinen Dienst im Amt zu versehen, indem man sich an das Gesetz hält und keinen Gruppen von Gleichgesinnten anschließt. Wenn keiner dieser beiden Wege zu persönlicher Sicherheit führt, warum wohl sollten wir dann nicht vom

Gesetz ablassen und selbstsüchtige Absichten verfolgen, um den Mächtigen zu Diensten zu sein?" Solche Beamte werden das Gesetz des Herrschers nicht mehr achten. Dies führt dazu, dass viele aus Eigennutz den Mächtigen dienen und nur wenige den Gesetzen folgend dem Herrscher gehorsam sind. Schließlich ist der Herrscher allein und abgeschnitten von der Welt, während sich die Untergebenen zu Cliquen verbünden, wie das Beispiel des Meuchelmordes des *Tian Cheng* an Herzog *Jian* belegt.

Beamte, die sich auf die Staatskunst verstehen, können die Lehre von Regel und Maß in der Wirklichkeit umsetzen. Einerseits lassen sie das Gesetz des Herrschers in hellem Glanz erleuchten, und auf der anderen Seite machen sie es den treulosen Untertanen schwer, sodass der Herrscher geachtet und der Staat wohlgeordnet ist. Sobald die Lehre von Regel und Maß in der Wirklichkeit umgesetzt wird, finden Belohnung und Strafe ihr gemäß Anwendung. Der Herrscher erweist sich damit als wahrer Renner der geheiligten Kunst der Führung des Staates und wird nicht festhalten an dem alltäglichen Geschwätz der Zeitgenossen. Er unterscheidet zwischen Recht und Unrecht, indem er Wort und Tat gegenüberstellt, und bildet sich ein Urteil über Worte und Ratschläge, indem er vergleicht und prüft. Die dem Herrscher Nahestehenden und Vertrauten werden einsehen, dass sie mit Arglist und Heuchelei keine persönliche Sicherheit erlangen können, und zu sich selbst sagen: „Wenn wir nicht ablassen von Falschheit und Eigennutz und stattdessen all unsere Kraft und Weisheit im Dienst am Herrscher verausgaben, sondern uns gemeinsam zu Cliquen zusammenschließen und mit Hilfe von falschen Verleumdungen und Anpreisungen nach persönlicher Sicherheit streben, so ist dies ein ebenso hoffnungsloses Unterfangen wie der Versuch, am Leben zu bleiben, wenn man mit einer Last von eintausend Kätti-Schnüren auf dem Rücken in einen bodenlosen Abgrund stürzt." Und auch die Amtsträger werden einsehen, dass sie mit Arglist und Heuchelei keine persönliche Sicherheit erlangen können, und zu sich selbst sagen: „Wenn wir nicht rein und unbestechlich, ehrlich und korrekt dem Buchstaben des Gesetzes folgen, sondern aus Habgier und Unlauterkeit das Gesetz beugen und persönlichen Nutzen daraus ziehen, so ist dies ein ebenso hoffnungsloses Unterfangen wie der Versuch, am Leben zu bleiben, wenn man vom Gipfel eines hohen Berges in die Tiefen einer gefährlichen Schlucht stürzt." Wie würde es jemand aus der Umgebung des Herrschers wagen können, den Herrscher mit unbegründeten Vorschlägen zu verwirren, und wie würde es sich je ein Beamter erlauben können, aus Habgier das Volk zu traktieren, wenn der Weg zu persönlicher Sicherheit oder Gefahr auf diese Weise klargemacht wird? Die Beamten würden ohne betrügerische Absichten Loyalität zeigen, und die Untergebenen würden ohne Murren ihren Pflichten nachkommen. Auf diese Weise gelang es *Guan Zhong*, Ordnung im Staate *Qi* zu schaffen, und *Shang Yang*, den Staat *Qin* stark zu machen.

Betrachtet man die Dinge so, dann darf ein weiser Herrscher bei der Regierung des Staates nicht darauf vertrauen, dass ihm die Menschen aus Liebe dienen, sondern er muss dafür sorgen, dass sie gar nicht anders können, als ihm zu dienen. Wer darauf vertraut, dass ihm die Menschen aus Liebe dienen, schwebt in Gefahr. Wer hingegen dafür sorgt, dass die Menschen nicht anders können, als ihm zu dienen, lebt in Sicherheit. Es ist so, dass Herrscher und Untertan nicht durch blutsverwandtschaftliche Bande miteinander verbunden sind. Doch die Untergebenen verausgaben all ihre Kraft im Dienst für den Herrscher, wenn aufrichtiges, ehrliches Verhalten ihnen zum Nutzen gereicht, und sie vergehen sich gegen den Herrscher, indem sie eigennützig handeln, wenn Aufrichtigkeit und Ehrlichkeit nichts bedeuten. Da der kluge Herrscher dies weiß, bestimmt er, was von Nutzen und was von Schaden ist, und lässt es alle im Reich wissen. So herrscht Ordnung im Staat, obwohl der Herrscher nicht mit seinem eigenen Mund die Beamten unterweist und nicht mit seinen eigenen Augen die Verräter entlarvt. Der Herrscher braucht nicht das Auge eines *Li Lou*, um scharfsichtig zu sein, und auch nicht das Ohr eines Musikers *Kuang*, um feinhörig zu sein. Denn wenn er beim Sehen nicht das Maß gebraucht, sondern auf seine eigenen Augen vertraut, um scharfsichtig zu sein, so wird er nur wenig sehen. Dies ist nicht der Weg, nicht betrogen zu werden. Und wenn er beim Hören nicht seine Stellung nutzt, sondern nur auf seine eigenen Ohren vertraut, um feinhörig zu sein, so wird er nur wenig hören. Dies ist nicht der Weg, nicht hintergangen zu werden. Der kluge Herrscher bringt das ganze Reich dazu, für ihn zu sehen und zu hören. Er selbst befindet sich im tiefsten Inneren des Palastes, während seine Scharfsicht alles erfasst, was zwischen den vier Meeren geschieht. Wie kommt es wohl, dass er von niemandem im Reich betrogen und hintergangen werden kann? Weil der Weg der Blindheit und des Chaos gemieden wird und die Macht der Scharfsicht und der Hellhörigkeit gedeiht.

Ein Herrscher, der seine Macht richtig zu nutzen vermag, hat einen wohlgeordneten Staat. Versteht er es nicht, seine Macht einzusetzen, herrscht Durcheinander. So war es zum Beispiel früher im Staate *Qin* Brauch, dass der Herrscher und die Beamten die Gesetze missachteten und ihre eigenen Interessen verfolgten. Im Resultat waren der Staat zerrüttet, die Armee schwach und der Herrscher ohne Ansehen. Da überredete *Shang Yang* den Herzog *Xiao* von *Qin* dazu, den Weg des öffentlichen Wohles klarzumachen durch eine Reform der Gesetze und eine Änderung der Bräuche, das Anzeigen von Straftaten zu belohnen, die Beschäftigung mit Nebensächlichkeiten zu erschweren und die Hauptbeschäftigungen zu fördern. Zu jener Zeit waren die Leute von *Qin* jedoch daran gewöhnt, dass nach dem alten Brauch ein Verbrecher seiner Strafe entgehen und ein Verdienstloser zu Ruhm und Ehren kommen konnte. Deshalb waren sie sehr schnell dazu bereit, die neuen Gesetze zu verletzen. Doch die Strafen für die Gesetzesverletzer waren hart und unerbittlich, und die Belohnungen für das Anzeigen von Vergehen waren hoch und garantiert. Kein Übeltäter konnte entwischen, und so wurden immer mehr bestraft. Das Volk war voller Hass und Groll, und man konnte jeden Tag von zahllosen Verfehlungen hören. Herzog *Xiao* ließ sich allerdings davon nicht beeinflussen und setzte *Shang Yangs* Gesetze konsequent um. Schließlich begriffen die Menschen, dass jeder Verbrecher seine Strafe erfährt. Immer mehr Vergehen wurden angezeigt, bis niemand mehr die Gesetze verletzte und die Strafen nicht mehr angewandt werden mussten. Im Resultat waren der Staat wohlgeordnet und die Armee stark, das Herrschaftsgebiet groß und der Herrscher angesehen. Dies war einzig und allein darauf zurückzuführen, dass das Verheimlichen eines Verbrechens hart bestraft und das Anzeigen eines Vergehens reich belohnt wurde. Es war zugleich der Weg, das ganze Reich dazu zu bringen, für den Herrscher zu sehen und zu hören. Die Gesetze und die Staatskunst, die zur höchsten Ordnung führen, sind längst bekannt. Doch die Gelehrten unserer Zeit kennen sie nicht.

Schlimmer noch, die einfältigen Gelehrten von heute verstehen nichts von Ordnung und Wirren. Sie schwafeln wirres Zeug, beten die Schriften der Altvordern her und bringen damit die heutige Ordnung durcheinander. Ihre Weisheit und ihr Geist können sie nicht davor bewahren, selbst in jedes Loch und jede Falle zu treten, aber sie verleumden ohne Grund jene, die wirklich etwas von Staatsräson verstehen. Wer auf ihre Worte hört, begibt sich selbst in Gefahr, und wer ihre Pläne verwirklicht, beschwört das Chaos herauf. Eine größere Dummheit und ein schlimmeres Unheil gibt es nicht. Sie machen sich mit ihren Erörterungen und Ratschlägen ebenso einen Namen, wie die Kenner der Staatskunst. In Wirklichkeit sind sie jedoch meilenweit von diesen entfernt. Dem Namen nach sind sie mit ihnen identisch, doch in Wirklichkeit trennen sie Welten. Wollte man die einfältigen Gelehrten unserer Zeit mit den Kennern der Staatskunst vergleichen, so könnte man auch einen Ameisenhaufen mit einem großen Grabhügel vergleichen. Wie groß ist doch der Unterschied zwischen ihnen.

Ein weiser Herrscher urteilt danach, ob eine Handlung richtig oder falsch ist, und achtet darauf, ob Ordnung oder Chaos herrschen. Er regiert den Staat, indem er klare Gesetze erlässt und strenge Strafen anordnet, um damit alle vor dem Chaos zu retten und Unheil vom Reich abzuwenden. Er will erreichen, dass die Starken die Schwachen nicht misshandeln und die Mehrheit der Minderheit keine Gewalt antut, dass die Alten in Frieden sterben und die Jungen ungestört aufwachsen können, dass es keine Zwischenfälle an fernen Grenzen gibt, dass Herrscher und Untertan miteinander vertraut sind und Vater und Sohn sich gegenseitig unterstützen, dass niemand im Krieg sterben muss oder in Gefangenschaft gerät. Wäre dies nicht die größte Errungenschaft? Doch die gelehrten Dummköpfe verstehen das nicht und verdammen es als grausame Politik. Diese Schwachköpfe wollen Ordnung und verabscheuen zugleich die dazu notwendigen Mittel. Alle hassen sie die Gefahr und lobpreisen zugleich den dahin führenden Weg. Wie kann ich das wissen? Nun, strenge Strafen und harte Züchtigungen hasst das Volk, doch man braucht sie zur Regierung des Staates. Erbarmen, Mitleid und Strafnachlass sind beim Volk beliebt, doch man bringt durch sie den

117

Staat in Gefahr. Ein weiser Herrscher, der mit Gesetzen regiert, handelt nicht nach den Ansichten seiner Zeit, sondern im Einklang mit *dao* und *de*. Wer darum weiß, stimmt überein mit den öffentlichen Interessen und nicht mit den allgemeinen Gewohnheiten. Wer nicht darum weiß, handelt genau umgekehrt. Wenn aber im Reich unter dem Himmel nur wenige darum wissen, leidet das öffentliche Wohl darunter.

Ist es nicht vollkommen unmöglich, einem strengen Himmelssohn gegenüberzustehen und für sich selbst Sicherheit zu wollen, wenn man eine den Gewohnheiten der Zeit widersprechende Haltung einnimmt, von allen Seiten Schmähungen hinnehmen muss und erstickt wird von den bestimmenden Meinungen der Zeit? Deshalb sterben weise Ratgeber, ohne zu Lebzeiten zu Ruhm zu gelangen. Fürst *Chun Shen*, der jüngere Bruder des *Chu*-Königs *Zhuang*, hatte eine Nebenfrau mit Namen *Yu*. Der Sohn seiner Hauptfrau trug den Namen *Jia*. Die Nebenfrau wollte erreichen, dass der Fürst seine Hauptfrau verstößt. Darum fügte sie sich selbst Verletzungen zu, zeigte sie dem Fürsten und sprach unter Tränen: „Es ist wahrlich ein großes Glück, die Nebenfrau Eurer fürstlichen Hoheit sein zu dürfen. Doch Eurer Gattin zu Willen zu sein bedeutet, Euch nicht zu dienen, und Euch zu gehorchen heißt, Eurer Gattin nicht zu dienen. Ich bin nur ein unwürdiges Weib, dessen Kraft nicht ausreicht, um zwei Herren zu dienen, und so wird es kommen, dass ich beiden nicht gehorsam sein kann. Ehe ich aber vor Eurer Gattin sterbe, erlaubt mir, vor Euren Augen Selbstmord begehen zu dürfen. Und wenn Eure unwürdige Magd durch Eure Gnade sterben durfte und Ihr wieder einer Dame des Hofes das Glück des Auserwähltseins zukommen lasst, so solltet Ihr, mein Fürst, genau prüfen, um nicht zum Gespött der Leute zu werden." Der Fürst glaubte den Lügen seiner Nebenfrau und verstieß seine rechtmäßige Hauptfrau. Danach wollte seine Nebenfrau den Thronfolger *Jia* ermorden lassen und ihren eigenen Sohn zum Thronerben machen. Sie zerriss sich das Futter ihrer Kleider, zeigte sie dem Fürsten und sprach unter Tränen: „Schon lange Zeit durfte ich das Glück Eurer Gunst genießen, was *Jia* nicht entgangen sein kann. Doch heute wollte er mir Gewalt antun. Ich habe mich zur Wehr gesetzt, sodass meine Kleider zerrissen wurden. Gibt es ein größeres Vergehen eines Sohnes als dieses?" Der Fürst geriet in Zorn darüber und ließ *Jia* töten. Der Fürst verstieß seine Hauptfrau und ließ seinen eigenen Sohn töten, und das alles aufgrund der Lügen seiner Nebenfrau. Daraus ist zu ersehen, dass sogar der Liebe des Vaters zu seinem Sohn durch Verleumdungen Schaden zugefügt werden kann. Da nun aber die Beziehungen zwischen Herrscher und Untertan nicht so eng sind, wie die zwischen Vater und Sohn, und die verleumderischen Worte der Untertanen nicht nur aus dem Mund einer einzelnen Konkubine strömen, wen sollte es da noch verwundern, dass würdige, weise Männer den Tod finden. Aus eben diesem Grund wurde *Shang Yang* in *Qin* zwischen Wagen gespannt und zerstückelt und *Wu Qi* in *Chu* geviertelt.

Generell ist es so, dass eines Vergehens schuldige Untergebene auf Strafaussetzung und verdienstlose Männer auf Ruhm und Ehre hoffen. Regiert aber ein weiser Herrscher den Staat, gibt es für Verdienstlose keine Belohnungen und werden Verbrecher gnadenlos bestraft. Die Verfechter von Recht und Ordnung sind beständig den Verleumdungen der Höflinge und Verräter ausgesetzt. Nur ein weiser Herrscher vermag, ihren Rat zu vernehmen.

Wenn die Gelehrten von heute dem Herrscher Ratschläge unterbreiten, dann sagen sie nicht: „Vertraut auf Eure Macht und Eure Autorität, um die verlogenen, treulosen Untergebenen in ihre Schranken zu weisen." Nein, sie reden alle von nichts anderem als Menschlichkeit, Gerechtigkeit, Güte und Liebe. Die heutigen Herrscher schwärmen vom Gerede über Menschlichkeit und Gerechtigkeit, ohne über ihre praktischen Auswirkungen nachgedacht zu haben. So kommt es, dass sie im schlimmsten Fall ihren Staat in den Ruin und sich selbst in den Tod treiben, oder zumindest Teile ihres Landes einbüßen und ihr Ansehen verlieren. Wie lässt sich dies verdeutlichen? Almosen und milde Gaben an Arme und Bedürftige zu verteilen, das nennt man heutzutage Menschlichkeit und Gerechtigkeit. Mitleid und Barmherzigkeit gegenüber dem Volk zu zeigen und Bestrafungen und Hinrichtungen nicht übers Herz zu bringen, das nennt man heutzutage Güte und Liebe. Doch Almosen an Arme zu verteilen heißt, dass Verdienstlose belohnt werden, und Strafen nicht ertragen zu können bedeutet, dass Verbrechern nicht Einhalt geboten wird. In einem Staat, in dem Männer ohne Verdienste belohnt werden, wird sich das Volk auf dem Schlachtfeld nicht dem Gegner stellen und Feinde töten, und es wird daheim nicht seine Kräfte auf dem Feld und bei dringenden Arbeiten verausgaben. Jeder wird bestrebt sein, mit Geschenken und Waren den Reichen und Noblen zu Diensten zu sein und sich durch Selbstverherrlichung einen Namen zu machen, um sich auf diese Weise ehrbare Posten und hohe Einkünfte zu erschleichen. Die Zahl der treulosen, selbstsüchtigen Untertanen wird ständig wachsen und verbrecherische, schlechte Elemente werden die Oberhand gewinnen. Könnte man da etwas anderes als den Ruin des Staates erwarten?

Das Volk fürchtet strenge Züchtigungen und hasst harte Strafen. Der weise Herrscher jedoch hält sich an das, was die Menschen fürchten, um Übeltaten zu unterbinden, und baut auf das, was die Menschen hassen, um Verrat vorzubeugen. So herrscht Frieden im Staat und Aufruhr kommt nicht auf. Für mich ist damit völlig klar, dass man mit

Menschlichkeit, Gerechtigkeit, Güte und Liebe nichts anfangen kann, während man mit strengen Züchtigungen und harten Strafen einen Staat regieren kann. Ohne die Autorität der Peitsche und die Ausrüstung des Zaumzeuges könnte sogar ein *Zaofu* kein Pferd gefügig machen. Ohne Zirkel und Winkel, Lot und Messlatte würde sogar *Wang Er* kein Quadrat und keinen Kreis zustande bringen. Ohne Macht und Einfluss, Strafe und Belohnung hätte auch ein *Yao* oder *Shun* nicht regieren können. Wer als Herrscher heutzutage leichtfertig ablässt von strengen Züchtigungen und harten Strafen und stattdessen Güte und Liebe praktiziert, sollte nicht darauf hoffen, die Vormachtstellung erringen zu können.

Ein guter Herrscher macht die Belohnungen bekannt und den Nutzen klar, um die Menschen damit anzuspornen. Er gewährt Belohnungen für Verdienste und nicht Geschenke aus Menschlichkeit und Gerechtigkeit. Er gebraucht strenge Züchtigungen und spricht harte Strafen aus, um die Menschen abzuschrecken. Er richtet hin für Vergehen und begnadigt nicht aus Güte und Liebe. Deshalb hoffen Männer ohne Verdienste nicht auf Anerkennung und haben eines Vergehens Schuldige nicht das Glück des Straferlasses. Mit einem robusten Wagen und einem guten Pferd kann man zu Lande unheilvolle Abhänge und Hindernisse überwinden. In der Geborgenheit eines Bootes mit dem Ruder in der Hand kann man zu Wasser die Gefahren von Strömen und Flüssen meistern. Mit den Mitteln von Gesetz und Staatskunst sowie der Anwendung von harten Strafen und strengen Züchtigungen kann man es zur Vormachtstellung unter den Herrschern bringen. Mit Gesetz und Staatskunst, Belohnung und Strafe den Staat zu regieren ist, als ob man zu Lande mit einem robusten Wagen und einem guten Pferd oder zu Wasser mit einem schnellen Boot und einem festen Ruder unterwegs ist. Wer auf sie vertraut, hat Erfolg.

Tang wurde König, weil *Yi Yin* sich auf Politik verstand. Der Staat *Qi* errang die Vorherrschaft, weil *Guan Zhong* sich darauf verstand. Der Staat *Qin* wurde mächtig, weil *Shang Yang* sich darauf verstand. Diese drei Männer verstanden sich auf die Kunst der Vorherrschaft, achteten auf die Mittel von Ordnung und Stärke und ließen sich nicht vom allgemeinen Geschwafel der Zeit irritieren. Sie wurden den Erwartungen der klugen Herrscher ihrer Zeit gerecht und brachten es vom Mann ohne Amt und Würden zum höchsten Staatsminister. Als sie im Amt waren und das Land regierten, waren die Herrscher geachtet und das Staatsterritorium groß. Man kann sie zu Recht ehrbare Minister nennen.

Tang brachte es vom Herren über ein unbedeutendes Stück Land bis zum Sohn des Himmels, weil er *Yi Yin* hatte. Herzog *Huan* gelang es, der erste von fünf hegemonialen Herrschern zu sein, die Lehnsfürsten neunmal zusammenzurufen und das Reich unter dem Himmel zu vereinen, weil er *Guan Zhong* hatte. Herzog *Xiao* herrschte über ein großes Territorium mit einer starken Armee, weil er *Shang Yang* hatte. Wer loyale Untergebene besitzt, braucht nach außen keine Feinde unter den Nachbarstaaten zu fürchten und sich im Inneren nicht um Verräter unter den Beamten zu sorgen. Der Frieden im Reich ist von Dauer und sein Ruhm wird weiterleben. Solche Männer nennt man loyale Beamte.

Yu Rang hingegen verstand es als Minister des Grafen *Zhi* nicht, seinen Herrscher so zu beraten, dass er mit Hilfe der Prinzipien von Gesetz und Staatskunst, Regel und Maß hätte Not und Elend vermeiden können. Und es gelang ihm auch nicht, das Volk zu führen und zu lenken, um den Staat zu stabilisieren. Als dann Graf *Xiang* den Grafen *Zhi* getötet hatte, verschandelte sich *Yu Rang* selbst das Gesicht und verstümmelte sein Äußeres, um sich für den Grafen *Zhi* am Grafen *Xiang* zu rächen. Obwohl er sich zum Ruhme des Herrschers selbst entstellte und zugrunde richtete, war er dem Grafen *Zhi* damit in Wirklichkeit genauso nutzlos wie ein Grashalm. Gerade solche Menschen verachte ich, doch die heutigen Herrscher halten sie für loyal und würdigen sie. Einst lebten zwei Männer mit Namen *Bo Yi* und *Shu Qi*. König *Wu* wollte die Herrschaft über das Reich an sie abtreten, doch sie lehnten dies ab und verhungerten am *Shouyang*-Hügel. Solche Untertanen, die weder strenge Strafen fürchten, noch reiche Belohnungen achten, kann man mit Strafen nicht aufhalten und mit Belohnungen nicht anspornen. Sie sind nutzlose Untergebene. Ich halte wenig von solchen Menschen und verachte sie, doch die Herrscher von heute halten viel von ihnen und suchen nach ihnen.

Ein altes Sprichwort besagt: „Selbst ein Aussätziger hat Mitleid mit dem König." Dies ist keine Höflichkeitsfloskel, und da es im Altertum keine unbegründeten Sprichwörter gab, sollte man es ernst nehmen. Es spricht von dahingemordeten, zum Untergang verurteilten Herrschern. Wenn der Herrscher seine Beamten nicht mit Gesetz und Staatskunst lenkt, helfen ihm das beste Alter und die größten Fähigkeiten nichts. Die hohen Beamten werden doch die Macht an sich reißen, eigenmächtig handeln und den Herrscher hintergehen, alles zu ihrem eigenen Nutzen. Es ist zu befürchten, dass nahe Verwandte und tapfere Helden dem Herrscher die Macht aus den Händen reißen und gegen ihn selbst richten, sodass schließlich fähige, volljährige Herrscher ermordet und minderjährige, willensschwache Regenten eingesetzt werden, rechtmäßige Thronerben verstoßen und unrechtmäßige Nachfolger bestimmt werden.

In den *Frühlings- und Herbstannalen* ist aufgezeichnet: „Prinz *Wei* von *Chu* war auf dem Weg zu einem Staatsbesuch in *Zheng*. Er hatte die Grenze noch nicht passiert, als er erfuhr, dass der Herrscher erkrankt war, und kehrte um. Er suchte den Herrscher auf, um sich nach seiner Krankheit zu erkundigen, erdrosselte ihn mit seiner Hutschnur und ernannte sich schließlich selbst zum Herrscher. Die Frau des *Cui Zhu* aus *Qi* war von großer Schönheit. Herzog *Zhuang* hatte ein Verhältnis mit ihr und kam des Öfteren in das Haus der Familie *Cui*. Als der Herzog wieder einmal auf dem Weg dorthin war, wurde er von den Gefolgsleuten des Herrn *Cui*, angeführt von *Jia Ju*, angegriffen. Der Herzog flüchtete in das Haus der Familie *Cui* und bot dem Herrn *Cui* an, die Herrschaft über den Staat mit ihm zu teilen, doch dieser lehnte ab. Der Herzog bat ihn, seinem Leben im Ahnentempel ein Ende setzen zu dürfen, doch auch dies lehnte Herr *Cui* ab. Daraufhin ergriff der Herzog die Flucht und sprang über die nördliche Mauer des Anwesens. *Jia Ju* schoss einen Pfeil nach ihm und traf ihn in die Hüfte. Der Herzog stürzte zu Boden und wurde von *Cuis* Gefolgsleuten mit Lanzen durchbohrt und ermordet. An seiner Stelle wurde sein jüngerer Bruder als Herzog *Jing* inthronisiert." Und wenn wir die heutige Zeit nehmen? Kaum hatte *Li Dui* die Macht in *Zhao* übernommen, ließ er den Regenten-Vater einhundert Tage hungern, bis er starb. Kaum hatte *Zhuo Chi* die Macht in *Qi* übernommen, ließ er dem König *Min* die Sehnen herausreißen und ihn an einem Balken im Ahnentempel aufhängen, sodass er über Nacht starb.

Ein Aussätziger wird zwar von Geschwülsten und Eiterbeulen gequält, doch er erleidet nie das Schicksal, erdrosselt und erschossen zu werden, wie die in den *Frühlings- und Herbstannalen* beschriebenen Herrscher, und man lässt ihn nicht verhungern und reißt ihm nicht die Sehnen

heraus, wie es den Herrschern aus der heutigen Zeit wider-
fuhr. Müssen doch die seelische Pein und der physische
Schmerz der meuchlings ermordeten und zum Untergang
verdammten Herrscher viel größer sein, als die Qualen
eines Aussätzigen. So gesehen kann es schon sein, dass ein
Aussätziger Mitleid mit dem König empfindet.

FÜNFTES BUCH

15. Kapitel

Symptome des Untergangs

Ein Staat kann untergehen, wenn:

1. die Domäne des Herrschers klein und die Familien-clans groß, die Macht des Herrschers gering und der Einfluss der Beamten gewichtig sind.
2. Gesetze und Verbote vernachlässigt werden und man sich mit Intrigen und Überlegungen befasst, im Inneren des Landes keine Vorkehrungen getroffen werden und man sich auf Freundschaft und Beistand von außen verlässt.
3. die Beamten sich mit der Gelehrsamkeit beschäftigen und die Höflinge sich im Disputieren ergehen, Händler in fremden Ländern Reichtümer anhäufen und der kleine Mann schnell zur Waffe greift.
4. der Herrscher eine Vorliebe für Paläste, Terrassen und künstliche Teiche hat, sich an Wagen, Kleidern und Schmuck erfreut, das Volk misshandelt und Reichtümer verschwendet.
5. der Herrscher sich Glück verheißende Tage prophezeien lässt und vor Geistern und Dämonen fürchtet, an Wahrsagerei und Orakel glaubt und eine Vorliebe für Opfer und Totenfeiern hat.
6. der Herrscher beim Anhören der Vorschläge nur nach dem Rang geht, ohne zu vergleichen und zu prüfen, und die Informationen nur über einen Mann zu ihm gelangen.

7. Ämter und Posten durch Protektion von einflussreichen Personen zugänglich sind und Ränge und Pfründe durch Geschenke ergaunert werden können.

8. der Herrscher aus lauter Zögern nichts bis zum Ende bringt und aus Unentschlossenheit keine Entscheidungen trifft, ständig schwankt zwischen Zustimmung und Abneigung und keine feststehende Meinung hat.

9. des Herrschers Gier und Habsucht unersättlich sind, er nur auf seinen Vorteil bedacht ist und immer mehr haben will.

10. der Herrscher sich von ausschweifenden Reden betören lässt und nicht um das Gesetz kümmert, Dispute und Vorschläge liebt, ohne auf ihre Brauchbarkeit zu achten, und sich an Stil und Schönheit der Worte ergötzt, ohne auf Leistungen zu sehen.

11. der Herrscher oberflächlich und leicht zu durchschauen, schwatzhaft und nicht verschwiegen ist, kein Geheimnis wahren kann und die Worte seiner Beamten überall herumerzählt.

12. der Herrscher hartherzig, streng und nicht einträchtig ist, Mahnungen störrisch ablehnt und rechthaberisch ist, nicht auf das Wohl des Altars des Erdbodens und der Feldfrüchte bedacht ist und leichtfertig sich selbst vertraut.

13. der Herrscher auf Freundschaft und Beistand aus der Ferne setzt und die Nachbarstaaten vernachlässigt, auf die Unterstützung großer, mächtiger Staaten hofft und angrenzende Staaten verhöhnt.

14. Reisende und Fremdlinge, die Besitz und Familie in fremden Ländern haben, an der Ausarbeitung von Vorhaben und Plänen teilhaben und sich in die inneren Angelegenheiten einmischen.

15. das Volk den Ministern Vertrauen schenkt und den Herrscher nicht leiden kann, und der Herrscher den

Ministern Zuneigung und Vertrauen entgegenbringt und nicht vermag, sie zu vertreiben.

16. der Herrscher nicht die begabten Männer aus dem eigenen Land heranzieht, sondern nach klugen Köpfen aus fremden Ländern sucht, nicht nach den Verdiensten urteilt, sondern die Beamten nach ihrer Reputation befördert oder degradiert, die Fremdlinge adelt und seine eigenen Landsleute schlecht behandelt.

17. der Herrscher seinen legitimen Thronfolger gering schätzt und zulässt, dass die Söhne der Nebenfrauen ihm seinen Platz streitig machen, oder der Herrscher stirbt, ohne den Thronerben bestimmt zu haben.

18. der Herrscher keine Rücksicht und kein Bedauern kennt, von sich selbst überzeugt ist, obwohl im Staat keine Ordnung herrscht, und seine Nachbarn und Feinde unterschätzt, ohne die Möglichkeiten seines eigenen Landes abzuwägen.

19. der Herrscher trotz der geringen Größe seines Staates nicht den ihm zukommenden Status akzeptiert, trotz seiner Schwäche keinen Respekt vor den mächtigen Staaten zeigt, taktlos große Nachbarstaaten bloßstellt, habgierig, widerspenstig und ohne diplomatisches Gespür im Umgang mit ihnen ist.

20. der Herrscher den Thronerben bereits bestimmt hat und sich später eine Frau aus einem mächtigen feindlichen Staat zur Gemahlin nimmt, denn dies bedeutet Gefahr für den Kronprinzen und lässt die Beamten ihre Ansichten ändern.

21. der Herrscher furchtsam und ängstlich ist und nicht auf seiner Meinung beharren kann, rechtzeitig einen Fehler bemerkt, aber zu feige zum Handeln ist, im Wissen darüber, dass er etwas tun kann, eine Entscheidung trifft, sich aber nicht wagt, sie durchzusetzen.

22. der Herrscher in einem fremden Land weilt und ein anderer an seiner Stelle eingesetzt wird oder der Herr-

scher einen neuen Thronfolger einsetzt, während der Kronprinz sich als Geisel in einem anderen Land befindet, denn in diesem Fall wird der Staat gespalten.

23. der Herrscher vertraut ist mit hohen Beamten, die er verletzt oder beschämt hat, und Männer in seine Dienste nimmt, die er bestraft und gemaßregelt hat, denn diese Menschen hegen ewig Groll, vergessen die Schmach nicht und werden zu Aufrührern.

24. die hohen Beamten einflussreich und die männlichen Verwandten des Herrschers zahlreich und mächtig sind, im Lande Cliquen bilden und von außen Beistand erhalten, um die Macht an sich zu reißen.

25. der Herrscher auf die Worte seiner Dienerinnen und Frauen hört, sich auf die Weisheit seiner Geliebten und Gespielinnen verlässt und trotz des Bedauerns und der Bestürzung am Hofe und außerhalb wiederholt selbst wider das Gesetz handelt.

26. der Herrscher die hohen Beamten verhöhnt und seine männlichen Verwandten unhöflich behandelt, die Kräfte des Volkes überbeansprucht und Unschuldige hinrichtet.

27. der Herrscher sich oft selbst für klüger hält als das Gesetz, wiederholt durch eigennütziges Handeln das öffentliche Wohl stört, willkürlich Gesetze und Verbote ändert und ständig Befehle und Erlasse herausgibt.

28. der Herrscher leichtfertig andere angreift, obwohl es keine örtlichen Befestigungsanlagen gibt und die Stadtmauern und Wälle in schlechtem Zustand sind, keine Vorräte und Reserven angelegt wurden und nur wenig Waren und Reichtümer vorhanden sind und keine Vorbereitungen für Verteidigung und Angriff getroffen wurden.

29. den Angehörigen der Herrscherfamilie kein langes Leben beschieden ist und mehrere Herrscher kurz hintereinander sterben, Minderjährige den Thron bestei-

gen und die hohen Beamten unumschränkt herrschen, sich mit Fremden zu Cliquen vereinen und Ländereien an andere Staaten abtreten, um mit ihnen freundschaftliche Beziehungen zu knüpfen.

30. der Kronprinz zu sehr geachtet und zu berühmt ist, zu viele und zu mächtige Anhänger besitzt, mit zu vielen großen Mächten in engem Kontakt steht und schon in jungen Jahren Autorität und Einfluss genießt.

31. der Herrscher unbeständig und ungeduldig, leicht zu verärgern und schnell zu Handlungen zu bewegen ist und in seinem Zorn nicht über die Folgen nachdenkt.

32. der Herrscher oft wütend ist und zum Einsatz von Waffen neigt, Landwirtschaft und Militär vernachlässigt und schnell zu Aggressionen bereit ist.

33. die Würdenträger neidisch sind aufeinander und die hohen Beamten im Überfluss leben, von außen durch feindliche Staaten unterstützt werden und im eigenen Land das Volk traktieren, um ihre persönlichen Feindschaften ausfechten zu können, und der Herrscher sie dafür nicht bestraft.

34. der Herrscher unwürdig und seine Vettern und Cousins weise sind, der Kronprinz unfähig ist und von den Söhnen der Nebenfrauen übertroffen wird, die Beamtenschaft machtlos und das Volk grausam ist, denn dann herrscht im Staat Aufregung.

35. der Herrscher Groll in sich aufstaut, ohne ihn je zu offenbaren, eine Strafe verhängt, ohne sie je auszuführen, und auf diese Weise bei den Beamten heimlich Hass aufkommt und Furcht und Sorge sich mehren, ohne dass der Herrscher dies merkt.

36. die Generäle der ausgezogenen Truppen zu mächtig und die mit der Verteidigung der Grenzen beauftragten Beamten zu geachtet sind, allein herrschen, willkürlich entscheiden und ohne die Erlaubnis des Herrschers handeln.

37. die Hauptfrau des Herrschers unzüchtig und die Herrscherin-Mutter ohne Anstand ist, bei Hofe und außerhalb undurchsichtige Beziehungen bestehen und der Unterschied zwischen Mann und Frau verwischt wird, denn dann gibt es zwei Herrschende.

38. die Hauptfrau gering geschätzt ist und die Konkubinen Achtung genießen, der Kronprinz unwürdig und die Söhne der Nebenfrauen würdevoll behandelt werden, die Minister wenig und die kleinen Hofbeamten großen Einfluss haben, denn dann sind die sozialen Konventionen verkehrt.

39. die hohen Beamten zu große Macht und viele einflussreiche Parteigänger besitzen, die Entscheidungen des Herrschers blockieren und willkürlich die Macht im Staate ausüben.

40. die Zöglinge von einflussreichen Clans eine Anstellung finden, während die Nachfahren von verdienten Militärs verstoßen werden, jene Karriere machen, die in ihrem Heimatdorf einen Namen haben, und jene abgelehnt werden, die sich durch Verdienste im Amt ausgezeichnet haben, selbstsüchtige Handlungsweisen gerühmt und auf das öffentliche Wohl bedachtes Tun missachtet werden.

41. die Schatzkammern des Staates leer sind und die hohen Beamten Reichtümer gehortet haben, die Stammbevölkerung arm und Fremdlinge reich sind, die Bauern und Soldaten es schwer haben und Handwerk und Handel gedeihen.

42. der Herrscher einen offenkundigen Vorteil für den Staat nicht mit allen Mitteln anstrebt, einem sich ankündigenden Unheil nicht mit den entsprechenden Maßnahmen begegnet, Angriffs- und Verteidigungsvorbereitungen vernachlässigt und stattdessen auf Selbstkultivierung durch Menschlichkeit und Gerechtigkeit bedacht ist.

43. der Herrscher nicht seinen großen Pflichten gegenüber dem Staat nachkommt, sondern der Pietät eines gewöhnlichen Menschen anhängt, nicht auf den Nutzen für den Altar des Erdbodens und der Feldfrüchte bedacht ist, sondern den Anweisungen der Herrscherin-Mutter Folge leistet und zulässt, dass sich seine Frauen in die Staatsangelegenheiten und die Eunuchen in die Politik einmischen.

44. des Herrschers Reden geschickt vorgetragen werden, aber dem Gesetz widersprechen, er den Verstand eines Weisen hat, ohne sich auf die Staatskunst zu verstehen, und vielseitige Fähigkeiten besitzt, aber sich in seinem Handeln nicht von Gesetzen und Regeln leiten lässt.

45. mit dem Herrscher verschwägerte Beamte Karriere machen, während sich altverdiente Männer aus dem Dienst zurückziehen, Unwürdige Posten bekommen, während weise Männer unterdrückt werden, Verdienstlose Ansehen genießen und Verdienstvolle nicht, denn dann staut sich bei den Untertanen Groll an.

46. die Ränge und Pfründe der Verwandten des Herrschers und der hohen Beamten ihre Verdienste übersteigen, ihre Rangabzeichen und ihre Kleidung nicht ihrem sozialen Status entsprechen, ihre Paläste protzig und ihre Ausgaben verschwenderisch sind, und der Herrscher ihnen keinen Einhalt gebietet, denn dann wird die Gier der Beamten keine Grenzen kennen.

47. die Schwiegersöhne und Enkel des Herrschers im Volk verkehren und dabei grausam und anmaßend sind.

Das Auftreten der Symptome des Untergangs bedeutet nicht, dass der Staat untergehen muss. Es besagt aber, dass es zum Untergang kommen kann. Es ist doch so, dass zwei dem *Yao* vergleichbare heilige Herrscher sich nicht gegenseitig beherrschen und zwei mit *Jie* vergleichbare unfähige Herrscher sich nicht gegenseitig in den Untergang treiben können. Der Schlüssel zu Untergang und Vorherrschaft liegt im Unterschied zwischen Ordnung und Chaos, Stärke und Schwäche eines Staates. Es sind die Schädlinge, durch die ein Baum zum Umstürzen, und die Ritzen, durch die eine Mauer zum Einsturz gebracht wird. Doch ohne heftigen Sturm stürzt auch ein von Schädlingen befallener Baum nicht um, und ohne sintflutartigen Regen fällt auch eine von Ritzen durchzogene Mauer nicht ein. Es sollte einem Herrscher mit zehntausend Kampfwagen nicht schwerfallen, das Reich unter dem Himmel zu vereinen, wenn er es vermag, mit Hilfe von Staatsräson und Gesetzen für jene Herrscher zu Sturm und Regen zu werden, die von den Symptomen des Untergangs befallen sind.

16. Kapitel

Drei Maßnahmen zur Vorsicht

Der Herrscher sollte drei Vorsichtsmaßnahmen treffen. Macht er dies, bringt es dem Staat Frieden und gereicht es dem Herrscher zum Ruhm. Trifft er die drei Maßnahmen aber nicht, bedeutet es eine Gefahr für den Staat und eine Bedrohung des Lebens des Herrschers. Welches sind nun die drei Vorsichtsmaßnahmen?

Wenn Untergebene den Herrscher auf Vergehen der machtausübenden Minister, Fehltritte der mit Entscheidungen betrauten Beamten und das wahre Wesen der angesehenen Staatsdiener aufmerksam machen und der Herrscher diese Hinweise nicht in seinem Innersten verborgen hält, sondern zu seinen Vertrauten und Nahestehenden durchsickern lässt und damit die Untergebenen, die sich mit Hinweisen an ihn wenden wollen, dazu veranlasst, sich bei den Nahestehenden und Vertrauten anzubiedern, bevor sie dem Herrscher ihr Anliegen zu Gehör bringen, wenn dies der Fall ist, können ehrliche und aufrichtige Männer nicht bis zum Herrscher vordringen und treue und ergebene Männer halten sich immer weiter vom Herrscher fern.

Wenn der Herrscher jene, denen er wohlgesonnen ist, nicht von sich aus bevorzugt, sondern erst, nachdem sie von anderen angepriesen werden, und jene, die er hasst, nicht von sich aus maßregelt, sondern erst, nachdem sie von anderen schlechtgemacht werden, wenn dies der Fall ist, dann verliert der Herrscher seine Autorität und die Höflinge besitzen die Macht.

Wenn der Herrscher nicht gewillt ist, die Mühsal des Regierens selbst zu tragen, und zulässt, dass die Beamten ihm durch ein Netz von Beziehungen die Mittel der Macht und die Stellung entreißen und die hohen Würdenträger über Leben und Tod, Nehmen und Geben entscheiden, dann greifen sie widerrechtlich in seine Rechte ein. Das heißt, dass die drei Vorsichtsmaßnahmen nicht vollständig getroffen wurden, und das ist wiederum ein raub- und mordverheißendes schlechtes Omen.

Es gibt drei Dinge, die dem Herrscher entrissen werden können – die Würde, die Entscheidung und das Mittel der Strafe.

Wenn es Staatsdiener gibt, die die Ehren hoher Würdenträger genießen, nach außen den Schlüssel zur Staatsmacht in ihren Händen halten und sich damit die Beamten gefügig machen, wenn alle äußeren und inneren Staatsgeschäfte nur mit ihrer Zustimmung laufen und wenn selbst tugendhafte, loyale Männer Unheil für sich heraufbeschwören, indem sie ihnen zuwiderhandeln, und ihnen das Glück hold ist, indem sie ihnen folgen, wenn dies der Fall ist, wird es kein einziger aufrechter Beamter wagen, dem Herrscher treu ergeben zu sein und sich um den Staat zu sorgen, indem er über Nutzen oder Schaden für den Altar des Erdbodens und der Feldfrüchte debattiert. Der Staat ist dem Untergang geweiht, wenn der Herrscher trotz aller Weisheit seine Vorhaben nicht selbst planen kann und es darüber hinaus Beamte gibt, die nicht bereit sind, dem Herrscher treu ergeben zu sein. In diesem Fall hat der Staat keine Diener. Doch heißt dies etwa, dass die Ämter unbesetzt sind und es an Hofbeamten mangelt? Nein, in einem solchen Staat kümmern sich die Beamten nur um ihr Einkommen, pflegen Beziehungen, handeln eigennützig und kommen ihrer Treuepflicht nicht nach. Das bedeutet jedoch, dass dem Herrscher die Würde genommen wird.

Die Beamten handeln darüber hinaus mit ihrer Gunst und reißen die Macht an sich, täuschen Einfluss im Ausland vor, um im eigenen Land zu dominieren, und sagen unheil- und glück-, gewinn- und verlustverheißende Erscheinungen heuchlerisch vorher, indem sie den Wünschen und Abneigungen des Herrschers folgen. Der Herrscher schenkt ihnen Gehör und unterstützt sie sogar noch, indem er sich selbst erniedrigt und das Wohl des Staates missachtet. Führen ihre Entscheidungen zum Misserfolg, muss der Herrscher die Schuld mit ihnen teilen. Sind ihre Handlungen jedoch von Erfolg gekrönt, genießen die Beamten die Lorbeeren allein. Sind sich die Staatsdiener, die mit Entscheidungen beauftragt sind, einig und sprechen wie aus einem Mund von ihren Vorzügen, so wird der Herrscher niemals jemandem Glauben schenken, der sie mit Worten schlechtmacht. Das heißt, dass dem Herrscher die Entscheidung aus den Händen gerissen wird.

Und schließlich wird dem Herrscher noch das Mittel der Strafe entrissen, wenn die Beamten eigenmächtig über Behörden und Gefängnisse, Verbote und Strafen bestimmen.

Diese drei Formen des Bestehlens des Herrschers treten auf, wenn die drei Vorsichtsmaßnahmen des Herrschers nicht vollständig sind. Hat er jedoch alle drei Maßnahmen getroffen, kann er dem Eingriff in seine Rechte Einhalt gebieten. Wer dies vermag, der hat das Zeug zum König.

17. Kapitel

Vorsorge im Inneren

Es ist für den Herrscher von Unheil, den Menschen zu vertrauen, denn wenn er ihnen vertraut, wird er von ihnen beherrscht. Die Untergebenen sind an den Herrscher nicht durch Blutsbande gebunden, sondern durch seine Macht. Sie sind gezwungen, ihm zu dienen. Deshalb versuchen die Untergebenen ohne Unterlass, heimlich die Gedanken ihres Herrschers zu ergründen. Und wenn der Herrscher nachlässig und hochmütig über ihnen thront, kommt es zu Raub und Fürstenmord, wie dies heutzutage der Fall ist. Sollte der Herrscher seinem Sohn zu sehr vertrauen, benutzen treulose Untergebene seinen Sohn, um ihre eigenen selbstsüchtigen Absichten durchzusetzen. So ließ *Li Dui*, Lehrer des Herrschers von *Zhao*, den Herrscher-Vater verhungern. Sollte der Herrscher seiner Frau zu sehr vertrauen, benutzen treulose Untergebene seine Frau, um ihre eigenen selbstsüchtigen Absichten zu verwirklichen. So tötete *You Shi*, Lehrer der Prinzessin *Li*, den Kronprinzen *Shensheng* und setzte *Xiqi* an seiner Stelle ein. Wenn der Herrscher nicht einmal seiner Frau, die ihm so nahesteht, und seinem Sohn, in dessen Adern das gleiche Blut fließt, vertrauen kann, wie könnte er da überhaupt jemandem vertrauen.

Die Haupt- und Nebenfrauen oder der als Thronfolger eingesetzte Erstgeborene – irgend jemand von ihnen wünscht sicher dem Herrscher einen frühen Tod, egal, ob er über einen Staat mit zehntausend oder eintausend Kampfwagen regiert. Wie kann ich das wissen? Nun, Mann und Frau sind nicht durch Blutsbande miteinander verbunden. Lieben sie sich, stehen sie sich nahe. Lieben sie sich nicht, sind sie sich fremd. Ein Sprichwort besagt: „Wer die Mutter liebt, trägt auch den Sohn auf den Armen." Wenn dies zutrifft, muss das Gegenteil lauten: „Wer die Mutter verabscheut, verstößt auch den Sohn." Mit fünfzig Jahren hat der Mann noch nicht aufgehört, schöne Frauen zu lieben. Die Schönheit der Frau beginnt aber mit dreißig Jahren zu welken. Die Frau, deren Schönheit vergangen ist, wird von dem Mann, dem sie zu Diensten sein soll und der nach wie vor schöne Frauen liebt, verstoßen und verachtet. Und ihr Sohn wird daran zweifeln, ob er der Erbe bleibt. Deshalb sehnen die Haupt- und Nebenfrauen den Tod des Herrschers herbei. Erst wenn die Frau zur Herrscherin-Mutter und ihr Sohn zum Herrscher geworden sind, werden alle ihre Befehle befolgt und alle ihre Verbote eingehalten. Die Freuden der Liebe des neuen Herrschers werden nicht geringer sein, als die des verstorbenen Herrschers, doch es wird keinen Zweifel mehr daran geben, dass die Herrscherin-Mutter die Macht in ihren Händen hat. Deshalb passieren Giftmorde und geheime Anschläge. In den *Frühlings- und Herbstannalen* des *Tao Zuo* steht geschrieben: „Mehr als die Hälfte aller Herrscher starb nicht eines natürlichen Todes." Ein Herrscher, der das nicht wahrhaben will, vermehrt nur noch das Durcheinander. So sagt man, dass dem Herrscher Gefahr droht, wenn viele von seinem Tod profitieren.

Wang Liang liebte Pferde und *Goujian*, der Herrscher von *Yue*, hatte eine Vorliebe für kräftige Männer, die sich in Zweikämpfen und Wagenrennen messen. Der Arzt saugt die Wunden des Patienten aus und nimmt sein Blut in den Mund, weil er sich davon Gewinn erhofft und nicht, weil er mit ihm durch Blutsbande verbunden ist. Der Wagenbauer, der einen Wagen fertig hat, wünscht den Menschen Reichtum und Wohlergehen, und der Tischler, der einen Sarg gefertigt hat, wünscht den Menschen einen frühen Tod. Das heißt nicht, dass der Wagenbauer menschlich und der Tischler grausam wäre. Es ist nur so, dass der Wagen nicht gekauft wird, wenn die Menschen nicht reich sind, und der Sarg keinen Abnehmer findet, wenn niemand stirbt. Der Tischler hasst niemanden, aber der Tod eines Menschen ist für ihn von Nutzen. Aus dem gleichen Grund wünschen die Haupt- und Nebenfrauen und der Kronprinz den Tod des Herrschers, sobald sich ihre Cliquen formiert haben, denn solange der Herrscher nicht tot ist, ist ihre Macht gering. Sie empfinden keinen Hass gegenüber dem Herrscher, aber sein Tod ist für sie von Nutzen. Der Herrscher kann also nicht umhin, jene im Auge zu behalten, die von seinem Tod profitieren.

Auch Sonne und Mond sind von Sternen umgeben, doch ihre Eklipse rührt aus ihrem Inneren her. Ebenso schützt sich der Herrscher vor jenen, die er hasst. Zum Verhängnis für ihn werden aber jene, die er liebt. Deshalb macht der kluge Herrscher nichts, was er nicht vorher überdacht hat, und isst nichts, was er nicht kennt. Er hört überall herum und sieht genau auf alles, um Vergehen in den inneren und äußeren Gemächern beurteilen zu können. Er achtet auf Übereinstimmungen und Unterschiede in den Worten, um zu wissen, wer zu welcher Clique gehört. Er macht unerwartete Nachforschungen und Überprüfungen, um die Ratgeber für ihre Worte zur Verantwortung zu ziehen. Sein Verhalten zu Vorschlägen hängt von den Ergebnissen ab. Er regiert die Massen mit Hilfe des Gesetzes und trägt viele einzelne Ereignisse zusammen, um vergleichen zu können. Unter den Beamten wird sich niemand mehr mit Glück eine Belohnung ergaunern und seine Befugnisse überschreiten. Die Todesstrafen sind definitiv, und es gibt für Schuldige keine Gnade. In so einem Fall haben falsche, verräterische Untergebene keine Möglichkeit mehr für eigennütziges Verhalten.

Übermäßige Fronarbeit schafft dem Volk Mühsal und Not. Die Peinigung des Volkes bringt Einfluss und Macht hervor. Der Aufstieg der Einflussreichen und Mächtigen bewirkt, dass viele von den Arbeitsdiensten befreit werden, und dies wiederum lässt die Edelmänner reich werden. Es ist nicht von langfristigem Nutzen für das Reich, wenn man das Volk peinigt und den Adel bereichert, mächtige Männer aufkommen lässt und auf die Staatsdiener vertraut. Deshalb gilt: Mäßige Fronarbeit bringt dem Volk Sicherheit. Die Sicherheit des Volkes verhindert, dass die Untergebenen zu großen Einfluss erlangen. Dies wiederum vermindert die Zahl der Einflussreichen und Mächtigen und führt dazu, dass die Güte in den Händen des Herrschers verbleibt.

Allen ist bekannt, dass Wasser Feuer löscht. Bringt man jedoch einen Wasserkessel dazwischen, kocht und verdampft das Wasser über dem Feuer, während das Feuer unter dem Wasser lodern und Flammen schlagen kann. Das Wasser verliert seine Überlegenheit gegenüber dem Feuer. Noch viel klarer ist aber, dass es die Aufgabe der Regierung ist, Treulosigkeit zu unterbinden. Lässt man nun die über die Einhaltung des Gesetzes wachenden Beamten die Rolle des Kessels übernehmen, so wird das Gesetz zwar verinnerlicht, verliert aber seine Funktion der Verhinderung von Verrat.

Den alten Überlieferungen zufolge, wie sie in den *Frühlings- und Herbstannalen* aufgezeichnet sind, waren es immer nur die geachteten und edlen Männer, die die Gesetze verletzten, den Gehorsam verweigerten und zu den schlimmsten Verrätern wurden. Die vorbeugende Wirkung der Gesetze und die Verurteilungen zu Strafen und Hinrichtungen bekamen aber vor allem die einfachen, gewöhnlichen Leute zu spüren. So verlor das Volk die Hoffnung und wagte es nicht mehr, Klage zu erheben. Die hohen Würdenträger verbündeten sich zu Cliquen und schirmten den Herrscher gemeinsam vom wirklichen Leben ab. Insgeheim waren sie gute Freunde, doch nach außen spielten sie Feindschaft, um zu zeigen, dass sie nicht selbstsüchtig sind. Jeder von ihnen sah und hörte für den anderen, um den Unwillen des Herrschers zu erkunden. Auf diese Weise abgeschirmt und abgeschnitten vom Leben konnte der Herrscher nichts erfahren, sodass er den Namen des Herrschers trug, ohne wirklich Herrscher zu sein, während die Beamten willkürlich die Gesetze missbrauchen konnten. So und nicht anders stand es um den Himmelssohn der *Zhou*-Dynastie. Wer als Herrscher seine Macht und seinen Einfluss anderen überlässt, tauscht seinen Platz mit ihnen. Darum heißt es, dass Macht und Einfluss nicht den Beamten überlassen werden dürfen.

18. Kapitel

*Das Gesicht nach Süden richten**

Der Herrscher begeht einen Fehler, wenn er jene, denen er ein Amt übertragen hat, kontrollieren lässt von Leuten, die er nicht mit Amtspflichten betraut hat. Er geht davon aus, dass diese Ratgeber den Beamten gegenüber Feindschaft empfinden müssen, wird aber schließlich selbst beherrscht von jenen, denen er kein Amt anvertraut hat, denn die heute Kontrollierenden sind die Kontrollierten von gestern. Versteht es der Herrscher nicht, die Gesetze klarzustellen und mit ihrer Hilfe dem Einfluss der hohen Beamten Grenzen zu setzen, gibt es für ihn keine Möglichkeit, das Vertrauen der Menschen zu gewinnen. Versucht der Herrscher, auf das Gesetz zu verzichten und sich stattdessen mit Hilfe der einen Untertanen vor den anderen zu schützen, werden sich alle, die einander wohlgesonnen sind, zusammenfinden und sich gegenseitig lobpreisen, und alle, die einander hassen, Cliquen bilden und sich gegenseitig schlechtmachen. Von dieser ganzen Lobhudelei und Verleumdung wird der Herrscher schließlich völlig durcheinandergebracht.

Die Beamten können keine Karriere machen, wenn sie nicht von anderen gerühmt werden und ständig ihre Aufwartung machen. Sie können sich keine Autorität verschaffen, wenn sie nicht gegen die Gesetze verstoßen und willkürlich handeln. Und sie können sich den Zurechtweisungen nicht entziehen, wenn sie nicht Treue und Glaubwürdigkeit

---

* Häuser und Paläste wurden in China schon seit ältesten Zeiten so angelegt, dass Fenster und Eingänge genau nach Süden zeigten. Auf die gleiche Weise war natürlich der Thron ausgerichtet, sodass der Herrscher mit dem Gesicht nach Süden sitzend regierte, während die Untergebenen bei Audienzen den Blick nach Norden richten mussten.

141

vortäuschen. Aus diesen drei Gründen stürzen sie den Herrscher in Verwirrung und fügen dem Gesetz Schaden zu. Man sagt von einem Herrscher, dass er den Sinn des Gesetzes erfasst hat, wenn er es durchzusetzen vermag, dass seine Untergebenen trotz ihrer Klugheit und Fähigkeit nicht gegen die Gesetze verstoßen und willkürlich handeln können, dass sie trotz ihrer Tugendhaftigkeit und Bildung nicht unverdiente Anerkennung und Vorschusslorbeeren ernten können und dass sie sich trotz ihrer Treue und Glaubwürdigkeit nicht vom Gesetz lösen und seinen Zurechtweisungen entziehen können.

Der Herrscher lässt sich manchmal von einem Unternehmen verleiten und von Worten betören. Diese beiden Gefahren sollte er nie aus dem Auge verlieren. Die Untergebenen unterbreiten nur gar zu gern leichtfertig ein Unternehmen und fragen dabei nicht erst groß nach dem Nutzen, um den Herrscher damit zu täuschen. Und wenn sich der Herrscher zur Durchführung des Unternehmens verleiten lässt, ohne vorher alles genau zu prüfen, und vielleicht auch noch des Lobes voll ist für diese Untergebenen, werden letztlich eben diese Untergebenen ihrerseits das Unternehmen dazu missbrauchen, um über den Herrscher zu bestimmen. Wer als Herrscher so handelt, lässt sich von einem Unternehmen verleiten und bringt sich in Not und Verhängnis.

Verheißen die Untergebenen mit ihren Worten einen geringen Aufwand und das Unternehmen erweist sich später als sehr kostspielig, entspricht der ursprüngliche Vorschlag nicht der Wahrheit, selbst wenn das Unternehmen von Erfolg gekrönt ist. Kein Untergebener wird es jedoch wagen, schöne Worte zu machen, um den Herrscher zu täuschen, wenn er, sollte sich das von ihm vorgeschlagene Unternehmen als unwahr erweisen, für schuldig befunden wird und trotz des Erfolges der Unternehmung keine Belohnung erfährt. Wer als Herrscher erreicht, dass es keine Diskrepanzen gibt zwischen den ursprünglichen Vorschlägen seiner Untergebenen und den daraus resultierenden Ergebnissen, und seine Untergebenen trotz eines erfolgreichen Abschlusses eines Unternehmens bestraft, wenn eine solche Diskrepanz auftritt, von einem solchen Herrscher kann man sagen, dass er sich auf die Übertragung der Amtspflichten an die Untergebenen versteht.

Untergebene, die dem Herrscher ein Unternehmen anempfehlen wollen und befürchten, dass es von anderen kritisiert werden könnte, sprechen zuerst folgende Warnung aus: „Wer immer über dieses Unternehmen diskutieren will, ist einfach nur neidisch auf meinen Vorschlag." Sollte der Herrscher nun dieser Warnung Glauben schenken und nicht den Rat der anderen Beamten einholen, so würden die anderen Beamten auch von dieser Warnung abgeschreckt und nicht den Mut aufbringen, das Unternehmen zu kritisieren. Ist dies jedoch der Fall, kommen wirklich loyale Untergebene nicht zu Gehör und einzig fälschlich angepriesene Männer finden eine Anstellung. Wer als Herrscher so handelt, lässt sich von Worten betören und wird von seinen Untergebenen beherrscht.

Ein Herrscher, der etwas von der Regierung versteht, macht die Beamten sowohl verantwortlich für das, was sie sagen, als auch für das, was sie nicht sagen. Wer Worte ohne Anfang und Ende und Erörterungen ohne Beweise vorbringt, wird verantwortlich gemacht dafür, dass er dies gesagt hat. Wer sich hingegen durch sein Schweigen der Verantwortung entziehen und seinen Posten sichern will, wird verantwortlich gemacht dafür, dass er nichts gesagt hat. Der Herrscher muss dafür sorgen, dass diejenigen Beamten, die etwas vorbringen, genau wissen, dass sie nach dem Vorschlag für das Ergebnis verantwortlich gemacht werden, und diejenigen, die schweigen, nach dem Für oder Wider gefragt und für die Durchführung verantwortlich gemacht werden. Dann wagt niemand, unüberlegt zu reden oder sich in Schweigen zu hüllen, denn für beides wird er verantwortlich gemacht.

Hat der Herrscher den Wunsch, ein Unternehmen durchzuführen, und verschafft sich keine Klarheit über sein Begehren, indem er auf Anfang und Ende achtet, so wird das Unternehmen nicht zum Erfolg führen, sondern mit einem Misserfolg enden, wenn er es in Angriff nimmt. Wer darum weiß, verlässt sich auf Regeln und verwirft seine Begierden. Für jedes Unternehmen gilt der Grundsatz: Man kann es ausführen, wenn ein großer Gewinn und ein geringer Verlust zu erwarten sind. Ein einfältiger Herrscher handelt allerdings nicht so. Er schätzt nur den Gewinn ab, nicht jedoch den Verlust. Selbst wenn der Verlust doppelt so groß ist wie der Gewinn, erkennt er den daraus resultierenden Schaden nicht. Dem Namen nach gewinnt er etwas, während er in Wirklichkeit etwas verliert. Wer so handelt, vollbringt eine kleine Leistung und richtet zur gleichen Zeit einen großen Schaden an. Ein Verdienst kann man nur dann als echtes Verdienst bezeichnen, wenn der Gewinn groß und der Verlust gering ist. Wenn nun aber der Herrscher große Verluste nicht bestraft und kleine Gewinne als Verdienst anerkennt, richten die Untergebenen große Verluste an und vollbringen kleine Leistungen, und obwohl kleine Leistungen vollbracht werden, hat der Herrscher schließlich doch nur den Schaden davon.

All jene, die nichts von Ordnung verstehen, fordern: „Man darf an den Traditionen des Altertums nichts ändern und die altbewährten Mittel nicht wechseln." Doch ein weiser Mann hört nicht auf das Gerede vom Verändern und Beibehalten. Er schafft Ordnung, und sonst nichts. Ob die Traditionen des Altertums geändert und die altbewährten Mittel gewechselt werden müssen oder nicht, hängt allein davon ab, ob sie heute noch brauchbar sind oder nicht. Hätten *Yi Yin* in *Yin* und *Taigong* in *Zhou* keine Reformen durchgeführt, wären *Tang* und *Wu* niemals König geworden. Hätten *Guan Zhong* in *Qi* und *Guo Yan* in *Jin* keine Veränderungen vorgenommen, wären die Herzöge *Huan* und *Wen* niemals zu Hegemonialherrschern aufgestiegen.

Allgemein tun sich die Herrscher schwer, an den Traditionen des Altertums etwas zu ändern, weil sie befürchten, den Frieden des Volkes zu stören. Doch wer an den Traditionen des Altertums festhält, wandelt nur auf den Wegen des Chaos. Wer auf die Gefühle des Volkes Rücksicht nimmt, lässt der Zügellosigkeit und Falschheit freien Lauf. Das Volk ist dumm und versteht nichts von der Ordnung, und wenn der Herrscher unfähig ist und die Traditionen des Altertums nicht zu ändern vermag, geht die Ordnung verloren. Der Herrscher versteht dank seiner Weisheit, was Ordnung ist, und setzt sie unerbittlich durch. Sollte er damit auch gegen den Willen des Volkes handeln, er lässt sich nicht davon abhalten, Ordnung zu schaffen. Den Beweis dafür lieferte der Herr von *Shang*, der zum vorbeugenden Schutz immer und überall von eisernen Lanzen und massiven Schilden umgeben war. Aber auch Herzog *Wen* hatte eine Leibgarde, nachdem *Guo Yan* die Staatsgeschäfte übernommen hatte, und Herzog *Huan* fuhr in einem gepanzerten Wagen nach dem Amtsantritt des *Guan Zhong*. Dies waren vorbeugende Maßnahmen zum Schutz vor dem Volk, denn dumm und faul, wie das Volk ist, beklagt es sich über eine kleine Anstrengung und vergisst darüber den großen Nutzen. So ließ sich *Yin Hu* von heuchlerischen Reden beeinflussen und verspielte lang anhaltenden Nutzen, weil er kleine Veränderungen scheute. Der Kaufmann aus *Zou* wollte kein fliegender Händler sein und verzichtete auf die Ordnung, weil er sich an die Unordnung gewöhnt hatte. Und auch die Leute aus *Zheng* konnten nicht in ihre Heimat zurückkehren.

19. Kapitel

Heuchelei und Falschheit

Der Staat *Zhao* griff *Yan* an, nachdem das Orakel durch Bohrungen in einem Schildkrötenpanzer und Auszählen der Schafgarbenstängel befragt worden war und „ein großes Glück" prophezeit hatte. *Yan* griff seinerseits *Zhao* an, nachdem auch dort das Orakel durch Bohrungen in einem Schildkrötenpanzer und Auszählen der Schafgarbenstängel befragt worden war und „ein großes Glück" prophezeit hatte. Doch der in den Diensten von *Yan* stehende General *Ju Xin* war erfolglos und brachte den Altar des Erdbodens und der Feldfrüchte in Gefahr. Dem General *Zou Yan*, der in *Yan* seinen Dienst tat, blieb der Erfolg ebenfalls versagt, sodass *Yans* Politik schließlich scheiterte. *Zhao* hingegen konnte zuerst seine Absichten in *Yan* und danach auch in *Qi* verwirklichen. Trotz des Chaos im Lande war man in *Zhao* sehr hoher Meinung von sich selbst und glaubte, sich sogar mit *Qin* messen zu können. Das alles heißt nicht, dass *Zhaos* Orakelspruch unfehlbar und *Yans* Orakelspruch falsch war, denn bald darauf befragte man in *Zhao* wieder das Orakel durch Bohrungen in einem Schildkrötenpanzer und Auszählen der Schafgarbenstängel, weil man erneut im Norden über *Yan* herfallen und sich damit gegen *Qin* auflehnen wollte. Auch diesmal sagte das Orakel „ein großes Glück" voraus, doch kaum hatte *Zhao* den Angriff auf *Daliang* begonnen, da fiel *Qin* bei *Shangdang* in *Zhao* ein. Als die Truppen von *Zhao* die Stadt *Li* in *Yan* erreichten, hatte *Zhao* bereits sechs seiner Städte an *Qin* verloren. Als die *Zhao*-Armee bei *Yangcheng* in *Yan* ankam, hatte *Qin* bereits *Ye* eingenommen. Und als General *Pang Yuan* die *Zhao*-Armee schließlich zurück nach Süden führte, war auch noch *Zhang* völlig in die Hand von *Qin* gefallen. Der ergebene Diener meint deshalb: „Wenn das Schildkrötenorakel der *Zhao* schon nicht den späteren Ausgang in *Yan* zeigen konnte, so hätte es doch wenigstens den nahe liegenden Sieg der *Qin* vorhersagen müssen." *Qin* verließ sich auf das prophezeite „große Glück", und es gelang ihm, sein Herrschaftsgebiet zu vergrößern und sich durch die Rettung von *Yan* einen guten Ruf zu verschaffen. *Zhao* verließ sich ebenfalls auf das prophezeite „große Glück", doch es büßte Teile seines Territoriums ein, seine Armee erlitt eine große Schmach, der Herrscher erreichte sein Ziel nicht und schied dahin. Auch diesmal heißt das alles nicht, dass *Qins* Orakelspruch unfehlbar und *Zhaos* Orakelspruch falsch war.

Anfangs richtete der Staat *Wei* seine Kräfte mehrere Jahre nach Osten, griff *Tao* und *Wei* an und eroberte sie vollständig. Als man sich jedoch dann mehrere Jahre nach Westen orientierte, ging der Staat zugrunde. Dies heißt nicht, dass die glücksbringenden Sterne *Fenglong, Wuxing, Taiyi, Wangxiang, Sheti, Liushen, Wugua, Tianhe, Yinqiang* und *Suixing* die ganzen Jahre dem Westen zur Seite standen und die unheilvollen Sterne *Tianque, Huni, Xingxing, Yinghuo* und *Kuitai* die ganzen Jahre über dem Osten standen. Deshalb sage ich: Weder Schildkrötenpanzer und Schafgarbenstängel, noch Dämonen und Geister können einen Sieg garantieren, und die Konstellation der Sterne kann den Ausgang eines Krieges nicht beeinflussen. Es wäre die größte Dummheit, dennoch daran zu glauben.

Die früheren Könige des Altertums konzentrierten all ihre Kräfte darauf, das Volk für sich zu gewinnen, und sorgten sich um die Klarstellung der Gesetze. Klare Gesetze spornen loyale Staatsdiener an, und verbindliche Strafen gebieten schlechten Untergebenen Einhalt. Der Staat *Qin* war ein gutes Beispiel dafür, wie man durch die Förderung der Treuen und die Unterdrückung der Verräter erreicht, dass das Herrschaftsgebiet erweitert wird und der Herrscher Achtung genießt. Die Staaten östlich der Berge hingegen belegen, dass das Territorium verloren geht und der Herrscher seine Würde verliert, wenn sich die Beamten zu Cliquen und Klüngeln verbünden, vom rechten Weg abgehen und persönliche Falschheit praktizieren. Das Wesen der Staaten von heute ist geprägt durch den aus Wirren und Schwäche resultierenden Ruin, während das Geheimnis der Vorherrschaft im Altertum auf Ordnung und Stärke beruhte.

Der *Yue*-Herrscher *Goujian* verließ sich auf die Prophezeiung des *Dapeng*-Schildkrötenorakels und begann einen Krieg mit *Wu*, den er aber verlor. Schließlich musste er sich selbst *Wu* als Vasall unterwerfen. Nach seiner Rückkehr nach *Yue* ließ er ab von den Schildkrötenorakeln, sorgte sich um die Klarstellung der Gesetze und versuchte das Volk für sich zu gewinnen, um sich an *Wu* zu rächen. Am Ende konnte er den *Wu*-Herrscher *Fucha* gefangen nehmen. Wer auch immer sich auf Dämonen und Geister verlässt, vernachlässigt darüber das Gesetz, und wer auf den Beistand der Lehnsfürsten hofft, gefährdet seinen Staat.

So vertraute *Cao* auf *Qi* und achtete nicht auf *Song*. Als jedoch *Qi* den Staat *Jing* überfiel, wurde *Cao* von *Song* vernichtet. *Xing* verließ sich auf *Wu* und achtete nicht auf *Qi*. Als dann *Yue* über *Wu* herfiel, wurde *Xing* von *Qi* vernichtet. *Xu* stützte sich auf *Jing* und achtete nicht auf *Wei*. Als dann *Jing* den Staat *Song* angriff, wurde *Xu* von *Wei* vernichtet. *Zheng* baute seine Hoffnungen auf *Wei* und achtete nicht auf *Han*. Als dann *Wei* einen Angriff gegen *Jing* startete, wurde *Zheng* von *Han* vernichtet.

Nun ist *Han* ein kleiner Staat, der sich auf große Mächte stützt. Der Herrscher vernachlässigt darüber das Gesetz und hört nur auf *Qin* und *Wei*. Hofft man, wie *Zheng*, auf die Unterstützung von *Qi* und *Jing*, so ist die Gefahr des Untergangs für so einen kleinen Staat nur noch größer. Man kann sich nicht auf andere verlassen, um dem Untergang zu entgehen, doch in *Han* begreift man dies nicht. *Jing* griff *Wei* an und schickte seine Truppen gegen *Xu* und *Yan*. *Qi* attackierte *Ren* und *Hu* und eroberte Ländereien von *Wei*. All das konnte *Zheng* nicht vor dem Untergang bewahren, doch in *Han* versteht man dies nicht. Die Gesetze und Verbote wurden nicht klargestellt, um den Staat zu ordnen, und durch das Vertrauen auf fremde Mächte wurde der Altar des Erdbodens und der Feldfrüchte dem Untergang geweiht.

So sage ich: Sind die Mittel der Ordnung klar, ist selbst ein kleiner Staat reich. Sind Belohnungen und Strafen geachtet und glaubwürdig, ist selbst ein kleines Volk stark. Werden die Belohnungen und Strafen jedoch ohne festen Maßstab ausgeteilt, ist die Armee schwach, egal wie groß der Staat ist. Ein solcher Staat besitzt weder sein eigenes Land, noch sein eigenes Volk. Ohne Land und Volk hätten aber auch *Yao* und *Shun* nicht herrschen können und wären die drei Dynastien nicht mächtig gewesen.

Es kommt auch vor, dass der Herrscher die Belohnungen und Strafen falsch verteilt und sie den Untergebenen unbegründet zuteil werden. Der Herrscher beauftragt jene mit der Führung der Staatsgeschäfte, die die Gesetze und Verordnungen verwerfen und von den Verdiensten der früheren Könige und weisen Herrscher reden. Dazu sage ich: Wer so handelt, jagt im Altertum vollbrachten Leistungen nach und würdigt die Menschen von heute mit den Belohnungen von gestern. Begeht der Herrscher diesen Fehler bei der Gewährung von Belohnungen, werden sie den Untergebenen auch auf diese Weise unbegründet zuteil. Irrt sich der Herrscher jedoch beim Vergeben von Belohnungen, hoffen die Untergebenen auf das Glück, und erhalten die Untergebenen unbegründete Belohnungen, wird eine echte Leistung nicht mehr entsprechend geachtet. Erhalten verdienstlose Männer Belohnungen, sind die Ressourcen des Staates bald erschöpft und das Volk verlässt sich auf die Hoffnung. Dann verausgabt auch niemand im Volk mehr seine Kräfte. Begeht der Herrscher beim Belohnen Fehler, verliert er also sein Volk. Wendet er die Strafen falsch an, hat das Volk keine Furcht mehr vor ihm. Selbst der größte Staat gerät in Gefahr, wenn sich die Menschen durch Belohnungen nicht anspornen und durch Strafen nicht zügeln lassen.

Es heißt: Wer wenig weiß, dem darf man keine wichtigen Vorhaben übertragen, und wer keine Treue zeigt, dem darf man nicht die Verwaltung der Gesetze überlassen. Einst lieferten sich König *Gong* von *Jing* und Herzog *Li* von *Jin* eine Schlacht bei *Yanling*. Die *Jing*-Armee wurde geschlagen und König *Gong* verletzt. Als die Schlacht noch in vollem Gange war, verspürte General *Zifan* großen Durst und verlangte nach etwas zu trinken. Sein Freund *Shu Guyang* reichte ihm einen Becher mit Wein, doch *Zifan* rief: „Weg damit, das ist Wein." Als *Shu Guyang* sagte, es sei kein Wein, nahm *Zifan* den Becher und trank ihn aus. Nun war *Zifan* ein Mann, der den Wein liebte, und da ihm dieser Wein mundete, konnte er nicht mehr aufhören zu trinken, bis er berauscht war und einschlief. König *Gong* gedachte, nochmals in den Kampf zu ziehen, und ließ nach *Zifan* rufen, um mit ihm die Taktik zu besprechen, doch *Zifan* ließ sich unter dem Vorwand von Herzbeschwerden entschuldigen. Daraufhin ließ König *Gong* seinen Wagen vorfahren und begab sich selbst zu ihm. Als er das Zelt betrat, vernahm er den Weingeruch und kehrte um mit den Worten: „In der heutigen Schlacht trug ich, der König, selbst eine Verletzung am Auge davon. Der Einzige, auf den ich mich verlassen habe, war der General, doch dieser hat sich so betrunken, dass er darüber das Wohl des Staates *Jing* vergessen hat und ihm mein Volk egal ist. Ich werde nicht noch einmal in die Schlacht ziehen." Er befahl seinen Truppen den Rückzug und ließ *Zifan* als Hochverräter köpfen. Nun ist es so, dass *Shu Guyang*, als er *Zifan* den Wein reichte, ihm nicht schaden wollte, sondern ihm von ganzem Herzen treu ergeben war. Und doch brachte diese Treue dem *Zifan* nichts weiter als den Tod. Er handelte loyal im Kleinen und schadete der Loyalität im Großen. Deshalb sagt man: Kleine Treue schadet der großen Treue. Beauftragt der Herrscher Männer, die kleine Treue zeigen, mit der Verwaltung der Gesetze, dann werden sie sicher dem Ideal der gegenseitigen Liebe folgend Straftäter begnadigen. Damit finden sie den Beifall der Massen, schaden jedoch der Ordnung im Volk.

Zu der Zeit, als man in *Wei* Gesetze bekannt machte und den Befehlen Folge leistete, wurden verdienstvolle Männer in jedem Fall belohnt und eines Vergehens Schuldige in jedem Fall bestraft. *Wei* hatte so große Macht, dass es Ordnung im Reich unter dem Himmel schaffen konnte, und es besaß Autorität in allen Nachbarstaaten. Als man jedoch begann, das Gesetz zu vernachlässigen und Belohnungen und Strafen ohne festes Maß auszuteilen, zerfiel der Staat mit jedem Tag mehr. Auch *Zhao* verfügte zu der Zeit, als es die Staatsgesetze klarstellte und eine große Armee aufbaute, über eine zahlenmäßig große Bevölkerung und eine schlagkräftige Truppe und konnte sein Herrschaftsgebiet bis nach *Qi* und *Yan* ausweiten. Als man jedoch dem Staatsgesetz nicht mehr die nötige Achtung beimaß, schwand die Kraft der Armee und der Staat fiel allmählich auseinander. Ebenso geschah es mit *Yan*. Als man dort die Gesetze hochhielt und die Urteile in den Ämtern fällte, konnte man im Osten Teile von *Qi* und im Süden *Zhongshan* vollständig okkupieren. Als jedoch die Verfechter des Gesetzes nicht mehr da waren, waren auch die Amtsentscheidungen nicht mehr gefragt. Die Höflinge disputierten nur noch und der Herrscher folgte der Meinung seiner Untergebenen, sodass schließlich die Armee geschwächt wurde, das Land auseinanderfiel und der Staat unter den Einfluss der feindlichen Nachbarn geriet. Darum heißt es: Wer das Gesetz klarstellt, ist stark. Wer das Gesetz vernachlässigt, ist schwach. Die Ursachen von Stärke und Schwäche sind doch nur allzu deutlich. Wenn die heutigen Herrscher dennoch nicht danach handeln, wen sollte es da noch wundern, dass die Staaten untergehen.

Ein altes Sprichwort besagt: „Eine Familie, die einer regelmäßigen Beschäftigung nachgeht, muss auch in schlechten Zeiten nicht hungern. Ein Staat mit einem beständigen Gesetz geht auch in schweren Zeiten nicht unter." Geht der Herrscher jedoch ab vom beständigen Gesetz und folgt stattdessen persönlichen Interessen, täuschen die Untergebenen Wissen und Können vor, was dazu führt, dass Gesetze und Verbote nicht greifen. Dies bedeutet, falsche Absichten zu verwirklichen und den Weg zur Ordnung des Staates zu verlassen. Wer den Weg zur Ordnung des Staates beschreiten will, muss jene davonjagen, die gegen das Gesetz sind. Dann wird niemand Wissen und Können vortäuschen und Ruhm und Ansehen vorspielen. Einst beauftragte *Shun* seine Beamten, die Überschwemmung zu bekämpfen. Einer hatte die Arbeit bereits mit Erfolg aufgenommen, noch bevor der Befehl erlassen worden war. *Shun* ließ ihn dafür töten. *Yu* ließ die Lehnsfürsten bei *Kuaiji* zusammenkommen. Der Fürst von *Fangfeng* verspätete sich und wurde von *Yu* dafür enthauptet. Daraus ist klar ersichtlich, dass man im Altertum nichts mehr schätzte als die Befehle, denn wer einem Befehl vorgriff, wurde getötet, und wer einen Befehl zu spät ausführte, wurde enthauptet.

Ein Spiegel, der sauber ist und nicht bewegt wird, offenbart Schönheit und Hässlichkeit. Eine Waage, die geeicht ist und nicht bewegt wird, zeigt uns, ob etwas schwer oder leicht ist. Schüttelt man den Spiegel aber hin und her, kann er kein klares Bild zeigen, und rüttelt man an der Waage, kann sie das Gewicht nicht genau bestimmen. Mit dem Gesetz ist es ebenso. Deshalb machten die früheren Könige das *dao* zum beständigen Maßstab und das Gesetz zur Grundlage ihrer Regierung. Solange die Grundlage geordnet ist, hat der Name des Herrschers einen guten Klang. Gerät die Grundlage durcheinander, verblasst sein Ruhm. Wissen und Können, Klarsicht und Verstand – wer all dies besitzt, kann etwas erreichen. Wer nicht darüber verfügt, erreicht auch nichts, denn Wissen und Können sind immer an einen einzelnen Menschen gebunden und lassen sich nicht auf andere übertragen. Wer sich auf Wissen und Können verlässt, wird oft Fehler begehen. Wer sich hingegen auf das *dao* und das Gesetz stützt, ist unfehlbar. Man geht doch auch niemals fehl, wenn man eine Waage aufhängt, um ein Gewicht zu bestimmen, und einen Zirkel ansetzt, um zu sehen, ob ein Kreis rund ist.

Ein kluger Herrscher achtet darauf, dass das Volk der Ursprünglichkeit des *dao* folgt, denn dann erreicht er mit Leichtigkeit sein Ziel. Er begibt sich aber auf den Weg von Irrtum und Chaos, wenn er anstatt auf den Zirkel auf die Geschicklichkeit vertraut und anstatt auf das Gesetz auf die Weisheit setzt. Das Volk eines einfältigen Herrschers ziert sich mit Weisheit und versteht nichts von der Ursprünglichkeit des *dao*, sodass trotz größter Anstrengung nichts vollbracht wird. Sollte der Herrscher abgehen von Gesetzen und Verboten und stattdessen auf die Bitten und Gesuche seiner Untergebenen hören, handeln die Beamten mit den Posten und sind bestechlich. Auf diese Weise haben die Familienclans den Nutzen und die Beamten die Autorität. Das Volk ist nicht mehr gewillt, seine Kräfte im Dienste am Herrscher zu verausgaben, sondern befasst sich mit dem Aufbau von Beziehungen nach oben. Hat das Volk aber eine Vorliebe für Beziehungen nach oben, fließen Güter und Reichtümer nach oben und geschickte Schwätzer finden eine Anstellung, während die Zahl der verdienstvollen Männer immer mehr abnimmt. Wenn treulose Beamte Karriere machen und wirklich fähige Untergebene sich zurückziehen, erkennt der Herrscher in seiner Verwirrung nicht, wem er vertrauen soll, und das Volk rottet sich zusammen und weiß nicht, was wirklich zu tun ist. Das kommt alles daher, dass Gesetze und Verbote vernachlässigt und Verdienste und Leistungen hintenangestellt werden, Ruhm und Lobpreisung Früchte tragen und die Bitten und Gesuche Gehör finden.

Die Gegner des Gesetzes ergaunern sich die Gunst des Herrschers durch Heuchelei und Geschenke, und sie reden auch gern über seltene Ereignisse im Reich. Auf diese Weise bringen sie böse und unfähige Herrscher durcheinander und greifen treue und talentierte Staatsdiener an. Wenn sie die Verdienste eines *Yi Yin* und *Guan Zhong* preisen, wollen sie damit ihr eigenes ungesetzliches Verhalten mit Weisheit bemänteln, und wenn sie die Loyalität eines *Bigan* und *Zixu* rühmen und deren ungerechtfertigten Tod beklagen, wollen sie damit ihre üblen und anmaßenden Zurechtweisungen rechtfertigen. Vergleiche, die sich erst auf Tugend und Weisheit berufen und danach Grausamkeit und Unfähigkeit beklagen, taugen nichts.

Solchen Leuten muss man Einhalt gebieten. Mit dem Gesetz schafft der Herrscher einen Maßstab für richtiges Verhalten. Doch viele der Untergebenen berufen sich auf ihre eigene Weisheit und halten das Gesetz für falsch. Sie geben Unrecht für Weisheit aus, um das Gesetz zu umgehen und ihre eigene Weisheit durchzusetzen. Solchen Leuten muss der Herrscher das Handwerk legen.

Der um den rechten Weg wissende Herrscher macht deutlich, wo die Unterschiede zwischen dem öffentlichen Wohl und den persönlichen Interessen liegen. Er macht die auf dem Gesetz beruhende Ordnung bekannt und verzichtet auf persönlichen Interessen entspringende Gunstbezeugungen. Das öffentliche Wohl des Herrschers beruht darauf, dass Befehle ausgeführt und Verbote eingehalten werden. Die persönlichen Interessen der Untertanen hingegen bestehen darin, ihre egoistischen Absichten durchzusetzen, das Vertrauen von Freunden und Gleichgesinnten zu genießen, sich nicht von Belohnungen anspornen und von Strafen abhalten zu lassen. Wo persönliche Interessen dominieren, herrscht Chaos. Wo das öffentliche Wohl im Vordergrund steht, herrscht Ordnung. Deshalb gibt es einen Unterschied zwischen den persönlichen Interessen und dem öffentlichen Wohl.

Die Beamten verkörpern sowohl persönliche als auch öffentliche Interessen. Sie vertreten das öffentliche Wohl, wenn sie rein und unbefleckt sind, aufrichtig und ehrlich handeln und ihr Amt nicht zu ihrem eigenen Vorteil missbrauchen. Fischen sie aber im Trüben und geben sich ihren Begierden hin, sorgen sich um ihr eigenes Wohlergehen und den Vorteil für die eigene Familie, lassen sie sich von persönlichen Interessen leiten. Unter der Führung eines klugen Herrschers lassen sie von den persönlichen Interessen ab und handeln zum öffentlichen Wohl. Herrscht jedoch ein schlechter Regent, ist es genau umgekehrt.

Der Herrscher und die Untergebenen unterscheiden sich in ihren inneren Antrieben. Der Herrscher führt die Beamten mit Berechnung, und die Beamten dienen dem Herrscher aus Berechnung. Das Verhältnis zwischen ihnen beruht also auf Berechnung. Ein Beamter wird sich niemals freiwillig selbst schaden, um dem Staat zu nutzen. Der Herrscher hingegen wird niemals dem Staat schaden, um seinen Beamten zu nutzen. Es liegt im Wesen der Beamten, im Schaden für sich selbst keinen Vorteil zu sehen, und es liegt im Wesen des Herrschers, den Schaden für den Staat nicht gutheißen zu können. Der Herrscher und die Beamten sind folglich durch die Bande der Berechnung vereint. Wenn Untergebene im Angesicht von Schwierigkeiten und unter Gefahr für ihr Leben all ihr Wissen und alle ihre Kräfte vollständig verausgaben, so geschieht dies, weil es ein Gesetz gibt. Deshalb spornten die früheren Könige ihre Untertanen mit öffentlich bekannt gemachten Belohnungen an und schreckten sie mit harten Strafen ab. Sind die Belohnungen und Strafen allen bekannt, gibt das Volk alles und geht sogar in den Tod. Dann ist die Armee stark und genießt der Herrscher Achtung. Sind die Belohnungen und Strafen jedoch nicht klar, werden Verdienstlose auf eine Belohnung hoffen und Straftäter mit einer Begnadigung liebäugeln. Doch dann ist die Armee schwach und wird der Herrscher nicht geachtet. Aus diesem Grund achteten die früheren Könige und ihre weisen Berater darauf, dass die Belohnungen bekannt und die Strafen hart waren. Darum heißt es auch: „Schon die früheren Könige wussten, dass man zwischen öffentlichen und persönlichen Interessen unterscheiden und Gesetze und Verbote sorgfältig handhaben muss."

SECHSTES BUCH

20. Kapitel

Kommentare zu Laozi

(Daodejing, Kap. 38)
Die Tugend kommt aus dem Inneren. Was man erwirbt, kommt von außen. Wird gesagt: „Die höchste Tugend zeigt sich nicht als Tugend", so bedeutet dies, dass die Seele nicht durch äußere Einflüsse belastet wird. Ist die Seele frei von Äußerlichkeiten, ist auch der Körper vollendet und man kann von Tugend sprechen. Tugend ist die Erlangung des Körpers durch die Seele. Die Tugend entsteht durch Nichthandeln und kommt zur Vollendung durch Wunschlosigkeit. Ruhe erlangt sie durch die Entsagung von den Gedanken und wird dauerhaft durch die Nichtanwendung. Wo etwas getan und gewünscht wird, findet die Tugend keinen Platz und kann deshalb nicht vollkommen sein. Wo etwas angewandt und wo nachgedacht wird, ist die Tugend nicht von Dauer und bleibt erfolglos. Eine unvollendete und erfolglose Tugend entspringt aus der Tugend. Wo sich die Tugend zeigt, ist aber keine Tugend. Nur wo sich die Tugend nicht zeigt, gibt es die Tugend wirklich. Deshalb heißt es: „Die höchste Tugend zeigt sich nicht als Tugend, und darum existiert sie."

Man schätzt die unbelastete Leere, die durch das Nichthandeln und die Entsagung von den Gedanken entsteht, weil so der Wille durch nichts beherrscht wird. Wer aber nicht über die dazu notwendige Meisterschaft verfügt, hält das Nichthandeln und die Entsagung von den Gedanken für Leere. Wer so denkt, dessen Wille ist beherrscht vom Streben nach dieser Leere, weil er sie nicht aus seinen Gedanken verdrängen kann. Doch Leere heißt, dass der Wille durch nichts beherrscht wird. Ist man aber beherrscht vom Streben nach Leere, so ist dies keine wahre Leere. Für den, der die Leere durch Nichthandeln sucht, hat das Nichthandeln keinen festen Maßstab. Dann erst ist er wirklich leer. Wirkliche Leere lässt die Tugend gedeihen, und diese aufblühende Tugend nennt man die höchste Tugend. Deshalb heißt es: „Die höchste Tugend handelt nicht, und doch gibt es nichts, was sie nicht bewirkt."

Man nennt es Mitmenschlichkeit, wenn ein Mensch aus seinem tiefsten Inneren heraus den anderen Menschen mit Liebe zugetan ist, wenn er sich am Glück anderer erfreut und an ihrem Unglück Anteil nimmt. Die Mitmenschlichkeit entspringt der Stimme des Herzens und nicht der Hoffnung auf Vergeltung. Deshalb heißt es: „Die höchste Mitmenschlichkeit wird praktiziert, doch sie kennt keinen Grund für ihr Tätigsein."

Das Verhältnis zwischen Herrscher und Untertan sowie Obrigkeit und Untergebenen, den Unterschied zwischen Vater und Sohn sowie den Edlen und dem gemeinen Volk, die Beziehungen zwischen Bekannten und Freunden und die Distanz zwischen Vertrauten und Entfernten – all dies umfasst die Rechtschaffenheit. Die Untertanen haben dem Herrscher in gehöriger Weise zu dienen. Die Untergebenen haben sich in gehöriger Weise um die Obrigkeit zu sorgen. Der Sohn hat dem Vater in gehöriger Weise zu folgen. Das gemeine Volk hat die Edlen in gehöriger Weise zu verehren. Freunde und Bekannte haben sich in gehöriger Weise gegenseitig zu unterstützen. Die Vertrauten müssen in gehöriger Weise herangezogen und die Entfernten auf Distanz gehalten werden. Rechtschaffenheit ist das, was sich gehört, und was sich gehört, muss getan werden. Deshalb heißt es: „Die höchste Rechtschaffenheit wird praktiziert, und es gibt einen Grund dafür."

Die Sittlichkeit ist die äußere Darstellung der inneren Gefühle. Sie regelt auf schickliche Weise die verschiedenen Formen der Rechtschaffenheit, legt die Beziehungen zwischen Herrscher und Untertan sowie Vater und Sohn fest und bestimmt den Unterschied zwischen den Edlen und dem gemeinen Volk sowie den Würdigen und Unwürdigen. Wer seine im Innersten verborgene Sorge um einen anderen nicht zu verkünden weiß, eilt zu ihm hin und verneigt sich demütig vor ihm. Wer einem anderen seine im Innersten verborgene Liebe nicht zu verstehen geben kann, wird sie ihm mit gefälligen Worten und schönen Reden versichern. Die Sittlichkeit ist die geziemliche Äußerung des im Inneren Verborgenen. Deshalb wird gesagt, dass die Sittlichkeit die äußere Darstellung der inneren Gefühle ist. In ihrem Verhalten gegenüber den sie umgebenden Dingen erkennen die Menschen nicht die Sittlichkeit für sich selbst. Die meisten Menschen praktizieren Sittlichkeit nur, um andere Menschen zu ehren. So ist sie manchmal mehr und manchmal weniger ausgeprägt. Der Edle praktiziert die Sittlichkeit um seiner selbst willen, und weil das so ist, entspringt die höchste Sittlichkeit seiner Seele. Da die höchste Sittlichkeit des Edlen aus der Seele kommt, sie bei den meisten Menschen aber mal so und mal anders ist, können sie keinen gegenseitigen Widerhall finden, und deshalb heißt es: „Die höchste Sittlichkeit wird praktiziert und findet bei niemandem Widerhall." Obwohl die Masse ein unstetes sittliches Verhalten an den Tag legt, begegnet ihnen der Edle stets höflich und respektvoll und geht niemals ab von der vollendeten Sittlichkeit, die ihm Arme und Beine führt. Deshalb heißt es: „Er ist voller Elan und unbeirrt in seinem sittlichen Tun."

Das *dao* sammelt sich an, und diese Ansammlung führt zu einem Ergebnis. Das Ergebnis der Ansammlung des *dao* ist die Tugend. Das Ergebnis ist Wirklichkeit, und diese Wirklichkeit bringt Glanz. Der Glanz der Tugend ist die Mitmenschlichkeit. Der Glanz hat Nutzen, und der Nutzen liegt im Tätigsein. Das Tätigsein der Mitmenschlichkeit ist die Rechtschaffenheit. Das Tätigsein hat Sittlichkeit, und die Sittlichkeit hat ihre Zierde. Die Zierde der Rechtschaffenheit ist die Sittlichkeit. Deshalb heißt es: „Der Verlust des *dao* zieht den Verlust der Tugend nach sich. Der Verlust der Tugend zieht den Verlust der Mitmenschlichkeit nach sich. Der Verlust der Mitmenschlichkeit zieht den Verlust der Rechtschaffenheit nach sich. Der Verlust der Rechtschaffenheit zieht den Verlust der Sittlichkeit nach sich.“

Die Sittlichkeit ist das äußere Antlitz des inneren Wesens, und die Zierde ist der Schmuck der wahren Natur. Der Edle hält sich an das innere Wesen und nicht an das äußere Antlitz. Er schätzt die wahre Natur und verabscheut den Schmuck. Wer das innere Wesen nach dem äußeren Antlitz beurteilt, wird ein edles Wesen für schlecht befinden. Wer die wahre Natur nach dem Schmuck beurteilt, wird eine edle Natur für heruntergekommen halten. Wie lässt sich dies belegen? Die Jadescheibe des *Bian He* erstrahlte nicht im Glanz der fünf Farben, und die Perle des Herzogs *Sui* war nicht in Silber und Gold gefasst. Sie waren von Natur aus von so vollkommener Schönheit, dass ihnen nichts zur Zierde gereichen konnte. Was erst der Ausschmückung bedarf, um anerkannt zu werden, besitzt von Natur aus keine Schönheit. So sind die sittlichen Normen im Umgang zwischen Vater und Sohn natürlich und ohne Pomp, und man sagt deshalb: „Die Sittlichkeit ist schnörkellos einfach.“

Yin und *Yang* sind gegensätzliche Kräfte, die nicht zur gleichen Zeit gedeihen können. Autorität und Güte sind gegensätzliche Prinzipien, die sich gegenseitig nehmen und geben. Das sittliche Einvernehmen zwischen Vater und Sohn ist in Wirklichkeit von wahrer Größe, auch wenn es dem äußeren Schein nach einfach ist. Wenn man es so sieht, dann ist derjenige, der auf ausgefeilte Sittlichkeit hält, in seinem wahren Inneren heruntergekommen. Wer auf diese Weise Sittlichkeit praktiziert, versucht den primitiven Neigungen der Menschen gerecht zu werden. Das Verhalten der Masse zur Sittlichkeit ist dadurch geprägt, dass sie sich freuen, wenn ihre Sittlichkeit auf Widerhall trifft, und erbost sind, wenn sie unbeantwortet bleibt. Wie aber könnte es ohne Streit ausgehen, wenn jeder sittsam handelt, um den primitiven Neigungen des anderen zu gefallen, und die Menschen sich durch gegenseitige Schuldzuweisungen erzürnen? Doch wo Streit ist, entsteht Unordnung, und deshalb heißt es: „Sittlichkeit ist das Verderben der Treue und Glaubwürdigkeit und der Anfang der Unordnung."

Wer handelt, bevor die Dinge bekannt und die Prinzipien bestimmt sind, den nennt man einen Im-Voraus-Wissenden. Wer im Voraus etwas weiß, gibt sich unbegründeten Spekulationen hin. Wie kann man das belegen? Einst saß *Zhan He* umgeben von seinen Schülern, als ein Ochse vor dem Tor muhte. Ein Schüler sagte: „Es ist ein schwarzer Ochse mit einer Blesse." *Zhan He* sprach daraufhin: „Ja, es ist ein schwarzer Ochse, doch das Weiße ist auf seinen Hörnern." Also schickte man jemanden, um nachzusehen, und wahrhaftig, es war ein schwarzer Ochse, dessen Hörner mit weißem Tuch umwickelt waren. Es ist ein wahrhaft gefährlicher Auswuchs, mit den Kunstgriffen des *Zhan He* die Meinung der Menschen zu manipulieren. Deshalb spricht man von einem „Auswuchs des *dao*".

Hätte man versucht, auf *Zhan Hes* Prophezeiung zu verzichten, und stattdessen einen fünf Fuß kleinen dummen Jungen losgeschickt, um nachzusehen, so hätte man auch gewusst, dass es sich um einen schwarzen Ochsen handelt, dessen Hörner mit weißem Tuch umwickelt sind. *Zhan He* beanspruchte seinen Geist und zermarterte sich das Hirn, um eine Vorhersage machen zu können, und vollbrachte damit doch nur eine Leistung, zu der auch ein fünf Fuß kleiner dummer Junge imstande gewesen wäre. Deshalb spricht man vom „Anfang der Einfältigkeit", und sagt: „Das Vorher-Wissen ist ein Auswuchs des *dao* und der Beginn der Einfältigkeit."

Ist von einem „großen Mann" die Rede, meint man die Größe seiner Weisheit. Und wenn es weiter heißt: „Er baut auf das Reichliche und nicht auf das Ärmliche", ist gemeint, dass er sich vom Wesen und der Wirklichkeit leiten lässt und Sittlichkeit und Äußerlichkeit verwirft. „Auf die Früchte und nicht auf die Auswüchse zu setzen" bedeutet, den Prinzipien zu folgen und sich nicht in unbegründeten Spekulationen zu ergehen. „Jenes zu verwerfen und an diesem festzuhalten" bedeutet, auf Äußerlichkeiten und unbegründete Spekulationen zu verzichten und sich an die Prinzipien und das Wesen zu halten. Deshalb heißt es: „Der große Mann lässt ab von jenem und nimmt dieses."

(Daodejing, Kap. 58)
Im Angesicht von einem Unglück empfindet der Mensch Schrecken und Furcht. Schrecken und Furcht empfindend handelt er aufrecht und ehrlich. Ein aufrecht und ehrlich handelnder Mensch ist überlegt und genau in seinen Gedanken. Überlegt und genau in seinen Gedanken zu sein heißt, die Prinzipien der Handlungen zu erfassen. Wer aufrecht und ehrlich handelt, kennt nicht Unglück und Scha-

den und kann das ihm vom Himmel zugedachte Leben bis zum Ende ausleben. Wer die Prinzipien der Handlungen erfasst, wird erfolgreich sein in seinem Tun. Das vom Himmel zugewiesene Schicksal auszuleben bedeutet ein erfülltes und langes Leben. Erfolgreich zu sein in seinem Tun bringt Reichtum und Ehre. Ein erfülltes und langes Leben sowie Reichtum und Ehre sind des Menschen Glück. Das Glück hat aber seine Wurzel im Unglück, und deshalb heißt es: „Es ist das Unglück, auf dem das Glück beruht." Auf diese Weise kommen Erfolge zustande.

Wem das Glück hold ist, der genießt auch Reichtum und Ehre. Reichtum und Ehre verführen zu kostbarer Kleidung und ausgefallenen Speisen. Diese jedoch nähren den Hochmut. Ein hochmütiger Geist bringt schlechte und gemeine Handlungen mit sich, sodass die Prinzipien des Handelns verloren gehen. Wer schlecht und gemein handelt, stirbt eines frühzeitigen Todes. Wer die Prinzipien des Handelns aus den Augen verliert, wird nichts vollbringen. Es ist aber ein großes Unglück für einen Menschen, am eigenen Körper die Pein eines frühzeitigen Todes ertragen und den Ruhm der Erfolglosigkeit hinnehmen zu müssen. Das Unglück entspringt aber aus dem Glück, und deshalb heißt es: „Es ist das Glück, in dem das Unglück verborgen liegt."

Wer sich in seinem Handeln vom *dao* und den Prinzipien leiten lässt, ist zu jeder Leistung fähig, und auf wen dies zutrifft, der kann vielleicht sogar die Macht und die Ehren des Himmelssohnes erlangen, zumindest jedoch kommt er mit Leichtigkeit zu dem Einkommen und den Pfründen eines Ministers oder Generals. Wer hingegen ablässt vom *dao* und den Prinzipien und die Dinge willkürlich angeht, wird die Unterstützung seines Volkes einbüßen und seine Reichtümer verlieren, selbst wenn er einerseits die Macht und die Ehren des Himmelssohnes oder eines Lehnsfürsten und andererseits den Reichtum eines *Yi Dun, Tao Zhu* oder *Bu Zhu* haben sollte. Die Menschen lassen leichtfertig ab vom *dao* und den Prinzipien und gehen die Dinge nur allzu schnell willkürlich an, weil sie nicht wissen, wie groß und gravierend Glück und Unglück sein können und wie umfassend und weitreichend das *dao* ist. Deshalb wurden die Menschen belehrt mit den Worten: „Wer weiß schon, wo sie enden?"

Es gibt niemanden, der sich nicht Reichtum, Ehren und ein erfülltes, langes Leben wünschen würde. Und doch kann keiner von ihnen dem Unglück von Armut, Verachtung und verfrühtem Tod entrinnen. Mit dem einen konfrontiert zu sein, obwohl man sich das andere wünscht, bedeutet, nicht erreichen zu können, was man erreichen will. Man spricht davon, dass sich jemand verirrt hat, wenn er den gewünschten Weg aus den Augen verloren hat und einfach draufflosläuft. Doch wer sich verirrt hat, kann nicht erreichen, was er will. Und weil die Menschen heutzutage nicht erreichen können, was sie wollen, ist von „Verirrung" die Rede. Seit der Trennung von Himmel und Erde bis zum heutigen Tage war es so, dass die Menschen nicht erreichten, was sie erstrebten. Deshalb heißt es: „Seit Langem schon irren die Menschen umher."

Man spricht von Ehrlichkeit, wenn die inneren Gefühle mit der äußeren Erscheinung in Einklang sind und Wort und Tat einander entsprechen. Von Bescheidenheit spricht man, wenn sich jemand seinem Schicksal fügt und Reichtum und Besitz für ihn unwichtig sind. Aufrichtigkeit heißt, seiner Pflicht ehrlich und genau nachzukommen und in seinem Herzen nicht einseitig Partei zu ergreifen. Ehrwürdige Ämter und angesehene Ränge sowie stattliche Kleider und prächtige Gewänder machen den Glanz aus. Doch die Renner des rechten Weges von heute schmähen nicht die Verleumdeten und verachten nicht die Gescheiterten, obwohl sie selbst im Inneren aufrichtig und nach außen gehorsam sind. Sie verhöhnen nicht die Verstoßenen und beschämen nicht die Habsüchtigen, obwohl sie selbst für ihre Prinzipien in den Tod gehen und Reichtum missachten. Sie lassen die Bösen nicht fallen und beschuldigen die Selbstsüchtigen nicht, obwohl sie selbst stets rechtschaffend und unparteiisch sind. Sie prahlen nicht vor den gewöhnlichen Menschen und verlachen nicht die Armen, obwohl sie selbst eine geachtete Stellung und prächtige Kleider haben. Wo liegt wohl der Grund dafür? Weil jene, die vom rechten Weg abgekommen sind, sich dennoch nicht verirren müssen, wenn sie gewillt sind, auf die zu hören, die mit dem Weg vertraut sind, und die um Rat zu fragen, die die Prinzipien des *dao* kennen. Wenn heutzutage trotzdem die meisten Menschen zwar nach dem Erfolg streben, in Wirklichkeit aber einen Misserfolg ernten, so liegt dies daran, dass sie nicht um die Prinzipien des *dao* wissen und auch nicht bereit sind, die Kenner des *dao* zu fragen und auf die Fähigen zu hören. Die Massen sind nicht gewillt, die Wissenden zu fragen und auf die Fähigen zu hören, und wenn sie ein weiser Mann mit Macht von ihren Fehlern und Verhängnissen abbringen will, sind sie voller Hass. Die Zahl der Menschen ist groß, während es nur wenige Weise gibt, und es ist eine Vorsehung der Natur, dass der Einzelne der Masse nicht gewachsen ist. Sollte sich aber jemand durch sein Handeln das ganze Reich zum Feinde machen, so ist dies nicht der Weg, um unversehrt zu bleiben und ein langes Leben zu genießen. Aus diesem Grund folgt der weise Mann in seinem Handeln den Regeln der Ordnung, und deshalb heißt es: „Er ist ehrlich, ohne sich aufzudrängen, bescheiden, ohne verletzend zu sein, aufrichtig, ohne bestimmend zu sein, und glänzend, ohne zu blenden."

(Daodejing, Kap. *59*)

Ein gutes Gehör und ein klarer Blick, ein scharfer Sinn und ein weiser Geist – das alles sind Gaben des Himmels. Bewegung und Ruhe, Gedanken und Sorgen hingegen sind Sache des Menschen. Der Mensch sieht dank des ihm vom Himmel verliehenen Sehvermögens, hört dank des ihm vom Himmel geschenkten Gehörs und macht sich Gedanken und Sorgen dank der ihm vom Himmel zugedachten Weisheit. Will er jedoch zu viel sehen, wird sein Blick getrübt. Will er zu viel hören, leidet sein Gehör darunter. Und macht er sich über die Maßen Gedanken und Sorgen, werden sein Geist und sein Wissen verwirrt. Ein getrübtes Auge kann aber nicht mehr zwischen Schwarz und Weiß unterscheiden. Ein schlechtes Ohr vermag nicht mehr, die klaren von den unreinen Tönen zu trennen. Und ein verwirrter Geist kann nicht mehr entscheiden, wo sich Gewinn und Verlust befinden. Wessen Augen nicht mehr zwischen Schwarz und Weiß unterscheiden können, der ist blind. Wessen Ohren nicht mehr die klaren von den unreinen Tönen zu trennen vermögen, der ist taub. Und wessen Geist nicht mehr entscheiden kann, wo sich Gewinn und Verlust befinden, der ist verrückt. Ein Blinder kann nicht einmal bei Tageslicht eine gefährliche Stelle umgehen. Ein Tauber kann nicht einmal das unheilvolle Getöse des Donners vernehmen. Und ein Verrückter kann nicht dem Unheil entrinnen, das Verstöße gegen das Gesetz nach sich zieht. Wer, wie es geschrieben steht im *Daodejing*, „die Menschen zur Ordnung ruft", ist maßvoll im Handeln und Ruhen und reduziert seine Gedanken und Sorgen auf das Notwendigste. Wer, wie es heißt, „dem Himmel zu Diensten ist", strapaziert Ohren und Augen nicht über die Maßen und beansprucht sein Wissen und Können nicht bis zur Neige, denn wenn er dies täte, würde er seinem Geist zu viel abverlangen und sich ins Verhängnis stürzen wie der Blinde, Taube und Schwachsinnige. Deshalb ist er sparsam in seinem Tun. Wer Sparsamkeit übt im Tun, schätzt seinen Geist und schont seine Weisheit. Deshalb heißt es: „Nichts ist besser als Sparsamkeit bei der Herrschaft über die Menschen und dem Dienst am Himmel."

Die Masse der Menschen nutzt ihre geistige Energie mit Ungeduld. Doch wer ungeduldig ist, verbraucht zu viel, und das nennt man Verschwendung. Ein weiser Mann gebraucht seine geistige Energie mit Geduld. Wer geduldig ist, verbraucht wenig, und das nennt man Sparsamkeit. Die Kunst der Sparsamkeit entspringt dem *dao* und den Prinzipien. Wer es versteht, sparsam zu sein, folgt dem *dao* und unterwirft sich den Prinzipien. Die meisten Menschen verstricken sich in allerlei Unheil, stürzen sich immer wieder ins Verhängnis. Sie verstehen nicht, dass sie ablassen müssen von ihrem Tun, und gehorchen nicht dem *dao* und den Prinzipien. Der Weise hingegen unterwirft sich tatenlos ruhig dem *dao* und den Prinzipien, obwohl er nie Unheil und Verhängnis am eigenen Körper erfahren hat. Dies nennt man rechtzeitige Unterwerfung. Deshalb heißt es: „Nur der Sparsame fügt sich rechtzeitig."

Wer sich auf die Herrschaft über die Menschen versteht, hört auf nachzudenken. Wer sich auf den Dienst am Himmel versteht, dessen Sinne sind leer. Denn wer nicht nachdenkt, büßt seine alte Tugend nicht ein, und wer seine Sinne freimacht, lässt den Geist der Harmonie beständig in sich hineinfließen. Deshalb heißt es: „Er legt Wert auf eine Anreicherung der Tugend." Wem es gelingt, die alte Tugend nicht herauszulassen und den neuen Geist der Harmonie beständig aufzunehmen, ist fürwahr jemand, der sich rechtzeitig fügt. Deshalb heißt es: „Wer sich rechtzeitig fügt, legt Wert auf eine Anreicherung der Tugend." Eine Anreicherung der Tugend bringt dem Geist Ruhe. Wer im Geist ruhig ist, lebt mit vielen in Eintracht. Wer mit vielen in Eintracht lebt, kann seine Absichten verwirklichen. Kann er seine Absichten verwirklichen, vermag er über alle Dinge zu herrschen. Wer über die Dinge zu herrschen vermag, besiegt mit Leichtigkeit seine Feinde im Kampf. Wer seinen Feinden im Kampf überlegen ist, dessen Ruhm breitet sich überall aus, und weil dies so ist, sagt man: „Es gibt niemanden, den zu besiegen er nicht fähig wäre." Die Unbesiegbarkeit nimmt ihren Anfang in der Anreicherung der Tugend, und deshalb heißt es: „Wer Wert auf eine Anreicherung der Tugend legt, dem kann niemand widerstehen."

Wer seinen Feinden im Kampf überlegen ist, wird die Herrschaft über das Reich unter dem Himmel erobern, und das Volk wird ihm folgen, weil sich sein Ruhm im ganzen Land ausgebreitet hat. Wenn seine Kunst so weit entwickelt ist, dass er die Herrschaft über das Reich erobern und sich das Volk gefügig machen kann, dann vermag niemand, sein Tun zu durchschauen. Und weil dies so ist, kennt niemand die Grenzen seiner Macht. Deshalb heißt es: „Kann ihm niemand widerstehen, kennt auch keiner die Grenzen seiner Macht."

Wer seinen Staat verliert und sich selbst ins Verderben stürzt, von dem kann man nicht sagen, dass er sich auf die Erhaltung des Staates und den Schutz seines Körpers versteht. Denn wer seinen Staat bewahren will, muss den Altar des Erdbodens und der Feldfrüchte in Sicherheit halten können, und wer seinen Körper schützen will, muss die ihm vom Schicksal vorherbestimmten Jahre bis zum Ende ausleben können. Erst dann kann man von ihm sagen, dass er sich auf die Erhaltung des Staates und den Schutz seines Körpers versteht. Wer dies vermag, muss wohl das *dao* in sich verkörpern, denn das *dao* verkörpernd ist er von tiefgründiger Weisheit. Tiefgründige Weisheit bedingt ihrerseits weitreichende Möglichkeiten. Niemand kann jedoch die Grenzen seiner Macht sehen, wenn seine Möglichkeiten weitreichend sind. Nur wer verhindern kann, dass die Menschen die Grenzen seines Tuns durchschauen, vermag seinen Körper zu schützen und den Staat zu erhalten. Deshalb heißt es: „Kennt keiner die Grenzen seiner Macht, kann er auch den Staat erhalten."

Was man „die Mutter zur Erhaltung des Staates" nennt, ist das *dao*. Das *dao* entspringt aus der Staatskunst, mit deren Hilfe man den Staat erhält, und eben weil es die Kunst ist, mit deren Hilfe man den Staat erhält, nennt man es „die Mutter zur Erhaltung des Staates". In Eintracht mit der Welt seine Kreise ziehend schafft das *dao* beständig neues Leben und gewährt ewige Wohlfahrt. Deshalb heißt es: „Wer die Mutter zur Erhaltung des Staates besitzt, kann beständig und ewig sein." Ein Baum hat zarte Haarwurzeln und gerade Pfahlwurzeln. Die geraden Pfahlwurzeln bilden die im *Daodejing* genannte Grundlage, und eben diese Grundlage ist es, die dem Baum das Leben gibt. Die zarten Haarwurzeln hingegen bewahren dem Baum das Leben. Die Menschen ihrerseits erhalten das Leben dank der Tugend und bewahren es dank der Wohlfahrt. Wer nun sein Leben auf den rechten Prinzipien aufbaut, dessen Wohlfahrt wird ewig währen. Deshalb sagt man: „Die Wurzeln vertiefen." Wer in sich das *dao* verkörpert, dessen Lebenstage werden lange währen. Deshalb sagt man: „Die Grundlage festigen." Eine feste Grundlage bringt langes Leben und tiefe Wurzeln sorgen für ewigen Ruhm. Deshalb heißt es: „Die Wurzeln vertiefen und die Grundlage festigen – dies ist der Weg zu einem langen Leben und ewigem Ruhm."

(Daodejing, Kap. 60)
Ein Meister, der zu oft sein Handwerk wechselt, bringt es ebenso wenig zu etwas, wie ein Bauer, der zu oft die Scholle

wechselt. Wenn ein Mann an jedem Tag einen halben Tag vergeudet, geht in zehn Tagen die Arbeit von fünf Menschen verloren. Wenn zehntausend Männer an jedem Tag einen halben Tag vergeuden, geht in zehn Tagen die Arbeit von fünfzigtausend Menschen verloren. Je mehr Menschen also ihre Tätigkeit wechseln, umso größer ist der Schaden. Werden Gesetze und Befehle geändert, wechseln auch Nutzen und Schaden. Dies führt dazu, dass die Menschen sich eine andere Beschäftigung suchen, und dann spricht man vom Wechseln des Berufes. Betrachtet man die Dinge nach diesem Prinzip, so werden von vielen wichtigen Tätigkeiten nur wenige mit Erfolg abgeschlossen, wenn man ständig etwas anderes macht. Ein großer Schatz bleibt nicht unversehrt, wenn man ihn ständig neu versteckt. Kleine Fische werden unansehnlich, wenn man sie beim Kochen zu oft umrührt. Das Volk leidet darunter, wenn man einen großen Staat regiert und ständig die Gesetze ändert. So schätzt ein Herrscher, der sich auf das Regieren versteht, die Ruhe und hält nichts vom Ändern der Gesetze. Deshalb heißt es: „Einen großen Staat regiert man, wie man kleine Fische kocht."

Die Menschen achten die Ärzte, wenn sie sich eine Krankheit zugezogen haben, und sie fürchten die Geister, wenn ein Unheil über sie hereingebrochen ist. Sitzt ein weiser Herrscher auf dem Thron, hat das Volk wenig Begierden. Menschen ohne Begierden haben ein ausgeglichenes Gemüt und verhalten sich korrekt. Wer sich aber korrekt verhält, stürzt sich nur selten in Unheil und Verhängnis. Und wer weder von Geschwüren und Krankheiten geplagt wurde, noch das Verhängnis von Bestrafungen und Maßregelungen kennenlernen musste, hat auch keine Furcht vor Geistern. Deshalb heißt es: „Wird des Reich nach dem *dao* regiert, verlieren die Geister ihre mystische Macht." In geordneten Zeiten fügen die Menschen und Geister sich gegenseitig keinen Schaden zu. Deshalb heißt es: „Es ist nicht so, dass die Geister keine mystische Macht mehr besäßen, aber ihre Macht schadet den Menschen nicht." Man spricht davon, dass die Geister den Menschen schaden, wenn sie Krankheiten über die Menschen bringen, und sagt, dass die Menschen den Geistern schaden, wenn sie die Geister deshalb austreiben. Man spricht aber auch davon, dass das Volk dem Herrscher schadet, wenn es gegen Gesetze und Befehle verstößt, und sagt, dass der Herrscher dem Volk schadet, wenn er es dafür straft und richtet. Doch wenn das Volk die Gesetze nicht verletzt, wendet der Herrscher auch keine Bestrafungen an. In diesem Fall kann man sagen, dass er dem Volk nicht schadet. Deshalb heißt es: „Auch der Weise schadet den Menschen nicht." Weder Herrscher und Volk, noch Menschen und Geister schaden sich gegenseitig, und deshalb heißt es: „In beiden Fällen fügt keiner dem anderen Schaden zu." Wagt es das Volk nicht, gegen die Gesetze zu verstoßen, muss der Herrscher weder strafen und richten, noch die Menschen zur Ausübung ihres Berufes anhalten. Ist dies der Fall, kann das Volk gedeihen und sich vermehren, was wiederum dazu führt, dass Reichtum und Wohlstand aufkommen. Wo das Volk gedeiht und Wohlstand aufkommt, spricht man davon, dass Tugend herrscht.

Vom verhängnisvollen Einfluss böser Geister spricht man, wenn die *hun*- und die *po*-Seele den Körper verlassen und Geist und Verstand durcheinander geraten. Dann gibt es auch keine Tugend. Senden die Geister kein Unheil über die Menschen, verlassen auch die *hun*- und die *po*-Seele den Körper nicht, was wiederum dazu führt, dass Geist und Verstand nicht durcheinander geraten. Doch wenn Geist und Verstand nicht durcheinander geraten, spricht man davon, dass Tugend herrscht. Lässt der Herrscher Reichtum und Wohlstand aufkommen und bringen die

Geister den Geist und Verstand nicht durcheinander, sammelt sich die Tugend im Volk. Deshalb heißt es: „Fügt in beiden Fällen keiner dem anderen Schaden zu, findet beider Tugend zusammen und kehrt zurück zum Einen", was bedeutet, dass die Tugend des Herrschers und die Tugend der Untertanen gleichsam zur Blüte kommen und im Wohle des Volkes münden.

(Daodejing, Kap. 46)
Ein dem rechten Weg des Regierens folgender Herrscher hat keine hasserfüllten Feinde als Nachbarn, dafür aber ein tugendreiches Volk. Seine Nachbarn hegen nicht Hass und Feindschaft, weil er den Lehnsfürsten begegnet, wie es Sitte und Pflicht gebieten. Das Volk in seinem Land ist voller Tugend, weil er es so verwaltet, dass es sich den Hauptbeschäftigungen widmet. Da er den Lehnsfürsten der Sitte und Pflicht gemäß begegnet, kommt es kaum zu kriegerischen Auseinandersetzungen, und da er das Volk dazu bringt, seiner eigentlichen Beschäftigung nachzugehen, hören Übermaß und Verschwendung auf.

Die Pferde sind wahrlich von großem Nutzen, denn in Feldzügen transportieren sie Waffen und in der Heimat dienen sie zur Vergnügung. Wenn nun aber der Herrscher sich auf das Regieren versteht, erhebt er nur selten die Waffen gegen andere und unterbindet Übermaß und Verschwendung im eigenen Land. Auf diese Weise nicht vom Herrscher auf das Schlachtfeld getrieben und nicht vom Volk für unnütze Reisen und Transporte missbraucht, werden die Pferde mit all ihrer Kraft auf den Feldern eingesetzt, und zwar zur Düngung und Bewässerung. Deshalb heißt es: „Herrscht im Reich der rechte Weg, karren Rassepferde Dünger."

Folgt der Herrscher nicht dem rechten Weg des Regierens, behandelt er im Inneren sein Volk grausam und erbarmungslos und attackiert und hintergeht nach außen seine Nachbarstaaten. Ist er im eigenen Land grausam und erbarmungslos, geht das Volk nicht mehr seiner Arbeit nach, und ist er nach außen aggressiv und hinterhältig, werden ständig die Waffen erhoben. Geht das Volk nicht mehr seiner Arbeit nach, werden die Viehherden kleiner, und werden ständig die Waffen erhoben, gibt es bald keine Soldaten mehr. Schrumpfen die Viehherden, fehlt es auch an Schlachtrössern, und gibt es keine Soldaten mehr, ist der Bestand der Armee gefährdet. Mangelt es an Schlachtrössern, werden die Stuten ins Feld geschickt, und ist der Bestand der Armee gefährdet, werden die Höflinge zum Kriegsdienst verpflichtet. Pferde sind etwas, was von großem Nutzen für die Armee ist, und mit Vorstädten meint man das freie Feld unweit der Stadt. Und da heute die Armee mit Stuten und Höflingen aufgefüllt wird, heißt es: „Herrscht im Reich nicht der rechte Weg, werden Schlachtrösser in den Vorstädten herangezogen."

Hat ein Mensch Begierden, geraten seine Absichten durcheinander. Sind aber die Absichten erst durcheinander, werden die Begierden noch größer. Ist dies erst der Fall, gewinnt das Schlechte in ihm die Oberhand, was wiederum dazu führt, dass er in seinem Tun erfolglos bleibt und schließlich Unheil und Schwierigkeiten über ihn hereinbrechen. So gesehen entspringen Unheil und Schwierigkeiten der schlechten Gesinnung, die ihrerseits genährt wird durch die Begierde. Lässt man solche Männer mit Begierden Ämter übernehmen, lehren sie die treuen Untertanen den Verrat, und verstößt man sie, stürzen sie gute Menschen ins Verhängnis. Wo Verrat herrscht, wird der Herrscher nur allzu leicht angegriffen und geschwächt, und wo Unheil herrscht, wird das Volk nur allzu oft misshandelt.

Männer voller Begierde greifen also entweder den Herrscher an und schwächen ihn, oder sie misshandeln das Volk. Beides sind große Vergehen. Deshalb heißt es: „Es gibt kein größeres Unheil als die Begierde." Ein weiser Mann lässt sich weder durch die Schönheit der fünf Farben betören, noch durch den Klang der Musik verwirren. Ein kluger Herrscher hält nichts von Leidenschaften und verzichtet auf Ausschweifungen.

Der Mensch hat kein Fell und keine Federn und ist ohne Kleidung der Kälte nicht gewachsen. Er lebt nicht vom Himmel und der Erde, sondern die Eingeweide und der Magen bilden die Wurzeln seines Lebens. Ohne Essen kann er nicht am Leben bleiben. Deshalb kann er nicht anders, als auf seinen Vorteil bedacht zu sein. Kann er sich aber diesem Streben nach dem Vorteil nicht entziehen, leidet er kummervoll. Ein weiser Mann kennt deshalb keinen Kummer, sobald er nur genug Kleidung und ausreichend Nahrung hat, um der Kälte trotzen und den leeren Magen füllen zu können. Ganz anders verhält es sich aber mit den meisten Menschen. Egal ob ein Lehnsfürst oder jemand, der nur tausend Goldstücke besitzt – ihre Sorge um die Erfüllung ihrer Begierden kennt keine Grenzen. Verbannte werden manchmal begnadigt, und zum Tode Verurteilten wird manchmal das Leben geschenkt. Die Nie-Zufriedenen hingegen werden ihren Kummer ihr ganzes Leben lang nicht los. Deshalb heißt es: „Es gibt kein größeres Übel als fehlende Genügsamkeit."

Wer zu viele Begierden hat, der lebt in Sorge. Sorge jedoch macht krank, und Krankheit verwirrt den Verstand. Wenn der Verstand verwirrt ist, geht auch das Maß verloren. Ohne Maß handelt man falsch, und falsches Handeln beschwört Unheil herauf. Einmal heraufbeschworen, breitet sich das Unheil erst wie eine Krankheit im Körper aus, bis schließlich das ganze Elend nach außen drängt. Wenn dies geschieht, vermischen sich Kummer und Schmerz im Inneren und der Mensch leidet furchtbar an den Wunden. Erst das Leid bringt den Menschen dazu, von etwas abzulassen und sich selbst zu beschuldigen. Das kommt alles vom Streben nach dem Vorteil, und deshalb heißt es: „Kein Unglück ist schmerzlicher als das Streben nach Vorteil."

(Daodejing, Kap. 14)
Dao ist das natürliche Wesen aller Dinge und die Vereinigung aller Daseinsprinzipien. Die Daseinsprinzipien geben den entstehenden Dingen ihre äußere Form. Das *dao* lässt die Dinge entstehen. Deshalb heißt es: „Das *dao* leitet die Dinge." Die Dinge haben ihre Daseinsprinzipien, die sie nicht gegenseitig vertauschen können, und weil dies so ist, sorgen die Daseinsprinzipien für die Ordnung unter den Dingen. Jedes Ding hat sein eigenes Daseinsprinzip. Das *dao* aber vereint die Daseinsprinzipien aller Dinge in sich, weshalb es sich einem steten Wandel nicht entziehen kann. Da es sich stetig wandelt, ist es unbeständig in seiner Wirkungsweise, und diese Unbeständigkeit des Wirkens ist es, weshalb das Leben und der Tod vom *dao* bestimmt werden, alles Wissen in ihm zusammenfließt und das Wohl und Wehe allen Tuns von ihm abhängt. Der Himmel schöpft seine erhabene Größe aus dem *dao*, wie die Erde ihre Fruchtbarkeit. Dem Polarstern gibt es sein majestätisches Licht und der Sonne und dem Mond ihren Glanz. Die fünf Elemente verdanken ihm ebenso ihren Platz, wie die Sterne ihre Himmelsbahn und die vier Jahreszeiten ihre Abfolge. Dank dem *dao* beherrschte *Xuanyuan* die Welt, erschien *Chi Song* wie Himmel und Erde und schufen die Heiligen die Schriftzeichen. Es war das *dao*, dass *Yao* und *Shun* Weisheit verlieh, *Jie* und *Yu* verrückt werden ließ, *Jie* und *Zhou* zum Untergang verdammte und für die glor-

reichen Erfolge von *Tang* und *Wu* sorgte. Wähnst du es neben dir, streift es durch die Welt. Vermutest du es in der Ferne, weilt es an deiner Seite. Hältst du es für etwas Dunkles, erstrahlt es in seinem Glanz. Meinst du, es sei klar, erscheint es nebelhaft verhüllt. Und doch schuf es Himmel und Erde und ließ Blitz und Donner entstehen. Alle Dinge unter dem Himmelszelt verdanken ihm ihr Werden. Das Wesen des *dao* kann man nicht zwingen und formen. Geschmeidig folgt es dem Lauf der Zeit und ist eins mit den Prinzipien des Seins. Das *dao* lässt die Dinge vergehen und entstehen. Es lässt die Unternehmen scheitern und führt sie zum Erfolg. Das *dao* ist wie das Wasser. Ein Ertrinkender stirbt, wenn er zu viel davon trinkt, und ein Durstender lebt auf, wenn er genügend davon trinkt. Das *dao* ist wie eine scharfe Waffe. Gebraucht sie ein törichter Mensch, um seinen Zorn zu stillen, kommt es zum Unheil. Benutzt sie ein weiser Mann, um die Bösen zu züchtigen, gedeiht das Glück. So vergehen und gedeihen die Dinge und misslingen und glücken die Unternehmen dank dem *dao*.

Lebende Elefanten bekommen die Menschen nur selten zu sehen. Doch sie finden die Knochen toter Elefanten, machen sich ein Bild von ihnen und stellen sich vor, wie sie in Wirklichkeit aussehen. All das, was sich die Menschen in ihren Gedanken vorstellen, nennt man Abbilder. Das *dao* kann man zwar nicht sehen und hören, doch der Weise erkennt seine Gestalt, indem er sich an sein Wirken hält. Deshalb nennt man es „formlose Gestalt und Abbild des Nichts".

(Daodejing, Kap. 1)
Es sind die Daseinsprinzipien, die eckig und rund, lang und kurz, grob und fein sowie fest und zerbrechlich unterscheiden. Erst wenn die Prinzipien feststehen, kann man zum

dao vordringen. Zu den festen Daseinsprinzipien gehören Erhalt und Untergang, Leben und Tod, Gedeih und Verderb. Doch man kann es nicht Beständigkeit nennen, wenn die Dinge bald erhalten bleiben und bald untergehen, mal leben und mal sterben, zuerst gedeihen und dann verderben. Beständig heißt nur, was zusammen mit Himmel und Erde entstand und bis zum Untergang von Himmel und Erde nicht stirbt und vergeht. Das Beständige jedoch kennt keine tiefen Wandlungen und festen Prinzipien. Und weil es keine festen Prinzipien hat, befindet es sich nicht an einem festen Platz und man kann es nicht benennen. Die Weisen sehen auf seine geheimnisvolle Leere, folgen seinem unaufhaltsamen Lauf und geben ihm gezwungenermaßen den Namen „dao", um es erörtern zu können. Deshalb heißt es: „Das *dao*, das man benennen kann, ist nicht das beständige *dao*."

(Daodejing, Kap. 50)
Des Menschen Leben beginnt mit der Geburt und endet mit dem Tod. Der Anfang heißt Kommen, und das Ende heißt Gehen. Deshalb heißt es: „Der Mensch kommt mit der Geburt und geht mit dem Tod." Der Körper des Menschen besteht aus dreihundertsechzig Körperabschnitten, von denen die vier Gliedmaßen und die neun Körperöffnungen am wichtigsten sind. Zusammen bilden sie die Dreizehn, die in ihrem Wirken und Ruhen vom Leben abhängig sind. Abhängig sein heißt folgen, und darum wird gesagt, dass es dreizehn Gefolgsleute des Lebens gibt. Und was den Tod betrifft – die Dreizehn kehren alle zu ihrem Urzustand zurück und sind vom Tod abhängig. Auch der Tod hat seine dreizehn Gefolgsleute. Deshalb heißt es: „Das Leben hat seine dreizehn Gefolgsleute, wie auch der Tod seine dreizehn Gefolgsleute hat."

177

Die Menschen leben ihr Leben, und weil sie leben, sind sie in ständiger Bewegung. Ist aber die Kraft zur Bewegung erschöpft, haben die Menschen den Schaden. Und da die Bewegung nicht zum Stillstand kommt, nimmt auch der Schaden kein Ende. Dies führt dazu, dass das Leben zu Ende geht. Das Ende des Lebens nennt man Tod. Die Dreizehn führen alle die Menschen in den Tod. Deshalb heißt es: „Die Menschen leben, und weil sie leben, bewegen sie sich, doch alle Bewegung der Dreizehn führt in den Tod."

Aus diesem Grund schont ein weiser Mann seinen Verstand und achtet die Ruhe, denn wenn er es nicht täte, wäre dies verhängnisvoller für ihn, als die Bedrohung durch Nashörner und Tiger. Nashörner und Tiger haben ihre Reviere und jagen und ruhen zu bestimmten Zeiten. Meidet man ihre Reviere und passt die Zeit ab, kann man sich ihrer Bedrohung entziehen. Die Menschen wissen alle nur, dass Nashörner und Tiger Hörner und Klauen besitzen. Niemand weiß aber, dass alle Dinge Hörner und Klauen haben. Deshalb können sie dem von den Dingen ausgehenden Unheil nicht entrinnen. Wie lässt sich das beweisen? Wenn Regen vom Himmel fällt und das weite Land einsam und still ist, schaden die Klauen und Hörner von Wind und Tau den Menschen, wenn sie in der Morgen- oder Abenddämmerung einen Berg oder Fluss überqueren wollen. Wer im Dienst am Herrscher nicht loyal ist und leichtfertig Verbote und Befehle verletzt, erfährt den Schaden von den Klauen und Hörnern der Strafgesetze. Wer sich in seinem Heimatdorf zügellos benimmt und Hass und Liebe freien Lauf lässt, setzt sich dem Schaden der Klauen und Hörner von Zank und Streit aus. Wer sich seinen Begierden völlig hingibt und im Handeln und Ruhen kein Maß kennt, der wird vom Schaden ereilt, den die Klauen und Hörner von Geschwüren und Eiterbeulen anrichten. Wer auf seine eigene Weisheit baut und die Prinzipien der Natur verwirft, der wird von den Klauen und

Hörnern der Netze und Fallen geschädigt. Nashörner und Tiger haben ihre Reviere und die Schäden haben alle ihre Quelle. Nur wer die Reviere meidet und die Quellen verschließt, kann jedem Schaden entrinnen.

Mit Waffen und Rüstungen bereitet man sich gegen Schäden vor. Wer sein Leben achtet, ist selbst als Soldat nicht jähzornig und kampflustig. Doch wer weder Jähzorn noch Streitsucht kennt, der muss auch keine Vorbereitungen gegen Schäden treffen. Dies betrifft nicht nur die Truppen im Feld. Wenn ein weiser Mann durch die Welt zieht, will er niemandem Schaden zufügen, und deshalb wird auch ihm niemand etwas tun. Doch wer von den Menschen nichts zu befürchten hat, muss sich auch nicht gegen die Menschen schützen. Deshalb heißt es: „Er durchquert das Land, ohne auf Nashörner und Tiger zu stoßen." Wenn er in die Berge hinauszieht, muss er auch keine Vorkehrungen treffen gegen irgendwelche Schäden. Deshalb heißt es: „Er geht ohne Schutz durch bewaffnete Heere." Da er sich von allen Schäden fernhält, heißt es: „Das Nashorn hat ebenso wenig einen Grund, sein Horn gegen ihn zu richten, wie der Tiger, seine Klauen gegen ihn zu wetzen, oder der Soldat, seine Klinge gegen ihn zu erheben." Keine Vorkehrungen zu treffen und doch keinen Schaden zu nehmen – dies ist das natürliche Prinzip des Wirkens von Himmel und Erde. Und weil er diesen Weg von Himmel und Erde in sich verkörpert, heißt es: „Er bietet dem Tod keinen Ansatzpunkt." Da er handelt, ohne dem Tod einen Ansatzpunkt zu geben, sagt man von ihm, dass „er sich auf die Wahrung des Lebens meisterlich versteht".

(Daodejing, Kap. 67)
Wer sein Kind liebt, umsorgt es mitleidvoll. Wer sein Leben schätzt, sorgt sich mitleidvoll um sich selbst. Wer

den Erfolg achtet, ist sorgsam in seinem Tun. Eine mitleidvolle Mutter tut alles für das Glück ihres hilflosen Kindes. Weil sie das Glück ihres Kindes will, versucht sie, das Unheil von ihm fernzuhalten. Dazu müssen ihre Gedanken tiefgründig sein. Wenn sie aber gründlich nachdenkt, versteht sie die Prinzipien des Handelns, und wenn dies gelingt, kann sie sicher sein, dass sie ihr Ziel erreicht. Überzeugt vom Erfolg ihres Handelns wird sie nicht mehr zweifeln, was zu tun ist. Nicht zu zweifeln heißt, mutig zu sein. Ein Weiser behandelt alle Dinge so, wie sich eine mitfühlende Mutter um ihr hilfloses Kind sorgt. Auf diese Weise erkennt er den Weg, den er gehen muss, und hat er den Weg gefunden, zweifelt er auch nicht mehr in seinem Tun. Nicht zu zweifeln heißt, mutig zu sein. So entsteht denn das Freisein von Zweifeln aus der mitleidvollen Sorge. Deshalb heißt es: „Wer Mitleid empfindet, kann mutig sein."

Der Herzog *Zhou* sagte: „Ohne richtigen Frost in den Wintertagen gedeihen Gräser und Bäume im Frühling und Sommer nicht." Wenn selbst Himmel und Erde es sich nicht erlauben können, ständig verschwenderisch zu sein, um wie viel mehr muss dies erst für die Menschen gelten? So müssen die Dinge erblühen und vergehen, muss man die Tätigkeiten mal gelassen und mal ernst angehen, braucht der Staat zivile und militärische Beamte und erfordert das Regieren Belohnung und Strafe. Aus diesem Grund geht der kluge Mann sparsam mit seinem Besitz um und bringt seiner Familie Wohlstand. Der Weise schätzt den Verstand und lässt seine geistige Energie zur Entfaltung kommen. Der Herrscher ist sorgsam im Einsatz der Soldaten, und das Volk vermehrt sich. Ist das Volk zahlenmäßig groß, breitet sich auch der Staat aus. Deshalb heißt es: „Wer sparsam ist, kann großzügig sein."

Jedes Ding, das eine Gestalt besitzt, kann man mit Leichtigkeit auseinanderhalten und trennen. Wie lässt sich das beweisen? Nun, was eine Gestalt hat, hat auch eine Länge. Was eine Länge hat, hat auch eine Größe. Was eine Größe hat, hat auch eine Form. Was eine Form hat, hat auch eine Festigkeit. Was eine Festigkeit hat, hat auch ein Gewicht. Was ein Gewicht hat, hat auch eine Farbe. Länge, Größe, Form, Festigkeit, Gewicht und Farbe nennt man Daseinsprinzipien. Sind diese Prinzipien bestimmt, kann man die Dinge leicht trennen. Wer bei einer Beratung bei Hofe als Letzter spricht, der trifft den Kern. Das wissen jene, die sich mit ihren Ratschlägen den anderen anpassen. Wer dem Zirkel und Winkelmaß folgt, um ein Quadrat oder einen Kreis zu machen, der wird immer mit Erfolg die richtige Form treffen. So wie jedes Ding sein Muster hat, gestalten auch die Ratgeber ihre Pläne nach dem Muster. Ein weiser Mann folgt immer dem Muster der Dinge, und deshalb heißt es: „Er wagt es nicht, der Erste im Reich zu sein." Denn wenn er nicht wagt, der Erste zu sein, wird keine Tat ungetan bleiben, keine Handlung ohne Erfolg enden, und sein Rat wird überall auf der Welt geschätzt sein. Wie könnte es sein, dass er kein hohes Amt bekommt, selbst wenn er es nicht haben will? Doch ein hohes Amt zu bekleiden bedeutet, die Geschäfte zu leiten. Deshalb heißt es: „Wer es nicht wagt, der Erste im Reich zu sein, kann die Geschäfte leiten."

Wer sich um sein Kind sorgt, kann ihm nicht Nahrung und Kleidung verwehren. Wer sich um seinen eigenen Körper sorgt, erlaubt sich nicht, von Gesetzen und Vorschriften abzuweichen. Wer sich um die Form von Quadrat und Kreis sorgt, wagt es nicht, auf Zirkel und Winkelmaß zu verzichten. Genauso ist es mit dem Krieg. Wer sich um seine Truppe sorgt, der ist im Kampf dem Feind überlegen, und wer sich um Waffen und Vorkehrungen kümmert, dessen

Stadtmauern sind uneinnehmbar. Deshalb heißt es: „Wer sich um die Armee sorgt, wird siegreich sein, und wer sich um die Vorkehrungen kümmert, wird unschlagbar sein."

Fürwahr, wer es versteht, sich selbst zu vervollkommnen und in allem den Prinzipien der Dinge zu folgen, muss ein der Natur gemäßes Leben führen. Ein der Natur gemäßes Leben ist ein Leben nach dem Verstand und deshalb ein Leben, in dem das *dao* des Reiches unter dem Himmel zur Vollendung kommt. Dergestalt schützend umhüllt von mitleidvoller Sorge sind ihm in allen Dingen Erfolg und in seinem Tun Unfehlbarkeit garantiert. Dies nennt man einen Schatz, und deshalb heißt es: „Ich besitze drei Schätze, die ich festhalte und achte."

(Daodejing, Kap. 53)
Das große *dao,* von dem im *Daodejing* gesprochen wird, ist das ursprüngliche *dao.* Der sich ausbreitende äußere Anschein hingegen ist das falsche *dao.* Die großen Nebenpfade sind schöner Zierrat, doch schöner Zierrat ist Teil des falschen *dao.* Die Paläste sind gar prachtvoll, und Rechtsstreite erfüllen den Hof. Doch wo um das Recht gestritten wird, verwildern die Felder, weshalb die Getreidespeicher und Schatzkammern leer stehen und der Staat verarmt. Da aber trotz der Armut des Staates das Volk in Verschwendung und Ausschweifung schwelgt, leidet darunter die Produktion von Kleidung und Nahrung, und das Volk kann nicht umhin, sich mit falschen Fertigkeiten zu schmücken. Wer aber falsche Fertigkeiten vortäuscht, der ziert sich mit feinen, schmuckvollen Sachen. Dies ist gemeint, wenn es heißt: „Ihre Kleider sind schmuckvoll und bunt." Wenn Rechtsstreitigkeiten den Hof erfüllen, die Getreidespeicher leer sind und überall Ausschweifung und Verschwendung herrschen, erleidet der Staat dadurch tiefe

Wunden. Das ist genauso, als ob man jemanden mit einem scharfen Schwert durchbohrt. Deshalb heißt es: „Sie tragen scharfe Schwerter." Sie schmücken sich mit Weisheit und Fertigkeiten und fügen dem Staat damit tiefe Wunden zu, doch ihre Familien werden immer reicher. Und weil das so ist, heißt es: „Ihre Güter und Reichtümer sind unermesslich." Wenn es in einem Staat solche Menschen gibt, dann wird das einfältige Volk gar nicht anders können, als ihrem schlechten Beispiel zu folgen, sodass lauter kleine Diebe auftauchen. Daraus ist ersichtlich, dass dort, wo große Übeltaten geduldet werden, bald auch kleine Räubereien folgen. Wenn die großen Schurken ein Lied anstimmen, schließen sich die kleinen Diebe dem Gesang an. Die Mundorgel ist der Anführer der fünf Töne. Deshalb stimmt sie zuerst eine Melodie an und die Glocken und Harfen folgen ihr. Die Mundorgel beginnt und alle Instrumente stimmen ein. Und wenn heute große Übeltaten geduldet werden, dann stimmt der Plebs sein Lied an und die kleinen Diebe stimmen ein. Deshalb heißt es: „Ihre Kleider sind schmuckvoll und bunt, sie tragen scharfe Schwerter, vom vielen Essen und Trinken ist ihnen übel und ihre Güter und Reichtümer sind unermesslich. Sie sind es, die man die Anstifter zur Räuberei nennt."

(Daodejing, Kap. 54)
Alle Menschen, ob nun dumm oder klug, nehmen manche Dinge und verzichten auf andere. Sie leben in Ruhe und Sicherheit und kennen die Quelle von Unheil und Glück. Doch wenn sie sich erst einmal der Liebe und dem Hass hingeben und von obszönen Dingen verführt werden, geraten sie auf Abwege. Dies geschieht, weil sie sich von Äußerlichkeiten verleiten und durch Vergnügungen verwirren lassen. Sie leben in Ruhe und Frieden, solange sie nehmen und verzichten, und sie sind sicher und geborgen,

solange sie die Quelle von Unheil und Glück kennen. Doch auf einmal lassen sie sich nun durch Vergnügungen verwirren und von Äußerlichkeiten verleiten. Sie werden in die Irre geführt, und deshalb spricht man vom „Entwurzeln". Ganz anders handelt ein weiser Mann. Hat er erst einmal seine Prinzipien des Nehmens und des Verzichtens festgelegt, lässt er sich nicht mehr verleiten, auch wenn er etwas sieht, was ihm gefällt. Sich nicht verleiten zu lassen heißt, „nicht entwurzelt werden zu können". Er ist fest in seinen Gefühlen und sein Geist lässt sich nicht erregen, auch wenn es etwas Begehrenswertes gibt. Lässt sich der Geist nicht erregen, heißt das, dass „man ihm nichts entreißen kann". Die Söhne und Enkel verkörpern dieses *dao* des Handelns in sich und bewahren damit die Ahnenhalle vor Schaden. Und weil die Ahnenhalle so bewahrt wird, heißt es: „Die Ahnenopfer werden nicht unterbrochen. "

Ein angereicherter Geist ist ein Segen für den Körper, wie Güter und Reichtümer für die Familie und die Menschen für das Dorf, den Staat und das Reich. Wer sich heute selbst zur Ordnung ruft, lässt seinen Geist nicht von äußeren Dingen verwirren. Deshalb heißt es: „Pflege sie in dir, dann wird die Tugend vollkommen sein." Vollkommenheit heißt beständig Sorgfalt üben. Wer Ordnung in der Familie hält, lässt sich nicht von nutzlosen Dingen beeinflussen, sodass Überfluss herrscht. Deshalb heißt es: „Pflege sie in der Familie, dann wird die Tugend sich mehren." Wer bei der Verwaltung des Dorfes so handelt, erreicht, dass die Zahl der Familien, die im Überfluss leben, noch größer wird. Deshalb heißt es: „Pflege sie im Dorf, dann wird die Tugend wachsen." Wer bei der Verwaltung des Staates so handelt, erreicht, dass die Zahl der tugendhaft lebenden Dörfer wächst. Deshalb heißt es: „Pflege sie im Staat, dann wird die Tugend Früchte tragen." Wer bei der Verwaltung des Reiches so handelt, erreicht, dass das Volk sein Leben

leben kann und jeder Nutzen davon hat. Deshalb heißt es: „Pflege sie im Reich, dann wird die Tugend allgegenwärtig sein." Wenn all jene, die sich selbst vervollkommnen, dies zum Maßstab nehmen, um die Edlen von den Unwürdigen zu trennen, und all jene, die über Dörfer, Staaten und das Reich herrschen, dies zum Maßstab nehmen, um die Rechtmäßigkeit des Handelns zu überprüfen und Gewinn und Verlust zu berechnen, werden sie alle unfehlbar sein. Deshalb heißt es: „Sporne andere dazu an durch dein Beispiel. Sporne Familien dazu an durch das Beispiel deiner Familie. Sporne Dörfer dazu an durch das Beispiel deines Dorfes. Sporne Staaten dazu an durch das Beispiel deines Staates. Sporne das Reich dazu an durch das Beispiel des Reiches. Woher wohl weiß ich, dass die Welt so ist? Durch die Tugend in mir!

SIEBTES BUCH

21. Kapitel

Erklärungen zu Laozi

(Daodejing, Kap. 46)
Herrscht im Reich der rechte Weg und droht kein Unheil,
dann ist Frieden und man braucht keine Eilboten. Deshalb
heißt es: „Rassepferde karren Dünger." Herrscht im Reich
jedoch nicht der rechte Weg, dann attackieren sich die
Staaten ohne Unterlass, müssen sich jahrein jahraus gegen
andere verteidigen und die Männer können nicht nach
Hause zurückkehren, obwohl es in ihren Rüstungen bereits
von Läusen und Parasiten wimmelt und in den Zelten der
Generäle Schwalben und Spatzen nisten. Deshalb heißt es:
„Schlachtrösser werden in den Vorstädten herangezogen."

Es gab einmal einen Mann aus dem Staate *Di*, der brachte
dem Herzog *Wen* von *Jin* prächtige Fuchspelze und
schwarze Pantherfelle als Geschenk dar. Herzog *Wen* nahm
die Felle des Fremden entgegen und sagte mit einem Seufzer: „Diesen Tieren wurde die Schönheit ihrer Felle zum
Verhängnis." König *Yan* von *Xu* wurde als Herrscher das
Opfer seines guten Rufes und *Yu* und *Guo* wurden ihre
Städte und Ländereien zum Verhängnis. Deshalb heißt es:
„Es gibt kein größeres Unheil als die Begierde."

Graf *Zhi* hatte bereits *Fan* und *Zhonghang* erobert, doch
er hielt nicht inne und griff *Zhao* an. Als sich daraufhin
Han und *Wei* gegen ihn richteten, wurde seine Armee bei
Jinyang vernichtend geschlagen und er selbst östlich von

Gaoliang getötet. Er wurde zerstückelt und sein Kopf mit Lack überzogen und zu einem Weingefäß gemacht. Deshalb heißt es: „Es gibt kein größeres Übel als fehlende Genügsamkeit."

Der Fürst von *Yu* wollte das Viergespann aus *Quchan* und die Jade aus *Chuiji* besitzen. Da er sich durch den Rat des *Gong Zhiqi* nicht davon abbringen ließ, ging sein Staat zugrunde und er fand den Tod. Deshalb heißt es: „ Kein Unglück ist schmerzlicher als das Streben nach Besitz."

Ein Land, in dem die Erhaltung des Staates oberstes Gebot ist, kann die Vorherrschaft erreichen. Ein Mensch, für den sein Leben das oberste Gebot ist, kann es zu Reichtum und Ehren bringen. Wer sich selbst durch seine Begierden keinen Schaden zufügt, der verliert weder seinen Staat, noch sein Leben. Deshalb heißt es: „Es reicht aus, Zufriedenheit zu kennen."

(Daodejing, Kap. 54)
Einst hatte König *Zhuang* von *Chu* einen Feldzug siegreich beendet und war in *Heyong* auf die Jagd gegangen. Als er nach Hause zurückkehrte, wollte er *Sun Shu'ao* für seine Dienste belohnen. Dieser erbat sich ein sandiges und steiniges Stück Land am *Han*-Fluss. Nach den Gesetzen des Staates *Chu* mussten die Lehnsträger ihre Ländereien nach zwei Generationen zurückgeben. Nur *Sun Shu'aos* Besitz blieb bestehen. Er musste sein Lehen nicht zurückgeben, weil es sich um unfruchtbares Land handelte. So wurden die Ahnenopfer über neun Generationen hinweg nicht unterbrochen. Deshalb heißt es: „Wer auf festem Grund fußt, kann nicht entwurzelt werden, und wer sein Hab und Gut festhält, dem kann nichts entrissen werden, denn die Söhne und Enkel hören über Generationen nicht auf, den Ahnen

Opfer darzubringen." Damit sind Menschen wie *Sun Shu'ao*
gemeint.

(Daodejing, Kap. 26)
Man sagt, dass der Herrscher mächtig ist, wenn er die Mittel der Herrschaft in seinen eigenen Händen hat, und dass
er voller Ruhe ist, wenn er seinen Platz nicht verlässt.
Durch seine Macht kann er die Machtlosen und durch
seine Ruhe die erregt Handelnden führen. Deshalb heißt
es: „Der Mächtige ist die Wurzel der Machtlosen, und der
Ruhende ist Herr über die Erregten." Und es heißt auch:
„Der Edle hält sich immer daran und gibt die Last nicht
ab." Des Herrschers Last ist der Staat, und wenn der Herrscher-Vater noch zu seinen Lebzeiten den Staat übergibt an
seinen Sohn, so tritt er seine Last ab. Trotz der Freuden in
Dai und *Yunzhong* besitzt er die Macht im Staate *Zhao*
nicht mehr. Einst ein mächtiger Herrscher über zehntausend Kampfwagen hat sich der Herrscher-Vater selbst entmachtet in den Augen des Reiches. Wer aber keine Macht
besitzt, den nennt man leicht, und wer seinen Platz verlässt,
den nennt man erregt. So wurde der Herrscher-Vater lebendig eingesperrt und fand den Tod. Deshalb heißt es: „Der
Machtlose verliert seine Untergebenen und der Erregte seinen Thron." Damit sind Menschen wie der Herrscher-
Vater gemeint.

(Daodejing, Kap. 36)
Die Größe der Macht ist die Quelle, die den Herrscher
nährt. Des Herrschers Macht ist größer als die seiner Untertanen, doch einmal verloren, kann er sie nicht wiedererlangen. Herzog *Jian* verlor sie an *Tian Cheng* und der
Herrscher von *Jin* an die sechs Adelsfamilien, sodass ihr
Staat zugrunde ging und sie den Tod fanden. Deshalb heißt

es: „Einen Fisch darf man nicht aus den Tiefen der Quelle nehmen." Belohnung und Strafe sind die scharfen Waffen des Staates. Befinden sie sich in den Händen des Herrschers, verwaltet er mit ihnen die Beamten. Liegen sie aber in den Händen der Beamten, sind sie mit ihrer Hilfe dem Herrscher überlegen. Lässt sich der Herrscher bei der Handhabung der Belohnungen durchschauen, mindern die Beamten die Belohnungen des Herrschers, um selbst gütig zu erscheinen. Lässt sich der Herrscher bei der Bestrafung durchschauen, verschärfen die Beamten die vom Herrscher verhängten Strafen, um selbst an Autorität zu gewinnen. Verrät der Herrscher das Geheimnis des Belohnens, missbrauchen die Beamten seine Macht, und verrät er das Geheimnis des Bestrafens, missbrauchen sie seine Autorität. Deshalb heißt es: „Die scharfen Waffen des Staates darf man niemandem zeigen."

Einst hatte sich der König von *Yue* dem Herrscher von *Wu* als Vasall unterstellt und zeigte ihm, wie man den Staat *Qi* angreifen kann, weil er ihn hintergehen wollte. Die *Wu*-Armee hatte *Qi* bei *Ailing* geschlagen, sich an den Flüssen *Jiang* und *Ji* ausgebreitet und ihre Stärke am Gelben Teich gezeigt, bis sie schließlich bei den fünf Seen von *Yue* überwältigt werden konnte. Deshalb heißt es: „Willst du jemanden einengen, musst du ihm zuerst freie Entfaltung gewähren; willst du jemanden schwächen, musst du ihn zuerst stärken." Als Herzog *Xian* von *Jin* sich den Staat *Yu* aneignen wollte, beschenkte er zuerst den Herrscher von *Yu* mit Jade und Pferden. Und als Graf *Zhi* sich *Qiuyou* einverleiben wollte, beschenkte er zuerst den Herrscher mit großen Kampfwagen. Deshalb heißt es: „Willst du jemandem etwas nehmen, musst du ihm zuerst etwas geben." Eine Sache in Angriff zu nehmen, noch bevor sie Gestalt annimmt, und so etwas Großes im Reich zu vollbringen, „das nennt man die Frucht schon im Keim erkennen". Klein und schwach sein und sich selbst für unwürdig ausgeben heißt, „als Schwacher den Starken zu besiegen".

(Daodejing, Kap. 63)
Was eine Gestalt hat, schöpft seine Größe aus dem Kleinen. Was beständig ist, erreicht sein Alter aus der Jugend. Deshalb heißt es: „Alles Schwere im Reich entsteht aus dem Leichten. Alles Große im Reich geht aus dem Kleinen hervor." Wer der Dinge Herr sein will, geht sie an, solange sie klein sind. Deshalb heißt es: „Sorge dich um das Schwere, solange es leicht ist. Nimm das Große in Angriff, solange es klein ist." Ein tausend Klafter langer Damm kann brechen, weil Ameisen Löcher in ihn bohren. Ein hundert Fuß großes Haus kann niederbrennen, weil durch Risse im Schornstein Rauch eindringt. Deshalb ging *Bai Gui* am Deich entlang und verstopfte alle Löcher, und alte Leute verschmieren die Risse aus Vorsicht vor dem Feuer. So lernte *Bai Gui* nie die Not einer Überschwemmung kennen, und die alten Leute ereilte nie das Unheil einer Feuersbrunst. Sie alle sorgten sich um die Dinge, solange sie leicht waren, um Schwierigkeiten zu vermeiden, und sie achteten auf die kleinen Mängel, um das große Unglück fernzuhalten. Einst hatte *Bian Qiao* eine Audienz beim Herzog *Huan* von *Qi* und sprach, nachdem er eine Weile vor ihm gestanden hatte: „Mein Fürst, Eure Haut zeigt Anzeichen einer Krankheit. Wenn Ihr sie nicht behandeln lasst, fürchte ich, könnte sie schlimmer werden." Doch Herzog *Huan* sagte, er habe keine Krankheit, und als *Bian Qiao* gegangen war, sprach der Herzog: „Ärzte heilen gern gesunde Menschen, um ihr Können zu beweisen." Nach zehn Tagen wurde *Bian Qiao* erneut zur Audienz empfangen und sprach: „Eure Krankheit, mein Fürst, ist schon ins Fleisch vorgedrungen. Wenn Ihr sie nicht behandeln lasst, könnte sie noch schlimmer werden." Herzog *Huan* gab

darauf keine Antwort und war missgestimmt, als *Bian Qiao* gegangen war. Nach weiteren zehn Tagen kam *Bian Qiao* erneut zur Audienz und sprach: „Eure Krankheit, mein Fürst, ist schon bis in die Eingeweide vorgedrungen. Wenn Ihr sie nicht behandeln lasst, könnte sie noch schlimmer werden." Doch auch diesmal gab der Herzog keine Antwort und war missgestimmt, als *Bian Qiao* gegangen war. Und nachdem weitere zehn Tage vergangen waren und *Bian Qiao* den Herzog erblickte, rannte er davon. Der Herzog schickte jemand zu ihm, um nach dem Grund dafür zu fragen. Daraufhin sprach *Bian Qiao:* „Krankheiten auf der Haut kann man mit heißem Wasser und einem heißen Eisen beikommen. Krankheiten des Fleisches kann man mit Steinnadeln behandeln. Krankheiten der Eingeweide kann man mit speziell gekochter Arznei heilen. Doch Krankheiten der Knochen und des Marks sind Sache der Gottheit, die über Leben und Tod befindet. Da ist nichts mehr zu machen. Und weil die Krankheit des Herzogs jetzt Mark und Knochen befallen hat, weiß ich auch keinen Rat mehr." Kaum waren fünf Tage vergangen, da verspürte der Herzog *Huan* Schmerzen im Körper und ließ nach *Bian Qiao* suchen. Dieser war jedoch bereits nach *Qin* geflüchtet, und so starb Herzog *Huan* schließlich. Ein guter Arzt heilt Krankheiten, solange sie nur die Haut befallen haben. Er geht das Übel an, solange es noch klein ist. Jede Sache hat einen Punkt, wo Glück und Unglück ihren Anfang nehmen. Deshalb befasst sich der Weise rechtzeitig mit den Dingen.

(Daodejing, Kap. 64)
Als sich einst *Chonger*, der Prinz von *Jin*, im Exil befand und durch den Staat *Zheng* kam, wurde er vom Herrscher von *Zheng* nicht so behandelt, wie es die Etikette vorsieht. *Shu Zhan* ermahnte ihn mit den Worten: „Es handelt sich

um einen ehrwürdigen Prinzen. Ihr solltet ihm mit großer Höflichkeit begegnen und Eure unermessliche Güte zeigen." Doch da der Herrscher von *Zheng* diesen Rat nicht befolgte, mahnte ihn *Shu Zhan* erneut und sprach: „Wenn Ihr ihm nicht mit größter Höflichkeit begegnen wollt, solltet Ihr ihn besser töten, um späteres Unheil zu verhindern." Doch auch für diesen Rat hatte der Herrscher von *Zheng* kein Ohr. Als schließlich der Prinz in sein Heimatland *Jin* zurückkehrte, mobilisierte er die Armee, griff *Zheng* an, fügte ihm eine vernichtende Niederlage zu und eroberte acht Städte.

Als einst Herzog *Xian* von *Jin* dem Herrscher von *Yu* Jade aus *Chuiji* zum Geschenk machte und bat, sein Land passieren zu dürfen, um den Staat *Guo* angreifen zu können, riet der Edelmann *Gong Zhiqi* dem Herrscher von *Yu* davon ab und sprach: „Das geht nicht an. Ohne die Lippen frieren die Zähne. *Yu* und *Guo* sollten sich gegenseitig beistehen, jedoch nicht aus gegenseitigem Wohlwollen. Wenn nämlich *Jin* heute *Guo* vernichtet, wird *Yu* ihm morgen in den Untergang folgen." Doch der Herrscher von *Yu* hörte nicht auf den Ratschlag, nahm die Jade als Geschenk entgegen und ließ die *Jin*-Armee passieren. Und als *Jin* den Staat *Guo* vernichtet hatte, führte es seine Truppen zurück und vernichtete auf dem Rückweg auch *Yu*.

Diese beiden Ratgeber wollten das Übel angehen, solange es noch an der Oberfläche war, doch die beiden Herrscher verstanden es nicht, den Rat zu nutzen. *Shu Zhan* und *Gong Zhiqi* waren die *Bian Qiaos* im Staate *Yu* und *Zheng,* doch ihre Herrscher schenkten ihnen kein Gehör, und so wurde *Zheng* vernichtet und *Yu* ging zugrunde. Deshalb heißt es: „Was noch ruht, ist leicht aufzuhalten. Was erst aufkeimt, kann leicht unterdrückt werden."

(Daodejing, Kap. 52)

Einst ließ *Zhou* Essstäbchen aus Elfenbein fertigen. *Jizi* befürchtete Schlimmes, weil er dachte: „Elfenbeinstäbchen passen nicht zu Tongeschirr, und so wird man nach Gefäßen aus Nashorn und Jade verlangen. Doch mit Elfenbeinstäbchen aus Jadeschüsseln isst man keine Bohnen und Gemüsesuppe, sondern das Fleisch von Yaks, Elefanten und ungeborenen Leoparden. Wer solche Dinge isst, der kleidet sich aber nicht in kurze grobe Sachen und sitzt nicht in einer schilfbedeckten Hütte, sondern umhüllt sich neunfach mit Brokatgewändern und residiert in großen Hallen und auf hohen Terrassen. Aus Angst vor dem Ende fürchte ich den Anfang." In den nächsten fünf Jahren ließ *Zhou* Höfe voller Fleisch füllen und Röstfeuer brennen, Berge von Getreide gären und einen See mit Wein anlegen, bis ihn schließlich der Tod ereilte. *Jizi* sah nur die Elfenbeinstäbchen und wusste um das Verhängnis für das Reich unter dem Himmel. Deshalb heißt es: „Wer die Dinge im Keime erkennt, ist weise."

Goujian unterstellte sich dem Herrscher von *Wu*, trug selbst Lanze und Schild und schritt vor dem Pferd des Herrschers von *Wu* einher, sodass er schließlich *Fucha* bei *Gusu* töten konnte. König *Wen* erfuhr Schimpf und Schande am Jadetor, ohne dass sich sein Gesichtsausdruck änderte, und schließlich konnte König *Wu* den Tyrannen *Zhou* auf freiem Feld gefangen nehmen. Deshalb heißt es: „Wer seine Schwäche meistern kann, ist stark." König *Yue* konnte die Vorherrschaft erringen, weil er nicht scheute, sich zu unterwerfen. König *Wu* konnte die Herrschaft erlangen, weil er nicht scheute, Schimpf und Schande zu ertragen. Deshalb heißt es: „Der Weise leidet nicht, weil er das Leiden nicht für ein Leiden hält. Deshalb kennt er kein Leiden."

(Daodejing, Kap. 64)

Es war einmal ein einfacher Mann aus dem Staate *Song,*
der fand einen kostbaren Jadestein und wollte ihn dem
Zihan als Geschenk darbringen, doch dieser nahm ihn
nicht an. Da sprach der Mann: „Dies ist eine Kostbarkeit,
die einem Edlen gebührt und nicht einem einfachen Bauern zukommt." Darauf erwiderte *Zihan:* „Ihr haltet die
Jade für kostbar, ich hingegen halte es für kostbar, Eure
Jade nicht entgegenzunehmen." Ein einfacher Bauer
möchte Jade besitzen, *Zihan* hingegen möchte dies nicht.
Deshalb heißt es: „Der Weise wünscht sich, wunschlos zu
sein, und schätzt nicht schwer zu erlangende Dinge."

Es trug sich zu, dass *Wang Shou* Bücher auf dem Bücken
tragend daherkam und *Xu Feng* auf dem Weg nach *Zhou*
traf. *Xu* sprach zu ihm: „Eine Tätigkeit ist Tätigsein. Das
Tätigsein wird durch die Zeit geboren, doch die Zeit kennt
keine bestimmte Tätigkeit. Bücher sind Worte. Worte werden durch das Wissen geboren, doch das Wissen verbirgt
sich nicht in den Büchern. Warum schleppst du sie also mit
dir herum?" Als *Wang Shou* dies hörte, verbrannte er seine
Bücher und tanzte. Es ist nun einmal so, dass der Weise
seine Lehre nicht mit Worten erklärt und der Wissende
keine Bücher aufbewahrt. Was die Welt bereits erfahren
hat und was von *Wang Shou* wiederholt wurde ist, das
Nichtlernen zu lernen. Deshalb heißt es: „Lerne das Nichtlernen und gehe den Weg zurück, den so viele Menschen
gegangen sind."

Jedes Ding hat ein bestimmtes Aussehen, an das man sich
halten muss, um die Dinge zu führen. Man muss dem Aussehen der Dinge folgen, gestützt auf die Tugend beim
Ruhen und beim Handeln im Einklang mit dem *dao.* Einst
machte ein Mann aus *Song* für seinen Herrscher ein Maul-
beerblatt aus Elfenbein. Er brauchte drei Jahre, ehe die

Arbeit vollendet war. Das Blatt glich in Form und Farbe so sehr echten Maulbeerblättern, dass man es nicht von den echten unterscheiden konnte, wenn man es unter sie mischte. Für seine Kunstfertigkeit wurde der Mann mit Pfründen im Staate *Song* bedacht. Als *Liezi* davon hörte, sprach er: „Würden Himmel und Erde drei Jahre brauchen, um ein einziges Blatt hervorzubringen, würde es nur wenige Dinge mit Blättern geben." Sich in allem auf einen einzelnen Menschen zu verlassen, anstatt auf Himmel und Erde zu vertrauen, und von der Weisheit eines einzelnen Menschen lernen zu wollen, anstatt dem *dao* und den Prinzipien zu folgen, das ist so, als ob man ein Blatt in drei Jahren formt. Würde er im Winter Körner aussäen, würde selbst *Houji*, der Gott des Ackerbaus, nicht viel ernten können. In fruchtbaren Jahren können aber sogar Sklaven keine schlechte Ernte einbringen. Gestützt auf die Kraft eines Menschen hätte nicht einmal der Gott des Ackerbaus genug zu essen, doch dem Lauf der Natur folgend leben sogar Sklaven im Überfluss. Deshalb heißt es: „Er vertraut auf den natürlichen Lauf der Dinge und wagt nicht, ihm zuwiderzuhandeln."

(Daodejing, Kap. 47)
Die Körperöffnungen sind die Türen und Fenster des Verstandes. Klänge und Farben beschäftigen die Ohren und Augen, und äußere Erscheinungen ermüden den Geist, sodass der Körper keinen Hausherrn hat. Gibt es aber im Körper keinen Herrn, der für Ordnung sorgt, können Glück und Unheil nicht erkannt werden, selbst wenn sie so groß sind wie Berge. Deshalb heißt es: „Ohne aus dem Haus zu gehen, kann man wissen, was im Reich geschieht. Ohne aus dem Fenster zu schauen, kann man das himmlische *dao* erkennen." Dies besagt, „dass der Geist nicht von seiner Bestimmung abgeht".

195

König *Xiang* von *Zhao* lernte die Kunst des Wagenlenkens beim Prinzen *Yuqi*. Eines Tages nun fuhr er mit *Yuqi* ein Wettrennen. Nachdem er dreimal die Pferde gewechselt und dreimal verloren hatte, sprach König *Xiang*: „Ihr habt mich im Wagenlenken unterwiesen, doch die Kunst, die Ihr mir beigebracht habt, ist nicht vollendet." Der Prinz aber gab zur Antwort: „Die Kunst ist durchaus vollendet, Ihr wendet sie nur nicht richtig an. Das Wichtigste beim Wagenlenken ist, dass die Pferde richtig in den Wagen eingespannt sind und der Kutscher sich den Pferden anpasst. Dann kann man schnell und weit fahren. Ihr jedoch wollt mich einholen, wenn Ihr hinter mir liegt, oder befürchtet, von mir eingeholt zu werden, wenn Ihr vor mir liegt. Ein Wettrennen auf ein und demselben Weg zu fahren bedeutet aber, dass man entweder vorn oder hinten liegt. Und wenn Ihr mit Euren Gedanken, egal ob Ihr vorn oder hinten liegt, bei mir seid, wie könnt Ihr Euch dann auf Eure Pferde konzentrieren? Deshalb habt Ihr immer verloren."

Baigong Sheng plante einmal einen Aufstand. Als die Audienzzeit beendet war, nahm er seinen Stock verkehrt herum in die Hand, stützte sich auf ihn und durchbohrte damit sein Kinn. Das Blut tropfte auf den Boden, ohne dass er es bemerkte. Als man in *Zheng* davon hörte, fragte man sich: „Wenn er sogar sein Kinn vergisst, gibt es dann etwas, was er nicht vergessen würde?" Deshalb heißt es: „Je weiter man hinaus geht, desto weniger weiß man." Dies besagt, dass das Naheliegende vernachlässigt wird, wenn der Geist in die Ferne schweift. Aus diesem Grund handelt ein weiser Mann nicht nach einem festen Muster und ist so in der Lage, um das Naheliegende und das Entfernte zu wissen. Deshalb heißt es: „Er weiß, ohne hinauszugehen." Er kann beides, das Naheliegende und das Entfernte, sehen, und deshalb heißt es: „Er erkennt, ohne hinzuschauen." Er nimmt die Dinge zur rechten Zeit in Angriff, stützt sich auf die Ressourcen, um etwas zu vollbringen, und nutzt die Möglichkeiten, die ihm die Dinge bieten, um Nutzen für sich daraus zu ziehen. Deshalb heißt es: „Er vollendet, ohne zu handeln."

(Daodejing, Kap. 41)

Als König *Zhuang* von *Chu* die Regentschaft übernommen hatte, gab er drei Jahre lang keinen Befehl heraus und befasste sich nicht mit der Regierung. Eines Tages machte ihm der beratende Minister zu seiner Rechten seine Aufwartung und sprach insgeheim zu ihm: „Auf einem Hügel im Süden hat sich ein Vogel niedergelassen. Drei Jahre hat er nicht mit den Flügeln geschlagen, ist nicht geflogen und hat nicht gesungen. Er schwieg und gab keinen Laut von sich. Wie soll man sein Handeln nennen?" Daraufhin sprach der König: „Drei Jahre hat er nicht mit den Flügeln geschlagen, um sein Gefieder und seine Flügel wachsen zu lassen. Er ist nicht geflogen und hat nicht gesungen, um zu sehen, wie das Volk lebt. Obwohl er nicht geflogen ist, wird er hoch in den Himmel aufsteigen, wenn er zum Flug ansetzt, und obwohl er nicht gesungen hat, wird er die Menschen in Furcht versetzen, wenn er zu singen beginnt. Lasst ihn nur. Ich, der König, verstehe ihn." Kaum war ein halbes Jahr vergangen, da nahm der König die Regierungsgeschäfte selbst in die Hand. Zehn Maßnahmen verwarf er und neun neue setzte er in Kraft. Fünf hohe Beamte ließ er hinrichten, und sechs unbekannte Gelehrte berief er ins Amt, und im Land herrschte große Ordnung. Er machte die Armee mobil gegen den Staat *Qi* und schlug ihn vernichtend bei *Xuzhou*. Danach besiegte er *Jin* bei *Heyong*, rief die Lehnsfürsten in *Song* zusammen und errang schließlich die Vorherrschaft im Reich. König *Zhuang* hatte einen ruhmvollen Namen, weil er Gutes und Böses nicht im Kleinen praktizierte, und er vollbrachte Großes, weil er seine Gedanken nicht zu früh offenbarte. Deshalb heißt es: „Ein großes Gefäß entsteht nur langsam. Ein gewaltiger Klang ist nur leise zu hören."

(Daodejing, Kap. 33)
Einst hatte König *Zhuang* von *Chu* die Absicht, den Staat *Yue* anzugreifen, doch *Zhuangzi* wollte ihm davon abraten und fragte: „Aus welchem Grund wollt Ihr *Yue* angreifen?" Der König gab zur Antwort: „Weil die Regierung schlecht und die Armee schwach ist." Da sprach *Zhuangzi* weiter: „In seiner Einfalt ist Euer ergebener Diener voller Sorge. Eure Weisheit gleicht einem Auge, das weiter als einhundert Fuß klar sehen kann, doch nicht in der Lage ist, die eigenen Augenwimpern zu sehen. Eure Armee wurde selbst geschlagen von *Qin* und *Jin* und Ihr habt viel Land eingebüßt. Das heißt, Eure Armee ist schwach. *Zhuang Qiao* treibt im Land sein Unwesen als Räuber, und die Beamten können ihn nicht darin hindern. Das heißt, Eure Regierung ist schlecht. Eure Armee ist ebenso schwach und Eure Regierung ebenso schlecht wie die von *Yue*, doch Ihr wollt *Yue* angreifen. Deshalb steht es um Eure Weisheit, wie um das Auge." Daraufhin ließ der König ab von seinem Vorhaben. Die Schwierigkeit des Wissens besteht nicht darin, andere zu erkennen, sondern in der Selbstkenntnis. Deshalb heißt es: „Wer sich selbst kennt, ist weise."

Als *Zixia* den Meister *Zeng* traf, fragte dieser: „Wie kommt es, dass Ihr so wohlgenährt seid?" *Zixia* gab zur Antwort: „Weil ich eine Schlacht gewonnen habe." – „Was meint Ihr damit", fragte Meister *Zeng* weiter, und *Zixia* sprach: „Wann immer ich nach innen blickte, sah ich die Rechtschaffenheit der frühen Könige und erfreute mich daran. Wenn ich den Blick nach außen richtete, sah ich die Freuden der Edlen und Reichen und erfreute mich ebenfalls daran. Diese beiden Gefühle trugen einen Kampf in meiner Brust aus. Solange ich nicht wusste, welches den Sieg davontragen würde, war ich dünn. Heute nun hat die Rechtschaffenheit der frühen Könige in mir gesiegt, und deshalb bin ich wohlgenährt." Es ist nicht schwer, andere zu besiegen, sondern sich selbst zu bezwingen. Deshalb heißt es: „Wer sich selbst bezwingt, ist unbezwingbar."

(Daodejing, Kap. 27)
Im Staate *Zhou* gab es Jadetäfelchen. Der Tyrann *Zhou* schickte den *Jiao Li,* um sie herbeizuschaffen, doch König *Wen* von *Zhou* gab sie nicht heraus. Als aber *Fei Zhong* zu ihm kam und sie haben wollte, gab er sie ihm. Er tat dies, weil er *Jiao Li* für einen Weisen hielt, den *Fei Zhong* dagegen für einen Mann, der nicht dem rechten Weg folgt. Der König von *Zhou* wollte nicht, dass der Weise sein Ziel erreicht, und deshalb gab er die Jadetäfelchen dem *Fei Zhong.* König *Wen* beförderte den *Taigong* am Ufer des *Wei*-Flusses, weil er ihn schätzte, und half dem *Fei Zhong* mit den Jadetäfelchen, weil er ihn liebte. Deshalb heißt es: „Wer seinen Lehrer nicht schätzt und seinen Schützling nicht liebevoll behandelt, gerät trotz großer Weisheit auf Irrwege. Das nennt man die große Herrlichkeit."

22. Kapitel

Gesammelte Erzählungen

Erster Teil

Tang hatte einen vernichtenden Feldzug gegen *Jie* geführt und befürchtete, man könnte ihn im Reich für einen habsüchtigen Menschen halten. Deshalb wollte er die Herrschaft über das Reich an *Wu Guang* abtreten. Da er aber fürchten musste, dass *Wu Guang* einwilligt, ließ er ihm die Nachricht zutragen, dass er, *Tang*, den Herrscher ermordet und nun die Absicht habe, den schlechten Ruf an *Wu Guang* weiterzugeben, weshalb er ihm die Herrschaft über das Reich zu übertragen gedenke. Daraufhin setzte *Wu Guang* seinem Leben selbst ein Ende, indem er sich in den Fluss stürzte.

König *Wu* aus *Qin* stellte einst *Gan Mu* vor die Wahl, ob er lieber Minister oder Abgesandter sein wolle. *Meng Mao* sprach daraufhin zu *Gan Mu*: „Ihr solltet Euch dafür entscheiden, Minister zu werden. Ihr habt Euch zwar als Abgesandter ausgezeichnet, wenn Ihr Euch nun aber dafür entscheidet, Minister zu werden, so wird Euch der König im Falle der Notwendigkeit trotzdem zum Botschafter machen. Auf diese Weise tragt Ihr das kaiserliche Siegel des Ministers am Gürtel und seid zugleich Abgesandter, sodass Ihr beide Ämter in Eurer Person vereint."

Ziyu führte *Kongzi* beim Kanzler von *Shang* ein. Nachdem sich *Kongzi* zurückgezogen hatte und *Ziyu* eintrat, um den Kanzler über seinen Eindruck von dem Gast zu befragen, sprach jener: „Jetzt, da ich den *Kongzi* getroffen habe, scheint Ihr mir so klein und unbedeutend wie eine Laus oder ein Floh. Ich werde ihn noch heute seiner Hoheit vorstellen." Da *Ziyu* fürchten musste, dass *Kongzi* auch die Achtung des Herrschers gewinnen würde, sprach er zum Kanzler: „Nachdem der Herrscher den *Kongzi* kennengelernt hat, wird er Euch auch als Laus oder Floh betrachten." Daraufhin empfing der Kanzler *Kongzi* nicht mehr.

König *Hui* von *Wei* wollte die Lehnsfürsten bei *Jiuli* versammeln, um die Macht des Himmelssohnes wieder zu errichten. Daraufhin sprach *Peng Xi* zum Herrscher von *Zheng*: „Ihr solltet seinem Ruf nicht folgen. Die Existenz eines Himmelssohnes stößt bei großen Staaten auf Ablehnung. Nur kleine Staaten profitieren von ihr. Wenn Ihr zusammen mit den großen Staaten seinem Ruf nicht folgt, wie könnte da *Wei* im Bunde mit den kleinen Staaten den Himmelssohn wieder einsetzen?"

Als *Jin* den Staat *Xing* angriff, wollte Herzog *Huan* von *Qi* ihm zu Hilfe eilen, doch *Bao Shu* brachte folgenden Einwand vor: „Es ist noch zu früh. Noch ist *Xing* nicht untergegangen und *Jin* nicht geschwächt genug, damit *Qi* es an Stärke übertrifft. Außerdem bedeutet Hilfe in der Not nichts im Vergleich zur Errettung eines untergegangenen Staates. Wäre es nicht viel besser und wahrlich von Nutzen für *Qi*, wenn Ihr *Xing* erst später beisteht und wartet, bis *Jin* seine Kräfte verausgabt hat? Euer Ruhm wird umso größer sein, wenn Ihr *Xings* Untergang abwartet, um es danach wieder erstehen zu lassen." Daraufhin verzichtete Herzog *Huan* auf die Unterstützung von *Xing*.

Als *Zixu* aus seinem Staat fliehen wollte, wurde er von einem Grenzwächter aufgegriffen, doch *Zixu* sprach zu ihm: „Ich werde gesucht, weil ich eine schöne Perle besaß, die ich aber leider verloren habe. Ich werde behaupten, dass Ihr sie genommen und verschluckt habt." Als der Grenzposten dies hörte, ließ er ihn laufen.

Qing Feng hatte gegen den Herrscher von *Qi* rebelliert und wollte darum nach *Yue* flüchten. Seine Verwandten fragten, warum er nicht nach *Jin* gehe, das doch viel näher sei, worauf *Qing Feng* entgegnete: „*Yue* ist weit entfernt und darum genau richtig, um dem Unheil zu entgehen." Seine Verwandten erwiderten: „Wenn du dein aufrührerisches Wesen bezwingst, kannst du auch in *Jin* leben. Gelingt es dir jedoch nicht, wie könntest du da in Sicherheit sein, selbst wenn du bis nach *Yue* gehst?"

Graf *Zhi* forderte Ländereien vom Baron *Xuan* von *Wei*, doch dieser wollte sie ihm nicht gewähren. Als *Ren Zhang* ihn nach dem Grund dafür fragte, gab Baron *Xuan* zur Antwort: „Es gibt keinen Grund für seine Landforderung. Deshalb gebe ich ihm keine Ländereien." *Ren Zhang* entgegnete: „Wenn er unbegründete Landforderungen an uns richtet, müssen die Nachbarstaaten dasselbe befürchten. Erhebt er aber immer neue und höhere Ansprüche, wird man im ganzen Reich angstvoll nach ihm schauen. Angenommen, Ihr tretet Ländereien an ihn ab, dann wird Graf *Zhi* hochmütig und unterschätzt seine Feinde. Die Nachbarstaaten werden sich in ihrer Angst vor ihm enger zusammenschließen. Tritt jedoch eine durch feste Bande verbundene Armee einem Staat entgegen, der seine Feinde unterschätzt, wird Graf *Zhis* Leben nur von kurzer Dauer sein. Heißt es nicht im *Buch der Urkunden der Zhou*: ‚Willst du jemanden besiegen, unterstütze ihn zuerst; willst du jemandem etwas nehmen, gib ihm zuerst etwas.' Es wäre besser, wenn Ihr seiner Forderung nachkommt und so seinen Hochmut nährt. Und überhaupt, warum solltet Ihr darauf verzichten, im Verbund mit dem Reich Pläne gegen die Sippe des *Zhi* zu schmieden, und stattdessen unseren Staat allein zu seiner Zielscheibe machen?" Der Baron war damit einverstanden und trat ein Gebiet mit zehntausend Haushalten an den Grafen *Zhi* ab. Dieser war höchst erfreut darüber und forderte danach auch von *Zhao* Ländereien. Da *Zhao* der Forderung nicht nachkam, ließ er die Stadt *Jinyang* umzingeln. Doch *Han* und *Wei* griffen ihn von außen an, während sich *Zhao* ihm von innen entgegenstellte, sodass der *Zhi*-Clan bald darauf unterging.

Drei Jahre lang hatte Herzog *Kang* von *Qin* einen Turm bauen lassen. Zu dieser Zeit machte der Staat *Jing* seine Truppen mobil, um den Staat *Qi* anzugreifen. Da sprach *Ren Wang* zum Herzog: „Hungersnöte, Seuchen, Fronarbeit und Aufruhr ziehen fremde Truppen ins Land. Drei Jahre lasst Ihr nun schon den Turm bauen, und da macht *Jing* seine Truppen mobil, um *Qi* anzugreifen. Ich fürchte, man gibt vor, *Qi* angreifen zu wollen, um dann in Wirklichkeit über *Qin* herzufallen. Ihr solltet besser darauf vorbereitet sein." Als daraufhin die Ostgrenze gesichert wurde, ließ *Jing* von seinem Unternehmen ab.

Als einst *Qi* den Staat *Song* angriff, sandte *Song* den *Zang Sunzi* nach Süden, um von *Jing* Beistand zu erbitten. Sehr erfreut darüber versprach der Herrscher von *Jing*, ihnen beizustehen und *Song* zu stärken. Mit kummervollem Gesicht trat *Zang Sunzi* die Heimreise an. Sein Kutscher fragte ihn: „Eure Bitte um Beistand war erfolgreich. Weshalb macht Ihr dann so ein sorgenvolles Gesicht?" *Zang Sunzi* entgegnete: „*Song* ist nur ein kleiner Staat, und *Qi* ist groß. Jedermann wäre besorgt, das kleine *Song* zu unterstützen, wenn man sich dadurch das große *Qi* zum Feind macht. Mit seiner Zusage will uns der Herrscher von *Jing* nur bestärken im Kampf gegen *Qi*, denn dadurch wird *Qi* geschwächt, was für *Jing* von Vorteil ist." Als *Zang Sunzi* zurückgekehrt war, eroberte *Qi* fünf Städte von *Song*, doch eine Unterstützung von *Jing* traf nicht ein.

Marquis *Wen* von *Wei* bat einst den Herrscher von *Zhao*, sein Land passieren zu dürfen, um *Zhongshan* anzugreifen. Als Marquis *Su* seiner Bitte nicht zustimmen wollte, sprach *Zhao Ke*: „Eure Hoheit würde einen Fehler begehen. Angenommen, *Wei* greift *Zhongshan* an und kann es nicht einnehmen. *Wei* müsste sich zurückziehen und wäre geschwächt, wodurch *Zhao* an Einfluss gewinnt. Gelingt es ihm jedoch, *Zhongshan* einzunehmen, so kann er doch nicht darüber herrschen, weil *Zhao* dazwischen liegt. Es würde bedeuten, dass *Wei* seine Armee in den Kampf schickt, während *Zhao* das besetzte Land zufiele. Ihr solltet dem Ersuchen zustimmen und ihn vielmehr noch bestärken. Wenn er merkt, dass Ihr den Nutzen davon habt, wird er von seinen Plänen ablassen. Es wäre besser, Ihr erlaubt ihm den Durchgang durch unser Land und macht ihm damit verständlich, dass er seine Ziele nicht erreichen kann.«

Chiyi Zipi diente dem Grafen *Tian Cheng*. Als dieser den Staat *Qi* verlassen musste und nach *Yan* ging, folgte ihm *Chiyi Zipi* als Chronist. In der Stadt *Wang* angelangt, sprach *Zipi*: „Habt Ihr, Herr Graf, nie etwas von den Schlangen im ausgetrockneten Sumpf gehört? Als der Sumpf auszutrocknen begann und die Schlangen ihn verlassen mussten, sprach eine kleine Schlange zu einer großen: ‚Wenn du vorausgehst und ich dir folge, werden die Menschen meinen, dass es sich um gewöhnliche Schlangen auf der Flucht vor etwas handelt, und man wird sicher versuchen, uns zu töten. Wäre es nicht besser, wenn wir uns gegenseitig ehrfurchtsvoll vereinen und du mich auf dem Rücken trägst? Die Menschen werden mich dann für einen heiligen Herrscher halten.‘ So nahm denn die eine Schlange die andere auf den Rücken, um eine belebte Straße zu überqueren. Die Menschen wichen ihnen aus und meinten, es handle sich um einen heiligen Herrscher. Ihr nun, mein Herr, seid vornehm, während ich nur eine einfache Erscheinung bin. Angenommen, Ihr gebt Euch als mein Ehrengast aus, so wird man mich für einen Herrscher mit eintausend Kampfwagen halten. Gebt Ihr Euch gar als mein Bediensteter aus, wird man mich für einen Minister eines Staates mit zehntausend Kampfwagen halten. Ihr solltet mir besser als Suite folgen.« So folgte denn Graf *Tian Cheng* dem

Chronisten. Als sie zu einer Herberge gelangten, wurden sie vom Wirt mit größter Hochachtung empfangen und mit Wein und Fleisch bewirtet.

Ein Mann aus *Wen* kam nach *Zhou,* doch dort wollte man keine Fremden. Auf die Frage, ob er ein Fremder sei, gab er zur Antwort, dass er ein Einheimischer ist. Da er aber auf die Frage, wer seine Nachbarn sind, keine Antwort wusste, ließ ihn der Amtsvorsteher ins Gefängnis werfen. Der Herrscher von *Zhou* schickte einen Mann zu ihm, um zu erfahren, warum er vorgab, kein Fremder zu sein, wo er doch nicht aus *Zhou* stammt. Daraufhin entgegnete er: „Von klein auf kenne ich die Zeilen aus dem *Buch der Lieder,* die besagen:

Kein Stück Land unter dem Himmel,
das nicht des Königs Eigentum.
Kein Mensch innerhalb der Grenzen,
der nicht des Königs Untertan.

Da Ihr, edler Herrscher, heute der Sohn des Himmels seid, bin ich Euch Untertan. Wie könnte ich aber Euer Untertan und zur gleichen Zeit ein Fremder sein? So sagte ich also, ich bin ein Einheimischer." Daraufhin ließ ihn der Herrscher auf freien Fuß setzen.

König *Xuan* von *Han* wandte sich einst mit der Frage an *Jiu Liu,* ob er *Gongzhong* und *Gongshu* gleichzeitig in Dienst nehmen könne. *Jius* Antwort lautete: „Nein, das geht nicht. *Jin* musste es hinnehmen, dass der Staat aufgespalten wurde, weil man die sechs Minister einsetzte. Herzog *Jian* fand den Tod, weil er *Tian Cheng* und *Kan Zhi* zur gleichen Zeit anstellte. *Wei* verlor seine Ländereien westlich des Flusses, weil man sich auf *Xi Shou* und *Zhang Yi* verließ. Solltet Ihr, mein König, nun beiden eine Anstellung gewähren, so wird der Mächtigere von beiden Cliquen um sich herum bilden, während sich der Schwächere auf fremde Unterstützung verlassen wird. Es würde große Gefahr für Euren Staat bedeuten, wenn sich die Beamten im Inneren zu Cliquen zusammenschließen und dem Herrscher mit Hochmut begegnen, während andere mit fremden Mächten Freundschaften knüpfen und Euch die Ländereien entziehen."

Einst fiel *Shao Jimei* nach einem Trinkgelage in Schlaf und verlor dabei seinen Pelzmantel. Auf die Frage des Herrschers von *Song*, ob es denn wirklich sein kann, dass man wegen der Trunkenheit seinen Pelz verliert, entgegnete er: *„Jie* verlor wegen seiner Trunkenheit die Herrschaft über das Reich unter dem Himmel. Besagt nicht die *Warnung des Kang*: Trinke nie beständig Wein, sonst bist du dem Wein verfallen. Der Herrscher verliert dadurch seinen Staat und der einfache Mann aus dem Volke sein Leben."

Guan Zhong und *Xi Peng* folgten dem Herzog *Huan* auf seinem Feldzug gegen *Guzhu*. Während eines Wintereinbruchs im Frühling verirrten sie sich und fanden den Weg nicht mehr. *Guan Zhong* sagte: „Auf den Instinkt eines alten Pferdes kann man sich verlassen." So ließen sie ein altes Pferd vorangehen, folgten ihm und fanden auf den Weg zurück. Als sie durch die Berge kamen und ihnen das Wasser ausging, sprach *Xi Peng*: „Ameisen leben im Winter auf der Sonnenseite des Berges und im Sommer auf der Schattenseite. Wo ein nur ein Zoll großer Ameisenhaufen ist, findet sich in acht Fuß Tiefe Wasser." So begann man zu graben und stieß auf Wasser. Trotz ihrer Weisheit und ihres Wissens waren sich *Guan Zhong* und *Xi Peng* nicht zu schade, von einem alten Pferd und von den Ameisen das zu lernen, was sie selbst nicht wussten. Die Menschen von heute jedoch verstehen es nicht, sich das Wissen der Weisen zu eigen zu machen, um ihrer eigenen Dummheit zu entgehen. Ist das nicht schlimm?

Einst überbrachte jemand ein Elixier der Unsterblichkeit an den König von *Jing*. Ein Hofdiener trug es auf seinen Händen in den Palast, als ihn ein Wächter fragte, ob er es einnehmen könne. Der Diener bejahte dies, und so trank es der Wächter. Als der König dies erfuhr, geriet er in Zorn und wollte den Wächter töten lassen. Dieser schickte aber einen Boten zum König und ließ ihm ausrichten: „Ich fragte den Diener, und da er sagte, ich könne es einnehmen, trank ich es. Nicht ich trage die Schuld, sondern der Diener. Und überdies, der Fremde brachte Euch ein Elixier der Unsterblichkeit. Wenn Ihr mich nun, da ich das Elixier eingenommen habe, hinrichten lasst, ist es ein Elixier des Todes. Das heißt aber, der Fremde hat Euch, mein König, betrogen. Wäre es also nicht besser, Euren ergebenen Diener zu verschonen, als ihn in seiner Unschuld zu richten und so den Betrug des Fremden an Euch zu offenbaren?“ Daraufhin verschonte ihn der König.

Tian Si hatte den Herrscher von *Zou* hintergangen, und da dieser Leute ausschicken wollte, um ihn dafür töten zu lassen, wandte er sich in seiner Furcht an den Meister *Hui*. Meister *Hui* begab sich zu einer Audienz zum Herrscher von *Zou* und sprach: „Angenommen, es käme jemand zum Empfang zu Euch und hielte ein Auge geschlossen. Was würdet Ihr wohl mit ihm machen?“ – „Ich würde ihn töten lassen“, lautete die Antwort. Darauf fragte Meister *Hui*: „Ein Blinder hält beide Augen geschlossen. Wieso lasst Ihr ihn nicht hinrichten?“ – „Weil er nicht anders kann, als die Augen geschlossen zu halten“, gab der Herrscher zur Antwort. Da sprach Meister *Hui* schließlich: „*Tian Si* hat im Osten den Herzog von *Qi* ebenso betrogen, wie er im Süden den König von *Jing* hintergangen hat. Wenn es darum geht, jemanden zu betrügen, ist *Si* wie ein Blinder. Warum solltet Ihr es ihm dann übel nehmen?" So ließ der Herrscher von *Zou* davon ab, ihn zu töten.

Herzog *Mu* aus *Lu* sandte seine Söhne nach *Jin* und *Jing*, um sie dort in Dienst treten zu lassen. *Li Chu* jedoch sprach zu ihm: "Wenn man erst einen Mann aus *Yue* herbeiholen wollte, um einen ertrinkenden Sohn zu retten, so würde der Sohn dennoch sein Leben verlieren, obwohl die Leute aus *Yue* gute Schwimmer sind. Wollte man Wasser aus dem Meer herbeischaffen, wenn ein Feuer ausbricht, so wäre das Feuer dennoch damit nicht zu löschen, obwohl es im Meer genügend Wasser gibt. Mit dem Wasser in der Ferne kann man das Feuer in der Nähe nicht löschen. So sind denn *Jin* und *Jing* heute stark, doch *Qi* ist sehr nahe. *Lu* sollte darüber besorgt sein, dass die Hilfe von *Jin* und *Jing* zu spät kommen könnte."

Yan Sui stand sich schlecht mit dem Herrscher von *Zhou*, worüber dieser besorgt war, doch *Feng Ju* sprach: "*Yan Sui* ist zwar Minister in *Han*, aber *Han Kui* wird vom Herrscher mehr geachtet. Das Beste wäre, Ihr würdet *Han Kui* ermorden lassen, denn dann würde der Herrscher meinen, dass es die Tat des *Yan*-Clans war.

Zhang Qian, der die Regierung des Staates *Han* führte, war krank und lag im Sterben. *Gongcheng Wuzheng* steckte dreißig Goldstücke ein und erkundigte sich nach seinem Zustand. Nachdem ein Monat vergangen war, befragte der Herrscher *Zhang Qian*, wer ihn im Falle seines Todes ersetzen könne? Dieser gab zur Antwort: "*Wuzheng* hält sich an das Gesetz und fürchtet den Herrscher, und dennoch versteht er sich nicht so gut darauf, das Volk für sich zu gewinnen, wie Prinz *Shiwo*." Nach *Zhang Qians* Tod wurde *Gongcheng Wuzheng* zum Minister ernannt.

Yue Yang befehligte die *Wei*-Armee und griff *Zhongshan* an, als gerade sein Sohn dort weilte. Der Herrscher von *Zhongshan* ließ *Yues* Sohn kochen und sandte ihm die Suppe, die *Yue Yang* in seinem Zelt sitzend bis zum letzten Tropfen trank. Darauf sprach Marquis *Wen* zu *Du Shizan*: „*Yue Yang* aß das Fleisch seines eigenen Sohnes wegen mir." Doch dieser gab zur Antwort: „Wenn er sogar seinen Sohn isst, wen würde er dann nicht essen?" Als *Yue Yang* aus *Zhongshan* zurückkehrte, belohnte ihn Marquis *Wen* für seine Erfolge, zweifelte aber gleichzeitig an seiner Loyalität.

Mengsun ging auf die Jagd und fing ein Rehkalb. Er beauftragte *Qin Xiba* damit, es nach Hause zu tragen, doch die Mutter des Rehkalbs lief ihm nach und jammerte so lange, bis es *Qin Xiba* nicht mehr aushielt und ihr das Rehkalb zurückgab. Als *Mengsun* heimkehrte, fragte er, wo das Rehkalb sei. *Qin* gestand: „Ich hielt es nicht aus und gab das Rehkalb seiner Mutter zurück." Da wurde *Mengsun* zornig und jagte ihn fort, doch schon nach drei Monaten ließ er ihn wieder zu sich rufen und machte ihn zum Lehrer seines Sohnes. Sein Kutscher fragte verwundert: „Damals habt Ihr ihn für schuldig befunden, und heute holt Ihr ihn zurück und macht ihn zum Lehrer Eures Sohnes, warum?" – „Wenn er das Leid eines Rehkalbes nicht ertragen konnte", sprach *Mengsun*, „wie sollte er dulden, dass meinem Sohn ein Leid geschieht?" Darum sagt man, dass einfältige Offenheit allemal besser ist, als die geschickteste Heuchelei. Erntete nicht *Yue Yang* für seinen Erfolg Misstrauen, während sich *Qin Xiba* mit seinem Vergehen Vertrauen erwarb.

Zeng Congzi verstand sich bestens darauf, die Qualität von Schwertern zu beurteilen. Der Herrscher von *Wei* hegte Hass gegen den König von *Wu*, und so sprach denn

Zeng Congzi zu ihm: „Der König von *Wu* liebt Schwerter, und ich verstehe mich darauf, die Qualität der Schwerter zu beurteilen. Lasst mich für den König von *Wu* Schwerter beurteilen, und wenn ich dann ein Schwert aus der Scheide herausziehe, um es ihm zu zeigen, durchbohre ich ihn für Euch, mein Herrscher, damit." Da sprach der Herrscher von *Wei*: „Mit einem derartigen Handeln seid Ihr nur auf Euren eigenen Vorteil und nicht auf Gerechtigkeit aus. Doch *Wu* ist stark und reich, während *Wei* schwach und arm ist. Wenn Ihr nun geht, muss ich befürchten, dass Ihr für den König von *Wu* bereit seid, mir etwas Ähnliches anzutun." Damit jagte er ihn davon.

Als *Zhou* Essstäbchen aus Elfenbein anfertigen ließ, war Meister *Ji* in Sorge darüber, denn er meinte, dass jemand, der mit Elfenbeinstäbchen isst, sein Essen sicher nicht in Tongefäße füllt, sondern Schalen aus Jade und Nashornknochen dazu benutzt. Mit Elfenbeinstäbchen aus Jadeschalen isst aber niemand Bohnen und wildes Gemüse, sondern es muss schon das Fleisch von Yaks' und neugeborenen Leoparden sein. Wer jedoch Yak- und Leopardenfleisch isst, trägt keine kurze, grobe Kleidung und wohnt nicht in Strohhütten, sondern kleidet sich in himmlischen Brokat und lebt in hohen Türmen und großen Palästen. Doch selbst das gesamte Reich unter dem Himmel reicht nicht aus, um diese Forderungen zu erfüllen. Ein Weiser erkennt den Keim schon im winzigsten Ansatz und das Ende im Anfang. So machte sich Meister *Ji* wegen der Essstäbchen aus Elfenbein Sorgen, weil er wusste, dass das Reich unter dem Himmel letztlich den Luxus nicht verkraften würde.

Als Herzog *Dan* von *Zhou* über *Yin* gesiegt hatte und plante, *Shanggai* anzugreifen, sprach Herzog *Jia* von *Xin*: „Es ist schwer, große Staaten anzugreifen, und es ist leicht, kleine Staaten zu unterwerfen. Es wäre besser, die vielen kleinen Staaten gefügig zu machen, um auf diese Weise die großen zu erobern." So griff man also die neun barbarischen Stämme an, und *Shanggai* unterwarf sich schließlich von selbst.

Während eines langen nächtlichen Gelages gab sich *Zhou* so ausgiebig den Freuden hin, dass er darüber den Tag vergaß. Als er seine Höflinge danach fragte, wusste auch niemand, welcher Tag war. So schickte er jemand zu Meister *Ji*, um ihn zu fragen, doch dieser sprach zu seinen Jüngern: „Es bedeutet Gefahr für das Reich unter dem Himmel, wenn der Herrscher und mit ihm zusammen der ganze Staat den Tag vergisst. Weiß aber niemand außer mir, welcher Tag ist, so bedeutet das Gefahr für mich." Deshalb stellte er sich trunken und gab vor, es auch nicht zu wissen.

Ein Mann aus *Lu*, der sich meisterlich auf das Herstellen von Sandalen verstand, und seine Frau, die die Kunst des Seidenwebens beherrschte, wollten nach *Yue* ziehen. Da sprach jemand zu ihnen: „Ihr werdet dort in Armut leben." Als der Mann fragte, warum, bekam er zur Antwort: „Sandalen trägt man an den Füßen, doch in *Yue* gehen die Menschen barfuß. Aus weißer Seide fertigt man Kopfbedeckungen, doch in *Yue* tragen die Menschen zerzauste Haare. Geht ihr nun mit eurer Kunst in ein Land, wo ihr sie nicht anwenden könnt, wie sollte es euch da gelingen, nicht an den Bettelstab zu kommen."

Chen Zhen genoss die Gunst des Herrschers von *Wei*, doch Meister *Hui* sprach zu ihm: „Ihr solltet darauf bedacht sein, Euch mit den Höflingen gut zu stellen. Ein Weidenbaum wächst und gedeiht, egal ob Ihr ihn gerade, krumm oder gebogen einpflanzt. Doch obwohl dies so ist, wird keine einzige Weide wachsen, wenn zehn Mann die Weidenbäume pflanzen und einer sie wieder herausreißt. Woran liegt es wohl, dass der eine, der die Bäume herausreißt, den zehn Männern überlegen ist, die diese leicht zu pflanzenden Bäume setzen? Doch wohl daran, dass das Pflanzen mühevoll ist, während das Herausreißen leicht fällt. Ihr wurdet vom Herrscher wegen Eurer Verdienste eingesetzt, doch Euch erwartet Gefahr, wenn es viele Menschen gibt, die Euch entfernen wollen."

Jisun aus dem Staate *Lu* hatte gerade den Herrscher ermordet, als *Wu Qi* sich in seinen Dienst begab. Da sprach jemand zu *Wu Qi*: „Ein vor Kurzem Verstorbener hat noch Blut in sich. Allmählich versiegt das Blut, wird zu Asche und schließlich zu Erde. Ist es erst einmal zu Erde geworden, kann es nichts mehr ausrichten. Nun hat aber *Jisun* noch frisches Blut an den Händen, und niemand weiß, welches Ende er nimmt." Daraufhin ging *Wu Qi* nach *Jin*.

Xi Simi machte dem Grafen *Tian Cheng* seine Aufwartung. Dieser bestieg mit ihm zusammen einen Turm, um den Blick in alle vier Richtungen schweifen zu lassen. In drei Richtungen hatten sie eine klare, weite Sicht, als sie sich jedoch nach Süden wandten, versperrten ihnen die Bäume von Meister *Xis* Familiensitz den Blick. Graf *Tian Cheng* hatte nichts gesagt, doch kaum war Meister *Xi* nach Hause zurückgekehrt, hieß er seine Leute die Bäume fällen. Schon nach wenigen Axthieben gebot er ihnen jedoch Einhalt, worauf einer seiner Hausdiener fragte, warum er seine Meinung so schnell geändert hätte. Meister *Xi* sprach darauf: „Im Altertum gab es ein Sprichwort, das besagte: , *durchschauen* Wer den Fisch im Abgrund kennt, wird nicht glücklich.' Fürwahr, Graf *Tian* plant eine große Sache, und wenn ich ihm zu verstehen gebe, dass ich seine geheimsten Gedanken kenne, wird das Gefahr für mich bringen. Es ist kein Verbrechen, die Bäume nicht zu fällen, aber es wäre ein großes Vergehen, nicht ausgesprochene Worte zu kennen." So ließ er die Bäume schließlich nicht fällen.

Meister *Yang* reiste einst durch den Staat *Song* und machte Rast in einem Gasthof, in dem es zwei Mägde gab. Die eine, von Natur aus hässlich, war geachtet, während die andere, von Natur aus schön, gering geschätzt wurde. Meister *Yang* erkundigte sich nach dem Grund dafür. Der Gastwirt gab ihm darauf zur Antwort: „Die schöne Magd findet sich selbst sehr schön, doch ich bemerke ihre Schönheit nicht. Die hässliche findet sich selbst hässlich, doch ich sehe ihre Hässlichkeit nicht." Darauf sprach Meister *Yang* zu seinen Schülern: „Wer tugendhaft handelt und sich selbst damit nicht rühmt, kann hingehen, wo er will. Wird man ihm nicht überall Achtung entgegenbringen?"

Ein Mann aus *Wei* verheiratete seine Tochter und gab ihr folgenden Rat mit auf den Weg: „Sei darauf bedacht, eigene Ersparnisse anzuhäufen. Kommt es doch nur allzu oft vor, dass eine Ehefrau aus dem Haus gejagt wird, und dann ist es ein Glück für sie, wenn sie einen eigenen Hausstand gründen kann." Dem Rat folgend häufte die Tochter eigene Ersparnisse an, weshalb sie von der Schwiegermutter für zu habgierig befunden und aus dem Haus gejagt wurde. Als sie in des Vaters Haus zurückkehrte, war ihr Besitz doppelt so groß wie ihre Mitgift. Ihr Vater machte sich selbst nicht etwa Vorwürfe, dass er seine Tochter falsch beraten hätte, sondern sah nur, dass er seinen eigenen Reichtum vermehrt hatte. Verhalten sich heute Beamte, die einen Posten übertragen bekommen, nicht genauso wie die Tochter?

Dreimal hatte es *Lu Dan* unternommen, dem Herrscher von *Zhongshan* einen Rat zu geben, fand jedoch kein Gehör bei ihm. So versuchte er, die Vertrauten des Herrschers mit fünfzig Goldstücken wohlwollend zu stimmen. Bei der nächsten Audienz wurde er vom Herrscher, noch bevor er ein Wort gesprochen hatte, zu einem Bankett geladen. Danach kehrte *Lu Dan* nicht in sein Haus zurück, sondern wollte *Zhongshan* umgehend verlassen. Sein Kutscher fragte ihn verwundert: „Gerade fing der Herrscher an, Euch wohlgesonnen zu sein. Warum wollt Ihr jetzt von hier weggehen?" *Lu Dan* gab ihm zur Antwort: „Wenn ihn die Worte anderer wohlwollend stimmen, wird er sich auch von Verleumdungen beeinflussen lassen." Er hatte die Grenze noch nicht passiert, als der Kronprinz ihn als Spion des Staates *Zhao* in *Zhongshan* verleumdete. Der Herrscher befand ihn für schuldig und ließ ihn suchen.

Tian Boding hatte eine Vorliebe für Gelehrte und behütete damit seinen Herrscher. Auch Herzog *Bai* hatte diese Vorliebe, doch er stürzte damit den Staat *Jing* ins Verderben. Sie glichen sich in ihrer Neigung, unterschieden sich aber in den Motiven dafür. Aus Achtung vor *Baili* schlug sich *Gongsun You* selbst die Füße ab. *Shu Diao* kastrierte sich selbst, um Herzog *Huan* zu gefallen. Beide verstümmelten selbst ihre Körper, doch die Gründe dafür waren nicht dieselben. Daher sprach Meister *Hui*: „Wenn ein Schwachkopf und ein Verbannter nach Osten gehen, tun sie zwar dasselbe, doch sie unterscheiden sich dennoch in ihren Gründen dafür. Darum sage ich: Unterlasse es nie, die Motive zu prüfen, wenn zwei Menschen das Gleiche tun."

ACHTES BUCH

23. Kapitel

Gesammelte Erzählungen.

Zweiter Teil

Bole unterwies einst zwei Männer darin, wie man ausschlagende Pferde bestimmt. Er begab sich mit ihnen zusammen in Graf *Jians* Pferdestall, um die Pferde zu begutachten. Einer von ihnen suchte ein ausschlagendes Pferd heraus, während der andere von hinten um das Pferd herumging und es dreimal leicht auf den Steiß schlug, ohne dass das Pferd ausschlug. Der, der das Pferd ausgesucht hatte, nahm an, dass er sich in seiner Bestimmung geirrt hätte, doch der andere sprach: „Eure Auswahl war nicht falsch, doch dieses Pferd hat verstauchte Beine und geschwollene Gelenke. Ein Pferd, das ausschlagen will, muss aber seine hinteren Beine anheben und sein Gewicht auf die Vorderbeine verlagern. Da dies bei geschwollenen Gelenken nicht möglich ist, hebt es seine Hinterbeine nicht. Ihr versteht Euch wohl bestens darauf, Pferde zu bestimmen, die ausschlagen, aber Ihr seid ungeschickt gewesen und habt die geschwollenen Gelenke nicht bemerkt." Jede Sache muss auf ihre Ursache zurückgeführt werden. Nur ein weiser Mann versteht, dass geschwollene Gelenke nicht belastbar sind. So sprach Meister *Hui*: „Setze einen Affen in einen Käfig, und er gleicht einem Ferkel." Wenn die Umstände ungünstig sind, kann man sein Können nicht zeigen.

Graf *Wen* befehligte die Armee des Staates *Wei* und traf eines Tages mit Meister *Zeng* zusammen. Meister *Zeng* erhob sich nicht zur Begrüßung, sondern bat seinen Gast, auf der Matte Platz zu nehmen, während er selbst auf dem Ehrenplatz saß. Darauf sprach Graf *Wen* zu seinem Kutscher: „Wie ungebildet ist doch dieser Meister *Zeng*! Hält er mich für einen Edlen, wie kann er es dann an Achtung mangeln lassen? Hält er mich aber für einen Tyrannen, wie kann er es dann wagen, mich zu verspotten? Das Schicksal muss ihm hold sein, dass er bisher nicht getötet wurde."

Es gibt einen sagenhaften Vogel *Zhouzhou*, der einen so schweren Kopf und einen so gebogenen Schwanz hat, dass er beim Trinken im Fluss das Gleichgewicht verlieren würde. Deshalb trinkt er, indem er seine angefeuchteten Federn in den Schnabel nimmt. Ein Mensch, der nicht genug zu trinken hat, sollte auch nach solchen Federn suchen.

Der Stör gleicht einer Schlange und die Seidenraupe einer Made. Beim Anblick einer Schlange fährt den Menschen der Schreck in die Glieder und beim Anblick einer Made stehen ihnen die Haare zu Berge. Dennoch nehmen die Fischer den Stör in die Hand und lesen die Frauen die Seidenraupen auf, denn dort, wo es von Vorteil ist, sind alle mutig wie *Meng Ben* und *Zhuan Zhu*.

Bole lehrte jene Menschen, die er hasste, Rassepferde zu bestimmen, während er ihm nahestehenden Menschen beibrachte, schlechte Pferde herauszufinden. Ausdauernde Rassepferde gibt es nur ganz selten. Entsprechend gering ist der Nutzen dieser Unterweisung. Schlechte Pferde werden hingegen jeden Tag verkauft. Deshalb ist die Fähigkeit ihrer Bestimmung sehr von Nutzen. Das ist gemeint im *Buch der Urkunden der Zhou*, in dem es heißt: „Unbedeutende Worte bringen großen Nutzen. Darin besteht die Täuschung."

Huan He lehrte: „Beim Schnitzen ist es am besten, wenn man die Nase zu groß und die Augen zu klein macht. Eine große Nase kann man kleiner machen, aber eine kleine nicht größer. Kleine Augen kann man größer machen, aber große nicht kleiner." Genauso verhält es sich, wenn man eine neue Sache in Angriff nimmt. Kann man sie später korrigieren, gibt es nur selten Fehlschläge.

Marquis *Chong* und *Wu Lai* wussten, dass sie von *Zhou* keine Strafe zu erwarten hatten, aber sie sahen nicht voraus, dass sie von König *Wu* vernichtet werden. *Bigan* und *Zixu* wussten, dass ihr Herrscher dem Untergang geweiht war, aber sie wussten nicht, dass sie selbst der Tod erwartet. Daher heißt es: „Marquis *Chong* und *Wu Lai* kannten das Herz ihres Herrn, verstanden aber den Lauf der Dinge nicht. *Bigan* und *Zixu* sahen den Lauf der Dinge voraus, kannten aber das Herz ihres Herrn nicht." Ein weiser Mann vereint beide Fähigkeiten in sich.

Der erste Minister des Staates *Song* war sehr geachtet und fällte alle wichtigen Entscheidungen. Als sich eines Tages Meister *Ji* zu einer Audienz beim Herrscher von *Song* begeben wollte, hörte Meister *Liang* davon und sprach zu ihm: „Ihr solltet darauf bedacht sein, dass der erste Minister bei der Audienz anwesend ist. Andernfalls könnt Ihr dem drohenden Unheil nicht entrinnen." Folglich versuchte Meister *Ji*, den Herrscher davon zu überzeugen, dass er die Staatsgeschäfte leichtnehmen und die Entscheidungen würdigen Vertretern übertragen sollte.

Yang Bu, der jüngere Bruder des *Yang Zhu*, zog einmal weiße Kleidung an und verließ den Hof. Als es jedoch zu regnen anfing, legte er die weiße Kleidung ab, zog schwarze Sachen an und kehrte nach Hause zurück. Da ihn sein Hund nicht erkannte, fing er an zu bellen. Erbost darüber wollte *Yang Bu* den Hund schlagen, doch *Yang Zhu* hielt ihn davon ab und sprach: „Schlag den Hund nicht! Du hättest dasselbe getan. Würdest du dich etwa nicht wundern, wenn du eine weiße Hündin wegjagst und eine schwarze kommt zurück?"

Meister *Hui* sprach: „Wenn der Schütze *Yi* den Fingerschutz anlegt, den Bogen zur Hand nimmt und die Sehne spannt, reißen sich sogar die Leute aus *Yue* darum, die Zielscheibe zu halten. Spannt jedoch ein schwaches Kind den Bogen, eilt selbst die liebende Mutter ins Haus und verschließt die Tür." Heißt es doch: „Nicht einmal die Leute aus *Yue* zweifeln am Schützen *Yi*, weil er mit Sicherheit sein Ziel trifft, während selbst eine liebende Mutter vor ihrem Sohn flieht, weil sie nicht sicher sein kann, dass er trifft."

Herzog *Huan* fragte einst den *Guan Zhong*, ob es eine Grenze des Reichtums gäbe? Dieser gab zur Antwort: „Wo kein Wasser mehr ist, liegt die Grenze des Wassers. Wo genügend Reichtum ist, liegt die Grenze des Reichtums. Wer sich selbst nicht Genügsamkeit auferlegt, verliert die Grenzen des Reichtums aus den Augen."

Ein reicher Kaufmann aus dem Staate *Song* mit Namen *Jian Zhizi* feilschte mit jemand um den Kauf eines einhundert Goldstücke teuren ungeschliffenen Edelsteins. Wie zufällig ließ er ihn fallen und beschädigte ihn dabei, worauf er die hundert Goldstücke zahlen musste. Danach ließ der den Fehler ausbessern und verkaufte den Stein für zwanzigtausend Taels. Manche Dinge, die man anfängt, gehen schief. Die anderen hielten es für klüger, von der Sache abzulassen, als es ans Bezahlen ging.

Ein Mann wollte wegen seiner Kunstfertigkeit im Wagenlenken eine Audienz beim Herrscher von *Jing* erwirken. Die anderen Kutscher beneideten ihn, und so sagte er: „Ich kann während der Fahrt einen Hirsch einfangen." Der Herrscher empfing ihn daraufhin. Dem Herrscher gelang es nicht, während der Fahrt einen Hirsch zu fangen. Als jener Mann aber den Wagen führte, fing er einen Hirsch ein. Der Herrscher würdigte seine Kunstfertigkeit im Wagenlenken. Der Mann nutzte die Gelegenheit und berichtete dem Herrscher vom Neid der anderen Kutscher.

Als der Herrscher von *Jing* den Kronprinzen mit einer Strafexpedition gegen *Chen* schickte, verabschiedete ihn sein Schwiegervater mit den Worten: „Sei auf der Hut. *Jin* ist ein starker Staat." Der Prinz sprach: „Warum solltet Ihr Euch sorgen, mein Vater. Ich werde auch *Jin* für Euch vernichten." – „Gut", entgegnete der Schwiegervater, „dann werde ich eine Hütte vor dem Südtor von *Chen* errichten." – „Warum das", fragte der Prinz und bekam zur Antwort: „Ich lache über *Goujian*. Wenn die Sache für dich so leicht ist, warum hat er es sich so schwer gemacht und zehn Jahre lang geheime Pläne geschmiedet?"

Als *Yao* die Herrschaft über das Reich unter dem Himmel an *Xu You* übergeben wollte, entfloh *Xu You* und fand bei einem einfachen Mann Unterkunft. Der Mann versteckte seine Pelzkappe vor ihm. Obwohl *Xu You* die Herrschaft über das Reich abgelehnt hatte, versteckte der Mann seine Pelzkappe vor ihm, weil er *Xu You* nicht kannte.

Drei Läuse waren in einen Streit verwickelt, als eine weitere Laus vorbeikam und fragte: „Worüber streitet ihr euch?" Die drei Läuse erwiderten: „Um die besten, fettesten Plätze." Da sprach die eine Laus: „Wenn ihr euch nicht darum sorgt, dass das Fest des Winteropfers bald kommt und das Schilf austrocknet, worum solltet ihr euch dann noch Sorgen machen?" Daraufhin saugten sie alle gemeinsam, sodass das Schwein abmagerte und von den Menschen nicht geschlachtet wurde.

Unter den Würmern gab es eine Art Bandwurm mit einem Körper und zwei Mündern. Es trug sich zu, dass sie sich ums Essen stritten, gegenseitig bissen und schließlich gegenseitig und somit selbst töteten. Jene Minister, die sich um die Aufgaben streiten und darüber den Staat vergessen, sind wie diese Art von Würmern.

Wenn man ein Zimmer weißt und Gefäße reinigt, sind sie sauber. Mit dem menschlichen Verhalten ist es ähnlich. Wo nichts mehr zu weißen und zu reinigen ist, sind Verfehlungen selten.

Als Prinz *Jiu* eine Rebellion plante, sandte Herzog *Huan* Leute aus, um ihn beobachten zu lassen. Bei ihrer Rückkehr berichteten sie: „Prinz *Jiu* lacht, ohne sich zu freuen, und schaut etwas an, ohne es zu sehen. Er wird sicher eine Rebellion machen." Daraufhin beauftragte der Herzog Leute aus *Lu*, den Prinzen *Jiu* zu töten.

Gongsun Hong ließ sich die Haare abschneiden und trat als Reiter in den Dienst des Herrschers von *Yue*. Daraufhin schickte *Gongsun Xi* jemanden zu ihm, um die Beziehungen mit ihm abzubrechen, und ließ ausrichten: „Ich bin nicht länger dein Bruder." *Gongsun Hong* gab ihm zur Antwort: „Ich ließ mir die Haare abschneiden, doch du kannst den Kopf verlieren im Kriegsdienst für einen anderen Herrn. Was sollte ich dir dann wohl sagen?" Und wirklich, *Gongsun Xi* fiel in der Schlacht südlich von *Zhou*.

Einst hatte ein Mann einen zanksüchtigen Nachbarn und gedachte deshalb, sein Haus zu verkaufen, um dem Streit aus dem Wege zu gehen. Da riet ihm jemand: „Ihr solltet einstweilen abwarten. Seine Schnur der Boshaftigkeiten wird bald voll sein." Darauf erwiderte der Mann: „Ich befürchte, dass er auf meine Kosten seine Schnur der Boshaftigkeiten auffüllt", und alsbald verließ er den Ort. Heißt es doch: „Zögere nicht im Angesicht der nahenden Gefahr."

Kongzi befragte seine Jünger: „Wer kann erklären, wie *Zixi* zu seinem Ruhm gekommen ist?" *Zigong* sprach, dass er es könne, und legte ohne jeden Zweifel seine Erklärung dar: „Wie war er doch großherzig und nicht auf seinen Vorteil bedacht! Wie war er doch aufrichtig und beständig in seinen Gefühlen zu den Menschen! Unrecht war für ihn Unrecht und Recht war Recht." – „Aber es gelang ihm nicht, dem Unheil zu entgehen", erwiderte *Kongzi*, „und so starb er während des Aufruhrs des Herzogs *Bai*. Heißt es deshalb nicht: Aufrecht im Handeln, doch verirrt im Bestreben."

Als Graf *Wen* von *Zhonghang* in *Jin* ins Exil geschickt wurde und durch eine Kreisstadt kam, sprach jemand aus seinem Gefolge zu ihm: „Ein hiesiger Beamter ist ein alter Freund von Euch. Warum macht Ihr nicht Rast bei ihm und wartet auf Eure restlichen Wagen?" Doch Graf *Wen* entgegnete: „Weil ich einst die Musik liebte, machte mir dieser Mann eine wohlklingende Laute zum Geschenk. Weil ich Gürtelschmuck gern hatte, überreichte er mir eine Jadeschnalle als Präsent, um sich mit mir gut zu stellen. Ich fürchte aber, dass jemand, der sich bei mir einzuschmeicheln versuchte, sich auf meine Kosten auch bei jemand anderem anzubiedern versucht." So verließ er denn diesen Ort, und wahrhaftig, der Beamte bemächtigte sich der beiden verspäteten Wagen des Grafen *Wen* und machte sie seinem Herrscher zum Geschenk.

Zhou Zao bat einst *Gong Ta*: „Würdet Ihr für mich beim Herrscher von *Qi* vorsprechen und ihn bitten, mich der Unterstützung von *Qi* in *Wei* zu versichern. Ich meinerseits würde es dann ermöglichen, dass *Wei* ihm dienstbar ist." *Gong Ta* jedoch entgegnete: „So geht es auf keinen Fall, gebt Ihr doch damit zu verstehen, dass Ihr in *Wei* ohne Einfluss seid. Der Herrscher von *Qi* wird niemals einen einflusslosen Mann in *Wei* unterstützen und sich damit den Zorn der Einflussreichen von *Wei* auf sich ziehen. Ihr solltet besser sagen: ‚Was auch Euer Begehr ist, Euer Diener wird *Wei* dazu bringen, Euch gehorsam zu sein.' So wird der Herrscher von *Qi* Euch für einen Mann mit Einfluss in *Wei* halten und Euch Unterstützung gewähren. Auf diese Weise erlangt Ihr Einfluss in *Qi* und später mit *Qis* Hilfe auch in *Wei*."

Bai Gui sprach zu einem Günstling des minderjährigen Herrschers von *Song*: „Sobald Euer Souverän herangewachsen ist und sich selbst auf Politik versteht, wird es für Euch nichts mehr zu tun geben. Heute ist er noch jung und darauf bedacht, sich einen Namen zu machen. Ihr solltet deshalb den Staat *Jing* dazu bringen, Euren Herrscher ob seiner kindlichen Pietät zu würdigen, denn dann wird er Euch niemals Eure Stellung streitig machen, sondern Euch mit Hochachtung und Ehrfurcht begegnen, und Ihr werdet Euren Einfluss in *Song* behalten."

Guan Zhong und *Bao Shu* sprachen einst zueinander: „Die Politik unseres Herrschers ist so schlecht, dass er wohl seinen Staat verlieren wird. Unter den Prinzen des Staates *Qi* sind nur Prinz *Jiu* oder Prinz *Xiaobai* es wert, unseren Beistand zu erhalten. So sollte jeder von uns einem der beiden Prinzen dienen, und wer Erfolg hat, der verhilft dem anderen zu einer Anstellung." So folgte *Guan Zhong* dem Prinzen *Jiu* und *Bao Shu* dem Prinzen *Xiaobai*. Der Herrscher wurde schließlich wirklich von seinen Leuten umgebracht. Prinz *Xiaobai* erreichte als Erster die Hauptstadt und wurde der Thronfolger. Daraufhin wurde *Guan Zhong* im Staate *Lu* gefangen genommen und an *Qi* ausgeliefert, doch dank der Fürsprache des *Bao Shu* schließlich zum Minister ernannt. Besagt doch die Überlieferung: „So gut sich ein Schamane auf das Anrufen der Geister auch verstehen mag, er kann trotzdem das Übel nicht von sich fernhalten. So gut ein Arzt auch Krankheiten zu heilen vermag, er kann sich nicht selbst mit Nadeln behandeln." Trotz seiner großen Weisheit war *Guan Zhong* auf die Hilfe des *Bao Shu* angewiesen. Ist es nicht genau das, was der Volksmund meint, wenn er sagt: „Der Sklave verkauft Pelze, ohne sie je zu kaufen. Der Gebildete rühmt die Gelehrsamkeit, ohne selbst an sie zu glauben."

Als *Jing* einen Angriff auf *Wu* unternahm, entsandte der Herrscher von *Wu* den *Ju Wei* und *Jue Rong*, um die *Jing*-Armee mit Geschenken zu empfangen. Der Befehlshaber von *Jing* jedoch befahl, sie zu fesseln und zu töten, um mit ihrem Blut die Trommeln zu bestreichen. Er fragte sie, ob sie eine Wahrsagerin gerufen hätten, und bekam zur Antwort: „Ja." Auch die Frage, ob sie ihnen Glück prophezeit hätte, beantworteten sie mit „Ja." Da fragte schließlich jemand aus *Jing*: „Wie aber kann das sein, lässt Euch doch unser General töten und mit Eurem Blut unsere Trommeln bestreichen?" Die beiden aber gaben zurück: „Eben deshalb verhieß die Prophezeiung Glück. Wir wurden von *Wu* geschickt, um die Reaktion Eures Heerführers zu ergründen. Ist er voller Zorn, wird man in *Wu* tiefe Gräben ausheben und hohe Wälle errichten. Wenn nicht, wird man die Vorbereitungen nachlässig und träge angehen. Lässt man uns nun töten, so wird *Wu* gewarnt sein und die notwendigen Maßnahmen ergreifen. Und überdies, die Prophezeiung für den Staat gilt nicht für einen Mann. Wenn es kein gutes Omen ist, einen Untertan zu verlieren und dadurch den ganzen Staat zu retten, was ist dann Glück? Außerdem nimmt ein Toter nichts mehr wahr. Welchen Nutzen hat es dann, mit unserem Blut die Trommeln zu bestreichen. Kann aber ein Toter doch etwas wahrnehmen, dann werden wir Eure Trommeln während der Schlacht verstummen lassen." Schließlich wurden die Beiden von den *Jings* nicht getötet.

Graf *Zhi* plante einen Überfall auf *Qiuyou*, doch der Weg war beschwerlich und unpassierbar. So ließ er eine große Glocke gießen, um sie dem Herrscher von *Qiuyou* zum Geschenk zu machen. Sehr erfreut darüber wollte der Herrscher von *Qiuyou* den Weg passierbar machen, um die Glocke in Empfang nehmen zu können, doch *Chizhang Manzhi* warnte davor und sprach: „Nein! Auf diese Weise sind kleine Staaten ihren großen Nachbarn zu Diensten. Nun, da ein großer Staat uns dieses Geschenk zu machen gedenkt, wird er seine Armee folgen lassen. Ihr könnt es nicht annehmen." Der Herrscher von *Qiuyou* hörte aber nicht auf ihn und nahm die Glocke als Geschenk. *Chizhang Manzhi* ließ daraufhin seine Radnaben kürzen, um die schmalen Wege passieren zu können, und flüchtete nach *Qi*. Nur sieben Monate später war *Qiuyou* vernichtet.

Yue hatte bereits *Wu* besiegt und bat um militärische Unterstützung bei *Jing*, um *Jin* angreifen zu können. Da sprach *Zuoshi Yixiang* zum Herrscher von *Jing*: „*Yue* hat *Wu* vernichtet. Dabei starben seine besten Offiziere, seine Truppen haben sich verausgabt und seine Soldaten wurden verwundet. Wenn sie uns nun um militärischen Beistand ersuchen, um *Jin* anzugreifen, wollen sie uns damit zeigen, dass ihre Kräfte nicht am Ende sind. Wäre es nicht besser, eine Armee gegen sie zu schicken, um ihnen *Wu* zu entreißen?" Der Herrscher von *Jing* war einverstanden und setzte eine Armee gegen *Yue* in Marsch. Der Herrscher von

Yue geriet darüber in Zorn und wollte seinerseits zurück-
schlagen, doch ein alter Beamter mit Namen *Zhong* riet
ihm davon ab mit den Worten: „Nein! Unsere besten Offiziere wurden getötet und die Soldaten verwundet. Wir
können einen Kampf gegen sie nicht gewinnen. Ihr solltet
Jing besser mit Geschenken bestechen." Also trat man ein
fünfhundert *li* großes Gebiet nördlich der *Lu*-Berge als Geschenk an *Jing* ab.

Jing marschierte gegen *Chen*, doch *Wu* eilte ihm zu Hilfe.
Beide Armeen waren nur noch dreißig *li* voneinander entfernt, als es zehn Tage lang regnete. In der Nacht klarte der
Himmel auf. Da sprach *Zuoshi Yixiang* zu *Ziqi*: „Es hat
zehn Tage lang geregnet. *Wu* hat sicher Waffen und Soldaten zusammengezogen und wird uns angreifen. Wir sollten besser darauf vorbereitet sein." Man ließ also das Heer
Stellung beziehen. Noch bevor die Schlachtordnung eingenommen war, traf auch die Armee von *Wu* ein, zog sich
aber sofort wieder zurück, als man sah, dass die *Jing*-Armee
kampfbereit war. Da sprach *Zuoshi*: „Die *Wu*-Armee hat
sechzig *li* zurückgelegt. Die Offiziere werden ruhen und das
Fußvolk essen. Wenn wir jetzt dreißig *li* marschieren und
sie angreifen, ist uns der Sieg gewiss." Man nahm die Verfolgung auf und vernichtete schließlich die Armee von *Wu*.

Als *Han* und *Zhao* miteinander in Streit lagen, ersuchte der
Han-Herrscher bei *Wei* um militärische Hilfe mit den Wor-
ten: „Wir hoffen, dass Ihr uns Eure Armee zur Verfügung
stellt, um *Zhao* anzugreifen." Marquis *Wen* aus *Wei* jedoch
entgegnete: „*Wei* und *Zhao* sind wie Brüder. Ich kann
Eurer Bitte nicht nachkommen." Auch *Zhao* ersuchte bei
ihm um militärischen Beistand, um *Han* anzugreifen, doch
Marquis *Wen* erwiderte auch hier: „*Wei* und *Han* sind wie
Brüder. Ich wage nicht, Eurer Bitte zu entsprechen."
Weder *Han* noch *Zhao* hatten militärische Hilfe bekom-

men, sodass sie voller Groll unverrichteter Dinge zurückkehren mussten. Als sie jedoch verstanden, dass Marquis *Wen* Frieden zwischen ihnen stiften wollte, machten sie beide ihre Aufwartung bei ihm.

Qi attackierte *Lu* und forderte den Dreifuß aus *Chan*, woraufhin *Lu* eine Fälschung übergab. „Es ist der falsche", sagten die Leute aus *Qi*, doch die Leute von *Lu* behaupteten, er sei echt. Da sprachen die *Qi*: „Lasst den *Yuezheng Zichun* kommen. Wir wollen auf sein Urteil hören." Der Herrscher von *Lu* bat den *Yuezheng Zichun*, für ihn Partei zu ergreifen, doch dieser fragte: „Warum habt Ihr nicht den echten Dreifuß herausgegeben?" – „Weil ich ihn liebe", gestand der Herrscher. Darauf erhielt er von *Yuezheng* zur Antwort: „Auch ich liebe meine Aufrichtigkeit."

Jiu hatte sich in *Han* zum Herrscher ernannt, seine Position war jedoch noch nicht gefestigt. Derweil hielt sich sein jüngerer Bruder in *Zhou* auf. Der *Zhou*-Herrscher wollte *Han Jiu* unterstützen, fürchtete aber, dass er sich nicht an der Macht halten könnte. Da sprach *Qiwu Hui*: „Am besten ist es, Ihr sendet seinen jüngeren Bruder mit einhundert Kampfwagen als Geleit zurück nach *Han*. Gelingt es ihm, den Thron zu besteigen, werden wir sagen, das Geleit diente nur seinem Schutz. Gelingt es ihm nicht, an die Macht zu kommen, sagen wir, dass wir ihn als Verbrecher ausliefern wollten."

Als *Jing Guojun* eine Mauer um die Stadt *Xue* errichten lassen wollte, sprachen sich viele seiner Gefolgsleute dagegen aus. Daraufhin befahl er dem Diener im Thronsaal, sie nicht zu ihm vorzulassen. Ein Mann aus *Qi* bat jedoch um eine Audienz und sprach: „Ich bitte darum, nur drei Worte sagen zu dürfen. Sollte ich mehr als drei Worte sagen, so möge man mich bei lebendigem Leibe kochen." *Jing Guo-*

jun gewährte ihm also die Audienz, woraufhin der Gefolgsmann zu seinem Herrn eilte, die Worte „großer Meeres-
Fisch" sprach und sich zu gehen anschickte. *Jing Guojun*
wollte wissen, was er damit meine, doch der Mann entgegnete: „Ich wage es nicht, mit dem Tod zu spielen." Als er
jedoch auf einer Erklärung bestand, erhielt er zur Antwort:
„Habt Ihr je etwas über den großen Fisch gehört? Weder
ein Netz kann ihn fangen, noch eine Schnur ihn halten. Ist
er jedoch zügellos und gerät aus dem Wasser, treiben selbst
Ameisen ihr Spiel mit ihm. Euer Meer, oh Herr, ist gleichsam der Staat *Qi*. Warum solltet Ihr Euch also um die Stadt
Xue sorgen, solange Ihr in *Qi* Einfluss besitzt? Verliert Ihr
jedoch Eure Macht in *Qi*, dann ist eine Mauer um die Stadt
Xue, selbst wenn sie bis zum Himmel emporreicht, doch
nur ohne Nutzen." *Jing Guojun* befand die Worte für gut
und verwarf sein Vorhaben, eine Stadtmauer um *Xue* zu
errichten.

Der jüngere Bruder des *Jing*-Herrschers befand sich in *Qin*
und wurde dort festgehalten. Da sprach ein Offizier der Pa-
lastgarde zum Herrscher von *Jing*: „Gebt mir einhundert
Goldstücke, dann kann ich Euren Bruder zurückholen."
Alsdann begab er sich mit dem Gold nach *Jin* und sprach
bei *Shu Xiang* vor: „Der jüngere Bruder des *Jing*-Herr-
schers ist in *Qin* und wird dort festgehalten. Deshalb
schickt Euch mein Herr einhundert Goldstücke und er-
sucht um Eure Hilfe." *Shu Xiang* nahm das Gold entgegen, begab sich zu Herzog *Ping* von *Jin* und sprach zu ihm:
„Jetzt ist es möglich, eine Stadtmauer um *Huqiu* zu errichten." Auf die Frage des Herzogs, wieso, setzte er fort mit
den Worten: „Der jüngere Bruder des *Jing*-Herrschers ist
in *Qin* und wird dort festgehalten. *Qin* hegt also Hassgefühle gegenüber *Jing* und wird es sicher nicht wagen, uns
den Bau einer Mauer um *Huqiu* zu verbieten. Sollten sie es
uns doch verbieten wollen, so werden wir sagen: ‚Lasst un-

seretwegen den Bruder des *Jing*-Herrschers gehen. Dann bauen wir die Mauer nicht' Schicken sie den Prinzen von *Jing* nach Hause, ist uns *Jing* zu Dank verpflichtet. Lassen sie ihn aber nicht gehen, offenbaren sie ihren Hass gegen *Jing* endgültig und können es nicht wagen, uns den Bau einer Mauer um *Huqiu* zu verbieten.“ Der Herzog befand den Plan für gut, ließ den Bau der Stadtmauer um *Huqiu* in Angriff nehmen und übermittelte dem Herzog von *Qin*, dass er davon absehen würde, wenn er den Bruder des *Jing*-Herrschers gehen ließe. Alsbald ließ *Qin* den Prinzen von *Jing* gehen. Der Herrscher von *Jing* war darüber höchst erfreut und machte *Jin* zweitausend Tael Gold zum Geschenk.

He Lü attackierte die Stadt *Ying* und hatte bereits drei Siege errungen, als er *Zixu* fragte: „Können wir uns jetzt zurückziehen?“ Doch *Zixu* gab ihm zur Antwort: „Wenn man jemanden ertränken will und nach dem ersten Schluck einhält, wird man sein Ziel nicht erreichen, weil er sich erholen kann. Am besten ist es, wenn man sich auf ihn wirft und untertaucht.“

Ein Mann aus *Zheng* hatte einen Sohn, der ein Amt aufzunehmen im Begriff war und zu seiner Familie sprach: „Ihr müsst unbedingt die eingestürzte Lehmwand reparieren. Andernfalls könntet ihr bestohlen werden.“ Ein Nachbar sprach die gleiche Warnung aus. Da sie aber die Mauer nicht rechtzeitig reparierten, wurden sie tatsächlich bestohlen. Schließlich hielten sie ihren Sohn für weise, den Nachbarn jedoch, der sie ebenfalls gewarnt hatte, verdächtigten sie als Räuber.

24. Kapitel

Die Handlungen durchschauen

Im Altertum betrachteten die Menschen ihr Gesicht im Spiegel, weil sie sich mit ihren Augen nicht selbst sehen konnten, und sie maßen ihr Verhalten am *dao*, weil ihre Weisheit zur Selbsterkenntnis nicht genügte. Der Spiegel wurde nicht dafür verantwortlich gemacht, dass er Makel aufzeigte, und man beklagte sich nicht über das *dao*, weil es Fehler hervorbrachte. Ohne den Spiegel hätten die Augen Bart und Augenbrauen nicht in Ordnung halten können. Ohne das *dao* hätte der Mensch Irrtümer und Fehler nicht erkannt. So trug *Ximen Bao*, der von Natur aus ungeduldig war, Lederriemen am Gürtel, um sich selbst zu zügeln, während *Dong Anyu*, von Natur aus träge veranlagt, Bogensehnen am Gürtel befestigte, um sich selbst zu beflügeln. Deshalb heißt man jenen einen klugen Herrscher, der mithilfe eines Überschusses einen Mangel ausgleicht und mit dem Langen das Kurze ergänzt.

Drei Wahrheiten kennt das Reich unter dem Himmel: Erstens gibt es Dinge, die selbst mit Weisheit nicht zu vollbringen sind. Zweitens gibt es Gegenstände, die mit Kraft nicht zu heben sind. Drittens gibt es Gegner, die mit Stärke nicht zu besiegen sind. So ist es trotz der Weisheit eines *Yao* ohne die Unterstützung der Massen nicht möglich, Großes zu vollbringen. Auch mit der Kraft eines *Wu Huo* kann man sich ohne die Hilfe anderer Menschen nicht selbst emporheben. Ohne Gesetz und Staatskunst kann man selbst mit der Stärke eines *Meng Ben* und *Xia Yu* nicht dauerhaft siegreich sein. Es gibt unerreichbare Mächte und nicht zu vollbringende Dinge. Eintausend *jun* waren ein Leichtes für *Wu Huo*, doch sein eigener Körper erwies sich für ihn als zu schwer. Nicht, dass sein Körper schwerer als eintausend *jun* gewesen wäre. Es lag daran, dass die Umstände nicht günstig waren. Auf die gleiche Weise konnte *Li Zhu* mit Leichtigkeit auf einhundert Fuß Entfernung sehen, doch es fiel ihm schwer, seine eigenen Augenbrauen zu erblicken. Nicht, dass einhundert Fuß nahe und die Augenbrauen weit entfernt wären. Der Weg der Natur lässt es nicht zu, seine eigenen Augenbrauen zu sehen. Deshalb wirft ein weiser Herrscher dem *Wu Huo* nicht vor, dass er sich selbst nicht heben kann, und beschuldigt *Li Zhu* nicht, weil er sich selbst nicht sehen kann. Er erringt ohne große Anstrengung Erfolg und Ruhm, indem er den äußeren Umständen folgt und nach dem geeigneten Weg sucht.

Die Zeit kennt Übermaß und Mangel, die Tätigkeiten bringen Nutzen und Schaden, die Dinge entstehen und vergehen. Zeigt der Herrscher diesbezüglich Freude oder Zorn in seinem Gesicht, entfernen sich die Standhaften von ihm, und die weisen Diener durchschauen seine Absichten. Ein kluger Herrscher durchschaut die Menschen, lässt aber niemals zu, dass die Menschen ihn durchschauen. Wer verstanden hat, dass *Yao* allein nichts vollbringen konnte, *Wu Huo* nicht fähig war, sich selbst emporzuheben, und *Meng Ben* und *Xia Yu* auf sich gestellt nicht imstande waren zu siegen, wer das alles verstanden hat und sich an Gesetz und Staatskunst hält, der ist vollkommen darin, die Handlungen der Menschen zu durchschauen.

25. Kapitel

Sicherheit und Gefahr

Es gibt sieben Mittel der Sicherheit und sechs Wege der Gefahr. Die sieben Mittel der Sicherheit sind: 1. Belohnung und Strafe folgen Richtig und Falsch; 2. Glück und Unheil entsprechen Gut und Böse; 3. Leben und Tod hängen von Gesetz und Maßstab ab; 4. zwischen Edel und Gemein und nicht zwischen Geliebten und Verhassten trennen; 5. zwischen Klugen und Einfältigen und nicht zwischen Verleumdeten und Gepriesenen unterscheiden; 6. nach Fuß und Zoll messen und nicht nach Gutdünken entscheiden; 7. Vertrauen und nicht Heuchelei.

Die sechs Wege der Gefahr sind: 1. Abstriche innerhalb des Maßbandes; 2. Festlegungen außerhalb des Gesetzes; 3. aus dem Schaden anderer Nutzen ziehen; 4. sich über das Unheil anderer freuen; 5. die Sicherheit anderer bedrohen; 6. den Geliebten nicht nahestehen und die Verhassten nicht fernhalten. In diesen Fällen verlieren die Menschen die Freude am Leben und vergessen die Angst vor dem Tod. Haben die Menschen keine Freude am Leben, genießt der Herrscher keine Achtung. Haben sie keine Angst vor dem Tod, bleiben die Befehle wirkungslos.

Wer dafür sorgt, dass alle im Reich unter dem Himmel ihr Wissen und ihre Talente für die Kultivierung ihres Verhaltens und ihres Aussehens ausschöpfen und ihre Kräfte nach Recht und Maß verausgaben, der wird in seinem Handeln erfolgreich und in seinem Verweilen sicher sein. Regiert man die Menschen so, dass sie aus Freude am Leben rechtschaffend sind und sich selbst zu sehr lieben, um Unrecht zu tun, werden die edlen Menschen den unwürdigen zahlenmäßig überlegen sein. Der Altar des Erdbodens und der Feldfrüchte wird ewig bestehen und der Staat in nicht endendem Frieden gedeihen. In einem rasenden Wagen gibt es keinen *Zhongni* und unter einem gekenterten Boot keinen *Bo Yi*. Befehle und Erlasse sind die Wagen und Boote des Staates. In Zeiten des Friedens werden weise und uneigennützige Männer geboren. In Zeiten der Gefahr kommen streitsüchtige und verächtliche Gestalten auf. Deshalb ist es mit der Wahrung des Friedens im Staat wie mit dem Essen bei Hunger und der Kleidung bei Kälte – man folgt nicht Befehlen, sondern dem Lauf der Natur. Die frühen Könige ließen die Prinzipien der Herrschaft auf Bambustäfelchen und Seidenstoffen festhalten, und weil sich ihr Weg im Einklang mit der Natur befand, folgten ihnen die späteren Generationen. Verlangt man heute aber von den Menschen, bei Hunger und Kälte auf Essen und Kleidung zu verzichten, so wären selbst Männer wie *Meng Ben* und *Xia Yu* nicht imstande dazu. Wer vom Lauf der Natur abweicht, muss trotz einer konsequenten Befolgung seines Weges erfolglos bleiben. Wenn Stärke und Mut nichts auszurichten vermögen, kann der Herrscher nicht mehr sicher sein. Ein Herrscher, der grundlos aus seinen Untertanen das Letzte herauspresst, wird schließlich von ihnen zu hören bekommen: „Es geht nicht mehr." Wer aber sagt, dass es nicht mehr geht, der nimmt das Gesetz leicht. Es ist das Gesetz, mit dem der Staat regiert wird, und wenn es von den Menschen nicht mehr geachtet wird, werden Erfolge und Ruhm ausbleiben.

Man hört, dass im Altertum *Bian Qiao* die Knochen mit einem Messer durchbohrte, um schwere Krankheiten zu heilen, und weise Männer aus Treue die Ohren des Herrschers kränkten, um den Staat vor Gefahren zu retten. Das Durchbohren der Knochen fügt dem Körper einen kleinen Schmerz zu, ist aber von lang anhaltendem Nutzen für ihn. Die Ohren kränkende Worte verletzen wohl die Gefühle des Herrschers, doch bringen sie stetes Glück für den Staat. Es ist für einen Schwerkranken von Nutzen, eine kleine Pein zu ertragen, und es bringt einem furchtlosen Herrscher Glück, kränkende Worte zu hören. Erträgt der Patient den Schmerz, kann *Bian Qiao* seine Heilkunst praktizieren, und *Zixu* hätte nicht versagt, wenn der Herrscher kränkende Worte geduldet hätte. Sind dies doch die Mittel für langes Leben und Frieden. Einem Kranken, der den Schmerz nicht erträgt, nutzt auch *Bian Qiaos* Heilkunst nichts, und ein Herrscher, der im Angesicht von Gefahr nicht kränkende Worte zu hören bereit ist, hat nichts von den Ratschlägen der Weisen. In diesem Fall kann es keinen lang anhaltenden Nutzen und keinen ewigen Ruhm geben.

Wer als Herrscher nicht dem Beispiel des *Yao* nacheifert und zugleich von seinen Beamten verlangt, zu sein wie *Zixu*, der hofft, dass alle Leute aus *Yin* so loyal sind wie *Bigan*. Wäre dies der Fall gewesen, hätte der Herrscher seinen Thron nicht verloren und wäre das Volk nicht ins Verderben geraten. Es kann keinen Frieden für den Staat geben, wenn man die Macht solcher Minister wie *Tian Cheng* nicht abwägt und stattdessen darauf hofft, dass sie in ihrer Loyalität dem *Bigan* gleichkommen könnten. Verlässt der Herrscher den Weg der *Yao* und *Shun* und folgt dem Beispiel der *Jie* und *Zhou*, können sich die Menschen nicht am Überfluss erfreuen und um den Mangel sorgen. Verlieren sie aber die Freude am Überfluss, wird im Staate nichts zum Erfolg geführt, und bleibt der Mangel bestehen, schwindet beim Volk die Freude am Leben. In einem Staat, in dem nichts erfolgreich vollendet wird, über ein Volk ohne Lebensfreude zu regieren und die Ordnung wahren zu wollen, ist nicht möglich. Denn in diesem Fall hat der Herrscher nicht die Mittel, das Volk zu führen, und das Volk keinen Grund, dem Herrscher zu dienen.

Sicherheit und Gefahr erwachsen aus Richtig oder Falsch und nicht aus Stärke oder Schwäche. Sein und Untergang hängen ab von Trug oder Wirklichkeit und nicht von Viel oder Wenig. So war *Qi* zwar ein Staat mit zehntausend Kampfwagen, doch Name und Wirklichkeit stimmten nicht überein. Der Herrscher besaß keine wirkliche Macht im Staat und vermochte nicht, die Kluft zwischen Name und Wirklichkeit zu überwinden, sodass ihm schließlich die Beamten seine Macht rauben konnten. Und *Jie* – er war der Sohn des Himmels, verstand es jedoch nicht, zwischen Richtig und Falsch zu trennen. Er belohnte die Verdienstlosen und ließ zu, dass Schmeichler und Betrüger durch Heuchelei und Arglist zu Ehren kamen. Er bestrafte die Schuldlosen und ließ von Natur aus Buckligen den Rücken aufschneiden. Heuchelei und Betrug hielt er für wahr und das natürliche Wesen für unwahr. So wurde schließlich sein großes Reich von einem kleinen Staat besiegt.

Ein weiser Herrscher festigt seine Macht im Inneren und verliert sie so auch nach außen nicht. Es ist noch nie da gewesen, dass jemand die Macht in seiner unmittelbaren Nähe verloren hätte, ohne auch seine Macht in der Ferne einzubüßen. Die *Zhou* lernten aus den Fehlern des *Yin*-Hofes, als sie die *Yin*-Dynastie stürzten. Hätten die *Yin* an ihrem Hof keine Fehler gemacht, hätten die *Zhou* es niemals gewagt, auch nur auf das kleinste Stück Land zu hoffen. Wie hätten sie es da gar wagen sollen, die *Yin* vom Thron zu verdrängen?

Der weise Herrscher vertraut in seiner Herrschaft auf das Gesetz, und das Gesetz ist seinem Herzen vertraut. Er nähert sich ihm, wenn er regiert, und entfernt sich von ihm, wenn er nachdenkt. *Yao* schloss zu seiner Zeit keine unzerbrüchlichen Bündnisse, und doch wurde seinem *dao* des Herrschens gefolgt. *Shun* hinterließ späteren Generationen nicht das winzigste Stück Land, und doch trug seine Tugend Früchte. Einen weisen Herrscher kann man den nennen, der sein *dao* aus alten Zeiten schöpft und dessen Tugend zehntausend Generationen überdauert.

26. Kapitel

Der Weg zur Erhaltung des Staates

Erlässt ein weiser König Gesetze, werden die Guten durch die Belohnungen gefördert, die Hitzköpfe durch die Autorität in ihre Grenzen verwiesen und die Tätigkeiten entsprechend den Vorbereitungen abgeschlossen. In geordneten Zeiten haben jene Beamten geachtete Ämter inne, die viel leisten, erhalten jene hohe Belohnungen, die ihre Kräfte voll verausgaben, und werden jene berühmt, die bis zum Schluss aufrichtig sind. Die Guten leben auf wie die Natur im Frühling, und die Schlechten vergehen wie die Blumen im Herbst. Wenn das Volk zur Verausgabung all seiner Kräfte ermuntert werden kann und sich über völlige Aufrichtigkeit freut, kann man davon sprechen, dass die Oberen und Niederen in Einklang miteinander leben. Dann erreicht man, dass die Starken sich selbst auf die Regeln besinnen und *Ren Bi* an Pflichtbewusstsein übertreffen, die Krieger in den Tod ziehen und sein wollen wie *Meng Ben* und *Xia Yu*, die Bewahrer des Weges sich sorgen um die Standhaftigkeit und den Tod des *Zixu* sterben wollen. In diesem Fall kann der Herrscher sorglos schlafen, denn für den Erhalt des Staates ist bereits alles getan.

Jene, die sich im Altertum auf die Erhaltung des Staates verstanden, verboten das Leichte mithilfe des Schweren und stoppten das Kleine mithilfe des Großen. Deshalb waren der Edle und der Gemeine gleichsam rechtschaffend, Räuber *Zhe* sowie *Zeng Can* und *Shi Yu* waren in gleicher Weise unbescholten. Wie kann man das wissen? Nun, ein habgieriger Räuber begibt sich nicht in unwegsame Gebirgsschluchten, um Gold zu stehlen, weil er sich damit in Gefahr bringt. *Meng Ben* und *Xia Yu* wären nicht für ihre Tapferkeit berühmt geworden, wenn sie nicht die

Kraft ihrer Gegner gemessen hätten. Räuber *Zhe* wäre erfolglos in seinen Unternehmungen geblieben, hätte er nicht die Möglichkeiten durchdacht. Wenn ein kluger Herrscher die Verbote hütet, gibt es selbst für *Meng Ben* und *Xia Yu* Unbesiegbare und ist es für Räuber *Zhe* gefährlich, bestimmte Dinge zu entwenden. Gelingt es dem Herrscher, dass seine Verbote selbst von *Meng Ben* und *Xia Yu* nicht umgangen werden können und auch Räuber *Zhe* das von ihm Gehütete nicht entwenden kann, dann wahren sogar die Grausamen die Treue und die Bösen kehren zurück zur Redlichkeit. Verhalten sich die tapferen Recken treu und die mächtigen Räuber tugendhaft, lebt das Reich unter dem Himmel in allgemeiner Harmonie und das ganze Volk ist rechtschaffend.

Lässt der Herrscher ab vom Gesetz und verliert die Menschen, kann er sicher sein, dass ein Getreuer wie *Bo Yi* nichts unrechtmäßig entwendet, kann aber nicht verhindern, dass *Tian Cheng* und Räuber *Zhe* es tun. Heutzutage gibt es im Reich unter dem Himmel nicht einen Menschen, der *Bo Yi* an Treue gleicht, während es von treulosen Verrätern wimmelt. Deshalb werden Gesetze und Regeln aufgestellt. Sind die Regeln und Maße glaubwürdig, geht *Bo Yi* das Rechte nicht verloren und Räuber *Zhe* hat keine Möglichkeit, Unrecht zu tun. Sind die Gesetze genau unterteilt und klar, können weder die Weisen die Unwürdigen ausplündern, noch die Stärkeren die Schwachen unterdrücken, noch die Masse dem Einzelnen Gewalt antun. Vertraue das Reich unter dem Himmel dem Gesetz des *Yao* an, dann haben die getreuen Beamten das, was ihnen zukommt, und die treulosen Untertanen hoffen nicht auf glückliche Zufälle. Vertraue eintausend Goldstücke dem Pfeil des Bogenschützen *Hou Yi* an, dann kann sie *Bo Yi* nicht verlieren und Räuber *Zhe* wagt es nicht, sie zu rauben. *Yao* verstand es, die Verräter nicht aus den Augen zu verlieren. Deshalb gab es im Reich unter dem Himmel kein Unrecht. *Hou Yi* war geschickt genug, sein Ziel nicht zu verfehlen, sodass die eintausend Goldstücke nicht verloren gingen. Wenn sich das Böse nicht lange halten kann und dem Räuber *Zhe* Einhalt geboten wird, finden sich weder auf Bildern Darstellungen des *Zai Yu* und der sechs Minister, noch in Büchern Niederschriften über *Zixu* und *Fucha*. Die Kriegskunst von *Sun Wu* und *Wu Qi* wird nicht mehr gebraucht und Räuber *Zhes* wahres Wesen unterdrückt. Der Herrscher führt in seinem Jadepalast ein sorgloses Leben, ohne Zorn in den Augen, ohne mit den Zähnen zu knirschen und die Ohren zu spitzen. Die Untergebenen knien nieder und falten die Hände zum Gruß im Inneren der eisernen Mauern, ohne dass sie an den Handgelenken gepackt werden, ihre Lippen verschlossen bleiben und Seufzer den Raum erfüllen.

Hätten sie den Tiger ohne Käfig gefügig machen, Verrat ohne Gesetze ausmerzen und Falschheit ohne Siegel ausschließen wollen, *Ben* und *Yu* wären ins Unheil geraten und *Yao* und *Shun* hätten es schwer gehabt. Käfige werden nicht zum Schutz vor Mäusen errichtet, sondern dazu, dass die Schwachen und Furchtsamen den Tiger bändigen können. Gesetze werden nicht erlassen, um über ergebene Untertanen wie *Zeng Can* und *Shi Yu* zu herrschen, sondern um einen Durchschnittsherrscher zu befähigen, dem Räuber *Zhe* Einhalt zu gebieten. Siegel sind nicht zum Schutz vor einem Getreuen wie *Wei Sheng* gedacht, sondern dazu, dass die Masse nicht auf Betrüger hereinfällt. Der Herrscher darf sich nicht darauf verlassen, dass es Märtyrer wie *Bigan* geben könnte, und darf nicht darauf hoffen, dass schlechte Beamte keine Heuchler sein könnten. Er sollte sich auf das stützen, was die Schwachen befähigt, Tiger zu bändigen, und sollte an dem festhalten, was einem Durchschnittsherrscher ermöglicht, den Staat ohne Mühe zu erhalten. In der heutigen Zeit gibt es nichts, was von größerem Nutzen wäre als Loyalität gegenüber dem Herrscher und Tugend gegenüber dem Reich. Dann hat weder der Herrscher die Vision des Untergangs des Staates, noch der treue Untertan das Bild des persönlichen Ruins vor Augen. Wenn deutlich wird, dass die Achtung des Gesetzes belohnt wird, kann man damit erreichen, dass die Menschen all ihre Kraft verausgaben und für Amt und Würden ihr Leben opfern, in die wahren Gefühle von *Ben* und *Yu* eindringen und nicht durch die Todesstrafe ihr Leben gefährden, an der Habsucht des Räubers *Zhe* zweifeln und nicht wegen des Reichtums ihre Person in Gefahr bringen. Ist das erreicht, ist der Weg zur Erhaltung des Staates endgültig geebnet.

27. Kapitel

Wie man Menschen in Dienst nimmt

Ich habe gehört, dass im Altertum jene, die sich auf den Einsatz der Menschen verstanden, den Gesetzen der Natur und dem menschlichen Wesen folgten und Belohnungen und Strafen klarstellten. Die Befolgung der natürlichen Gesetzmäßigkeiten gestattete es ihnen, mit wenig Kraftaufwand Erfolge zu erzielen. Die Übereinstimmung mit dem menschlichen Wesen machte es möglich, dass die Erlasse auch ohne häufige Anwendung von Strafmaßnahmen ausgeführt wurden. Die Klarstellung von Belohnung und Strafe ermöglichte es, *Bo Yi* und Räuber *Zhe* auseinanderzuhalten. Auf diese Weise unterschied man Weiß und Schwarz.

Die Beamten eines wohlgeordneten Staates machen sich um den Staat verdient, um entsprechende Posten einzunehmen. Sie zeigen ihre Fähigkeiten im Amt, um Aufgaben zu übernehmen. Sie verausgaben ihre Kräfte im geforderten Maße, um Funktionen übertragen zu bekommen. Die Beamten besitzen die notwendigen Fähigkeiten, bewältigen die Aufgaben ihres Amtes und sind gewandt in der Ausübung ihrer Funktion. Niemand hält seine Kräfte zurück oder trägt die Verantwortung für ein weiteres Amt vor dem Herrscher. Daher gibt es im Inneren des Palastes keine durch verborgenen Hass genährten Intrigen und außerhalb kein Unheil der Art des *Ma Fu*. Der intelligente Herrscher achtet darauf, dass sich die Tätigkeiten nicht überschneiden, sodass niemand sich streitet. Kein Beamter darf ein zusätzliches Amt bekleiden, sodass sich die Begabungen auf die Sache konzentriert entfalten können. Niemals haben mehrere Menschen Anspruch auf ein und dasselbe Verdienst, sodass keine Rivalitäten entstehen. Wird den Streitereien ein Ende gesetzt und können sich die Talente voll ausprägen, dann kämpfen die Starken und die Schwachen nicht um die Macht, geraten Eis und glühende Kohle nicht zusammen und niemand im Reich unter dem Himmel verletzt einen anderen. Dergestalt ist der Gipfel der Ordnung.

Hätte er abgelassen von Gesetz und Staatskunst und sich beim Regieren nur auf sein Gefühl gestützt, hätte *Yao* niemals den Staat in Ordnung halten können. Ohne Zirkel und Dreieck, sich nur auf seine Sinne verlassend, könnte selbst *Xi Zhong* nicht ein einziges Rad zustande bringen. Würde er ohne Maß Lang und Kurz zu unterscheiden versuchen, könnte selbst *Wang Er* die Mitte nicht bestimmen. Wenn aber ein Durchschnittsherrscher festhält an Gesetz und Staatskunst und ein ungeschickter Handwerker Zirkel, Dreieck und Maßband handhabt, dann geht von allen Tätigkeiten keine daneben. Gelingt es dem Herrscher, abzulassen von dem, was selbst weise und kunstfertige Männer nicht vermögen, und festzuhalten an dem, wozu normale Menschen fähig sind, verausgaben alle ihre Kräfte und Erfolg und Reputation stellen sich ein.

Ein weiser Herrscher setzt Belohnungen aus, die zum Handeln anregen, und richtet Strafen ein, die von Verstößen gegen die Ordnung abhalten. Die Weisen werden mithilfe der Belohnungen ermuntert und geraten nicht ins Unheil wie *Zixu*. Die Unwürdigen begehen weniger Straftaten, und ihr Rücken ist nicht gekennzeichnet. Die Blinden leben auf ebenem Boden und stürzen nicht in tiefe Schluchten. Die Dummen wahren Ruhe und bringen sich nicht in Gefahr. Auf diese Weise sind die Oberen und Niederen in ihrer Güte vereint. Früher sagte man: „Die Gefühle der Menschen sind schwer zu erkennen. Freude und Hass sind schwer zu durchschauen." Deshalb lässt der Herrscher Memoranden anfertigen, bei Audienzen den Schlag der Trommeln bestimmen und lehrt die Gefühle mit dem Gesetz. Lässt er aber von diesen drei leicht zu handhabenden Techniken ab und vertraut allein auf das schwer zu erreichende Erkennen der Gefühle, sammeln sich oben Zorn und unten Groll. Regiert nunmehr ein von Zorn erfüllter Herrscher über vom Groll durchdrungene Untertanen, schweben alle in Gefahr.

Die Memoranden eines intelligenten Herrschers sind leicht zu erfassen, sodass die Absprachen funktionieren. Seine Lehren sind leicht zu verstehen, sodass die Worte verwirklicht werden. Seine Gesetze sind leicht zu handhaben, sodass die Befehle ausgeführt werden. Wenn diese drei Dinge wohlorganisiert sind und der Regent frei von selbstsüchtigen Gefühlen ist, werden die Untergebenen in die Lage versetzt, den Gesetzen gemäß die Ordnung zu wahren, den Memoranden folgend zu handeln, der Richtschnur entsprechend abzutrennen und sich an den Knotenpunkten orientierend zusammenzufügen. In diesem Fall gerät weder

der Regent in die unheilvolle Situation einer selbstsüchtigen Machtausübung, noch werden die Untergebenen von dummen, vermeidbaren Bestrafungen betroffen. Der Herrscher ist voller Klugheit und muss sich selten ärgern, während die Unteren Loyalität an den Tag legen und nur selten eine Schuld auf sich laden.

Es heißt: „Tätig und zugleich sorglos zu sein, das gelang selbst *Yao* nicht." Es gibt aber kaum Zeiten, in denen nichts zu tun wäre. Einen Regenten, der Titel und Pfründe, Reichtum und Ehren über alles stellt, kann man nicht unterstützen bei der Errettung seines in Gefahr schwebenden Staates. Deshalb ermuntert ein kluger Herrscher Schamhaftigkeit und Bescheidenheit und sucht nach Mitmenschlichkeit und Pflichtgefühl. Einst lebte ein Mann mit Namen *Jie Zitui*, der hatte weder Titel noch Besitz, folgte jedoch voller Pflichtgefühl dem Herzog *Wen*. Da er es nicht ertragen konnte, dass sein Herr Hunger litt, schnitt er sich aus Mitgefühl ein Stück Fleisch aus seinem Körper. Daraufhin pries der Herrscher seine Tugend, Bücher und Bilder rühmten seinen Namen. Der Herrscher freut sich, wenn die Menschen zum Wohle aller ihre Kräfte bis zur Neige ausschöpfen, während er darunter leidet, wenn sie ihm aus Selbstsucht seine Autorität streitig machen. Die Beamten sind zufrieden, wenn sie ihren Fähigkeiten entsprechend ein Amt übertragen bekommen, und leiden darunter, wenn einer allein die Verantwortung für zwei Posten tragen muss. Nichts ist darum von größerem Nutzen für Herrscher und Untergebene, als die Beseitigung dessen, worunter die Beamten leiden, und die Einrichtung dessen, was den Regenten erfreut. Gibt der Herrscher allerdings nicht acht auf das, was hinter den privaten Türen passiert, tut er wichtige Angelegenheiten mit leichtfertigen Überlegungen ab, ahndet er geringe Vergehen mit zu harten Strafen, hegt er alten Groll für die geringsten Vergehen, ärgert er sich über die Freuden anderer und begegnet er den Unheilvollen zu oft mit Wohlwollen, heißt das nichts anderes, als sich selbst die Hand abzuschlagen, um sie durch eine Jade-hand zu ersetzen. Im Resultat wird meist der Herrscher entmachtet.

Richtet der Herrscher etwas Schwer-zu-Realisierendes ein, ohne dass die Strafen dem entsprechen, entsteht heimlicher Hass. Besitzen die Beamten nicht die notwendigen Fähigkeiten und bekommen eine schwere Aufgabe übertragen, sammelt sich verborgener Hass. Wenn harte Arbeit nicht entsprechend gewürdigt wird und Kummer und Schmerz nicht auf Mitleid und Erbarmen stoßen, wenn der Herrscher in seiner Freude selbst einfache Menschen preist und Würdenträger und Pöbel in gleicher Weise belohnt, wenn er in seinem Zorn sogar Edle beschimpft und *Bo Yi* und Räuber *Zhe* in gleichem Maße mit Schande bedeckt, wenn dies der Fall ist, gibt es Untertanen, die gegen ihren Herrscher aufrührerisch sind.

Angenommen, der König von *Yan* würde sein eigenes Volk hassen und das Volk von *Lu* lieben, so würde weder das Volk von *Yan* ihm dienen, noch würde sich das Volk von *Lu* ihm anschließen. Das verhasste Volk verausgabt nicht seine Kräfte, um Erfolge in der Arbeit zu erzielen. Das Volk von *Lu* erfreut sich zwar seiner Gunst, wird aber niemals sein eigenes Schicksal vergessen und einem fremden Herrscher nahestehen. In diesem Fall besteht unter den Beamten Zwietracht, und der Herrscher ist alleingelassen. Wenn zerstrittene Beamte einem alleingebliebenen Herrscher dienen, ist das sehr gefährlich.

Wer das Ziel aus den Augen verliert und einfach drauflosschießt, ist nicht geschickt, wenn er ins Schwarze treffen sollte. Wer von Gesetz und Maßstab abgeht und seinem

Hass freien Lauf lässt, wird von treulosen Menschen nicht gefürchtet, auch wenn er töten und hinrichten lässt. Wenn jemand eine Schuld auf sich lädt und ein anderer dafür ins Verhängnis gestürzt wird, sammelt sich verborgener Groll. Deshalb gibt es in einem Staat der höchsten Ordnung Belohnungen und Strafen und nicht Freude und Hass, sodass die weisen Männer nicht mehr gebraucht werden. Es gibt Züchtigungen und Strafen und keine vergiftete, grausame Atmosphäre, sodass die Verräter sich unterwerfen. Wenn der abgeschossene Pfeil ins Ziel trifft und Belohnung und Strafe mit den Handlungen übereinstimmen, kann *Yao* wiedergeboren werden und *Hou Yi* auferstehen. In diesem Fall ereilt die Herrschenden nie das Unheil der letzten Herrscher der *Yin-* und *Xia*-Dynastie, und die Untergebenen geraten nicht ins Unglück wie *Bigan*. Der Regent kann ruhig schlafen, während die Beamten Freude an ihrer Arbeit haben. Ihr *dao* wird sich über Himmel und Erde ausbreiten und ihr *de* zehntausend Generationen anhalten.

Wahrlich, sollte der Herrscher nicht Risse und Löcher abdichten und seine Kraft mit der Verzierung mit weißem und rotem Lehm vergeuden, bricht das Haus bei Regen und Sturm zusammen. Wenn er das Unheil direkt vor seinen Augen nicht bekämpft, sondern für *Ben* und *Yu* schwärmt, Familienzwistigkeiten ignoriert und stattdessen eiserne Mauern an fernen Grenzen errichten lässt, den Rat seiner Vertrauten und Weisen missachtet und vielmehr Freundschaft schließt mit mächtigen Fürsten aus entlegenen Gebieten, wird sich eines Tages ein furchtbarer Wirbelsturm erheben. Dann werden weder *Ben* und *Yu* ihn retten können, noch erreicht ihn die Hilfe seiner entfernten Freunde zur rechten Zeit. Ein größeres Unglück als dieses gibt es nicht. Wer heute den Herrscher ehrlich beraten will, sollte weder den König von *Yan* dazu bringen, das Volk von *Lu* zu lieben, noch in modernen Zeiten für die Weisen des

Altertums schwärmen oder einen Ertrinkenden in einem mittleren Staat durch jemand aus dem Staat *Yue* retten lassen wollen. Dann leben die Stände in Eintracht. Innerhalb des Landes werden Erfolge erzielt, und nach außen macht man sich einen Namen.

28. Kapitel

Erfolg und Name

Vier Dinge sind es, mit deren Hilfe der kluge Regent Erfolge erzielt und zu Ruhm gelangt: der Ablauf der Jahreszeiten, die menschlichen Gefühle, Fertigkeiten und Können sowie Macht und Stellung. Wird der Ablauf der Jahreszeiten missachtet, sind selbst zehn *Yaos* nicht in der Lage, im Winter auch nur eine einzige Ähre zu ernten. Wird gegen die menschlichen Gefühle verstoßen, sind selbst *Ben* und *Yu* nicht fähig, die Menschen zur völligen Verausgabung ihrer Kräfte zu bringen. Gelingt es dem Herrscher, im Einklang mit den Jahreszeiten zu handeln, wächst alles von selbst, ohne dass er Arbeit damit hat. Vermag er die menschlichen Gefühle zu berücksichtigen, handeln alle von selbst, ohne dass man sie drängen muss. Setzt er die Menschen entsprechend ihren Fähigkeiten und Fertigkeiten ein, gehen sie ohne Aufforderung von selbst voller Eifer an die Arbeit. Kann er Macht und Stellung behaupten, kommen die Namen auch ohne Audienz zum Vorschein. Wie das Wasser fließt, so schwimmt das Boot. Der Herrscher hält fest am Lauf der Natur und erlässt für alle geltende Befehle. Daher nennt man ihn weise.

Wahrlich, selbst ein Weiser kann nicht über das Volk herrschen, wenn er zwar die Begabung, jedoch nicht die

Macht dazu hat. Platziert man zum Beispiel ein Stück Holz von nur einem Fuß Länge auf einen hohen Berg, überragt es eine tausend Meter tiefe Schlucht, doch nicht deshalb, weil das Holz so groß wäre, sondern weil seine Position hoch ist. *Jie* konnte als Himmelssohn über das Reich herrschen. Nicht, dass er weise gewesen wäre, seine Macht war groß. *Yao* konnte als einfacher Mann aus dem Volke nicht einmal drei Familien kultivieren. Nicht, dass er unwürdig gewesen wäre, seine Stellung war gering. Eine tausend *jun* schwere Geldschnur schwimmt auf einem Boot, während die kleinste Münze ohne Boot untergeht. Nicht, dass tausend *jun* leicht und eine kleine Münze schwer wären, es liegt an den Umständen. Deshalb kann ein kurzes Holz aufgrund seiner Position eine tiefe Schlucht überragen und ein Unwürdiger aufgrund seiner Macht über Weise herrschen.

Der Herrscher lebt ruhig, wenn alle im Reich unter dem Himmel ihre Kräfte vereinen und ihn gemeinsam unterstützen, und er ist geehrt, wenn die Masse sich in ihren Gefühlen einig ist und ihn gemeinsam einsetzt. Die Beamten sind loyal, wenn sie ihre Vorzüge wahren und sich entsprechend ihren Fähigkeiten verausgaben. Regiert ein geehrter Herrscher über loyale Beamte, entsteht lang anhaltendes Glück und Erfolg und Name stellen sich ein. Name und Tatsachen entsprechen einander und werden vollendet. Form und Schatten stimmen überein und stehen fest. So haben Herrscher und Beamte das gleiche Ziel, aber unterschiedliche Funktionen. Der Kummer des Regenten liegt darin, dass niemand seinen Vorstellungen entspricht, denn: Wer nur mit einer Hand zu klatschen versucht, wird trotz hastiger Bewegung keinen Ton hervorbringen. Die Sorge der Beamten beruht darauf, dass sie sich nicht auf ein Amt konzentrieren können, denn: Man kann nicht gleichzeitig mit der rechten Hand einen Kreis und mit der linken ein

245

Quadrat malen. So heißt es folglich auch: In einem wohl-geordneten Staat sind der Regent der Trommelstock und die Beamten die Trommel, die Fähigkeiten der Wagen und die Aufgaben das Pferd. Wer Kraftreserven hat, richtet sie auf die Ziele des Herrschers. Wer über nicht ausgelastete Fertigkeiten verfügt, macht sich an eine bestimmte Aufgabe. Man kann keine Erfolge erzielen, ohne seine Kraft dafür einzusetzen. Man kann dem Herrscher nicht nahe-stehen, ohne Vertrauen zu genießen. Man kann sich keinen Namen machen, ohne eine entsprechende Position zu bekleiden. Wenn die Nahestehenden bereits mit dem Herr-scher vertraut sind und die Entfernten nicht in Kontakt mit ihm kommen können, sind Name und Tatsachen nicht in Einklang miteinander. Selbst so vollkommene Weise wie *Yao* und *Shun* in ihrer Tugend und *Bo Yi* in seinem Ver-halten können keine Erfolge erzielen und sich damit einen Namen machen, wenn ihre Stellung nicht durch die Masse unterstützt wird. So wurden jene, denen es im Altertum ge-lang, Erfolge und Namen zu begründen, von der Masse nach Kräften unterstützt, von den Nahestehenden mit Auf-richtigkeit umgeben, von den Entfernten mit Namen ge-rühmt und von den Geehrten durch Macht unterstützt. Weil das so war, fanden ihre Verdienste im Staat Verewi-gung wie der Berg *Taishan*. Ihr Name strahlt in ewigem Glanz über Himmel und Erde wie Sonne und Mond. *Yao* wandte sein Gesicht gen Süden und bewahrte die Namen, während *Shun* das Gesicht nach Norden richtete und tätig war.

29. Kapitel

Die große Ordnung

Jene, die im Altertum die große Ordnung zur Vollkommenheit führten, sahen auf Himmel und Erde, beobachteten Flüsse und Meere und folgten Bergen und Tälern. Sie richteten ihr Leben nach dem Schein von Sonne und Mond, dem Lauf der vier Jahreszeiten sowie dem Erscheinen von Wolken und der Wirkung des Windes. Sie belasteten weder ihr Herz mit Klugheit, noch sich selbst mit Eigennutz. Sie vertrauten bei der Bestimmung von Ordnung und Chaos auf Gesetz und Staatskunst, verließen sich bei der Entscheidung über Richtig oder Falsch auf Belohnung und Strafe und überließen die Unterscheidung von Leicht und Schwer der Waage und den Gewichten. Sie handelten niemals im Gegensatz zu den Prinzipien des Himmels, noch verletzten sie die Natur des Menschen. Es wurden keine Härchen weggeblasen, um kleinste Makel zu finden und kein Staubkörnchen abgewaschen, um schwer Erkennbares zu erforschen. Niemand wurde von der Richtschnur abweichend gefördert oder verstoßen. Es gab weder übereiltes Handeln außerhalb des Gesetzes, noch nachlässiges Vorgehen innerhalb des Gesetzes. Man bewahrte die feststehenden Prinzipien und folgte dem natürlichen Lauf. Unheil und Glück hatten ihren Ursprung in den Gesetzen der Natur und der Menschen und nicht in Liebe und Hass. Die Verantwortung für Ruhm und Schmach lag bei jedem selbst und nicht bei anderen.

In der Welt des höchsten Friedens ist das Gesetz wie der Tau des Morgens – rein, natürlich und nicht verworren. Das Herz ist frei von beklemmendem Hass und der Mund kennt kein böses Wort. So werden Wagen und Pferde auf langen Wegen nicht erschöpft, Fahnen und Banner geraten nicht in Verwirrung in großen Sümpfen, das Volk verliert nicht sein Leben durch Banditen und Soldaten, tapfere Krieger riskieren nicht ihr Leben auf dem Schlachtfeld, die Namen herausragender Männer werden nicht in Bildern und Büchern gerühmt, ihre Leistungen werden nicht auf Tellern und Schalen aufgezeichnet, und die Annalen bleiben leer und unbeschrieben. Daher heißt es: Es gibt keinen größeren Nutzen als die Einfachheit und kein länger anhaltendes Glück als den Frieden.

Angenommen, Meister *Shi* könnte eintausend Jahre leben, um mit Hilfe von Hakenschwert, Zirkel, Winkel und Richtschnur den Berg *Taishan* zurechtzurücken, oder *Ben* und *Yu* würden das *Ganjiang*-Schwert umschnallen, um das Volk zu vereinen. Trotz Aufbringung aller Kräfte für den Erfolg und trotz extremer Verlängerung des Lebens könnte der Berg *Taishan* nicht zurechtgerückt und das Volk nicht geeint werden. Deshalb heißt es: Die Verwalter des Reiches im Altertum ließen weder Meister *Shi* seine Meisterschaft ausschöpfen, um damit das Äußere des *Taishan* zu zerstören, noch *Ben* und *Yu* ihre Autorität voll einsetzen, um damit das Wesen des Volkes zu verletzen. Wird der Weg der Natur befolgt und findet das Gesetz überall Anwendung, lebt der Edle in Freude und werden die großen Verbrechen gestoppt. Die Ruhe und Stille bewahrend folgt der Herrscher den Vorschriften des Himmels und verwaltet die große Ordnung. Er sorgt dafür, dass die Menschen nicht die Schuld der Abweichung vom Gesetz auf sich laden und die Fische nicht zu ihrem Unheil aus dem Wasser geraten. Auf diese Weise gibt es kaum etwas, was im Reich nicht zu schaffen wäre.

Wenn der Obere nicht ist wie der Himmel, werden nicht alle Niederen von der Ordnung eingeschlossen. Wenn der Geist nicht ist wie die Erde, vermag er die Dinge nicht zu tragen. Der Berg *Taishan* unterscheidet nicht zwischen Gut und Böse. Deshalb konnte er seine Größe erreichen. Die Flüsse und Meere sind nicht wählerisch gegenüber den kleinen Zuflüssen. Deshalb konnten sie so reich werden. Gleichsam vertraut der große Mann in der Form auf Himmel und Erde, und die zehntausend Dinge sind vollständig. Er ordnet seine Gedanken wie die Berge und Meere, und der Staat ist reich. Die Oberen leiden nicht am Gift des ausbrechenden Zornes und die Niederen am Unheil des verborgenen Hasses. Die Stände verkehren miteinander auf unverfälschte Weise und sehen das Maß der Dinge in den Gesetzen der Natur. So werden lang anhaltender Nutzen angehäuft und große Leistungen vollbracht. Zu Lebzeiten erntet man den Ruhm und findet die Tugend von späteren Generationen gepriesen. Das ist der Gipfel der Ordnung.

NEUNTES BUCH

30. Kapitel

Innere Sammlung von Erzählungen

Erster Teil: Die sieben Regierungstechniken

Es gibt sieben Regierungstechniken, die der Herrscher anwenden, und sechs Geheimnisse, die er kennen muss. Die sieben Regierungstechniken sind: Erstens, viele Meinungen sammeln und die Ansichten vergleichen; zweitens, die Strafen verbindlich und die Autorität sichtbar machen; drittens, die Belohnungen glaubwürdig machen und die Fähigkeiten ausschöpfen; viertens, Ratschläge einzeln anhören und den Vorschlagenden dafür verantwortlich machen; fünftens, verblüffende Befehle und ungewöhnliche Anweisungen; sechstens, das eigene Wissen verschleiern und andere befragen; siebentens, die Worte verdrehen und die Handlungen umkehren. Diese sieben Techniken sollte der Herrscher anwenden.

1. Die Ansichten vergleichen
Hört der Herrscher die Meinungen an, ohne sie zu vergleichen, erkennt er die Wahrheit nicht. Finden Cliquen beim Herrscher Gehör, wird er von der Welt isoliert und abgeschirmt. Als Beweis dafür dient der Traum des Hofnarren von einem Herd und die Verwirrung des Herzogs *Ai* aufgrund mangelnder Beratung. So glaubte ein Mann aus *Qi*, den Flussgott *Hebo* gesehen zu haben, und Meister *Hui* sagte, dass der Herrscher eine Hälfte verloren hätte. Das darin liegende Unheil äußerte sich in dem durch *Shu Niu*

verursachten Hungertod des *Shusun* und in der Erörterung eines im Staate *Jing* gängigen Brauches durch *Jiang Yi*. Herzog *Si* wollte Ordnung schaffen, kannte jedoch nicht die dazu notwendige Staatskunst und versuchte deshalb, den Hofstaat gegeneinander auszuspielen. Aus diesem Grund errichtet ein weiser Herrscher einen eisernen Schutzwall um sich herum und beurteilt ein Vergehen auf dem Markt aufgrund von drei verschiedenen Aussagen.

2. Verbindliche Strafen

Ist der Herrscher zu gutherzig, stehen die Gesetze nicht fest. Ist die Autorität zu gering, usurpieren die Unteren die Macht der Oberen. Aus diesem Grund bleiben die Verbote und Befehle wirkungslos, wenn die Strafen und Züchtigungen nicht unausweichlich sind. Als Beweis dafür dient Meister *Dongs* Reise in die steinerne Stadt und *Zichans* Belehrung des *You Ji*. So sprach *Zhongni* vom herabfallenden Reif, wurde nach dem Gesetz von *Yin* das Ascheausschütten auf der Straße bestraft, verließ die Eskorte *Yue Chi* und bestrafte *Gongsun Yang* kleine Vergehen hart. Deshalb konnte das Gold des *Lishui*-Flusses nicht vor Räubern bewahrt und das Feuer in einem sumpfreichen Gebiet nicht gelöscht werden. *Cheng Huan* sah die Ursache für die Schwäche des Staates *Qi* in der zu großen Menschenliebe des Herrschers, und *Bu Pi* prophezeite den Untergang des Königs von *Wei* aufgrund seiner Güte und Barmherzigkeit. *Guan Zhong* wusste um die Wirkung verbindlicher Strafen und ließ darum Tote verurteilen. Herzog *Si* wusste darum und kaufte deshalb einen entflohenen Sträfling zurück.

3. Der Ruhm der Belohnungen

Sind Belohnungen und Ehren gering und ungewiss, lassen sich die Untergebenen damit nicht führen. Sind sie hingegen groß und glaubwürdig, gehen die Untertanen dafür leicht in den Tod. Als Beweis dafür dient Meister *Wens*

Vergleich mit einem wilden Hirsch. Aus diesem Grund legte der König von *Yue* Feuer in seinem Palast, nahm *Wu Qi* eine Wagendeichsel zu Hilfe, fällte *Li Kui* sein Urteil bei Rechtsstreiten durch Wettkämpfe im Bogenschießen und starben die Leute aus *Chongmen* im Staate *Song* vor Trauer. *Goujian* wusste um die Wirkung glaubwürdiger Belohnungen und machte eine Verbeugung vor einem wütenden Frosch. Marquis *Zhao* wusste ebenfalls darum und bewahrte alte Hosen auf. Hohe Belohnungen machen aus den Menschen tapfere Helden wie *Meng Ben* und *Zhuan Zhu*. Das äußert sich darin, dass die Frauen Seidenraupen sammeln und die Fischer Störe fangen.

4. Ratschläge anhören
Hört der Herrscher die Vorschläge einzeln an, ist es ihm nicht möglich, die Weisen von den Dummen zu unterscheiden. Werden die Untergebenen aber dann für ihren Rat verantwortlich gemacht, können sie nicht verwechselt werden. Als Beweis dafür dient die Forderung nach Annexion von *Zheng* und das Spiel auf der *Yu*-Flöte. Das davon ausgehende Verhängnis zeigte sich, als *Zhao Shao* und *Han Ta* von Meister *Shen* ausgeschickt wurden, das Verhalten des Herrschers zu erforschen. Deshalb riet Prinz *Fan,* das Gebiet östlich des Gelben Flusses abzutreten, und schlug Marquis *Ying* vor, das Gebiet *Shangdang* abzutreten.

5. Ungewöhnliche Anweisungen
Hat jemand häufige Zusammenkünfte mit dem Herrscher und steht lange Zeit in seiner Gunst, ohne ein Amt übertragen zu bekommen, laufen die Verräter wie Hirsche auseinander. Schickt der Herrscher jemanden los, um über andere Erkundungen einzuziehen, wagt es niemand, sich aus Eigennutz bestechen zu lassen. Deshalb rief *Pang Jing* einen Beamten zurück, befahl *Dai Huan,* nach einem Wagen mit Verdeck Ausschau zu halten, verlor der Herr-

scher von *Zhou* eine Nephrithaarspange und sprach der Kanzler von *Shang* über Kuhmist.

6. *Das eigene Wissen verschleiern*
Verschleiert der Herrscher sein eigenes Wissen und befragt die anderen, erfährt er alles, was er nicht weiß. Durchdringt er eine Sache bis ins Letzte, kann er selbst die zahllosen versteckten Dinge auseinanderhalten. Als Beweis dafür dient das Verstecken eines Fingernagels in der Faust durch Marquis *Zhao*. So stützte er sich auf die Kenntnis der Situation am Südtor und erhielt Kenntnis über die anderen drei Richtungen. Der Herrscher von *Zhou* ließ nach gebogenen Stöcken suchen und versetzte die Untertanen in Furcht. *Bu Pi* gab dem Sohn einer Nebenfrau einen Auftrag und *Ximen Bao* gab vor, einen Achssplint verloren zu haben.

7. *Die Worte verdrehen*
Verdreht der Herrscher die Worte und verkehrt die Handlungen in ihr Gegenteil, um sich über seine Zweifel klar zu werden, kann er das Wesen der Schlechtheit erfassen. So verleumdete *Yang Shan* den *Jiu Shu*, gab *Nao Chi* vor, dass eine Gesandtschaft aus *Qin* gekommen sei, wollten die Leute aus *Qi* revoltieren, prüfte *Zizhi* sein Gefolge mit Hilfe eines weißen Pferdes, trennte *Zichan* zwei vor Gericht Klagende und schickte Herzog *Si* jemanden über die Grenze.

Erzählungen zur Illustration der ersten Technik

Zur Zeit des Herzogs *Ling* von *Wei* genoss *Mi Zixia* die uneingeschränkte Gunst des Herrschers von *Wei*. Da trug es sich zu, dass ein zwergenhafter Hofnarr vom Herzog empfangen wurde und sprach: „Der Traum Eures ergebenen Dieners ist in Erfüllung gegangen." Und auf die Frage des Herzogs, um was für einen Traum es sich handelte, fuhr er fort: „Ich sah im Traum einen Küchenherd, als ich von Euch träumte." Der Herzog sagte ärgerlich: „Soweit mir bekannt ist, sieht man im Traum die Sonne, wenn man vom Herrscher träumt. Wie kannst du dann im Traum einen Küchenherd sehen, wenn du von mir träumst?" Da sprach der Zwerg: „Fürwahr, die Sonne erstrahlt über allen Dingen im Reich unter dem Himmel und nichts kann sie verhüllen. Der Herrscher steht über allen im Staat und niemand kann ihn verdecken. Deshalb sieht man im Traum die Sonne, wenn man vom Herrscher träumt. Steht aber nur ein Mensch vor einem Küchenherd, kann jemand, der hinter ihm steht, den Herd nicht sehen. Nehmen wir nun an, jemand steht vor dem Herrscher. Wäre es da nicht denkbar, dass Euer ergebener Diener von einem Küchenherd träumt?"

Einst fragte Herzog *Ai* von *Lu* den *Kongzi:* „Ein einfaches Sprichwort besagt: ‚Wer nicht viele Meinungen kennt, geht fehl.' Woran liegt es dann aber, dass das Durcheinander in den Staatsangelegenheiten immer größer wird, obwohl ich vor jeder Unternehmung den Rat meiner Beamten einhole?" *Kongzi* gab ihm zur Antwort: „Wenn ein Herrscher seine Beamten in einer Staatsangelegenheit befragt, so mag der eine etwas über diese Sache wissen, während ein anderer nichts davon versteht. Weil das so ist, thront der kluge Regent über allen, während die Beamtenschar die Frage in seinem Beisein erörtert. Heute ist es so, dass nicht ein einziger Amtsträger dem *Jisun* nicht nach dem Munde redet und alle im Staate *Lu* nur eine Meinung vertreten. Selbst wenn Ihr jeden einzelnen Mann im Staate *Lu* zu Rate ziehen würdet, könntet Ihr dem Chaos doch nicht entrinnen."

Ein anderes Buch berichtet: Als einst Meister *Yan* dem Staate *Lu* einen Besuch abstattete, wurde er von Herzog *Ai* gefragt: „Ein Sprichwort besagt: ‚Wer nicht mindestens drei Meinungen kennt, geht fehl.' Wie kommt es dann, dass der Staat *Lu* nicht aus dem Durcheinander herauskommt, obwohl ich mit dem ganzen Staat die Staatsgeschäfte berate?" Da gab ihm Meister *Yan* zur Antwort: „Das alte Sprichwort ‚Wer nicht mindestens drei Meinungen kennt, geht fehl.' besagt, dass sich ein Mann irren kann, während die anderen zwei die Sache richtig sehen, sodass drei Meinungen ausreichen zur Beratung. Darum gab es dieses Sprichwort. Heute zählen die Beamten des Staates *Lu* nach Hunderten und Tausenden, doch alle reden sie wie aus einem Mund zum Nutzen des *Ji*-Clans. Es ist nicht so, dass die Zahl der Berater gering wäre, doch was gesagt wird, ist immer nur die Meinung eines Mannes. Wie solltet Ihr also drei Meinungen hören können?"

Es war einmal ein Mann aus *Qi*, der sprach zu seinem König: „Der Gott des Gelben Flusses ist eine mächtige Gottheit. Warum versucht Ihr nicht, Euch mit ihm zu treffen? Lasst Euren ergebenen Diener für Euch ein Treffen mit ihm organisieren." So errichtete er denn inmitten der Fluten einen Altar und stellte sich zusammen mit dem König dort auf. Als nach einer Weile ein großer Fisch vorbeikam, sagte der Mann: „Das ist der Gott des Gelben Flusses."

Zhang Yi wollte mit den vereinten Kräften von *Qin, Han* und *Wei* die Staaten *Qi* und *Jing* überfallen, während *Hui Shi* dem Krieg mit *Qi* und *Jing* ein Ende setzen wollte. Beide disputierten miteinander. Die Beamten und Höflinge sprachen sich alle für den Vorschlag von Meister *Zhang* aus und hielten einen Angriff auf *Qi* und *Jing* für vorteilhaft. Meister *Huis* Vorschlag aber wurde von niemandem unterstützt. Der König hörte in der Tat auf Meister *Zhang* und meinte, Meister *Huis* Worte seien nicht praktikabel. Als der Angriff auf *Qi* und *Jing* bereits beschlossene Sache war und Meister *Hui* beim Herrscher vorstellig wurde, sprach der König zu ihm: „Ihr solltet nicht mehr darüber reden. Der Angriff auf *Qi* und *Jing* ist wirklich von Vorteil. Alle im Staat vertreten diese Meinung." Da entgegnete Meister *Hui:* „Ihr solltet es überdenken. Wenn der Angriff auf *Qi* und *Jing* wirklich von Vorteil ist und alle dies behauptet haben, wie viele kluge Männer gibt es dann im Land? Wenn der Angriff auf *Qi* und *Jing* sich aber in Wirklichkeit als unvorteilhaft erweist, aber alle behauptet haben, er sei von Vorteil, muss es da nicht viele dumme Männer im Land geben? Wer Pläne macht, hegt Zweifel. Wer aber an etwas wirklich zweifelt, hält eine Sache zur Hälfte für machbar und zur Hälfte für nicht durchführbar. Nun halten alle im Land den Angriff für möglich, sodass Ihr, mein König, eine Hälfte verloren habt. Wer als Herrscher beständig eine Hälfte verliert, wird ausgeplündert."

Shusun war als erster Minister im Staate *Lu* geachtet und hatte Einfluss. Sein Günstling mit Namen *Shu Niu* missbrauchte *Shusuns* Anweisungen. *Shusun* besaß auch einen Sohn mit Namen *Ren,* den *Shu Niu* aus Eifersucht töten wollte. So begab er sich zusammen mit *Ren* in die Gemächer des Herrschers von *Lu.* Dieser schenkte ihm einen Jadering. *Ren* nahm ihn mit einer tiefen Verbeugung entgegen, wagte aber nicht, ihn an seinem Gürtel zu befestigen, sondern beauftragte *Shu Niu,* erst die Erlaubnis des *Shusun* zu erbitten. *Shu Niu* täuschte ihn und sprach: „Ich habe die Erlaubnis für Euch schon erbeten. Ihr könnt den Ring an Eurem Gürtel tragen", was *Ren* schließlich auch tat. Später fragte *Shu Niu* den *Shusun:* „Warum stellt Ihr Euren Sohn *Ren* nicht dem Herrscher vor?" *Shusun* entgegnete: „Wieso sollte das Rind einer Audienz würdig sein?" Da sprach *Shu Niu* weiter: „*Ren* ist schon mehrmals vom Herrscher empfangen worden. Ja, der Herrscher schenkte ihm sogar einen Jadering, den *Ren* nun an seinem Gürtel trägt." *Shusun* ließ seinen Sohn *Ren* zu sich rufen, sah, dass er wirklich den Ring an seinem Gürtel trug, war erbost darüber und tötete *Ren*. *Rens* älterer Bruder hieß *Bing*. Auch ihn wollte *Shu Niu* aus Eifersucht töten. *Shusun* ließ eine Glocke für *Bing* gießen, doch als die Glocke fertig war, wagte *Bing* nicht, sie zu schlagen, sondern beauftragte *Shu Niu*, die Erlaubnis des *Shusun* zu erbitten. *Shu Niu* aber holte die Erlaubnis nicht ein, sondern täuschte ihn und sprach: „Ich habe die Erlaubnis für Euch schon erbeten. Ihr könnt die Glocke schlagen", was *Bing* schließlich auch tat. Als *Shusun* davon hörte, sagte er: „Ohne mich zu fragen hat *Bing* eigenmächtig die Glocke geschlagen." Er wurde zornig auf ihn und jagte ihn fort. *Bing* floh nach *Qi*. Nach einem Jahr schlug *Shu Niu* vor, dass *Shusun* seinem Sohn verzeihen solle. So schickte dieser den *Shu Niu*, um seinen Sohn herbeizurufen. Ohne ihn zurückgerufen zu haben, erstattete *Shu Niu* seinen Bericht und sprach: „Ich rief ihn zurück, doch *Bing* ist so zornig, dass er es ablehnt zurückzukommen." Da geriet *Shusun* außer sich vor Wut und schickte jemanden los, um ihn töten zu lassen. Seine beiden Söhne waren bereits tot, da wurde *Shusun* krank. Allein *Shu Niu* kümmerte sich um ihn, schickte die Höflinge weg und ließ niemand zu ihm hinein, indem er sagte: „*Shusun* wünscht keine menschliche Stimme zu hören." *Shu Niu* aber gab ihm nichts zu essen, sodass *Shusun* verhungerte. Als *Shusun* gestorben war, ließ *Shu Niu* keine Trauerfeier für ihn abhalten, sondern holte die größten Schätze aus den Schatzkammern und setzte sich nach *Qi* ab. *Shusun* hörte nur auf die Worte des Mannes, dem er vertraute, und schließlich fanden der Vater und die Söhne den Tod. Das Unheil rührte daher, dass nicht verschiedene Ansichten verglichen wurden.

Einst kam *Jiang Yi* als Gesandter des Königs von *Wei* nach *Jing* und sprach zum Herrscher von *Jing*: „Als ich in Euer Land kam, hörte ich von einem hier üblichen Brauch, der besagt: Ein Edelmann verbirgt nicht das Gute in einem anderen und spricht nicht vom Schlechten in einem anderen. Gibt es diesen Brauch wirklich?" Und als der König dies bejahte, fuhr *Jiang Yi* fort: „Besteht in diesem Fall nicht die Gefahr, dass ein Mann wie *Baigong* aufrührerisch wird? Wenn Ihr es wirklich so haltet, dann entgehen die schuldigen Untergebenen der Todesstrafe."

Herzog *Si* von *Wei* hielt große Stücke auf *Ru Er* und liebte Prinzessin *Shi*. Er befürchtete jedoch, dass die beiden seine Zuneigung und Liebe ausnutzen könnten, um ihn von der Welt fernzuhalten. Deshalb adelte er *Bo Yi*, damit *Ru Er* einen Rivalen hatte, und bevorzugte Prinzessin *Wei*, um sie der Prinzessin *Shi* gleichzustellen, und sagte: „Auf diese Weise werden sie sich gegenseitig aneinander messen." Herzog *Si* wollte nicht von der Welt abgeschirmt werden, doch er besaß nicht die nötige Staatskunst dazu. Wenn er nicht dafür sorgt, dass ein einfacher Mann einen Edelmann anzeigen und ein Untergebener über seinen Vorgesetzten richten kann, sondern nur diejenigen es wagen, sich gegenseitig anzuzeigen, die sich in Macht und Einfluss gleich sind, zieht er nur noch mehr Untergebene heran, die ihn von der Welt fernhalten und abschirmen. Das war der Anfang von Herzog *Sis* Entfremdung von der Welt.

Kommen Pfeile aus einer bestimmten Richtung, errichtet man einen eisernen Schutzwall, um sich vor den aus dieser Richtung kommenden Pfeilen zu schützen. Kommen die Pfeile aber nicht aus einer bestimmten Richtung, baut man einen eisernen Raum, um sich vor den Pfeilen aus allen Richtungen zu schützen. Wer sich schützt, wird nicht verletzt. So wie sich der Herrscher vor den Pfeilen schützt, um nicht verletzt zu werden, betrachtet er alle Untergebenen als seine Feinde, um nicht hintergangen zu werden.

Pang Gong wurde einmal zusammen mit dem Kronprinzen als Geisel nach *Handan* geschickt und sagte zum Herrscher von *Wei:* „Angenommen, es gibt einen Mann, der behauptet, auf dem Marktplatz sei ein Tiger. Würdet Ihr ihm glauben?" Die Antwort lautete: „Nein." – „Und wenn zwei Männer behaupten, es sei ein Tiger auf dem Markt. Würdet Ihr es dann glauben?" Wieder hieß die Antwort: „Nein." – „Und wenn drei Männer behaupten, dass ein Tiger auf dem Markt ist. Würdet Ihr es dann glauben?" – „Ja, dann würde ich es glauben", sagte der Herrscher. Da sprach *Pang Gong:* „Es ist nur zu bekannt, dass es auf dem Markt keinen Tiger gibt. Doch kaum reden drei Männer davon, schon gibt es den Tiger. Nun ist *Handan* viel weiter entfernt von *Wei* als der Markt vom Hof, und es gibt bestimmt mehr als drei Menschen, die schlecht über mich sprechen. Ich bitte Euch, o Herrscher, prüft ihre Worte genau." Als *Pang Gong* schließlich aus *Handan* zurückkehrte, wurde er nicht mehr vom Herrscher empfangen.

Erzählungen zur Illustration der zweiten Technik

Dong Yanyu war einst Präfekt des oberen Landes in *Zhao,* als er durch die Berge der steinernen Stadt reiste und an einer Schlucht vorbeikam, die steil wie eine Wand und mehrere Hundert Fuß tief war. Da fragte er die Bewohner aus der Umgebung: „Hat schon einmal jemand versucht, in diese Schlucht hinabzusteigen?" – „Noch niemand", bekam er zur Antwort und fragte weiter: „Hat schon einmal ein Rind, ein Verrückter oder Schwachsinniger versucht, in die Schlucht zu steigen?" – „Noch niemals", bekam er wieder zur Antwort und fragte erneut: „Ist schon einmal eine Kuh oder ein Pferd, ein Hund oder ein Schwein in diese Schlucht gefallen?" Auch dieses Mal lautete die Antwort: „Noch nie", und *Dong Yanyu* sagte mit einem tiefen Seufzer: „Jetzt weiß ich, wie ich regieren muss. Ich muss dafür sorgen, dass meine Gesetze gnadenlos sind und wie der Abstieg in die Schlucht zum Tode führen. Dann wagt es niemand, dagegen zu verstoßen. Wie könnte es dann keine Ordnung geben?"

Als *Zichan*, Minister des Staates *Zheng*, krank und dem Tode nahe war, sprach er zu *You Ji*: „Nach meinem Tode werdet Ihr sicher meinen Posten in *Zheng* bekommen. Ihr müsst die Menschen mit Strenge regieren. So verbrennen sich die Menschen nur selten, weil ihnen das Feuer Respekt einflößt, während viele ertrinken, weil ihnen das Wasser ungefährlich erscheint. Ihr müsst Euch streng geben und dürft nicht schwächlich erscheinen." Als *Zichan* gestorben war, getraute sich *You Ji* jedoch nicht, streng zu sein. So stifteten sich die jungen Männer von *Zheng* gegenseitig an und wurden zu Räubern, die in Sümpfen hausten und nur darauf warteten, *Zheng* in Schwierigkeiten zu stürzen. *You Ji* zog mit Kampfwagen und Kavallerie in den Kampf gegen sie, konnte sie aber erst nach einem vierundzwanzigstündigen Kampf überwinden, woraufhin er tief seufzte und sprach: „Hätte ich den Rat meines Meisters schon eher befolgt, hätte ich es nicht bedauern müssen, dass es so weit gekommen ist."

Einst fragte Herzog *Ai* von *Lu* den *Zhongni*: „In den *Frühlings- und Herbstannalen* steht geschrieben: ‚Im letzten Monat des Jahres, im Winter herabfallender Reif tötete die Pflanzen nicht.' Warum wurde diese Aufzeichnung niedergeschrieben?" *Zhongni* gab ihm zur Antwort: „Sie besagt, dass die Pflanzen hätten vernichtet werden können, aber nicht vernichtet wurden. Wenn sie nicht vernichtet werden, obwohl dies notwendig ist, tragen Pfirsiche und Pflaumen im Winter Früchte. Gerät der Himmel vom Weg des natürlichen Ablaufs ab, setzen sich sogar Gräser und Bäume

über ihn hinweg. Um wie viel mehr muss das für den Herrscher gelten."

Nach den Gesetzen des Staates *Yin* wurde derjenige bestraft, der Asche auf die Straße schüttete. *Zigong* hielt dieses Gesetz für zu streng und befragte *Zhongni* danach,
doch dieser sprach: „Sie wussten um den rechten Weg zur
Ordnung. Wenn jemand Asche auf die Straße schüttet,
hüllt er andere in Staub. Dadurch ruft er den Zorn der anderen hervor und es kommt zu Streitigkeiten, unter denen
alle drei Generationen zu leiden haben. Was für drei Generationen Leid bedeutet, kann man ruhig bestrafen. Natürlich hassen die Menschen harte Strafen, aber es ist leicht
für sie, keine Asche auf die Straße zu schütten. Es ist der
rechte Weg zur Ordnung, wenn man die Menschen veranlasst, das zu tun, was leicht ist, und ihre Abneigungen nicht
zu vergessen."

Eine andere Quelle besagt, dass nach dem Gesetz des Staates *Yin* demjenigen eine Hand abgeschlagen wurde, der
Asche auf öffentliche Straßen schüttete. *Zigong* sprach:
„Das Ausschütten von Asche ist ein kleines Vergehen, das
Abschlagen der Hand hingegen eine harte Strafe. Warum
waren die Menschen im Altertum so grausam?" Er erhielt
zur Antwort: „Es ist leicht, keine Asche auszuschütten, und
keiner will, dass ihm die Hand abgeschlagen wird. Man
hielt es im Altertum für einfach, das zu tun, was leicht ist,
und das zu vermeiden, was man verabscheut. Deshalb gab
es dieses Gesetz."

Yue Chi, Minister von *Zhongshan*, fuhr mit hundert
Wagen als Gesandter nach *Zhao*. Er wählte die klügsten
und fähigsten unter seinen Leuten aus und machte sie zu
seiner Eskorte. Auf halbem Wege brach eine Revolte aus,
und *Yue Chi* sagte: „Ich hielt euch für klug und machte

euch zu meiner Eskorte. Wie kommt es nun, dass ihr auf halbem Wege aufrührerisch seid?" Die Männer sagten sich von ihm los und verließen ihn mit den Worten: „Ihr wisst nichts über die Ordnung. Mit Autorität macht man Menschen gefügig, und mit dem Vorteil spornt man sie an. So kann man sie beherrschen. Nun sind wir kleine Leute in Euren Diensten. Ihr wollt mit Hilfe der kleinen die großen Leute in Euren Diensten zur Räson rufen und mit Hilfe der Niederen die Achtbaren regieren, ohne das Mittel von Belohnung und Strafe in Händen zu halten, um sie zur Ordnung rufen zu können. Das ist der Grund für die Revolte. Ihr hättet Eure Untergebenen früher so behandeln sollen: Wer gut ist, den kann ich zum Minister machen, und wer schlecht ist, den muss ich hinrichten lassen. Wie hätte es da zu Unordnung kommen können?"

Nach dem Gesetz des *Gongsun Yang* wurden kleine Vergehen hart bestraft, denn gegen harte Strafen zu verstoßen, fällt den Menschen schwer, während es für sie leicht ist, von kleinen Vergehen abzulassen. Der rechte Weg des Regierens besteht darin, dass sich die Menschen von dem lossagen, wovon sie mit Leichtigkeit ablassen können, und sich an das halten, wogegen sie nur schwer verstoßen können. Wo es nämlich keine kleinen Vergehen gibt, kommt es auch nicht zu großen Verbrechen. So laden die Menschen keine Schuld auf sich, und es entsteht keine Unordnung. Nach einer anderen Quelle hat *Gongsun Yang* gesagt: „Bei der Bestrafung müssen kleine Vergehen hart geahndet werden. Wenn kleine Vergehen nicht aufkommen, passieren auch keine großen Verbrechen. Das heißt, die Strafe mit Hilfe der Strafe abzuschaffen."

Im *Lishui*-Fluss im Süden des Staates *Jing* gab es Gold, und viele Menschen stahlen es heimlich. Dem Verbot des Goldstehlens zufolge sollte jeder, der dabei ertappt wurde, auf dem Markt gesteinigt werden. Es waren aber so viele, dass sie das Wasser wie Dämme umsäumten und das Goldstehlen kein Ende nahm. Zwar gibt es keine schlimmere Strafe als den Tod durch Steinigen auf dem Markt, doch das Stehlen hörte nicht auf, weil nicht jeder dabei ertappt wurde. Nehmen wir einmal an, es sagt jemand: „Ich gebe dir die Herrschaft über das Reich und töte dich dafür." Ein normaler Mensch würde darauf nicht eingehen. Natürlich ist die Herrschaft über das Reich etwas sehr Vorteilhaftes. Wenn trotzdem niemand darauf eingeht, dann deshalb, weil jeder weiß, dass er dafür sterben wird. Wenn die Menschen nicht unbedingt dabei erwischt werden, dann hören sie nicht auf, Gold zu stehlen, selbst wenn sie dafür gesteinigt werden. Wissen sie aber, dass sie dafür sterben müssen, dann nehmen sie nicht einmal die Herrschaft über das Reich an.

Einst legte man im Staate *Lu* Feuer in einem Sumpfgebiet. Plötzlich kam Nordwind auf, das Feuer breitete sich nach Süden aus und bedrohte die Hauptstadt von *Lu*. Beängstigt durch diesen Umstand wollte Herzog *Ai* die Massen persönlich anführen, um das Feuer zu löschen, doch er fand niemanden an seinem Hof. Sie waren alle auf der Jagd, sodass niemand das Feuer löschen konnte. Er rief *Zhongni* zu sich, um nach seinem Rat zu fragen, und *Zhongni* antwortete: „Tiere zu jagen macht Spaß und wird nicht bestraft. Feuer zu löschen ist gefährlich und wird nicht belohnt. Deshalb wird das Feuer nicht gelöscht." Und als Herzog *Ai* ihm beipflichtete, sagte *Zhongni* weiter: „Es ist aber nicht möglich, in einer solch schwierigen Situation Belohnungen zu vergeben. Wenn Ihr alle belohnen wolltet, die beim Bekämpfen des Feuers mitmachen, würde der Reichtum des ganzen Staates nicht ausreichen für die Belohnungen. Ihr solltet vorerst nur Strafen anwenden." Wieder pflichtete ihm Herzog *Ai* bei, und *Zhongni* erließ daraufhin einen Befehl, in dem es hieß: „Wer das Feuer nicht bekämpft, wird bestraft wie ein Überläufer und Fahnenflüchtiger. Wer auf die Jagd geht, wird bestraft wie jemand, der die verbotenen Gemächer betritt." Der Befehl war kaum herausgegeben und noch nicht überall bekannt, da war das Feuer bereits gelöscht.

Cheng Huan sprach zum König von *Qi*: „Mein König, Ihr seid zu human und unterdrückt die Menschen zu wenig." – „Besitzt man denn nicht einen guten Ruf, wenn man sehr human ist und die Menschen nicht zu sehr unterdrückt?", fragte der König. *Cheng Huan* antwortete ihm darauf: „Das ist gut für die Untergebenen, doch es ist nicht der Weg eines Herrschers. Ein Untergebener muss human sein, damit man mit ihm Pläne machen kann, und er darf die Menschen nicht unterdrücken, damit er Karriere machen kann. Wenn er nicht human ist, kann man mit ihm keine Pläne machen, und wenn er die Menschen unterdrückt, kann er nicht vorwärts kommen." Der König fragte: „Nun gut, aber wo bin ich zu human und unterdrücke die Menschen zu wenig?" Die Antwort darauf lautete: „Mein König, Ihr seid zu human zum Herzog von *Xue* und unterdrückt die Mitglieder der *Tian*-Familie zu wenig. Eure übermäßige Menschlichkeit gegenüber dem Herzog von *Xue* führt dazu, dass die hohen Würdenträger keinen Respekt mehr haben, und Eure zu geringe Unterdrückung des *Tian*-Clans hat zur Folge, dass Eure Onkel und Brüder die Gesetze missachten. Haben die Würdenträger keinen Respekt mehr, ist die Armee nach außen schwach, und missachten die Onkel und Brüder die Gesetze, ist die Politik im Lande durcheinander. Doch eine nach außen schwache Armee und eine im Lande durcheinandergekommene Politik sind die Ursachen für den Untergang des Staates."

König *Hui* von *Wei* fragte *Bu Pi*: „Was hört Ihr, wenn Ihr meine Stimme hört?" – „Ich höre Eure Güte und Barmherzigkeit heraus", war die Antwort. Zufrieden fragte der König: „Wohin werden meine Erfolge führen?" – „In den Untergang", lautete die Antwort. „Güte und Barmherzigkeit sind gute Verhaltensweisen. Warum soll ein solches Verhalten in den Ruin führen?", fragte der König, und *Bu Pi* entgegnete: „Der Barmherzige unterdrückt nicht, und der Gütige gibt gern etwas ab. Wer nicht unterdrückt, bestraft Verbrecher nicht, und wer gern etwas abgibt, belohnt Verdienstlose. Verbrecher nicht zu bestrafen und Verdienstlose zu belohnen – kann das etwa nicht zum Untergang führen?"

Im Staate *Qi* hatte man eine Vorliebe für üppige Begräbnisse, sodass man sämtliche Stoffe für die Leichentücher benötigte und das Holz für Särge verbrauchte. Herzog *Huan* war besorgt darüber und sagte zu *Guan Zhong*: „Wenn alle Stoffe verbraucht sind, haben wir nichts mehr zum Anziehen, und wenn das Holz alle ist, haben wir nichts mehr für die Verteidigungsmaßnahmen. Doch die Menschen veranstalten immer wieder üppige Begräbnisse. Wie kann man dem Einhalt gebieten?" *Guan Zhong* antwortete: „Wenn die Menschen etwas tun, dann entweder wegen des Ruhms, oder weil sie davon profitieren." Daraufhin wurde ein Erlass herausgegeben, in dem es hieß: „Wenn die Sargwände das vorgeschriebene Maß überschreiten, werden die Leichen zerstückelt und die Schuldigen dafür gerichtet." Es ist nicht ruhmvoll, wenn Tote zerstückelt werden, und es ist nicht von Vorteil, wenn der Schuldige dafür sterben muss. Warum sollten die Menschen also noch üppige Begräbnisse durchführen?

Zur Zeit des Herzogs *Si* von *Wei* entfloh ein Sträfling nach *Wei* und behandelte die kranke Königinmutter des Königs *Xiang*. Als Herzog *Si* von *Wei* davon hörte, schickte er eine Gesandtschaft nach *Wei*, um den Sträfling für fünfzig

Goldstücke zurückzukaufen. Fünfmal kehrten sie zurück, ohne dass der König von *Wei* den Sträfling herausgegeben hätte. Daraufhin wollte der Herzog die Stadt *Zuoshi* gegen ihn eintauschen. Seine Beamten und Höflinge rieten ihm davon ab und fragten, ob es angehe, dass man für eine ganze Stadt einen Sträfling kauft. Der Herzog aber sprach: „Das versteht ihr nicht. Für die Ordnung gibt es keine unbedeutenden Dinge, und das Durcheinander kennt keine großen Dinge. Sind die Gesetze nicht genau festgelegt und die Strafen nicht verbindlich, sind selbst zehn Städte wie *Zuoshi* ohne Nutzen. Sind die Gesetze aber genau festgelegt und die Strafen verbindlich, macht es auch nichts, wenn man zehn Städte wie *Zuoshi* verliert." Als der König von *Wei* dies hörte, sprach er: „Es bedeutet Unheil, wenn ein Herrscher Ordnung will und sein Anliegen von einem anderen Herrscher nicht erhört wird." Daraufhin setzte er den Sträfling in einen Wagen und schickte ihn zurück, ohne dafür etwas zu nehmen.

Erzählungen zur Illustration der dritten Technik

Einst fragte der König von *Qi* den Meister *Wen*, wie man einen Staat regieren soll, und Meister *Wen* sagte: „Belohnung und Strafe sind scharfe Waffen für die Herrschaft. Ihr solltet sie immer fest in Euren Händen halten und niemandem zeigen, denn die Beamten sind begierig nach ihnen, wie die wilden Hirsche nach üppig wucherndem Gras."

Der König von *Yue* fragte einen Würdenträger mit Namen *Wen Zhong*: „Ich will den Staat *Wu* überfallen. Ist das möglich?" – „Natürlich ist das möglich", sagte *Wen Zhong*, „denn unsere Belohnungen sind hoch und glaubhaft und unsere Strafen sind hart und verbindlich. Ihr wollt wissen, ob es so ist. Warum versucht Ihr dann nicht einfach, ein Feuer in Eurem Palast zu legen?" Also legte er Feuer im Palast, doch niemand löschte den Brand. Da gab er einen Erlass heraus, in dem es hieß: „Wer bei der Bekämpfung des Feuers sein Leben lässt, wird belohnt wie jemand, der vom Feind getötet wurde. Wer bei der Bekämpfung des Feuers nicht stirbt, wird belohnt wie jemand, der den Feind besiegt hat. Wer sich aber nicht an der Bekämpfung des Feuers beteiligt, wird bestraft wie ein Fahnenflüchtiger." Da kamen von links und rechts jeweils dreitausend Männer, die ihre Körper mit Schlamm einstrichen, nasse Sachen anzogen und sich ins Feuer stürzten. Auf diese Weise erfuhr der König, wie man einen Sieg erringen kann.

Einst war *Wu Qi* unter Marquis *Wu* von *Wei* Präfekt in *Xihe*. In *Qin* stand nahe der Grenze ein kleiner Aussichtsturm, den *Wu Qi* überfallen wollte. Ihn nicht zu zerstören, hätte eine große Gefahr für die Bauern bedeutet, doch er hatte nicht genug bewaffnete Soldaten, um ihn zu zerstören. Also ließ er eine Wagendeichsel außerhalb des Nordtores aufstellen und gab folgenden Erlass heraus: „Wer es vermag, diese Deichsel vor das Südtor zu bringen, erhält ein erstklassiges Feld und ein erstklassiges Haus als Geschenk." Niemand wollte die Deichsel zum Südtor bringen, und als sich doch jemand fand, wurde er beschenkt, wie es im Erlass versprochen war. Augenblicklich ließ *Wu Qi* einen Zentner rote Bohnen vor dem Osttor aufstellen und verkündete: „Wer es vermag, diese Bohnen vor das Westtor zu bringen, wird ebenso belohnt." Dieses Mal stritten sich die Menschen darum, wer die Bohnen hinbringen dürfte. Schließlich gab *Wu Qi* folgenden Erlass heraus: „Morgen werden wir den Aussichtsturm angreifen. Wer ihn als Erster ersteigen kann, wird als Beamter in den Staatsdienst aufgenommen und erhält ein erstklassiges Feld und ein erstklassiges Haus geschenkt." Wie erwartet drängten sich die Menschen, um der Erste zu sein, griffen den Aussichtsturm an und erstürmten ihn an einem Vormittag.

Einst war *Li Kui* unter Marquis *Wen* von *Wei* Präfekt in *Shangdi* und wollte erreichen, dass die Männer gute Bogenschützen würden. Also gab er folgenden Erlass heraus: „Wenn bei Rechtsstreiten Zweifel auftreten, soll das Bogenschießen entscheiden. Wessen Pfeil das Ziel trifft, der hat den Streit gewonnen, und wer das Ziel verfehlt, der hat den Prozess verloren." Raum war der Erlass verkündet, da übten sich alle Tag und Nacht ohne Unterlass im Bogenschießen. Als es dann zum Krieg mit *Qin* kam, fügten sie dem Gegner eine verheerende Niederlage bei, weil jeder von ihnen ein guter Bogenschütze war.

Es war einmal ein armer Mann aus *Chongmen* im Staate *Song*, der trauerte um seine Angehörigen und magerte dabei fürchterlich ab. Der Herrscher meinte, er sei besonders mitfühlend und liebevoll zu seinen Eltern, und ernannte ihn deshalb zum Amtslehrer. Vom nächsten Jahr an hungerten sich jedes Jahr über zehn Menschen zu Tode, weil sie die Trauerrituale befolgten. Ein Sohn trauert aus Liebe um seine Eltern. Wenn aber sogar er noch durch Belohnungen dazu angespornt werden kann, um wie viel mehr muss dann der Herrscher das Volk anspornen können.

Der König von *Yue* hatte die Absicht, *Wu* anzugreifen, und wollte erreichen, dass die Menschen den Tod leichtnähmen. Als er eines Tages ausging, sah er einen wütenden Frosch und verneigte sich vor ihm zum Gruß. Sein Gefolge fragte, warum er dem Frosch mit so viel Respekt begegne, und der König antwortete: „Weil er voller Mut ist." Vom nächsten Jahr an baten jedes Jahr mehr als zehn Männer darum, ihren Kopf dem Herrscher opfern zu dürfen. Daraus kann man ersehen, dass die Menschen für den Ruhm bereit sind, in den Tod zu gehen.

Nach einer anderen Quelle sah *Goujian*, der König von *Yue* einen wütenden Frosch und verneigte sich vor ihm zum Gruß. Sein Gefolge fragte ihn, warum er sich vor ihm verneige, und der König sagte: „Wie könnte man sich vor einem Frosch, der so einen mutigen Geist zeigt, nicht verbeugen?" Als seine Soldaten dies hörten, sagten sie: „Wenn sich der König vor einem Frosch verneigt, weil er Mut gezeigt hat, um wie viel mehr muss das für uns gelten?" In jenem Jahr gab es Menschen, die sich selbst den Kopf abschlugen, um ihn dem König darzubringen. Der König von *Yue* wollte sich auf den Krieg mit *Wu* vorbereiten und unterzog seine Lehre folgender Probe: Er steckte einen Pavillon in Brand, ließ die Glocke schlagen und sah, dass die Menschen sich ins Feuer stürzten, weil sie im Feuer eine Belohnung erwartete. Er begab sich zum Fluss, ließ die Glocke schlagen und sah, dass die Menschen sich ins Wasser stürzten, weil sie im Wasser eine Belohnung erwartete. Als es zum Krieg kam, hatte er erreicht, dass die Menschen sich ohne Rücksicht den Kopf abschlagen und den Bauch aufschlitzen ließen, weil sie für den Kampf eine Belohnung erwartete. Um wie viel größer muss der Ansporn erst sein, wenn man sich an das Gesetz hält und fähige Männer vorankommen.

Einst befahl Marquis *Zhao* von *Han*, seine alten Hosen aufzubewahren, und seine Diener sagten: „Ihr seid aber wirklich nicht mitmenschlich. Ihr lasst die alten Hosen nicht an Euer Gefolge verteilen, sondern lasst sie aufbewahren." Doch Marquis *Zhao* sprach: „Was wisst ihr schon. Ich habe gehört, dass ein kluger Herrscher, obwohl er gern mal ein trauriges und mal ein lachendes Gesicht macht, nur dann traurig ist, wenn er einen Grund dafür hat, und nur dann lacht, wenn es etwas zu lachen gibt. Und sind die Hosen etwa nicht mehr wert als Missmut oder Lachen. Dazwischen liegen doch Welten. Ich muss darauf warten, dass jemand eine Leistung vollbringt. Deshalb bewahre ich die Hosen auf und verschenke sie nicht einfach."

Störe sehen aus wie Schlangen, und Seidenraupen gleichen Würmern. Wer eine Schlange sieht, erschreckt furchtbar, und der Anblick von Würmern lässt den Menschen die Haare zu Berge stehen. Dennoch sammeln die Frauen Seidenraupen und fangen die Fischer Störe. Wo die Menschen ihren Vorteil sehen, da vergessen sie ihre Abneigungen und sind so mutig wie *Meng Ben*.

Erzählungen zur Illustration der vierten Technik

Der König von *Wei* sprach zum König von *Zheng*: „Früher waren *Zheng* und *Liang*, alias *Wei* ein einheitlicher Staat. Heute sind sie voneinander getrennt. Ich hoffe nun, dass wir *Zheng* zurückbekommen und es an *Liang* anschließen können." Tief besorgt darüber, rief der König von *Zheng* seine Berater zusammen und überlegte mit ihnen zusammen, wie man *Wei* begegnen könnte. Da sprach ein Prinz zum Herrscher von *Zheng*: „Man kann ihnen ganz leicht begegnen. Antwortet dem Herrscher von *Wei* Folgendes: ‚Wenn *Zheng* ein früherer Teil von *Wei* gewesen ist und deshalb wieder angeschlossen werden kann, so wollen auch wir *Liang* zurückhaben und an *Zheng* anschließen.' " Daraufhin gab der König von *Wei* seine Absichten auf.

König *Xuan* von *Qi* wollte die *Yu*-Flöte spielen hören. Er bestand darauf, dass die Zahl der Flötenspieler dreihundert sein sollte. Da baten Gelehrte ohne Amt aus der Südvorstadt, die *Yu*-Flöte für ihn spielen zu dürfen. König *Xuan* war sehr erfreut darüber und fütterte einige Hundert von ihnen durch. Als König *Xuan* verstarb, bestieg König

Min den Thron und verlangte, jeden Einzelnen von ihnen spielen zu hören. Da verschwanden die Männer.

Nach einer anderen Quelle sagte Marquis *Zhao* von *Han* einmal: „Die Zahl der Flötenspieler ist so groß, dass ich nicht heraushören kann, wer von ihnen gut spielt." Da sagte *Tian Yan* zu ihm: „Hört Euch einen nach dem anderen an."

Der Herrscher von *Zhao* beauftragte jemand, über die Vermittlung von Meister *Shen* bei *Han* um militärischen Beistand zu ersuchen, um *Wei* anzugreifen. Meister *Shen* wollte mit seinem Herrscher darüber sprechen, befürchtete aber, dass der Herrscher ihn verdächtigen könnte, mit fremden Mächten in Kontakt zu stehen. Wenn er es aber nicht täte, musste er befürchten, den Zorn von *Zhao* auf sich zu ziehen. Also schickte er *Zhao Shao* und *Han Ta* aus, um die Laune des Herrschers zu erkunden, bevor er ihm die Bitte vortrug. Schließlich wusste er im eigenen Land, was Marquis *Zhao* vorhatte, und erwarb sich nach außen Verdienste bei *Zhao*.

Als die Truppen der drei Staaten *Han* erreicht hatten, sprach der König von *Qin* zu *Lou Yuan*: „Die Truppen der drei Staaten sind tief in unser Gebiet eingedrungen. Ich habe die Absicht, das Gebiet östlich des Gelben Flusses abzutreten, um Frieden zu schließen. Was haltet Ihr davon?" Die Antwort lautete: „Natürlich ist das Abtreten des Gebietes östlich des Gelben Flusses ein großer Verlust, doch das Land vor einer Katastrophe zu bewahren, ist eine große Leistung. Dies dürfte eine Aufgabe für die Onkel und Brüder Eurer Majestät sein. Warum lasst Ihr nicht den Prinzen *Fan* zu Euch rufen und befragt ihn danach?" Als der König den Prinzen *Fan* herbeigerufen und ihm die Lage geschildert hatte, sagte dieser: „Ihr werdet es bereuen, wenn

Ihr Frieden schließt, und Ihr werdet es ebenso bereuen, wenn Ihr keinen Frieden schließt. Angenommen, Ihr tretet das Gebiet östlich des Gelben Flusses ab und die drei Staaten ziehen ihre Armeen zurück. Dann werdet Ihr sicher sagen: ‚Sie wollten sowicso von uns ablassen, und ich habe ihnen auch noch drei Städte geschenkt.‘ Schließt Ihr aber keinen Frieden und die drei Armeen dringen in *Han* ein, dann wird im Land eine große Panik ausbrechen und Ihr werdet es sicher sehr bereuen und sagen: ‚Es geschah, weil ich ihnen die drei Städte nicht überlassen habe.‘ Deshalb habe ich gesagt, dass Ihr es bereuen werdet, wenn Ihr Frieden schließt, und es ebenso bereuen werdet, wenn Ihr keinen Frieden schließt.“ Da sprach der König: „Wenn ich es sowieso bereuen werde, so ist es wohl besser, ich bereue den Verlust von drei Städten. Da es keine Gefahr, sondern nur Reue bedeutet, habe ich beschlossen, Frieden zu schließen.“

Marquis *Ying* sagte zum König von *Qin*: „Ihr habt *Yuan, Ye, Lantian* und *Yangxia* erobert, die Gebiete innerhalb des Gelben Flusses unterjocht und *Liang* und *Zheng* umzingelt. Dass Ihr noch nicht König geworden seid, liegt nur daran, dass sich *Zhao* noch nicht unterworfen hat. Wenn wir jetzt *Shangdang* aufgeben, verlieren wir nicht mehr als ein Gebiet, kommen dadurch aber näher an *Dongyang* heran, und *Handan* ist so hilflos wie eine Laus im Mund. Ihr könnt die Hände falten und über das Reich herrschen. Später könnt Ihr auch mit Truppen gegen *Zhao* vorgehen. *Shangdang* wird wie auch immer in Ruhe, Frieden und Überfluss leben. Ich fürchte nur, dass Ihr nicht auf meinen Vorschlag eingeht, *Shangdang* aufzugeben. Was dann?“ Doch der König sprach: „Natürlich müssen wir *Shangdang* aufgeben.“

Erzählungen zur Illustration der fünften Technik

Pang Jing war Vorsteher eines Kreises. Als er eines Tages einige Leute mit einer Handelsmission ausschickte, rief er plötzlich einen Beamten zurück. Er stand eine Weile mit ihm zusammmen, ohne ihm spezielle Anweisungen zu geben, und schickte ihn schließlich wieder los. Die Kaufleute dachten, dass der Kreisvorsteher mit dem Beamten gesprochen hatte, vertrauten sich gegenseitig nicht und machten sich bis zum Schluss keines Vergehens schuldig.

Dai Huan, erster Minister im Staate *Song*, schickte einmal mitten in der Nacht seine Leute los und sagte: „Ich habe einige Nächte hintereinander gehört, wie jemand mit einem Wagen mit Verdeck zu *Li Shis* Anwesen gefahren ist. Geht der Sache vorsichtig auf den Grund." Als die Diener zurückkamen, berichteten sie: „Wir haben keinen Wagen mit Verdeck sehen können, aber wir sahen, wie jemand ein kleines Kästchen trug, mit *Li Shi* sprach und wie dieser nach einer Weile das Kästchen entgegengenommen hat."

Der Herrscher von *Zhou* vermisste einmal eine Nephrithaarspange und befahl seinen Häschern, sie zu suchen. Drei Tage lang konnten sie sie nicht finden. Da befahl der Herrscher von *Zhou* jemand anderem, nach ihr zu suchen, und als dieser sie im Haus einer Privatfamilie fand, sagte der Herrscher: „Meine Häscher kommen ihren Aufgaben nicht nach. Sie haben drei Tage nach der Haarspange gesucht, ohne sie zu finden. Dann habe ich einen anderen Mann damit beauftragt, und er fand sie, ehe ein Tag vergangen war." Daraufhin waren die Häscher sehr in Sorge und meinten, der Herrscher besitze übernatürliche Weisheit.

Der Kanzler von *Shang* schickte einmal den Sohn einer Nebenfrau auf den Markt und fragte ihn nach seiner Rückkehr, was er auf dem Markt gesehen hätte. Der Junge sagte, er habe nichts Besonderes gesehen. „Nun gut, aber du musst etwas gesehen haben?", fragte der Kanzler weiter. Da sagte der Junge: „Vor dem Südtor des Marktes standen so viele Ochsenkarren, dass man kaum durchgehen konnte." Der Kanzler riet seinem Boten eindringlich: „Wage es nicht, jemandem zu sagen, dass ich dich gefragt habe." Dann ließ er den Marktaufseher herbeirufen und rügte ihn mit den Worten: „Warum ist vor den Toren des Marktes soviel Kuhmist?" Der Marktaufseher war sehr verwundert darüber, dass der Kanzler so schnell Bescheid wusste, und begann, um seinen Posten zu bangen.

Erzählungen zur Illustration der sechsten Technik

Marquis *Zhao* von *Han* nahm einmal seine Fingernägel in die Hand, tat so, als ob er einen Nagel verloren hätte und ihn angestrengt suchen würde. Einer seiner Höflinge schnitt sich einen Fingernagel ab und gab ihn dem Marquis, der auf diese Weise überprüfte, ob seine Untergebenen aufrichtig sind oder nicht.

Eines Tages schickte Marquis *Zhao* von *Han* Reiter in die Kreise. Als die Abgesandten zum Bericht erschienen, fragte Marquis *Zhao*, was sie gesehen hätten, und sie antworteten: „Wir haben nichts Auffälliges gesehen." Aber der Marquis sagte: „Nun gut, aber ihr müsst etwas gesehen haben?" Da sprachen sie: „Vor dem Südtor waren gelbe Kälber, die fraßen auf der linken Seite des Weges Setzlinge." Der Marquis sagte nun zu seinen Gesandten: „Wagt es nicht, irgendjemandem zu sagen, dass ich euch befragt habe." Daraufhin gab er einen Erlass heraus, in dem es hieß: „Es gibt schon seit Langem die Anweisung, dass in der Wachstumszeit der Setzlinge Rinder und Pferde nicht auf den Feldern grasen dürfen. Doch die örtlichen Beamten hielten es nicht für ihre Aufgabe, darüber zu wachen, und so grasen zu viele Rinder und Pferde auf den Feldern. Die örtlichen Beamten sollen sie sofort zählen und mir ihre Zahl berichten. Wer dies versäumt, wird doppelt bestraft." Man zählte in drei Himmelsrichtungen die grasenden Tiere und erstattete Bericht. Marquis *Zhao* jedoch sagte, dass dies noch nicht alle seien. Die Beamten zogen nochmals aus, um die Sache zu überprüfen, und fanden die gelben Kälber vor dem Südtor. Von da an hielten die Beamten den Marquis *Zhao* für überaus weitsichtig, zitterten um ihre Posten und wagten es nicht, unrecht zu handeln.

Der Herrscher von *Zhou* gab einmal den Befehl heraus, gebogene Stöcke zu suchen. Die Beamten suchten mehrere Tage nach ihnen, ohne welche finden zu können. Da schickte der Herrscher selbst jemanden aus, um sie zu suchen, und dieser fand welche, noch ehe ein Tag vergangen war. Daraufhin sprach der Herrscher zu seinen Beamten: „Jetzt weiß ich, dass ihr euren Pflichten nicht nachkommt. Es ist ganz leicht, krumme Stöcke zu finden, doch die Beamten waren dazu nicht in der Lage. Also habe ich persönlich einen Mann losgeschickt, und er fand sie innerhalb eines Tages. Kann man da etwa noch von Loyalität sprechen?" Von da an zitterten die Beamten alle um ihre Posten und hielten den Herrscher für weise.

Bu Pi war Vorsteher eines Kreises. Sein Aufseher über den Pferdestall war in schmutzige Geschäfte verwickelt und hatte eine Geliebte. Da beauftragte *Bu Pi* den Sohn seiner Nebenfrau, der Konkubine seine Liebe vorzuheucheln, um die Geheimnisse des Aufsehers zu erfahren.

Ximen Bao war Vorsteher des Bezirkes *Ye* und gab vor, einen Achssplint verloren zu haben. Er befahl den Beamten, nach ihm zu suchen, ohne Erfolg. Da schickte er jemand anderes auf die Suche, und dieser Mann fand den Splint im Haus einer Privatfamilie.

Erzählungen zur Illustration der siebenten Technik

Yang Shan war Minister im Staate *Wei.* Eines Tages kam ihm zu Gehör, dass der Herrscher an ihm zweifle. Daraufhin verleumdete er *Jiu Shu* zu unrecht, um die Wahrheit zu erfahren.

Als *Nao Chi* hörte, dass der Herrscher von *Qi* Hass gegen ihn verspürt, täuschte er eine angebliche Gesandtschaft aus *Qin* vor, um zu erfahren, ob dies stimmt.

Im Staate *Qi* planten einige Männer einen Aufruhr. Da sie befürchten mussten, dass der Herrscher ihre Absichten durchschauen könnte, taten sie so, als ob sie Günstlinge fortjagten, und sorgten dafür, dass der Herrscher davon erfuhr.

Zizhi war Minister im Staate *Yan.* Eines Tages saß er im Haus und fragte: „Was ist da gerade zum Tor hinausgelaufen? War es ein weißes Pferd?" Seine Gefolgsleute sagten alle, sie hätten nichts gesehen. Nur einer lief hinaus, um nachzusehen, und berichtete, dass es ein weißes Pferd gewesen sei. Da wusste *Zizhi,* dass seine Gefolgsleute nicht aufrichtig und vertrauenswürdig sind.

Es gab einmal zwei Männer, die sich vor Gericht gegenseitig anklagten. *Zichan* ließ sie voneinander trennen und kein Wort miteinander wechseln. Dann verdrehte er ihre Worte, konfrontierte die jeweils andere Partei damit und erfuhr auf diese Weise die Wahrheit.

Herzog *Si* von *Wei* befahl einigen Männern, inkognito eine Grenzstelle zu durchqueren. Die Zöllner machten ihnen großen Ärger, doch als sie die Beamten mit Gold bestachen, ließen sie sie gehen. Später sagte Herzog *Si* zu seinen Grenzbeamten: „Vor einiger Zeit kamen ein paar Leute durch eure Grenzstelle, bestachen euch mit Gold, und ihr habt sie laufen lassen." Die Grenzbeamten bekamen einen großen Schreck und hielten Herzog *Si* für sehr weise.

ZEHNTES BUCH

31. Kapitel

Innere Sammlung von Erzählungen

Zweiter Teil: Die sechs Geheimnisse

Die sechs Geheimnisse des Regierens sind: erstens, die
Macht den Untergebenen überlassen; zweitens, unterschiedliche Interessen und Unterstützung durch fremde Mächte;
drittens, sich auf den Schein und Ähnlichkeiten verlassen;
viertens, Nutzen und Schaden widersprechen sich; fünftens, Zweifel und innere Streitigkeiten; sechstens, der Einfluss feindlicher Staaten auf die Karriere der Beamten.
Diese sechs Geheimnisse sollte der Herrscher kennen.

1. Die Macht überlassen
Seine Autorität und Macht darf der Herrscher niemals
einem anderen überlassen. Verliert der Herrscher nur einen
Teil seiner Macht, gewinnen die Beamten das Hundert-
fache. Gelingt es den Beamten, sich die Macht des Herrschers auszuleihen, steigt ihr Einfluss um ein Vielfaches,
wodurch ihnen schließlich innerhalb und außerhalb des
Hofes die Menschen gefügig sind und der Herrscher von
der Welt abgeschnitten wird. Als Beweis dafür dient *Lao
Dans* Geschichte von den verlorenen Fischen. So hatte der
Herrscher ein langes Gespräch und ein Höfling bekam eine
Haarbürste geschenkt. Das darin liegende Unheil zeigte
sich, als *Xu Tong* den Herzog *Li* ermahnte, alle die Meinung des *Zhou Hou* vertraten und ein Mann aus *Yan* im
Mist badete.

2. Unterschiedliche Interessen

Herrscher und Untergebene haben unterschiedliche Interessen. Deshalb ist kein Beamter loyal zum Herrscher. Wenn die Untergebenen ihren Vorteil haben, hat der Herrscher keinen Nutzen davon. Aus diesem Grund rufen verräterische Beamte feindliche Armeen herbei, um ihre Widersacher im eigenen Land zu beseitigen, und zeigen viele diplomatische Aktivitäten, um den Herrscher zu blenden. Die Hauptsache ist für sie, ihre eigennützigen Ziele zu erreichen. Das drohende Unheil für den Staat interessiert sie nicht. Als Beweis dafür dient das Gebet der Eheleute in *Wei*. So erörterte *Dai Xie* die Frage der Söhne und Brüder, und die drei *Huan*-Clans griffen den Herzog *Zhao* an. *Gongshu* holte die Armee von *Qi* in die Stadt, und *Zhai Huang* rief Truppen aus *Han* herbei. *Taizai Pi* überredete den Würdenträger *Zhong*, und *Dacheng Niu* belehrte *Shen Buhai*. *Sima Xi* berichtete dem König von *Zhao*, und *Lü Cang* war vertraut mit *Qin* und *Chu*. *Song Shi* schrieb *Wei Jun* einen Brief, und *Bai Gui* belehrte *Bao Qian*.

3. Schein und Ähnlichkeiten

Es sind der Schein und die Ähnlichkeit, weshalb der Herrscher die Strafen falsch anwendet und die hohen Beamten ihre eigennützigen Ziele verwirklichen können. So verschüttete ein Torwächter Wasser und *Yi She* wurde dafür hingerichtet. Der Fürst von *Ji Yang* widersetzte sich dem Befehl des Herrschers und seine zwei Feinde wurden bestraft. *Sima Xi* tötete *Yuan Qian* und *Ji Xin* wurde gerichtet. *Zheng Xiu* sprach vom schlechten Geruch, und der neuen Haremsdame wurde die Nase abgeschnitten. *Fei Wuji* unterwies den *Xi Yuan*, und der Kreisvorsteher richtete ihn. *Chen Xu* ermordete *Zhang Shou*, und *Xi Shou* musste ins Exil gehen. Deshalb bestrafte der Herrscher von *Zhongshan* einen Unschuldigen, als die Scheune in Brand gesteckt wurde, und der Fürst von *Ji Yang* belohnte den Mord an dem alten Gelehrten.

4. Der Gegensatz von Nutzen und Schaden

Wird eine Sache in Angriff genommen und verspricht Erfolg, muss sie durchgeführt werden. Bringt sie aber Schaden mit sich, muss man beide Seiten abwägen. Deshalb erörtert ein kluger Herrscher den Schaden so: Ist etwas für den Staat von Schaden, prüft er, welchen Vorteil es gibt. Hat ein Untergebener den Schaden, wägt er beide Seiten genau ab. Als Beweis dafür dient die Ernennung des *Chen Xu* zum Minister nach dem Eintreffen der *Chu*-Armee und die Überprüfung des Verwalters des Reisspeichers wegen überhöhter Preise für Saatgetreide. Aus diesem Grund verhaftete *Zhao Xixu* den Schilfhändler und rügte Marquis *Xi* den zweiten Koch. Herzog *Wen* fand Haare um das Röstfleisch, und Marquis *Xiang* bat um die Ernennung des Kaisers.

5. Zweifel

Wo Zweifel herrschen, entsteht Unordnung. Deshalb achtet ein kluger Herrscher darauf. Aus diesem Grund tötete *Li*, die Konkubine des Herrschers von *Jin*, den Prinzen *Shensheng* und benutzte die Frau des *Zheng* vergiftete Arznei. *Zhou Xu* ermordete seinen Herrscher und Prinz *Gen* nahm das östliche *Zhou* ein. Prinz *Zhi* besaß große Gunst und *Shang Chen* rebellierte. *Yan Sui* und *Hon Kui* stritten und Marquis *Ai* fand den Tod. *Tian Heng* und *Kan Zhi*, *Dai Huan* und *Huang Xi* waren Feinde und der Herrscher von *Song* und Herzog *Man* wurden ermordet. Als Beweis dafür dient *Hu Tus* Erörterung über die zwei Formen der Liebe und *Zheng Zhaos* Antwort, dass der Thronfolger noch nicht geboren wurde.

6. Entlassung und Beförderung

Feinde spionieren heimlich alles aus und versuchen sich einzumischen. Wenn der Herrscher nicht genau aufpasst, haben die Feinde sogar auf die Entlassung und Ernennung von Beamten Einfluss. Deshalb unterstützte König *Wen* den *Fei Zhong* und der König von *Qin* war besorgt über die Gesandtschaft aus *Jing*. *Li Qie* vertrieb *Zhongni* und *Gan Xiang* hielt *Gan Mu* zurück. Aus demselben Grund verbreitete *Zixu* Gerüchte und wurde *Zichang* in Dienst genommen. Schöne Frauen wurden eingeschleust und *Yu* und *Guo* gingen zugrunde. Ein Brief wurde gefälscht und *Chang Hong* musste sterben. Hühner und Affen wurden geopfert, und in *Kuai* gab es keine mutigen Männer mehr.

Ein kluger Herrscher ist bestrebt, mögliche Zweifel und fremden Einfluss auf die Beamtenkarriere im eigenen Land zu unterbinden und in den anderen Ländern zu fördern. In fremden Ländern die Armen zu unterstützen und den Schwachen zu helfen, das nennt man „Bloßstellung der Regierung". Was kann ein Feind schon ausrichten, wenn im Land das System des Vergleichens und der gegenseitigen Haftung angewandt und im Feindesland Spionage betrieben wird. Als Beweis dafür dient der Bericht eines Hofnarren aus *Qin* an den Fürsten *Huiwen*. So sagte *Xiang Ci* den heimlichen Überfall auf *Ye* voraus und Herzog *Si* schenkte dem Kreisvorsteher eine Matte.

Erzählungen zur Illustration des ersten Geheimnisses

Die Größe seiner Macht ist die Quelle des Herrschers. Die Beamten sind die Fische der Macht. So wie ein Fisch, der aus dem Wasser geraten ist, nicht wieder zurückkommen kann in die Quelle, so kann der Herrscher seine Macht nicht wiedererlangen, wenn er sie an die Beamten verloren hat. Den Alten fiel es schwer, die Dinge direkt zu benennen. Deshalb benutzten sie das Beispiel mit den Fischen.

Belohnung und Strafe sind scharfe Waffen. In den Händen des Herrschers dienen sie der Verwaltung der Beamten, im

281

Besitz der Beamten jedoch wird mit ihnen der Herrscher in Bedrängnis gebracht. Gibt der Herrscher seine Belohnung schon vorher zu erkennen, stellen es die Beamten als ihre Güte dar. Lässt der Herrscher seine Strafe schon vorher erkennen, benutzen die Beamten sie, um ihre eigene Autorität zu vergrößern. Deshalb heißt es: „Die scharfen Waffen des Staates darf man niemandem zeigen."

Jing Guojun war Minister in *Qi*. Eines Tages hatte er ein langes Gespräch mit einem alten Gefolgsmann, worauf dieser reich wurde. Ein anderes Mal gab er einem Höfling eine Haarbürste, woraufhin dieser an Einfluss gewann. Ein langes Gespräch und eine Haarbürste sind Kleinigkeiten, und doch reichen sie aus, um einen Menschen reich zu machen. Um wie viel mehr muss das erst auf die Macht der Beamten zutreffen?

Zur Zeit des Herzogs *Li* von *Jin* waren die sechs Adelsfamilien sehr geachtet. *Xu Tong* und *Chang Yuqiao* mahnten den Herzog mit den Worten: „Wenn die hohen Beamten zu viel Achtung und Einfluss besitzen, provozieren sie Streit mit dem Herrscher, gehen mit fremden Mächten Bündnisse ein, bringen die Gesetze des Staates durcheinander und berauben den Herrscher. Dass ein Staat nicht in Gefahr wäre, wenn all dies geschieht, so etwas hat es noch nicht gegeben." – „Sehr richtig", sagte der Herzog, und ließ drei Adlige hinrichten, doch *Xu Tong* und *Chang Yuqiao* wandten sich erneut mit einer Mahnung an den Herzog und sagten: „Die Männer haben alle die gleiche Schuld auf sich geladen. Einige und nicht alle dafür zu bestrafen heißt, dass die restlichen Groll hegen und auf ihre Chance warten werden." Der Herzog erwiderte: „An einem Morgen habe ich drei Adlige töten lassen. Ich bringe es nicht übers Herz, alle zu töten." Da sagte *Chang Yuqiao:* „Ihr bringt es nicht übers Herz, doch jene werden es übers Herz bringen. " Der Herzog wollte nicht auf ihn hören, und nach drei Monaten begannen die Adligen einen Aufstand, in dessen Resultat sie Herzog *Li* ermordeten und sein Land unter sich aufteilten.

Zhou Hou war Minister in *Jing*. Er besaß großen Einfluss und traf die Entscheidungen. Der Herrscher von *Jing* hatte Zweifel an ihm und befragte deshalb die Höflinge, doch diese antworteten ihm, wie aus einem Mund: „Es gibt nichts gegen ihn zu sagen. "

In *Yan* gab es einen Mann, der war etwas verrückt und badete in Hundemist. Seine Frau hatte ein intimes Verhältnis zu einem Gelehrten. Als ihr Mann eines Tages früher als gewohnt nach Hause zurückkam, verließ der Geliebte gerade das Haus. Der Mann fragte, wer der Fremde sei, doch die Frau antwortete ihm: „Da ist kein Fremder." Da fragte er die Dienerschaft, doch auch die Diener sagten alle wie aus einem Mund, dass da kein Fremder sei. Seine Frau sagte zu ihm: „Du bist sicher etwas durcheinander", und badete ihn anschließend in Hundemist.

Nach einer anderen Quelle gab es in *Yan* einen Mann mit Namen *Li Ji*, der gern weit verreiste. Seine Frau hatte eine Affäre mit einem Gelehrten. Als *Ji* eines Tages unerwartet nach Hause kam, war der Liebhaber noch im Haus und die Frau war besorgt darüber, doch das Hausmädchen sagte zu ihr: „Sagt dem Herrn, dass er sich nackt ausziehen, die Haare herunterhängen lassen und geradewegs zur Tür hinausgehen soll. Ich werde vorgeben, nichts gesehen zu haben." Der Mann befolgte den Plan und rannte schleunigst durch die Tür nach draußen. „Wer ist dieser Mann?", fragte *Ji*, doch die Hausdiener sagten: „Da ist niemand." – „Habe ich etwa einen Geist gesehen?", fragte *Ji*, und seine Frau antwortete, dass es wohl so gewesen sein wird. „Was soll ich denn jetzt machen?", fragte er. Daraufhin sagte seine Frau: „Nimm den Mist der fünf Haustiere und bade in ihm." *Ji* war einverstanden und badete im Mist. Andere Quellen behaupten, er hätte in heißem Orchideenwasser gebadet.

Erzählungen zur Illustration des zweiten Geheimnisses

Ein Ehepaar aus *Wei* sprach ein Gebet. Darin bat die Frau: „Mögen uns ohne Grund einhundert Ballen Stoff zufallen." – „Warum so wenig?", fragte der Mann, doch die Frau entgegnete: „Wenn es mehr wäre, könntest du auf die Idee kommen, dir dafür eine Nebenfrau anzuschaffen."

Der König von *Jing* wollte, dass seine königlichen Söhne in den Nachbarstaaten Ämter übernehmen, doch *Dai Xie* sagte, dass dies nicht ginge. Der König meinte: „Wenn sie in den Nachbarstaaten Ämter bekleiden, werden sie dort auch Ansehen haben." *Dai Xie* jedoch sagte: „Wenn die Prinzen ausziehen, gewinnen sie Ansehen und werden sich dann mit den Staaten verbünden, die ihnen das Ansehen verschaffen. Auf diese Weise lehrt Ihr Eure Söhne, mit fremden Mächten zu paktieren, was nicht von Nutzen für Euch ist."

Die Familien des *Mengsun, Shusun* und *Jisun* fielen mit vereinten Kräften über Herzog *Zhao* von *Lu* her, nahmen ihm schließlich den Staat weg und trafen nach ihrem Gutdünken Entscheidungen. Als die drei *Huan*-Clans den Herzog bedrängten, griff dieser zuerst den Clan des *Jisun* an. Unterdessen beratschlagten die Clans von *Mengsun* und *Shusun*, ob sie *Jisun* beistehen sollen. Ein Kutscher des *Shusun* sprach: „Ich bin ein kleiner Hausdiener. Was verstehe ich schon von anderen Familienclans? Ob es den Clan des

Jisun gibt oder nicht, was habe ich schon davon?" Da sagten die anderen alle: „Wenn es den *Jisun*-Clan nicht mehr gibt, wird es auch bald den *Shusun*-Clan nicht mehr geben." – „Dann müssen wir ihnen eben beistehen", war die Entscheidung. Also stießen sie von Nordwesten her vor. Als die Leute des *Mengsun* sahen, dass die Flagge des *Shusun* zum Angriff getragen wurde, eilten auch sie herbei, um dem *Jisun* beizustehen. Die drei *Huans* waren eine einheitliche Macht. Herzog *Zhao* war ihnen nicht gewachsen, ergriff die Flucht und fand in *Ganhou* den Tod.

Gongshu war Minister in *Han* und hatte gute Beziehungen zu *Qi*. *Gongzhong* jedoch genoss große Achtung beim König, und da *Gongshu* befürchtete, dass der König *Gongzhong* zum Minister ernennen könnte, sorgte er dafür, dass *Han* und *Qi* einen Pakt schlossen, um *Wei* zu überfallen. Dann holte er die *Qi*-Armee nach *Zheng*, brachte den Herrscher damit in Bedrängnis, festigte damit aber seine eigene Position und bestärkte den Pakt der beiden Staaten.

Zhai Huang war Minister unter dem Herrscher von *Wei* und besaß gute Kontakte zu *Han*. So rief er also Truppen aus *Han* herbei, damit sie *Wei* angreifen sollten, und bot sich dann an, im Namen des Herrschers von *Wei* Frieden zu schließen. Auf diese Weise verschaffte er sich selbst Einfluss.

Als einst der Herrscher von *Yue* den Herrscher von *Wu* angriff, zog sich der Herrscher von *Wu* zurück und war bereit, sich zu unterwerfen. Der Herrscher von *Yue* wollte ihm vergeben, doch *Fan Li* und der Würdenträger *Zhong* sagten: „Das dürft Ihr nicht tun. Früher wollte Eure Majestät *Yue* an *Wu* abtreten, doch der Herrscher von *Wu* nahm es nicht an. Wenn Eure Majestät heute den *Fucha* laufen lassen, wird das auch Euch Unheil bringen. Wenn er *Wu* an *Yue* abtreten will, so macht einen doppelten Kotau und nehmt es an. Ihr dürft ihm nicht vergeben." Daraufhin schrieb *Taizai Pi* von *Wu* einen Brief an den Würdenträger *Zhong*, in dem es hieß: „Wenn keine wilden Hasen mehr da sind, kommen die braven Hunde in den Topf. Wenn die feindlichen Staaten geschlagen sind, geht es den Beratern an den Kragen. Mein Herr, warum lasst Ihr nicht ab von *Wu* und sorgt dafür, dass *Yue* leidet?" Als der Würdenträger *Zhong* den Brief erhalten und gelesen hatte, seufzte er tief und sagte: „Tötet ihn. *Yue* und *Wu* haben das gleiche Schicksal."

Dacheng Niu stand in Diensten von *Zhao* und sprach zu *Shen Buhai* in *Han*: „Wenn Ihr mit dem Einfluss von *Han* meine Position in *Zhao* festigt, erlaube ich mir, mit Hilfe von *Zhao* Eure Position in *Han* zu stärken. Auf diese Weise habt Ihr in zwei Staaten Einfluss wie in *Han*, und ich habe in zwei Staaten Einfluss wie in *Zhao*."

Sima Xi war Minister unter dem Herrscher von *Zhongshan* und besaß gute Beziehungen zu *Zhao*. Deshalb erstattete er dem König von *Zhao* heimlich Bericht über die Pläne des Herrschers von *Zhongshan*.

Lü Cang war Minister unter dem Herrscher von *Wei* und hatte gute Kontakte zu *Qin und Jing*. Einmal gab er ihnen einen heimlichen Hinweis und brachte sie dazu, *Wei* anzugreifen. Schließlich bot er sich als Friedensstifter an und festigte so seine eigene Position.

Song Shi war General in *Wei* und *Wei Jun* in *Jing*. Als es zur Auseinandersetzung zwischen den Staaten kam, führten beide die Armeen an. *Song Shi* schrieb *Wei Jun* einen Brief, in dem es hieß: „Unsere Armeen stehen sich gegenüber und unsere Flaggen sehen sich an. Doch wir sollten es nicht zum Kampf kommen lassen, denn wir können ihn nicht beide überstehen. Es handelt sich um eine Angelegenheit der beiden Herrscher. Ich persönlich hege keinen Groll gegen Euch. Wer aber gut miteinander steht, der vermeidet eine Auseinandersetzung."

Bai Gui war Minister in *Wei* und *Bao Qian* in *Han*. *Bai Gui* sagte zu ihm: „Wenn Ihr mich in *Wei* mit den Einfluss von *Han* unterstützt und ich Euch in *Han* mit dem Einfluss von *Wei* helfe, habe ich die Macht in *Wei* und Ihr in *Han*.

Erzählungen zur Illustration des dritten Geheimnisses

Ein Beamter aus *Çi* mit Namen *Yi She* war einmal zu einem Gelage beim Herrscher eingeladen. Er war so sehr betrunken, dass er sich beim Hinausgehen an die Tür der Eingangshalle lehnen musste. Der Torwächter, dem die Füße abgeschlagen worden waren, bat ihn, ob er ihm nicht die letzten paar Tropfen Wein schenken könne. *Yi She* jedoch schrie ihn an: „Hinweg mit dir! Wie wagt es ein derart hart Bestrafter, seinen Vorgesetzten um Wein anzubetteln?" Der Mann mit den abgeschlagenen Beinen zog sich zurück. Kaum war *Yi She* gegangen, goss der Torwächter Wasser unter die Tür, sodass es aussah, als ob jemand dort uriniert hätte. Als der Herrscher am nächsten Tag hinausging, schimpfte er: „Wer hat hier Wasser gelassen?" Der Torwächter mit den abgeschlagenen Füßen sagte: „Ich habe niemanden gesehen. Gestern stand aber der Beamte *Yi She* an dieser Stelle." Der Herrscher hielt daraufhin *Yi She* für den Schuldigen und ließ ihn töten.

Der Herrscher von *Wei* hatte zwei Beamte, die sich nicht gut mit dem Fürsten von *Ji Yang* standen. Eines Tages veran-

287

lasste der Fürst mit Hilfe eines gefälschten Befehls, dass entgegen dem Willen des Herrschers ein Komplott gegen ihn selbst geschmiedet wurde. Der Herrscher ließ den Fürsten von *Ji Yang* fragen, wer ihn so sehr hasst, doch dieser antwortete: „Es wagt niemand, mich zu hassen. Zwar gibt es zwei Beamte, die sich nicht gut mit mir stehen, doch so weit geht deren Abneigung gegen mich wohl nicht." Der Herrscher fragte seine Gefolgsleute, und diese bestätigten, dass es so sei. Daraufhin ließ der Herrscher die beiden Beamten hinrichten.

Ji Xin und *Yuan Qian* hassten einander. Als *Sima Xi* auch anfing, *Ji Xin* zu hassen, ließ er heimlich *Yuan Qian* ermorden. Der Herrscher von *Zhongshan* verdächtigte *Ji Xin* des Mordes und ließ ihn dafür hinrichten.

Zheng Xiu war die Lieblingsfrau des Herrschers von *Jing*. Als der Herrscher sich eine neue schöne Konkubine nahm, wurde sie von *Zheng Xiu* belehrt: „Der Herrscher mag es sehr, wenn man sich die Hand vor den Mund hält. Du solltest es auch tun, wenn du zum Herrscher kommst." Als die Schöne zum Herrscher gerufen wurde und vor ihn trat, verdeckte sie den Mund mit der Hand. Der Herrscher wollte wissen, warum sie das macht, und *Zheng Xiu* sagte: „Sie hat gesagt, dass sie den Geruch des Herrschers nicht ausstehen kann." Eines Tages saßen der Herrscher, *Zheng Xiu* und die Schöne zu dritt beieinander. *Xiu* hatte zuvor dem Diener befohlen, jeden Befehl des Herrschers unverzüglich auszuführen, sobald er etwas sagte. Als nun die Schöne dem Herrscher wieder nahe kam und einige Male den Mund mit der Hand verdeckte, war der Herrscher ungehalten und schrie: „Schneidet ihr die Nase ab!" Da zog der Diener sein Messer und schnitt der Schönen die Nase ab.

Eine andere Quelle besagt, dass der Herrscher von *Wei* dem Herrscher von *Jing* ein schönes Mädchen zum Geschenk machte. Der Herrscher war aufs Höchste entzückt von ihr. Seine Frau *Zheng Xiu* wusste, dass der Herrscher sie liebte, und begegnete ihr deshalb mit noch größerer Liebe. Sie gab ihr Kleider und alles, was sie begehrte. Da sagte der Herrscher zu ihr: „Du weißt, dass ich die Neue liebe, und liebst sie deshalb noch mehr als ich. Du bist wie ein pietätvoller Sohn, der sich um seinen Vater kümmert, und ein treuer Untertan, der seinem Herrscher dient." Da die Frau nun wusste, dass der Herrscher sie nicht für eifersüchtig hielt, sagte sie zu der Neuen: „Der Herrscher liebt dich sehr. Ihm gefällt nur deine Nase nicht. Verdecke deine Nase, wenn du mit ihm zusammentriffst, und du wirst ihn für immer glücklich machen." Die Neue befolgte den Rat, und jedes Mal, wenn sie mit dem Herrscher zusammen war, verdeckte sie ihre Nase mit der Hand. Der Herrscher fragte seine Frau, warum die Neue jedes Mal ihre Nase mit der Hand verdecke, wenn sie mit ihm zusammen sei. Die Frau antwortete, sie wisse es nicht. Und als der Herrscher sie noch eindringlicher fragte, sprach sie: „Vor einiger Zeit sagte sie, dass sie Euren Geruch nicht ertragen kann." Da schrie der Herrscher vor Zorn: „Schneidet ihr die Nase ab!" Die Frau aber hatte zuvor dem Diener gesagt, er solle jeden Befehl ausführen, den der Herrscher ausspricht, und so zog der Diener sein Messer und schnitt der Schönen die Nase ab.

Fei Wuji war der Vertraute des Kreisvorstehers von *Jing*. Der Kreisvorsteher mochte einen Mann Namens *Xi Yuan* sehr, der gerade in seinen Dienst getreten war. Da sagte *Wuji* zu ihm: „Ihr haltet viel von *Yuan*. Warum trinkt Ihr nicht ein paar Gläser Wein in seinem Haus?" Der Kreisvorsteher war mit dem Vorschlag zufrieden und befahl ihm, alles im Hause des *Xi Yuan* dafür vorzubereiten. Indes unterwies *Wuji* den *Xi Yuan* und sagte: „Der Kreisvorsteher ist sehr stolz und hat eine Vorliebe für Waffen. Ihr solltet ihm die Ehre erweisen und vor der Halle und vor der Tür bewaffnete Männer aufstellen." *Yuan* tat, was ihm geraten worden war, und als der Kreisvorsteher ankam, fragte er verwundert, was dies solle. *Wuji* sagte: „Mein Fürst, Ihr seid in Gefahr. Verlasst diesen Ort! Wer weiß, was Euch hier erwartet." Der Kreisvorsteher war erzürnt darüber, griff zu den Waffen und verurteilte *Xi Yuan* zum Tode.

Xi Shou und *Zhang Shou* waren Feinde. Als auch *Chen Xu* anfing, *Xi Shou* zu hassen, ließ er *Zhang Shou* heimlich ermorden. Der Herrscher von *Wei* verdächtigte *Xi Shou*, den Mord begangen zu haben, und verurteilte ihn.

In *Zhongshan* lebte ein armer Prinz, dessen Pferd war abgemagert und sein Wagen schäbig. Einer der Höflinge, der ihm persönlich nicht wohlgesonnen war, gab vor, im Namen des Prinzen eine Bitte an den Herrscher zu richten, und sagte: „Der Prinz ist sehr arm und sein Pferd ganz abgemagert. Mein Herrscher, warum erhöht Ihr nicht die Futterration für das Pferd?" Der Herrscher kam dieser Bitte nicht nach. Daraufhin ließ der Höfling des Nachts heimlich die Scheune in Brand stecken. Der Herrscher verdächtigte den armen Prinzen und ließ ihn hinrichten.

In *Wei* lebte einmal ein alter Gelehrter, der sich nicht gut mit dem Fürsten *Ji Yang* stand. Unter den fahrenden Rittern am Hofe des Fürsten gab es einen, der den alten Gelehrten aus persönlichen Gründen hasste. Schließlich fiel er über den alten Gelehrten her, tötete ihn und stellte es als einen Dienst am Fürsten von *Ji Yang* dar, indem er sagte: „Ich habe den Alten für Euch getötet, weil er etwas gegen Euch hatte." Daraufhin belohnte ihn der Fürst von *Ji Yang*, ohne der Sache auf den Grund zu gehen.

Nach einer anderen Quelle hatte der Fürst von *Ji Yang* einen Sohn von einer Nebenfrau, der vom Fürsten missachtet wurde und seine Zuneigung gewinnen wollte. Eines Tages schickte der Herrscher von *Qi* einen alten Gelehrten aus, um in den Pferdebirnenbergen nach Heilkräutern zu suchen. Der missachtete Sohn des Fürsten wollte sich ein Verdienst erwerben, ging zur Audienz und sagte: „*Qi* hat einen alten Gelehrten ausgeschickt, um in den Pferdebirnenbergen Heilkräuter zu suchen. Angeblich sucht er Heilkräuter, doch in Wirklichkeit spioniert er Euer Land aus. Wenn Ihr ihn nicht töten lasst, wird er Euch, den Fürsten von *Ji Yang*, als Verbrecher gegenüber dem Herrscher von *Qi* darstellen. Erlaubt mir, ihn zu töten." Der Fürst gab ihm die Erlaubnis, und am nächsten Tag fand er den alten Gelehrten im Schatten der Stadtmauer und durchbohrte ihn. Von da an stand er dem Fürsten von *Ji Yang* sehr nahe.

Erzählungen zur Illustration des vierten Geheimnisses

Chen Xu war ein Untergebener des Herrschers von *Wei* und hatte gute Beziehungen zum Herrscher von *Jing*. Eines Tages veranlasste *er Jing*, *Wei* zu überfallen, und als dies geschah, bat er darum, im Namen des Herrschers von *Wei* Frieden schließen zu dürfen. So wurde er durch den Einfluss von *Jing* zum Minister in *Wei*.

Zur Zeit des Marquis *Zhao* von *Han* war das Saatgetreide sehr teuer. Also ließ der Marquis die Reisspeicher überprüfen, und es stellte sich heraus, dass der Verwalter des Speichers tatsächlich große Mengen Saatgetreide gestohlen und verkauft hatte.

Als *Zhao Xixu* im Staate *Jing* seinen Dienst tat, trug es sich zu, dass jemand die Lagerhäuser in Brand steckte. Niemand wusste, wer es getan hatte. *Zhao Xixu* schickte die Häscher aus, um den Schilfhändler verhaften und befragen zu lassen. Es stellte sich heraus, dass er wirklich den Brand gelegt hatte.

Es geschah zur Zeit des Marquis *Zhaoxi*, dass der Küchenmeister das Essen auftragen ließ und ein Stück rohe Leber in der Suppe schwamm. Da befahl der Marquis den zweiten Koch zu sich und fragte ihn böse: „Warum hast du rohe Leber in meine Suppe getan?" Der Koch senkte den Kopf, gestand sein Vergehen und sagte: „Ich wollte auf diese Weise den Küchenmeister loswerden."

Eine andere Quelle berichtet, dass Marquis *Xi*, als er ein Bad nehmen wollte, Scherben in seinem Wasser fand. Der Marquis fragte: „Findet sich jemand, der den Posten des Bademeisters übernimmt, wenn ich diesen entlasse?" Seine Leute bejahten die Frage. Der Marquis befahl, den Mann herbeizuholen, und fragte ihn vorwurfsvoll, warum er die Scherben in das Wasser getan hätte. Der Mann antwortete: „Wenn der Bademeister entlassen wird, kann ich seinen Platz einnehmen. Deshalb habe ich die Scherben in das Wasser getan."

Es ereignete sich zur Zeit des Herzogs *Wen*, dass der Koch geröstetes Fleisch servierte, das voller Haare war. Der Herzog rief den Koch zu sich und schimpfte: „Willst du, dass ich ersticke? Warum hast du Haare um das Röstfleisch gelegt?" Der Koch neigte den Kopf, machte einen doppelten Kotau und bat um Vergebung mit den Worten: „Ich habe drei Verbrechen begangen, auf die der Tod steht. Ich habe das Messer geschliffen, dass es so scharf war wie das *Ganjiang*-Schwert. Als ich mit ihm das Fleisch zerlegte, zertrennte es das Fleisch, aber nicht die Haare. Das war mein erstes Vergehen. Die zweite Schuld habe ich auf mich geladen, als ich das Fleisch in Stücken auf den Holzspieß gesteckt und dabei die Haare nicht bemerkt habe. Und mein drittes Verbrechen bestand darin, dass ich das Feuer im Ofen so geschürt und die Holzkohle zum Glühen gebracht habe, dass das Fleisch gar geröstet wurde, die Haare aber nicht verbrannten. Oder könnte es sein, dass irgendjemand bei Hofe neidisch ist auf mich?" Der Herzog pflichtete ihm bei, ließ den ganzen Hofstaat herbeirufen und befragte jeden Einzelnen. Als er den wahren Schuldigen gefunden hatte, ließ er ihn hinrichten.

Eine andere Quelle überliefert, dass Herzog *Ping* von *Jin* Gäste bewirtete, als der Sohn einer seiner Nebenfrauen Röstfleisch auftrug, das voller Haare war. Herzog *Ping* wollte den Koch sofort töten und duldete keinen Widerspruch. Da rief der Koch zum Himmel: „O weh! Ich habe drei Verbrechen begangen. Hätte ich nicht von selbst wissen müssen, dass darauf der Tod steht?" Der Herzog fragte ihn, was diese Worte zu bedeuten haben, und der Koch fuhr fort: „Mein Messer ist so scharf, dass es durch die Knochen fährt wie der Wind durch das Gras, doch die Haare hat es nicht zerschnitten. Dafür muss ich das erste Mal sterben. Ich habe das Fleisch auf Maulbeerholzkohle geröstet, bis es rot und weiß war, die Haare aber sind nicht verbrannt. Deshalb muss ich das zweite Mal sterben. Als das Fleisch gar war, habe ich es nochmals aufmerksam von allen Seiten betrachtet, doch meine Augen sahen die Haare nicht, die um das Fleisch herum lagen. Deshalb habe ich zum dritten Mal den Tod verdient. Könnte es nicht sein, dass mich jemand bei Hofe insgeheim hasst? Wäre es dann nicht übereilt, mich hinrichten zu lassen?"

Als Marquis *Xiang* Minister in *Qin* war, war der Staat *Qi* sehr mächtig. Marquis *Xiang* wollte den Herrscher von *Qin* zum Kaiser ernennen, doch der Herrscher von *Qi* war dagegen. Also schlug er vor, den Herrscher von *Qi* zum östlichen Kaiser zu machen. So gelang es ihm, seinen Plan zu verwirklichen.

Erzählungen zur Illustration des fünften Geheimnisses

Zur Zeit des Herzogs *Xian* von *Jin* gab es eine Konkubine mit Namen *Li*, die geachtet wurde wie die Herzogin. *Li* wollte erreichen, dass ihr eigener Sohn *Xiqi* an die Stelle des rechtmäßigen Thronfolgers *Shensheng* träte. Deshalb verleumdete sie den Prinzen *Shensheng* beim Herrscher, ließ ihn töten und machte alsdann ihren Sohn *Xiqi* zum Kronprinzen.

Der Herrscher von *Zheng* hatte seinen Thronfolger bereits bestimmt, doch er liebte eine schöne Konkubine, die ihren eigenen Sohn zum Thronfolger machen wollte. Da die Frau des Herrschers von *Zheng* befürchtete, er könnte dies tun, gab sie dem Herrscher vergiftete Arznei und brachte ihn um.

Zhou Xu hatte großen Einfluss im Staate *Wei* und führte sich auf wie ein Herrscher. Die Beamten und das Volk fürchteten alle gleichermaßen seine große Macht. Schließlich ermordete er wirklich seinen Herrscher und riss die Herrschaft an sich.

Prinz *Zhao* war der Kronprinz von *Zhou*. Prinz *Gen*, sein jüngerer Bruder, genoss jedoch die Gunst des Herrschers. Als der Herrscher verstarb, löste Prinz *Gen* im Ostteil von *Zhou* eine Rebellion aus, trennte diesen Teil des Landes ab und spaltete es in zwei Staaten.

König *Cheng* von *Chu* hatte *Shang Chen* zu seinem Nachfolger bestimmt, wollte aber nach einiger Zeit den Prinzen

Zhi an seine Stelle setzen. Daraufhin rebellierte *Shang Chen* gegen König *Cheng* und ermordete ihn.

Einer anderen Quelle zufolge hatte König *Cheng Shang Chen* zum Thronfolger ernannt, wollte jedoch später den Prinzen *Zhi* an seine Stelle setzen. *Shang Chen* hörte davon, wusste aber nicht, ob es stimmte. Er fragte seinen Lehrer *Pan Chong*, wie man es nachprüfen könne, und dieser sagte zu ihm: „Ladet *Jiang Yu* zum Essen ein und behandelt ihn ungebührlich." Der Kronprinz befolgte seinen Rat, und *Jiang Yu* sagte zu ihm: „Oh, du ungehobelter Rohling! Kein Wunder, dass dich dein königlicher Vater verstoßen und *Zhi* als Kronprinzen einsetzen will." Da sagte *Shang Chen*: „Es ist also wahr", und *Pan Chong* fragte ihn, ob er *Zhi* zu dienen gewillt sei. „Nein", war die Antwort, und *Pan* fragte weiter: „Wollt Ihr es zulassen, dass er Lehnsfürst wird?" – „Das kann ich nicht", sagte er, und *Pan* fragte schließlich: „Seid Ihr bereit, einen Aufstand zu beginnen?" – „Natürlich", sagte *Shang Chen*, machte alle Soldaten mobil, über die er verfügte, und griff König *Cheng* an. König *Cheng* bat darum, vor seinem Tode noch einmal gebratenes Bärenfleisch essen zu dürfen, doch seine Bitte wurde abgelehnt, sodass er schließlich Selbstmord beging.

Han Kui war als Minister unter Marquis *Ai* von *Han* tätig, der große Stücke auf *Yan Sui* hielt. *Han Kui* und *Yan Sui* hassten sich deshalb gegenseitig sehr. Eines Tages beauftragte *Yan Sui* jemanden, *Han Kui* bei Hofe zu erstechen. *Han Kui* lief zum Herrscher und fiel ihm in die Arme. So wurden schließlich beide, *Han Kui* und der Herrscher, durchbohrt.

Tian Heng war Minister in *Qi*, und *Kan Zhi* wurde von Herzog *Jian* sehr verehrt. Deshalb hassten sich die beiden

Männer gegenseitig und wollten einander töten. *Tian Heng* gelang es, durch die Gewährung von persönlichen Wohltaten das Volk für sich zu gewinnen. Schließlich ermordete er Herzog *Jian* und riss die Herrschaft an sich.

Dai Huan war Kanzler in *Song, Huang Xi* jedoch genoss die Gunst des Herrschers. Deshalb stritten sich beide und waren verfeindet. Am Ende ermordete *Huang Xi* den Herrscher von *Song* und riss die Herrschaft an sich.

Hu Tu sagte einmal: „Wenn der Herrscher eines Staates im inneren Palast jemandem zugetan ist, bedeutet das Gefahr für den Kronprinzen. Wenn er im äußeren Palast jemandem zugetan ist, ist der regierende Minister in Gefahr."

Der Herrscher von *Zheng* fragte einst *Zheng Zhao*: „Wie steht es mit dem Kronprinzen?" Dieser antwortete: „Der Kronprinz ist noch nicht geboren." Der Herrscher sagte verwundert: „Ich habe den Kronprinzen bereits bestimmt, doch Ihr sagt, er sei noch nicht geboren. Wie das?" Da sprach *Zheng Zhao*: „Ihr habt zwar den Kronprinzen bestimmt, liebt aber die Frauen nach wie vor. Und wenn Eure Geliebte einen Sohn zur Welt bringt, werdet Ihr auch ihn lieben und zum Thronfolger machen wollen. Deshalb habe ich gesagt, dass der Kronprinz noch nicht geboren wurde."

Erzählungen zur Illustration des sechsten Geheimnisses

König *Wen* unterstützte *Fei Zhong*, schickte ihn aus, um an der Seite des *Zhou* zu stehen, ihn auszuspionieren und seine Pläne durcheinanderzubringen.

Einst schickte der Herrscher von *Jing* eine Gesandtschaft nach *Qin*, die vom *Qin*-Herrscher mit allen Ehren empfangen wurde. Später sagte der Herrscher: „Ein Weiser in den

Diensten eines feindlichen Staates schafft uns Probleme. Nun ist der Gesandte des *Jing*-Herrschers sehr weise, was mir Sorgen bereitet." Da empfahlen ihm seine Berater: „Gewinnt den weisen Ratgeber des *Jing*-Herrschers mit Eurer königlichen Weisheit und den Reichtümern des Staates für Euch. Warum lernt Ihr ihn nicht besser kennen und lasst ihn heimlich für Euch arbeiten? Wenn der Herrscher von *Jing* erst vermutet, dass er für einen fremden Staat arbeitet, wird er ihn sicher hinrichten lassen."

Als *Zhongni* den Staat *Lu* regierte, hob niemand etwas auf, was ein anderer auf dem Weg verloren hatte. Herzog *Jing* von *Qi* war besorgt darüber, doch *Li Qie* sprach zum Herzog: „*Zhongni* loszuwerden, ist so leicht, wie eine Feder wegzupusten. Warum bietet Ihr ihm nicht ein großes Einkommen und einen hohen Posten und macht Herzog *Ai* ein paar Tänzerinnen zum Geschenk, um ihn mit seinem eigenen Hochmut zu verwirren? Herzog *Ai* wird sich von den neuen Freuden betören lassen und darüber die Politik vernachlässigen. *Zhongni* wird ihm deswegen Vorhaltungen machen und schon sehr bald vom *Lu*-Herrscher verstoßen werden." – „Ausgezeichnet", sagte Herzog *Jing* und beauftragte *Li Qie*, Herzog *Ai* sechs Tänzerinnen zum Geschenk zu machen. Herzog *Ai* war so entzückt von ihnen, dass er darüber wirklich die Politik vernachlässigte. *Zhongni* machte ihm Vorhaltungen, fand aber kein Gehör. Also verließ er *Lu* und ging nach *Chu*.

Der Herrscher von *Chu* sprach zu *Gan Xiang*: „Ich will *Gan Mu* mit dem Einfluss des Staates *Chu* fördern und zum Minister in *Qin* machen. Kann ich das tun?" Als *Gan Xiang* sagte, dass das nicht anginge, fragte der Herrscher nach dem Grund dafür und erhielt zur Antwort: „Als *Gan Mu* jung war, stand er im Dienst des Herrn *Shi Ju*. Dieser kümmerte sich aber, als er Torsteher in *Shang-*

cai war, weder um seinen Herrscher, noch um seine Familie, wie es sich gebührte. Er war im Reich als unzugänglicher Geizhals verschrien, doch *Gan Mu* diente und gehorchte ihm. König *Hui* war so klug und *Zhang Yi* war so intelligent, dass *Gan Mu* ihnen diente und zehn Ämter übernahm, ohne sich eines Vergehens schuldig zu machen. *Gan Mu* ist also ein weiser Mann." Da fragte der Herrscher: „Man darf also einem weisen Mann nicht zu einem Ministerposten in einem feindlichen Staat verhelfen, aber warum?" *Gan Xiang* gab ihm zur Antwort: „Früher habt Ihr *Shao Hua* nach *Yue* geschickt und konntet *Yue* nach fünf Jahren vernichten. Dies war möglich, weil *Yue* schlecht und *Chu* gut regiert wurde. Damals wusstet Ihr, wie Ihr *Yue* beikommen könnt, doch heute wisst Ihr nicht, was mit *Qin* zu tun ist. Habt Ihr nicht etwas zu schnell vergessen?" – „Wenn die Sache so steht", sagte der Herrscher, „was ist also zu tun?" Darauf sprach *Gan Xiang*: „Warum protegiert Ihr nicht *Gong Li* als Minister?" – „Wieso kann man denn *Gong Li* als Minister einsetzen?", fragte der Herrscher weiter, und *Gan Xiang* sagte: „Als *Gong Li* jung war, wurden ihm Liebe und Glück zuteil. Er wuchs auf als Edelmann und Würdenträger, kleidet sich in herrschaftliche Gewänder, führt vornehme Reden, trägt Jaderinge als Schmuck und findet auf diese Weise Gehör bei Hofe. Er ist dazu angetan, *Qin* ins Chaos zu stürzen."

Wu hatte vor, *Jing* anzugreifen, und *Zixu* schickte Leute aus, um in *Jing* das Gerücht zu verbreiten: „Wenn *Ziqi* in *Jing* in Dienst genommen wird, werden wir *Jing* angreifen, wird jedoch *Zichang* in Dienst genommen, lassen wir von *Jing* ab." Als man in *Jing* davon hörte, stellte man *Zichang* ein und entließ *Ziqi*. *Wu* fiel über *Jing* her und besiegte es schließlich.

Herzog *Xian* von *Jin* wollte *Yu* und *Guo* überfallen und beschenkte deshalb die beiden Herrscher mit einem Gespann aus *Quchan*, einer Jadescheibe aus *Chuiji* und sechs Tänzerinnen, um ihre Gedanken zu verwirren und ihre Politik durcheinanderzubringen.

Shu Xiang schrieb einen verleumderischen Brief über *Chang Hong*, demzufolge *Chang Hong* zu ihm gesagt haben sollte: „Seid so gut und legt dem Herrscher von *Jin* mein Anliegen nahe. Die Zeit ist reif, um den von uns besprochenen Plan zu verwirklichen. Warum schickt er nicht auf dem schnellsten Wege seine Truppen her?" Er arrangierte es so, als ob er den Brief am Hofe des Herrschers von *Zhou* verloren hätte und reiste eiligst ab. Der Herrscher von *Zhou* hielt daraufhin *Chang Hong* für einen Landesverräter, verurteilte ihn und ließ ihn töten.

Als Herzog *Huan* von *Zheng* einen Überraschungsangriff auf *Kuai* plante, stellte er zuerst fest, wer in *Kuai* zu den tapferen Kriegern, hervorragenden Beamten, redegewandten Gelehrten und mutigen Männern zählt, ließ ihre Namen niederschreiben, wählte die besten Ländereien von *Kuai* aus, um sie ihnen zum Geschenk zu machen, und hielt die Posten und Ränge fest, die für sie vorgesehen waren. Danach ließ er außerhalb der Stadtmauern einen Altar errichten, versteckte die Schriftrollen mit den Namen dort und ließ die Opfergefäße mit dem Blut von Hühnern und Affen tränken, sodass es aussah, als sei ein Pakt geschlossen worden. Der Herrscher von *Kuai* vermutete, dass ein Putsch in seinem Land geplant sei, und ließ alle fähigen Männer hinrichten. Währenddessen startete Herzog *Huan* einen Überraschungsangriff und eroberte *Kuai*.

Ein Narr am Hofe von *Qin* hatte gute Beziehungen zum Herrscher von *Jing*, insgeheim aber auch zu dessen Vertrauten bei Hofe. Deshalb wurde er vom Fürsten *Huiwen* von *Qin* sehr geschätzt. Wenn *Jing* Pläne gegen *Qin* schmiedete, erfuhr der Hofnarr immer als Erster davon und berichtete es dem Fürsten *Huiwen*.

Xiang Ci war Kreisvorsteher von *Ye* und unterhielt insgeheim gute Kontakte zu den Vertrauten des Herrschers von *Zhao*. Wenn der Herrscher von *Zhao* einen Angriff auf *Ye* vorhatte, erfuhr *Xiang Ci* jedes Mal vorher davon und berichtete es dem Herrscher von *Wei*. Dieser bereitete sich auf den Angriff vor, sodass *Zhao* jedes Mal seine Truppen zurückziehen musste.

Als Herzog *Si* von *Wei* regierte, hatte er einen Spitzel unter den Leuten des Kreisvorstehers. Eines Tages lüftete der Kreisvorsteher seine Matte und stellte fest, dass sie in sehr schlechtem Zustand war. Herzog *Si* schickte jemand und ließ ihm eine neue Matte überbringen mit den Worten: „Ich habe erfahren, dass Ihr heute Eure Matte gelüftet und diese in sehr schlechtem Zustand vorgefunden habt. Aus diesem Grunde möchte ich Euch eine neue Matte zum Geschenk machen." Der Kreisvorsteher war überaus erstaunt und meinte, der Herzog besitze übernatürliche Kräfte.

ELFTES BUCH

32. Kapitel

Linke äußere Sammlung von Erzählungen

Erster Teil

1. Der kluge Regent herrscht so, wie es *Youruo* in seiner Antwort an *Mizi* beschrieb. Urteilt der Herrscher beim Anhören der Reden nach der Gewandtheit des Vortrags und geht bei der Betrachtung von Taten danach, wie weitreichend sie sind, wird sich vom Beamten bis zum einfachen Mann jeder befleißigen, ausschweifende, große Worte daherzureden und weltfremde Dinge zu tun. Als Beweis dafür dient die Antwort des *Tian Jiu* an den Herrscher von *Chu*. Aus diesem Grund bastelte Meister *Mo* einen hölzernen Drachen und leitete der Sänger *Gui* den Ausbau des Palastes für den Krieg. Um die Wirkung von berauschendem Wein und aufrichtigen Worten wissen eben nur kluge, einsichtige Herrscher.

2. Misst der Herrscher eingebrachte Vorschläge nicht an ihrer Zweckmäßigkeit und Brauchbarkeit, gibt es viele Schwätzer, die von Dornenspitzenschnitzereien und weißen Pferden faseln. Ohne genaue Regeln und ein festes Ziel ist jeder ein Meisterschütze wie *Yi*. Die Herrscher lassen sich von den Reden beeinflussen, so wie der Herrscher von *Yan* das Geheimnis der Unsterblichkeit studieren wollte. Die Meister des Redens streiten miteinander, so wie die zwei Männer aus *Zheng* stritten, wer älter sei. Vorschläge, die jede Winzigkeit bis ins Detail

berücksichtigen, sind unbrauchbar, und darum sind Männer wie *Ji Liang, Hui Shi, Song Jian* und *Mozi* alle wie der Bemaler der Peitsche. Ausschweifende, tiefgründige, großartige und überwältigende Worte sind nutzlos, und darum sind Männer wie *Wei Mou, Zhang Luzi, Zhan He, Chen Bing* und *Zhuangzi* genauso wie der Maler von Geistern und Dämonen. Widerspenstige, belästigende, unnachgiebige und übereifrige Handlungen sind nicht gewinnbringend, und deshalb sind Männer wie *Wu Guang, Bian Sui, Bao Jiao, Jie Zitui* und *Tian Zhong* alle wie ein Kürbis mit harter Schale. *Yu Qing* verwirrte den Baumeister, und das Haus brach zusammen. *Fan Qie* ließ dem Bogenbauer keine Wahl, und der Bogen zerbrach in Stücke. Wer wissen will, ob die Worte aufrichtig sind, muss nach ihrem Nutzen fragen.

3. Wer gezwungenermaßen füreinander da sein muss, macht den anderen für Verluste verantwortlich und hofft darauf, von ihm zu profitieren. Handelt aber jemand für sich selbst, geht es überall voran. Deshalb herrschen zwischen Vater und Sohn Groll und Schimpf, während ein Knecht mit einer kräftigen Suppe bewirtet wird. Als Beweis dafür dient Herzog *Wens* Verlautbarung vor dem Angriff und *Goujians* Hinweis auf eine kaiserliche Terrasse. Aus diesem Grund nahm Herzog *Huan* seinen Zorn auf *Cai* zum Vorwand, um *Chu* zu überfallen, und *Wu Qi* saugte die Wunde eines verletzten Soldaten aus. Die Reime und Lobgesänge der frühen Könige sowie die Inschriften auf Glocken und Dreifüßen sind wie der Fußabdruck auf dem Berg *Bowu* und das Spiel auf dem Berg *Huashan*. Die frühen Könige erhofften sich Nutzen und setzten auf die Stärke. Herzog *Wen* nutzte das Sprichwort von den Erbauern eines Altars als Beleg für Selbstentsagung. Ist es denn etwa nicht unpassend für die heutige Zeit, wenn die Gelehrten um Zugeständ-

nisse ersuchen und zu diesem Zweck lang und breit die frühen Könige im Munde führen? Leute wie sie kann man nicht ändern. So fand ein Mann aus dem Kreis *Zheng* ein Wagenjoch, wollte sich ein Mann aus *Wei* einem Bogenschützen hilfreich erweisen, zerriss Meister *Bus* Frau die neue Hose und trank der Jüngling mit dem alten Mann. Wer kann schon genau wissen, welche Lehre der frühen Könige wenig bringt und heute für wichtig gehalten oder von großem Nutzen ist und heute für unbedeutend gehalten wird. Als Beweis dafür dient die Auslegung eines alten Buches durch einen Mann aus *Song* und das Studium einer Aufzeichnung durch einen Mann aus *Liang*. So gibt es in den Überlieferungen der frühen Könige Briefe, wie einst ein Mann aus *Ying* einen schrieb, und die Leute deuten ihren Inhalt heute oft so, wie man es damals in *Yan* tat. Wer heutzutage über die frühen Könige philosophiert, anstatt sich um die aktuellen Fragen des Staates zu kümmern, handelt wie der Schuhkäufer, der wegen des Maßes nach Hause geht.

4. Die Menschen folgen dem Nutzen und die Beamten sterben für den Ruhm. Deshalb kann der Herrscher von seinen Untergebenen keine gewinnbringenden Taten erwarten, wenn unrechtmäßige Verdienste von ihm belohnt werden, und die Beamten sorgen sich um ihren eigenen Namen und nicht um die Ehre des Herrschers, wenn unrechtmäßig erworbener Ruhm auch noch Anerkennung findet. Deshalb ließ die Hälfte der Bevölkerung von *Zhongmou*, nachdem *Zhong Zhang* und *Xu Yi* ein Amt übertragen worden war, Haus und Hof im Stich und widmete sich literarischen Studien. Genauso verhielt es sich, als die Hälfte der Beamten von *Jin* ihren Dienst quittierten, nachdem Herzog *Ping* nicht gewagt hatte, sich von seinem Thron zu erheben, als während *Shu Xiangs* Rede seine Wade schmerzte

und sein Fuß eingeschlafen war. Diese drei Männer wären nichts weiter als loyale Beamte und gehorsame Untergebene gewesen, wenn ihre Worte im Einklang mit dem Gesetz und ihre Taten den Gegebenheiten entsprechend gewesen wären. In diesem Fall wurden sie von dem jeweiligen Herrscher mit zu großem Respekt behandelt. Wenn aber ihre Worte dem Gesetz widersprochen haben und ihre Taten alles andere als verdienstvoll waren, standen sie als Verbrecher außerhalb des Gesetzes. Warum hätten die Herrscher sie in diesem Fall ehrenvoll behandeln sollen? Taten sie es dennoch, gingen sie fehl. Privatgelehrte ohne öffentliches Amt machen in Friedenszeiten keinen Finger krumm und tragen in Kriegszeiten keine Waffen. Begegnet ihnen der Herrscher würdevoll, werden die Leistungen der Bauern und Soldaten diskreditiert. Begegnet er ihnen aber nicht mit Respekt, fügen sie dem Gesetz des Herrschers Schaden zu. Herrscht Ruhe im Staat, besitzen sie Ehre und Anerkennung. Kommt Gefahr auf, sind sie nutzlos wie *Qu Gong*. Welchen Nutzen sollte also der Herrscher von diesen Privatgelehrten haben? Ein kluger Herrscher vertraut auf den Bericht des *Li Ci* über die Situation in *Zhongshan*.

5. Im *Buch der Lieder* heißt es: „Was nicht besitzt des Herrschers und seinesgleichen Gunst, dem wird das Volk niemals sein Vertrauen schenken." Ein herrschaftlicher Lehrmeister benutzte diesen Satz, um den Herrscher davon abzubringen, purpurne Kleider zu tragen. Als Beleg können Herzog *Jian* von *Zheng* und Herzog *Xiang* von *Song* dienen. Dieser Satz verpflichtet den Herrscher, die Arbeit auf dem Feld und den Dienst im Krieg zu schätzen und zu würdigen. Wer als Herrscher nicht klar trennt zwischen den Ständen und die Untergebenen nicht für einen erfolgreichen Ausgang verantwortlich macht, sondern sich selbst mit ihnen auf eine

Stufe stellt, handelt wie Herzog *Jing*, der aus dem Wagen kletterte und zu Fuß weiterlief, wie König *Zhao*, der vom Schlaf übermannt wurde, oder wie jener Herrscher, der bestimmte Kleider heimlich trug. *Kongzi* verstand nichts von diesem Satz und verglich deshalb den Herrscher mit einer Schale. Der Herrscher von *Zou* wusste nichts von diesem Satz und verachtete sich deshalb zuerst selbst. Ein kluger Herrscher handelt wie *Shu Xiang* bei der Vergabe von Rang und Pfründen und Marquis *Zhao*, der keiner Bitte nachgab.

6. Wo Glaubwürdigkeit im Kleinen herrscht, gibt es auch Vertrauen im Großen. Deshalb baut der kluge Herrscher auf die Glaubwürdigkeit. Sind Strafen und Belohnungen nicht glaubwürdig, wirken Verbote und Befehle nicht. Als Beweis dafür dient Herzog *Wens* Angriff auf *Yuan* und *Ji Zhengs* Rettung der Hungernden. Deshalb wartete *Wu Qi* mit dem Essen auf einen alten Bekannten und traf sich Marquis *Wen* mit dem Jäger zur Jagd. Ein weiser Herrscher bekundet seine Glaubwürdigkeit wie Meister *Zeng*, als er das Schwein schlachtete. Das Verhängnis fehlender Glaubwürdigkeit zeigt sich im Schlagen der Alarmtrommel durch König *Li* und in *Li Kuis* Täuschung der beiden Wachen.

Erzählungen zur Illustration des ersten Punktes

Mi Zijian regierte über *Shanfu*. Eines Tages traf er *Youruo* und dieser fragte ihn, warum er so abgemagert sei? *Mizi* antwortete: „Der Herrscher hat mich mit der Verwaltung von *Shanfu* beauftragt, ohne zu wissen, dass ich dieser Aufgabe nicht würdig bin. Es gibt viele dringende Amtsgeschäfte, die mir Sorgen bereiten, und deshalb bin ich abgemagert." *Youruo* erwiderte: „In längst vergangenen Zeiten spielte *Shun* die fünfsaitige Laute und sang dazu Oden aus dem *Buch der Lieder*. Währenddessen herrschte im Reich unter dem Himmel die schönste Ordnung. *Shanju* ist dagegen unbedeutend klein. Wenn Euch seine Verwaltung schon Sorgen bereitet, was sollte man da erst über die Verwaltung des Reiches sagen? Wer die rechte Kunst zur Führung des Staates beherrscht, der kann in seiner Audienzhalle sitzen und sich mit Freudenmädchen vergnügen, ohne dass die Ordnung davon Schaden nimmt. Wer aber ohne Staatskunst herrschen will, wird es zu nichts bringen, auch wenn er dabei völlig abmagert."

Der König von *Chu* sprach zu *Tian Jiu*: „Meister *Mo* war ein berühmter Gelehrter. Man kann seinem Vorbild folgen, doch seine Reden sind lang und plump. Warum ist dies so?" *Tian Jiu* erwiderte: „Einst gab der Graf von *Qin* dem Prinzen von *Jin* seine Tochter zur Braut. Er putzte sie aufs Feinste heraus und ließ sie von siebzig prächtig gekleideten Konkubinen begleiten. Als sie in *Jin* ankamen, fand der Prinz von *Jin* Gefallen an den Konkubinen, die Prinzessin jedoch behandelte er schlecht. Hierzu muss man sagen, dass sich der Graf darauf verstand, die Konkubinen zu verheiraten, aber nicht vermochte, seine Tochter richtig zu vermählen. Es war einmal ein Mann aus *Chu*, der wollte Perlen in *Zheng* verkaufen. Zu diesem Zweck fertigte er kleine Kästchen aus Magnolienholz an, die er mit Zimt parfümierte, mit Perlen und Jade besetzte, mit Rosen verzierte und mit den Federn des Eisvogels dekorierte. Die Leute in *Zheng* kauften ihm seine Kästchen ab, die Perlen aber gaben sie ihm zurück. Hierzu muss man sagen, dass sich der Mann auf den Verkauf von Kästchen verstand, nicht aber auf den Handel mit Perlen. Die Ratgeber von heute halten geschickte Reden und machen schöne Worte. Die Herrscher sehen nur die stilvoll gesetzten Worte und vergessen darüber deren Nützlichkeit. Meister *Mo* vermittelte in seinen Reden die Prinzipien der frühen Könige und erörterte die Ideen der weisen Männer, um sie den Menschen zu verkünden. Hätte er Wert auf literarische Meisterschaft gelegt, hätte er befürchten müssen, dass die Menschen die Schönheit der Worte wahrnehmen und darüber deren Nützlichkeit vergessen. Auf diese Weise hätte die Nützlichkeit der Worte unter der literarischen Meisterschaft gelitten, und Meister *Mo* hätte genauso gehandelt, wie der Mann aus *Chu* beim Verkauf der Perlen und der Graf von *Qin*, als er seine Tochter verheiratete. Deshalb waren seine Reden lang und plump. "

Meister Mo bastelte einmal einen hölzernen Drachen. Er brauchte drei Jahre, um den Drachen zu bauen, doch schon nach dem ersten Flug brach er auseinander. Seine Schüler sagten: „Eure Kunstfertigkeit ist so groß, dass Ihr sogar einen hölzernen Drachen zum Fliegen bringt. " Meister *Mo* erwiderte darauf: „Meine Kunstfertigkeit kann sich nicht messen an der eines Wagners, der eine Deichsel baut. Er nimmt ein Stück Holz von zehn Zoll und braucht nicht einmal einen Vormittag, um sie zu bauen, doch mit der Deichsel kann man eine Last von dreißig Pikul ziehen. Mit ihr kann man große Strecken zurücklegen, und sie hält mehrere Jahre. Ich dagegen brauchte drei Jahre, um den Drachen zu bauen, und schon nach dem ersten Flugtag brach er auseinander. " Als Meister *Hui* dies hörte, sprach er: „Meister *Mo* war wirklich sehr weise, wusste er doch um die Kunstfertigkeit des Bauens einer Deichsel und die Nutzlosigkeit des Drachenbauens. "

Der Herrscher von *Song* war verfeindet mit *Qi* und ließ seinen Palast für einen Krieg ausbauen. Der Sänger *Gui* bestimmte mit seinem Gesang den Rhythmus der Arbeiten. Er sang so, dass die vorbeikommenden Leute stehen blieben und zusahen und die Arbeiter keine Müdigkeit spürten. Als der Herrscher davon hörte, ließ er den Vorsänger zu sich rufen und beschenkte ihn. Der Sänger *Gui* jedoch sagte: „*She Ji*, mein Lehrmeister, singt noch besser als ich." Daraufhin ließ der Herrscher *She Ji* herbeirufen und mit seinem Gesang den Arbeitsrhythmus bestimmen. Die vorbeikommenden Leute blieben nicht mehr stehen und die Arbeiter verspürten Müdigkeit. Da sagte der Herrscher zum Sänger *Gui*: „Die Leute bleiben nicht stehen und die Arbeiter sind müde. Also ist sein Gesang nicht so gut wie Eurer. Wie kommt das?" Der Sänger aber sprach: „Majestät sollten das Arbeitsergebnis berücksichtigen. Als ich den Takt vorgegeben habe, sind vierzig Fuß Mauer fertig geworden. Bei *She Ji* waren es achtzig. Und was die Festigkeit betrifft, so kann man in meine Mauer fünf Zoll tief eindringen, während es bei *She Ji* nur zwei Zoll sind."

Fürwahr, eine gute Arznei schmeckt bitter. Kluge Leute nehmen sie dennoch ein, weil sie wissen, dass sie ihren Leiden ein Ende setzt. Aufrichtige Worte sind unangenehm für das Ohr. Der weise Herrscher hört dennoch auf sie, weil er weiß, dass sie zum Erfolg führen.

Erzählungen zur Illustration des zweiten Punktes

Es war einmal ein Mann aus *Song*, der bot dem Herrscher von *Yan* an, aus einer winzigen Dornenspitze eine Äffin für ihn zu schnitzen. Der Herrscher müsse nur drei Monate lang enthaltsam leben, dann könne er sie erblicken. Der Herrscher von *Yan* wollte ihm daraufhin drei Wagenladungen als Lohn gewähren, doch der königliche Schmiedemeister sagte: „Soweit mir bekannt ist, hält es ein Herrscher keine zehn Tage ohne ein Festmahl aus. Nun weiß der Fremde aus *Song*, dass Eure Majestät nicht lange genug enthaltsam leben können, um dieses nutzlose Ding sehen zu können. Deshalb hat er Euch eine Fastenzeit von drei

Monaten auferlegt. Außerdem müssen die Schnitzwerkzeuge kleiner sein als die Schnitzereien. Ich selbst bin Schmiedemeister und vermag nicht, ein solches Schnitzwerkzeug zu schmieden. Das ist ein Ding der Unmöglichkeit. Eure Majestät sollte nachforschen, was es mit der Sache auf sich hat." Der Herrscher ließ also den Mann aus *Song* einsperren und verhören, und nachdem sich herausgestellt hatte, dass er ihn wirklich betrügen wollte, tötete er ihn. Der Schmiedemeister aber sagte zum Herrscher: „Wenn die Vorschläge nicht abgewogen und auf ihre Nützlichkeit geprüft werden, gibt es viele Schwätzer, die Geschichten wie die von der Dornenspitze vortragen."

Eine andere Quelle besagt, dass der Herrscher von *Yan* eine Vorliebe für winzige, geschickte Schnitzereien hatte. Ein Mann aus *Wei* gab vor, aus einer Dornenspitze eine Äffin schnitzen zu können. Der Herrscher war hocherfreut darüber und wollte ihn mit fünf Wagenladungen entlohnen. Eines Tages fragte der Herrscher: „Darf ich wohl einen kurzen Blick auf die von Euch aus einer Dornenspitze geschnitzte Äffin werfen?" Der Fremde entgegnete: „Wenn Ihr die geschnitzte Äffin sehen wollt, müsst Ihr Euch ein halbes Jahr von Eurem Harem fernhalten, keinen Wein trinken und kein Fleisch essen. Und wenn es dann nach einem Regenguss aufklart und die Sonne hervorkommt, könnt Ihr die aus einer Dornenspitze geschnitzte Äffin in einem friedlichen, dunklen Zimmer sitzen sehen." Schließlich gab der Herrscher dem Mann aus *Wei* die versprochenen Wagenladungen als Lohn, ohne die Äffin sehen zu können. Unterdessen wandte sich ein angesehener Schmied aus *Zheng* an den Herrscher von *Yan* und sagte: „Euer ergebener Diener versteht sich aufs Schnitzen. Jeder noch so winzige Gegenstand wird mit einem Schnitzmesser geschnitzt, und die Schnitzerei muss größer sein als das Schnitzmesser. Nun füllt aber die Dornenspitze nicht einmal die Spitze des Schnitzmessers aus, sodass es sehr schwer sein dürfte, die Dornenspitze zu bearbeiten. Ihr solltet Euch das Schnitzmesser des Fremden ansehen. Dann wisst Ihr, ob er die Dornenspitze bearbeiten kann oder nicht." – „Richtig", pflichtete ihm der Herrscher bei und fragte den Mann aus *Wei*: „Womit schnitzt du denn die Äffin in die Dornenspitze?" Als dieser antwortete: „Mit einem Messer", sagte der Herrscher, dass er dieses Messer sehen wolle. Da bat der Fremde, es aus seiner Hütte holen zu dürfen, und machte sich aus dem Staub.

Ni Yue war ein im Disput geübter Mann aus dem Staate *Song*, der sich im Wortstreit mit seiner These „Ein weißes Pferd ist kein Pferd" gegenüber allen Gelehrten der *Jixia*-Schule in *Qi* behaupten konnte. Als er aber auf einem weißen Pferd reitend eine Grenzstelle passieren wollte, musste er den Zoll für das weiße Pferd entrichten. Solange er nur mit leeren Worten jonglierte, konnte er einen ganzen Staat überrumpeln. Als jedoch die Tatsachen geprüft wurden und die Formen zu Wort kamen, konnte er nicht einmal einen Mann täuschen.

Angenommen, jemand hat gerade seinen Pfeil frisch geschärft, seinen Bogen aufs Äußerste gespannt und schießt. Seine Pfeilspitze wird, selbst wenn er mit verschlossenen Augen wild drauflosschießt, in jedem Fall das kleinste Härchen treffen. Wer aber den Schuss nicht wiederholen kann, darf sich nicht als guten Schützen bezeichnen, weil er kein feststehendes Ziel hat. Schießt man jedoch auf eine fünf Zoll große Zielscheibe aus einer Entfernung von zehn Schritten, treffen nur Meisterschützen wie *Yi* und *Pang Meng* mit Sicherheit, weil es sich um ein feststehendes Ziel handelt. Nach festen Regeln zu handeln ist schwer, ohne Regeln zu handeln hingegen leicht. Bei einem festen Ziel gilt es als meisterlich, dass *Yi* und *Pang Meng* eine fünf Zoll große Zielscheibe treffen. Ohne festes Ziel dagegen gilt selbst der als ungeschickt, der einfach drauflosschießt und ein winziges Härchen trifft. Genauso verhält es sich mit den Ratgebern. Wenn der Herrscher sie nicht nach einem festen Maßstab zur Verantwortung zieht, sprudeln die Worte nur so aus ihrem Mund. Legt er aber einen Maßstab fest und misst sie daran, werden selbst weise Männer fürchten, Fehler zu begehen, und nicht wagen, einfach so daherzureden. Die Herrscher hören sich heutzutage die Vorschläge an und erfreuen sich an den wohlklingenden Worten, ohne die Ratgeber nach einem festen Maßstab zur Verantwortung zu ziehen. Sie messen sie nicht an ihren wirklichen Leistungen, nein, sie würdigen ihr Handeln, ohne sie einer Kontrolle zu unterziehen. Aus eben diesem Grund werden die Herrscher immer wieder getäuscht und finden die Ratgeber immer wieder Unterstützung.

Einst erbot sich ein Wandergelehrter, dem Herrscher von *Yan* das Geheimnis der Unsterblichkeit zu vermitteln. Der Herrscher schickte seine Leute zum Studium der Unsterblichkeit zu ihm, doch der Wandergelehrte verstarb, noch ehe sie ihr Studium beendet hatten. Furchtbar erzürnt darüber ließ der Herrscher die Schüler hinrichten. Er verstand eben nicht, dass er von dem Fremden betrogen worden war, und bestrafte die Schüler, weil sie nicht schnell genug gelernt hatten. Das Unheil entspringt der fehlenden Überprüfung, wenn der Herrscher an unnatürliche Dinge glaubt und unschuldige Untertanen dafür hinrichten lässt. Jeder Mensch sorgt sich um nichts so sehr, wie um sich selbst. Wie sollte aber jemand dem Herrscher ewiges Leben geben können, wenn er nicht einmal sich selbst zur Unsterblichkeit verhelfen kann?

In *Zheng* stritten zwei Männer, wer von ihnen älter sei. Der eine sagte: „Ich bin so alt wie *Yao*." Der andere erwiderte: „Ich bin so alt wie der ältere Bruder des Gelben Kaisers." Die Sache wurde vor Gericht gebracht, konnte aber auch dort nicht geklärt werden. Da erklärte der Richter den zum Gewinner, der als Letzter aufhört zu streiten.

Jemand bemalte für den Herrscher von *Zhou* eine Peitsche und brauchte drei Jahre, um sein Werk zu vollenden. Als der Herrscher die Peitsche betrachtete, sah er nichts weiter als eine lackierte Peitsche und wurde sehr zornig, doch der Maler sagte: „Lasst eine achtzig Fuß hohe Mauer mit einem acht Fuß großen Fenster darin errichten. Haltet die Peitsche davor, wenn die Sonne aufzugehen beginnt, und seht sie Euch an." Der Herrscher von *Zhou* tat, wie ihm der Maler gesagt hatte, und als er die Peitsche auf diese Weise betrachtete, nahm sie die Form von Drachen, Schlangen, Vögeln, Tieren, Wagen, Pferden und allen möglichen Dingen an, sodass er äußerst zufrieden damit war. Nun war die Peitsche zwar auf eine sehr feine und schwierige Art bemalt worden, erfüllte aber schließlich doch nur den gleichen Zweck wie eine gewöhnliche lackierte Peitsche.

Am Hofe von *Qi* gab es einmal einen Fremden, der für den Herrscher malte. Der Herrscher fragte ihn: „Was ist am schwersten zu malen?" Der Maler sagte: „Hunde und Pferde sind schwer zu malen." – „Und was ist am leichtesten zu malen?", fragte der Herrscher weiter. „Geister und Dämonen sind am leichtesten zu malen. Hunde und Pferde kennen die Menschen, denn sie haben sie von früh bis spät vor Augen. Man kann sie nicht ganz genau wiedergeben. Deshalb ist es so schwer, sie zu malen. Geister und Dämonen dagegen besitzen keine feste Gestalt. Die Menschen haben sie nicht ständig vor Augen. Deshalb ist es leicht, sie zu malen."

In *Qi* lebte ein Gelehrter mit Namen *Tian Zhong*, der sich aus dem öffentlichen Leben zurückgezogen hatte. Eines Tages traf er einen Mann aus *Song* mit Namen *Qu Gu*, der sprach zu ihm: „Ich habe von Eurer hohen Gesinnung gehört, Euch für Euer tägliches Brot nicht anderen Menschen zu unterwerfen. Ich besitze einen riesigen Kürbis, dessen Schale ist hart wie Stein, dick und ohne Löcher. Ich will ihn Euch zum Geschenk machen." *Tian Zhong* sagte daraufhin: „Kürbisse werden geschätzt, weil sie als Gefäß dienen können. Wenn er aber dick und ohne Löcher ist, kann man ihn nicht durchdringen und bearbeiten, und wenn er so hart wie Stein ist, lässt sich aus ihm kein Gefäß herstellen. Ich habe für diesen Kürbis keine Verwendung." – „Gut", sagte *Qu Gu*, „dann werfe ich ihn eben weg." Nun war aber *Tian Zhong*, der sich für seinen Lebensunterhalt anderen Menschen nicht unterwerfen wollte, ebenso nutzlos für den Staat und von der gleichen Art, wie der Kürbis mit der steinharten Schale.

Yu Qing ließ ein Haus bauen und sagte zum Baumeister: „Das Haus hat ein zu starkes Fundament." Der Baumeister erwiderte: „Das ist ein neues Haus. Der Lehm ist noch feucht und die Balken nicht abgelagert." *Yu Qing* jedoch sagte: „Na und? Natürlich ist feuchter Lehm schwer und geben nicht abgelagerte Balken nach. Wenn man mit nachgebenden Balken schweren Lehm stützt, ist das Haus nicht stabil. Nach einiger Zeit trocknet der Lehm aber aus und sind die Balken abgelagert. Trockener Lehm ist leicht und abgelagerte Balken strecken sich. Wenn man mit gestreckten Balken trockenen Lehm stützt, wird das Haus stabil." Der Baumeister zögerte, befolgte aber schließlich die Anweisungen, und das Haus brach zusammen.

Nach einer anderen Quelle wollte *Yu Qing* ein Haus bauen lassen. Der Baumeister sagte: „Das Holz ist nicht abgelagert und der Lehm feucht. Nicht gelagertes Holz gibt nach, und feuchter Lehm ist schwer. Wenn Ihr mit nachgebendem Holz feuchten Lehm stützt, könnt Ihr das Haus zwar heute fertig bauen, es wird aber irgendwann zusammenbrechen." Darauf antwortete *Yu Qing*: „Das Holz trocknet und wird gerade. Der Lehm trocknet und wird leicht. Wenn das Material trocknen kann, wird der Lehm mit jedem Tag leichter und das Holz gerader. Das Haus wird also auch nach langer Zeit nicht zusammenbrechen." Der Baumeister zögerte, baute aber schließlich das Haus nach den Anweisungen. Nach einiger Zeit brach das Haus wirklich zusammen.

Fan Qie sagte: „Ein Bogen zerbricht immer nur im gespannten und nicht im entspannten Zustand. Der Bogenmacher bespannt den Bogen, indem er ihn drei Dekaden in den Bogenkasten steckt, danach die Sehne auflegt und nach einem Tag entspannt. Auf diese Weise macht er den Bogen geschmeidig im entspannten und zäh im gespannten Zustand. Kein Wunder, dass der Bogen dann bricht. Ich bespanne einen Bogen ganz anders. Ich stecke ihn einen Tag in den Bogenkasten, lege danach die Sehne auf und entspanne ihn nach drei Dekaden. So wird der Bogen zäh im entspannten und geschmeidig im gespannten Zustand." Schließlich machte der Bogenmacher den Bogen so, wie *Fan Qie* es wünschte, und der Bogen zerbrach in Stücke.

Die Vorschläge von *Fan Qie* und *Yu Qing* waren klangvoll und geschickt vorgetragen, widersprachen aber dem Wesen der Dinge. Wenn sich der Herrscher an solchen Reden erfreut und sie nicht unterbindet, hat er das Nachsehen. Richtet er seine Aufmerksamkeit nicht auf Ordnung und Stärke verheißende Taten, sondern ergötzt sich am Klang schöner Reden und bezaubernder Worte, vergrault er jene Männer, die etwas von der Staatskunst verstehen, und vertraut auf Schwätzer, die Häuser zum Einsturz und Bogen zum Bersten bringen. Der Herrscher versteht nicht so viel von den Staatsdingen, wie die Handwerksmeister vom Hausbau und Bogenmachen. Doch die Meister ihres Faches werden von Leuten wie *Fan Qie* und *Yu Qing* in die Enge getrieben. Leere Worte behalten die Oberhand, obwohl sie keinerlei Nutzen bringen, während nicht zu widerlegende Fakten schließlich außer Acht gelassen werden. Hält der Herrscher viel von nutzlosem Gerede und wenig von unwiderlegbaren Tatsachen, ist Unordnung die Folge. Männer wie *Fan Qie* und *Yu Qing* gibt es heutzutage immer wieder, und wenn der Herrscher sich an ihren Reden erfreut und ihr Tun nicht unterbindet, bedeutet dies, dass Männer geachtet werden, die Häuser zum Einsturz und Bogen zum Bersten bringen, während die mit der Staatskunst vertrauten Männer wie die Handwerker behandelt werden. Die Häuser stürzen ein und die Bogen bersten, weil die Meister ihres Faches ihre Fähigkeit und Geschicklichkeit nicht anwenden können. Der Staat gerät ins Chaos und der Herrscher in Gefahr, weil die Kenner der Staatskunst ihr Können und Wissen nicht entsprechend einsetzen können.

Es ist so, dass Kinder beim gemeinsamen Spiel Erde als Reis, Lehmbrühe als Suppe und Holzspäne als Fleischstückchen nehmen. Doch wenn es Abend wird, gehen sie zum Essen nach Hause, weil man mit Reis aus Erde und Suppe aus Lehmbrühe zwar spielen, sie aber nicht essen kann. Die Lobgesänge auf die Traditionen des Altertums sind klangvoll, aber nicht aufrichtig, und die Reden von der Menschlichkeit und Rechtschaffenheit der frühen Könige taugen nicht zur Schaffung von Ordnung im Staat. Man kann mit ihnen auch sein Spiel treiben, doch man kann damit keine Ordnung schaffen. So streben die drei aus *Jin* hervorgegangenen Teilstaaten nach Menschlichkeit und Rechtschaffenheit und sind schwach und schlecht regiert, während *Qin* nichts von beiden wissen will und stark und gut regiert ist. Dass der Herrscher von *Qin* noch nicht zum Kaiser aufgestiegen ist, liegt nur daran, dass er seine Ordnung noch nicht bis zum Ende aufgebaut hat.

Erzählungen zur Illustration des dritten Punktes

Wer als Kind von seinen Eltern nachlässig umsorgt wird, wächst heran und hegt Groll gegenüber den Eltern. Ist der Sohn dann erwachsen, wird er die Eltern nur kärglich versorgen, weshalb die Eltern wiederum zornig sein und den Sohn beschimpfen werden. Nun steht sich niemand so nahe wie Vater und Sohn. Doch der eine beschimpft den anderen, und dieser hegt Groll gegenüber dem Ersten, weil sie gezwungen sind, sich um den anderen zu sorgen, und nicht nur für sich selbst handeln können. Ein Knecht, der seine Arbeitsleistung verkauft, die Saat ausbringt und die Felder bearbeitet, wird von seinem Herrn auf Kosten der Familie mit gutem Essen, schöner Kleidung und Geld versorgt. Das heißt nicht, dass der Hausherr den Tagelöhner besonders mag, aber er sagt sich: „Wenn ich ihn so behandle, wird er noch tiefer pflügen und das Unkraut noch besser jäten." Der Tagelöhner seinerseits wird all seine Kraft für die Arbeit auf dem Feld verausgaben und mit seinen Fertigkeiten die Feldraine gerade halten. Nicht, dass er seinen Herrn besonders lieben würde, aber er sagt sich: „Wenn ich so handle, werden die Suppe kräftig und Kleidung und Geld reichlich sein." Herr und Tagelöhner umsorgen und dienen einander, wie Vater und Sohn, weil ihre Absichten auf den eigenen Nutzen ausgerichtet sind und sie für sich selbst handeln. Lassen sich die Menschen in ihrem Tun und Handeln von der Hoffnung auf den Nutzen leiten, ist sogar mit einem Mann aus *Yue* leicht auszukommen. Ist das Motiv des Handelns jedoch Angst vor dem Schaden, sind sich selbst Vater und Sohn uneinig und böse gesinnt.

Als Herzog *Wen* einen Feldzug gegen *Song* plante, ließ er zuvor verkünden: „Mir ist zu Gehör gekommen, dass der Herrscher von *Song* nicht dem rechten Weg des Regierens folgt. Er behandelt die Alten schlecht, ist ungerecht bei der Vergabe von Belohnungen und erlässt unglaubwürdige Befehle. Deshalb komme ich, um ihn im Namen des Volkes zu bestrafen."

Als *Yue* den Staat *Wu* überfallen wollte, ließ der Herrscher von *Yue* zuvor verkünden: „Mir ist zu Ohren gekommen, dass der Herrscher von *Wu* sich eine kaiserliche Terrasse errichten und einen tiefen Teich ausheben ließ. Er hat auf diese Weise den Menschen Not gebracht, die Reichtümer des Landes verschwendet und die Kräfte des Volkes erschöpft. Deshalb komme ich, um ihn im Namen des Volkes zu bestrafen."

Herzog *Huan* hatte eine Prinzessin aus *Cai* zur Frau. Eines Tages fuhren beide zusammen in einem Boot. Die Frau schaukelte das Boot so sehr, dass der Herzog große Angst bekam und ihr Einhalt gebot, doch sie hörte nicht auf. Da geriet der Herzog in Wut und jagte sie aus dem Haus. Später wollte er sie wieder zu sich holen lassen, doch man hatte sie schon an einen anderen verheiratet. Außer sich vor Wut wollte der Herzog über *Cai* herfallen, doch Väterchen *Zhong* riet ihm davon ab und sagte: „Bettgeschichten sind kein Grund, um einen fremden Staat anzugreifen. Ihr erntet damit keinen Ruhm. Ich bitte Euch, lasst ab von diesem Vorhaben." Als Herzog *Huan* nicht auf diesen Rat hören wollte, sagte Väterchen *Zhong* weiter: „Wenn Ihr nicht davon ablassen wollt, nun gut. *Chu* hat seit drei Jahren kein Schilfrohr mehr als Tribut an den Himmelssohn geliefert. Es wäre besser, Ihr würdet Eure Armee mobilisieren und im Namen des Himmelssohnes *Chu* angreifen. Nachdem Ihr *Chu* unterjocht und Eure

Armee zurückgeführt habt, könnt Ihr über *Cai* herfallen, indem Ihr ihnen vorwerft: ,Als ich im Namen des Himmelssohnes gegen *Chu* ins Feld gezogen bin, hat sich *Cai* diesem Feldzug nicht mit seinen Truppen angeschlossen. Deshalb vernichte ich es jetzt.' Das bringt Euch sowohl den Ruhm des Gerechten, als auch praktischen Nutzen ein. Ihr solltet vorgeben, im Namen des Himmelssohnes zu bestrafen, und könnt Euch in Wirklichkeit an Eurem Feind rächen."

Wu Qi war Befehlshaber der *Wei*-Armee und griff *Zhongshan* an. Als einer seiner Soldaten ein eitriges Geschwür hatte, kniete *Wu Qi* nieder und saugte selbst den Eiter heraus. Die Mutter des Verwundeten stand dabei und weinte. Daraufhin fragte sie jemand: „Warum weinst du denn? Der General ist so gut zu deinem Sohn." Da sagte die Mutter: „Als *Wu Qi* die Wunde seines Vaters ausgesaugt hat, ist sein Vater später im Kampf gefallen. Mein Sohn wird heute auch im Kampf sterben. Deshalb weine ich."

Der Vater des Herrschers von *Zhao* schickte Handwerker los, um mit Hilfe von Haken und Seilen den Berg *Bowu* zu besteigen. Dort mussten sie einen drei Fuß breiten und fünf Fuß langen Fußabdruck eines Menschen einmeißeln und mit der Inschrift versehen: „Einst ging der Herrscher-Vater hier spazieren."

König *Zhao* von *Qin* sandte eines Tages Männer aus, um mit Haken und Seilen der Berg *Huashan* zu ersteigen. Dort sollten sie aus dem Kernholz von Kiefern und Zypressen ein Spiel mit acht Fuß langen Pfeilen und acht Zoll großen Spielsteinen anfertigen und mit der Inschrift versehen: „An dieser Stelle machte König *Zhao* ein Spiel mit einer himmlischen Gottheit."

Als Herzog *Wen* auf seiner Rückkehr aus dem Exil den Gelben Fluss erreichte, befahl er, dass alle Körbe, Schüsseln und Matten in den Fluss zu werfen seien und alle Männer mit Hornhaut an Händen und Füßen und mit dunklen oder schwarzen Gesichtern hinter ihm gehen sollen. Als Onkel *Fan* dies hörte, weinte er die ganze Nacht, und der Herzog fragte ihn: „Ich habe zwanzig Jahre im Exil gelebt und kann heute endlich nach Hause zurückkehren. Doch Onkel *Fan* freut sich nicht über diese Kunde, sondern weint. Heißt das, Ihr wollt nicht, dass Euer Herrscher in sein Land zurückkehrt?" *Fan* antwortete ihm: „Die Körbe und Schüsseln dienten zum Essen und die Matten zum Schlafen. Doch Ihr werft sie weg. Die Männer mit Hornhaut an Händen und Füßen und mit dunklen oder schwarzen Gesichtern haben hart gearbeitet. Doch Ihr schickt sie nach hinten. Nun gehöre auch ich zu jenen, die hinten stehen, und kann den Schmerz darüber nicht verwinden. Deshalb weine ich. Außerdem hat Euer ergebener Diener oft gelogen und betrogen, um Eurer Majestät die Rückkehr zu ermöglichen. Ich verachte mich selbst dafür. Um wie viel mehr müsst Ihr mich verachten?" *Fan* machte einen doppelten Kotau und schickte sich an zu gehen, doch Herzog *Wen* hielt ihn zurück und sagte: „Ein Sprichwort besagt: ‚Wenn ein Altar errichtet wird, entkleiden sich die Männer beim Aufstellen der Statue und richten ihre Kopfbedeckung zurecht bei der Opferhandlung.‘ Ihr habt nun mit mir zusammen das Land zurückgewonnen, wollt es aber nicht mit mir zusammen regieren. Ihr habt den Altar mit mir zusammen errichtet, wollt aber nicht mit mir zusammen das Opfer darbringen. Wie könnte ich das erlauben?" Als er dies gesagt hatte, ließ er die beiden linken Pferde seines Gespanns losmachen und leistete seinen Schwur darauf beim Gott des Flusses.

Meister *Bu* aus dem Kreis *Zheng* bat seine Frau, ihm eine neue Hose zu nähen. Seine Frau fragte, wie sie die Hose machen solle, und der Mann sagte ihr: „Wie meine alte Hose." Daraufhin zerriss die Frau die neue Hose, damit sie aussah, wie die alte.

Es trug sich zu, dass ein Mann aus dem Kreis *Zheng* ein Wagenjoch fand. Er wusste nicht, wie man es nennt, und fragte deshalb jemanden: „Was ist das für ein Ding?" Er bekam zur Antwort: „Ein Wagenjoch." Plötzlich fand er noch ein Wagenjoch, fragte wieder, was das für ein Ding sei, und erhielt wieder zur Antwort: „Das ist ein Wagenjoch." Da geriet der Mann in Wut und schrie: „Das erste Mal hast du gesagt, es sei ein Wagenjoch, und jetzt behauptest du es wieder. Wieso sagst du das so oft? Du willst mich betrügen!" Schließlich fing er Streit mit ihm an.

Ein Mann aus *Wei* wollte einem Bogenschützen hilfreich zur Seite stehen. Als ein Vogel herbeigeflogen kam, gab er mit seinem Ärmel ein Zeichen. Der Vogel flatterte erschrocken davon, ehe der Schütze schießen konnte.

Die Frau von Meister *Bu* aus dem Kreis *Zheng* ging eines Tages zum Markt und kaufte eine Schildkröte. Als sie am *Ying*-Fluss vorüberkam, dachte sie, die Schildkröte könnte durstig sein. Also setzte sie sie ins Wasser zum Trinken, und ihre Schildkröte war weg.

Einst trank ein Jüngling zusammen mit einem älteren Mann Wein. Jedes Mal, wenn der ältere Mann trank, nahm er selbst auch einen Schluck.

Nach einer anderen Quelle gab es einen Mann in *Lu*, der hielt sich selbst für vornehm. Er sah, wie ein älterer Mann

Wein trank und den Rest ausspuckte, weil er den Becher nicht völlig leeren konnte. Also machte er es ihm nach und spuckte den Wein aus.

Wiederum eine andere Quelle berichtet, dass ein junger Mann aus *Song* so vornehm sein wollte wie die anderen. Er sah, wie ein älterer Mann seinen Becher bis zum letzten Tropfen leerte. Also versuchte er auch, seinen Becher zu leeren, ohne trinkfest zu sein.

In einem alten Buch stand geschrieben: „Man soll sich gürten und schnüren." Ein Mann aus *Song* las dies und schnürte sich selbst mit einem breiten Gürtel. Jemand fragte ihn, warum er dies tue, und er antwortete: „Wenn es in einem alten Buch geschrieben steht, muss es auch stimmen."

In einer alten Aufzeichnung stand geschrieben: „Ist ein Edelstein erst bearbeitet und geschliffen, findet er zu seiner ursprünglichen Einfachheit zurück." Ein Mann aus *Liang* las dies, handelte nach diesem Grundsatz, den er sich zu eigen gemacht hatte, und sagte: „Es ist doch recht mühselig, darauf zu achten, sein Äußeres zu verlieren." Jemand fragte ihn, warum er das denn mache, und er antwortete: „Wenn es in einem alten Buch geschrieben steht, muss es auch stimmen."

Ein Mann aus *Ying* schrieb einst einen Brief an den ersten Minister von *Yan*. Da er den Brief nachts schrieb und das Licht nicht hell genug war, sagte er zu dem Mann, der die Kerzen hielt: „Halte die Kerzen höher!" Als er dies sagte, schrieb er es irrtümlicher Weise auch nieder. Der Satz „Halte die Kerzen höher" gehörte gar nicht in den Brief, doch als der Minister von *Yan* den Brief erhielt, freute er sich und sagte: „Die Kerzen hochzuhalten heißt, den Glanz zu ehren. Dies wiederum bedeutet, weise Männer auszu-wählen und ihnen Ämter zu übertragen." Der Minister von *Yan* trug dem Herrscher den Gedanken vor. Der Herrscher nahm ihn mit Freuden auf und der Staat wurde wohlge-ordnet. Nun erreichten sie zwar Ordnung im Staat, das ist wahr. Doch dies war nicht das Anliegen des Briefes. Die Gelehrten von heute handeln oft auf eben diese Weise.

Es war einmal ein Mann aus *Zheng*, der wollte sich ein Paar Schuhe kaufen. Also nahm er zuerst das Maß von sei-nen Füßen und legte es auf seinen Platz. Als er auf den Markt ging, vergaß er es zu Hause. Er hatte bereits ein Paar Schuhe bekommen, da sagte er: „Ich habe das Maß verges-sen." Also kehrte er nach Hause zurück, um das Maß zu holen. Als er wieder zum Markt zurückkam, war dieser ge-schlossen, und der Mann blieb ohne Schuhe. Jemand fragte ihn: „Warum hast du die Schuhe nicht an den Füßen an-probiert?" Der Mann aber sagte: „Es ist besser, dem Maß zu vertrauen, als sich selbst."

Erzählungen zur Illustration des vierten Punktes

Wang Deng, Kreisvorsteher in *Zhongmou*, richtete einst ein Gesuch an den Herrscher *Xiang*, in dem es hieß: „In *Zhongmou* gibt es zwei Gelehrte mit Namen *Zhong Zhang* und *Xu Yi*. Sie sind äußerst kultiviert, und ihr Wissen ist sehr groß. Warum nehmt Ihr sie nicht in Eure Dienste, mein Fürst?" Der Herrscher antwortete: „Sucht sie auf. Ich werde sie zu mittleren Beamten machen." Ein Minister riet dem Herrscher jedoch davon ab mit den Worten: „Mittle-rer Beamter ist ein hoher Rang in *Jin*. Es ist nicht im Sinne Eurer Untertanen aus *Jin*, dass Ihr ihnen ohne Verdienste diesen Rang überlasst. Ihr habt von ihnen gehört, sie aber noch nicht gesehen, ist es nicht so?" Der Herrscher *Xiang* sagte: „Ich habe *Deng* in meine Dienste genommen. Von ihm habe ich gehört und ihn habe ich auch mit meinen eigenen Augen gesehen. Also habe ich auch von jenen gehört und jene gesehen, die mir *Deng* empfohlen hat. Auf diese Weise hört und sieht man alle Menschen." So empfahl *Wang Deng* an einem Tag zwei Männer, die zu mittleren Beamten gemacht wurden und Felder und Häuser zugesprochen bekamen. Schließlich gab die Hälfte der Bevölkerung von *Zhongmou* die Arbeit auf dem Feld auf, verkaufte Haus und Garten und widmete sich literarischen Studien.

Shu Xiang machte Herzog *Ping* seine Aufwartung und wurde von ihm über Staatsangelegenheiten befragt. Während des Gesprächs schmerzte die Wade des Herzogs, und sein Fuß war eingeschlafen, doch er regte nur seine Muskeln etwas und wagte nicht, sich von seinem Thron zu erheben. Als man in *Jin* davon hörte, sagten alle: „*Shu Xiang* ist ein weiser Mann. Herzog *Ping* hat ihn empfangen, wie es die Etikette vorsieht. Er regte nur seine Muskeln etwas und wagte nicht, sich von seinem Thron zu erheben." Schließlich gab die Hälfte der Beamten in *Jin* ihre Stellung auf und eiferte dem *Shu Xiang* nach.

Im Kreis *Zheng* gab es einen Mann mit Namen *Qu Gong*. Jedes Mal, wenn er etwas von Feinden hörte, fürchtete er, er könnte von ihnen getötet oder lebendig gefangen genommen werden.

Der Herrscher-Vater von *Zhao* sandte *Li Ci* aus, um zu erkunden, ob man *Zhongshan* überfallen könne oder nicht. Er kehrte zurück und berichtete: „Ihr könnt *Zhongshan* angreifen, mein Fürst. Wenn Ihr Euch aber nicht damit beeilt, werden *Qi* und *Yan* Euch zuvorkommen." Da fragte der Herrscher-Vater, warum man *Zhongshan* angreifen könne, und *Li Ci* antwortete: „Der Herrscher von *Zhong-shan* pflegt Umgang mit in einsamen Berghöhlen lebenden Gelehrten. Dutzende Male ließ er das Verdeck öffnen und teilte seinen Wagen mit Gelehrten aus ärmlichen Dorfgassen. Hunderte Male begab er sich selbst auf die Stufe von hemdsärmeligen Gelehrten herab." Da sagte der Herrscher: „Nach Euren Worten zu urteilen, ist er ein weiser Herrscher. Wieso kann man ihn dann angreifen?" – „Die Sache ist nicht so", sagte *Ci*, „denn wenn er in Berghöhlen lebende Gelehrte hofiert, vernachlässigen die tapferen Krieger ihren Dienst im Heer. Wenn der Herrscher die Gelehrten achtet und diese ihren Platz bei Hofe finden, ist der Bauer auf dem Feld faul. Vernachlässigen aber die tapferen Krieger ihren Dienst im Heer, ist die Armee schwach. Sind die Bauern auf dem Feld faul, ist der Staat arm. Es hat noch nie einen Staat gegeben, dessen Armee dem Feind unterlegen und der von Innen heraus verarmt war, ohne dass er untergegangen wäre. Kann man ihn also etwa nicht angreifen?" Der Herrscher-Vater stimmte ihm zu, mobilisierte die Armee, überfiel *Zhongshan* und vernichtete es schließlich.

Erzählungen zur Illustration des fünften Punktes

Herzog *Huan* von *Qi* trug gern purpurfarbene Gewänder, bis eines Tages alle im Staat purpurfarbene Kleider trugen. Zu dieser Zeit bekam man für den Preis von fünf einfachen Kleidern nicht ein einziges purpurnes. Besorgt darüber, wandte sich Herzog *Huan* an *Guan Zhong* und sprach: „Ich trage gern purpurfarbene Gewänder, doch diese sind sehr teuer, weil alle im Volk auch gern purpurfarbene Kleider anziehen und nicht aufhören damit. Was kann ich da nur machen?" *Guan Zhong* antwortete ihm: „Wenn Ihr wollt, dass die Menschen aufhören damit, warum versucht

Ihr nicht, vorerst keine purpurfarbenen Gewänder mehr zu tragen? Den Höflingen solltet Ihr zu verstehen geben, dass Euch purpurfarbene Kleider fürchterlich anwidern. Tritt einer aus Eurem Hofstaat mit purpurnen Kleidern an Euch heran, so müsst Ihr nur sagen, dass er etwas zurücktreten solle, weil Euch purpurne Kleider anwidern." Der Herzog war einverstanden, und am ersten Tag trug bei Hofe, am nächsten Tag in der Hauptstadt und am dritten Tag überall im Land niemand mehr purpurne Kleider.

Nach einer anderen Quelle mochten alle Menschen in *Qi* purpurne Kleider, weil der Herrscher von *Qi* sie mochte. So war ein purpurnes Gewand in *Qi* nicht zu haben für den Preis von fünf einfachen, und der Herrscher war sehr besorgt darüber, dass purpurne Gewänder so teuer seien. Der herrschaftliche Lehrmeister jedoch sprach zum Herrscher: „Im *Buch der Lieder* heißt es: ‚Was nicht besitzt des Herrschers und seinesgleichen Gunst, dem wird das Volk niemals sein Vertrauen schenken.‘ Wenn Ihr erreichen wollt, dass im Volk niemand purpurne Kleider trägt, so bitte ich Euch, legt selbst alle purpurnen Gewänder ab und haltet Hof. Tritt ein Beamter in purpurnen Kleidern an Euch heran, so sagt, er möge zurücktreten, weil Euch die Kleider anwidern." Noch am selben Tag gab es bei Hofe, im selben Monat in der Hauptstadt und im selben Jahr im ganzen Land niemanden mehr, der purpurne Kleider trug.

Herzog *Jian* von *Zheng* sagte einmal zu *Zichan*: „Unser Land ist klein und wird zwischen *Jing* und *Jin* zusammengepresst. Nun ist die Befestigung der Stadt nicht intakt und die Waffen und Ausrüstungen sind in schlechtem Zustand, sodass wir einem unerwarteten Angriff nicht gewachsen sind." Doch *Zichan* sagte: „Ich habe bereits dafür gesorgt, dass die Feinde weit ausgeschlossen sind und die Verteidigung im Inneren stark ist. Mag unser Land auch klein sein, es besteht dennoch keine Gefahr. Ihr solltet Euch nicht darum sorgen." So erreichte er, dass Herzog *Jian* sich keine Sorgen mehr machen musste.

Nach einer anderen Quelle wurde *Zichan* zum Minister in *Zheng* ernannt, und Herzog *Jian* sprach zu ihm: „Selbst der Genuss von Wein darf keine Freude aufkommen lassen. Ich habe es zu verantworten, wenn die Opfergefäße nicht groß genug sind und die Glocken, Trommeln, Flöten und Harfen nicht klingen. Wenn die Staatsgeschäfte nicht einheitlich gehandhabt werden, der Staat nicht gefestigt ist, im Volk Durcheinander herrscht und Bauern und Soldaten nicht in Frieden und Eintracht leben, so ist das Eure Schuld. Ihr habt Eure Aufgabe, so wie ich meine habe. Lasst uns beide unseren Aufgaben gerecht werden." *Zichan* zog sich zurück und machte fünf Jahre Politik, bis es im Land keine Räuber und Diebe mehr gab, auf den Wegen nichts aufgehoben wurde, was andere verloren hatten, an den Wegrändern wachsende Pfirsiche und Datteln nicht gepflückt wurden und man eine Ahle oder ein Messer, das man auf der Straße verloren hatte, spätestens nach drei Tagen zurückbekommen konnte. Drei Jahre wurde diese Politik fortgesetzt, und das Volk kannte keine Hungersnot.

Herzog *Xiang* von *Song* führte Krieg mit *Chu* im *Zhuo*-Flusstal. Die *Song*-Armee hatte schon ihre Kampfformation gebildet, während die *Chu*-Truppen noch nicht über den Fluss gesetzt hatten. Da eilte *Gou Qiang*, Heerführer zur Rechten, zum Herzog und riet ihm: „Die *Chu*-Armee ist uns zahlenmäßig überlegen. Wir sollten die *Chus* zur Hälfte über den Fluss setzen lassen und angreifen, noch ehe sie sich formieren können. Dann werden sie eine Niederlage erleiden." Doch Herzog *Xiang* sprach: „Ich habe einmal gehört, wie ein Edler sagte: ‚Verletze einen Verwundeten nicht noch einmal, nimm keine Männer mit angegrauten Haaren gefangen, stürze die Menschen nicht unnötig in Gefahr, bringe sie nicht in Bedrängnis und trommle nicht zum Angriff, solange sich der Gegner nicht formiert hat.' Wenn wir nun *Chu* angreifen, ehe sie über den Fluss gesetzt haben, verstoßen wir gegen die Prinzipien der Rechtschaffenheit. Lasst die *Chu*-Armee erst das Übersetzen über den Fluss beenden und ihre Reihen ordnen. Danach wollen wir zum Angriff trommeln." Der rechte Heerführer sagte: „Mein Fürst, Ihr liebt das Volk von *Song* nicht. Eure Gefühle sind nicht vollkommen, und das alles wegen der Rechtschaffenheit." Da schrie der Herzog: „Wenn Ihr nicht zu Eurer Truppe zurückkehrt, lasse ich das Gesetz sprechen." Der rechte Heerführer kehrte in seine Reihen zurück. Die *Chu*-Truppen hatten ihre Reihen bereits geordnet und sich formiert, als der Herzog zum Angriff trommelte. Die *Song*-Armee erlitt eine furchtbare Niederlage. Der Herzog wurde an der Hüfte verletzt und verstarb nach drei Tagen. Das ganze Unheil kam daher, dass der Herzog unbedingt selbst ein Muster an Menschlichkeit und Rechtschaffenheit sein wollte. Wenn man darauf bauen wollte, dass der Herrscher etwas selbst vormacht, damit das Volk seinem Beispiel folgt, dann müsste er selbst die Felder bearbeiten, um zu essen und selbst in der Truppe mitmarschieren, um das Volk für Ackerbau und Kriegsdienst zu gewinnen. Würde das aber nicht heißen, dass sich der Herrscher der Gefahr aussetzt, während seine Untergebenen in Sicherheit leben?

Als Herzog *Jing* von *Qi* eine Reise ans Kleine Meer machte, kam ein berittener Bote aus der Hauptstadt mit der Nachricht: „Minister *Yan Ying* ist schwer erkrankt, liegt im Sterben und befürchtet, dass Ihre herzogliche Majestät zu spät zurückkehren könnten." Herzog *Jing* war bestürzt aufgesprungen, als ein weiterer Reiter eintraf. Da rief Herzog *Jing:* „Spannt auf dem schnellsten Wege die Pferde aus *Fanqie* an und holt *Han Shu* als Kutscher." Als sie ein paar Hundert Schritte gefahren waren, meinte der Herzog, der Kutscher sei nicht schnell genug, nahm ihm die Zügel weg und lenkte den Wagen selbst. Nach einigen weiteren Hundert Schritten glaubte der Herzog, das Pferd wolle nicht mehr weiter laufen, kletterte aus dem Wagen und rannte zu Fuß weiter. Trotz der Rasse der *Fanqie*-Pferde und der Geschicklichkeit des Kutschers *Han Shu* meinte der Herzog, es sei besser, vom Wagen zu steigen und zu Fuß zu gehen.

König *Zhao* von *Wei* wollte an der Arbeit der Beamten teilhaben und sprach zum Fürsten von *Mengchang:* „Ich will zusammen mit den Beamten Dienst tun." Darauf sagte der Fürst: „Wenn Ihr, mein König, mit den Beamten zusammen Dienst tun wollt, warum versucht Ihr nicht, das Gesetzeswerk zu studieren." König *Zhao* begann, den Kodex zu studieren, und schlief über der elften Bambusschrifttafel ein. Da sprach der Herrscher: „Ich kann dieses Gesetzeswerk nicht studieren." Ist es nicht nur zu verständlich, dass der Herrscher vom Schlaf übermannt wird, wenn er die Mittel seiner Macht nicht fest in seinen Händen hält und versucht, das zu tun, was seinen Untergebenen zukommt?

Kongzi sprach: „Der Herrscher ist wie eine Schale, und das Volk ist wie das Wasser in ihr. Ist die Schale viereckig, ist es auch das Wasser. Ist die Schale rund, ist auch das Wasser rund."

Der Herrscher von *Zou* trug mit Vorliebe lange Fransen am Hut. Deshalb trugen alle bei Hofe lange Fransen, und diese waren extrem teuer. Besorgt darüber fragte er seine Höflinge, und sie gaben zur Antwort: „Da Ihr, Majestät, mit Vorliebe lange Fransen am Hut tragt, tragen sie auch viele aus dem Volk. Deshalb sind sie so teuer." Daraufhin schnitt der Herrscher die Fransen von seinem Hut ab und zeigte sich dem Volk. Von da an trug niemand mehr lange Fransen im Staat. Der Herrscher vermochte nicht, einen Erlass herauszugeben, der dem Volk die Kleiderordnung vorschreibt und das Tragen von langen Fransen verbietet. Er musste erst die Fransen von seinem eigenen Hut abschneiden und sich dem Volk zeigen, um ihnen ein anschauliches Beispiel zu geben. Er verachtete sich selbst, um das Volk zu regieren.

Wenn *Shu Xiang* Rang und Pfründe vergab, erhielten jene mit großen Verdiensten die großen Pfründe und jene mit kleinen Verdiensten die kleinen.

Einst sprach Marquis *Zhao* von *Han* zu Meister *Shen*: „Gesetze und Vorschriften sind wahrlich nicht leicht zu handhaben." Da sagte Meister *Shen*: „Die verdienstvollen Menschen belohnen und den fähigen Männern ein Amt übertragen – das bedeutet Gesetz. Nun macht Ihr aber Gesetze und Vorschriften und gebt zur gleichen Zeit den Bitten Eurer Vertrauten nach. Das ist es, was schwer zu machen ist." Marquis *Zhao* sagte: „Von jetzt an weiß ich, wie ich die Gesetze handhaben muss, und werde keiner Bitte mehr nachgeben." Eines Tages ersuchte Meister *Shen* den Marquis, seinem Vetter väterlicherseits ein Amt zu übertragen, doch Marquis *Zhao* sagte: „Ihr selbst habt mich etwas anderes gelehrt. Wenn ich Eurem Ersuchen nachkomme, verstoße ich gegen Eure eigenen Regeln. Ich komme Eurer Bitte deshalb wohl besser nicht nach." Meister *Shen* verkroch sich in seine Hütte und bereute seinen Fehler.

Erzählungen zur Illustration des sechsten Punktes

Einst griff Herzog *Wen* von *Jin* die Stadt *Yuan* an. Da er nur für zehn Tage Proviant mitgenommen hatte, setzte er seinen Heerführern eine Frist von zehn Tagen. Als die zehn Tage vergangen waren, hatten sie *Yuan* noch immer nicht eingenommen. Also ließ er die Trommeln zum Rückzug schlagen. Da kam plötzlich ein Spitzel aus der Stadt *Yuan* heraus und sagte: „Noch drei Tage, und *Yuan* fällt." Alle seine Ratgeber wollten ihn überreden und sagten: „*Yuan* ist mit seinen Vorräten und seinen Kräften am Ende. Ihr solltet einstweilen warten mit dem Abzug." Der Herzog aber erwiderte: „Ich habe mit den Männern eine Frist von zehn Tagen vereinbart. Wenn ich jetzt nicht zum Rückzug trommle, verliere ich das Vertrauen meiner Leute. *Yuan* einnehmen und dafür das Vertrauen verlieren – das mache ich nicht." Schließlich zog er seine Truppen ab. Als die Menschen in *Yuan* dies hörten, sagten sie: „Wie könnte man sich einem so glaubwürdigen Herrscher nicht unterwerfen?" und ergaben sich dem Herzog freiwillig. Als die Menschen in *Wei* davon Kunde erhielten, sagten sie sich dasselbe und ergaben sich dem Herzog ebenfalls freiwillig. *Kongzi* hörte von diesen Dingen und schrieb in seinen Aufzeichnungen: „Es geschah dank seiner Glaubwürdigkeit, dass er *Yuan* angriff und schließlich auch noch *Wei* einnahm."

Eines Tages fragte Herzog *Wen* den *Ji Zheng*, wie man die Hungernden retten könne, und erhielt zur Antwort: „Durch Glaubwürdigkeit." – „Und was muss glaubwürdig sein?", fragte der Herzog. *Ji Zheng* sagte: „Die Namen, die Taten und die Gerechtigkeit. Sind die Namen glaubwürdig, erfüllt ein jeder seine Aufgabe, die guten und die schlechten Menschen werden nicht vermischt und nirgendwo gibt es Nachlässigkeit. Sind die Taten glaubwürdig, wird den Jahreszeiten nicht zuwider gehandelt und verletzt das Volk seine Pflichten nicht. Ist die Gerechtigkeit glaubwürdig, werden die Nahestehenden auch dazu ermuntert und die Menschen aus der Ferne unterwerfen sich von selbst."

Es trug sich zu, dass *Wu Qi* ausging, einen alten Bekannten traf und ihn zum Essen einlud. „Gut", sagte der alte Bekannte, „ich komme noch heute zurück und esse mit Euch." *Wu Qi* sprach: „Ich warte mit dem Essen, bis Ihr kommt." Der alte Bekannte kam bis zum Abend nicht zurück. *Wu Qi* aß nicht, sondern wartete auf ihn. Am nächsten Morgen schickte er jemanden los, um den alten Bekannten zu holen, und aß erst, nachdem dieser gekommen war.

Marquis *Wen* von *Wei* hatte einmal mit einem Jäger vereinbart, auf die Jagd zu gehen. Am nächsten Morgen erhob sich am Himmel plötzlich ein starker Sturm. Die Höflinge wollten Marquis *Wen* zurückhalten, doch er hörte nicht auf sie und sagte: „Man kann nicht wegen eines Sturmes seine Glaubwürdigkeit verlieren. So etwas mache ich nicht." Schließlich lenkte er selbst den Wagen, dem Wind zum Trotz, um den Jäger nach Hause zu schicken.

Eines Tages machte sich die Frau von Meister *Zeng* auf den Weg zum Markt. Ihr Sohn folgte ihr und weinte. Da sagte sie: „Kehre nach Hause zurück und warte, bis ich zurück bin. Dann schlachten wir ein Schwein für dich." Als die Mutter vom Markt zurückgekommen war, machte sich Meister *Zeng* daran, ein Schwein zu fangen, um es zu schlachten. Die Frau wollte ihn davon abhalten und sagte, es sei doch nur ein Spaß mit dem Kind gewesen. Da sprach Meister *Zeng:* „Mit Kindern scherzt man nicht. Kinder wissen nichts, wenn sie zur Welt kommen. Sie lernen alles von den Eltern und folgen ihrem Beispiel. Wenn du nun das Kind belügst, lehrst du es das Lügen. Zu einer Mutter, von der es belogen wird, hat das Kind kein Vertrauen. Das ist nicht der rechte Weg, einem Kind etwas beizubringen." Zu guter Letzt kochte er das Schwein.

König *Li* von *Chu* hatte eine Alarmtrommel, deren Schlagen die Menschen zum Schutz der Grenze aufrufen sollte. Eines Tages nun sprach der König dem Wein zu und war so betrunken, dass er die Trommel schlug, als er an ihr vorbeiging. Das Volk war sofort in höchster Alarmbereitschaft. Er schickte einen Boten los, um die Menschen zurückzurufen, und ließ verkünden: „Ich war betrunken und machte ein Spielchen mit meinem Hofstaat, als ich im Vorbeigehen die Trommel schlug." Daraufhin zogen sich die Menschen wieder zurück. Einige Monate später gab es wirklich Grund für einen Alarm. Man schlug die Trommel, doch niemand eilte herbei. Schließlich änderte der König seine Befehle und stellte seine Anweisungen klar, sodass das Volk ihm vertraute.

Li Kui mahnte die Wachen zu beiden Seiten des Lagers und sagte: „Seid auf der Hut vor den Feinden. Sie können morgens oder abends kommen und über Euch herfallen." Er sprach seine Mahnung wiederholt aus, doch es zeigte sich kein Feind. Also wurden die Wachen faul und nachlässig und glaubten *Li Kuis* Worten nicht. Nach einigen Monaten jedoch startete *Qin* einen überraschenden Angriff und überwältigte beinahe die ganze Armee. Das Unheil rührte aus dem Mangel an Vertrauen.

Nach einer anderen Quelle führte *Li Kui* Krieg mit *Qin* und sprach zu den Wachen an der linken Flanke: „Tretet schnell Euren Dienst an. Die Wache an der rechten Flanke hat ihren Dienst schon aufgenommen." Darauf galoppierte er zur rechten Flanke und sprach zu den Wachen dort: „Die Wache auf der linken Flanke hat ihren Dienst schon begonnen." Die Wachen zu beiden Seiten riefen: „Wir sind schon im Dienst" und wetteiferten miteinander, wer als Erster dienstbereit ist. Als ein Jahr vergangen war und man sich im Krieg mit *Qin* befand, griff die *Qin*-Armee überraschend an und vernichtete fast die gesamte Armee. Das kam alles durch das fehlende Vertrauen.

Es stritten einmal zwei Parteien um ihr Recht. *Zichan* ließ sie voneinander trennen, sodass sie nicht mehr miteinander reden konnten, verdrehte ihre Worte, leitete diese an die jeweils andere Partei weiter und erfuhr auf diese Weise die Wahrheit.

Herzog *Si* von *Wei* schickte einst Gesandte durch eine Grenzstadt. Die Grenzwachen machten ihnen Schwierigkeiten, ließen sie jedoch laufen, als sie die Wachen mit Gold bestachen. Schließlich sagte Herzog *Si* zu den Grenzwachen: „Vor einiger Zeit kamen bei euch Fremde durch. Sie gaben euch Gold, und ihr habt sie daraufhin laufen lassen." Die Grenzwachen erschraken sehr und hielten Herzog *Si* für sehr weise.

ZWÖLFTES BUCH

33. Kapitel

Linke äußere Sammlung von Erzählungen

Zweiter Teil

1. Werden mit Strafen Verbrechen gesühnt, hegt niemand Groll gegenüber dem Herrscher. So rettete der fußlose Wächter den *Zigao*. Werden mit Belohnungen Verdienste entgolten, empfindet kein Untergebener Dankbarkeit gegenüber dem Herrscher. So hielt *Zhai Huang* die rechte Hälfte des Bündnisvertrages in seiner Hand und fuhr in einem herrschaftlichen Wagen. König *Xiang* wusste dies nicht, und deshalb verglich *Zhao Mao* das Geschenk von fünf Wagenladungen mit dem Tragen von Holzsandalen. Wenn der Herrscher bei der Übertragung von Posten keinen Fehler begeht und die Untergebenen keine falschen Fähigkeiten vortäuschen, können alle Beamten so sein wie *Shao Shizhou*.

2. Der Herrscher sollte sich auf seine Macht verlassen und nicht darauf, dass er seinen Beamten vertrauen kann. Deshalb erörterte *Dongguo Ya* die Frage der Ernennung des *Guan Zhong*. Der Herrscher muss auf seine Staatskunst und nicht auf die Glaubwürdigkeit seiner Beamten setzen. Aus diesem Grund kritisierte *Hun Xian* die Entscheidung des Herzogs *Wen*. Ein Herrscher, der sich auf die Kunst zur Führung des Staates versteht, bringt die Menschen zur Entfaltung ihrer Fähigkeiten, indem er die Belohnungen glaub-

würdig macht, und unterbindet jegliche Art unredlichen Handelns, indem er die Strafen verbindlich macht. Obwohl die Untergebenen andere Interessen haben als der Herrscher, zieht er seinen Nutzen aus ihnen. So machte Herzog *Jian* den *Yang Hu* zum Minister und fragte Herzog *Ai* nach dem „einbeinigen Mann".

3. Besteht in den Beziehungen zwischen Herrscher und Untertan keine Ordnung, muss sich der Herrscher die Schuhbänder selbst binden wie einst König *Wen*. Wer nicht unterscheidet zwischen dem Auftreten bei Hofe und privaten Anlässen, dem ergeht es wie *Jisun*, der sein Leben lang feierlich auftrat und schließlich doch umgebracht wurde.

4. Selbst ein Heiliger hat mit seiner Regierung keinen Erfolg, wenn er von verbotenen Dingen profitiert und vorteilhafte Handlungen verbietet. Auch *Yao* kann keine Ordnung halten, wenn er jene rühmt, die für ein Verbrechen bestraft wurden, und jene schlechtmacht, die für Verdienste belohnt wurden. Ein Tor zu errichten, ohne die Menschen dazu zu bringen, dass sie hindurchgehen, oder Nutzen zu versprechen, ohne die Menschen dazu zu bewegen, danach zu streben, das ist der Anfang aller Unordnung. Hätten der Herrscher von *Qi* nicht auf seine Ratgeber und der Herrscher von *Wei* nicht auf Empfehlungen gehört, sondern genau auf das Handeln ihrer Beamten geachtet, hätten *Ju* und *Chan* keine Bestechungsgeschenke aus Gold und Jade verteilt. *Ximen Baos* Bitte, *Ye* ein zweites Mal verwalten zu dürfen, reichte aus, um die Höflinge zu entlarven. Sie handeln wie der Räubersohn, der mit der Pelzjacke seines Vaters prahlt, und der Sohn des Beinamputierten, der die Hosen seines Vaters rühmt. *Zichuo* benutzte die Geschichte vom Malen mit der linken und der rechten Hand sowie vom Vertreiben der Ameisen

und Fliegen als Beispiel. Ist es denn möglich, dass man sich nicht wie Herzog *Huan* um die Jagd auf Beamtenposten und wie Baron *Xuan* um die abgemagerten Pferde Sorgen machen muss?

5. Untergebene, die Selbstherabwürdigung und Sparsamkeit praktizieren, kann man nicht mit der Übertragung von Rängen zum Handeln anspornen. Wenn die Gunst und der Ruhm kein Maß kennen, bedrängen und bestehlen die Untergebenen den Herrscher. Als Beweis dafür dient *Miao Benhuangs* Kritik an *Xianbo* und *Kongzis* Haltung zu *Yan Ying*. Aus diesem Grund kommentierte *Zhongni* das Verhalten von *Guan Zhong* und *Sun Shu'ao*. *Yang Hu* sagte von seinen Schützlingen, er sei von ihnen zu Beginn und am Ende verschieden behandelt worden. Mit seiner Antwort an einen Untergebenen wich Herzog *Jian* vom Weg der herrschaftlichen Kunst der Staatsführung ab. Wenn Cliquen und Klüngel gemeinsame Sache machen und die Untergebenen ihre Interessen durchsetzen können, steht der Herrscher allein da. Lassen sich die Beamten aber in ihren Empfehlungen vom öffentlichen Interesse leiten und gelingt es den Untergebenen nicht, sich gegenseitig zu decken, ist der Herrscher weise. Dann wird selbst ein *Yang Hu* so tugendhaft wie *Zhao Wu* und so gerecht wie *Jie Hu*, und ein Herzog *Jian* wird verstehen, dass man mit der Geschichte vom Dornenstrauch die Menschen nicht belehren kann.

6. Ist das Ansehen des Herrscherhauses gering, scheuen die Menschen aufrichtige Worte. Wo eigennütziges Handeln dominiert, gibt es nur wenig öffentliche Verdienste. Als Beweis dafür dient *Wenzis* Vorliebe für direkte Worte, wegen der er von seinem Vater mit dem Stock geschlagen wurde. *Ziguo* schimpfte seinen Sohn *Zichan* aus, weil er dem Herrscher treu ergeben war. *Liang Che* handelte nach dem Gesetz, doch Marquis

Cheng entzog ihm das Siegel. *Guan Zhong* ließ sich vom öffentlichen Interesse leiten und erntete dafür von seinem Landsmann Beschimpfungen und Groll.

Erzählungen zur Illustration des ersten Punktes

Einst wirkte *Kongzi* als Minister in *Wei*. Sein Schüler *Zigao* war Richter und ließ einem Verbrecher die Füße abschlagen. Der auf diese Weise Gestrafte wurde als Torwächter angestellt. Eines Tages verleumdete jemand *Kongzi* beim Herrscher von *Wei* und sagte, dass er einen Aufruhr vorhabe. Als der Herrscher von *Wei* ihn daraufhin einsperren wollte, floh *Kongzi*, und mit ihm alle seine Schüler. *Zigao* stürzte zur Tür heraus. Der fußlose Wächter führte ihn in einen kleinen Raum unter der Tür, wo er sich versteckte, sodass ihn die Häscher nicht finden konnten. Um Mitternacht fragte *Zigao* den Fußlosen: „Seinerzeit wagte ich es nicht, den Gesetzen und Anweisungen des Herrschers zuwiderzuhandeln, und schlug mit meinen eigenen Händen deine Füße ab. Nun ist die Zeit gekommen, wo du dich an mir rächen kannst. Aus welchem Grund versteckst du mich? Womit habe ich eine derartige Güte deinerseits verdient?" Der Fußlose antwortete: „Mir wurden die Füße abgeschlagen, weil ich es für mein Vergehen verdiente. Was hättet Ihr schon anderes tun sollen? Doch als Ihr meinen Fall behandelt habt, habt Ihr versucht, die Gesetze und Verordnungen auf jede nur mögliche Weise auszulegen und für mich sprechen zu lassen, weil Ihr Schlimmeres für mich vermeiden wolltet. Ich habe dies sehr wohl gemerkt. Als das Gericht die Strafe festgesetzt hatte, stand auf Eurem Gesicht ein bedrängter, unzufriedener Eindruck. Ich sah dies und habe es wiederum sehr wohl verstanden. Ihr habt das alles nicht getan, weil Ihr mir persönlich wohlwollend zugetan wart, sondern weil Ihr von Natur aus ein mitfühlendes Herz habt. Aus diesem Grund habe ich mich gefreut und war Euch dankbar."

Kongzi sprach: „Ein guter Richter zieht die Tugend in den Menschen heran, ein schlechter Richter hingegen pflanzt Groll in ihnen. So wie das Holz zum Glattstreichen zur Ausbalancierung des Maßes dient, sorgt der Richter für eine ausgewogene Handhabung der Gesetze. Wer einen Staat regiert, darf niemals die Ausgewogenheit verlieren."

Tian Zifang kam von *Qi* nach *Wei* und sah, wie *Zhai Huang* in einem herrschaftlichen Wagen, von Reitern eskortiert, aus der Stadt herausfuhr. *Fang* meinte, es sei Marquis *Wen*, und wollte seinen Wagen zur Seite fahren lassen, um den Weg frei zu machen, als er bemerkte, dass es nur *Zhai Huang* war. *Fang* fragte ihn, warum er in diesem Wagen fahre, und bekam zur Antwort: „Als der Herrscher beabsichtigte, *Zhongshan* anzugreifen, empfahl ich ihm *Zhai Jiao*, und der Plan wurde ausgearbeitet. Als er dann *Zhongshan* überfiel, empfahl ich ihm *Yue Yang*, und *Zhongshan* wurde eingenommen. Als er *Zhongshan* erobert hatte und für Ordnung sorgen wollte, empfahl ich ihm *Li Ke*, und in *Zhongshan* herrschte schließlich Ordnung. Deshalb beschenkte mich der Herrscher mit diesem Wagen." Da sagte *Fang*: „Die Gunst, die er Euch erwiesen hat, wird Euren Verdiensten nicht gerecht."

Als *Qin* und *Han* den Staat *Wei* angriffen, begab sich *Zhao Mao* nach Westen, um mit ihnen zu verhandeln, und sie ließen von *Wei* ab. Als später *Qi* und *Jing* den Staat *Wei* angriffen, begab sich *Mao* zu Verhandlungen nach Osten, woraufhin sich *Qi* und *Jing* zurückzogen. Der Herrscher *Xiang* von *Wei* beschenkte ihn dafür mit fünf Wagenladungen, doch *Mao* sagte: „Einstmals wurde *Bo Yi* mit den Würden eines Generals am Fuße des Berges *Shouyang* beigesetzt, und im Reich sagte man: ‚In Anbetracht der Weisheit und menschlichen Gesinnung des *Bo Yi*, ihn als einfachen General zu bestatten, heißt, dass nicht einmal seine Hände und Füße mit Erde bedeckt werden.‘ Nun hat Euer ergebener Diener den Angriff von vier feindlichen Armeen verhindert, und Ihr wollt ihn dafür mit fünf Wagenladungen belohnen. Wer ein derartiges Verdienst so anerkennt, handelt wie jemand, der im Überfluss lebt und Holzsandalen trägt."

Shao Shizhou, ein im Altertum lebender aufrichtiger und rechtschaffener Mann, stand als Leibwächter in den Diensten des *Zhao*-Herrschers *Xiang.* Eines Tages maß er seine Kräfte mit *Xuzi* aus *Zhongmou* und war ihm unterlegen. Also trat er vor den Herrscher und bat ihn, *Xuzi* an seiner Stelle in Dienst zu nehmen. Der Herrscher *Xiang* fragte ihn: „Ihr habt einen Posten, den alle begehren. Warum wollt Ihr, dass *Xuzi* an Eure Stelle treten soll?" Da sagte er: „Ich stehe wegen meiner Kräfte in Euren Diensten. Nun besitzt *Xuzi* größere Kräfte als ich, und wenn nicht ich ihn an meiner Stelle vorschlage, so fürchte ich, könnte es jemand anderes tun, und ich hätte eine Schuld auf mich geladen."

Nach einer anderen Quelle fuhr *Shao Shizhou* den Begleitwagen des Herrschers *Xiang.* Sie kamen nach *Jinyang.* Dort gab es einen starken Mann mit Namen *Niu Zigeng.* *Shao* maß seine Kräfte mit ihm, konnte ihn jedoch nicht besiegen. Also sagte er zum Herrscher: „Ihr habt mich wegen meiner großen Kraft zum Führer Eurer Eskorte ernannt. Nun gibt es jemanden, der noch stärker ist als ich. Gestattet mir, ihn zu empfehlen."

Erzählungen zur Illustration des zweiten Punktes

Als Herzog *Huan* von *Qi* die Absicht hatte, *Guan Zhong* zum Minister zu ernennen, sprach er zu seinen Ratgebern: „Ich will *Guan Zhong* zum Väterchen *Zhong* ernennen. Wer damit einverstanden ist, geht in den Saal und stellt sich zur linken Seite der Tür auf, wer dagegen ist, stellt sich auf die rechte Seite." *Dongguo Ya* ging durch die Tür und blieb in der Mitte des Saales stehen. Da sagte der Herzog: „Ich will *Guan Zhong* zum Minister machen und habe befohlen, dass die Befürworter links und die Gegner rechts von der Tür Aufstellung nehmen sollen. Warum bleibt Ihr also in der Mitte stehen?" *Ya* fragte den Herzog: „Haltet Ihr *Guan Zhongs* Weisheit für groß genug, um die Angelegenheiten des Reiches planen zu können?" Der Herzog bejahte, und *Ya* fragte weiter: „Glaubt Ihr, dass er zu Entscheidungen fähig ist und sich große Unternehmungen durchzuführen getraut?" Wieder bejahte der Herzog, und *Ya* setzte fort: „Er ist also weise genug, um die Dinge des Reiches zu planen, und entscheidungsfreudig genug, um sie durchzusetzen. Deshalb wollt Ihr die Machtmittel des Staates in seine Hände legen. Wenn jemand die Fähigkeiten des *Guan Zhong* besitzt und zugleich Eure Machtposition einnimmt, um den Staat *Qi* zu regieren, bedeutet das nicht Gefahr für Euch selbst?" – „So ist es", pflichtete der Herzog bei und beauftragte *Xi Peng* mit der Innen- und *Guan Zhong* mit der Außenpolitik, damit sie sich gegenseitig kontrollieren können.

Es trug sich zu, dass Herzog *Wen* von *Jin* ins Exil gehen musste. *Ji Zheng* folgte ihm mit Proviant. Eines Tages verirrte er sich und verlor den Herzog aus den Augen. Vor lauter Hunger weinte er auf dem Weg und schlief ein, wagte aber nicht, etwas von dem Proviant zu essen. Nachdem Herzog *Wen* in sein Land zurückgekehrt war, machte er die Armee mobil und marschierte gegen *Yuan*. Als er *Yuan* besiegt und erobert hatte, sagte er: „Wem es nicht schwerfiel, sich trotz des Hungers nicht an dem Proviant zu vergreifen, der wird auch in *Yuan* nicht gegen mich rebellieren." Schließlich machte er *Ji Zheng* zum Kreisvorsteher von *Yuan*. Als der Würdenträger *Hun Xian* davon hörte, sprach er missbilligend: „Ist es nicht dumm anzunehmen, dass jemand nicht in *Yuan* rebelliert, nur weil er den Proviant nicht angefasst hat?" Ein weiser Herrscher verlässt sich nicht darauf, dass die Menschen nicht gegen ihn rebellieren, sondern sorgt dafür, dass er unangreifbar ist. Er vertraut nicht darauf, dass die Menschen ihn nicht betrügen, sondern sorgt dafür, dass er nicht hintergangen werden kann.

In der Frage des Verhältnisses zum Herrscher hielt sich *Yang Hu* an den Satz: „Einem weisen Herrscher soll man aus vollem Herzen dienen, einen unwürdigen Herrscher hingegen muss man versuchen zu hintergehen." Aus *Lu* wurde er vertrieben, und in *Qi* zweifelte man an ihm. Schließlich ging er nach *Zhao*, wo er vom *Zhao*-Herrscher *Jian* herzlich aufgenommen und zum Minister ernannt wurde. Die Ratgeber sagten: „*Hu* ist bekannt dafür, dass er die Macht im Staate an sich reißen will. Warum macht Ihr ihn dennoch zum Minister?" Daraufhin sprach Herzog *Jian*: „*Yang Hu* ist gewillt, die Macht an sich zu reißen, und ich bin gewillt, sie in meinen Händen zu halten." Auf diese Weise hielt sich der Herzog an die Staatskunst und kontrollierte mit ihrer Hilfe *Yang Hu*, der es seinerseits nicht wagte, unrecht zu handeln. Er diente dem Herzog *Jian* so gut, dass die Macht des Herzogs wuchs und er es fast bis zum Hegemonialherrscher brachte.

Einst fragte Herzog *Ai* von *Lu* den *Kongzi*: „Ich habe davon gehört, dass es im Altertum einen einbeinigen Mann

Namens *Kui* gegeben haben soll. Ist es wirklich wahr, dass er nur ein Bein hatte?" *Kongzi* antwortete ihm: „Nein, *Kui* war kein Einbeiniger. Er war ein unzufriedener Mann mit einem bösen Herzen, den die meisten Menschen nicht mochten. Doch niemand tat ihm etwas wegen seiner Glaubwürdigkeit. Alle sagten, eine einzige Eigenschaft wie diese sei ausreichend. *Kui* war kein einbeiniger Mann, sondern besaß nur diese eine gute Eigenschaft, was aber ausreichte, damit ihm niemand etwas tat." Dazu meinte Herzog *Ai*: „Wenn es sich tatsächlich so verhielt, war das wirklich ausreichend."

Nach einer anderen Quelle fragte Herzog *Ai* den *Kongzi*: „Ich habe gehört, dass *Kui* nur ein Bein gehabt haben soll. Ist das wahr?" Darauf antwortete *Kongzi*: „*Kui* war ein Mensch. Warum sollte er nur ein Bein gehabt haben? Er war nicht anders als alle anderen Menschen, nur in seinem Verständnis der Musik übertraf er sie. Deshalb sagte *Yao*: ‚*Kui* besitzt nur eine herausragende Eigenschaft, doch diese ist ausreichend' und machte ihn zum ersten Hofmusiker. So sagten denn die Menschen, dass *Kui* eine herausragende Eigenschaft besaß, die ausreichend war, und nicht, dass er nur ein Bein hatte."[*]

Erzählungen zur Illustration des dritten Punktes

Einst zog König *Wen* gegen *Chong*. Als er am Grab des Gelben Phönix ankam, löste sich der Knoten in seinen Gamaschen und er band ihn selbst neu. „Warum macht Ihr das?", fragte *Taigong Wang*, und König *Wen* antwortete: „Wer mit dem Herrscher Umgang hat und über ihm steht,

---

[*] Es handelt sich hier um ein Wortspiel, da im Chinesischen das Wort *zu* sowohl „Bein" als auch „ausreichend" bedeuten kann.

ist sein Lehrer. Wer ihm gleichgestellt ist, ist sein Freund, und wer ihm unterstellt ist, ist sein Diener. Nun sind hier aber alle Untergebene des früheren Herrschers. Deshalb kann ich niemandem den Befehl geben, mir die Gamaschen zu binden."

Nach einer anderen Quelle führte Herzog *Wen* von *Jin* Krieg mit *Chu*. Als er zum Grabhügel des Gelben Phönix kam, löste sich der Knoten an seinem Schuhband und er machte ihn selbst neu. Seine Ratgeber fragten ihn, ob er nicht jemand damit hätte beauftragen können, doch der Herzog sprach: „Soweit mir bekannt ist, fürchtet der Herrscher jene aus seiner Umgebung, die über ihm stehen, liebt jene, die ihm gleichgestellt sind, und beschimpft jene, die ihm unterstellt sind. Nun bin ich selbst zwar ein unwürdiger Mann, doch alle hier waren Untertanen des früheren Herrschers. Deshalb fällt es mir schwer, jemandem zu befehlen, mir die Schuhe zu binden."

Jisun hatte gern Gelehrte um sich und benahm sich stets feierlich. In seinen privaten Gemächern trug er meist die gleichen offiziellen Gewänder wie bei Hofe. Nun passierte es, dass er einmal etwas nachlässig war, in der Etikette einen Fehler beging und nicht die gewohnte Höflichkeit an den Tag legte. Seine Gäste meinten, dass er sie missachte und gering schätze, wurden zornig auf ihn und brachten ihn schließlich um. Deshalb heißt es: „Der Edle lässt ab vom Extremen und Übertriebenen."

Nach einer anderen Quelle fragte *Nangong Jingzi* den *Yan Zhuoju*: „*Jisun* förderte die Schüler des *Kongzi*. Dutzende Male trug er seine Hofgewänder und saß mit ihnen zusammen, und doch hatte er Feinde, warum nur?" *Yan* sagte darauf zu ihm: „In vergangenen Zeiten hatte König *Cheng* von *Zhou* Gaukler und Hofnarren um sich herum, um sich

zu amüsieren. Wichtige Entscheidungen über Staatsangelegenheiten erörterte er aber mit Edelleuten. Aus diesem
Grund konnte er seinen Willen im Reich unter dem Himmel verwirklichen. Nun förderte *Jisun* die Schüler des
Kongzi und saß Dutzende Male in seinen Hofgewändern
mit ihnen zusammen, doch er besprach auch wichtige Entscheidungen mit diesen Gauklern und Hofnarren und
machte sich so Feinde. Besagt doch ein Sprichwort: ‚Es ist
nicht wichtig, mit wem man Umgang hat, sondern mit
wem man sich berät.‘ "

Kongzi machte einmal Herzog *Ai* von *Lu* seine Aufwartung. Der Herzog reichte ihm einen Pfirsich und Hirseäh-
ren und sagte zu ihm: „Bedient Euch." Als *Zhongni* zuerst
die Hirse und danach den Pfirsich aß, lachte der gesamte
Hofstaat hinter vorgehaltener Hand und Herzog *Ai* sagte:
„Die Hirse war nicht zum Essen, sondern zum Abreiben
des Pfirsichs gedacht." *Zhongni* jedoch gab ihm zur Antwort: „Das wusste ich sehr wohl. Nun ist aber die Hirse
die wichtigste der fünf Getreidearten und wird bei den Opfern an die früheren Könige in die Opfergefäße getan. Andererseits gibt es sechs Arten von Früchten, von denen der
Pfirsich an letzter Stelle steht und bei den Opfern an die
früheren Könige nicht einmal mit in den Ahnentempel genommen wird. Soweit mir bekannt ist, säubert der Edle das
Wertvolle mit dem Wertlosen und nicht umgekehrt. Letz-
teres würde man tun, wollte man mit dem kostbarsten der
fünf Getreide die billigste aller Früchte säubern. Das wäre
für mich ein Verstoß gegen die Rechtschaffenheit. Deshalb
habe ich es nicht gewagt, den Pfirsich vor der Opfergabe
an die Ahnen zu essen."

Der Herrscher *Jian* sprach zu seinen Ratgebern: „Die
Matte in meiner Kutsche ist zu kostbar. Es ist doch so, dass
eine Krone immer auf dem Kopf getragen wird, egal wie

einfach sie sein mag. Und Sandalen trägt man an den Füßen, egal wie wertvoll sie sind. Was für Sandalen soll ich aber tragen, wenn die Matte schon so kostbar ist? Es ist die Wurzel fehlender Rechtschaffenheit, wenn sich das Kostbare unten und das Wertlose oben befindet."

Fei Zhong sprach zum Tyrannen *Zhou*: „*Xibo Chang* ist weise. Das Volk mag ihn, und die Lehnsfürsten folgen ihm. Ihr könnt nicht umhin, ihn zu töten, denn wenn Ihr es nicht macht, wird er dem Herrscherhaus der *Yin* Unheil bereiten." *Zhou* fragte: „Ihr habt einen rechtschaffenen Edelmann beschrieben. Warum soll ich ihn töten lassen?" Darauf gab *Fei Zhong* zur Antwort: „Die Krone wird, so schäbig sie auch sein mag; auf dem Kopf getragen, und mit den Schuhen läuft man auf der Erde, auch wenn sie fünffarbig sein sollten. Nun ist *Xibo Chang* Euer Untertan, doch die Menschen wenden sich ihm zu, weil er Rechtschaffenheit kultiviert. Wenn jemand im Reich Unruhe stiften wird, dann mit Sicherheit *Chang*. Man muss einen Untertan hinrichten, der seine Weisheit nicht für seinen Herrscher nutzt. Und überhaupt, was sollte schon daran falsch sein, wenn der Herrscher einen schuldigen Untertan hinrichten lässt?" Darauf erwiderte *Zhou*: „Es sind Menschlichkeit und Rechtschaffenheit, zu denen der Herrscher seine Untertanen ermuntert. *Chang* praktiziert beide. Ich kann ihn nicht hinrichten." Dreimal versuchte *Fei Zhong*, ihn vom Gegenteil zu überzeugen, doch *Zhou* hörte nicht auf ihn. Schließlich ging die *Yin*-Dynastie unter.

Einst fragte König *Xuan* von *Qi* den *Kuang Qian*, ob Gelehrte spielen, und erhielt zur Antwort: „Nein." Als der König weiter fragte, warum sie nicht spielen, sagte *Kuang Qian*: „Die Spieler schätzen die Eule, doch der Sieger des Spieles muss die Eule töten. Wer die Eule tötet, tötet das, was er wertschätzt. Die Gelehrten sehen darin eine Verletzung der Rechtschaffenheit. Aus diesem Grund spielen sie nicht." Wieder fragte der König, ob denn die Gelehrten mit Pfeilen schießen, und erhielt zur Antwort: „Nein, sie schießen nicht mit Pfeilen. Von unten Pfeile nach oben zu schießen wäre dasselbe, als ob die Untergebenen dem Herrscher Schaden zufügen. Auch das halten die Gelehrten für eine Verletzung der Rechtschaffenheit. Darum schießen sie nicht mit Pfeilen." Und wieder fragte der König, ob die Gelehrten die *Se*-Laute spielen, und bekam zur Antwort: „Nein, denn auf der *Se*-Laute machen die kleinen Saiten laute Töne und die großen Saiten leise Töne. Laut und leise werden vertauscht. Edel und gemein wechseln die Plätze. Das halten die Gelehrten ebenfalls für einen Verstoß gegen die Rechtschaffenheit. Darum spielen sie dieses Instrument nicht." König *Xuan* äußerte seine Zufriedenheit damit, und *Zhongni* sagte dazu: „Es ist besser, wenn das Volk dem Herrscher und nicht den Untergebenen schmeichelt."

Erzählungen zur Illustration des vierten Punktes

Es gab einst einen Gelehrten in *Qi* mit Namen *Ju* und einen Gelehrten namens *Chan* in *Wei*, die kein öffentliches Amt besaßen. Die Herrscher von *Qi* und *Wei* waren nicht weise genug, um selbst die Angelegenheiten in ihren Staaten richtig einschätzen zu können, weshalb sie auf die Ratschläge ihrer Umgebung hörten. So versuchten die beiden Gelehrten, mit Hilfe von Bestechungsgeschenken aus Gold und Jade ein Amt übertragen zu bekommen.

Ximen Bao, eingesetzt als Kreisvorsteher von *Ye*, war rein und aufrichtig und besaß nicht die kleinste selbstsüchtige Neigung. Er war allerdings sehr grob gegenüber den Höflingen. Deshalb taten sie sich zusammen, um ihm etwas anzuhängen. Als er nach einem Jahr seinen Finanzbericht einreichte, entzog ihm der Herrscher das Amtssiegel. Da äußerte *Bao* folgende Bitte: „Früher wusste ich nicht, wie ich *Ye* verwalten muss. Heute weiß ich es. Deshalb bitte ich nochmals um das Siegel, um ein zweites Mal in *Ye* regieren zu dürfen. Sollte ich der Aufgabe wieder nicht gewachsen sein, so lasst mich mit Axt und Beil bestrafen." Marquis *Wen* wurde von dieser Rede weich und gab ihm das Siegel zurück. In der Folge erhöhte *Bao* die Abgaben für das Volk und erwies sich den Höflingen dienstbar. Als er nach einem Jahr wieder seinen Finanzbericht einreichte, empfing ihn Marquis *Wen* mit allen Ehren und verneigte sich vor ihm, doch *Bao* sagte zu ihm: „Im vergangenen Jahr habe ich *Ye* in Eurem Interesse verwaltet, und Ihr habt mir dafür das Amtssiegel entzogen. In diesem Jahr nun habe ich *Ye* im Interesse der Höflinge verwaltet, und Ihr verneigt Euch vor mir zum Dank. Ich kann dieses Amt so nicht länger wahrnehmen." Als er dies gesagt hatte, wollte er das Amtssiegel übergeben und sich zurückziehen, doch Marquis *Wen* wollte das Siegel nicht annehmen und sagte: „Ich habe Euch früher verkannt. Heute weiß ich, wer Ihr seid, und bitte Euch mit Nachdruck, von jetzt an *Ye* in meinem Interesse zu verwalten." Schließlich nahm er das Amtssiegel nicht zurück.

Es trug sich zu, dass im Staate *Qi* der Sohn eines als Hund verkleideten Räubers und der Sohn eines Mannes, dem die Beine abgeschlagen worden waren, miteinander spielten und voreinander angaben. Der Räubersohn sagte: „Mein Vater ist der Einzige, dessen Pelzjacke einen Schwanz hat." Daraufhin sagte der Sohn des beinlosen Mannes: „Mein Vater ist der Einzige, der im Winter die Hosen nicht vermisst."

Zichuo sprach: „Niemand kann zur gleichen Zeit mit der linken Hand ein Quadrat und mit der rechten Hand einen

Kreis malen. Verjage Ameisen mit Fleisch, und es wird noch mehr Ameisen geben. Vertreibe Fliegen mit Fisch, und es werden noch mehr Fliegen kommen."

Herzog *Huan* sprach zu *Guan Zhong*: „Es gibt nur wenig Amtsposten und viele Bewerber, die sich darum reißen. Das macht mir Sorgen." *Guan Zhong* sagte darauf: „Ihr solltet nicht den Bitten der Höflinge nachgeben, sondern die Fähigen mit Pfründen bedenken und den Verdiensten gemäß die Ämter vergeben. Dann wagt niemand, sich unbegründet um ein Amt zu bewerben. Warum sollte Euch dies Sorgen bereiten?"

Baron *Xuan* von *Han* sprach: „Meine Pferde bekommen genügend Getreide und Mais zu fressen. Warum sind sie nur so abgemagert? Das macht mir Sorgen." *Zhou Shi* sagte darauf zu ihm: „Wenn der Pferdeknecht den Pferden das ganze Getreide zu fressen geben würde, wäre es kaum möglich, dass sie nicht fett wären. Gibt er ihnen aber mit Worten viel und in Wirklichkeit wenig zu fressen, wäre es ein Wunder, wenn sie nicht abgemagert wären. Wenn Ihr den wahren Umständen nicht auf den Grund geht, sondern Euch nur hinsetzt und Sorgen macht, werden die Pferde davon nicht fett."

Eines Tages fragte Herzog *Huan* den *Guan Zhong*, was bei der Einsetzung von Beamten zu beachten sei, und *Guan Zhong* antwortete: „In der Gewandtheit und Trefflichkeit der Worte, der Ehrlichkeit und Rechtschaffenheit des Besitzes sowie der Vertrautheit mit den menschlichen Gefühlen komme ich, *Yiwu*, dem *Xian Shang* nicht gleich. Ihr solltet ihn zum obersten Richter ernennen. Hinsichtlich des geziemenden und höflichen Auftretens sowie des Empfangs von Gästen nach den Regeln der Etikette bin ich nicht so gut wie *Xi Peng*. Ihr solltet ihn zum Zeremonienmeister machen. Im Urbarmachen von Grasland und im

Anlegen von Städten sowie der Bearbeitung des Bodens und der Saat des Getreides stehe ich dem *Ning Qi* nach. Ihr solltet ihn als Landwirtschaftsminister einsetzen. Im Angesicht des erfolgten Aufmarsches der drei feindlichen Armeen die Soldaten dazu zu bringen, dass sie im Tod nichts weiter als eine Rückkehr sehen, das kann ich nicht so gut wie Prinz *Cheng Fu*. Ihr solltet ihn zum Kriegsminister machen. Dem Herrscher furchtlos gegenübertreten und ihn mahnen kann ich nicht so gut wie *Dongguo Ya*. Ihr solltet ihn zum Zensor machen. Um den Staat *Qi* zu regieren, reichen diese fünf Männer aus. Wenn Ihr aber die Vorherrschaft im Reich zu erringen wünscht, so stehe ich zu Euren Diensten."

Erzählungen zur Illustration des fünften Punktes

Yu Xianbo wirkte in *Jin* als Minister. Vor seiner Empfangshalle wuchs wildes Gemüse, und vor dem Tor standen Dornensträucher. Er aß niemals mehr als ein Gericht und saß immer nur auf einer Matte. Er kleidete seine Frauen nicht in Seide, fütterte seine Pferde nicht mit Mais und fuhr selbst nicht im Wagen aus. *Shu Xiang* hörte davon und erzählte es *Miao Benhuang*, doch dieser verurteilte ihn und sprach: „Er versucht doch auf diese Weise nur, sich beim einfachen Volk anzubiedern, indem er Rang und Pfründe ablehnt."

Nach einer anderen Quelle war *Yu Xianbo* gerade zum ersten Minister ernannt worden. *Shu Xiang* machte ihm seine Aufwartung, um ihm zu gratulieren. Am Tor stand ein Gespann, und die Pferde wurden nicht mit Hafer gefüttert. *Xiang* fragte: „Besitzt Ihr kein zweites Gespann und keinen zweiten Wagen?" *Xianbo* antwortete darauf: „Ich sehe, dass meine Landsleute noch Hunger leiden. Deshalb gebe ich den Pferden kein Futter. Viele weißhaarige Greise müssen zu Fuß gehen. Darum besitze ich keinen zweiten Wagen." – „Ich bin eigentlich gekommen", sagte daraufhin *Xiang*, „um Euch zur Ernennung zum Minister zu gratulieren, doch nun muss ich Euch zu Eurer Sparsamkeit gratulieren." *Shu Xiang* ging hinaus und sagte zu *Miao Benhuang*: „Wollt Ihr nicht mit mir zusammen dem *Yu Xianbo* zu seiner Sparsamkeit gratulieren?" Doch Meister *Miao* sprach: „Wieso sollte ich ihm gratulieren? Ränge und Pfründe, Banner und Abzeichen sind dazu da, um die Verdienstvollen von den Taugenichtsen zu unterscheiden und die Würdigen von den Unwürdigen zu trennen. Nach dem Gesetz des Staates *Jin* stehen einem hohen Würdenträger zwei Wagen und zwei Gespanne zu, einem mittleren Würdenträger zwei Wagen und ein Gespann und einem niederen Würdenträger nur ein Gespann. Auf diese Weise werden Ränge und Stände klargestellt. Außerdem haben die Würdenträger militärische Pflichten zu erfüllen. Deshalb müssen sie sich um ihre Wagen und Pferde kümmern und ihre Männer und Gespanne in Form halten, um auf den Kriegsdienst vorbereitet zu sein. So brauchen sie in Kriegszeiten dank ihrer Vorbereitungen keine Gefahr zu fürchten, und wenn die barbarischen Völker befriedet sind, stehen sie dem Hof wieder zur Verfügung. Nun hat *Xianbo* die Politik im Staate *Jin* durcheinandergebracht und die Vorbereitungen zur Abwendung von Gefahr unterlaufen, um seine eigene Ordnung zu errichten und sich selbst einen Namen zu machen. Kann man etwa auf diese Art sparsam sein? Wieso sollte ich ihm auch noch dazu gratulieren?"

Als *Guan Zhong* zum Minister von *Qi* ernannt wurde, sprach er: „Nun genieße ich Achtung und bin doch arm." Da sagte Herzog *Huan*: „Ich gebe Euch drei Domänen." *Guan Zhong* aber sprach: „Ich bin nun reich und doch von niederem Stand." Daraufhin erhob ihn Herzog *Huan* in einen höheren Stand, als ihn der *Gao*- und *Guo*-Clan besaßen. Doch erneut sprach *Guan Zhong*: „Ich besitze nun Würde und stehe doch nicht in einem engen Verhältnis zu Euch." Also ernannte ihn der Herzog zum Väterchen *Zhong*. Als *Kongzi* davon hörte, verurteilte er ihn mit den Worten: „Mit seinem übertriebenen Geltungsbedürfnis bedrängte er den Herrscher."

Eine andere Quelle besagt, dass bei Väterchen *Guan Zhongs* Ausfahrten das Verdeck des Wagens rot und die Kleidung seiner Diener blau waren und bei seiner Rückkehr die Trommeln geschlagen wurden. In seinem Hof standen dreibeinige Opfergefäße, und er besaß drei Domänen. *Kongzi* kommentierte dies mit den Worten: „Er war ein guter Würdenträger, doch mit seiner Verschwendungssucht bedrängte er den Herrscher."

Sun Shu'ao war Minister in *Chu*. Sein klappriger Wagen wurde von einer alten Schindmähre gezogen. Seine Mahlzeiten bestanden aus grobkörnigen Fladen, Gemüsesuppe und Dörrfisch. Im Winter trug er ein Lammfell und im Sommer Leinen. Sein Gesicht war vom Hunger gezeichnet. Er war ein guter Würdenträger, doch mit seiner Sparsamkeit bedrängte er das Volk.

Einst floh *Yang Hu* von *Qi* nach *Zhao*, und Herzog *Jian* sagte zu ihm: „Mir ist zu Gehör gekommen, dass Ihr Euch darauf versteht, fähige Männer zu fördern." *Hu* antwortete ihm: „Als ich in *Lu* weilte, habe ich drei Männer protegiert, die es alle bis zum Kreisvorsteher brachten. Als ich mich aber in *Lu* eines Vergehens schuldig gemacht hatte, suchten und verfolgten sie mich alle drei. Als ich in *Qi* residierte, empfahl ich drei Männer. Einer wurde zum Vertrauten des Herrschers, der zweite brachte es zum Kreisvorsteher und der dritte wurde Geheimagent. Als ich ein

Vergehen auf mich geladen hatte, verweigerte mir der Vertraute des Herrschers eine Audienz, der Kreisvorsteher wollte mich empfangen und in Ketten legen lassen, und der Geheimagent verfolgte mich bis zur Grenze und ließ erst ab von mir, als die Verfolgung ohne Aussicht auf Erfolg war. Ich verstehe es wahrlich nicht, fähige Männer zu protegieren." Der Herrscher senkte den Kopf mit einem Lächeln und sprach: „Pflanzt man Mandarinen- und Pampelmusenbäume an, kann man ihre süßen Früchte genießen und sich an ihrem Geruch erfreuen. Pflanzt man aber einen Dornenstrauch, kann man sich später an seinen Dornen stechen. Deshalb achtet der Edle sehr sorgsam darauf, was er anpflanzt."

In *Zhongmou* gab es keinen Kreisvorsteher. Deshalb fragte Herzog *Ping* von *Jin* den *Zhao Wu*: „*Zhongmou* ist für unseren Staat so wichtig wie die Arme und Beine für den Menschen und bildet den Rückhalt für unsere Hauptstadt *Handan*. Ich will einen fähigen Kreisvorsteher einsetzen. Wem kann ich dieses Amt anvertrauen?" *Wu* gab ihm zur Antwort: „Dem *Xing Bozi*." – „Ist er denn nicht Euer Feind?", fragte der Herzog, und *Wu* erwiderte: „Eine private Feindschaft darf nicht in öffentliche Angelegenheiten hineinreichen." Da fragte der Herzog weiter: „Und wen kann ich zum Kreisvorsteher von *Zhongfu* ernennen?" *Wus* Antwort darauf lautete: „Meinen Sohn." So besagt das Sprichwort: „Wenn er der richtige Mann für ein Amt ist, darf man bei einer Empfehlung weder den Feind noch den Sohn verschweigen." *Zhao Wu* hatte insgesamt sechsundvierzig Männer für einen Posten empfohlen, und alle erwiesen sie ihm nach seinem Tod die letzte Ehre, denn er hatte immer selbstlos gehandelt.

Eines Tages fragte Herzog *Ping* den *Shu Xiang*, wer der tugendhafteste unter den Beamten sei, und dieser antwortete: „*Zhao Wu.*" Der Herzog meinte: „Ihr haltet zu Eurem Lehrer." Darauf erwiderte *Xiang:* „Wenn *Zhao Wu* sich erhebt, hat es den Anschein, dass er nicht einmal Herr seiner Kleider ist, und wenn er etwas sagt, scheint es, als wollen die Worte nicht aus seinem Mund herauskommen. Dennoch hat er Dutzende Männer für einen Posten empfohlen, und sie alle haben den Erwartungen entsprochen und sind zu einer Stütze Eurer Herrschaft geworden. Zu seinen Lebzeiten hat *Wu* nicht an den Vorteil für seine Familie gedacht, und nach seinem Tod musste nicht ein einziger zu seinem Begräbnis gebeten werden. Deshalb erlaube ich mir, ihn für einen Mann von Tugend zu halten."

Jie Hu schlug seinen Feind dem Herzog *Jian* für den Ministerposten vor. Sein Feind meinte, er hätte ihm durch einen glücklichen Umstand verziehen, und begab sich zu ihm, um ihm zu danken. *Hu* empfing ihn jedoch mit gespanntem Bogen, zielte auf ihn und sprach: „Ich habe Euch empfohlen, weil Eure Fähigkeiten dem Posten gerecht werden. Das ist eine öffentliche Angelegenheit. Mein Hass gegenüber Euch ist meine private Sache. Ich würde Euch niemals aus persönlichem Hass vom Herrscher fernhalten." Deshalb heißt es: „Persönlicher Hass darf nicht in öffentliche Angelegenheiten getragen werden."

Nach einer anderen Quelle schlug *Jie Hu* den *Xing Boliu* für den Posten des Stadthalters von *Shangdang* vor. *Liu* begab sich zu ihm und wollte ihm danken mit den Worten: „Ihr habt mir meine Schuld vergeben. Wie könnte ich es wagen, mich nicht wiederholt vor Euch zu verneigen." *Hu* entgegnete ihm jedoch: „Euch vorzuschlagen ist eine öffentliche Angelegenheit. Euch zu hassen ist meine persönliche Sache. Ihr solltet besser gehen, denn ich hasse Euch noch genauso wie früher."

Es war einmal ein Mann aus dem Kreise *Zheng*, der wollte ein Schwein verkaufen. Als ihn jemand nach dem Preis fragte, sagte er: „Mein Weg ist noch weit, und die Sonne geht schon unter. Woher soll ich die Zeit nehmen, mit Euch zu handeln."

Erzählungen zur Illustration des sechsten Punktes

Fan Wenzi liebte es, die Dinge direkt beim Namen zu nennen, doch sein Vater *Wuzi* schlug ihn mit einem Stock und sagte: „Direkte Worte verzeihen die Menschen nicht. Wem die Menschen nicht verzeihen, der bringt sich in Gefahr, und nicht nur sich, sondern auch seinen Vater."

Zichan, der Sohn des *Ziguo*, war dem Herrscher von *Zheng* treu ergeben. Sein Vater beschimpfte ihn deswegen voller Zorn und sagte: „Wenn du dich anders verhältst als alle anderen Beamten und der Einzige bist, der dem Herrscher treu ergeben ist, so wird der Herrscher auf dich hören, wenn er klug und weise ist. Ist er aber nicht weise, wird er auch nicht auf dich hören. Du kannst noch nicht wissen, ob der Herrscher auf dich hören wird oder nicht, doch du hast dich schon vom Rest der Beamten entfernt. Das beschwört mit Sicherheit Gefahren für dich herauf. Du gefährdest damit nicht nur dich selbst, sondern auch deinen Vater."

Liang Che war gerade zum Kreisvorsteher von *Ye* ernannt worden. Seine ältere Schwester wollte ihn besuchen, kam aber zu spät am Abend an. Das Stadttor war schon geschlossen. Also kletterte sie über die Mauer, um in die Stadt zu kommen. *Che* ließ ihr zur Strafe dafür die Füße abschlagen. Marquis *Cheng* von *Zhao* hielt ihn für herzlos, nahm ihm das Amtssiegel ab und entließ ihn vom Posten des Kreisvorstehers.

Guan Zhong war gefangen genommen worden und wurde von *Lu* nach *Qi* gebracht. Unterwegs wurde er hungrig und durstig. Als er an der Grenzstelle *Qiwu* vorbeikam, bat er den Grenzbeamten um etwas zu Essen. Der Grenzbeamte kniete vor ihm nieder, gab ihm ehrfurchtsvoll zu essen und fragte ihn heimlich: „Wenn Euch das Glück hold ist und Ihr nach Eurer Ankunft in *Qi* nicht hingerichtet werdet, sondern ein Amt übertragen bekommt, wie wollt Ihr Euch mir erkenntlich zeigen?" Darauf sagte *Guan Zhong*: „Wenn denn Eure Prophezeiung eintritt, so werde ich den Weisen Ämter übertragen, die Fähigen mit Aufgaben betrauen und die Tüchtigen empfehlen. Wofür sollte ich mich bei Euch erkenntlich zeigen?" Als der Grenzbeamte dies hörte, war er verärgert.

DREIZEHNTES BUCH

34. Kapitel

Rechte äußere Sammlung von Erzählungen

Erster Teil

Es gibt drei Methoden, mit denen der Herrscher seine Untergebenen regiert:
1. Beamte, die durch die Macht des Herrschers nicht beeinflussbar sind, müssen entlassen werden. In der Antwort des Musikers *Kuang* und den Worten von Meister *Yan* wurde dem Herrscher geraten, die leichte Politik der Macht zu verwerfen und den schweren Weg der Tugend zu gehen. Da könnte man auch einem wilden Tier zu Fuß nachjagen. Wer so handelt, weiß nicht, wie man Unheil abwendet. Dass man das Unheil abwenden kann, zeigt *Zixias* Kommentar zu den *Frühlings- und Herbstannalen*, in dem er sagte: „Wer etwas von der Bewahrung der Macht versteht, erstickt Verrat rechtzeitig im Keime." Deshalb warf *Jisun* dem *Zhongni* vor, seine Kompetenzen überschritten zu haben. Um wie viel mehr muss sich erst der Herrscher darum sorgen, dass seine Macht missbraucht wird? Aus diesem Grund ließ *Taigong Wang* den *Kuang Yu* töten und steigen nicht einmal Sklaven auf einen widerspenstigen Vollblüter. Da Herzog *Si* um dieses Prinzip wusste, spannte er keinen Hirsch vor seinen Wagen. Auch *Xue Gong* kannte es, und deshalb machte er ein Spiel mit den Zwillingsbrüdern. Sie alle wussten, dass sich Gemeinsamkeit und Unterschied

einander ausschließen. Ein kluger Herrscher verwaltet seine Beamten so, wie ein Vogelzüchter seine Vögel zähmt.

2. Der Herrscher ist die Zielscheibe, die Vor- oder Nachteil bringt. Da es viele Schützen gibt, steht er im Mittelpunkt. Wenn er seine Vorliebe oder Abneigung für etwas zeigt, verstehen es die Untergebenen, dem Herrscher zu gefallen und ihn in die Irre zu führen. Verzichtet der Herrscher darauf, das Gesagte zu prüfen, belästigen die Untergebenen ihn mit ihren Vorschlägen und rauben ihm seine Unfehlbarkeit. Als Beweis dafür dient die sechsfache Behutsamkeit, von der Meister *Shen* sprach, und das, was *Tang Yi* über das Bogenschießen sagte. Das daraus entspringende Unheil zeigt sich in der Bitte des *Guo Yang*, sich bessern zu dürfen, und in dem tiefen Seufzer des Königs *Xuan*. Das wird auch deutlich am Beispiel des *Jing Guo*, der zehn Ohrgehänge verschenkte, und am Handeln des *Gan Mu*, als er *Xi Shou* durch ein Loch in der Wand bespitzelte. *Tang Qigong* wusste um die Kunst der Führung des Staates und fragte deshalb nach dem Weinkrug aus Jade. Marquis *Zhao* verstand sich auf die Anwendung der Staatskunst und schlief darum nach einem wichtigen Gespräch allein. Ein weiser Herrscher trifft seine Entscheidungen allein, so wie es Meister *Shen* geraten hat.

3. Es gibt immer einen Grund dafür, wenn die Kunst der Staatsführung versagt. Tötet der Weinhändler seinen bissigen Hund nicht, wird sein Wein sauer. Im Staat gibt es auch bissige Hunde, und die Berater des Herrschers sind wie die Ratten unter dem Altar. Die Herrscher von heute handeln nicht wie *Yao*, der zwei Kritiker aus dem Weg räumte, und antworten nicht wie König *Zhuang* dem Kronprinzen, sondern sind alle wie *Bo Yis* Mutter, die die Wahrsagerin *Cai* um Rat fragte.

Wer wissen will, ob ein Schüler begabt oder unbegabt ist für den Gesangsunterricht, der überprüft zuerst seine Stimme. Als *Wu Qi* seine Frau aus dem Haus jagte und Herzog *Wen* den *Dian Jie* enthaupten ließ, handelten sie ihren Gefühlen zuwider. Nur wer den Schmerz gespürt hat, lässt sich ein Geschwür ausdrücken.

Erzählungen zur Illustration der ersten Methode

Beamte, die sich durch Belohnung und Ruhm nicht anspornen und durch Strafe und Schmach nicht einschüchtern lassen, die also trotz der Anwendung dieser vier Mittel ihr Verhalten nicht ändern, müssen entlassen werden.

Einst begab sich Herzog *Jing* von *Qi* nach *Jin* und wurde von Herzog *Ping* zu einem Gelage gebeten. Der Musiker *Kuang* leistete ihnen Gesellschaft. Herzog *Jing* befragte den Musiker *Kuang* nach den Geheimnissen der Politik und sagte: „Worüber wird der weise Lehrmeister mich belehren?" Der Musiker *Kuang* antwortete: „Ihr braucht nur gütig sein zum Volk, Majestät, sonst nichts." Als das Fest im schönsten Gange und alle vom Wein angeheitert und zum Aufbruch geneigt waren, stellte er dem Musiker noch einmal die gleiche Frage und erhielt darauf die gleiche Antwort wie zuvor. Als Herzog *Jing* schließlich in seine Gemächer ging und vom Musiker *Kuang* verabschiedet wurde, fragte er ihn ein drittes Mal und bekam wieder zur Antwort: „Ihr braucht nur gütig sein zum Volk, Majestät, sonst nichts." Der Herzog zog sich zurück, dachte darüber nach und begriff, noch ehe er völlig ausgenüchtert war, was der Musiker *Kuang* gemeint hatte. Der Herzog hatte zwei jüngere Brüder – Prinz *Wei* und Prinz *Xia*, die es verstanden, die Herzen des Volkes für sich zu gewinnen. Ihre

Familien waren reich und angesehen und wurden vom Volk verehrt. Sie standen dem Herrscherhaus um nichts nach. „Sie sind es, die meinen Thron gefährden", dachte der Herzog. „Und wenn der Musiker sagt, ich solle mich dem Volk gütig erweisen, meint er etwa damit, dass ich mit meinen beiden jüngeren Brüdern um die Gunst des Volkes wetteifern soll?"

Als der Herzog an seinen Hof zurückgekehrt war, ließ er die Vorratsspeicher öffnen und Reis an die Masse der Armen verteilen. Er öffnete die Schatzkammern und beschenkte die Waisen und Witwen. Schließlich gab es in den Speichern kein überlagertes Korn mehr, und die Schatzkammern waren leer. Alle Hofdamen, die der Herzog nicht brauchte, wurden verheiratet, und die Siebzigjährigen erhielten Reiszuwendungen. Er wetteiferte mit seinen beiden Brüdern darum, wer dem Volk mehr Güte und Wohltaten angedeihen lässt. Noch ehe zwei Jahre vergangen waren, hatten die beiden Brüder das Land verlassen. Prinz *Xia* war nach *Chu* geflüchtet und Prinz *Wei* nach *Jin*.

Eines Tages machte Herzog *Jing* mit Meister *Yan* eine Ausfahrt zum kleinen Meer. Sie bestiegen die Terrasse der schlafenden Lebensbäume und ließen ihre Blicke in die Ferne über das Land schweifen. Der Herzog sprach: „Oh, wie wunderbar! Wie weit und erhaben ist doch dieses Land. Wer wird es wohl fürderhin sein Eigen nennen?" Meister *Yan* meinte darauf: „Könnte es vielleicht der Clan des *Tian Cheng* sein?" – „Das ist mein Land. Wieso sagt Ihr, dass der Clan des *Tian Cheng* es besitzen könnte?", fragte der Herzog, und Meister *Yan* antwortete ihm: „Nun, *Tian Cheng* und sein Clan haben das Volk für sich gewonnen. Wie verhält er sich denn zum Volk? Einerseits erbittet er sich bei Euch Ränge und Pfründe und verteilt sie unter den hohen Würdenträgern. Andererseits gibt er bei der Ausgabe mehr Getreide heraus, als es das Scheffelmaß vorsieht, und fordert später weniger zurück, als das Scheffelmaß bestimmt. Wenn er einen Ochsen schlachtet, nimmt er sich nur eine Schüssel voll Fleisch und verteilt den Rest unter den Gelehrten. Im ganzen Jahr braucht er nur sechsunddreißig Fuß Stoff für sich und verteilt die übrigen Stoffe als Kleidung an die Gelehrten. Das Holz ist bei ihm auf dem Markt nicht teurer als in den Wäldern, und Fische, Schnecken, Schildkröten und Muscheln sind in den Sümpfen nicht teurer als am Meer. Während Ihr die Steuern anhebt, verteilt er noch größere Almosen. Einst herrschte in *Qi* eine große Hungersnot, und unzählige Menschen verhungerten an den Wegesrändern. Wenn sich aber Vater und Sohn gegenseitig stützend zu *Tian Cheng* schleppten, blieben sie am Leben. Deshalb sangen sogar die Menschen in *Qin* und *Zhou:*

,*Solln wir in unserem Lied ihn preisen,*
oder schweigend verharren in Stille?
Solln wir hungers scheiden dahin,
oder in Tian Chengs Obhut flieh'n?'

Im *Buch der Lieder* steht geschrieben:

,*Obwohl ich dir Güte nicht kann bringen,*
lass uns freudig tanzen und singen.'

Nun hat sich *Tian Cheng* den Menschen gegenüber gütig gezeigt, und das Volk singt und tanzt und wird seiner Güte folgen. Aus diesem Grund sagte ich, es könnte der Clan des *Tian Cheng* sein, der das Land in Besitz nimmt." Der Herzog sprach unter Tränen: „Ist es nicht traurig? Es ist mein Staat, und der Clan des *Tian Cheng* nimmt ihn in Besitz. Was kann man da nur tun?" Meister *Yan* entgegnete: „Worüber macht Ihr Euch Sorgen? Wenn Ihr ihm die

Macht entreißen wollt, holt die Weisen in Eure Nähe und haltet die Unwürdigen von Euch fern, bringt Ordnung in das Durcheinander, lockert die Strafen, helft den Armen und Erschöpften, habt Erbarmen mit den Waisen und Witwen, zeigt Euch gnädig und gebt den Bedürftigen. Dann wird sich das Volk Euch zuwenden, und selbst zehn *Tian Chengs* können Euch nichts anhaben."

Dazu könnte jemand sagen: Herzog *Jing* verstand es nicht, seine Macht zu gebrauchen, und der Musiker *Kuang* und Meister *Yan* wussten nicht, wie man Unheil abwendet. Es ist für einen Jäger ganz mühelos und einfach, ein leichtfüßiges Tier einzufangen, wenn er auf die Sicherheit seines Wagens vertraut, die Stärke von sechs Pferden nutzt und einen *Wang Liang* die Zügel halten lässt. Würde er aber auf den Vorteil des Wagens, die Kraft der sechs Pferde und die Fahrkünste des *Wang Liang* verzichten und dem Tier zu Fuß nachjagen, würde er selbst mit *Lou Jis* schnellen Beinen das Tier niemals einholen können. Mit guten Pferden und einem stabilen Wagen sind aber sogar Sklaven dazu in der Lage. Der Staat ist der Wagen des Herrschers und die Macht sein Pferd. Wenn nun der Herrscher nicht seine Macht dazu gebraucht, die eigenmächtigen, selbstgefälligen Untergebenen zu bestrafen und zu züchtigen, sondern mit ihnen um die Gunst des Volkes buhlt, indem er Wohltaten im Reich verteilt, so nutzt er nicht seinen Wagen und die Vorteile der Pferde, sondern lässt den Wagen stehen und rennt zu Fuß hinter den Tieren her. Deshalb sage ich: Herzog *Jing* war ein Herrscher, der es nicht verstand, seine Macht zu gebrauchen, und der Musiker *Kuang* und Meister *Yan* waren Untergebene, die nicht wussten, wie man Unheil abwendet.

Zixia sagte einmal: „In den *Frühlings- und Herbstannalen* sind Dutzende von Fürsten- und Vatermorden aufgezeichnet worden. Sie alle waren nicht das Resultat eines einzigen Tages, sondern eines allmählichen Werdeganges. Verrat bahnt sich lange vorher nach und nach an. Je weiter er fortschreitet, desto größer wird die Macht des Verräters, bis sie schließlich ausreicht, um einen Mord zu begehen. Deshalb wehrt der kluge Herrscher den Anfängen. *Tian Chengs* Neigung zum Aufruhr wurde nach und nach sichtbar, doch der Herrscher ließ ihn nicht hinrichten. Meister *Yan* veranlasste den Herrscher nicht zur Unterdrückung anmaßender, gieriger Untergebener, sondern zum Erweisen von Mildtätigkeiten. Im Resultat geriet Herzog *Jian* ins Verhängnis. Aus diesem Grunde sagte *Zixia:* „Wer etwas von der Bewahrung der Macht versteht, erstickt Verrat rechtzeitig im Keime."

Als *Jisun* im Staat *Lu* regierte, war *Zilu* Kreisvorsteher von *Hou.* Im fünften Monat ließ der Herrscher von *Lu* einen langen Graben ausheben. Als die Arbeiten in vollem Gange waren, ließ *Zilu* aus seinen eigenen Reisvorräten eine Mahlzeit bereiten und wollte den Bauleuten in der Straße der fünf Väter zu essen geben. Als *Kongzi* davon erfuhr, beauftragte er *Zigong*, die Speisen wegzuschütten, die Töpfe zu zerschlagen und ihm auszurichten: „Es sind Untertanen des Herrschers von *Lu.* Aus welchem Grund solltest du ihnen zu essen geben?" Wütend vor Ärger krempelte *Zilu* die Ärmel hoch, ging hinein zu ihm und sprach: „Meister, habt Ihr etwas dagegen, dass ich, *You,* Menschlichkeit und Rechtschaffenheit praktiziere? Diese beiden Dinge habe ich doch vom Meister gelernt. Wer mitmenschlich und rechtschaffen handelt, lässt alle Menschen im Reich teilhaben an seinem Besitz und gemeinsam den Vorteil genießen. Warum darf ich also heute den Menschen nicht aus meinen eigenen Vorräten eine Mahlzeit gewähren?" *Kongzi* sprach zu ihm: „Wie bist du doch unwissend, *You.* Ich dachte, du hättest das bereits verstanden, doch du bist noch nicht so weit. Nichts weißt du von den Regeln der Sitte! Du wolltest den Menschen zu essen geben, weil du sie liebst. Doch nach den Riten ist es Sache des Himmelssohnes, alle Menschen im Reich unter dem Himmel zu lieben, obliegt es den Lehnsfürsten, das Volk in ihren Staaten zu lieben, gebührt es den Würdenträgern, die Menschen in ihrem Amtsbereich zu lieben, und gehört es sich für die Gelehrten, ihre Familien zu lieben. Wer in seiner Liebe zu weit geht, greift in die Rechte des anderen ein. Nun ist es das Volk des Herrschers von *Lu*, dem du eigenmächtig deine Liebe zeigen willst. Auf diese Weise greifst du in seine Rechte ein. Ist das nicht falsch?"

Kongzi hatte seine Rede noch nicht beendet, da traf ein Bote des *Jisun* ein und sagte vorwurfsvoll: „*Fei* hat das Volk zur Arbeit beordert, doch Ihr, mein Herr, veranlasst Euren Jünger, eine Mahlzeit für sie zubereiten zu lassen. Habt Ihr gar die Absicht, *Fei* das Volk zu rauben?" Daraufhin ließ *Kongzi* seine Kutsche anspannen und verließ den Staat *Lu*. Obwohl *Kongzi* ein Weiser und *Jisun* nicht der Herrscher von *Lu* war, setzte sich Letzterer dank seiner Stellung und mit Hilfe der Staatskunst des Herrschers frühzeitig gegen den Verrat zur Wehr, noch ehe er Gestalt annehmen konnte. *Zilu* wurde nicht gestattet, persönliche Gunstbezeigungen zu machen, sodass Unheil gar nicht erst entstehen konnte. Um wie viel mehr muss das erst für den Herrscher gelten! Hätte Herzog *Jing* mit seiner Macht den Umtrieben des *Tian Cheng* Einhalt geboten, wäre der Herrscher niemals seiner Macht beraubt und ermordet worden.

Taigong Wang war im Osten ein Lehen in *Qi* gewährt worden. Am östlichen Meer in *Qi* lebten zwei Gelehrte, die sich aus dem öffentlichen Leben zurückgezogen hatten. Sie hießen *Kuang Yu* und *Hua Shi*, waren Brüder und lebten

nach dem Grundsatz: „Wir dienen nicht dem Himmelssohn und schließen keine Freundschaft mit den Lehnsfürsten. Wir arbeiten auf dem Feld, um zu essen, und graben
einen Brunnen, um zu trinken. Wir nehmen nichts von anderen. Wir wollen weder den Ruhm der Obrigkeit, noch
die Pfründe des Herrschers. Wir übernehmen kein Amt,
sondern gebrauchen unsere Körperkraft." Als *Taigong
Wang* am Armeelagerhügel eintraf, befahl er den Häschern, die beiden gefangen zu nehmen und bei der ersten
Exekution hinrichten zu lassen. Als *Zhougong Dan* die
Runde davon in *Lu* erreichte, schickte er auf dem schnellsten Wege ein Schreiben an ihn mit der Frage: „Es sind doch
zwei weise Männer. Warum wollt Ihr sie töten, kaum dass
Ihr die Macht über den Staat empfangen habt?" *Taigong
Wang* antwortete ihm: „Diese beiden Brüder haben für
sich die Lebensmaxime aufgestellt: ‚Wir dienen nicht dem
Himmelssohn und schließen keine Freundschaft mit den
Lehnsfürsten. Wir arbeiten auf dem Feld, um zu essen, und
graben einen Brunnen, um zu trinken. Wir nehmen nichts
von anderen. Wir wollen weder den Ruhm der Obrigkeit,
noch die Pfründe des Herrschers. Wir übernehmen kein
Amt, sondern gebrauchen unsere Körperkraft.' Da sie dem
Himmelssohn nicht zu dienen gewillt sind, kann auch ich
sie mir nicht Untertan machen. Da sie keine Freundschaft
schließen mit den Lehnsfürsten, kann auch ich ihnen keine
Befehle erteilen. Da sie auf dem Feld arbeiten, um zu essen,
einen Brunnen graben, um zu trinken, und nichts von anderen annehmen, kann ich sie nicht mit Belohnungen er-
muntern und mit Strafen einschüchtern. Da sie keinen
Wert legen auf den Ruhm der Obrigkeit, sind sie trotz ihres
Wissens für mich ohne Nutzen. Da ihr Sinn nicht nach den
Pfründen des Herrschers steht, leisten sie mir trotz ihrer
Weisheit keine Dienste. Wer die Übernahme eines Amtes
verweigert, handelt der Ordnung zuwider. Wer keine
Amtsaufgaben auf sich nimmt, ist nicht loyal gegenüber

dem Herrscher. Die früheren Könige führten ihre Beamten und ihr Volk mit Rängen und Pfründen oder mit Zucht und Strafe. Wenn nun aber diese vier Mittel nicht dazu ausreichen, die Menschen zu führen, über wen soll ich dann noch herrschen? Mit Ruhm, der nicht auf dem Schlachtfeld erworben wurde, und Anerkennung, die nicht durch die Arbeit auf dem Feld erzielt wurde, kann man einen Staat nicht unterweisen. Angenommen, ich habe ein Pferd, das einem Vollbluthengst gleicht und im ganzen Reich keinen Konkurrenten kennt. Wenn es sich aber weder durch die Peitsche antreiben und die Zügel aufhalten lässt, noch auf Anweisung nach links oder rechts bewegt, wird sich nicht einmal ein gewöhnlicher Sklave auf das Pferd verlassen. Ein Sklave setzt auf einen Vollblüter, weil er hofft, mit seiner Hilfe einen Vorteil haben und dem Unheil entrinnen zu können. Auf ein Pferd jedoch, das dem Menschen nicht gehorcht, verlässt sich nicht einmal der unwürdigste Sklave. Nun bezeichnen sich die beiden Brüder selbst als weise Gelehrte, ohne dem Herrscher von Nutzen zu sein. Mag er auch noch so weise sein, wer dem Herrscher nicht dient, wird von einem klugen Herrscher nicht als Untertan behandelt, denn er ist wie der Vollbluthengst, den man nicht nach links und rechts führen kann. Deshalb müssen die beiden Brüder sterben."

Nach einer anderen Quelle erhielt *Taigong Wang* im Osten ein Lehen in *Qi*. Am Meer lebte ein weiser Mann mit Namen *Kuang Yu*. *Taigong Wang* hatte von ihm gehört und begab sich zu ihm, um ihn um Rat zu fragen. Dreimal stieg er vor dem Tor vom Pferd, doch *Kuang Yu* weigerte sich, ihn zu empfangen. Da ließ *Taigong Wang* ihn hinrichten. Zu eben dieser Zeit befand sich *Zhougong Dan* in *Lu* und galoppierte herbei, um die Hinrichtung zu verhindern. Als er ankam, war die Hinrichtung aber bereits vollstreckt worden, und so fragte er: „*Kuang Yu* war im Reich be-

kannt als weiser Mann. Warum habt Ihr ihn töten lassen?"
Taigong Wang antwortete ihm: „*Kuang Yu* lebte nach dem
Grundsatz, weder dem Himmelssohn zu dienen, noch mit
den Lehnsfürsten Freundschaft zu schließen. Ich befürchtete, er könnte die Gesetze durcheinander bringen und die
Morallehre verwirren. Deshalb ließ ich ihn als ersten hinrichten. Nehmen wir einmal an, ich habe ein Pferd, das
einem Vollblüter gleicht, sich aber nicht antreiben und führen lässt. Nicht einmal ein Sklave würde es vor seinen
Wagen spannen."

Einst erteilte *Ru Er* dem Herzog *Si* von *Wei* einen Rat. Herzog *Si* war davon so angetan, dass er tief seufzte. „Warum
macht Ihr ihn nicht zum Minister?", fragten die Höflinge,
doch der Herzog sprach: „Ein Pferd, so schnell wie ein
Hirsch, ist eintausend Goldstücke wert. Es gibt Pferde, die
eintausend Goldstücke wert sind, doch es gibt keinen
Hirsch, der so viel wert wäre, weil das Pferd dem Menschen von Nutzen ist, der Hirsch hingegen nicht. Nun hat
Ru Er das Zeug zum Minister in einem Staat mit zehntausend Kampfwagen. Es zieht ihn in einen großen Staat. Er
ist mit seinem Herzen nicht in *Wei*, sodass er trotz seiner
Redegewandtheit und Weisheit für mich nicht von Nutzen
ist. Deshalb mache ich ihn nicht zum Minister."

Als *Xue Gong* Minister des Marquis *Zhao* von *Wei* war,
gab es unter den Höflingen Zwillingsbrüder mit Namen
Yang Hu und *Pan Qi*. Sie hatten großen Einfluss auf den
Herrscher, waren aber *Xue Gong* nicht gefällig. Dies bereitete *Xue Gong* Sorgen, und so lud er sie zu einem Spiel
ein. Er gab jedem von ihnen einhundert Goldstücke und
forderte sie auf zu spielen. Dann gab er jedem von ihnen
noch einmal zweihundert Goldstücke. Als sie mitten im
Spiel waren, meldete der Diener, dass der Sohn des *Zhang
Ji* am Tor um Einlass bitte. Rot vor Zorn ergriff *Gong* ein

Schwert, gab es dem Diener und sagte: „Töte ihn! Soweit mir bekannt ist, hat *Ji* nie etwas für mich getan." Während der Diener kurz verharrte, trat *Ji Yu* an seine Seite und sprach: „Dem ist nicht so. Mir ist insgeheim zu Ohren gekommen, dass *Ji* viel für Euch getan hat. Nur scheint Euch niemand davon berichtet zu haben." Daraufhin verwarf er seine Absicht, den Gast zu töten, empfing ihn mit allen Ehren und sprach: „Zuerst dachte ich, dass *Ji* mir nicht gefällig gewesen ist, und wollte ihn deshalb töten. Nun weiß ich, dass er mir in Wirklichkeit gefällig war. Wie könnte ich ihm das vergessen!" Schließlich wies er den Verwalter des Getreidespeichers an, zehntausend Scheffel Hirse vorzubereiten, befahl dem Verwalter der Schatzkammer, fünfhundert Goldstücke vorzubereiten, veranlasste den Stallmeister, zwei seiner Gespanne aus rassigen Pferden und stabilen Wagen vorzubereiten, und beauftragte den Obereunuchen, zwanzig seiner schönsten Konkubinen vorzubereiten, alles als Geschenk für *Ji*. Als die Zwillingsbrüder dies hörten, sagten sie zueinander: „Es ist von Vorteil, *Gong* gefällig zu sein, und von Nachteil, ihm keinen Gefallen zu tun. Warum sollten wir ihm also nicht gefällig sein?" Von da an übertrafen sie sich beide darin, *Gong* gefällig zu sein. *Xue Gong* besaß nur die Macht eines Beamten und konnte dank der Staatskunst des Herrschers das Unheil von sich abwenden, noch bevor es aufkam. Um wie viel mehr muss das erst für den Herrscher gelten!

Ein Vogelzüchter stutzt dem Vogel die Flügel. So ist der Vogel darauf angewiesen, dass er von ihm sein Futter bekommt. Wie könnte er da nicht zahm werden? Ein weiser Herrscher verwaltet seine Beamten auf die gleiche Weise. Er sorgt dafür, dass die Beamten nicht umhinkönnen, von den Pfründen des Herrschers zu profitieren und dem Ruhm des Herrschers verpflichtet zu sein. Wie könnten sie ihm den Gehorsam verweigern, wenn dies der Fall ist.

Erzählungen zur Illustration der zweiten Methode

Meister *Shen* sagte: „Offenbart der Herrscher Klugheit, stellen sich die Menschen darauf ein. Zeigt er Einfalt, täuschen ihn die Menschen. Offenbart er Wissen, beschönigen die Menschen ihr Tun. Zeigt er Unwissenheit, verbergen die Menschen ihre Fehler. Offenbart er Wunschlosigkeit, warten die Menschen auf einen Moment der Schwäche. Zeigt er Wünsche, verleiten ihn die Menschen. Deshalb gilt: Ich habe keine Möglichkeit, die Motive des Handelns zu erkennen. Nur durch Nicht-Handeln kann man die Menschen durchschauen."

Eine andere Quelle berichtet, dass Meister *Shen* sagte: „Sei bedacht im Reden, sonst durchschauen dich die Menschen. Sei bedacht im Handeln, sonst folgen die Menschen deinem Beispiel. Zeigst du Wissen, verbergen sich die Menschen vor dir. Zeigst du Unwissenheit, täuschen dich die Menschen. Bist du weise, rühmen dich die Menschen. Bist du einfältig, handeln die Menschen gegen dich. Deshalb gilt: Nur durch Nicht-Handeln kann man die Menschen durchschauen."

Einst fragte *Tian Zifang* den *Tang Yiju*: „Was muss ein Bogenschütze beachten?" Die Antwort lautete: „Die Vögel sehen Euch mit Hunderten von Augen. Ihr hingegen habt nur zwei Augen, um sie zu erblicken. Wählt deshalb Euer Versteck mit Sorgfalt." Da sagte *Tian Zifang*: „Gut! Wie Ihr beim Bogenschießen, so will ich beim Regieren handeln." Als *Zheng Zhang* dies hörte, sprach er: „*Tian Zifang* wusste um die Notwendigkeit, sich verstecken zu müssen, doch er wusste nicht, wie. Das beste Versteck ist es, nichts zu tun und sich nicht durchschauen zu lassen."

Eine andere Quelle berichtet, dass König *Xuan* von *Qi* einmal *Tang Yizi* nach der Kunst des Bogenschießens befragte mit den Worten: „Was ist für einen Bogenschützen am wichtigsten?" *Tang Yizi* antwortete darauf: „Sorgfalt bei der Wahl des Versteckes." Und als der König fragte, was er damit meine, sagte er weiter: „Die Vögel sehen den Menschen mit vielen Augen, der Mensch hingegen hat nur zwei Augen zur Verfügung, um sie zu sehen. Wie könnte er da bei der Wahl des Versteckes ohne Sorgfalt auskommen? Deshalb sagte ich, dass Sorgfalt bei der Wahl des Versteckes das Wichtigste ist." Der König sprach: „Wenn das so ist, wie steht es dann mit diesem Versteck hinsichtlich des Reiches? Ich habe zwei Augen, um den ganzen Staat zu überblicken, während die Menschen im ganzen Reich mit unzähligen Augen auf mich schauen. Wie soll ich mich da verstecken?" *Tang Yizi* antwortete ihm: „*Zheng Zhang* hat einmal gesagt, dass der Herrscher sich frei machen muss von den Gedanken, selbst nicht aktiv werden und seine Gefühle nicht offenbaren darf. Auf diese Weise schafft Ihr Euch Euer Versteck!"

Guo Yang genoss großes Ansehen beim Herrscher von *Zheng*. Als er hörte, dass der Herrscher Zorn gegen ihn hegte, leistete er ihm bei einem Gelage Gesellschaft und kam dem Herrscher zuvor, indem er sagte: „Wenn es das Unglück will, dass sich Euer ergebener Diener eines Vergehens Euch gegenüber schuldig gemacht hat, so hoffe ich auf die Großmut Eurer Majestät, es mich wissen zu lassen. Erlaubt mir, meinen Fehler wiedergutzumachen, damit ich die Todesstrafe von mir abwenden kann."

Einst erteilte ein Wandergelehrter dem König *Xuan* von *Han* einen Rat. König *Xuan* war davon so angetan, dass er tief seufzte. Die Höflinge beeilten sich, dem Gelehrten als erste von der Freude des Herrschers zu berichten, um sich bei ihm einzuschmeicheln.

Als *Jing Guojun* in *Qi* Minister war, verstarb eines Tages die Gemahlin des Königs. Da noch niemand wusste, wer an ihre Stelle treten wird, überreichte *Jing Guojun* dem Herrscher ein Ohrgehänge aus Jade und erfuhr so, wer die neue Königin wird.

Einer anderen Quelle zufolge war *Xue Gong* Minister in *Qi*, als die Gemahlin des *Qi*-Königs *Wei* verstarb. Im Harem gab es zehn Mädchen, die die besondere Gunst des Herrschers besaßen. Nun wollte *Xue Gong* in Erfahrung bringen, welche von ihnen der Herrscher erwählen würde, um ihm vorzuschlagen, eben diese eine zur Gemahlin zu nehmen. Denn sollte der Herrscher auf ihn hören, wäre es sein Vorschlag, der ausgeführt wurde, und die Gunst der auserwählten Königin wäre ihm sicher. Sollte der Herrscher aber nicht auf ihn hören, würde sein Vorschlag nicht ausgeführt und er hätte bei der auserwählten Königin einen schlechten Stand. Deshalb wollte er zuerst wissen, welche der Frauen der Herrscher selbst zu seiner Gemahlin zu machen wünsche, um ihm danach eben diese als Gemahlin vorzuschlagen. Also ließ er zehn Ohrgehänge anfertigen, von denen eins besonders schön war, und überreichte sie dem Herrscher. Der Herrscher seinerseits verschenkte sie an die zehn Mädchen. Als am nächsten Tag Hof gehalten wurde, sah *Xue Gong*, welche der Frauen das anmutige Gehänge trug, und schlug dem Herrscher vor, diese zu seiner Gemahlin zu erwählen.

Gan Mu war Minister des *Qin*-Königs *Hui*, und dieser hatte eine besondere Zuneigung zu *Gongsun Yan*. Eines Tages sagte der Herrscher unter vier Augen zu ihm, dass er ihn zum Minister ernennen wolle. Ein Unterbeamter des *Gan Mu* hörte durch ein Loch in der Wand das Gespräch mit und erstattete *Gan Mu* darüber Bericht. Daraufhin begab sich *Gan Mu* zu einer Audienz zum Herrscher und sprach zu ihm: „Da Majestät einen weisen Minister gefunden haben, erlaube ich mir, meinen Glückwunsch durch einen doppelten Kotau zum Ausdruck zu bringen." Der König fragte: „Ich habe Euch den Staat anvertraut. Wozu sollte ich einen weiteren weisen Minister brauchen?" – „Ihr habt doch die Absicht, *Xi Shou* zum Minister zu machen", antwortete *Gan Mu*. Da fragte der König, woher er das wisse, und bekam zur Antwort: „*Xi Shou* hat es Eurem ergebenen Diener gesagt." Der König war erzürnt über die Schwatzhaftigkeit des *Xi Shou* und verstieß ihn.

Nach einer anderen Quelle war *Xi Shou* im ganzen Reich als guter Heerführer bekannt und stand in den Diensten des Königs von *Liang*. Der König von *Qin* wollte ihn für sich gewinnen, um mit seiner Hilfe das Reich zu beherrschen. *Xi Shou* lehnte jedoch ab mit den Worten: „Ich, *Yan*, bin Untertan und wage nicht, das Land meines Herrschers im Stich zu lassen." Ein Jahr später machte sich *Xi Shou* eines Vergehens schuldig vor dem *Liang*-Herrscher und floh nach *Qin*, wo er vom *Qin*-Herrscher aufs Herzlichste begrüßt wurde. *Chu Liji*, der zu jener Zeit das *Qin*-Heer befehligte, fürchtete, dass *Xi Shou* ihn als General verdrängen könnte, und bohrte ein Loch in die Wand des Raumes, in dem der Herrscher seine konspirativen Gespräche führte. Plötzlich traf sich der Herrscher wirklich mit *Xi Shou* zu einer Beratung und sprach: „Ich will *Han* überfallen. Was ist der Erfolg versprechendste Weg dafür?" *Xi Shou* antwortete: „Im Herbst könnt Ihr den Überfall machen." Da sprach der Herrscher: „Ich habe den Wunsch, Euch mit der Leitung des Staates zu betrauen, doch Ihr dürft dieses Geheimnis nicht nach außen dringen lassen." *Xi Shou* ging zurück, machte mehrere Kotaus und sprach: „Wie Eure Majestät befehlen." *Chu Liji* hatte derweil durch das Loch in der Wand alles mit angehört und verbreitete überall bei Hofe: „Die Armee wird im Herbst gegen *Han* ins Feld ziehen, und *Xi Shou* wird die Truppe als General führen." Noch am gleichen Tag wussten bei Hofe alle davon, und noch in demselben Monat wusste jedermann im Land Bescheid. Der König ließ *Chu Liji* zu sich rufen und fragte: „Wer hat diese Aufregung hervorgerufen?" *Chu Liji* antwortete: „Es scheint, als sei es *Xi Shous* Werk." Der Herrscher sagte: „Ich habe niemals mit *Xi Shou* darüber gesprochen. Wie kommt er dazu, so etwas zu verbreiten?" Daraufhin sprach *Chu Liji*: „*Xi Shou* ist ein im Exil lebender Fremder. Er hat sich erst vor kurzem eines Verbrechens schuldig gemacht und fühlt sich einsam. Mit diesem Gerücht will er bei den Massen Popularität gewinnen." – „So ist es", pflichtete ihm der König bei und ließ *Xi Shou* rufen, doch dieser war bereits in ein anderes Land geflohen.

Tang Qigong sprach zu Marquis *Zhao*: „Angenommen, Ihr habt einen Weinkrug aus Jade, der eintausend Goldstücke wert ist, aber keinen Boden hat. Könnt Ihr ihn mit Wasser füllen?" – „Das geht nicht", antwortete Marquis *Zhao*. „Und kann man Wein in einen undurchlässigen Tonkrug füllen?" – „Natürlich kann man das", erwiderte Marquis *Zhao*. Da sprach *Tang*: „Ein Krug aus Ton ist das wertloseste Gefäß, doch man kann Wein hineinfüllen, wenn er undurchlässig ist. In einen Jadekrug hingegen, selbst wenn er eintausend Goldstücke wert und damit das wertvollste aller Gefäße ist, der aber keinen Boden hat und deshalb durchlässig ist, kann man nicht einmal Wasser füllen. Wer würde wohl auch nur irgendetwas in ihn hineingießen? Nun ist ein Herrscher, der die Worte seiner Berater nach außen durchsickern lässt, wie ein Jadekrug ohne

Boden. Auch wenn er weise und wissend ist, kann er seine Staatskunst nicht voll entfalten, weil er Geheimnisse durchsickern lässt." – „Wie recht Ihr habt", sagte Marquis *Zhao*, und von dem Moment an, als er diese Worte des *Tang Qigong* gehört hatte, schlief er immer allein, wenn er eine für das Reich bedeutsame Sache vorhatte, weil er fürchtete, er könne im Schlaf reden und jemandem seinen Plan verraten.

Eine andere Quelle berichtet, dass *Tang Qigong* während einer Audienz bei Marquis *Zhao* sprach: „Angenommen, Ihr habt einen Weinkrug aus weißer Jade ohne Boden und einen einfachen Tonkrug mit Boden. Welchen von beiden benutzt Ihr, wenn Ihr durstig seid?" – „Natürlich den Tonkrug", antwortete der Herrscher. *Tang Qigong* fragte weiter: „Ist es so, dass Ihr den Krug aus weißer Jade trotz seiner Schönheit nicht zum Trinken benutzt, weil er keinen Boden hat?" Der Marquis sagte: „Ja, so ist es." Da sprach *Tang Qigong*: „Ein Herrscher, der die Worte seiner Berater nach außen durchsickern lässt, ist genauso wie ein Jadekrug ohne Boden." Von da an schlief Marquis *Zhao* nach jedem Treffen mit *Tang Qigong* allein, weil er einfach fürchtete, er könne im Schlaf reden und etwas aus dem Gespräch an seine Frauen und Gespielinnen verraten.

Meister *Shen* hat einmal gesagt: „Wer mit seinen eigenen Augen zu sehen vermag, ist klarsichtig. Wer mit seinen eigenen Ohren zu hören vermag, ist hellhörig. Wer ohne fremde Hilfe Entscheidungen zu treffen vermag, kann die Herrschaft über das Reich unter dem Himmel antreten."

Erzählungen zur Illustration der dritten Methode

Es war einmal ein Weinhändler aus *Song*, der beim Ausschank sehr großzügig und den Gästen gegenüber sehr zuvorkommend war. Er machte einen vorzüglichen Wein und hatte sein Banner hoch und deutlich sichtbar angebracht. Dennoch konnte er nichts verkaufen, und sein Wein wurde sauer. Verwundert darüber wollte er jemanden fragen, der den Grund dafür kenne, und wandte sich an den Dorfältesten *Yang Qing*. Dieser fragte ihn, ob sein Hund bissig sei, und der Händler sagte: „Ja, der Hund ist bissig, aber was hat das damit zu tun, dass sich mein Wein nicht verkaufen lässt?" – „Nun, die Menschen haben Angst vor dem Hund. Wenn jemand sein Kind mit Geld und Weinkrug zu Euch schickt, um Wein zu kaufen, und der Hund stürzt sich auf das Kind und beißt es, dann lässt sich der Wein nicht verkaufen und wird sauer." Im Staat gibt es auch solche Hunde. Wenn Männer, die vom rechten Weg des Regierens etwas verstehen, mit ihrer Staatskunst einem Herrscher mit zehntausend Kampfwagen beistehen wollen und dabei von den hohen Würdenträgern wie von bissigen Hunden empfangen und gebissen werden, dann liegt darin der Grund, dass der Herrscher von der Welt abgeschnitten ist und die mit der Staatskunst vertrauten Männer keine Anstellung finden.

Einst fragte Herzog *Huan* den *Guan Zhong*, was das größte Unheil für die Regierung eines Staates sei, und erhielt zur Antwort: „Das größte Unheil sind die Ratten unter dem Altar." Der Herzog fragte, warum die Ratten unter dem Altar von Unheil seien, und *Guan Zhong* erwiderte: „Mein Fürst, habt Ihr einmal gesehen, wie die Menschen einen Altar errichten? Sie setzen Balken zusammen und verreiben die Spalten zwischen ihnen mit Lehm. Die Ratten jedoch fressen sich durch sie hindurch und verkrauchen sich in den Löchern. Will man sie ausräuchern, muss man befürchten, dass das Holz Feuer fängt. Will man sie mit Wasser ertränken, ist zu befürchten, dass der Lehm abbröckelt. Deshalb kann man den Ratten unter dem Altar nicht beikommen. Und wie steht es nun mit den Beratern des Herrschers? Nach außen missbrauchen sie ihre große Macht, um die Menschen auszurauben, und nach innen bilden sie Cliquen, um ihre Fehler vor dem Herrscher zu verbergen. Im Inneren erforschen sie die Geheimnisse des Herrschers und tragen sie nach außen, bis sie schließlich im eigenen Land und in der Fremde Einfluss besitzen und von allen Amts- und Würdenträgern geschätzt werden. Wenn die Behörden sie nicht bestrafen, bringen sie die Gesetze durcheinander. Sollen sie aber doch bestraft werden, lässt der Herrscher dies nicht zu und nimmt sie in Schutz. Sie sind wie Ratten unter dem Altar des Staates."

Beamte, die die Handhaben der Macht in ihren Händen halten, nach ihrem Willen Entscheidungen treffen und den anderen klar machen können, dass es von Vorteil ist, auf ihrer Seite zu stehen, und von Nachteil, nicht auf ihrer Seite zu stehen, sind wie bissige Hunde. Die hohen Würdenträger fallen also wie bissige Hunde über jene her, die sich auf den rechten Weg des Regierens verstehen, und die Berater sitzen wie die Ratten unter dem Altar und spionieren die Geheimnisse des Herrschers aus, ohne dass der Herrscher davon etwas merkt. Wie könnte es unter solchen Umständen sein, dass der Herrscher nicht von der Welt abgeschirmt wird und der Staat nicht zugrunde geht? Eine andere Quelle berichtet, dass es unter den Weinhändlern im Staate *Song* einen gewissen *Zhuang* gab, dessen Wein stets vorzüglich war. Eines Tages schickte jemand seinen Diener nach Wein zu *Zhuang*, doch dessen Hund hatte den Diener gebissen, sodass dieser nicht wagte hinzugehen und den Wein bei einem anderen Händler kaufte.

Der Herr fragte, warum er nicht bei *Zhuang* Wein gekauft habe, und der Diener sprach: „*Zhuangs* Wein ist heute sauer." Darum sagt man: „Der Wein wird sauer, wenn der Händler seinen Hund nicht tötet."

Herzog *Huan* fragte einst *Guan Zhong*: „Welches Unheil gibt es bei der Regierung des Staates?" Die Antwort lautete: „Am schlimmsten sind die Ratten unter dem Altar. Der Altar besteht aus Holz und wird mit Lehm abgedichtet. Die Ratten verkrauchen sich darunter. Will man sie ausräuchern, verbrennt das Holz. Will man sie ertränken, bröckelt der Lehm ab. Deshalb sind die Ratten unter dem Altar eine Plage. Und wie steht es nun mit den Beratern des Herrschers? Nach außen missbrauchen sie ihre große Macht, um die Menschen auszurauben, und nach innen bilden sie Cliquen, sind arglistig und verbergen ihre Fehler, um den Herrscher zu betrügen. Werden sie nicht bestraft, bringen sie die Gesetze durcheinander. Sollen sie aber bestraft werden, bedeutet dies Gefahr für den Herrscher. Sie sind wie Ratten unter dem Altar."

Beamte, die die Handhaben der Macht in Händen halten, nach ihrem Willen entscheiden und den anderen klar machen können, dass es von Vorteil ist, auf ihrer Seite zu stehen, und von Nachteil, nicht auf ihrer Seite zu stehen, sind wie bissige Hunde. Die Staatskunst kann sich nicht durchsetzen, wenn die Berater wie die Ratten unter dem Altar hocken und die mit den Amtsgeschäften Beauftragten wie bissige Hunde vor dem Herrscher stehen.

Als *Yao* die Herrschaft über das Reich unter dem Himmel an *Shun* übergeben wollte, war *Gun* dagegen und sagte: „Welch Unglück! Wer überträgt schon die Herrschaft über das Reich an einen gewöhnlichen Mann?" *Yao* hörte nicht auf ihn, sondern erhob seine Armee und tötete *Gun* zur

Strafe unweit der Federberge. *Gonggong* ermahnte ihn ebenfalls und sagte: „Wer überträgt schon die Herrschaft über das Reich an einen gewöhnlichen Mann?" *Yao* hörte wiederum nicht auf ihn, erhob erneut seine Armee und tötete ihn bei *Youzhou*. Daraufhin wagte im Reich niemand mehr, etwas gegen die Übergabe des Reiches an *Shun* zu sagen. Als *Zhongni* davon hörte, sprach er: „Zu erkennen, dass *Shun* weise war, fiel *Yao* nicht schwer. Die Schwierigkeit für *Yao* bestand darin, dass er so weit gehen musste, die Gegner hinzurichten, um das Reich an *Shun* übergeben zu können." Und an einer anderen Stelle sagte er: „Es ist schwer, seine Entscheidungen nicht durch Zweifel beeinflussen zu lassen."

Der *Jing*-Herrscher *Zhuang* hatte einmal ein Gesetz zur Durchfahrt durch das Schilftor erlassen, das besagte: „Wenn Beamte, Würdenträger und Prinzen an den Hof kommen und die Pferde mit ihren Hufen dabei die Regentraufe beschädigen, so hat der Hofrichter die Wagendeichseln zu brechen und den Kutscher zu töten." Als nun der Kronprinz bei Hofe vorfuhr, traten seine Pferde mit den Hufen auf die Regentraufe und der Scharfrichter ließ die Deichseln brechen und den Kutscher töten. Der Prinz war empört darüber, eilte zum Herrscher und bat unter Tränen: „Lasst den Scharfrichter um meinetwillen hinrichten." Der Herrscher entgegnete: „Ein Gesetz wird erlassen, um dem Ahnentempel zu Achtung und dem Altar des Erdbodens und der Feldfrüchte zu Ruhm zu verhelfen. Wer dem Altar des Erdbodens und der Feldfrüchte Achtung erweist, indem er das Gesetz einhält und Befehle befolgt, ist ein guter Untertan des Staates. Wie könnte man ihn bestrafen? Wer aber keine Ehrfurcht vor dem Altar des Erdbodens und der Feldfrüchte zeigt, indem er Gesetze verletzt und gegen Befehle verstößt, stellt sich als Untertan über den Herrscher und missbraucht seine Macht. Wenn sich

377

ein Untertan über den Herrscher stellt, verliert der Herrscher seine Autorität, und wenn ein Untertan die Macht des Herrschers missbraucht, ist der Herrscher in Gefahr. Was kann ich meinen Söhnen und Enkeln vererben, wenn meine Autorität verloren, meine Stellung in Gefahr und die Sicherheit des Altars des Erdbodens und der Feldfrüchte nicht mehr garantiert ist?" Als der Prinz dies gehört hatte, zog er sich zurück und verbrachte drei Tage unter freiem Himmel, bis er schließlich das Gesicht nach Norden gerichtet unter wiederholten Kotaus darum bat, mit dem Tode bestraft zu werden.

Eine andere Quelle berichtet, dass der *Chu*-Herrscher eines Tages den Kronprinzen so schnell wie möglich zu sehen wünschte. Nun gab es im Staate *Chu* ein Gesetz, das es untersagte, mit einem Wagen durch das Schilftor im Palastinneren zu fahren. Da es aber an diesem Tag regnete und im Hof überall Pfützen waren, wollte der Kronprinz mit seinem Wagen bis zum Schilftor fahren. Der Scharfrichter sagte: „Man darf mit dem Wagen nicht bis zum Schilftor fahren. Wer bis zum Schilftor fährt, verstößt gegen das Gesetz." Der Kronprinz erwiderte: „Der Herrscher hat mich dringend zu sich befohlen. Ich kann nicht warten, bis das Wasser abgelaufen ist." Als er dies gesagt hatte, wollte er weiterfahren, doch der Scharfrichter ergriff eine Lanze, erstach das Pferd und verhinderte die Weiterfahrt. Da begab sich der Prinz zum Herrscher und sprach unter Tränen: „Der Hof war voller Pfützen, deshalb wollte ich mit dem Wagen bis zum Schilftor vorfahren. Der Scharfrichter sagte, es sei wider das Gesetz, ergriff eine Lanze, erstach damit mein Pferd und hinderte mich an der Weiterfahrt. Ihr müsst ihn dafür bestrafen lassen." Der Herrscher entgegnete: „Gegenüber dem alten Herrscher ließ er keine Gesetzesüberschreitung zu. Vor dem zukünftigen Herrscher hat er sich nicht eingeschmeichelt. Wie ehrbar er doch ist.

Er ist ein Untergebener, der sich wirklich an meine Gesetze hält." Schließlich beförderte er den Richter um zwei Ränge, ließ den Prinzen durch die Hintertür hinauswerfen und rief: „Vergehe dich nie wieder gegen das Gesetz."

Herzog *Si* von *Wei* sprach einmal zu *Bo Yi*: „Ihr seid der Meinung, mein Staat ist zu klein und nicht wert, dass Ihr ihm dient, doch ich habe die Macht, Euch in Dienst zu stellen. Lasst mich Euch im Rang erheben und zum hohen Würdenträger machen. Ihr erhaltet zehntausend Hektar Land." Meister *Bo* erwiderte: „Meine Mutter, die mir sehr nahesteht, hielt es nicht für vermessen, dass ich in einem Staat mit zehntausend Kampfwagen als Minister dienen kann. Wie dem auch sei, unsere Familie hat eine Wahrsagerin, Mütterchen *Cai* genannt. Meine Mutter hat großes Vertrauen in sie und weiht sie in alle Familienangelegenheiten ein. Nun bin ich wahrlich klug genug, um bei Familienangelegenheiten mitreden zu können, und meine Mutter hört auch in allen Fragen auf mich. Dennoch erörtert sie alles, was sie mit mir bereits besprochen hat, nochmals mit Mütterchen *Cai*. Sie hält mich für so weise und begabt, dass es mir zukommt, in einem Staat mit zehntausend Kampfwagen als Minister zu wirken, und wir stehen uns so nahe wie Mutter und Sohn. Doch obwohl das so ist, fragt sie jedes Mal Mütterchen *Cai* um ihren Rat. Nun stehe ich zu Euch, Majestät, nicht in einem so vertrauten Verhältnis wie zu meiner Mutter, und auch Ihr habt Leute wie Mütterchen *Cai*. Den Platz von Mütterchen *Cai* nehmen bei Euch die einflussreichen Männer ein. Männer mit Einfluss können eigenmächtig handeln. Nun ist aber eigenmächtiges Handeln etwas, was sich außerhalb der Richtschnur abspielt, während ich über Dinge rede, die im Rahmen des Gesetzes liegen. Taten jenseits der Richtschnur und Reden im Rahmen des Gesetzes sind unversöhnlich und schließen einander aus."

Eine andere Quelle berichtet, dass sich der Herrscher von *Wei* nach *Jin* begab und zu *Bo Yi* sprach: „Ich möchte, dass Ihr mir bei der Regierung helft." *Bo Yi* sagte: „Meine alte Mutter ist daheim. Gestattet mir, die Frage mit ihr zu besprechen." Der Herrscher von *Wei* ging persönlich zu ihr und bat um ihre Zustimmung. Mütterchen *Bo* sprach: „*Yi* ist Euer Untertan. Es ist eine ausgezeichnete Idee, dass Ihr mit ihm zusammen regieren wollt." Daraufhin sagte der Herrscher von *Wei* zu *Bo Yi*: „Ich habe Eurer Mutter meine Bitte bereits vorgetragen, und sie hat ihr Einverständnis gegeben." *Bo Yi* ging nach Hause und fragte seine Mutter: „Bringt mir der Herrscher von *Wei* etwa genauso viel Zuneigung entgegen wie meine Mutter?" – „Nein", erwiderte die Mutter, „er liebt dich nicht so sehr wie ich." – „Hält er mich etwa auch für so weise wie meine Mutter?" – „Nein", sagte die Mutter, „er hält dich nicht für so weise wie ich." Da sagte *Bo Yi* schließlich: „Jedes Mal, wenn ich mit meiner Mutter eine Familienangelegenheit beraten und eine Entscheidung getroffen habe, holt sich meine Mutter die Bestätigung bei Mütterchen *Cai*, der Wahrsagerin. Heute will nun der Herrscher von *Wei* mit mir zusammen regieren. Er wird mit mir beraten und Entscheidungen treffen, die er sich später von einem anderen Mütterchen *Cai* ausreden lässt. Wie lange werde ich wohl in diesem Fall in seinen Diensten stehen?"

Ein Gesangslehrer fordert seinen Schüler zuerst auf, zu schreien und zu stottern, und wenn der Schüler die Töne klar wiedergeben kann, beginnt er mit dem Gesangsunterricht.

Eine andere Quelle besagt, dass ein Gesangslehrer zuerst den Schüler überprüft nach der Regel: Der erste Ton muss allegro und der fünfte Ton muss andante gesungen werden. Wer den ersten Ton nicht allegro und den fünften Ton nicht andante singen kann, den kann man nicht Gesang lehren.

Wu Qi stammte aus *Zuoshi* in *Wei*. Eines Tages bat er seine Frau, ihm einen seidenen Gurt zu weben, doch die Tuchbreite war zu klein. Also hieß Meister *Wu* seine Frau, die Breite zu ändern. Sie willigte ein, und als der Gurt fertig war und nachgemessen wurde, war er doch wirklich zu eng. Meister *Wu* wurde sehr zornig, und seine Frau sprach: „Wenn ich erst einmal die Kettenfäden eingezogen habe, kann ich die Breite des Tuches nicht mehr ändern." Daraufhin jagte Meister *Wu* sie aus dem Haus. Die Frau ersuchte ihren älteren Bruder, er möge darum bitten, dass sie wieder aufgenommen wird, doch dieser sprach zu ihr: „Meister *Wu* ist ein gesetzestreuer Mann, und zwar deshalb, weil er einem Herrscher mit zehntausend Kampfwagen dienstbar sein will. Doch wenn er die Gesetze durchsetzen will, muss er das zuerst bei seinen Frauen tun. Es ist besser, wenn du nicht darauf hoffst, von ihm wieder aufgenommen zu werden." Ihr jüngerer Bruder hatte ebenfalls Einfluss beim Herrscher von *Wei*. Also versuchte sie diesen Einfluss geltend zu machen, um bei *Wu Qi* Wiederaufnahme zu finden. *Wu Qi* ließ sich aber nicht dazu bewegen und ging von *Wei* nach *Jing*.

Eine andere Quelle berichtet, dass *Wu Qi* seiner Frau einen Seidengurt zeigte und zu ihr sprach: „Webe mir einen Seidengurt, der genauso aussieht wie dieser." Als der Gurt fertig war und er ihn mit dem anderen verglich, stellte er fest, dass er viel schöner war, und sagte: „Ich habe dich gebeten, einen Gurt zu weben, der genauso aussieht wie dieser, doch deiner ist viel schöner, warum?" Seine Frau antwortete: „Das Material ist dasselbe, doch ich habe mir große Mühe gegeben, um ihn schöner zu machen." *Wu Qi* sprach: „Das habe ich nicht von dir verlangt", ließ sie ihre Sachen packen und schickte sie zu ihren Eltern zurück. Ihr Vater ging zu *Wu Qi*, um ihn zu bitten, sie wieder aufzunehmen, doch *Wu Qi* sagte nur: „In meinem Haus gibt es keine leeren Worte."

Einst fragte Herzog *Wen* von *Jin* den *Hu Yan*: „Angenommen, ich lasse in der Empfangshalle süße und fette Speisen verteilen und im Palast so viel Wein und Fleisch reichen, dass der Wein keine Zeit hat zu reifen und das Fleisch nicht abhängen kann, und angenommen, ich lasse überall im Land einen Ochsen schlachten und verteile die Stoffe eines ganzen Jahres als Kleidung an die Soldaten, reicht das alles aus, um das Volk dazu zu bewegen, in den Krieg zu ziehen?" Als Meister *Hu* dies verneinte, fragte Herzog *Wen*: „Und wenn ich die Abgaben an den Grenzstellen und auf den Märkten senke und die Strafen und Züchtigungen mildere, erreiche ich damit, dass das Volk in den Krieg geht?" Als Meister *Hu* dies ebenfalls verneinte, fragte Herzog *Wen*: „Wenn jemand Geld für die Begräbniszeremonie braucht und ich persönlich einen Amtmann zu ihm schicke, um nach dem Rechten zu sehen, wenn ich Verurteilte begnadige und den Armen und Bedürftigen Almosen gewähre, kann ich die Menschen auf diese Weise für den Krieg gewinnen?"

Meister *Hu* gab ihm zur Antwort: „Das reicht auch nicht aus. All das sind Dinge, die dem Leben dienen, doch die Menschen in den Krieg zu führen heißt, sie zu töten. Wenn Euch die Menschen folgen, weil sie auf ihr Leben bedacht sind, und Ihr sie dann mit dem Tod konfrontiert, verlieren die Menschen den Grund, Euch gehorsam zu sein." Da fragte der Herzog: „Nun, wie kann ich sie dann dazu bringen, dass sie in den Krieg gehen?" Meister *Hu* sagte darauf: „Sorgt dafür, dass sie gar nicht anders können, als in den Krieg zu gehen." Auf die Frage des Herzogs, wie das zu erreichen sei, fuhr Meister *Hu* fort: „Mit glaubhaften Belohnungen und verbindlichen Strafen bringt man das Volk dazu, in den Krieg zu ziehen." – „Wie weit müssen denn die Strafen und Züchtigungen gehen", fragte der Herzog, und erhielt als Antwort: „Verschont nicht Verwandte und Würdenträger. Selbst bei Euren Favoriten müsst Ihr das Gesetz anwenden." – „So soll es denn sein", sprach der Herzog. Am nächsten Tag setzte der Herzog eine Jagd in den Gärten an. Sie sollte genau am Mittag beginnen, und wer zu spät kommt, sollte vors Tribunal. Nun trug es sich zu, dass ein Favorit des Herzogs mit Namen *Dian Jie* sich verspätete. Der Richter wollte ihn bestrafen, doch der Herzog brach in Tränen aus und jammerte. „Lasst mich das Urteil vollstrecken", sprach der Scharfrichter und schlug *Dian Jie* den Kopf ab, den Massen zur Warnung und als Beweis für die Verbindlichkeit des Gesetzes. Von da an sprachen alle voller Furcht: „Der Herrscher verehrte und liebte *Dian Jie* über die Maßen, und doch hat er ihn nach dem Gesetz bestraft. Worauf sollen wir da noch hoffen?" Als Herzog *Wen* sah, dass sein Volk bereit war, in den Krieg zu ziehen, schickte er die Armee gegen *Yuan* in den Kampf und besiegte es. Er griff *Wei* an, trieb sie nach Osten und eroberte *Wulu*. Er fiel über *Yang* her, besiegte *Guo* und attackierte *Cao*. Im Süden belagerte er *Zheng* und überwandt die Stadtbefestigung. Er befreite sich aus der Belagerung durch *Song*, kämpfte auf dem Rückmarsch bei *Chengpu* mit *Jing* und fügte ihnen eine vernichtende Niederlage bei. Bei seiner Rückkehr schloss er das Bündnis von *Jiantu* und den Vertrag von *Hengyong*. Die Tatsache, dass er auf einem Feldzug acht Siege erringen konnte, liegt einzig und allein darin begründet, dass er *Hu Yans* Plan befolgte und *Dian Jies* Enthauptung zu seiner Verwirklichung nutzte.

Erst wenn der von einem bösartigen Geschwür verursachte Schmerz Mark und Knochen durchdringt, wird er zu einer unerträglichen Qual. Dann erst ist der Mensch bereit, das Geschwür mit einer Halbzoll-Steinnadel aufstechen zu lassen. Mit dem Herrscher und der Regierung verhält es sich genauso. Er kann erst in Frieden leben, wenn er die Mühen des Regierens kennengelernt hat. Er muss sie selbst erfahren, um zu wissen, dass er auf den Rat der weisen und fähigen Männer hören und die intriganten Beamten aus dem Weg räumen muss, wenn er Ordnung im Staat schaffen will. Die intriganten Beamten haben aber stets großen Einfluss und besitzen die Gunst und Liebe des Herrschers. Sie sind so unantastbar, wie man Festigkeit nicht mit den Augen und Helligkeit nicht mit den Händen bestimmen kann. Wollte ein einfacher Mann ohne Einfluss den Versuch unternehmen, jene unantastbaren, die Gunst des Herrschers besitzenden Intriganten zu entlarven, könnte er auch sein linkes Hinterteil opfern, um die Bedeutung des rechten Teils zu unterstreichen. So ein Mann findet nichts weiter als den Tod, und sein Rat wird nicht erhört.

VIERZEHNTES BUCH

35. Kapitel

Rechte äußere Sammlung von Erzählungen

Zweiter Teil

1. Verbote und Befehle werden nicht befolgt, wenn Strafe
    und Belohnung vom Herrscher und den Beamten ge-
    meinsam ausgehen. Wie lässt sich das beweisen? Man
    kann es verdeutlichen am Beispiel des *Zaofu* und des
    Yuqi. *Zihan* handelte wie das wild gewordene
    Schwein, und *Tian Heng* legte einen Gartenteich an.
    Deshalb wurden der Herrscher von *Song* und Herzog
    Jian ermordet. Das Unheil zeigt sich, wenn *Wang
    Hang* und *Zaofu* gemeinsam einen Wagen lenken oder
    Tian Lian und *Cheng Qiao* gemeinsam auf einer Laute
    spielen.

2. Ordnung und Stärke entspringen dem Gesetz, Schwä-
    che und Durcheinander hingegen sind das Resultat
    von Gutgläubigkeit. Ein Herrscher, der dieses Prinzip
    verstanden hat, legt Wert auf eine korrekte Anwen-
    dung der Strafen und Belohnungen und kennt keine
    Mitmenschlichkeit gegenüber seinen Untergebenen.
    Rang und Pfründe entspringen aus den vollbrachten
    Leistungen, während Züchtigung und Strafe das Er-
    gebnis von Vergehen sind. Ein Untergebener, der die-
    ses Prinzip verstanden hat, verausgabt all seine Kraft,
    wenn nötig bis zum Tod, hält aber nichts von Loya-
    lität gegenüber dem Herrscher. Wenn der Herrscher

und die Untergebenen begreifen, dass Mitmenschlichkeit und Loyalität nichts bringen, kann die Herrschaft
über das Reich errungen werden. So wusste *Zhaoxiang*, was es heißt, Herrscher zu sein, und ließ die
Früchte der fünf Parks nicht verteilen. *Tian Wei*
wusste, was es heißt, ein Untertan zu sein, und unterwies *Tian Zhang* entsprechend. *Gongyi* lehnte den geschenkten Fisch ab.

3. Lässt sich ein Herrscher vom Beispiel anderer Staaten
    leiten, haben Fremdlinge Erfolg mit ihren Machen-
    schaften. Deshalb sprach *Su Dai* schlecht vom Herr-
    scher von *Qi*. Lässt sich der Herrscher vom Beispiel
    früherer Regenten beeinflussen, kommen Privatge-
    lehrte zu Ruhm und Ehre. Darum trug *Pan Shou* die
    Geschichte von *Yu* vor. Der Herrscher hat so keine
    Möglichkeit, die Wahrheit zu begreifen. *Fang Wu*
    wusste dies und warnte deshalb vor Gleichgestellten
    und mehr noch vor dem Verleihen der Macht. *Wu
    Zhang* wusste dies und riet dem Herrscher deshalb,
    Liebe oder Hass nicht vorzutäuschen und schon gar
    nicht wirklich zu empfinden. Der König von *Zhao*
    fand die Augen des Tigers furchterregend und war
    weltfremd. Ein kluger Herrscher handelt so wie der
    Zeremonienmeister von *Zhou*, als er den Fürsten von
    Wei zurechtwies.

4. Der Herrscher hält fest am Gesetz und macht die Be-
    amten verantwortlich für Erfolge, um etwas zu errei-
    chen. Von einem Volk, das trotz schlechter Beamten
    von sich aus gut ist, habe ich gehört, aber nie von Be-
    amten, die selbst Ordnung wahren, während das Volk
    in Unordnung gerät. Deshalb regiert der weise Herr-
    scher die Beamten und nicht das Volk. Als Beweis
    dafür dient das Schütteln des Baumstammes und das

Ziehen der Netzschnur. Man kann auch die Geschichte mit dem Feuer anführen. Ein Feuerwehrhauptmann, der bei einem Brand selbst mit Kesseln und Krügen voll Wasser zum Brandherd eilt, ist so viel wert wie ein einzelner Mann. Dirigiert er aber die anderen mit Peitsche und Knüppel, steht er für zehntausend Mann. Darum sollte man mit der Staatskunst umgehen, wie *Zaofu* mit den verstörten Pferden. Hätte er die Pferde gezogen oder den Wagen geschoben, wäre er nicht vorwärts gekommen. Als er aber vom Kutscher die Zügel und die Peitsche übernahm, galoppierten die Pferde davon. Man kann es auch daran sehen, dass mit dem Schmiedehammer Eisen geglättet und mit dem Bogenkasten Krummholz gerichtet wird. Wie verhängnisvoll es ist, anders zu handeln, zeigt das Beispiel des *Nao Chi*, der in *Qi* seinen Dienst tat und König *Min* tötete, und das Beispiel des *Li Dui*, der in *Zhao* diente und den Herrscher-Vater verhungern ließ.

5. Wer den Gesetzmäßigkeiten der Dinge folgt, kommt ohne Mühe zum Erfolg. So setzte sich *Zi Zheng* auf die Deichsel, sang und brachte seinen Wagen über die Brücke. Das Unheil zeigte sich, als die Steuereintreiber des Herzogs *Jian* von *Zhao* nach der Höhe der Steuern fragten und *Bo Yi* meinte, dass die Mitte im Staat gesättigt ist. Herzog *Jian* freute sich darüber, doch die Schatzkammern waren leer. Das Volk hungerte, während die korrupten Beamten reich wurden. So inspirierte Herzog *Huan* sein Volk und *Guan Zhong* verringerte überflüssige Reichtümer und überzählige Hofdamen. Wer nicht so handelt, dem ergeht es wie *Yanling Zhuozi*, der in seinem Wagen fahren wollte und nicht vorwärts kam. Als *Zaofu* vorüberkam, weinte er deswegen.

Erzählungen zur Illustration des ersten Punktes

Zaofu konnte mit einem vierspännigen Wagen so schnell er nur wollte herumfahren und den Pferden seinen Willen aufzwingen, weil er die Pferde mit Zügel und Peitsche führte. Er konnte sie aber nicht mehr halten und lenken, als sie vor einem wild gewordenen Schwein scheuten. Dies geschah nicht, weil Zügel und Peitsche keine Wirkung mehr hatten, sondern weil sie ihre Autorität mit dem wild gewordenen Schwein teilen mussten. Prinz *Yuqi* richtete Beipferde ab und konnte sie nach seinem Willen führen, ohne von Zügel und Peitsche Gebrauch zu machen, weil er sie gut fütterte und tränkte. Als er mit seinen Pferden jedoch am Gartenteich vorbeikam, rissen sie sich los. Das geschah nicht, weil Futter und Wasser nicht gereicht haben, sondern weil sie ihre Anziehungskraft mit dem Gartenteich teilen mussten.

Wang Liang und *Zaofu* waren die besten Wagenlenker im Reich. Und dennoch, würde *Wang Liang* am linken Zügel ziehen und die Pferde lauthals nach links treiben, während *Zaofu* am rechten Zügel zieht und sie mit dem Bambusstock nach rechts treibt, würden die Pferde keine zehn *li* schaffen, weil beide gemeinsam die Zügel halten. *Tian Lian* und *Cheng Qiao* waren die besten Lautenspieler im Reich. Würde aber *Tian Lian* die hohen Töne spielen, während *Cheng Qiao* die tiefen Töne anschlägt, kann keine Melodie zustande kommen, weil beide gemeinsam auf einer Laute spielen. Trotz ihrer Fahrkünste können *Wang Liang* und *Zaofu* ein Gespann nicht führen, wenn beide die Zügel halten und lenken. Wie sollte da der Herrscher Ordnung halten können im Staat, wenn er seine Macht mit den Beamten teilt? Trotz ihrer Meisterschaft bringen *Tian Lian* und *Cheng Qiao* keine Melodie zustande, wenn sie gemeinsam auf einer Laute spielen. Wie sollte da der Herrscher etwas vollbringen können, wenn er seine Machtposition mit den Beamten teilt?

Eine andere Quelle berichtet, dass *Zaofu* für den König von *Qi* Beipferde abrichtete. Er ließ sie dürsten, um sie gehorsam zu machen. Eines Tages lenkte er das Gespann in den Garten. Als die durstigen Pferde jedoch den Gartenteich erblickten, rissen sie sich vom Wagen los, rannten zum Teich und *Zaofu* war mit seiner Kunst am Ende. Prinz *Yuqi* schlug dem *Zhao*-Herrscher *Jian* eine Wettfahrt über eintausend *li* vor. Als er losfahren wollte, hatte sich gerade ein Schwein in einem Graben verkrochen. Prinz *Yuqi* nahm die Zügel in die Hand, schwang die Peitsche und trieb seine Pferde vorwärts. Plötzlich sprang aber das Schwein aus dem Graben heraus, sodass das Pferd scheute und *Yuqi* mit seiner Kunst am Ende war.

Zihan, Kommandeur der Stadtwache, sprach einst zum Herrscher von *Song*: „Über Belohnungen und Geschenke freut sich das Volk. Ihr solltet sie deshalb selbst austeilen. Züchtigungen und Strafen hingegen sind den Menschen verhasst. Lasst mich sie deshalb für Euch durchführen." Der *Song*-Herrscher war damit einverstanden und sagte fortan, wenn ein strenges Verbot zu erlassen oder ein Würdenträger zu bestrafen war: „Fragt *Zihan*." Daraufhin fürchteten sich die Würdenträger vor ihm, und das Volk folgte ihm. Als ein Jahr vergangen war, ermordete *Zihan* den *Song*-Herrscher und riss die Herrschaft an sich. *Zihan* handelte wie das wild gewordene Schwein, um dem Herrscher den Staat zu rauben.

Herzog *Jian* nutzte seine herrschaftliche Position, verhängte harte Züchtigungen und strenge Strafen, erhob hohe Steuern und Abgaben, mordete und drangsalierte das Volk. *Tian Chengheng* hingegen setzte auf Barmherzigkeit und Liebe, zeigte sich großmütig und freigebig. Herzog *Jian* behandelte das Volk wie durstige Pferde und verteilte keine Gunst, während *Tian Chengheng* die Menschen mit Menschlichkeit und Großmut lockte, wie der Gartenteich die dürstenden Pferde.

Eine andere Quelle berichtet, dass *Zaofu* für den Herrscher von *Qi* Pferde abrichtete und sie zähmte, indem er sie dürsten ließ. Nach einhundert Tagen hatte er sie abgerichtet und bat den Herrscher von *Qi* zu einer Ausfahrt. Der Herrscher sagte: „Lasst uns in den Garten fahren." *Zaofu* trieb das Gespann an und fuhr in den Garten. Als die Pferde den Teich im Garten erblickten, brannten sie durch und waren von *Zaofu* nicht aufzuhalten. *Zaofu* hatte die Pferde über eine lange Zeit mit Durst gefügig gemacht. Als die Pferde aber den Teich sahen, rissen sie sich los und rannten davon, sodass selbst *Zaofu* keine Gewalt mehr über sie hatte. Auf die gleiche Weise hatte Herzog *Jian* die Menschen über eine lange Zeit mit unzähligen Gesetzen und Verboten traktiert, während *Tian Chengheng* ihnen seine Gunst bezeugte. Das heißt, *Tian Chengheng* hat einen Gartenteich angelegt und dem durstenden Volk vor Augen gehalten.

Eine weitere Quelle besagt, dass Prinz *Yuqi* für den Herrscher von *Song* ein Wettrennen über eintausend *li* fahren sollte. Als er die Pferde eingespannt hatte, streichelte er sie und flüsterte ihnen etwas ins Ohr. Danach fuhr er an und trieb die Pferde vorwärts, dass die Räder ratterten. Er straffte und lockerte die Zügel, um die Pferde in die Spur zu führen. Als er den Pferden einen leichten Klaps gab und davonjagen wollte, kam plötzlich ein Schwein aus seinem Schlupfloch heraus. Die Pferde bäumten sich auf, stockten und ließen sich auch mit der Peitsche nicht antreiben. Schließlich rissen sie sich los, rannten davon und waren nicht mehr zu zügeln.

Noch eine andere Quelle berichtet, dass *Zihan*, Kommandeur der Stadtwache, einst zum Herrscher von *Song* sprach: „Über Belohnungen und Geschenke freut sich das Volk. Ihr solltet sie deshalb selbst austeilen. Züchtigungen und Strafen hingegen sind den Menschen verhasst. Lasst mich sie für Euch durchführen." Fortan sprach der Herrscher, wenn ein kleiner Mann bestraft oder ein hoher Beamter hingerichtet werden sollte: „Beratet die Angelegenheit mit *Zihan*." Noch ehe ein Jahr vergangen war, wusste jeder, dass *Zihan* den Befehl für die Hinrichtungen erteilt. Deshalb wandten sich alle zu ihm. Schließlich konnte kein Gesetz mehr verhindern, dass er den Herrscher von *Song* ermordete und die Herrschaft an sich riss. Deshalb heißt es: „*Zihan* handelte wie das wild gewordene Schwein, und *Tian Chengheng* legte einen Gartenteich an." Wenn *Wang Liang* und *Zaofu* gemeinsam einen Wagen lenken und, jeder von ihnen einen Zügel in der Hand haltend, zum Dorftor hinausfahren, werden sie mit ihrer Kunst versagen und nicht am Ziel ankommen. Wenn *Tian Lian* und *Cheng Qiao* gemeinsam auf einer Laute spielen und jeder von ihnen eine Saite anschlägt, werden die Töne disharmonieren und keine Melodie wird zustande kommen.

Erzählungen zur Illustration des zweiten Punktes

Als König *Zhao* von *Qin* einmal krank darnieder lag, wurde vom Volk in jedem Dorf ein Ochse geopfert und in jeder Familie für die Genesung des Königs gebetet. *Gongsun Shu*, der während einer Ausfahrt davon erfuhr, kehrte an den Hof zurück, beglückwünschte den Herrscher und sprach: „Das Volk hat in jedem Dorf einen Ochsen geopfert und in jeder Familie für Eure Genesung gebetet." Daraufhin schickte der König seine Männer aus, um der Sache auf den Grund zu gehen. Es stellte sich heraus, dass es wirklich so war, und der König sprach: „Sie sollen alle zur Strafe zwei Rüstungen einbringen. Da sie ohne Anweisung von sich aus für meine Genesung gebetet haben, müssen sie mich lieben. In diesem Fall erwarten sie von mir, dass ich die Gesetze ändere und ihnen mit der gleichen Herzlichkeit begegne. Dies würde aber dem Gesetz schaden, und wenn das Gesetz keine Wirkung hat, ist Chaos und Untergang die Folge. Es ist also das Beste, alle mit zwei Rüstungen zu bestrafen und sie auf diese Weise wieder zur Ordnung zu rufen. "

Eine andere Quelle berichtet, dass das Volk für die Genesung des Königs *Xiang* von *Qin* betete, als dieser krank war, und nach seiner Genesung Ochsen als Opfer darbrachte. Die Würdenträger *Yan E* und *Gongsun Yan* erfuhren von den Opfern auf einer Ausfahrt und fragten sich: „Es ist nicht die Zeit, um Opfer darzubringen. Warum also schlachten die Menschen von sich aus Ochsen und opfern sie auf dem Altar?" Verwundert fragten sie die Menschen, und man antwortete ihnen: „Als der Herrscher krank war, haben wir für ihn gebetet. Nun, da er genesen ist, haben wir Ochsen geschlachtet und aus Dankbarkeit geopfert." Hocherfreut darüber, begaben sich *Yan E* und *Gongsun Yan* zur Audienz beim Herrscher und drückten wiederholt ihre Glückwünsche aus mit den Worten: „Ihr habt sogar *Yao* und *Shun* übertroffen." Der König fragte verwundert, was dies bedeute, und bekam zur Antwort: „Unter *Yao* und *Shun* hat das Volk nie für die Genesung des Herrschers gebetet. Als nun Ihr, Majestät, krank darnieder gelegen habt, versprachen die Menschen in ihren Gebeten, Ochsen zu opfern, und nach Eurer Genesung schlachteten und opferten sie die Ochsen wirklich. Deshalb sind wir untertänigst der Meinung, dass Ihr *Yao* und *Shun* übertroffen habt." Der König schickte daraufhin seine Männer aus, um der Sache auf den Grund zu gehen und jene Dörfer herauszufinden, in denen Opfer stattgefunden hatten. Die Ältesten dieser Dörfer und der Familienverbände mussten zur Strafe jeweils zwei Rüstungen einbringen. Vor lauter Scham wagten *Yan E* und *Gongsun Yan* nicht, nach dem Grund zu fragen. Nach einigen Monaten, als der König während eines Weingelages in guter Stimmung war, fragten sie ihn schließlich: „Vor einiger Zeit haben wir uns untertänigst erlaubt zu sagen, dass Ihr *Yao* und *Shun* übertroffen habt. Wir wollten Euch damit nicht etwa schmeicheln. Als *Yao* und *Shun* krank waren, ist das Volk nicht gekommen und hat für ihre Genesung gebetet. Als Ihr dagegen krank gewesen seid, versprachen die Menschen in ihren Gebeten, Ochsen zu opfern, und als Ihr wieder gesund wart, haben sie es getan. Erlaubt, dass wir ergebenst unsere Verwunderung darüber aussprechen, dass Ihr von den Ältesten dieser Dörfer und der Familienverbände zur Strafe jeweils zwei Rüstungen verlangt habt." Der König erwiderte: „Wie kann es sein, dass ihr dies nicht begreift? Die Menschen arbeiten für mich nicht, weil ich sie liebe, sondern weil ich die Macht besitze. Angenommen, ich gäbe meine Macht preis und versuchte, das Volk mit Liebe zu gewinnen. Sie würden mir nicht mehr gehorchen, sobald ich ihnen die Liebe nicht mehr entgegenbringe. Aus diesem Grund habe ich eine Politik der Liebe unterbunden."

Einst herrschte in *Qin* eine große Hungersnot und Marquis *Ying* richtete deshalb folgende Bitte an den Herrscher: „Die Pflanzen und Gräser, Kastanien und Datteln aus den fünf herrschaftlichen Parks könnten das Volk vor dem Hungertod retten. Lasst sie doch unter den Leuten verteilen." König *Zhaoxiang* jedoch sprach: „Das Gesetz des Staates *Qin* besagt, dass die Menschen für Leistungen belohnt und für Vergehen bestraft werden. Wollte ich nun die Früchte und Pflanzen aus den fünf Parks verteilen, so würden alle belohnt, egal ob sie Verdienste erworben haben oder nicht. Wenn aber Belohnungen auf diese Weise gleichermaßen an alle vergeben werden, führt das zur Unordnung. Ist es da nicht besser, die Früchte wegzuwerfen und Ordnung zu haben, anstatt sie zu verteilen und Unordnung hervorzurufen." Einer anderen Quelle zufolge soll der König gesagt haben: „Wenn die Früchte, Kastanien, Nüsse und Datteln aus den fünf Parks an die Leute verteilt würden, könnten sie vor dem Hungertod bewahrt werden. Doch dann würden verdienstvolle und verdienstlose Männer um die Almosen in Streit verfallen. Ist es nicht besser, die Menschen sterben und es herrscht Ordnung, als dass sie am Leben bleiben und Chaos entsteht. Verwerft den Gedanken, mein Herr."

Tian Wei unterwies seinen Sohn *Tian Zhang* und sagte: „Wenn du auf deinen eigenen Vorteil bedacht sein willst, denke zuerst an den Vorteil für den Herrscher. Wenn du deine Familie bereichern willst, sorge dich zuerst um den Reichtum des Staates."

Einer anderen Quelle zufolge soll *Tian Wei*, als er seinen Sohn *Tian Zhang* unterwies, gesagt haben: „Der Herrscher vergibt Ämter und Ränge. Der Untertan verkauft seine Weisheit und Kraft. Darum gilt: ‚Verlass dich auf niemanden außer dir selbst.' "

Gongyi Xiu war Minister im Staate *Lu*. Da er für sein Leben gern Fisch aß, wollte ein jeder im Land so viel wie möglich Fisch kaufen und ihm zum Geschenk machen, Meister *Gongyi* nahm jedoch die Präsente nicht an. Sein Schüler fragte ihn missbilligend: „Ihr esst für Euer Leben gern Fisch. Warum nehmt Ihr die geschenkten Fische nicht an?" *Gongyi* gab zur Antwort: „Gerade weil ich Fisch für mein Leben gern mag, nehme ich sie nicht an. Würde ich den Fisch entgegennehmen, würde ich Gefühle wie ein einfacher Mann zeigen. In diesem Fall dauert es aber nicht lange, bis ich mich gegen das Gesetz vergehe, wofür ich als Minister abdanken muss. Doch dann werden sie mir keine Fische mehr bringen und ich werde mich selbst auch nicht mehr mit Fisch versorgen können, obwohl ich gern Fisch esse. Nehme ich die Fische aber nicht an und muss nicht abdanken als Minister, kann ich mir immer selbst so viel Fisch besorgen, wie ich brauche." Daraus wird deutlich, dass man sich auf sich selbst und nicht auf andere verlassen sollte und dass es besser ist, sich selbst zu helfen, anstatt auf die Hilfe anderer zu warten.

Erzählungen zur Illustration des dritten Punktes

Zizhi war als Minister in *Yan* geachtet und traf alle wichtigen Entscheidungen. Eines Tages nun kam *Su Dai* als Abgesandter von *Qi* nach *Yan* und wurde vom König gefragt: „Was für ein Herrscher ist der König von *Qi*?" Er bekam zur Antwort: „Er wird sicher niemals die Vorherrschaft erringen." – „Warum?", fragte der König von *Yan* und erhielt zur Antwort: „Als Herzog *Huan* die Vormachtstellung im Reich besaß, beauftragte er *Bao Shu* mit der Innenpolitik und *Guan Zhong* mit der Außenpolitik. Er selbst lief unbeschwert herum mit offenen Haaren, vergnügte sich mit den Frauen und schlenderte jeden Tag über den Markt. Der heutige Herrscher von *Qi* hingegen hat kein Vertrauen zu seinen hohen Beamten." Fortan hatte der Herrscher von *Yan* noch größeres Vertrauen in *Zizhi*. Als *Zizhi* davon hörte, ließ er *Su Dai* zweitausend Tael Gold überbringen und folgte seinen Anweisungen.

Eine andere Quelle berichtet, dass *Su Dai* als Gesandter von *Qi* nach *Yan* gekommen war. Er sah, dass er unverrichteter Dinge nach Hause zurückkehren müsse und dort auch keine Belohnung zu erwarten habe, wenn er sich *Zizhi* nicht hilfreich erweise. Also nutzte er eine Audienz beim König von *Yan*, um eine Lobesrede über den König von *Qi* zu halten. Der König von *Yan* meinte „Wenn der König von *Qi* so fähig ist, wird er wohl bald die Herrschaft über das Reich erringen." *Su Dai* bemerkte dazu: „Wie könnte er Herrscher über das Reich werden, wo er doch sein Land nur mit Mühe vor dem Ruin bewahren kann." Der König von *Yan* fragte ihn, warum dies so sei, und bekam zur Antwort: „Weil er seine Vertrauten nicht alle Entscheidungen treffen lässt." – „Und warum soll der Staat daran zugrunde gehen?", fragte der König von *Yan*. *Su Dai* antwortete: „Einst hatte Herzog *Huan* von *Qi* eine tiefe Zuneigung zu *Guan Zhong*. Er ernannte ihn zum Väterchen *Zhong*, beauftragte ihn mit der Regelung der inneren Angelegenheiten und überließ ihm die Entscheidung über außenpolitische Fragen, bis ihm schließlich das ganze Land folgte. So konnte Herzog *Huan* im Reich unter dem Himmel wieder für Ordnung sorgen und neunmal die Lehnsfürsten an seinem Hof zusammenholen. Der heutige Herrscher von *Qi* dagegen lässt seine Minister nicht alle Entscheidungen treffen. Darum weiß ich, dass sein Land untergehen wird." Da sprach der König von *Yan*: „Man hat im Reich unter dem Himmel noch nicht die Kunde vernommen, dass ich *Zizhi* völlig vertraue." Am nächsten Tag rief er den Hofstaat zusammen und sprach *Zizhi* sein Vertrauen aus.

Pan Shou sprach zum König von *Yan*: „Wäre es nicht besser, wenn Ihr die Staatsgeschäfte an *Zizhi* übergebt? Man nannte *Yao* einen weisen Mann, weil er die Führung des Reiches in die Hände des *Xu You* legen wollte. Da *Xu You* den Thron aber niemals angenommen hätte, konnte *Yao* für sich den Ruhm in Anspruch nehmen, das Reich an *Xu You* abtreten zu wollen, ohne in Wirklichkeit die Macht über das Reich zu verlieren. Wenn Ihr nun heute vorgebt, *Zizhi* den Thron abzutreten, so wird dieser ihn niemals annehmen und Ihr könnt für Euch den Ruhm in Anspruch nehmen, die Herrschaft an *Zizhi* abtreten zu wollen und wie *Yao* gehandelt zu haben." Daraufhin übergab der König von *Yan* die gesamten Staatsgeschäfte an *Zizhi*, sodass *Zizhi* sehr mächtig wurde.

Eine andere Quelle berichtet, dass sich *Pan Shou* aus dem öffentlichen Leben zurückgezogen hatte. Der Herrscher von *Yan* wollte ihn mit reichen Geschenken für ein Amt gewinnen, doch *Pan Shou* sprach zu ihm während der Audienz: „Ich fürchte, *Zizhi* wird enden wie *Yi*." – „Warum sollte er enden wie *Yi*?", fragte der Herrscher und bekam zur Antwort: „Als im Altertum *Yu* im Sterben lag und die Herrschaft über das Reich an *Yi* abtreten wollte, verbündeten sich die Anhänger von *Qi* gegen *Yi* und setzten *Qi* auf den Thron. Ihr habt nun großes Vertrauen in *Zizhi* und wollt ihm den Staat übergeben, doch die Amtssiegel befinden sich alle in den Händen der Anhänger des Kronprinzen. Von *Zizhis* Anhängern hingegen hat kein einziger Zugang zum Hof. Wenn es das Schicksal will, dass Ihr von uns geht, wird es *Zizhi* genauso ergehen wie *Yi*." Daraufhin ließ der König die Siegel aller Beamten mit mehr als dreihundert Pikul Jahreseinkommen einziehen und übergab sie an *Zizhi*, der auf diese Weise sehr mächtig wurde.

Die Gesandtschaften der Lehnsfürsten sollten ein Spiegel der Macht des Herrschers sein, doch heute sind sie alle Parteigänger einflussreicher Familien. Die in Berghöhlen lebenden Gelehrten sollten die Schwingen der Macht des Herrschers sein, doch heute leben sie alle unter dem Dach einflussreicher Familien. Warum ist das wohl so? Weil der Herrscher die Macht verloren hat an Männer wie *Zizhi*. Aus diesem Grund hat *Wu Zhang* einmal gesagt: „Der

Herrscher sollte niemals sagen, dass er einen Menschen hasst oder liebt. Wem er einmal seine Zuneigung geschenkt hat, den kann er nie wieder hassen. Wem er einmal seinen Hass gezeigt hat, den kann er nie wieder lieben."

Eine weitere Quelle berichtet, dass der König von *Yan* die Staatsgeschäfte an *Zizhi* übergeben wollte und *Pan Shou* fragte, was er davon halte. *Pan Shou* antwortete ihm: „*Yu* hatte seinerzeit eine Vorliebe für *Yi* und beauftragte ihn mit der Regierung des Reiches. Später setzte er die Anhänger seines Sohnes *Qi* als Beamte ein. Als er gealtert war, hielt er seinen Sohn *Qi* nicht für würdig, das Reich zu regieren, und gab die Herrschaft über das Reich an *Yi* weiter. Die Macht und der Einfluss lagen jedoch in den Händen von *Qis* Männern. So dauerte es nicht lange, bis *Qi* und seine Parteigänger *Yi* angriffen und ihm die Herrschaft über das Reich unter dem Himmel entrissen. Dem Namen nach hat *Yu* die Herrschaft über das Reich an *Yi* weitergegeben, in Wirklichkeit hat er aber *Qi* dazu gebracht, die Macht an sich zu reißen. Hieraus wird deutlich, dass *Yu* nicht die Größe von *Yao* und *Shun* erreicht hat. Heute nun wollen Eure Majestät die Herrschaft an *Zizhi* abtreten, doch unter den Beamten ist kein einziger, der nicht auf der Seite des Kronprinzen steht. Das heißt, dass Ihr dem Namen nach die Herrschaft an *Zizhi* abtretet und in Wirklichkeit den Kronprinzen veranlasst, die Macht an sich zu reißen." Daraufhin ließ der König von *Yan* die Siegel aller Beamten mit mehr als dreihundert Pikul Jahreseinkommen einziehen und übergab sie an *Zizhi*, der auf diese Weise sehr mächtig wurde.

Meister *Fang Wu* hat einmal gesagt: „Soweit mir bekannt ist, sah die Etikette im Altertum vor, dass der Herrscher seinen Wagen nicht mit einem ihm Gleichgestellten teilt und nicht mit einem Mann gleicher Herkunft in einem

Familienclan lebt. Darf er da nicht umso weniger seine Autorität an andere ausleihen und seine Macht aus den Händen geben?"

Wu Zhang sagte zu König *Xuan* von *Han*: „Der Herrscher sollte niemals sagen, dass er einen Menschen liebt, denn sonst kann er ihn nie wieder hassen. Er sollte auch nicht vorgeben, dass er einen Menschen hasst, denn sonst kann er ihn nie wieder lieben. Hat er erst einmal durchblicken lassen, dass er Liebe oder Hass für jemanden empfindet, nutzen die Schmeichler die Gelegenheit, um denjenigen zu verleumden oder anzupreisen. Selbst für einen weisen Herrscher gibt es dann kein Zurück mehr. Und wenn der Herrscher jemanden wirklich liebt oder hasst? Ist es dann nicht noch viel schlimmer?"

Eines Tages spazierte der König von *Zhao* durch den Garten. Als einige Höflinge dem Tiger Hasen zum Fraß vorwarfen, blieb der Herrscher stehen. Der Tiger blickte sich ärgerlich um, und der Herrscher sprach: „Wie furchterregend sind doch die Augen des Tigers!" Da sagte jemand aus seinem Gefolge: „Die Augen des Fürsten *Pingyang* sind noch schrecklicher. Der Anblick der furchterregenden Augen des Tigers bringt noch kein Unheil. Wer aber die schrecklichen Augen des Fürsten *Pingyang* sieht, muss sterben." Als Fürst *Pingyang* am nächsten Tag von dem Gespräch hörte, ließ er den Mann ermorden, der so über ihn gesprochen hatte. Der Herrscher zog ihn allerdings nicht zur Verantwortung.

Es trug sich zu, dass der Fürst von *Wei* zur Audienz am Hofe des *Zhou*-Herrschers erschien. Der Zeremonienmeister des *Zhou*-Königs fragte ihn nach seinem Titel und erhielt zur Antwort: „Der Landesvergrößerer, Lehnsfürst von *Wei*." Der Zeremonienmeister wies ihn zurecht mit den Worten: „Keinem Lehnsfürsten ist es gestattet, den gleichen Namen zu tragen wie der Himmelssohn." Daraufhin änderte der Fürst von *Wei* seinen Namen in „der Feuersbrünstige, Lehnsfürst von *Wei*", und wurde vorgelassen zur Audienz. Als *Zhongni* davon hörte, sprach er: „Wie weit reichte doch das Verbot des Eingreifens in die Rechte des Herrschers von *Zhou*. Nicht einmal einen bedeutungslosen Namen überließ er seinen Untergebenen. Um wie viel mehr galt dies dann erst für die wirklichen Staatsgeschäfte."

Erzählungen zur Illustration des vierten Punktes

Wer die Blätter von einem Baum schütteln will und dabei jedes Blatt einzeln abreißt, wird trotz harter Arbeit nie fertig. Rüttelt er aber den Stamm hin und her, fallen die Blätter ringsherum ab. Schüttelt er den Baum am Rande einer Quelle, fliegen die Vögel vor Schreck hoch in die Luft und schwimmen die Fische aus Furcht in die Tiefe. Wer ein Netz spannen will, zieht an der Schnur. Wollte er jeden der zehntausend Knoten einzeln richten, müsste er sich lange plagen. Zieht er aber an der Schnur, fängt er in dieser Zeit schon Fische. Die Beamten sind für das Volk, was der Stamm für den Baum und die Schnur für das Netz sind. Deshalb regiert ein Weiser die Beamten und nicht das Volk.

Ein Feuerwehrhauptmann, der bei einem Brand selbst mit Kesseln und Krügen voll Wasser zum Brandherd eilt, ist so viel wert wie ein einzelner Feuerwehrmann. Dirigiert er aber die anderen mit Peitsche und Knüppel, steht er für zehntausend Mann. Aus diesem Grund gibt sich ein Weiser nicht persönlich mit einfachen Leuten ab und kümmert sich ein kluger Herrscher nicht selbst um Kleinigkeiten.

Eines Tages jätete *Zaofu* gerade Unkraut auf dem Feld, als ein Vater mit seinem Sohn in einem Wagen an ihm vorbeifuhr. Plötzlich scheuten die Pferde und blieben stehen. Der Sohn stieg vom Wagen herab und wollte die Pferde ziehen, während der Vater den Wagen schieben wollte. Sie baten *Zaofu*, ihnen beim Schieben zu helfen. *Zaofu* nahm seine Hacke, hörte auf zu jäten und bestieg den Wagen. Er übernahm vom Sohn die Zügel, prüfte das Zaumzeug und die Peitsche und die Pferde galoppierten davon, noch ehe er von der Peitsche Gebrauch gemacht hatte. Hätte *Zaofu* nichts von der Kunst des Wagenlenkens verstanden, hätten sich die Pferde nicht von der Stelle gerührt, auch wenn er all seine Kraft eingesetzt und beim Schieben geholfen hätte. Er konnte, ohne sich abzumühen, den Wagen besteigen und den Menschen etwas Gutes tun, weil er die Kunst des Wagenlenkens kannte und anwandte. Auf die gleiche Weise sind der Staat und die Macht Wagen und Pferd des Herrschers. Wer als Herrscher die Kunst der Staatsführung nicht beherrscht und anwendet, kann dem Chaos nicht entrinnen, auch wenn er sich noch so sehr abmüht. Versteht er sich aber auf die Kunst der Staatsführung und wendet sie bei der Regierung an, kann er sich Bequemlichkeit und Amüsement hingeben und bringt es doch zum Kaiser.

Der Schmiedehammer dient zum Glätten von verbogenem Eisen und der Bogenkasten zum Richten von krummen Hölzern. Der Weise schafft die Gesetze, um die Verbrecher zur Ordnung zu rufen und die vom Weg Abgekommenen zurechtzuweisen. *Nao Chi* stand im Dienst des Herrschers von *Qi* und riss König *Min* die Sehnen aus dem Leib. *Li Dui* stand im Dienst des Herrschers von *Zhao* und ließ den Herrscher-Vater verhungern. Die beiden Herrscher verstanden es nicht, ihre Schmiedehämmer und Bogenkasten zu gebrauchen. Deshalb starben sie eines gewaltsamen Todes und wurden zum Gespött im Reich unter dem Himmel.

Eine andere Quelle berichtet, dass man in *Qi* nur von *Nao Chi* und nicht vom Herrscher von *Qi* sprach. Wer nach *Zhao* kam, hörte nur etwas von *Li Dui* und nichts vom Herrscher von *Zhao*. Darum heißt es: „Wenn der Herrscher die Kunst der Staatsführung nicht anzuwenden versteht, sind seine Autorität und Macht gering und können die Beamten nach ihrem Ermessen schalten und walten."

Eine weitere Quelle berichtet, dass König *Wuling* die Staatsgeschäfte an König *Huiwen* übergab und *Li Dui* zum Minister ernannte. Da König *Wuling* die Mittel der Macht über Leben und Tod nicht selbst in Händen hielt, wurde er schließlich von *Li Dui* gepeinigt.

Eine weitere Überlieferung besagt, dass jemand, als *Tian Ying* Minister in *Qi* war, zum Herrscher sagte: „Wenn Eure Majestät nicht einige Tage dafür opfern, um höchstpersönlich den jährlichen Finanzbericht anzuhören, werdet Ihr nie etwas von der Falschheit und Korruptheit Eurer Beamten erfahren." Der König gab sich einverstanden damit. Als *Tian Ying* dies vernahm, eilte er zum König und bat ihn, er möge seinen Bericht anhören. Als der König zur Anhörung der Berichte bereit war, hieß *Tian Ying* die Amtsführer die versiegelten und beglaubigten Berichte über die Einnahmen und Ausgaben an Getreide zu verlesen. Der König hörte die Berichte höchstpersönlich an, bis er nicht mehr zuhören konnte. Nachdem er gegessen hatte, setzte er sich erneut zur Anhörung. Für das Abendessen blieb keine Zeit und *Tian Ying* meinte: „All die Beamten haben das ganze Jahr über Tag und Nacht gewissenhaft und sorgfältig ihren Dienst versehen. Wenn Eure Majestät nun einen ganzen Abend den Berichten widmen, wird das die Beamten anspornen und ermuntern." Der König pflichtete ihm bei, doch vor lauter Hunger schlief er schließlich ein. Da zogen die Beamten ihre Messer und zerfetzten die versiegelten und beglaubigten Berichte. Das Chaos nahm seinen Anfang, als der König persönlich die Berichte anhörte.

Erzählungen zur Illustration des fünften Punktes

Zi Zheng wollte einen Handwagen über eine hohe Brücke ziehen, doch der Wagen war zu schwer für ihn. Also setzte er sich auf die Deichsel und begann zu singen. Die Leute vor ihm blieben stehen, und die nachfolgenden Leute eilten ihm zu Hilfe, sodass der Wagen schließlich über die Brücke gezogen wurde. Hätte *Zi Zheng* nicht gewusst, wie er die Leute herbeiholen kann, wäre der Wagen nie über die Brücke gelangt, selbst wenn er sich zu Tode geschunden hätte. Er bekam den Wagen ohne Mühe über die Brücke, weil er wusste, wie er die Menschen für sich gewinnen konnte.

Als der *Zhao*-Herrscher *Jian* eines Tages seine Steuereintreiber ausschickte, fragten sie ihn, wie hoch die Steuern sein sollen. Herzog *Jian* sagte darauf: „Nicht zu niedrig und nicht zu hoch. Zu hohe Steuern nutzen nur der Obrigkeit, während von zu niedrigen Steuern nur das Volk etwas hat. Hauptsache ist, dass die Eintreiber nicht an ihren eigenen Vorteil denken und korrekt handeln."

Bo Yi sagte einmal zu Herzog *Jian* von *Zhao*: „In Eurem Staat ist die Mitte gesättigt." Herzog *Jian* musste darüber schmunzeln, fragte vergnügt, was das bedeuten solle, und erhielt zur Antwort: „Oben sind die Speicher und Schatzkammern leer. Unten ist das Volk arm und verhungert. Die korrupten Beamten in der Mitte hingegen sind wohlhabend."

Herzog *Huan* von *Qi* inspizierte inkognito sein Volk. Er traf einen alten Mann, der allein für sich sorgen musste, und fragte nach dem Grund dafür. Der Mann sprach: „Ich habe drei Söhne. Doch da unsere Familie arm ist, konnte ich keine Frauen für sie finden. Also haben sie sich bei anderen Familien als Knechte verdingt und sind noch nicht wieder nach Hause zurückgekehrt." Nach seiner Rückkehr an den Hof berichtete Herzog *Huan* dem *Guan Zhong* von seinem Erlebnis, woraufhin dieser sagte: „Wenn die Schatzkammern überquellen, leidet das Volk Hunger und Not. Gibt es im Palast überzählige Mädchen, finden die Männer aus dem Volk keine Frauen." Herzog *Huan* pflichtete ihm bei, ordnete an, dass die überzähligen Hofdamen verheiratet werden sollen, und erließ unter dem Volk einen Befehl, in dem es hieß: „Männer haben mit zwanzig Jahren einen Haushalt zu gründen und Mädchen müssen mit fünfzehn Jahren verheiratet werden."

Eine andere Quelle berichtet, dass Herzog *Huan* sich einmal inkognito unter das Volk begab. Zu dieser Zeit gab es einen Mann mit Namen *Lu Menji*, der bereits siebzig Jahre gelebt hatte, ohne je verheiratet gewesen zu sein. Herzog *Huan* fragte *Guan Zhong*: „Gibt es im Volke Männer, die schon ein hohes Alter erreicht haben, ohne je verheiratet gewesen zu sein?" – „Es gibt da einen Mann mit Namen *Lu Menji*", sagte *Guan Zhong*, „der ist schon siebzig Jahre alt und war nie verheiratet." Der Herzog fragte: „Was muss getan werden, damit er eine Frau bekommt?" Daraufhin sprach *Guan Zhong*: „Ich habe einmal gehört, dass das Volk Not leidet, wenn die Obrigkeit Reichtümer anhäuft, und dass Männer bis ins hohe Alter ohne Frau bleiben, wenn es bei Hofe überzählige Mädchen gibt." – „So ist es", sprach der Herzog und gab im Palast den Befehl heraus, alle nicht benötigten Mädchen zu verheiraten. Außerdem ordnete er an, dass Männer mit zwanzig Jahren einen eigenen Haushalt gründen und Mädchen mit fünfzehn Jahren verheiratet werden müssen. Im Resultat gab es bei Hofe keine alten Jungfern und im Volk keine Junggesellen mehr.

Yanling Zhuozi fuhr in einem Wagen, der mit himmelblauen Drachen und Federn geschmückt war. Das Zaumzeug war vorn mit Zierhaken besetzt und hinten mit Sporen verziert. Wenn die Pferde vorwärts laufen wollten, wurden sie von den Zierhaken gehindert. Wollten sie rückwärts gehen, wurden sie von den Sporen gestochen. Also brachen sie seitwärts aus. Als *Zaofu* vorbeikam und dies sah, weinte er bitterlich und sprach: „Genauso hat man im Altertum die Menschen regiert. Belohnungen, die die Menschen anspornen sollten, waren mit Schmach verbunden, und Strafen, die die Menschen abschrecken sollten, waren mit Ruhm verbunden. Das Volk stand zwischen ihnen und wusste nicht, wohin es sich wenden sollte. Deshalb wurde es von den Weisen bemitleidet."

Eine andere Quelle berichtet, dass *Yanling Zhuozi* in einem Wagen fuhr, der mit himmelblauen Drachen und Federn geschmückt war. Das Zaumzeug war vorn mit Zierhaken besetzt und hinten mit Sporen verziert. Um vorwärts zu fahren, zog er am Zügel, und um rückwärts zu fahren, benutzte er die Peitsche. Doch die Pferde konnten weder vorwärts noch rückwärts laufen, sodass sie schließlich seitwärts ausbrachen. Daraufhin stieg er vom Wagen, zog sein Messer und zerschnitt den Pferden die Ferse. Als *Zaofu* dies sah, weinte er bitterlich und aß den ganzen Tag nichts. Schließlich blickte er zum Himmel empor und sprach seufzend: „Mit der Peitsche treibt man die Pferde nach vorn, doch dort sind die Zierhaken angebracht. Mit dem Zügel hält man die Pferde zurück, doch dort sind die scharfen Sporen. Genauso fördert der Herrscher Männer wegen ihrer Ehrlichkeit und verstößt sie zugleich, weil sie sich den

Höflingen nicht anbiedern. Er rühmt sie wegen ihrer Korrektheit und verschmäht sie zugleich, weil sie nicht blind gehorchen. Verunsichert dadurch stehen die Männer in der Mitte und wissen nicht, welchem Weg sie folgen sollen. Deshalb hat ein Weiser Mitleid mit ihnen."

FÜNFZEHNTES BUCH

36. Kapitel

Kritische Bemerkungen (I)

Als Herzog *Wen* von *Jin* die Absicht hatte, gegen *Chu* ins Feld zu ziehen, ließ er seinen Onkel *Fan* zu sich rufen und fragte ihn: „Ich will gegen *Chu* in den Krieg ziehen, doch sie sind uns zahlenmäßig überlegen. Was kann man da tun?" Onkel *Fan* gab ihm zur Antwort: „Ich habe Folgendes gehört: Im Umgang mit Edelmännern setzt man auf Loyalität und Vertrauen, auf dem Schlachtfeld hingegen baut man stets auf Tücke und List. Ihr, mein Fürst, solltet den Feind einfach arglistig hintergehen." Nachdem Herzog *Wen* seinen Onkel *Fan* von der Audienz entlassen hatte, ließ er *Yong Ji* zu sich rufen und stellte ihm die gleiche Frage. *Yong Ji* sprach: „Wenn Ihr den Wald niederbrennen lasst und auf die Jagd geht, werdet Ihr viele Tiere erlegen. Später wird es aber keine Tiere mehr geben. Wenn Ihr dem Volk mit Arglist begegnet, werdet Ihr ein einziges Mal den Nutzen davon haben. Ein zweites Mal könnt Ihr aber nicht so handeln." Herzog *Wen* pflichtete *Yong Ji* bei und ließ ihn gehen. Schließlich entschied er sich doch für den Plan seines Onkels *Fan*, zog gegen den Staat *Chu* ins Feld und fügte ihm eine Niederlage zu. Als er nach seiner Rückkehr Ämter und Würden verlieh, bedachte er zuerst *Yong Ji* und danach Onkel *Fan*. Die Höflinge fragten erstaunt: „Es war der Plan von Onkel *Fan*, der Euch bei *Chengpu* den Sieg einbrachte. Geht es an, dass Ihr seinen Rat nutzt und seine Person hintanstellt?" Herzog *Wen* erwiderte: „Davon versteht ihr nichts. Onkel

Fans Rat war gut für den einen Fall, *Yong Jis* Rat hingegen ist von ewigem Nutzen." Als *Zhongni* davon Kunde erhielt, sprach er: „Es war nur allzu gerecht, dass Herzog *Wen* die Vorherrschaft erlangte. Wusste er doch nicht nur um die Macht des Augenblicks, sondern auch um den ewigen Nutzen."

Dazu könnte jemand sagen: *Yong Jis* Antwort hatte nichts mit Herzog *Wens* Frage zu tun. Wer auf eine Frage antwortet, muss ihr gemäß sagen, ob eine Sache klein oder groß, unwichtig oder dringend ist. Wird auf die Frage nach etwas Großem mit etwas Kleinem geantwortet, akzeptiert ein kluger Herrscher die Antwort nicht. Nun fragte Herzog *Wen*, wie man mit wenig Leuten einem zahlenmäßig überlegenen Feind gegenübertreten kann, und erhielt zur Antwort, dass man ein zweites Mal nicht so handeln kann. Das war keine Antwort auf seine Frage. Und überdies verstand Herzog *Wen* weder etwas von der Macht des Augenblicks, noch vom ewigen Nutzen. Wenn er aus einem Krieg als Sieger hervorgeht, dann ist der Staat sicher und seine Stellung gefestigt, die Armee schlagkräftig und seine Autorität gestärkt. Warum sollte er also befürchten, dass sich lang anhaltender Nutzen nicht einstellt, selbst wenn es nochmals zu einem Krieg von nicht gekanntem Ausmaß kommen sollte? Geht er aber aus dem Krieg als Verlierer hervor, ist der Staat zerrüttet und die Armee schwach. Er selbst wird sterben und sein Ruhm vergehen. Wenn er dem Tod heute kaum entrinnen kann, wie sollte er dann auf lang anhaltenden Nutzen warten können? Der lang anhaltende Nutzen liegt im heutigen Sieg begründet. Der heutige Sieg basiert wiederum auf der Täuschung des Gegners. So ist die Täuschung des Gegners von fortwährendem Nutzen und sonst nichts. Deshalb sage ich, dass *Yong Jis* Antwort nicht der Frage entspricht, und Herzog *Wen* außerdem auch den Rat seines Onkels

Fan nicht verstanden hat. Als Onkel *Fan* davon sprach, dass man auf List und Tücke baut, meinte er nicht, dass man das eigene Volk, sondern den Gegner täuschen soll. Der Gegner ist der Staat, den man angreift. Selbst wenn man den Angriff nicht wiederholen kann, was kann daran schon schlimm sein?

Hat Herzog *Wen* den *Yong Ji* etwa zuerst mit Rang und Würden bedacht wegen seiner Leistung? Nein, den Sieg über *Chu* und die Vernichtung der gegnerischen Armee verdankte er dem Rat seines Onkels *Fan*. Tat er es wegen seiner schönen Worte? Nein, *Yong Ji* sprach davon, dass man es kein zweites Mal tun kann, und das sind keine wohlklingenden Worte. Onkel *Fans* Rat hingegen war erfolgreich und wohlklingend. Er sagte: „Im Umgang mit Edelmännern setzt man auf Loyalität und Vertrauen." Loyalität bedeutet, das Volk zu lieben. Vertrauen heißt, das Volk nicht zu täuschen. Von Liebe und Nicht-Täuschen zu reden – was könnte schöner klingen? Von List und Tücke musste er reden, weil er über militärische Pläne sprach. Onkel *Fan* machte also zuerst schöne Worte und errang danach einen Sieg im Kampf. Onkel *Fan* hatte beides und wurde dennoch hintangestellt. *Yong Ji* hatte keines von beiden und wurde dennoch zuerst bedacht. „War es wirklich gerecht, dass Herzog *Wen* die Vorherrschaft errang?" *Zhongni* versteht wahrlich nichts von der Kunst der Belohnung.

Einst gab es zwischen den Bauern in den *Li*-Bergen Streit um die Grenzen zwischen ihren Feldern. Also begab sich *Shun* zu ihnen und arbeitete mit ihnen zusammen auf dem Feld. Nach einem Jahr war die Frage der Feldraine geklärt. Ein anderes Mal stritten die Fischer am Ufer des Gelben Flusses um die besten Fischgründe. Also begab sich *Shun* zu ihnen und fischte mit ihnen zusammen. Nach einem

Jahr wurde den älteren Fischern der Vortritt gelassen. Die Töpfer im östlichen Barbarengebiet machten schlechte Töpferwaren. Also begab sich *Shun* zu ihnen und brannte mit ihnen zusammen Ton. Nach einem Jahr stellten sie festgebrannte Gefäße her. Voller Bewunderung sprach *Zhongni*: „Die Feldarbeit, das Fischen und die Töpferei waren nicht *Shuns* Aufgabe, doch er zog aus und legte selbst Hand an, um den vom Weg abgekommenen Menschen zu helfen. War *Shun* nicht ein Mensch voller Mitmenschlichkeit! Er nahm selbst alle Mühen auf sich, bis das Volk seinem Beispiel folgte. Deshalb heißt es: „Des Weisen Tugend vermag die Menschen zu wandeln!"

Ich frage die Anhänger des *Kongzi*: „Wo war denn *Yao* zu dieser Zeit?" Man sagt mir: „*Yao* herrschte als Sohn des Himmels." Wenn dem so ist, so frage ich, warum hielt *Zhongni* den *Yao* dann für einen Weisen? Ein Weiser, der alles sieht und über den anderen thront, sorgt dafür, dass niemand im Reich unrecht tut. Wenn die Bauern und Fischer untereinander nicht in Streit liegen und keine schlechten Töpferwaren gemacht werden, warum sollte *Shun* mit seiner Tugend diese Menschen bessern? Muss *Shun* jedoch den Menschen beistehen, weil sie vom Weg abgekommen sind, so heißt dies, dass *Yao* etwas falsch gemacht hat. Wer *Shun* für einen Weisen hält, bestreitet, dass *Yao* alles wusste. Wer hingegen *Yao* für einen Weisen hält, bestreitet, dass *Shun* mit seiner Tugend die Menschen verbessert hat. Man kann nicht beide gleichzeitig anpreisen.

Es gab einmal einen Mann aus *Chu*, der verkaufte Schilde und Speere. Er pries seine Schilde und sagte: „Meine Schilde sind so fest, dass es nichts gibt, was sie durchdringen könnte." Danach pries er seine Speere und sagte: „Meine Speere sind so scharf, dass sie alles durchdringen." Jemand fragte ihn: „Was aber ist, wenn man mit Eurem

Speer Euer Schild durchdringen will?" Der Mann hatte keine Antwort darauf. Einen undurchdringlichen Schild und ein alles durchdringendes Schwert kann es eben nicht gleichzeitig geben. Genauso ist es mit *Yao* und *Shun*. Man kann sie nicht beide zur gleichen Zeit preisen.

Hinzu kommt, dass *Shun* den verirrten Menschen beistand und dabei jeweils ein ganzes Jahr brauchte, um die Menschen von einem einzigen Fehler abzubringen. Es gibt aber nur einen *Shun*, und sein Leben hat ein Ende, während die Verfehlungen der Menschen im Reich nie aufhören. Wer mit begrenzten Mitteln gegen die unaufhörlichen Verfehlungen der Menschen ankämpfen will, wird nur wenige von ihnen aufhalten können. Setzt man hingegen durch, dass Belohnungen und Strafen im Reich Anwendung finden, und erlässt die Anweisung, alle zu belohnen, die sich ans Gesetz halten, und alle zu bestrafen, die sich nicht ans Gesetz halten, dann ändern die Menschen ihr Verhalten, noch ehe ein Tag vergangen ist, und in zehn Tagen gibt es kein Fehlverhalten mehr innerhalb der Grenzen. Warum also sollte man ein ganzes Jahr warten? Und da *Shun* es nicht vermochte, *Yao* davon zu überzeugen, seine Ansichten durchzusetzen, sondern selbst die ihm nicht zukommenden Mühen auf sich nahm, heißt dies nicht auch, dass er nichts von der Kunst der Herrschaft verstand? Sogar einem *Yao* und einem *Shun* fiel es schwer, selbst die Last der Arbeit zu tragen, um dadurch die Menschen zum Guten zu bessern. Währenddessen ist es selbst für durchschnittlich begabte Herrscher ein Leichtes, die Menschen mit ihrer Macht dazu zu zwingen. Man kann keine Politik machen mit jemandem, der das Reich ordnen will und dabei auf das verzichtet, was einem durchschnittlichen Herrscher leicht fällt, und das tun will, was für *Yao* und *Shun* schwer war.

Als *Guan Zhong* todkrank niederlag, begab sich Herzog *Huan* zu ihm, fragte ihn nach seinem Rat und sprach: „Väterchen *Zhong*, Ihr seid krank. Wenn es das Unglück will, dass Euer Leben zu Ende geht, habt Ihr mir, dem Herrscher, dann noch einen Rat zu geben?" *Guan Zhong* sprach zu ihm: „Hättet Ihr nicht danach gefragt, so hätte ich Euch selbst meine Aufwartung gemacht. Ihr solltet *Shu Diao* entlassen, *Yi Ya* aus dem Weg räumen und den Prinzen *Kaifang* von *Wei* entfernen. *Yi Ya* war Euer Küchenmeister, und da er wusste, dass Ihr bis auf Menschenfleisch bereits alles gegessen hattet, dämpfte er den Kopf seines Sohnes und servierte ihn Euch. Nun ist es ein Wesenszug des Menschen, den eigenen Sohn zu lieben. Wer nicht einmal seinen Sohn liebt, wie könnte der seinen Herrscher lieben? Ihr, mein Fürst, seid eifersüchtig und liebt die Frauen. Also entmannte sich *Shu Diao* selbst, um Euren Harem zu leiten. Es liegt im Wesen des Menschen, den eigenen Körper zu lieben. Wer nicht einmal seinen eigenen Körper liebt, wie könnte der seinen Herrscher lieben? *Kaifang* diente Euch fünfzehn Jahre. Er hat seine Mutter verlassen und ist in all den Jahren seines Dienstes nicht ein einziges Mal nach Hause zurückgekehrt, obwohl die Entfernung zwischen *Qi* und *Wei* nur einige Tage Fußmarsch ausmacht. Wer nicht einmal seine Mutter liebt, wie könnte der seinen Herrscher lieben? Ich weiß, dass Heuchelei nicht ewig währt und Falschheit irgendwann zum Vorschein kommt. Deshalb bitte ich Euch, diese drei Männer zu verstoßen." Als *Guan Zhong* verstarb, hielt sich Herzog *Huan* jedoch nicht an seinen Rat, und so geschah es, dass der Herzog nach seinem eigenen Tod nicht begraben wurde und die Maden zur Tür herauskrochen.

Dazu könnte jemand sagen: Es waren nicht die Worte eines gesetzestreuen Mannes, mit denen *Guan Zhong* zum Herzog *Huan* sprach. Er forderte, *Shu Diao* und *Yi Ya* zu verstoßen, weil sie sich selbst misshandelten, um den Wünschen des Herrschers gerecht zu werden, und sagte: „Wer seinen eigenen Körper nicht liebt, wie könnte der seinen Herrscher lieben?" Wenn es wirklich so wäre, dürfte *Guan Zhong* niemals jemanden in Dienst nehmen, der für seinen Herrscher seine Kräfte bis zum Letzten verausgabt, und müsste sagen: „Wer seine eigenen Kräfte nicht liebt, wie könnte der seinen Herrscher lieben?" Er verlangt also vom Herrscher, treu ergebene Untertanen zu verstoßen. Und überhaupt, wenn man aus der Tatsache, dass jemand seinen eigenen Körper nicht liebt, schlussfolgert, dass er seinen Herrscher nicht liebt, so müsste man auch den Schluss ziehen, dass *Guan Zhong* nicht für Herzog *Huan* in den Tod gehen würde, weil er nicht vermochte, für den Prinzen *Jiu* zu sterben. Doch damit würde *Guan Zhong* selbst zu jenen gehören, die verstoßen werden müssen.

Ein weiser Herrscher handelt nicht so. Er verlässt sich auf die Wünsche der Menschen, um zum Erfolg zu kommen, und spornt sie deshalb mit Rang und Pfründen an. Er vertraut auf die Abneigungen der Menschen, um Verrat zu unterbinden, und schreckt sie deshalb mit Strafen und Züchtigungen ab. Weil Belohnungen und Anerkennungen glaubwürdig und Strafen und Züchtigungen verbindlich sind, kann der Herrscher die Verdienstvollen fördern und die Verräter aus dem Staatsdienst fernhalten. Selbst wenn es Männer wie *Shu Diao* geben sollte, was könnten sie dem Herrscher anhaben? Außerdem ist es so, dass die Untergebenen mit dem Herrscher einen Handel eingehen, indem sie all ihre Kraft verausgaben. Der Herrscher geht seinerseits mit den Untergebenen auch einen Handel ein, indem er Ränge und Pfründe verteilt. Die Beziehungen zwischen Herrscher und Untergebenen sind folglich nicht die gleichen, wie zwischen Vater und Sohn, sondern beruhen auf Berechnung. Versteht sich der Herrscher auf den rechten

Weg des Regierens, verausgaben die Beamten ihre Kraft und Verrat kommt nicht auf. Folgt der Herrscher aber nicht dem rechten Weg, schotten die Beamten den Herrscher von der Welt ab und verfolgen ihre eigennützigen Absichten. *Guan Zhong* verstand es nicht, Herzog *Huan* dieses Prinzip zu verdeutlichen. Hätte er ihn dazu gebracht, *Shu Diao* zu verstoßen, wäre ein anderer *Shu Diao* an seine Stelle getreten. Das ist nicht der Weg, um Verrat zu unterbinden. Dass Herzog *Huan* nach seinem Tod nicht begraben wurde und die Maden zur Tür herauskrochen, lag an der zu großen Macht der Beamten. Sie wurden zu mächtig, weil sie ohne Erlaubnis des Herrschers handeln konnten. Wenn es solche Beamten gibt, erreichen die Befehle des Herrschers nicht das Volk und dringt die Kunde über das wahre Wesen der Beamten nicht bis zum Herrscher vor. Die Kraft eines einzigen Mannes reicht aus, um den Kontakt zwischen dem Herrscher und seinen Untergebenen zu unterbrechen, sodass er nichts von Erfolg oder Misserfolg erfährt und nichts von Glück oder Unheil weiß. Deshalb kann es so weit kommen, dass der Herrscher stirbt und nicht begraben wird.

Ein kluger Herrscher sorgt dafür, dass keiner mehrere Ämter gleichzeitig besetzt und kein Amt mehrere Aufgaben zur gleichen Zeit verwaltet. Er lässt nicht zu, dass einfache Menschen nur durch die Protektion der Edelleute vorwärtskommen und die hohen Würdenträger nur über die Höflinge zu Audienzen vorgelassen werden. Alle Beamten können ihre Ansichten vortragen und an Beratungen teilnehmen. So kann sich der Herrscher selbst ein Bild machen von den Verdiensten der Ausgezeichneten und der Schuld der Bestraften. Wenn er selbst alles richtig sieht und weiß und Strafe und Belohnung gerecht gebraucht, wie könnte es dann so weit kommen, dass der Herrscher stirbt und nicht begraben wird. *Guan Zhong* verstand es nicht, Herzog *Huan* dieses Prinzip zu verdeutlichen, sondern wollte ihn veranlassen, die drei Männer zu verstoßen. Deshalb sage ich: „*Guan Zhong* wusste nichts vom Gesetz."

Graf *Xiang* wurde einst in *Jinyang* belagert. Als es ihm gelang, die Belagerung zu durchbrechen, belohnte er fünf Männer für ihre Verdienste, wobei er *Gao He* als Ersten bedachte. Daraufhin sprach *Zhang Mengtan*: „Als wir in *Jinyang* belagert wurden, hat sich *He* nicht durch besondere Verdienste hervorgetan. Warum belohnt Ihr ihn jetzt als Ersten?" Graf *Xiang* gab ihm zur Antwort: „Als *Jinyang* belagert wurde, waren meine Person, der Staat und der Altar des Erdbodens und der Feldfrüchte in Gefahr. Alle meine Beamten verhielten sich mir gegenüber anmaßend. Nur Meister *He* wahrte die Etikette im Umgang mit mir. Deshalb belohne ich ihn als Ersten." Als *Zhongni* dies hörte, sprach er: „Wie vortrefflich verstand sich doch Graf *Xiang* auf das Austeilen von Belohnungen! Er belohnte einen einzigen Mann, und danach wagte kein Untergebener mehr, wieder die Etikette zu handeln."

Dazu könnte jemand sagen: *Zhongni* verstand überhaupt nichts davon, wie man Belohnungen richtig anwendet. Wenn der Herrscher Strafe und Belohnung richtig anwendet, wagt kein Beamter, seine Amtsbefugnis zu überschreiten, und kein Untergebener, die Etikette zu verletzen. Der Herrscher erlässt seine Gesetze, und kein Untergebener versucht mehr, ihn zu hintergehen. Wer so handelt, von dem kann man zurecht sagen, dass er sich aufs Belohnen und Bestrafen versteht. Angenommen, Graf *Xiangs* Befehle wären in *Jinyang* nicht befolgt und seine Verbote wären nicht eingehalten worden. Graf *Xiang* hätte keinen Staat und *Jinyang* hätte keinen Herrscher mehr gehabt. Mit wem hätte er die Stadt verteidigen sollen? Doch als Graf *Xiang* in *Jinyang* belagert wurde und der *Zhi*-Clan die Stadt über-flutete, hat keiner seiner Leute rebelliert, obwohl sich schon überall Schildkröten breitgemacht hatten. Herrscher und Untergebene standen sich also nahe. Graf *Xiang* hatte das Glück, dass sich Herrscher und Untergebene nahestan-den, und verfügte über Gesetze, mit denen er seine Befehle und Verbote durchsetzen konnte. Wenn es aber dennoch anmaßende Beamte gab, so lag das daran, dass er nicht wusste, wie man die Strafen richtig einsetzt. Ein Unterge-bener wird belohnt, wenn er sich mit einer Sache befasst und dabei Verdienste erwirbt. Doch Graf *Xiang* belohnte *He*, obwohl sein einziges Verdienst war, nicht anmaßend gewesen zu sein. Er wusste also auch nicht, wie man die Belohnungen richtig gebraucht. Ein kluger Herrscher be-lohnt niemals einen Verdienstlosen und bestraft keinen Schuldlosen. Graf *Xiang* jedoch ließ die anmaßenden Be-amten nicht hinrichten und belohnte den verdienstlosen *He*. Wieso versteht er sich dann auf das richtige Einsetzen von Belohnungen? Deshalb sage ich: „*Zhongni* verstand überhaupt nichts davon, wie man Belohnungen richtig an-wendet. "

Einst veranstaltete Herzog *Ping* von *Jin* ein Gelage mit sei-nen Beamten. Als er schon leicht angeheitert war, sagte er mit einem Seufzer: „Die einzige Freude des Herrschers ist der Gehorsam seiner Untertanen. " Der blinde Musiker *Kuang* saß vorn, ergriff seine Laute und warf sie in Rich-tung des Herzogs. Dieser breitete seinen Rockaufschlag aus, um sich zu schützen, sodass die Laute an der Wand zerschellte. „Nach wem wolltet Ihr werfen? ", fragte der Herzog den Hofmusikmeister, und dieser antwortete: „Ge-rade eben hat jemand an meiner Seite etwas Unwürdiges gesagt. Deshalb warf ich die Laute nach ihm. " – „Das war ich ", sagte der Herzog, woraufhin der Musiker *Kuang* rief: „O weh, das waren nicht die Worte eines Herrschers! " Die

Höflinge rieten dem Herzog, den Musiker davonzujagen, doch der Herzog sprach: „Lasst ihn, ich nehme es als Warnung für mich."

Dazu könnte jemand sagen: Herzog *Ping* handelte nicht wie ein Herrscher, und der Musiker *Kuang* verstieß gegen die Verhaltensregeln eines Untertanen. Der Herrscher begegnet seinen Untergebenen so: er bestraft sie, wenn er mit ihrem Auftreten nicht einverstanden ist. Die Untergebenen hingegen haben ihrem Herrscher so zu begegnen: Sie richten mahnende Worte an ihn, wenn sie sein Verhalten nicht gutheißen, und ziehen sich zurück, wenn ihr wohlgemeinter Rat nicht erhört wird. Nun richtete der Musiker *Kuang*, der das Verhalten des Herzogs missbilligte, keine mahnenden Worte an ihn, wie es einem Untergebenen gebührt, sondern maßte sich an zu strafen, wie es dem Herrscher zukommt, indem er seine Laute nahm und nach dem Herzog warf. Er handelte seiner Stellung zuwider und missachtete die für ihn geltenden Verhaltensvorschriften. Als Untergebener hätte er den Herrscher ermahnen müssen, wenn dieser etwas falsch gemacht hat, und wenn seine Mahnung nicht erhört wird, so muss er, ohne auf Amt und Würden zu sehen, warten, bis der Herrscher zur Besinnung kommt. So schreibt es die Etikette für den Untergebenen vor. Doch der Musiker *Kuang*, der Herzog *Pings* Fehler missbilligte, nahm seine Laute und warf damit nach dem Herzog. Nicht einmal ein strenger Vater würde so mit seinem Sohn verfahren, aber Musiker *Kuang* machte es mit seinem Herrscher. Das ist eine schlimme Majestätsbeleidigung. Ein Untergebener machte sich eines schlimmen Ungehorsams schuldig, derweil sich Herzog *Ping* darüber auch noch freute und auf ihn hörte. Das heißt, dass er vom rechten Weg des Herrschers abgekommen ist. Die Tat des Herzogs *Ping* darf man nicht gutheißen, würde man doch sonst die Herrscher dazu verleiten, auf die falsche Weise auf einen

Rat zu hören und begangene Fehler nicht zu erkennen. Die Handlung des Musikers *Kuang* darf man ebenso wenig gutheißen, würde man doch sonst arglistige Untergebene zur Nachahmung dieser unziemlichen Zurechtweisung und zum Fürstenmord ermuntern. Man kann beider Handlung nicht gutheißen, weil sie falsch waren. Deshalb sage ich: „Herzog *Ping* handelte nicht wie ein Herrscher, und der Musiker *Kuang* verstieß gegen die Verhaltensregeln eines Untertanen."

Zur Zeit des Herzogs *Huan* von *Qi* gab es einen Mann, den man den kleinen Gelehrten *Ji* nannte und der kein öffentliches Amt bekleidete. Herzog *Huan* begab sich dreimal zu ihm, traf ihn aber nie an und sprach: „Ich habe gehört, dass ein kleiner Gelehrter nur Einfluss auf einen Herrscher über zehntausend Kampfwagen haben kann, wenn ihm Amt und Würden nichts bedeuten, und dass ein Herrscher einen einfachen Gelehrten nur in seine Dienste bringen kann, wenn er Mitmenschlichkeit und Rechtschaffenheit hochhält." Und so traf der Herzog ihn schließlich an, als er ihn das fünfte Mal aufsuchte.

Dazu könnte jemand sagen: Herzog *Huan* verstand nichts von Mitmenschlichkeit und Rechtschaffenheit, denn wer menschlich und rechtschaffen sein will, der muss Schaden vom Reich und Unheil vom Staat abhalten und dafür auch bereit sein, selbst Geringschätzung und Schande in Kauf zu nehmen. So einen Menschen kann man menschlich und rechtschaffen nennen. *Yi Yin* zum Beispiel sah, dass in den mittleren Staaten Unordnung herrschte, und verdingte sich als Koch, um in König *Tangs* Nähe zu kommen. *Baili Xi* sah das Durcheinander in *Qin* und ließ sich gefangen nehmen, um an Herzog *Mu* heranzukommen. Sie machten sich Sorgen um den Schaden für das Reich, waren bekümmert über das Unheil für den Staat und nahmen persönlich Herabwürdigung und Schande auf sich. Deshalb kann man von ihnen sagen, dass sie voll Mitmenschlichkeit und Rechtschaffenheit waren. Herzog *Huan* jedoch hatte die Macht eines Herrschers über zehntausend Kampfwagen und begab sich herab auf die Stufe eines gewöhnlichen Gelehrten, um ihn dazu zu bewegen, sich um das Wohl des Staates *Qi* zu sorgen. Doch der kleine Gelehrte hielt es nicht für notwendig, ihn zu empfangen, weil ihm das Wohl des Volkes egal war. Von so einem Menschen kann man nicht sagen, dass er menschlich und rechtschaffen ist. Ein menschlicher und rechtschaffener Mann verletzt nicht die Verhaltensvorschriften für den Untergebenen und bringt nicht den Status von Herrscher und Untertan durcheinander. So nennt sich jemand, der von irgendwo aus dem Reich zur Audienz erscheint und seinen Tribut überreicht, selbst einen ergebenen Diener, und die Beamten und Staatsdiener bezeichnen sich selbst als einfachen Mann aus dem Volke, wenn sie ein Amt zugeteilt und eine Aufgabe übertragen bekommen. Nun gehörte der kleine Gelehrte zur Masse der einfachen Menschen, wagte es aber, dem Wunsch des Herrschers zuwiderzuhandeln. Deshalb kann man ihn nicht als menschlich und rechtschaffen bezeichnen. Herzog *Huan* begegnete ihm dennoch voller Würde, obwohl er keine Mitmenschlichkeit und Rechtschaffenheit besaß. Angenommen, der kleine Gelehrte war ein Mann mit Weisheit und Fähigkeiten und verbarg sich vor Herzog *Huan*. In diesem Fall hätte er bestraft werden müssen, weil er sich einem Amt entzogen hat. Besaß er aber weder Wissen noch Fähigkeiten und benahm sich grundlos überheblich und anmaßend gegenüber dem Herzog, so hätte er als Lügner hingerichtet werden müssen. Der kleine Gelehrte hätte für sein Verhalten entweder bestraft oder hingerichtet werden müssen. Doch Herzog *Huan* kannte sich nicht aus in den Regeln der Herrschaft und begegnete einem Mann, der Strafe oder Tod verdient hatte, mit Respekt. Auf diese Weise lehrte er das Volk von *Qi*, seinen Herrscher herabzuwürdigen und zu verhöhnen. So schafft man keine Ordnung im Staat. Deshalb sage ich: „Herzog *Huan* verstand nichts von Mitmenschlichkeit und Rechtschaffenheit."

Während der Schlacht am Berg *Miji* wollte *Han Xianzi* einen Mann enthaupten. Als *Xi Xianzi* davon hörte, ließ er einen Wagen kommen und wollte den Mann vor dem Tode retten. Bei seiner Ankunft war der Mann aber bereits hingerichtet worden, und so sagte *Xizi*: „Warum sollte es eigentlich kein abschreckendes Beispiel sein?" Auf die Frage seiner Diener, ob er vorher nicht die Absicht gehabt hatte, den Mann vor dem Tode zu retten, antwortete er: „Wie könnte ich es wagen, das begangene Unrecht nicht mit zu tragen?"

Dazu könnte jemand sagen: Die Worte des *Xizi* muss man sehr genau prüfen, denn er teilt das begangene Unrecht nicht. Wenn der Mann, den *Hanzi* enthaupten ließ, schuldig war, hätte man ihn nicht retten können. Bewahrt man nämlich einen Schuldigen vor der Strafe, verliert das Gesetz seine Wirkung, wodurch schließlich der Staat ins Chaos gestürzt wird. War der Mann aber unschuldig, kann man ihn nicht als abschreckendes Beispiel nutzen, denn dann wäre das Unrecht doppelt so groß. Doppeltes Unrecht ruft aber den Zorn des Volkes hervor, wodurch man schließlich den Staat in Gefahr bringt. Man muss also sehr genau sehen, dass *Xizi* mit seinen Worten entweder Gefahr oder Durcheinander für den Staat heraufbeschwört. Außerdem, wenn der von *Hanzi* hingerichtete Mann schuldig war, welches Unrecht sollte *Xizi* dann mit *Hanzi* teilen? Und wenn der Mann unschuldig war? *Hanzi* hatte ihn doch schon hingerichtet, ehe *Xizi* eintraf, das heißt, *Xizi* kam erst an, nachdem *Hanzi* das Unrecht schon begangen hatte. Als *Xizi* dann sagte, man solle es als abschreckendes Beispiel nehmen, teilte er nicht das bereits begangene Unrecht der Hinrichtung, sondern fügte ein weiteres Unrecht hinzu, nämlich die Hinrichtung eines Unschuldigen als abschreckendes Beispiel. Wieso spricht er dann davon, dass er das Unrecht mit trägt? Als einst *Zhou* Menschen bei lebendigem Leibe verbrennen ließ, sagten *Chong Hou* und *Wu Lai*: „Lasst jenen die Beine abschlagen, die dagegen sind." Teilen sie deshalb etwa das von *Zhou* begangene Unrecht? Das Volk erhofft sich sehnlichst Gerechtigkeit von der Obrigkeit. Da es bei *Hanzi* keine Gerechtigkeit fand, hoffte es, sie von *Xizi* zu bekommen. Wenn es nun auch bei ihm keine Gerechtigkeit findet, wird es seine Hoffnung auf die Obrigkeit aufgeben. Deshalb sage ich: „*Xizi* trägt mit seinen Worten das begangene Unrecht nicht mit, sondern fügt noch ein neues hinzu." Und schließlich machte sich *Xizi* auf den Weg, um den Verurteilten zu retten, weil er annahm, dass sich *Hanzi* geirrt hatte. Doch er sagte ihm nicht, dass er seine Tat für falsch hielt, sondern riet, sie als abschreckendes Beispiel zu nehmen. Auf diese Weise zeigte er dem *Hanzi* nicht, dass er einen Fehler begangen hatte. So erreichte er also, dass das Volk seine Hoffnung auf die Obrigkeit aufgab und *Hanzi* sich seines Fehlers nicht bewusst wurde. Ich kann daraus nicht ersehen, wie *Xizi* das Unrecht des *Hanzi* mittragen sollte.

Als Herzog *Huan* einst *Guan Zhong* von seinen Fesseln befreite und zum Minister ernennen wollte, sprach dieser: „Ich genieße die Gunst Eurer Majestät und bin doch von niederem Stand." – „Ich erhebe Euch in einen höheren Stand, als ihn der *Gao*- und *Guo*-Clan besitzt", gab der Herzog zur Antwort. Da sprach *Guan Zhong* erneut: „Ich genieße nun Achtung und bin doch arm." – „Ich gebe Euch drei Domänen", erwiderte der Herzog. Doch erneut sprach *Guan Zhong*: „Ich bin nun reich und stehe doch nicht in

421

einem engen Verhältnis zu Euch." Daraufhin machte ihn der Herzog zum Väterchen *Zhong. Xiao Lue* erklärte dazu: „Weil er meinte, dass ein Mann von niederem Stand nicht über Edelleute herrschen könne, bat *Guan Zhong* darum, über den *Gao-* und *Guo*-Clan gestellt zu werden. Weil er meinte, dass ein armer Mann nicht über die Reichen herrschen könne, erbat sich *Guan Zhong* drei Domänen. Weil er meinte, dass ein Fremder nicht über die dem Herrscher Nahestehenden herrschen könne, ließ sich *Guan Zhong* zum Väterchen *Zhong* machen. *Guan Zhong* war nicht habsüchtig. Nein, er tat dies um der Ordnung willen."

Dazu könnte jemand sagen: Angenommen, gewöhnliche Sklaven würden auf Erlass des Herrschers Minister in ihr Amt berufen. Niemand würde ihnen den Gehorsam verweigern. Aber nicht etwa deshalb, weil Minister von niederem Stand wären und Sklaven große Achtung genießen. Nein, es wagt niemand, sich zu widersetzen, weil es sich um einen Befehl des Herrschers handelt. Wenn *Guan Zhong* regiert hätte, ohne dabei den Willen des Herzogs *Huan* zu vertreten, so hätte er nicht den Herrscher hinter sich gehabt. Ohne Herrscher ist aber kein Land zu regieren. Gestützt auf die Autorität des Herzogs *Huan* und in seinem Namen Befehle erlassend, hätte *Guan Zhong* die gleiche große Glaubwürdigkeit gehabt, wie jene Sklaven. Wozu also brauchte er erst den Status der *Gaos* und *Guos* und die Achtung als Väterchen *Zhong*, um zu regieren? Die heutigen Beamten setzen alle nur die Befehle ihres Herrschers durch, unabhängig davon, ob sie es mit angesehenen oder einfachen Leuten zu tun haben. Solange er nach dem Gesetz handelt, wird sogar ein Palasteunuche das Vertrauen der Minister besitzen. Handelt er aber dem Gesetz zuwider, muss sogar ein hoher Staatsbeamter das Misstrauen des einfachen Volkes hinnehmen. Da sich *Guan*

Zhong nicht damit befasste, das Ansehen des Herrschers zu mehren und die Gesetze klarzustellen, sondern nur darauf bedacht war, noch mehr Gunst und noch größere Würden für sich zu erheischen, muss er entweder gierig nach Reichtum und Ansehen gewesen sein, oder er war dumm und wusste nichts von der Kunst der Führung des Staates. Deshalb sage ich: „*Guan Zhong* handelte nicht recht, und *Xiao Lue* rühmte ihn zu unrecht."

König *Xuan* von *Han* fragte *Jiu Liu*: „Ich will *Gongzhong* und *Gongshu* zusammen mit der Führung des Staates beauftragen. Ist das möglich?" *Jiu Liu* gab ihm darauf zur Antwort: „Im Staate *Wei* wurden einst *Lou* und *Zhai* zur gleichen Zeit angestellt, und man verlor die Gebiete westlich des Flusses. In *Chu* stellte man *Zhao* und *Jing* zur gleichen Zeit an und verlor die Städte *Yan* und *Ying*. Angenommen, Ihr betraut nun *Gongzhong* und *Gongshu* zusammen mit einem Amt, so werden sie über die Angelegenheiten streiten und bei fremden Mächten Rückhalt suchen, was dem Staat Sorgen bringen wird."

Dazu könnte jemand sagen: Einst betraute Herzog *Huan* von *Qi* zur gleichen Zeit *Guan Zhong* und *Bao Shu* mit der Führung des Staates, und *Cheng Tang* betraute *Yi Yin* und *Zhong Hui*. Wenn es für den Staat von Nachteil gewesen wäre, zwei Männer gleichzeitig mit der Führung eines Staates zu beauftragen, hätte Herzog *Huan* nicht die Vormachtstellung im Reich erringen können und wäre *Cheng Tang* nicht König geworden. Andererseits beauftragte König *Min* den *Zhuo Chi* mit der Führung des Staates und fand im Osttempel den Tod. Der Herrscher-Vater beauftragte *Li Dui* und musste verhungern. Versteht sich der Herrscher auf die Staatskunst, zieht auch der gleichzeitige Einsatz von zwei Ministern kein Unheil nach sich. Weiß der Herrscher jedoch nichts von der Staatskunst, kommt es zum Streit und zum Aufbau von Kontakten mit fremden Mächten, wenn er gleichzeitig zwei Männer anstellt, und es endet mit der Usurpation der Macht und der Ermordung des Herrschers, wenn er einem Mann die Führung des Staates überträgt. *Liu* verstand es nicht, dem Herrscher die Staatskunst beizubringen. Er veranlasste ihn, nicht zwei, sondern einen Mann mit der Führung des Staates zu beauftragen. Das heißt, wenn ihm nicht ein Kummer wie der Verlust der Gebiete westlich des Flusses oder der Städte *Yan* und *Ying* zuteil wird, so wird es sein Verhängnis sein, ermordet zu werden oder verhungern zu müssen. *Jiu Lius* Rat war weder gut noch weise.

37. Kapitel

Kritische Bemerkungen (II)

Einst kam Herzog *Jing* am Haus von Meister *Yan* vorbei und sprach zu ihm: „Euer Haus ist klein und liegt direkt am Markt. Ich bitte Euch, verlegt Eure Behausung in den Kampferbaumgarten." Meister *Yan* machte einen zweifachen Kotau und lehnte höflich ab mit den Worten: „Meine Familie ist arm. Jeden Morgen und jeden Abend müssen wir auf den Markt eilen, um etwas Essbares zu holen. Deshalb können wir nicht weitab vom Markt wohnen." Da sprach Herzog *Jing* im Scherz: „Wenn Eure Familie so oft auf dem Markt ist, kennt Ihr gewiss die Preise?" Nun war es so, dass Herzog *Jing* zu jener Zeit gerade sehr viele Strafen eingeführt hatte, und so antwortete ihm Meister *Yan*: „Die Schuhe für Leute ohne Zehen sind teuer, normale Schuhe hingegen sind billig." Auf die Frage des Herzogs, warum dies so sei, antwortete Meister *Yan*: „Weil vielen Leuten zur Strafe die Zehen abgeschnitten werden." Herzog *Jings* Gesichtsausdruck änderte sich plötzlich und er sprach: „Bin ich denn wirklich so grausam?" Schließlich schaffte er fünf Arten der Bestrafung ab.

Dazu könnte jemand sagen: Meister *Yan* war nicht aufrichtig, als er sagte, dass die Schuhe für Leute ohne Zehen teuer sind. Er missbrauchte die Worte, um die Zahl der Bestrafungen zu verringern. Er wusste eben nicht, was Ordnung heißt. Verdiente Strafen sind niemals zu viel, unverdiente Strafen hingegen immer. Wer nicht von der Unangemessenheit der Strafen spricht, sondern nur ihre zu große Zahl beklagt, hat keine Ahnung von der Staatskunst. Wenn es immer wieder Deserteure gibt, obwohl die Soldaten einer geschlagenen Armee zu Hunderten und Tausenden bestraft werden, so deshalb, weil die Strafen zur Beseitigung der Unordnung nicht genügend Furcht verbreiten und die Verräter nicht abhalten können von ihrem Tun. Ist es nicht genauso unsinnig von Meister *Yan*, von der zu großen Zahl der Strafen zu sprechen, ohne dass er danach fragt, ob sie berechtigt oder unangemessen sind? Wer das Unkraut schont, schadet dem Getreide. Wer auf Räuber Rücksicht nimmt, verletzt die ordentlichen Menschen. Die Strafen lockern und Milde walten lassen heißt, die schlechten Menschen zu begünstigen und die guten Untertanen zu benachteiligen. So kann man keine Ordnung schaffen.

Einst war Herzog *Huan* von *Qi* nach einem Weingelage so betrunken gewesen, dass er seine Krone verloren hatte und vor lauter Scham drei Tage keinen Hof hielt. Da sprach *Guan Zhong* zu ihm: „Ihr schämt Euch als Herrscher für das, was passiert ist. Warum macht Ihr diese Schmach nicht durch eine milde Politik wett?" Der Herzog stimmte ihm begeistert zu. Er ließ die Kornspeicher öffnen und Getreide an die Armen verteilen, machte die Gefängnisse auf und begnadigte die kleinen Sünder. Nach drei Tagen sangen die Menschen ein Loblied auf ihn, in dem es hieß:

„Wir wünschen dem Herzog voller Segen,
er möge die Krone bald wieder verlegen."

Dazu könnte jemand sagen: *Guan Zhong* machte Herzog *Huans* Schande in den Augen des gemeinen Volkes wieder gut, um ihn zur gleichen Zeit in den Augen eines Edlen mit Schande zu bedecken. Es war weder gerecht, noch dazu angetan, seine Schande wettzumachen, als er ihn veranlasste, die Speicher zu öffnen und Korn an die Armen zu verteilen, die Gefängnisse zu öffnen und kleine Sünder zu begnadigen. Wenn er Herzog *Huan* dazu brachte, dies für Gerechtigkeit zu halten, so musste dieser erst seine Krone verlieren, um Gerechtigkeit zu erfahren und zu praktizieren. Bedeutet dies nicht, dass Herzog *Huan* Gerechtigkeit praktizierte, weil er seine Krone verloren hatte? So hat er die Schande des Verlustes der Krone in den Augen des gemeinen Volkes wettgemacht, um zur gleichen Zeit in den Augen eines Edlen die Schande des Verlustes der Gerechtigkeit auf sich zu laden. Darüber hinaus bedeutet es, Menschen ohne Verdienste zu belohnen, wenn man die Kornspeicher öffnet und den Armen Getreide gibt, und es heißt, Verbrecher nicht gebührend zu bestrafen, wenn man die Gefängnisse öffnet und die kleinen Sünder begnadigt. Belohnt man verdienstlose Menschen, verlässt sich das Volk auf das Glück und erhofft sich Belohnungen vom Herrscher. Verschont man Verbrecher, ist das Volk nicht gewarnt und neigt leicht zu ungesetzlichem Handeln. Darin liegt die Wurzel für Unordnung im Staat. Wie könnte man auf diese Weise Schande wettmachen?

König *Wen* überfiel einst *Yu*, unterwarf *Ju* und eroberte *Feng*. Da er mit diesen drei Aktionen den Zorn des *Zhou* auf sich gezogen hatte, wollte ihm König *Wen* aus Furcht das Gebiet westlich des *Luo*-Flusses und das Land der roten Erde mit insgesamt eintausend *li* im Quadrat überlassen, um ihn dazu zu bewegen, die Strafe der Verbrennung bei lebendigem Leib abzuschaffen. Überall im Reich war man erfreut darüber, und als *Zhongni* davon hörte, sprach er: „War König *Wen* nicht voller Mitmenschlichkeit! Er verzichtete auf ein Land von tausend Quadrat-*li* Größe, um die Abschaffung der Strafe der Verbrennung bei lebendigem Leib zu erwirken. Und war König *Wen* nicht auch voller Weisheit! Er gab ein tausend *li* großes Land her und gewann damit die Sympathie des ganzen Reiches.“

Dazu könnte jemand sagen: Irrte *Zhongni* nicht, als er König *Wen* für weise hielt? Ein weiser Mann weiß, wo Gefahren und Schwierigkeiten lauern, und umgeht sie, sodass ihm selbst kein Unheil widerfährt. Hätte König *Wen* etwa den Zorn des *Zhou* hervorrufen können, weil er nicht die Sympathie der Menschen besaß? Natürlich hätte er den Zorn des *Zhou* besänftigen können, indem er die Sympathie der Menschen zu gewinnen versucht hätte. Doch dann hätte ihn *Zhou* gehasst, weil er zu viel Sympathie beim Volk besitzt. Da er auch noch auf Land verzichtete, um die Sympathien der Menschen zu gewinnen, mussten *Zhous* Zweifel an ihm noch größer werden. Klar, dass er gefangen genommen und in *Youli* eingesperrt wurde. Es gibt einen Spruch des *Zheng Zhang*, der besagt: „Halte dich an den rechten Weg. Tue nichts, was ihm widerspricht, und zeige deine Absichten nicht.“ Diese Worte passen am besten zu König *Wen*. Man darf nicht die Zweifel anderer hervorrufen. *Zhongni* hat den Sinn dieser Lehre nicht verstanden, wenn er König *Wen* für weise hielt.

Herzog *Ping* von *Jin* fragte *Shu Xiang*: „Einst gelang es Herzog *Huan* von *Qi*, neunmal die Lehnsfürsten zusammenzurufen und Ordnung im Reich unter dem Himmel herzustellen. Nun weiß ich nicht, war dies möglich dank der Fähigkeiten seiner Untergebenen oder dank seiner eigenen Fähigkeiten?" *Shu Xiang* gab ihm zur Antwort: „*Guan Zhong* verstand sich vortrefflich auf das Zuschneiden von Stoffen, *Bin Xuwu* beherrschte das Nähen meisterlich und *Xi Peng* war perfekt im Umsäumen. Waren die Kleider fertig, nahm sie der Herrscher und zog sie an. Dies geschah dank der Fähigkeiten der Untergebenen. Welche Fähigkeiten hätte der Herrscher gehabt haben sollen?" Als der Musiker *Kuang* daraufhin seine Laute wegwarf und zu Lachen begann, fragte ihn der Herzog, worüber er lache, und der Musiker *Kuang* sprach: „Ich lache über die Antwort, die Euch *Shu Xiang* gegeben hat. Ist es doch so, dass es sich mit einem Untergebenen verhält, wie mit einem Küchenmeister. Er bringt die fünf Geschmacksrichtungen in seinem Gericht zur Harmonie und reicht es danach dem Herrscher. Wer würde wohl wagen, ihn zu preisen, wenn der Herrscher das Gericht nicht isst? Erlaubt Eurem Diener folgendes Gleichnis: Der Herrscher ist wie der Boden, und die Untergebenen sind wie Gräser und Bäume. Nur wenn der Boden fruchtbar ist, gedeihen auch die Gräser und Bäume prächtig. Dies geschieht dank der Fähigkeiten des Herrschers. Welche Fähigkeiten hätten die Untergebenen gehabt haben sollen?"

Dazu könnte jemand sagen: Die Antworten des *Shu Xiang* und des Musikers *Kuang* waren beide einseitig. Ordnung im Reich unter dem Himmel zu schaffen und neunmal die Lehnsfürsten zusammenzurufen, das war gewiss eine gewaltige Leistung, die weder allein auf den Fähigkeiten des Herrschers, noch ausschließlich auf den Fähigkeiten der Untergebenen beruhte. Einst wirkten *Gong Zhiqi* im

Staate *Yu* und *Xi Fuji* im Staate *Cao*. Beide waren kluge Minister. Ihre Worte trafen den Kern der Dinge, und ihre Unternehmungen endeten immer mit Erfolg. Wie kam es dann, dass *Yu* und *Cao* untergingen? Weil es dort fähige Untergebene gab, aber keine fähigen Herrscher. Und *Jian Shu*? Erst tat er in *Yu* Dienst, und *Yu* ging zugrunde. Danach tat er in *Qin* Dienst, und *Qin* errang die Vorherrschaft. *Jian Shu* verhielt sich nicht dumm in *Yu* und weise in *Qin*. Nein, die Frage war, ob es einen fähigen Herrscher gab oder nicht. *Shu Xiang* hatte also nicht recht, als er sagte, dass die Fähigkeiten der Untergebenen entscheidend sind.

In Herzog *Huans* Palast gab es zwei Marktplätze und zweihundert Haremszimmer. Der Herzog ließ seine Haare auf die Schultern fallen und vergnügte sich jeden Tag mit seinen Frauen. Mit *Guan Zhong* als Minister wurde er zum ersten der fünf Hegemonen. Als er *Guan Zhong* verloren hatte und *Shu Diao* an dessen Stelle trat, fand er den Tod und wurde nicht begraben, sodass die Maden unter der Tür hervorkrochen. Meint man nun, dass es nicht an der Fähigkeit der Untergebenen lag, so wäre er nicht mit *Guan Zhongs* Hilfe zum Hegemonen aufgestiegen. Meint man aber, dass es nur an der Fähigkeit des Herrschers lag, so hätte ihn *Shu Diao* nicht ins Verhängnis stürzen können. Herzog *Wen* von *Jin* hing einst so sehr an einer Frau aus *Qi*, dass er vergaß zurückzukehren. Doch Onkel *Fan* ermahnte ihn so eindringlich, dass er ihn schließlich zur Rückkehr nach *Jin* bewegte. Herzog *Huan* konnte dank der Hilfe des *Guan Zhong* die Lehnsfürsten zusammenrufen, und Herzog *Wen* wurde dank der Hilfe von Onkel *Fan* zum Hegemonen. Der Musiker *Kuang* hatte also auch nicht recht, als er sagte, dass die Fähigkeiten des Herrschers entscheidend sind. Damit die fünf Hegemonialherrscher ihren Ruhm und Erfolg im Reich unter dem Himmel erlangen konnten, war es notwendig, dass der Herrscher und seine Untergebenen die notwendigen Fähigkeiten besaßen. Deshalb sage ich: „Die Antworten des *Shu Xiang und* des Musikers *Kuang* waren beide einseitig."

Als zur Zeit der Herrschaft des Herzogs *Huan* von *Qi* eines Tages ein Gast aus *Jin* an seinem Hof ankam, fragte ihn der Zeremonienmeister, wie der Gast empfangen werden soll. Doch der Herzog sagte nur dreimal: „Fragt Väterchen *Zhong*." Da lachte der Hofnarr und sprach: „Wie leicht ist es doch, Herrscher zu sein! Ihr müsst nur sagen, fragt Väterchen *Zhong*, und das nächste Mal sagt Ihr wieder, fragt Väterchen *Zhong*." Der Herzog sprach: „Ich habe gehört, dass der Herrscher Mühe damit hat, den richtigen Mann auszuwählen, und nicht damit, ihn einzusetzen. Für mich war es schwer genug, Väterchen *Zhong* zu finden. Warum sollte ich es jetzt, nachdem ich ihn gefunden habe, nicht leicht haben?"

Dazu könnte jemand sagen: Herzog *Huans* Antwort an den Hofnarr war nicht die eines Herrschers. Er meinte, es sei schwer für den Herrscher, den richtigen Mann auszuwählen. Warum aber sollte die Auswahl des richtigen Mannes schwer sein? *Yi Yin* verdingte sich selbst als Koch, um *Tang* zu dienen. *Baili Xi* begab sich selbst in Gefangenschaft, um Herzog *Mu* zu dienen. Gefangen zu sein ist eine Schande, und als Koch zu arbeiten ist eine Schmach. Doch ein Weiser setzt sich Schmach und Schande aus, um in die Nähe des Herrschers zu gelangen, wenn seine Sorgen über den Zustand der Welt ihn beunruhigen. Ein Herrscher darf nur den Weisen den Zutritt zu ihm nicht verwehren, dann macht es ihm überhaupt keine Mühe, den richtigen Mann zu finden. Außerdem sind die Ämter dazu da, fähige Leute in Dienst zu nehmen. Ränge und Pfründe dienen zur Auszeichnung von Verdiensten. Sind die Ämter eingerichtet und die Ränge und Pfründe aufgestellt, kommen die fähigen Männer von allein. Warum sollte der Herrscher Arbeit damit haben? Den Einsatz der Menschen wiederum darf der Herrscher nicht leichtnehmen. Um die Untergebenen richtig einzusetzen, muss er sie nach den Regeln des Gesetzes verwalten und auf die Übereinstimmung von Form und Name hin überprüfen. Er lässt jene Tätigkeiten zu, die mit dem Gesetz konform gehen, und verbietet jene, die nicht nach dem Gesetz sind. Wenn das Ergebnis der Tätigkeit dem ursprünglichen Vorschlag entspricht, verteilt der Herrscher Belohnungen, ansonsten straft er. Der Herrscher muss im Umgang mit seinen Beamten auf die Übereinstimmung von Form und Name achten und die Untergebenen mit den Regeln des Gesetzes verwalten. Von diesem Prinzip darf er keinesfalls abgehen. Wie kann der Einsatz der Menschen dann aber leicht sein für den Herrscher?

Den richtigen Menschen zu finden ist nicht schwer, die Menschen richtig einzusetzen ist hingegen nicht leicht. Herzog *Huan* hatte nicht recht, als er sagte: „Der Herrscher hat Mühe damit, den richtigen Mann auszuwählen, und nicht damit, ihn einzusetzen." Außerdem ist es für ihn auch nicht schwer gewesen, *Guan Zhong* zu finden. *Guan Zhong* ging nicht für seinen ersten Herrscher in den Tod, sondern kam zu Herzog *Huan*. *Bao Shu* wiederum legte keinen großen Wert auf sein Amt, war bereit, es an einen Fähigeren abzutreten und überließ es *Guan Zhong*. Es ist also klar, dass es für Herzog *Huan* überhaupt nicht schwer war, *Guan Zhong* für sich zu gewinnen. Doch wie hätte er es danach leicht haben können? *Guan Zhong* war kein *Zhougong Dan*. Dieser vertrat nämlich sieben Jahre stellvertretend den Sohn des Himmels, bis König *Cheng* alt genug war, um ihm die Regierungsgeschäfte zu überlassen. Er tat dies nicht für das Wohl des Reiches unter dem Himmel, sondern weil es seine Amtspflicht war. Wer einem minderjährigen Thronfolger nicht die Macht entreißt, um die Herrschaft über das Reich auszuüben, der verrät sicher auch nicht seinen getöteten Herrscher, um in die Dienste des Feindes zu treten. Wer aber seinen getöteten Herrscher im Stich lässt, um dem Feind zu dienen, der wird auch sehr schnell bereit sein, einem minderjährigen Thronfolger die Macht zu entreißen, um über das Reich zu herrschen. Wer ohne Weiteres bereit ist, dies zu tun, der wird auch ohne Hemmungen seinem Herrscher den Staat entreißen. *Guan Zhong* war ursprünglich ein Untertan des Prinzen *Jiu*. Er hatte sogar einmal die heimliche Absicht, Herzog *Huan* zu ermorden. Es gelang ihm jedoch nicht, und nach dem Tode seines Herrschers verdingte er sich bei Herzog *Huan*. Es ist also klar, dass *Guan Zhong* im Geben und Nehmen niemals wie *Zhougong Dan* war. Angenommen, er war ein großer Weiser, dann hätte *Guan Zhong* gehandelt wie *Tang* und *Wu*. Sie dienten *Jie* und *Zhou* als Minister, und als *Jie* und *Zhou* das Land durcheinander brachten, entrissen sie ihnen die Macht. Wollte nun Herzog *Huan* sorglos über *Guan Zhong* thronen, würde er sich damit genauso in Gefahr bringen, wie es *Jie* und *Zhou* taten, als sie sorglos über *Tang* und *Wu* thronten. War *Guan Zhong* aber ein unwürdiger Mensch, dann hätte er gehandelt wie *Tian Chang*, der im Dienste des Herzogs *Jian* stand und seinen Herrscher ermordete. Wollte Herzog *Huan* in diesem Fall leichtfertig über *Guan Zhong* thronen, würde dies wiederum genau die gleiche Gefahr für ihn bedeuten, wie damals für Herzog *Jian*, der leichtfertig über *Tian Chang* thronte. Es war ja bereits klar, dass *Guan Zhong* kein zweiter *Zhougong Dan* war. Doch man konnte nicht wissen, ob er sich verhält wie *Tang* und *Wu* oder wie *Tian Chang*. Im ersten Fall hätte sich Herzog *Huan* der gleichen Gefahr ausgesetzt, wie es *Jie* und *Zhou* taten, und im zweiten Fall hätte ihn das Verhängnis des Herzogs *Jian* erwartet. Wie hätte Herzog *Huan* also sorglos sein können, nachdem er *Guan Zhong* für sich gewonnen hatte? Gesetzt den Fall, dass Herzog *Huan* dem *Guan Zhong* ein Amt anvertraut hat, weil er sicher war, dass dieser ihn nicht hintergeht. Das hieße, dass er es verstand, jene Untergebenen herauszufinden, die den Herrscher nicht betrügen. Nun übertrug Herzog *Huan* aber die gleichen Sonderrechte, die er *Guan Zhong* gewährt hatte, auch an *Shu Diao* und *Yi Ya*, mit dem Ergebnis, dass er nach seinem Tod nicht begraben wurde und die Maden zur Tür hervorkrochen. Es ist also klar, dass er nicht zu entscheiden vermochte, welche Untergebenen ihn hintergehen und welche nicht. Nichtsdestoweniger überließ er seinen Beamten eine derart große Macht. Deshalb sage ich, dass Herzog *Huan* ein einfältiger Herrscher war.

Li Ke regierte das Land im Zentralgebirge. Eines Tages erstattete ihm der Verwalter des Gebietes der unzugänglichen Schluchten seinen Bericht und sprach von großen Einnahmen. Da sagte *Li Ke*: „Worte, die geschickt vorgetragen werden und den Hörer erfreuen, aber nicht auf ihre Rechtschaffenheit geprüft werden können, sind leere Worte. Große Einnahmen, die nicht auf den Vorteilen des Landes beruhen, sind unrechtmäßig erworbene Güter. Ein edler Mann hört nicht auf leere Worte und nimmt keine unrechtmäßig erworbenen Güter. Ihr seid einstweilen entlassen.“

Dazu könnte jemand sagen: Meister *Li* vertritt die These: „Worte, die geschickt vorgetragen werden und den Hörer erfreuen, aber nicht auf ihre Rechtschaffenheit geprüft werden können, sind leere Worte.“ Geschickte Worte sind Sache des Vortragenden, die Freude darüber ist Sache des Zuhörers. Der Vortragende ist aber nicht der Zuhörende. Wenn er davon spricht, dass die Worte nicht auf ihre Rechtschaffenheit geprüft werden können, so bezieht sich dies nicht auf den Zuhörenden, sondern muss sich auf den beziehen, der etwas zu Gehör bringt. Der Zuhörer ist entweder ein gewöhnlicher Mann oder ein Edler. Ein gewöhnlicher Mann versteht nichts von Rechtschaffenheit und kann die Worte folglich nicht daran messen. Ein Edler hingegen misst sie an der Rechtschaffenheit und wird sich nicht an ihnen erfreuen können. Deshalb sage ich: „Worte, die geschickt vorgetragen werden und den Hörer erfreuen, aber nicht auf ihre Rechtschaffenheit geprüft werden können, müssen unwahr sein."

Mit der Aussage, dass zu große Einnahmen unrechtmäßig erworbene Güter sind, kommt man auch nicht weit. Meister *Li* hat der Treulosigkeit nicht rechtzeitig Einhalt geboten und zugelassen, dass sie bis in das Berichtswesen vordrang. So ließ er Vergehen aufkommen und war nicht in der Lage zu erkennen, warum die Einkünfte groß sind. Was kann er aber tun, wenn die Einkünfte dank einer reichen Ernte doppelt so hoch sind? Wenn die Menschen bei ihrer Arbeit auf die Harmonie von *yin* und *yang* achten, beim Säen und Pflanzen den vier Jahreszeiten folgen, keine Verluste hinnehmen müssen, weil sie alles zur rechten Zeit tun, und keinen Naturkatastrophen ausgesetzt sind, dann sind die Einkünfte groß. Wenn eine große Sache nicht unter kleinen Dingen leidet, das Gelingen der Unternehmen nicht an eigennützigen Begierden scheitert, die Männer ihre Kraft in der Feldarbeit verausgaben und die Frauen sich auf das Weben konzentrieren, dann sind die Einkünfte groß. Wenn die Regeln der Viehzucht befolgt werden und man den Anbau auf geeignetem Boden vornimmt, dann gedeihen die sechs Arten von Haustieren und die fünf Getreidesorten und die Einkünfte sind groß. Wenn man alles genau berechnet, die natürlichen Umstände berücksichtigt und die Vorteile von Boten, Wagen und Geräten nutzt, um mit wenig Aufwand gute Ergebnisse zu erzielen, dann sind die Einkünfte groß. Wenn man den Handel auf den Märkten und an den Zollgrenzen fördert, um für überschüssige Waren benötigte Güter zu erhalten, fremde Kaufleute zu uns kommen und ausländische Waren ins Land fließen, Sparsamkeit im Umgang mit Gütern herrscht, die Leute sich maßvoll ernähren und kleiden, bei Behausungen und Gerätschaften auf die Nützlichkeit geachtet wird und man sich keinen Vergnügungen hingibt, dann sind die Einkünfte groß. In all diesen Fällen sind die großen Einkünfte das Ergebnis des Handelns der Menschen. Und wenn der Himmel Wind und Regen, Kälte und Wärme zur rechten Zeit schickt und den Menschen, obwohl sie nicht mehr Land zur Verfügung haben, ein reiches Erntejahr vergönnt ist, dann sind die Einkünfte groß. Die Tätigkeit der Menschen und die Unterstützung des Himmels führen zu großen Einkünften, und nicht die Vorteile der Natur, die ein Gebiet besitzt. Von unrechtmäßig erworbenen Gütern zu sprechen, wenn jemand ohne günstige natürliche Bedingungen große Einkünfte hat, ist völlig haltlos.

Einst belagerte Graf *Jian* von *Zhao* die Hauptstadt von *Wei.* Er trug einen Nashornpanzerschild, stellte sich außerhalb der Reichweite der feindlichen Bogenschützen und Steinschleudern in Positur und trommelte zum Angriff, doch seine Soldaten erhoben sich nicht. Da warf er die Trommelstöcke weg und sprach: „Ach! Meine Soldaten sind am Ende ihrer Kräfte." Ein Infanterist namens *Zhu Guo* nahm seinen Helm ab und gab ihm zur Antwort: „Euer ergebener Diener hat gehört, dass es Herrscher gibt, die nicht mit den Menschen umgehen können. Erschöpfte Soldaten jedoch gibt es nicht. Einst hat unser früherer Herrscher Herzog *Xian* siebzehn Staaten erobert, achtunddreißig Staaten unterjocht und zwölf Kriege gewonnen, und das alles dank der Art, wie er mit dem Volk umging.

Nach dem Tod des Herzogs *Xian* bestieg Herzog *Hui* den Thron. Er war ausschweifend und grausam und gab sich den Vergnügungen mit Frauen hin, sodass *Qin* ungestört über das Land herfallen konnte und bis auf siebzehn *li* an die Stadt *Jiang* herankam. Auch das war Resultat seines Umgangs mit den Menschen. Als Herzog *Hui* starb, bestieg Herzog *Wen* den Thron. Er belagerte *Wei*, eroberte *Ye*, schlug die *Jing*-Armee fünfmal in der Schlacht bei *Chengpu* und erwarb sich Ansehen und Ruhm im Reich unter dem Himmel. Auch in diesem Fall war es das Resultat seines Umgangs mit den Menschen. Also gibt es Herrscher, die nicht mit den Menschen umgehen können. Erschöpfte Soldaten jedoch gibt es nicht." Als Graf *Jian* dies gehört hatte, legte er seinen Schild ab, stellte sich innerhalb der Reichweite der feindlichen Bogenschützen und Steinschleudern in Positur und trommelte zum Angriff. Seine Soldaten folgten ihm in die Schlacht und errangen einen großen Sieg. Daraufhin sprach Graf *Jian*: „Was sind schon eintausend Kampfwagen gegen den Rat des Infanteristen *Zhu Guo* wert."

Dazu könnte jemand sagen: Der Infanterist traf mit seinen Worten nicht den Kern. Er erläuterte nur, dass Herzog *Hui* durch seinen Umgang mit den Menschen scheiterte, während Herzog *Wen* durch seine Art des Umgangs mit den Menschen die Vorherrschaft errang. Doch er hat ihm nicht gezeigt, wie man richtig mit den Menschen umgehen muss. Graf *Jian* hätte seinen Schild nicht so überhastet ablegen dürfen. Ein ehrfürchtiger Sohn stellt sich aus Liebe zu seinem Vater vor die feindlichen Bogenschützen und Steinschleudern, wenn sein Vater in Bedrängnis ist. Doch nur einer von hundert ehrfürchtigen Söhnen liebt seinen Vater so sehr. Der Infanterist hat gelogen, als er vorgab, dass man die Soldaten zum Kämpfen bringt, indem man sich selbst der Gefahr aussetzt, denn dann müsste man erwar-

ten, dass alle Söhne aus dem Volk dem Herrscher so zugetan sind, wie ein ehrfurchtsvoller Sohn seinen Vater liebt.
Dagegen neigt jeder Mensch dazu, den Nutzen zu lieben
und den Schaden zu verabscheuen. Sind die Belohnungen
hoch und glaubwürdig, stürzen sich die Menschen auf den
Feind. Sind die Strafen hart und verbindlich, rennt keiner
vor dem Feind davon. Unter Hunderten findet sich nicht
ein einziger Mensch, der dem Herrscher aus Zuneigung
folgt, doch es gibt keinen, der nicht nach dem Vorteil strebt
und nicht die Strafe fürchtet. Der Infanterist verstand überhaupt nichts von der Kunst des Umgangs mit den Menschen, hat er doch dem Führer der Massen geraten, nicht
jene Methode anzuwenden, der sich keiner widersetzt, sondern den Weg zu gehen, den von Hunderten nicht ein Einziger geht.

SECHSZEHNTES BUCH

38. Kapitel

Kritische Bemerkungen (III)

Herzog *Mu* von *Lu* fragte *Zisi*: „Mir ist zu Gehör gekommen, dass der Sohn von *Pang Jian* pietätlos ist. Was hat er denn getan?" *Zisi* antwortete ihm: „Der Edle verehrt die Weisen für ihre Tugend und spricht vom Guten, dem Volke zum Beispiel. Begangene Fehltritte interessieren den Mann aus dem Volk. Ich weiß darüber nichts." Als *Zisi* gegangen war, erschien *Zifu Libo* zur Audienz. Der Herzog befragte auch ihn nach dem Verhalten des Sohnes von *Pang Jian*. *Zifu Libo* sprach: „Er hat drei Fehltritte getan, die Ihr Euch nicht vorstellen könnt." Von da an verehrte der Herrscher *Zisi* und missachtete *Zifu Libo*.

Dazu könnte jemand sagen: Geschah es nicht zurecht, dass das Herrscherhaus von *Lu* über drei Generationen vom *Ji*-Clan unterdrückt wurde? Der kluge Herrscher versucht, die guten Menschen herauszufinden, um sie zu belohnen, und die schlechten, um sie zu bestrafen, und geht dabei nach einem einheitlichen Maßstab vor. Wer dem Herrscher von guten Taten berichtet, erfreut sich ebenso an ihnen wie der Herrscher, und wer ihm schlechte Taten zu Gehör bringt, verabscheut diese ebenso wie der Herrscher. Der Herrscher sollte dies entsprechend belohnen und würdigen. Wer aber dem Herrscher schlechte Taten nicht anzeigt, stellt sich damit gegen ihn, macht gemeinsame Sache mit den Übeltätern und verdient, entsprechend gerügt und bestraft zu werden. Nun brachte *Zisi* dem Herrscher keinen Fehltritt zu Gehör und wurde dennoch von Herzog *Mu* geachtet, während *Li Bo* ihm von den Schandtaten berichtete und vom Herzog *Mu* dafür missachtet wurde. Es gibt niemanden, der sich über die Achtung durch den Herrscher nicht freuen und über die Missachtung von Seiten des Herrschers nicht ärgern würde. So geschah es schließlich, dass dem Herrscher nichts von dem Aufruhr des *Ji*-Clans zugetragen wurde und der *Lu*-Herrscher seiner Macht beraubt werden konnte. War es nicht genau das falsche Handeln, nämlich das eines zum Untergang verdammten Herrschers, dass die Leute von *Lu* guthießen und Herzog *Mu* für das einzig Achtenswerte hielt?

Als Herzog *Wen* einst ins Exil flüchtete, beauftragte Herzog *Xian* einen Palasteunuchen mit Namen *Pi*, ihn bei der Stadt *Pucheng* zu überfallen. *Pi* gelang es, ihm einen Ärmel abzureißen, doch Herzog *Wen* entkam nach *Di*. Nachdem Herzog *Hui* den Thron übernommen hatte, schickte auch er *Pi* los, um am Ufer des *Wei*-Flusses über Herzog *Wen* herzufallen, doch auch dieses Mal ohne Erfolg. Als Herzog *Wen* schließlich in sein Land zurückgekehrt war, bat *Pi* um eine Audienz bei ihm. Der Herzog fragte: „Als du bei *Pucheng* gegen mich kämpfen solltest, bist du geradewegs dorthin geeilt, obwohl du den Befehl hattest, unterwegs einmal zu übernachten. Später, bei der Auseinandersetzung am *Wei*-Ufer, solltest du dreimal unterwegs übernachten, hast aber nur einmal übernachtet. Was war der Grund für deine Eile?" *Pi* antwortete ihm darauf: „Zwei Herrscher können nicht zur gleichen Zeit befehlen. Ich hatte Angst, dem Zorn des Herrschers nicht entgehen zu können. Mit den Leuten aus *Pu* und *Di* hatte ich nichts zu tun. Habt Ihr etwa heute, da Ihr den Thron bestiegen habt, noch etwas mit *Pu* und *Di* zu tun? Auch Herzog *Huan* verzieh es *Guan Zhong*, dass er mit einem Hakenschwert nach ihm geworfen hatte, und machte ihn zu seinem Minister." Der Herzog gewährte ihm daraufhin eine Audienz.

Dazu könnte jemand sagen: Geschah es nicht zu Recht, dass die Ahnenopfer des *Qi*- und des *Jin*-Clans nicht weitergeführt wurden? Herzog *Huan* konnte *Guan Zhongs* Verdienste nutzen und darüber vergessen, dass er einmal ein Hakenschwert nach ihm geworfen hatte. Herzog *Wen* konnte auf die Worte des Eunuchen hören und darüber vergessen, dass er dem Herzog den Ärmel zerrissen hatte. Beide Herzöge waren fähig genug, ihren Untergebenen zu verzeihen. Doch die Herrscher späterer Generationen kommen in ihrer Weisheit diesen beiden Herzögen nicht immer gleich, und die Untergebenen späterer Generationen besitzen nicht alle die Würde dieser beiden Untertanen. Sollte nun ein unaufrichtiger Mann einem unwissenden Herrscher dienen, ohne dass der Herrscher um seine Untreue weiß, so wird es Schurken wie *Cao* aus *Yan, Zihan* und *Tian Chang* geben. Weiß der Herrscher hingegen um seine Untreue, rechtfertigt sich der treulose Untertan mit den Beispielen des *Guan Zhong* und des Eunuchen. Und wenn der Herrscher ihn nicht bestraft und sich dabei noch für so tugendhaft wie Herzog *Huan* und *Wen* hält, hat er in seinem Untergebenen einen Feind, ohne es zu merken. Kann es nicht sogar so weit führen, dass der Herrscher ohne leiblichen Nachfolger bleibt, wenn er ohne jegliche Vorsicht diesem Untertan große Macht überträgt und sich dabei auch noch für weise hält? Und was ist mit den Worten des Eunuchen? Er stellte es als Aufrichtigkeit gegenüber dem Herrscher dar, dass er dem Befehl seines Herrschers und keinem anderen Folge geleistet hat. Doch wenn der verstorbene Herrscher wieder auferstehen würde, müsste ihn da nicht sein Gewissen plagen wegen der Aufrichtigkeit. Raum war Herzog *Hui* verstorben, trat er am nächsten Morgen in den Dienst des Herzogs *Wen*. Wie steht es denn da um sein Wort, dass er nicht zwei Herrschern dienen kann?

Einst gab jemand dem Herzog *Huan* ein Rätsel auf und fragte: „Was ist das, die erste, die zweite und die dritte Schwierigkeit des Herrschers?" Da der Herzog darauf keine Antwort wusste, fragte er *Guan Zhong*, und dieser sagte: „Die erste Schwierigkeit des Herrschers kommt daher, dass ihm die Hofnarren näher sind als seine Beamten. Die zweite Schwierigkeit besteht darin, dass er seinen Regierungssitz verlässt und oft durch das Land reist. Zur dritten Schwierigkeit kommt es, wenn der Herrscher bereits alt ist und seinen Kronprinzen zu spät ernennt." – „So ist es", rief da der Herzog, und ohne vorher einen Glück verheißenden Tag auszuwählen, führte er seinen Thronfolger nach allen Regeln der Etikette im Tempel seiner Ahnen ein.

Dazu könnte jemand sagen: *Guan Zhong* konnte das Rätsel nicht lösen. Ob ein Beamter für den Herrscher von Nutzen ist, hängt nicht von seiner Nähe zu ihm ab. Hofnarren und Schauspieler hingegen sind auf allen Festen ständige Begleiter des Herrschers. Es ist also ganz und gar nicht schwierig, Ordnung im Staat zu halten, nur weil die Hofnarren dem Herrscher näher sind als seine Beamten. Und weiter: Hat der Herrscher die Macht inne, kann sie aber nicht durchsetzen, ohne ständig bei Hofe zu sein, so heißt dies, mit der Kraft eines Einzelnen gegen das ganze Land anzukämpfen. Damit wird er nur wenig Erfolg haben. Vermag er es jedoch, dank seiner Weisheit Verräter selbst auf große Entfernung zu entlarven, die größten Geheimnisse ans Tageslicht zu bringen und seine Befehle diesbezüglich strikt zu handhaben, dann wird es bei Hofe keine Umsturzversuche geben, selbst wenn er weit umherreist im Land. Es besteht also ganz und gar nicht die Gefahr, dass er seine

Macht und sein Leben verliert, nur weil er den Hof verlässt und durch die Welt reist. Und drittens: Der *Chu*-König *Cheng* hatte *Shang Chen* bereits als Kronprinzen bestimmt, wollte dann aber den Prinzen *Zhi* als Thronfolger einsetzen. Daraufhin rebellierte *Shang Chen* und brachte König *Cheng* um. Prinz *Zai* war der Thronfolger in *Zhou*, Prinz *Gen* gewann jedoch die Gunst des Herrschers, rebellierte schließlich im Ostteil von *Zhou* und spaltete das Land in zwei Teile. In beiden Fällen bestand das Unheil nicht in der zu späten Ernennung des Kronprinzen. Wenn der Herrscher die Position des Kronprinzen nicht zweimal vergibt, die Söhne seiner Nebenfrauen ihrem niederen Status gemäß behandelt und niemanden begünstigt, kann er den Kronprinzen, sogar wenn er hohe Würden besitzt, durchaus erst im hohen Alter ernennen. Es ist also ganz und gar nicht schwierig, den Kronprinzen spät einzusetzen und Aufruhr vonseiten der Nebensöhne zu vermeiden. Was aber sind dann die drei Schwierigkeiten des Herrschers? Der Herrscher muss den Beamten Macht übertragen, doch er darf nicht zulassen, dass sie ihm damit Schaden zufügen. Das kann man die erste Schwierigkeit nennen. Die zweite besteht darin, die Nebenfrauen zu lieben, ohne dass sie der Hauptfrau den Platz streitig machen. Und drittens ist es schwierig, den Söhnen der Nebenfrauen mit Liebe zu begegnen, ohne dass sie den rechtmäßigen Thronerben bedrängen, und nur auf einen Ratgeber allein zu hören, ohne dass er es wagen würde, sich mit dem Herrscher gleichzustellen.

Prinz *Gao* von *Ye* fragte *Zhongni* nach den Geheimnissen der Politik, und *Zhongni* antwortete: „Die richtige Politik besteht darin, die eigenen Leute zu erfreuen, um damit andere aus der Ferne anzuziehen." Dann fragte ihn Herzog *Ai* nach der Politik, und *Zhongni* sprach: „Die richtige Politik besteht darin, einen weisen Mann auszuwählen." Und als ihn Herzog *Jing* von *Qi* nach der Politik befragte, sagte *Zhongni*: „Die richtige Politik besteht im sparsamen Umgang mit den Reichtümern des Landes." Nachdem die drei Herzöge gegangen waren, fragte *Zigong* seinen Lehrmeister: „Meister, alle drei Herzöge stellten Euch ein und dieselbe Frage nach der Politik, doch Eure Antwort war in jedem Falle eine andere. Warum dies?" Da sprach *Zhongni*: „*Ye* hat eine große Hauptstadt, das Land ist klein und die Menschen wenden sich von ihrem Herrscher ab. Deshalb sagte ich zu ihm: ‚Die richtige Politik besteht darin, die eigenen Leute zu erfreuen, um damit andere aus der Ferne anzuziehen.‘ Herzog *Ai* von *Lu* hat drei Staatsminister, die Abgesandte der Lehnsfürsten und Nachbarstaaten nicht zum Herrscher vorlassen und durch ihre Cliquenwirtschaft den Herrscher verdummen. Es liegt sicher an diesen drei Staatsministern, wenn das Böse aus den Ahnentempeln nicht vertrieben wird und den Göttern des Erdbodens und der Feldfrüchte keine Blutopfer mehr dargebracht werden. Deshalb sagte ich zu ihm: ‚Die richtige Politik besteht darin, einen weisen Mann auszuwählen.‘ Herzog *Jing* von *Qi* ließ das *Yongmen*-Tor errichten, Schlafgemächer im äußeren Palast einrichten und beschenkte während einer morgendlichen Audienz drei Männer mit je einem Lehen von dreihundert Kampfwagen. Deshalb sagte ich zu ihm: ‚Die richtige Politik besteht im sparsamen Umgang mit den Reichtümern des Landes.‘ "

Dazu könnte jemand sagen: Mit seinen Antworten vertrat *Zhongni* eine Lehre, die den Staat ins Verderben stürzt. Wenn das Volk von *Ye* bereit ist, seinen Herrscher im Stich zu lassen, und man dem Herrscher rät, „die eigenen Leute zu erfreuen, um damit andere aus der Ferne anzuziehen", so lehrt man das Volk, auf Wohltaten zu warten. Wird aber ein Staat mit Wohltaten regiert, werden Verdienstlose belohnt und eines Vergehens Schuldige begnadigt, wodurch das Gesetz seine Wirksamkeit verliert. Ist das Gesetz unwirksam, gerät die Herrschaft durcheinander. Ich habe noch nie davon gehört, dass man mit einer chaotischen Politik ein ungehorsames Volk zur Ordnung hätte rufen können. Und außerdem, wenn das Volk sich von seinem Herrscher abwendet, fehlt es dem Herrscher an der nötigen Einsicht. Den Herrscher nicht darauf hinzuweisen, sondern ihm stattdessen zu raten, „die eigenen Leute zu erfreuen, um damit andere aus der Ferne anzuziehen", heißt, darauf zu verzichten, dass er Ungehorsam mit seiner Macht unterbinden kann, und ihm zu raten, an seine Untertanen Wohltaten auszuteilen, um die Herzen des Volkes für sich zu gewinnen. Auf diese Weise kann der Herrscher seine Macht nicht erhalten. *Yao* war dank seiner Weisheit der erste der sechs Könige. Doch kaum hatte sich *Shun* bei ihm als Gehilfe verdingt und die herrschaftlichen Besitztümer übernommen, besaß *Yao* nicht mehr die Macht über das Reich unter dem Himmel. Wer als Herrscher nicht die Kunst der Staatsführung beherrscht, um seine Untertanen zu zügeln, und darauf hofft, dass ihm das Volk nicht entgleitet, weil sie alle wie *Shun* sind, der versteht nichts von der Staatskunst, oder ist es etwa nicht so? Ein kluger Herrscher erkennt kleine Vergehen schon im Ansatz, sodass im Volk große Intrigen gar nicht erst aufkommen können, und er ahndet Verbrechen, wenn sie noch unbedeutend sind, sodass das Volk keinen größeren Aufruhr verursachen kann. Das nennt man, „Schwierigkeiten angehen, solange sie noch leicht zu bewältigen sind, und große Dinge tun, solange sie noch klein sind". Wer heute für seine Verdienste belohnt wird, empfindet keine Dankbarkeit gegenüber dem Herrscher, weil er die Belohnung durch seine eigene Kraft verdient hat. Wer für ein Vergehen bestraft wird, empfindet keinen Hass gegenüber dem Herrscher, weil die Strafe das Resultat seines Vergehens ist. Wenn die Menschen wissen, dass Strafe und Belohnung von ihrem eigenen Handeln abhängen, werden sie versuchen, ihre Arbeit erfolgreich und gewinnbringend zu tun, und nicht auf eine Gunstbezeigung des Herrschers hoffen. „Von einem wirklich großen Herrscher wissen die Menschen nur, dass es ihn gibt." Das besagt, dass das Volk eines wirklich großen Herrschers keine unverdiente Freude kennt. Wozu sollte der Herrscher ein ihm wohlgesonnenes Volk brauchen? Das Volk eines großen Herrschers kennt keine unverdienten Vor- und Nachteile. Man kann also getrost auf den Rat verzichten, „die eigenen Leute zu erfreuen, um damit andere aus der Ferne anzuziehen".

Als *Kongzi* Herzog *Ai* den Rat gab, „einen weisen Mann auszuwählen", weil er Staatsminister hatte, die Abgesandte von außen nicht zum Herrscher vorließen und durch ihre Cliquenwirtschaft im Inneren den Herrscher verdummten, meinte er damit nicht Männer mit Verdiensten und Ruhm, sondern jene, die er in seinem Herzen für weise hielt. Angenommen, Herzog *Ai* hätte gewusst, dass die drei Staatsminister Abgesandte von außen nicht vorlassen und im Inneren Cliquenwirtschaft betreiben. Die drei Minister wären nicht einen einzigen Tag im Amt geblieben. Sie konnten im Amt bleiben, weil Herzog *Ai* nicht wusste, wie man weise Männer auswählt, und jene wählte, die er in seinem Herzen für weise hielt. *Zikuai* von *Yan* fand Tod und Verachtung, weil er *Zizhi* für weise hielt und *Sun Qing* verkannte. *Fucha* wurde in *Yue* vernichtet, weil er *Taizai Pi* für klug und *Zixu* für dumm hielt. Dem Herrscher von *Lu* zu raten, einen Weisen auszuwählen, obwohl er nicht wusste, wer weise ist, hieß, Herzog *Ai* in dasselbe Verhängnis wie *Fucha* und *Kuai* von *Yan* zu treiben. Ein kluger Herrscher befördert seine Beamten nicht selbst, sondern lässt sie durch ihre Verdienste Karriere machen, und er wählt weise Männer nicht selbst aus, sondern lässt sie sich durch ihre Leistungen offenbaren. Er schätzt sie nach ihrer

445

Erfüllung der Amtsaufgaben ein, misst sie an ihren Tätigkeiten und beurteilt sie nach ihren Leistungen. Auf diese Weise kümmern sich alle Beamten um die öffentliche Politik und nicht um eigennützige Anliegen, bleiben weise Männer nicht verborgen und machen Unwürdige keine Karriere. Wozu sollte sich der Herrscher also mit der Auswahl von Weisen abmühen?

Als *Kongzi* dem Herzog *Jing* zur Sparsamkeit mit den Reichtümern des Landes riet, nachdem er Lehen mit hundert Kampfwagen verschenkt hatte, machte er ihm nicht klar, was Verschwendung von Reichtum ist, sondern forderte nur vom Herrscher Sparsamkeit. So kann man der Armut nicht entrinnen. Gäbe es einen Herrscher, der den Ertrag eines tausend *li* großen Gebietes für sein leibliches Wohl verbrauchen würde, überträfe er sogar *Jie* und *Zhou* in ihrer Verschwendungssucht. Der Staat *Qi* maß dreitausend *li* im Quadrat. Da nun Herzog *Huan* die Hälfte des Reichtums für sich selbst verbrauchte, wäre er also verschwenderischer als *Jie* und *Zhou* gewesen. Er konnte aber zum ersten der fünf Hegemonialherrscher werden, weil er wusste, wo Verschwendung und Sparsamkeit liegen. Wer sich als Herrscher selbst einschränken muss, weil er seinen Untertanen keinen Einhalt gebieten kann, ist seiner Macht beraubt. Wer sich selbst zur Ordnung rufen muss, weil er seine Untertanen nicht zur Ordnung rufen kann, ist unfähig. Wer selbst sparsam sein muss, weil er seine Untertanen nicht zur Sparsamkeit bringen kann, ist arm. Ein kluger Regent achtet darauf, dass die Menschen nicht eigennützig handeln, und gebietet jenen Einhalt, die sich durch Lügen ernähren. Er erkennt, wer seine Kraft für die Sache verausgabt und dem Herrscher Nutzen bringt, und belohnt ihn dafür. Er weiß, wer sich durch schmutzige Geschäfte Vorteile verschaffen will, und bestraft ihn dafür. Wenn es so ist, wirken die Staatsdiener voller Ergebenheit für das öffentliche Wohl, sorgen die Menschen mit aller Kraft für ihre Familien und dienen die Beamten dem Herrscher bedingungslos, sodass selbst eine noch größere Verschwendung, als die des Herzogs *Jing*, den Staat nicht in Gefahr bringen kann. Es war also völlig unnötig, dem Herzog *Jing* zu raten, Sparsamkeit mit den Reichtümern des Landes zu üben.

Fürwahr, *Kongzi* hätte den drei Herzögen nur eine einzige Antwort geben müssen, damit sie dem Unheil entgehen können, und zwar: „Durchschaut Eure Untergebenen!" Ein Herrscher, der seine Untergebenen genau kennt, kann das Böse im Keim ersticken. Wenn ihm das gelingt, können sich die Verräter nicht vermehren und es werden keine Cliquen gebildet. Wo es keine Cliquen gibt, werden das öffentliche Wohl und selbstsüchtige Interessen auseinandergehalten und Parteien und Fraktionen auseinandergejagt. Wenn das der Fall ist, muss man auch nicht mehr befürchten, dass Abgesandte von außen nicht bis zum Herrscher vorgelassen werden und im Inneren Vetternwirtschaft herrscht. Wenn der Herrscher seine Untergebenen genau kennt, kommt jede Kleinigkeit zum Vorschein und Strafe und Belohnung sind bekannt. Ein Staat, in dem Strafe und Belohnung bekannt sind, ist niemals arm. Deshalb sage ich: Eine Antwort hätte gereicht, um die drei Herzöge vor dem Verhängnis zu bewahren, und zwar: „Durchschaut Eure Untergebenen!"

Als *Zichan* von *Zheng* eines Morgens ausfuhr und durch das östliche Handwerkerviertel kam, vernahm er das Weinen einer Frau. Er ließ seinen Kutscher anhalten und hörte genau hin. Nach einer Weile schickte er einen Büttel los, um die Frau zu ergreifen und zu verhören. Es stellte sich heraus, dass sie ihren Mann eigenhändig erdrosselt hatte. An einem der nächsten Tage fragte ihn der Kutscher:

„Meister, wie konntet Ihr das wissen?" *Zichan* antwortete ihm: „Ihre Stimme war voller Furcht. Allgemein verhalten sich die Menschen wie folgt, wenn etwas mit ihren Lieben und Verwandten passiert: Wird jemand krank, sind sie in Sorge. Wird er bald sterben, sind sie voller Furcht. Ist er tot, empfinden sie Trauer. Nun weinte die Frau um einen Toten. Sie war aber nicht traurig, sondern voller Furcht. Daher wusste ich, dass sie ein Verbrechen begangen hatte."

Dazu könnte jemand sagen: War *Zichans* Art der Regierung nicht sehr aufwendig? Das Verbrechen kam erst ans Tageslicht, nachdem *Zichan* die Frau mit seinen eigenen Augen und Ohren gesehen und gehört hatte. Auf diese Weise kann man nur wenige Verbrecher im Staate *Zheng* fassen. Er vertraute nicht auf gesetzestreue Beamte, hielt sich nicht an die Politik des Vergleichens und der gegenseitigen Haftung und stellte Gesetze und Regeln nicht klar, sondern verließ sich ganz auf seine Weisheit und strapazierte seinen Verstand. Ist es nicht gar zu ungeschickt, auf diese Weise Verbrecher aufzuspüren? Es gibt nun mal viele Dinge, aber nur wenig weise Männer. Die wenigen können die Masse nicht bezwingen, und die Weisheit reicht nicht aus, um über alle Dinge Bescheid zu wissen. Deshalb muss man die Dinge mit Hilfe der Dinge beherrschen. Untertanen gibt es viele, doch nur einen Herrscher. Der Einzelne ist der Masse nicht gewachsen, und der Herrscher allein kann nicht alle seine Untergebenen kennen. Deshalb muss er die Menschen mit Hilfe der Menschen durchschauen. Auf diese Weise gehen die Dinge ihren Gang, ohne dass der Herrscher sich anstrengen muss, und werden Verbrecher ertappt, ohne dass er seinen Verstand strapazieren muss. So besagt ein Sprichwort aus dem Staate *Song:* „Der Schütze *Yi* wäre ein Lügner, würde er behaupten, dass er jeden Spatzen abschießt, der an ihm vorbeifliegt. Bildet man aber aus dem Reich unter dem Himmel ein Netz, geht kein einziger Spatz durch die Maschen." Um die Verbrecher zu entlarven, braucht der Herrscher ebenfalls ein großes Netz. Dann geht ihm kein Einziger durch die Maschen. *Zichan* ist ein Hochstapler, wenn er sich nicht an dieses Prinzip hält und seinen Instinkt als Pfeil und Bogen benutzt. *Laozi* hat geschrieben: „Wer seinen Staat mit Weisheit regiert, wird zum Verbrecher am Staat." Wie treffend sind diese Worte für *Zichan*.

König *Zhao* von *Qin* fragte die Berater an seiner linken und rechten Seite: „*Han* oder *Wei*, welcher der beiden Staaten ist heute stärker als früher?" Seine Berater gaben zur Antwort, dass beide schwächer seien als früher. Der König fragte erneut: „Wie gut sind die heutigen Generäle *Ru Er* und *Wei Qi* im Vergleich zu *Meng Chang* und *Mang Mao* von damals?" – „Sie kommen ihnen nicht gleich", lautete die Antwort. Da sprach der König: „Nicht einmal damals konnten *Han* und *Wei* mir etwas anhaben, als so gute Männer wie *Meng Chang* und *Mang Mao* die starken Armeen der beiden Staaten anführten. Heute können sie es umso weniger." Seine Berater pflichteten ihm bei mit den Worten: „Wie wahr!" Der Musiker *Zhong Qi* jedoch legte seine Laute beiseite, widersprach und sagte: „Mein König, Ihr schätzt die Lage im Reich unter dem Himmel falsch ein. Als es in *Jin* damals sechs einflussreiche Familienclans gab, war der *Zhi*-Clan der Mächtigste unter ihnen. Nachdem die *Zhis* den *Fan*- und *Zhonghang*-Clan vernichtet hatten, verbündeten sie sich mit den Truppen von *Han* und *Wei*, um über *Zhao* herzufallen. Sie setzten die Hauptstadt der *Zhao* mit den Fluten des *Jin*-Flusses unter Wasser, bis fast die gesamte Stadt überflutet war. Eines Tages nun fuhr Graf *Zhi* aus. Baron *Xuan* von *Wei* lenkte seinen Wagen, und Baron *Kang* von *Han* begleitete ihn. Da sagte Graf *Zhi*: ‚Ich wusste früher nicht, dass man mit Wasser fremde

Staaten vernichten kann. Heute weiß ich es. Mit dem Wasser des *Fen*-Flusses kann man die Stadt *Anyi* überfluten und mit dem Wasser des *Jiang*-Flusses die Stadt *Pingyang*.' Baron *Xuan* von *Wei* stieß daraufhin den Baron *Kang* von *Han* mit dem Ellenbogen an, und dieser trat Baron *Xuan* auf die Zehen. Man hatte sich auf dem Wagen mit dem Ellenbogen und dem Fuß ein Zeichen gegeben. Bald darauf wurde das Land des *Zhi*-Clans bei *Jinyang* aufgeteilt. Eure Majestät ist derzeit mächtig, doch nicht so stark wie einst der *Zhi*-Clan. *Han* und *Wei* sind heute schwach, doch nicht so sehr, wie damals bei *Jinyang*. Es ist die Zeit, da man sich im Reich mit Ellenbogen und Füßen Zeichen gibt. Ihr solltet sie nicht unterschätzen."

Dazu könnte jemand sagen: König *Zhaos* Frage war nicht richtig gestellt, und die Antworten seiner Ratgeber und des Musikers *Zhong Qi* waren falsch. Generell verlässt sich ein kluger Regent bei der Regierung des Staates auf seine Machtposition. Wenn nämlich seine Machtposition nicht gefährdet ist, kann ihm selbst das stärkste Bündnis im Reich unter dem Himmel nichts anhaben. Was sollten ihm da *Meng Chang, Mang Mao, Han* und *Wei* anhaben können? Ist seine Machtposition jedoch nicht unanfechtbar, können ihm sogar unwürdige Männer wie *Ru Er* und *Wei Qi* sowie *Han* und *Wei* trotz ihrer Schwäche Schaden zufügen. Ob man verletzbar oder unantastbar ist, hängt einzig und allein davon ab, auf welche Machtposition man sich selbst stützen kann. Wozu also die Frage? Wer sich darauf verlassen kann, dass seine Machtposition unanfechtbar ist, hat es nicht nötig, nach der Stärke oder Schwäche des anderen zu fragen. Wer es aber versäumt, sich auf seine eigene Macht zu stützen, und danach fragt, ob ihm jemand etwas anhaben kann, muss von Glück reden, wenn er nicht angegriffen wird. Meister *Shen* sagte: „Wer ohne feste Regeln nach Glaubwürdigkeit sucht, wird ewig zweifeln."

Diese Worte treffen auf König *Zhao* zu. Graf *Zhi* verstand nichts von den Regeln. Er ging ein Bündnis mit Baron *Kang* von *Han* und Baron *Xuan* von *Wei* ein und plante zur gleichen Zeit, deren Staaten unter Wasser zu setzen und zu vernichten. Das war schließlich der Grund dafür, dass sein Staat vernichtet wurde, er selbst den Tod fand und aus seinem Kopf ein Weinbecher gemacht wurde. Und wenn König *Zhao* nun danach fragt, wer von seinen Feinden heute stärker ist als früher, befürchtet er etwa, dass er auch von bedrohten Männern ins Verhängnis gestürzt würde? Seine Ratgeber waren nicht die Barone von *Han* und *Wei*. Wie hätten sie sich mit Ellenbogen und Füßen Zeichen geben können? Und wenn *Zhong Qi* meint, dass er sie nicht unterschätzen sollte, so ist dies leeres Geschwätz. Überhaupt, die Aufgabe des Musikers *Zhong Qi* ist es, Laute und Harfe zu spielen. Er ist dafür verantwortlich, ob die Saiten gestimmt und die Töne klar sind. Auf diese Weise hatte der Musiker *Zhong Qi* dem König *Zhao* zu dienen, und er erfüllte diese Aufgabe zur Zufriedenheit von König *Zhao*. Ist es da nicht dumm, über etwas zu reden, was er nicht versteht? Als die Berater antworteten, dass beide Staaten schwächer sind als früher und die heutigen Generäle den damaligen nicht gleichkommen, hatten sie recht. Ihre Worte „wie wahr!" jedoch waren nichts als Schmeichelei. Meister *Shen* sagte: „Ordnung herrscht, wenn keiner seine Amtsbefugnisse überschreitet und nicht über etwas redet, was ihn nichts angeht, selbst wenn er etwas darüber weiß." Der Musiker *Zhong Qi* verstand nichts von Politik und mischte sich dennoch ein. Deshalb sage ich: „König *Zhaos* Frage war nicht richtig gestellt, und die Antworten seiner Ratgeber und des Musikers *Zhong Qi* waren falsch."

Meister *Guan* sagte: „Sieht der Herrscher, dass seine Beamten fähig sind, muss er seine Freude kundtun. Sieht er, dass sie unfähig sind, muss er seinen Ärger zeigen. Denn wenn Belohnung und Strafe dem entsprechen, was gezeigt wurde, würden es die Beamten da wagen, etwas heimlich zu tun? Sieht der Herrscher aber, dass seine Beamten fähig sind, ohne seine Freude kundzutun, sieht er ihre Unfähigkeit, ohne seinen Ärger zu zeigen, und entsprechen Belohnung und Strafe nicht dem, was gezeigt wurde, kann der Herrscher nicht erreichen, dass die Beamten keine Geheimnisse haben."

Dazu könnte jemand sagen: In Empfangshallen und Festsälen verhält sich jeder respektvoll. In dunklen Räumen und einsamen Ecken hingegen lassen sich sogar Männer wie *Zeng Can* und *Shi Yu* gehen. Wer nach dem respektvollen Verhalten der Menschen geht, erkennt ihr wahres Wesen nicht. In Anwesenheit des Herrschers täuschen die Untergebenen kultiviertes Verhalten vor. Zeigt nun der Herrscher seine Freude und seinen Ärger, werden die Untergebenen mit Sicherheit ihre Vergehen vertuschen, um den Herrscher in die Irre zu führen. Wenn aber des Herrschers Einsicht nicht ausreicht, um weit entfernte Vergehen zu durchschauen und geheime Machenschaften aufzudecken, ist es da nicht von großem Übel, die Belohnungen und Strafen nach dem vorgetäuschten Verhalten der Untergebenen festzulegen?

Meister *Guan* sagte: „Wessen Worte sowohl in den inneren Gemächern als auch in den öffentlichen Empfangshallen bei allen Zustimmung finden, der kann sich Herrscher über das Reich unter dem Himmel nennen."

Dazu könnte jemand sagen: Als *Guan Zhong* von Worten sprach, die sowohl in den inneren Gemächern als auch in den öffentlichen Empfangshallen bei allen Zustimmung finden, kann er nicht nur das gemeint haben, was bei Vergnügungen und zu Festgelagen gesagt wird, sondern muss auch Diskussionen über wichtige Dinge gemeint haben. Doch wirklich wichtige Dinge für den Herrscher sind nur Gesetz und Staatskunst. Das Gesetz wird in Büchern niedergeschrieben, in Ämtern angeordnet und dem Volk bekannt gegeben. Die Staatskunst hingegen verbirgt der Herrscher in seinem Inneren, um über alles Bescheid zu wissen und die Beamtenschar zu führen. Das Gesetz muss bekannt sein, während die Staatskunst verborgen sein will. Spricht ein kluger Herrscher vom Gesetz, findet er nicht nur in der Empfangshalle bei allen Zustimmung, sondern es gibt im ganzen Land niemanden, der ihn nicht vernimmt. Macht er aber von der Staatskunst Gebrauch, merken selbst seine engsten Vertrauten und Verwandten nichts, und es gibt nicht einmal in den inneren Gemächern Zustimmung. Wenn Meister *Guan* also sagt, dass die Worte sowohl in den inneren Gemächern als auch in den öffentlichen Empfangshallen bei allen Zustimmung finden, kann er damit nicht Diskussionen über Gesetz und Staatskunst gemeint haben.

39. Kapitel

Kritische Bemerkungen (IV)

Es trug sich zu, dass *Sun Wenzi* von *Wei* dem Staate *Lu* einen Besuch abstattete und zur gleichen Zeit wie der Herzog die Treppe emporstieg. Da stürzte *Shusun Muzi* nach vorn und sprach zu ihm: „Bei den Zusammenkünften der Lehnsfürsten ist unser Herrscher nie hinter dem Herrscher von *Wei* hergegangen. Heute nun wagt Ihr, Graf, unserem Herrscher nicht um einen einzigen Schritt nachzustehen, ohne dass dieser das Vergehen bemerkt. Ihr solltet etwas verhaltener gehen." Graf *Sun* erwiderte nichts darauf und änderte auch sein Verhalten nicht. Da trat *Muzi* zurück und sprach zu seinen Leuten: „Graf *Sun* ist zum Untergang verurteilt. Die Wurzel allen Übels liegt darin, dass er ein verlorener Untertan ist, doch dem Herrscher nicht nachstehen will, und dass er einen Fehler begangen hat und sich trotzdem nicht bessern will." Dazu könnte jemand sagen: Wenn der Sohn des Himmels vom rechten Weg des Regierens abgekommen war, wurde er von den Lehnsfürsten abgesetzt, wie es *Tang* und *Wu* taten. Wenn die Lehnsfürsten vom rechten Weg des Regierens abgekommen waren, wurden sie von den hohen Würdenträgern abgesetzt, wie es in *Qi* und *Jin* der Fall war. Wären Untertanen, die ihre Herrscher absetzen, zum Untergang verurteilt, wären *Tang* und *Wu* nicht König geworden und hätten die Würdenträger in *Qi* und *Jin* nicht eine neue Herrschaft errichten können. Graf *Sun* spielte sich in *Wei* als Herrscher auf und wollte nicht Untertan in *Lu* sein, weil er gewohnt war, über andere zu herrschen. Verliert der Herrscher die Macht, kann sie der Untergebene ergreifen. *Muzi* warnte nicht den Herrscher, der die Macht verloren hatte, sondern den Untertan, der die Macht gewonnen hatte, weil er die Sache nicht genau untersucht hatte. Der Herrscher von *Lu* war nicht fähig, den Würdenträger aus *Wei* hinzurichten, und die Weisheit des Herrschers von *Wei* reichte nicht aus, einen unverbesserlichen Untertan zu erkennen. Wie aber hätte man den Untergang des Grafen *Sun* vorhersagen können, obwohl diese beiden Vorwürfe auf ihn zutrafen. Er verlor seinen Status als Untertan und gewann den Status des Herrschers.

Es könnte aber auch jemand sagen: Herrscher und Untertan unterscheiden sich in ihrem Handeln. Ein Untergebener wird dem Herrscher gleich, wenn er ihm die Macht entreißen kann. Nimmt sich der Herrscher etwas, was ihm nicht zusteht, entreißt es ihm die Masse. Lehnt der Untertan hingegen ab, was ihm zusteht, gibt es ihm das Volk. So wandte sich das Reich unter dem Himmel ab von *Jie*, weil er die Mädchen vom Berg *Minshan* besitzen wollte, und von *Zhou*, weil er *Bigans* Herz haben wollte. *Tangs* Name hingegen war nicht berühmt, und *Wu* musste Schmach über sich ergehen lassen, doch alle im Reich gehorchten ihnen. *Xuan* von *Zhao* floh in die Berge, und *Tian Cheng* ging als Knecht in die Fremde, doch in den Staaten *Qi* und *Jin* folgte man ihnen. *Tang* und *Wu* konnten König werden, und in *Qi* und *Jin* konnte eine neue Herrschaft errichtet werden, weil sie zuerst die Macht übernahmen und dann als Herrscher den Thron bestiegen und nicht, weil sie sich selbst zum Herrscher machen wollten. *Sun Wenzi* hatte jedoch noch nicht die Macht gewonnen und benahm sich bereits wie ein Herrscher. Auf diese Weise stellte er die Pflicht auf den Kopf und handelte wider die Tugend. Ist die Pflicht auf den Kopf gestellt, misslingen die Unternehmen, und wird wider die Tugend gehandelt, staut sich Groll an. Warum also sollte man behaupten, dass *Muzi* den Weg des Untergangs nicht genau untersucht hatte.

Einst plante *Yang Hu* von *Lu*, die drei *Huans* anzugreifen. Er konnte sie jedoch nicht besiegen und floh daraufhin nach *Qi*, wo er von Herzog *Jing* mit allen Ehren empfangen wurde. *Bao Wenzi* warnte den Herzog mit den Worten: „Das geht nicht an. Obwohl *Yang Hu* die Gunst des *Ji*-Clans genoss, wollte er *Jisun* angreifen, weil er seinen Reichtum begehrte. Da Euer Reichtum größer ist als der des *Jisun* und *Qi* größer als *Lu*, wird *Yang Hu* alles daran setzen, auch Euch zu hintergehen." Daraufhin ließ Herzog *Jing* den *Yang Hu* einsperren.

Dazu könnte jemand sagen: Wenn in einer reichen Familie der Sohn nicht menschlich handelt, liegt das daran, dass die Menschen alle auf ihren Vorteil bedacht sind. Herzog *Huan* war der erste der fünf Hegemonialherrscher, doch im Kampf um die Macht im Staate tötete er seinen eigenen älteren Bruder, weil es für ihn von Nutzen war. Herrscher und Untertan stehen sich nicht so nahe wie leibliche Brüder, und welcher Untertan würde nicht handeln wie *Yang Hu*, wenn er mit Hilfe von Raub und Mord die Herrschaft über einen Staat mit zehntausend Kampfwagen erlangen und seinen Nutzen daraus ziehen könnte? Ein Unternehmen, das genau durchdacht und geschickt angeschoben wird, führt zum Erfolg, und eines, das oberflächlich vorbereitet und ungeschickt angepackt wird, endet mit einem Misserfolg. Die Beamten rebellieren nur aus dem Grund nicht, weil sie darauf noch nicht vorbereitet sind. Sie hegen alle die gleichen Absichten wie *Yang Hu*, und wenn der Herrscher das nicht merkt, können sie alles genau durchdenken und geschickt einfädeln. *Yang Hus* Habsucht war überall im Reich bekannt. Da er seinen Herrscher angreifen wollte, erwies er sich als oberflächlich und ungeschickt. *Bao Wenzis* Rat war falsch, weil er Herzog *Jing* nicht dazu riet, die schlauen Beamten aus *Qi*, sondern den ungeschickten *Hu* zu maßregeln. Es hängt vom Handeln des Herrschers ab, ob die Untergebenen treu oder verräterisch sind. Unter einem weisen und gestrengen Herrscher sind die Untergebenen treu. Ist der Herrscher hingegen unfähig und einfältig, üben die Untergebenen Verrat. Weisheit heißt, alles genau zu wissen. Strenge heißt, keine Gnade walten zu lassen. Ist es nicht unsinnig, einen Unruhestifter aus *Lu* zu richten, während man die schlauen Beamten aus *Qi* nicht durchschaut?

Es könnte aber auch jemand sagen: Menschlichkeit und Habsucht haben nichts gemein. So verzichtete Prinz *Muyi* auf den Thron von *Song*, während *Shang Chen* aus *Chu* Vatermord beging, um auf den Thron zu gelangen. *Qu Ji* aus *Zheng* überließ die Macht seinem jüngeren Bruder, während *Huan* aus *Lu* seinen älteren Bruder tötete, um an die Macht zu gelangen. Die fünf Hegemonialherrscher annektierten ihre schwächeren Nachbarn, wie das Beispiel des Herzogs *Huan* belegt, und waren deshalb alle nicht rein und unbescholten. Ist der Herrscher weise und streng, sind ihm die Untergebenen treu. Würde man nun *Yang Hu*, der in *Lu* rebellierte und dann nach *Qi* flüchtete, als sein Plan scheiterte, hier nicht bestrafen, so hieße das, einen Rebellen aufzunehmen. Ist der Herrscher weise, bestraft er ihn, weil er weiß, dass *Yang Hu* wieder Aufruhr stiften kann. Das heißt, die Dinge bis auf den Grund zu durchschauen. Ein altes Sprichwort besagt: „Der nächste Verwandte des Lehnsfürsten ist sein Staat." Ist der Herrscher streng, kann er *Yang Hu* seine Schuld nicht verzeihen. Das heißt, keine Gnade walten zu lassen. Indem er *Yang Hu* bestraft, veranlasst er seine Beamten zur Treue. Die klugen Untergebenen von *Qi* nicht zu durchschauen und eine offensichtliche Rebellion nicht zu bestrafen, jemand für etwas verantwortlich zu machen, was er noch nicht getan hat, und einen offensichtlich Schuldigen nicht zu bestrafen, all das wäre unsinnig. Den Aufrührer aus *Lu* bestrafen und damit zum einen den hinterhältigen Beamten im eigenen Land Angst einflößen und zur gleichen Zeit engere Kontakte mit den Familien *Jisun*, *Mengsun* und *Shusun* knüpfen – was sollte an diesem Rat des *Bao Wen* falsch sein?

Einst hatte Graf *Zheng* die Absicht, *Gao Qumi* zum Minister zu machen, doch der spätere Herzog *Zhao* hasste ihn und wollte dem Grafen *Zheng* davon abraten, fand aber kein Gehör. Als schließlich Herzog *Zhao* den Thron bestieg, befürchtete *Gao Qumi*, er könnte vom neuen Herrscher getötet werden, und so ermordete er seinerseits den Herzog *Zhao* am achtundzwanzigsten Tag und setzte den Prinzen *Wei* an seine Stelle. Ein Edelmann sagte daraufhin:

„Herzog *Zhao* wusste, wen er hassen muss." Und Prinz *Yu* sagte: „Wie mordlüstern war doch Graf *Gao*. Seine Rache dafür, dass er gehasst wurde, war übertrieben."

Dazu könnte jemand sagen: Waren Prinz *Yus* Worte nicht unsinnig? Herzog *Zhao* geriet ins Verderben, weil er sich zu spät rächte. Graf *Gao* starb spät, weil er sich übertrieben rächte. Ein kluger Herrscher schiebt seinen Zorn nicht hinaus, denn wenn er das macht, ist es für den schuldigen Untergebenen ein Leichtes, seine Absichten zu verwirklichen, was Gefahr für den Herrscher bedeutet. So trug es sich zu, dass der Marquis von *Wei* während eines Gelages auf der Terrasse der Geister wütend war über *Chu Shi*, ihn jedoch nicht hinrichten ließ, sodass dieser schließlich gegen ihn rebellierte. Ebenso ärgerte sich der Herrscher von *Zheng* während eines Schildkrötensuppenessens über *Zigong*, ohne ihn hinzurichten, sodass dieser schließlich den Herrscher ermordete. Der Edle sagte, dass der Herzog wusste, wen er hassen muss, doch er hasste ihn nicht genug. Wer so genau weiß, wen er hassen muss, und ihn dennoch nicht hinrichten lässt, den holt der Tod. Wenn er wusste, wen er hassen muss, zeigt das, dass er keine Autorität besaß. Nicht nur, dass der Herrscher das Unheil für sich nicht voraussah, nein, er war auch nicht in der Lage, es aufzuhalten und zu unterdrücken. Da nun Herzog *Zhao* seinen Hass gegenüber *Gao Qumi* zeigte, jedoch zögerte, ihn zu bestrafen, und nicht hinrichten ließ, brachte er ihn dazu, aus Hass und Todesangst sein Glück zu versuchen, sodass der Herzog schließlich dem Tode nicht entrinnen konnte. Herzog *Zhaos* Hass war nicht groß genug.

Es könnte aber auch jemand sagen: Übertriebene Rache heißt, kleinen Vergehen mit harten Strafen zu begegnen. Mit harten Strafen kleine Vergehen zu vergelten ist das äußerste Mittel des Gerichts. Nicht die Anwendung der Strafmaßnahmen, sondern die Vielzahl der Verbrecher bereitet dem Gericht Sorgen. So vernichtete Herzog *Li* von *Jin* die drei *Qi*-Clans, woraufhin der *Luan*- und *Zhonghang*-Clan rebellierten. *Zidu* aus *Zheng* tötete *Bo Xuan*, und *Shi Ding* stiftete Verwirrung. König *Wu* ließ *Zixu* hinrichten, und *Goujian* von *Yue* wurde Hegemonialherrscher. Der Grund für die Vertreibung des Marquis von *Wei* und die Ermordung des Herzogs *Ling* von *Zheng* lag nicht darin, dass *Chu Shi* nicht getötet und *Zigong* nicht hingerichtet wurde. Es lag daran, dass die beiden Herrscher ihren Hass kundtaten, als sie ihn nicht hätten zeigen dürfen, und dass sie die beiden hinrichten wollten, als sie nicht dazu in der Lage waren. Warum sollte es von Schaden sein, dass der Herrscher seinen Zorn hinausschiebt, wenn er durch ein Vergehen begründet ist und die Bestrafung nicht dem Empfinden der Menschen widerspricht? Herzog *Hu* von *Qi* wurde vernichtet, weil er vor seiner Ernennung zum Herrscher jemanden eines Vergehens beschuldigte und ihn nach seiner Thronbesteigung für dieses Vergehen bestrafen wollte. Wenn das Verhalten des Herrschers gegenüber einem Untergebenen ein solches Verhängnis nach sich ziehen kann, um wie viel mehr muss das dann für das Verhalten des Untertanen gegenüber dem Herrscher gelten? Wer alles daran setzt, jemanden zu bestrafen, obwohl die Strafe nicht gerechtfertigt ist, macht sich das ganze Reich zum Feind. Ist es da nicht allzu verständlich, dass er den Tod findet?

Zur Zeit des Herzogs *Ling* von *Wei* genoss *Mi Zixia* die uneingeschränkte Gunst des Herrschers von *Wei*. Da trug es sich zu, dass ein Zwerg vom Herzog empfangen wurde und sprach: „Der Traum Eures ergebenen Dieners ist in Erfüllung gegangen." Auf die Frage des Herzogs, um was für einen Traum es sich handelte, fuhr er fort: „Ich sah im Traum einen Küchenherd, als ich von Euch träumte." Der

Herzog sagte ärgerlich: „Soweit mir bekannt ist, sieht man im Traum die Sonne, wenn man vom Herrscher träumt. Wie kannst du dann im Traum einen Küchenherd sehen, wenn du von mir träumst?" Da sprach der Zwerg: „Fürwahr, die Sonne erstrahlt über allen Dingen im Reich unter dem Himmel und nichts kann sie verhüllen. Der Herrscher steht über allen im Staat, und niemand kann ihn verdecken. Deshalb sieht man im Traum die Sonne, wenn man vom Herrscher träumt. Steht aber auch nur ein Mensch vor einem Küchenherd, kann jemand, der hinter ihm steht, den Herd nicht sehen. Nehmen wir nun an, jemand steht vor dem Herrscher. Wäre es da nicht denkbar, dass Euer ergebener Diener von einem Küchenherd träumt?" – „Wie wahr", sprach da der Herzog und entließ *Yong Chu*, setzte *Mi Zixia* ab und nahm *Sikong Gou* in Dienst.

Dazu könnte jemand sagen: Der Zwerg war sehr geschickt, als er mit Hilfe des Traumes dem Herrscher den rechten Weg der Herrschaft offenbarte. Doch Herzog *Ling* hat die Worte des Zwerges nicht verstanden. Indem er *Yong Chu* entließ, *Mi Zixia* absetzte und *Sikong Gou* in Dienst nahm, verstieß er jene, die seine Gunst genossen, und stellte den in Dienst, den er für weise hielt. Auch *Zidu* aus *Zheng* hielt *Qing Jian* für weise und wurde durch ihn von der Welt abgeschnitten, wie auch *Zikuai* von *Yan*, der *Zizhi* für weise hielt. Ob man nun die verstößt, denen man wohlgesonnen ist, und jene in Dienst nimmt, die man für weise hält, oder nicht – es steht immer jemand vor dem Herrscher. Ist es ein unwürdiger Mann, der vor dem Herrscher steht, kann er dem Herrscher nicht ernsthaft schaden. Wenn der Herrscher dies aber nicht versteht und zulässt, dass ein Weiser vor ihm steht, bringt er sich damit unweigerlich in Gefahr.

Es könnte aber auch jemand sagen: *Qu Dao* liebte Wasserkastanien, und König *Wen* liebte gesalzene Kalmusfrüchte. Die beiden Weisen schätzten diese Dinge, obwohl sie in Wirklichkeit nicht schmackhaft waren. Was für schmackhaft gehalten wird, muss also nicht unbedingt gut schmecken. Marquis *Ling* von *Jin* mochte *Shen Wuxu*, und *Kuai* von *Yan* hielt *Zizhi* für weise. Die beiden Herrscher schätzten sie, obwohl sie in Wirklichkeit keine aufrechten Männer waren. Wer für weise gehalten wird, muss also nicht unbedingt weise sein. Es ist egal, ob man jemanden in Dienst nimmt, weil man ihn für weise hält, obwohl er nicht weise ist, oder ob man jemanden in Dienst nimmt, dem man wohlgesonnen ist. Es ist aber nicht dasselbe, ob man einen wirklich Weisen für weise hält und befördert, oder einem Günstling ein Amt anvertraut. So beförderte König *Zhuang* von *Chu* den *Sun Shu* und wurde zum Hegemonialherrscher. König *Xin* von *Shang* stützte sich auf *Fei Zhong* und wurde vernichtet. Beide Herrscher nahmen Männer in Dienst, die sie für weise hielten, doch die Resultate waren völlig verschieden. Obwohl *Kuai* von *Yan* einen Mann im Amt beförderte, den er für weise hielt, tat er doch nichts anderes, als einen Günstling einzusetzen. Wer kann schon sagen, inwieweit dies auch auf den Herrscher von *Wei* zutraf? Doch dann hätte der Zwerg den Herrscher nicht treffen können. Wenn der Herrscher von der Welt abgeschnitten war, ohne es zu wissen, und erst nach dem Treffen mit dem Zwerg davon erfuhr und die Beamten entließ, die vor ihm standen, so heißt das, dass er es verstanden hat. Es wurde gesagt: „Wenn der Herrscher dies aber nicht versteht und zulässt, dass ein Weiser vor ihm steht, bringt er sich damit unweigerlich in Gefahr." Nun hat es der Herrscher aber verstanden. Ist er deshalb etwa nicht mehr in Gefahr, wenn jemand vor ihm steht?

SIEBZEHNTES BUCH

40. Kapitel

Die Kritik der Macht

Meister *Shen* hat gesagt: „Fliegende Drachen reiten auf den Wolken. Sich in die Lüfte schwingende Schlangen schlängeln sich durch Nebelschwaden. Verziehen sich aber die Wolken und löst sich der Nebel auf, erscheinen die Drachen und Schlangen wie Regenwürmer und Ameisen, denn sie verlieren das sie stützende Medium. Weise müssen sich unwürdigen Menschen unterwerfen, wenn ihre Macht gering und ihr Status niedrig ist. Die Unwürdigen hingegen können sich die Weisen gefügig machen, wenn sie große Macht und eine geachtete Stellung besitzen. Als einfacher Mann konnte *Yao* nicht einmal über drei Familien herrschen, während *Jie* als Sohn des Himmels das Reich ins Chaos zu stürzen vermochte. Daher weiß ich, dass man sich auf Macht und Stellung stützen kann, es sich aber nicht lohnt, nach Tugend und Weisheit zu streben. Fliegt der Pfeil trotz eines schwach gespannten Bogens hoch, so deshalb, weil er vom Wind getragen wird. Wenn ein Mann unwürdig ist und seine Befehle dennoch ausgeführt werden, so deshalb, weil er die Massen hinter sich hat. Als *Yao* noch ein Vasall war und die Menschen belehren wollte, hörte niemand auf seine Worte. Kaum hatte er jedoch sein Gesicht gen Süden gerichtet und die Herrschaft über das Reich unter dem Himmel angetreten, wurden seine Befehle befolgt und seine Verbote eingehalten. Daraus ist ersichtlich, dass man sich mit Tugend und Weisheit die Menschen nicht gefügig machen kann, während man durch Macht und Stellung sogar Weise unterwerfen kann."

Ein Kritiker erwidert *Shenzi*: „Ja, fliegende Drachen reiten auf den Wolken. Sich in die Lüfte schwingende Schlangen schlängeln sich durch Nebelschwaden. Ich bestreite nicht, dass sich die Drachen und Schlangen auf die Macht der Wolken und Nebelschwaden stützen. Kann man aber, selbst wenn das so ist, Ordnung schaffen, indem man auf Weisheit verzichtet und sich einzig und allein auf die Macht stützt? So etwas ist mir noch nie vor Augen gekommen. Es ist ihre besondere Begabung, die es den Drachen und Schlangen erlaubt, sich dank der Wolken und Nebelschwaden durch die Lüfte schwingen zu können. Ein Regenwurm könnte selbst auf der dicksten Wolke nicht reiten. Eine Ameise könnte sich trotz des dichtesten Nebels nicht durch die Lüfte schlängeln. Sie können sich trotz dicker Wolken und dichtem Nebel nicht durch die Lüfte bewegen, weil sie nicht die notwendigen Fähigkeiten besitzen. Und *Jie* und *Zhou*, sie richteten ihr Gesicht gen Süden und regierten über das Reich unter dem Himmel. Die Autorität des Himmelssohnes diente ihnen als Wolken und Nebel. Wenn das Reich dem großen Chaos nicht entgehen konnte, so doch deshalb, weil die Fähigkeiten von *Jie* und *Zhou* nicht ausreichten."

Yaos Macht brachte dem Reich Ordnung. Doch wodurch unterscheidet sie sich von der Macht des *Jie*, mit der das Reich ins Chaos gestürzt wurde? Man kann nicht garantieren, dass die Macht nur von Weisen genutzt und nicht von Unwürdigen missbraucht wird. In den Händen von Weisen bringt sie aber dem Reich Ordnung und in den Händen von Unwürdigen Chaos. Ihrem Wesen nach gibt es aber nun einmal nur wenige weise und viele unwürdige Menschen. Da auf diese Weise unwürdige, die Welt verwirrende Menschen vom Nutzen der Autorität und Macht profitieren, kommt es oft vor, dass durch die Macht das Reich ins Chaos gestürzt wird. Es geschieht nur selten, dass die Macht Ordnung schafft im Reich. Die Macht kann der Ordnung, aber auch dem Chaos Vorschub leisten. Deshalb heißt es im *Buch der Urkunden der Zhou*: „Bringe dem Tiger nicht das Fliegen bei, sonst kommt er in die Stadt geflogen, fängt die Menschen und frisst sie auf." Einem unwürdigen Menschen die Macht zu überlassen ist genauso, als ob man einem Tiger das Fliegen beibringt. *Jie* und *Zhou* verschwendeten die Kräfte des Volkes, indem sie hohe Terrassen bauen und tiefe Teiche anlegen ließen. Sie fügten den Menschen schlimme Wunden zu, indem sie sie bei lebendigem Leibe rösteten. Sie konnten so zügellos walten, weil sie in der Autorität der Macht ihre Flügel besaßen. Wären *Jie* und *Zhou* gewöhnliche Menschen gewesen, hätte man sie hingerichtet, noch ehe sie eine einzige Grausamkeit begangen hätten. Die Macht ist etwas sehr Verhängnisvolles, wenn sie im Menschen das Herz eines Tigers und Wolfes weckt und ihn dazu bewegt, grausam und unmenschlich zu handeln. Ursprünglich hat die Macht nichts mit Ordnung und Chaos zu tun, und wenn jemand behauptet, man könne allein mit der Macht Ordnung im Reich schaffen, ist es mit seiner Weisheit nicht weit her.

Spanne rassige Pferde vor einen fest gebauten Wagen und lasse sie von Sklaven lenken, dann werden die Menschen über sie lachen. Wenn sie jedoch von *Wang Liang* geführt werden, schaffen sie eintausend *li* am Tag. Pferde und Wagen sind die gleichen. Dass sie einmal eintausend *li* schaffen und das andere Mal zum Gespött der Menschen werden, liegt am himmelweiten Unterschied zwischen der Kunstfertigkeit und der Ungeschicklichkeit der Kutscher. Nimm den Staat als Wagen, die Macht als Pferd, Befehle und Anweisungen als Zügel und Strafe und Belohnung als

Peitsche. Geführt von *Yao* und *Shun* entsteht Ordnung im Reich und geführt von *Jie* und *Zhou* kommt es zum Chaos, weil zwischen ihrer Weisheit und Unwürdigkeit Welten liegen. Fürwahr, wer nicht begreift, dass man einen *Wang Liang* braucht, wenn man schnell und weit fahren will, und dass man weise, fähige Männer braucht, wenn man das Wohl des Staates erreichen und Unheil abwenden will, der versteht nichts von Vergleichen, denn *Yao* und *Shun* sind die *Wang Liangs* für die Regierung des Volkes.

Ich halte dem entgegen: *Shenzi* meint, dass es genügt, sich auf die Macht zu stützen, um Ordnung in den Ämtern zu halten. Der Kritiker sagt, dass man Ordnung mit Weisheit erreicht. Das ist nicht so. Ist doch die Macht ein Name für verschiedene Erscheinungen. Meint man mit der Macht von Natur aus gegebene Umstände, braucht man nicht über die Macht zu sprechen. Die Macht, über die ich spreche, ist von Menschenhand geschaffen. Wenn ein *Yao* oder *Shun* von Geburt an oben steht, können selbst zehn *Jie* oder *Zhou* keine Verwirrung stiften, denn dann schaffen die Umstände Ordnung. Aber auch wenn ein *Jie* oder *Zhou* von Geburt an oben steht, können selbst zehn *Yao* oder *Shun* keine Ordnung schaffen, denn dann sorgen die Umstände für Chaos. Deshalb heißt es: „Man kann kein Durcheinander stiften, wenn die Umstände für Ordnung sorgen. Man kann keine Ordnung schaffen, wenn die Umstände für Chaos sorgen." Hier handelt es sich um die von Natur aus gegebenen Umstände der Macht, die von den Menschen nicht beeinflusst werden können. Ich spreche aber einzig und allein von der Macht, die von Menschen geschaffen werden kann. Was sollte das jedoch mit Weisheit zu tun haben? Ich will an einem Beispiel verdeutlichen, warum dies so ist: Einst verkaufte ein Mann Speere und Schilde. Er pries die Festigkeit seiner Schilde und sprach: „Nichts kann sie durchdringen." Im gleichen Augenblick aber pries er seine Speere und sagte: „Meine Speere sind so spitz, dass sie alles durchdringen." Als er gefragt wurde: „Was passiert, wenn man mit deinen Speeren auf deine Schilde trifft?", konnte der Mann darauf keine Antwort geben. Man kann eben nicht zur gleichen Zeit von einem undurchdringlichen Schild und einem alles durchdringenden Speer sprechen. Ebenso wenig kann man mit Weisheit etwas verbieten, während man mit Macht alles verbieten kann. Weisheit, die nichts verbieten kann, und Macht, die alles verbietet, sind wie Speer und Schild. Es ist also klar, dass Weisheit und Macht nichts miteinander zu tun haben.

Und überhaupt, einen *Yao, Shun, Jie* oder *Zhou* gibt es einmal in tausend Generationen, und es ist, als ob man die Schulter mit der Ferse vergleicht. Die meisten Herrscher liegen in der Mitte zwischen ihnen. Diese Durchschnittsherrscher sind es, für die ich über die Macht spreche. Die durchschnittlichen Herrscher erreichen weder die Größe von *Yao* und *Shun*, noch sinken sie so tief wie *Jie* und *Zhou*. Halten sie sich an das Gesetz und nutzen ihre Machtposition, herrscht Ordnung. Lassen sie ab vom Gesetz und verzichten auf ihre Macht, entsteht Chaos. Würde man auf die Macht verzichten und vom Gesetz ablassen in der Hoffnung auf einen *Yao* oder *Shun*, und Ordnung würde erst eintreten, wenn es einen *Yao* oder *Shun* gibt, so hieße dies, dass es nach tausend Generationen des Chaos einmal Ordnung geben würde. Würde man sich an das Gesetz halten und die Macht nutzen in der Erwartung eines *Jie* oder *Zhou*, und Chaos würde erst aufkommen, wenn es einen *Jie* oder *Zhou* gibt, so hieße dies, dass es nach tausend Generationen der Ordnung einmal zum Chaos kommen würde. Einmal Chaos nach tausend Generationen von Ordnung und einmal Ordnung nach tausend Generationen des Chaos – das ist, als ob man auf Rassepferden in verschiedene Richtungen auseinandergaloppieren würde. So weit sind sie voneinander entfernt. Man kann *Xi Zhong* mit dem Bau eines Wagens beauftragen. Ohne die Regeln des Ausrichtens sowie Maße und Gewichte würde selbst er nicht einmal ein einziges Rad zustande bringen. *Yao* und *Shun* könnten von Tür zu Tür gehen und den Menschen erklären, was Ordnung heißt. Ohne den Ansporn der Belohnungen und die Abschreckung der Strafen und ohne die Hilfe von Macht und Gesetz würden sie nicht einmal über drei Familien herrschen können. Also ist es klar, dass man sich auf die Macht stützen muss. Wer sagt, dass man einen Weisen braucht, der hat unrecht.

Desgleichen: Würde ein Hungernder einhundert Tage nichts essen in der Hoffnung auf guten Reis und Fleisch, er würde es nicht überleben. Wollte man auf die Weisheit von *Yao* und *Shun* hoffen, um die Menschen heute zur Ordnung zu rufen, wäre dies nichts anderes, als auf Reis und Fleisch zu warten, um einen Verhungernden vor dem Tode zu retten. Ich halte es für falsch, wenn gesagt wird: „Spanne rassige Pferde vor einen fest gebauten Wagen und lasse sie von Sklaven lenken, dann werden die Menschen über sie lachen. Wenn sie jedoch von *Wang Liang* geführt werden, schaffen sie eintausend *li* am Tag." Was wäre denn, wenn man auf einen guten Schwimmer aus dem Staat *Yue* warten würde, um einen Ertrinkenden in den zentralen Staaten zu retten. Der Mann aus *Yue* kann noch so gut im Schwimmen sein, der Ertrinkende wäre nicht zu retten. Wenn man auf *Wang Liang* aus dem Altertum warten würde, um heute ein Gespann zu lenken, wäre dies wie mit dem Mann aus *Yue* und dem Ertrinkenden. Ist es nicht klar, dass das nicht geht. Spannt man rassige Pferde vor einen fest gebauten Wagen und wechselt aller fünfzig *li* das Gespann, kann auch ein durchschnittlicher Kutscher schnell und weit fahren und eintausend *li* am Tag zurücklegen. Warum also sollte man auf *Wang Liang* aus dem Altertum warten?

Darüber hinaus bringt der Kritiker entweder *Wang Liang* als Musterbeispiel für einen Kutscher, oder zeigt die Unfähigkeit von Sklaven. Er bringt *Yao* und *Shun* als Musterbeispiel für Ordnung, oder zeigt, dass *Jie* und *Zhou* Chaos hervorgerufen haben. Das ist, als ob man den Geschmack von süßem Honig dem Geschmack von bitteren Unkräutern gegenüberstellt. Das bedeutet, grund- und wahllos Argumente dafür und dagegen aneinanderzureihen und nur die zwei entgegengesetzten Extreme zu erörtern. Kann man etwa auf diese Weise eine rationale Lehre widerlegen? Die Erörterung des Kritikers erreicht in keiner Weise das Niveau dieser Lehre.

41. Kapitel

Über das Disputieren

Jemand fragt, worin die Ursache für die Entstehung von Disputen liegt. Ich gebe zur Antwort: „In der mangelnden Weisheit des Herrschers." Auf die Frage, wie denn die mangelnde Weisheit des Regenten Dispute hervorbringen kann, sage ich: „Im Staate eines klugen Herrschers sind die Befehle die geachtetsten Worte und die Gesetze die geeignetsten Regeln des Handelns. Zwei verschiedene Aussagen können nicht die gleiche Achtung erfahren. Zwei verschiedene Gesetze können nicht auf die gleiche Weise den Umständen entsprechen. Folglich müssen jene Worte und Taten verboten werden, die nicht mit den Gesetzen und Befehlen übereinstimmen. Gelingt es jemandem, sich außerhalb von Gesetz und Anweisung durch Heuchelei und glückliche Umstände nützlich zu machen und an einer Aufgabe zu versuchen, sollte der Herrscher ihn beim Wort nehmen und für das Resultat seines Handelns verantwortlich machen. Erweisen sich die Worte als richtig, hat er großen Nutzen. Wenn nicht, trägt er schwere Schuld. Darum wagen es die Dummen aus Furcht vor Strafen nicht zu reden, und die Klugen haben nichts zu streiten. So gibt es auch keine Dispute."

In Zeiten der Wirren ist das anders. Die Befehle des Herrschers werden von den Menschen durch Bildung und Gelehrsamkeit missachtet. Mit ihrem eigennützigen Handeln widersetzen sie sich den Gesetzen der Beamten. Der Herrscher ist um die Verbreitung seiner Erlasse und Gesetze bemüht, doch zur gleichen Zeit verehrt er die Weisheit der Gelehrten. Deshalb nimmt die Gelehrsamkeit heute überhand. Fürwahr, Leistung und Brauchbarkeit sollten Zielscheibe und Bogen von Wort und Tat sein. Wenn jemand einen Pfeil schärft, verwegen drauflosschießt und mit der Pfeilspitze jedes Mal ein Grashälmchen trifft, kann er deshalb noch lange nicht als guter Schütze bezeichnet werden, weil er keine feste Regel und kein festes Ziel hat. Nimmt man aber eine fünf Zoll große Zielscheibe und schießt aus einer Entfernung von einhundert Schritten darauf, wäre außer *Hou Yi* und *Pang Meng* niemand in der Lage, immer mit Sicherheit zu treffen, weil Regel und Ziel feststehen. Es ist eine Meisterschaft, wenn *Hou Yi* und *Pang Meng* bei feststehenden Regeln eine fünf-Zoll-Scheibe treffen, doch es ist ungeschickt, wenn jemand ohne feste Regeln wild drauflosschießt und einen Grashalm trifft. Hört man auf Worte und sieht auf Handlungen, ohne Leistung und Brauchbarkeit als Zielscheibe und Bogen zu nehmen, ist es eine ebensolche wilde Schießerei, selbst wenn die Worte äußerst genau und die Taten äußerst erfolgreich sind. In wirren Zeiten wird beim Anhören von Vorschlägen das schwer Verständliche für treffend und Gelehrsamkeit für beredsam gehalten. Beim Betrachten von Taten wird das Abweichen von der Masse als tugendhaft und das Zuwiderhandeln gegen die Obrigkeit als standhaft verstanden. Der Herrscher selbst erfreut sich an derlei trefflichen, beredsamen Darstellungen und verehrt solcherart tugendhafte, standhafte Handlungen. Deshalb gibt es keine Korrektheit, obwohl die Verfechter von Gesetz und Staatskunst einen Maßstab für die Zustimmung und Ablehnung von Handlungen erstellt haben und Formulierung und Disput auseinanderhalten. Im Ergebnis gibt es viele, die Gelehrtengewänder und private Schwerter tragen, während die Zahl der Bauern und Soldaten gering ist. Sophistische Erörterungen sind in aller Munde, doch Gesetze und Verordnungen kommen kaum zum Tragen. Daher sage ich, dass die mangelnde Weisheit des Herrschers die Dispute hervorbringt.

42. Kapitel

Fragen an Tian

Xu Ju fragte *Tian Jiu*: „Ich habe gehört, dass kluge Männer dem Herrscher begegnen, ohne ein niederes Amt bekleidet zu haben, und Weise ohne vorzuweisende Leistung vor ihm erscheinen. Nun war aber *Yangcheng Yiju* ein berühmter General und begann seine Laufbahn in einer Militärkolonie. *Gongsun Danhui* war ein großer Minister und machte seine Karriere in einer Bezirksverwaltung. Warum?"

Tian Jiu antwortete: „Dafür gibt es nur den einen Grund, dass der Herrscher Regeln besitzt und die Beamten die Kunst der Staatsführung beherrschen. Habt Ihr denn nichts davon gehört, dass General *Song Gu* aus *Chu* die Politik durcheinanderbrachte und Minister *Feng Li* aus

Wei das Land in den Ruin führte? Ihre Herrscher hörten voreilig auf ihre wohlklingenden Worte und ließen sich durch ihre beredsamen Vorschläge täuschen, ohne sie in Militärkolonien und Bezirksverwaltungen auf die Probe zu stellen. Im Resultat kam es zu Verfehlungen in der Politik und zum Ruin des Staates. Daraus kann man doch ersehen, dass ein kluger Herrscher nicht gut beraten ist, wenn er auf die Erprobung in Militärkolonien und die Prüfung in Bezirksverwaltungen verzichtet."

Tang Qigong fragte einst *Han Fei:* „Ich habe gehört, dass die Kunst der Erhaltung des eigenen Lebens in der Befolgung der Riten und persönlichem Verzicht liegt und der Weg zur Karriere über die Kultivierung des Auftretens und die Entsagung vom Wissen führt. Wenn Ihr, verehrter Herr, nun Gesetze und Staatskunst einrichtet und Regeln und Zahlen aufstellt, so meine ich ergebenst, dass Ihr Euch damit selbst in höchste Gefahr bringt. Wie soll man das verstehen? Ich vernahm Eure Erörterung über die Staatskunst: Der Staat *Chu* hatte keine Verwendung für *Wu Qis* Vorschläge und geriet in Bedrängnis und Wirren. Der Staat *Qin* setzte dagegen auf *Shang Yangs* Ideen und wurde reich und stark. Beider Worte waren gleichermaßen richtig. Dennoch wurde *Wu Qi* in mehrere Teile zerstückelt und *Shang Yang* von Wagen in Stücke gerissen. Sie hatten das Unglück, in der falschen Zeit zu leben und dem falschen Herrscher zu dienen. Da man aber nicht sicher sein kann, ob die Zeit und der Herrscher die rechten sind, kann man auch heute Not und Unglück nicht ausschließen. Ich würde Euch daher ergebenst davon abraten, auf den Weg der persönlichen Karriere zu verzichten und stattdessen gefahrvolle, unsichere Handlungen zu entfalten."

Darauf entgegnete *Han Fei:* „Ich verstehe den Sinn Eurer Worte sehr wohl. Es ist fürwahr nicht leicht, die Herrschaftsmittel über das Reich zu ordnen und die Regeln für das Handeln des Volkes zu vereinheitlichen. Wenn ich dennoch auf Euren Rat verzichte und meine eigenen unwürdigen Ansichten in die Tat umsetzte, dann deshalb, weil ich meine, dass dies der Weg ist, dem Volk Vorteil und den Massen Nutzen zu bringen. Es ist eine wahrhaft humane und weise Handlungsweise, sich nicht vor Not und Ungemach zu scheuen, die von einem verwirrten Herrscher und einer unwissenden Beamtenschaft ausgehen, und seine Gedanken energisch auf den Gewinn und Nutzen zu richten, der aus der Vereinheitlichung des Volkes entsteht. Sich vor Not und Ungemach zu fürchten und sich der Gefahr des Todes nicht stellen zu wollen heißt, auf seine eigene Person bedacht zu sein, ohne den Nutzen für das Volk zu sehen. Welch eigennütziges, unwürdiges Verhalten! Ich ertrage es nicht, eigennützig und gemein zu handeln, und wage es nicht, mein humanes, weises Auftreten preiszugeben. Auch wenn Ihr mein persönliches Wohlergehen im Sinn hattet, so habt Ihr mich doch zutiefst verletzt."

43. Kapitel

Die Bestimmung des Gesetzes

Jemand fragte, welche Lehre wichtiger für den Staat wäre, die des *Shen Buhai* oder die des *Gongsun Yang*. Meine Antwort darauf lautete: „Man kann ihren Wert nicht so einfach messen. Ein Mensch stirbt, wenn er zehn Tage nichts isst. Er stirbt aber auch dann, wenn er bei großer Kälte keine Kleidung hat. Würde man fragen, was wichtiger für ihn ist, Essen oder Kleidung, so geht es doch ohne keines von beiden. Beides sind Mittel zur Erhaltung des Lebens. Nun spricht *Shen Buhai* von der Notwendigkeit der

Staatskunst, während *Gongsun Yang* die Anwendung des Gesetzes betont. Staatskunst heißt, der Leistung entsprechend Posten zu vergeben, den Namen gemäß Ergebnisse zu fordern, die Macht über Leben und Tod auszuüben und die Fähigkeiten der Beamtenschar zu prüfen. Sie wird vom Herrscher verwaltet. Was die Gesetze betrifft, so werden die Erlasse und Verordnungen in den Ämtern bekannt gegeben und die Bestrafungen in den Köpfen der Menschen verankert. Die Belohnungen erfolgen für gesetzestreues Handeln, und die Strafen werden bei Verletzungen der Ordnung angewandt. Das Gesetz ist das Vorbild des Handelns der Untertanen. Versteht sich der Herrscher nicht auf die Kunst der Staatsführung, bleibt er in seiner oberen Stellung von der Welt abgeschirmt. Besitzen die Beamten nicht die Vorgabe des Gesetzes, herrscht Chaos im Volk. Man kann auf keines von beiden verzichten. Sie sind die Mittel eines vollkommenen Herrschers. "

Daraufhin wurde ich gefragt, warum man die Staatskunst ohne das Gesetz und das Gesetz ohne die Staatskunst nicht gebrauchen könne. Ich gab zur Antwort: „*Shen Buhai* war Minister unter Marquis *Zhao* von *Han*. *Han* war als Teilstaat aus der Spaltung von *Jin* hervorgegangen. Das alte Recht des Staates *Jin* war noch wirksam, als auch die neuen Gesetze des Staates *Han* bereits gültig waren. Ohne die Befehle des alten Herrschers zu widerrufen, wurden die Verordnungen des neuen Herrschers erlassen. Da es *Shen Buhai* nicht vermochte, das Gesetz durchzusetzen und die Befehle und Verordnungen zu vereinheitlichen, gab es viele Gesetzeswidrigkeiten. Dem jeweiligen persönlichen Nutzen entsprechend verstanden es die Menschen, den alten oder neuen Gesetzen, den früheren oder späteren Befehlen zu folgen. Obwohl *Shen Buhai* Marquis *Zhao* mehrmals auf die Notwendigkeit der Anwendung der Staatskunst hinwies, war es den verräterischen Beamten stets möglich, ihn zu hintergehen, weil alt und neu, früher und später einander widersprachen. Es lag an der mangelnden Sorgfalt und Ordnung im Umgang mit den Gesetzen in den Ämtern, dass es *Shen Buhai*, dem der eintausend Kampfwagen starke Staat anvertraut war, in siebzehn Jahren nicht gelang, *Han* zum mächtigsten Staat zu machen, obwohl er den Herrscher zur Anwendung der Staatskunst brachte.

Als *Gongsun Yang* den Staat *Qin* regierte, schuf er ein System der gegenseitigen Meldepflicht, in dem eine unterlassene Anzeige ebenso bestraft wurde, wie die Tat selbst. Er vereinte die Menschen in Verbänden von fünf und zehn Familien mit gegenseitiger Haftung. Die Belohnungen waren reich und verbindlich, die Strafen hart und definitiv. Deshalb arbeiteten die Menschen nach Kräften, ohne zu ruhen, und nahmen Gefahren bei der Vertreibung des Feindes auf sich, ohne zurückzuweichen. Im Resultat war der Staat reich und die Armee stark. Da er aber nicht die Kunst der Führung des Staates beherrschte, um die Schlechtheit aufzudecken, waren Reichtum und Stärke nur für die korrupten Staatsdiener von Nutzen. Nach Herzog *Xiaos* Tod musste auch *Shang Yang* sterben, und König *Hui* gelangte auf den Thron. Die Gesetze von *Qin* waren noch in Kraft, doch *Zhang Yi* verriet *Qin* an *Han* und *Wei*. Nach König *Huis* Tod kam König *Wu* auf den Thron, und *Gan Mu* verriet *Qin* an *Zhou*. Nach König *Wus* Tod bestieg König *Zhaoxiang* den Thron, und Marquis *Rang* durchquerte *Han* und *Wei*, um im Osten *Qi* zu überfallen. Der Feldzug währte fünf Jahre, ohne dass *Qin* auch nur ein kleines Stück Land hinzugewann, doch *Rang* errichtete sich eine Domäne in der Stadt *Tao*. Marquis *Ying* attackierte *Han* acht Jahre lang, um sich seiner Domäne bei *Runan* zu versichern. Von da an waren alle, die im Dienst von *Qin* standen, von der Art eines *Ying* oder *Rang*. Jeder Sieg auf dem Schlachtfeld gereichte den hohen Würdenträgern zur Ehre.

Eine Vergrößerung des Territoriums war begleitet von der Einrichtung privater Domänen. Der Herrscher verstand nichts von der Staatskunst zur Erkennung der Schlechtheit, und so konnte *Shang Yang* seine Gesetze noch so oft verbessern, den Nutzen daraus zogen stets die Beamten. Es lag an der dem Herrscher fehlenden Kunst zur Lenkung des Staates, dass es *Shang Yang,* dem das reiche *Qin* zur Verfügung stand, in Jahrzehnten nicht vermochte, den Herrscher von *Qin* zum Kaiser zu erheben, obwohl in den Ämtern die nötige Sorgfalt und Ordnung im Umgang mit den Gesetzen herrschte."

Auf die Frage, wie es wäre, wenn der Herrscher *Shens* Staatskunst nutzt und die Beamten *Shangs* Gesetze umsetzen, entgegnete ich: „*Shen* ist nicht bis zum Ende in die Staatskunst eingedrungen, und *Shang* verstand das Wesen des Gesetzes nicht vollständig. *Shen* meinte, dass ein Beamter seine Amtsbefugnisse nicht überschreiten und sein Wissen über Dinge außerhalb seines Amtes nicht vorbringen darf. Damit ist gemeint, dass er seinen Pflichten nachkommen muss und nicht auf Fehler anderer verweisen soll. Der Herrscher sieht durch die Augen des ganzen Staates und ist so in seinem Sehen unübertroffen. Er hört durch die Ohren des ganzen Staates und ist so in seinem Hören nicht zu schlagen. Wenn nun aber jene, die etwas wissen, nicht sprechen, auf wen soll sich der Herrscher dann stützen? *Shangs* Gesetz besagt: Wer im Krieg einen Gegner tötet, erhält einen Rang ersten Grades und im Falle seines Wunsches ein Amt mit fünfzig *dan* Einkommen. Wer zwei Gegner tötet, erhält einen Rang zweiten Grades und im Falle seines Wunsches ein Amt mit einhundert *dan* Einkommen. Eine Karriere in Amt und Rang ist also identisch mit der Leistung im Kopfabschlagen. Angenommen, es gäbe nun ein Gesetz, das Kopfjäger zu Heilkundigen und Handwerkern macht. Es würden weder Häuser gebaut noch Kranke geheilt werden. Schließlich müssen Handwerker geschickte Hände haben und Heilkundige sich auf die Zubereitung von Arznei verstehen. Wird man aber für das Verdienst des Kopfabschlagens dazu ernannt, besitzt man nicht die notwendigen Fähigkeiten. Der Dienst im Amt verlangt Weisheit und Fähigkeiten, während das Kopfabschlagen Mut und Kraft erfordert. Setzt man nun mut- und krafterprobte Männer auf Weisheit und Fähigkeiten verlangende Posten, bedeutet das nichts anderes, als Kopfjäger zu Heilkundigen und Handwerkern zu machen. Darum sage ich, dass die beiden Gesetz und Staatskunst nicht ganz verstanden haben."

44. Kapitel

Überreden zum Zweifeln

Generell ist mit der großen Ordnung nicht einfach die richtige Handhabung von Belohnungen und Strafen gemeint, und es ist ganz und gar nicht weise, verdienstlose Menschen zu würdigen und unschuldige Menschen zu richten. Allein, würdigt man die Verdienstvollen und straft die Schuldigen, ohne dabei auch nur einen Einzigen zu vergessen, so kann man doch unter den Menschen weder Verdienste hervorbringen, noch Fehlverhalten stoppen. Deshalb ist es die beste Methode zur Bekämpfung von Verrat, schon die Absicht zu unterbinden. Weniger wirksam ist das Verbot der Worte, und am Schluss steht das Verhindern der Tat. Alle sagen heutzutage: „Die Würde des Herrschers und die Sicherheit des Staates resultieren aus Mitmenschlichkeit, Gerechtigkeit, Weisheit und Fähigkeit", und wissen doch nicht, dass gerade Mitmenschlichkeit, Gerechtigkeit, Weisheit und Fähigkeit den Herrscher erniedrigen und den Staat gefährden. Deshalb hält ein guter

Herrscher Mitmenschlichkeit und Gerechtigkeit von sich fern, verwirft Weisheit und Fähigkeit und macht sich die Menschen durch das Gesetz gefügig. So entfaltet sich sein Ruhm, sein Name genießt Ehrfurcht, das Volk lebt in Ordnung und im Staat herrscht Frieden, weil er sich darauf versteht, dass Volk einzusetzen. Es ist die Staatskunst, die der Herrscher in Händen hält, und es ist das Gesetz, das die Beamten anleitet. So ist es auch nicht schwer zu erreichen, dass die Beamten täglich vom rechten Weg des Regierens hören und das Gesetz überall im Land sichtbar hervortritt.

Einst hatte der *Youhu*-Clan einen Mann namens *Shi Du*, der *Huandou*-Clan den *Gu Nan*, die drei *Miao* den *Cheng Xu*, *Jie* den *Hou Chi*, *Zhou* den *Chong Houhu* und *Jin* den *You Shi*. Alle sechs waren staatsruinierende Minister. Sie verdrehten richtig und falsch, sorgten bei Hof für Gefahr durch Aufruhr und zeigten sich nach außen wenig ehrfurchtsvoll, um zu beweisen, wie gut sie sind. Sie sprachen vom Weg des Altertums und behinderten damit heutige gute Taten. Sie verstanden es, ihre Herrscher zu beobachten und die letzte Kleinigkeit über sie zu erfahren, um sie schließlich mit dem, was sie liebten, ins Verhängnis zu stürzen. Dergestalt waren die Minister und Vertrauten. Einigen Herrschern vergangener Zeiten gelang es, Männer zu finden, die ihnen Sicherheit und dem Staat Fortdauer brachten. Andere Herrscher wiederum verließen sich auf Menschen, die sie in Not und den Staat ins Verderben stürzten. Obwohl sie sich glichen in ihrem Vertrauen zu den Menschen, gab es einen himmelweiten Unterschied zwischen dem Nutzen und dem Schaden, den sie verursachten. Deshalb sollte der Herrscher seinen Vertrauten mit Bedacht begegnen. Vermag er die Worte seiner Untertanen wirklich zu verstehen, kann er zwischen einem weisen und einem gemeinen Mann unterscheiden wie zwischen schwarz und weiß.

Xu You, Xu Ya, Bo Yang aus *Jin, Dian Jie* aus *Qin, Qiao Ru* aus *Wei, Hu Buji, Zhong Ming, Dong Bushi, Bian Sui, Wu Guang, Bo Yi* und *Shu Qi* – alle zwölf freuten sich weder über eine Gunst von oben, noch fürchteten sie von unten nahendes Unheil. Einige von ihnen lehnten die Herrschaft über das Reich unter dem Himmel ab. Andere erfreuten sich an ihrem Auskommen nicht, weil es mit Schimpf und Schande verbunden war. Wenn sie sich aber nicht über ihren eigenen Vorteil freuen, kann sie der Herrscher selbst mit reichen Belohnungen nicht zum Handeln bewegen, und wenn sie vor einem drohenden Unheil keine Angst haben, kann er sich bei ihnen selbst mit harten Strafen keinen Respekt verschaffen. Das sind die sogenannten „Menschen, denen man nichts befehlen kann". Einige dieser zwölf Männer starben eines einsamen Todes in verborgenen Höhlen, andere verwesten zwischen Gras und Bäumen, manche verhungerten in Bergschluchten oder ertranken in Flüssen und Quellen. Selbst den weisen Herrschern des tiefen Altertums gelang es nicht, sich diese Menschen als Untertanen gefügig zu machen. Wie sollte es da den heutigen Herrschern möglich sein, sie in ihre Dienste zu bringen?

Guan Longpeng, Prinz *Bigan, Ji Liang* aus *Sui, Xie Ye* aus *Chen, Bao Shen* aus *Chu* und *Zixu* aus *Wu* – alle sechs dominierten über ihre Herrscher, indem sie heftig mit ihnen stritten und sie energisch zurechtwiesen. Hörten die Herrscher auf ihre Worte und führten ihre Taten aus, verhielten sie sich zu ihren Herrschern wie Lehrer zu ihren Schülern. Fand aber nur ein Wort kein Gehör oder eine Sache keine Zustimmung, begegneten sie den Herrschern anmaßend und unhöflich mit Worten und Gesten. Selbst die Gefahr, dass sie der Tod erwartet oder die Familie ausgerottet wird, sie ihren Kopf verlieren oder ihnen Hände und Füße abgeschlagen werden, konnte sie nicht davon abhalten. Wenn sogar die weisen Herrscher des tiefen Altertums solche Untertanen nicht ertragen konnten, wie sollten da die heutigen Herrscher mit ihnen auskommen?

Tian Heng aus *Qi, Zihan* aus *Song, Jisun Yiru* aus *Lu, Qiao Ru* aus *Jin, Zinan Jing* aus *Wei, Taizai Xin* aus *Zheng, Baigong* aus *Chu, Shan Ya* aus *Zhou* und *Zizhi* aus *Yan* – alle neun waren Untertanen, die sich im Dienst für ihren Herrscher zu Cliquen und Klüngeln zusammenfanden. Sie schreckten nicht davor zurück, den rechten Weg zu verdecken und ihren eigenen Gesetzen zu folgen, nach oben den Herrscher in Bedrängnis zu bringen und nach unten die Ordnung der Gesellschaft zu stören, mit fremder Hilfe das Land zu verwirren und durch Vertrautheit mit gemeinen Leuten Komplotte gegen den Herrscher zu schmieden. Solchen Untergebenen können nur heilige Könige und weise Herrscher Einhalt gebieten. Wie sollten einfältige, verwirrte Herrscher der heutigen Zeit ihnen begegnen können?

Anders dagegen *Houji, Gao Tao, Yi Yin, Zhougong Dan, Taigong Wang, Guan Zhong, Xi Peng, Baili Xi, Jian Shu, Jiu Fan, Zhao Shuai, Fan Li, Dafu Zhong, Feng Tong* und *Hua Deng* – alle fünfzehn waren Untertanen, die früh am Morgen aufstanden und spätabends zu Bett gingen, sich selbst gering schätzten und verachteten. Ihre Ansichten waren aufrichtig und ihre Gedanken rein. Sie dienten ihrem Herrn, indem sie Recht und Gesetz verbreiteten und Ordnung in Ämtern und Posten hielten. Sie prahlten nicht mit ihrem Recht, wenn sie richtige Vorschläge gemacht und den rechten Weg des Regierens erfasst hatten, und rühmten nicht ihre Verdienste, wenn sie eine Leistung vollbracht und eine Sache vollendet hatten. Sie zögerten nicht, zum Nutzen des Staates ihre Familie ausrotten zu lassen und sich selbst zum Wohlergehen des Herrschers zu opfern. Sie hielten ihre Herrscher für ebenso erhaben wie den hohen Himmel und den Berg *Taishan,* und schätzten sich selbst ebenso gering, wie tiefe Gebirgsschluchten und den Fluss *Fuhui.* Es fiel ihnen nicht schwer, selbst die Geringschätzung von Gebirgsschluchten und des Flusses *Fuhui* zu ertragen, während die Namen ihrer Herrscher erstrahlten und ihr Ruhm sich im Land verbreitete. Mit Hilfe solcher Untergebenen können heute selbst einfältige, verwirrte Herrscher Erfolge vollbringen. Um wie viel mehr muss das für weise, gebildete Herrscher des Altertums gelten. Dies sind die Gehilfen unumschränkter Herrscher.

Hua Zhi aus *Zhou, Wangsun Shen* aus *Zheng, Gongsun Ning* und *Yi Xingfu* aus *Chen, Yu Yin* und *Shen Hai* aus *Jing, Shao Shi* aus *Sui, Zhong Gan* aus *Yue, Wangsun E* aus *Wu, Yangcheng Xie* aus *Jin, Shu Diao* und *Yi Ya* aus *Qi* – alle zwölf waren als Untertanen auf kleine Vorteile aus und vergaßen darüber ihre dem Gesetz entspringenden Pflichten. Standen sie im Amt, verdeckten und verbargen sie die Weisen und Guten, um den Herrscher in Abgeschiedenheit und Unwissenheit zu halten. Zogen sie sich aus dem öffentlichen Leben zurück, richteten sie in Ämtern und Behörden ein heilloses Durcheinander an und verursachten Not und Unheil. Sie alle standen an der Seite ihrer Herrscher, hegten die gleichen Begierden wie er und schreckten nicht davor zurück, Ruin über den Staat und Tod über die Massen zu bringen, wenn sie nur die Freuden des Herrschers teilen konnten. Bei solchen Ministern mussten selbst heilige Könige befürchten, ihrer Macht beraubt zu werden. Um wie viel weniger könnten die einfältigen, verwirrten Herrscher der heutigen Zeit darauf hoffen, nicht ihre Macht an sie zu verlieren. Wer Untertanen wie diese hatte, fand selbst den Tod, seinen Staat ruiniert und wurde zum Gespött im Reich unter dem Himmel. So geschah es, dass Herzog *Wei* von *Zhou* ermordet und sein

Staat in zwei Teile gespalten wurde. Auch *Ziyang* von *Zheng* starb und sein Staat wurde gedreiteilt. Herzog *Ling* von *Chen* starb von der Hand des *Xia Zhengshu*, und Herzog *Ling* von *Jing* verlor sein Leben bei *Ganqi*. *Sui* wurde von *Jing* vernichtet, und *Wu* von *Yue* annektiert. Graf *Zhi* fand sein Ende bei *Jinyang*, und Herzog *Huans* Leiche wurde siebenundsechzig Tage nicht beigesetzt. Daher heißt es: „Nur weise Könige durchschauen sich einschmeichelnde, anbiedernde Untertanen. Einfältige Herrscher hingegen fallen auf sie herein, sodass sie Opfer von Mordanschlägen werden und ihre Staaten untergehen."

Auf heilige Könige und weise Herrscher trifft dies nicht zu. Wenn sie jemandem ein Amt übertragen, lassen sie sich weder von verwandtschaftlicher Nähe, noch von persönlichem Hass leiten. Wer recht handelt, wird in Dienst gestellt, und wer unrecht handelt, wird bestraft. Da sie die fähigen, guten Männer fördern und die falschen, verräterischen Männer zurückdrängen, gelingt es ihnen, sich auf einen Schlag die Lehnsfürsten gefügig zu machen. Die Annalen berichten uns, dass *Yao* den *Dan Zhu*, *Shun* den *Shang Jun*, *Qi* den *Wu Guan*, *Shang* den *Tai Jia* und König *Wu* den *Guan* und den *Cai* hinrichten ließen. Die von den fünf Herrschern Hingerichteten waren alle mit ihnen verwandtschaftlich eng verbunden. Warum wurden sie dann gerichtet und ihre Familien ausgerottet? Weil sie dem Staat geschadet, das Volk misshandelt und das Gesetz gebrochen haben. Betrachten wir jene, die von den fünf Herrschern in Dienst genommen wurden. Manche lebten zuvor in bergigen Wäldern, morastigen Sümpfen und felsigen Höhlen, wurden einst gefangen gehalten, gefesselt und geprügelt, oder verdingten sich früher als Koch, Hirte und Viehzüchter. Die klugen Herrscher schämten sich nicht der niederen, gemeinen Herkunft dieser Männer, sondern erhoben sie in Amt und Würden wegen ihrer Fähigkeiten in der

Durchsetzung der Gesetze und ihrem Dienst an Staat und Volk. Im Resultat lebten sie in Sicherheit und wurden vom Volk verehrt.

Bei einfältigen Herrschern verhält es sich anders. Ohne die Absichten und Taten ihrer Minister zu kennen, übertragen sie ihnen die Staatsgeschäfte. Sie verstehen es nicht, ihre Untergebenen richtig einzusetzen. Deshalb schaden sie zumindest ihrem Namen und verlieren einen Teil ihres Landes, oder sie müssen sogar den Untergang des Staates und ihren eigenen Tod hinnehmen.

Ein Herrscher, der keinen festen Maßstab zur Einschätzung seiner Beamten hat, muss sich auf die Worte der Mehrheit verlassen. Dem von der Mehrheit Gepriesenen begegnet der Herrscher seinerseits mit Wohlwollen. Wer jedoch von vielen verleumdet wird, zieht auch den Hass des Herrschers auf sich. Um zu Ruhm zu gelangen, ruinieren deshalb die Amtsträger ihre Familien und verschwenden ihren Reichtum, schließen sich bei Hof zu Cliquen zusammen und bauen außerhalb Kontakte zu einflussreichen Familienclans auf. Durch geheime Machenschaften und Absprachen festigen sie gegenseitig ihre Position und unterstützen sich in ihrer Karriere, indem sie sich unverdient Ränge und Pfründen zuschanzen. Sie sagen: „Wer zu mir hält, wird davon profitieren, und wer sich gegen mich stellt, wird den Schaden daraus ziehen." Nach ihrem Vorteil gierend und vor ihrer Autorität zitternd meint die Masse, dass sie von den Beamten bevorteilt werden kann, solange diese nur wirklich zufrieden sind, und das es ihr schlecht ergeht, wenn die Beamten wirklich zornig sind. So folgt ihnen das Volk in Scharen. Ihr Ruhm erfüllt das Land und dringt bis ans Ohr des Herrschers, der sie für weise Männer hält, vermag er doch nicht, ihre wahren Gefühle zu erkennen.

Außerdem schicken sie arglistige Leute, von denen sie zu Unrecht vorgeben, die bevorzugten Gesandten der Lehnsfürsten zu sein, staffieren sie aus mit Wagen und Pferden, übergeben ihnen Jade- und Bambustäfelchen als Vollmachten und Beglaubigungen, instruieren sie mit Worten und Befehlen und statten sie aus mit Geld und Seide als Geschenke. Sie benutzen die Lehnsfürsten, um noch mehr Einfluss auf ihren Herrscher auszuüben. Insgeheim gehegte eigennützige Absichten erscheinen als öffentliche Vorschläge. Sie geben vor, Abgesandte des Herrschers eines fremden Staates zu sein, sprechen aber in Wahrheit für die Vertrauten am eigenen Hofe.

Erfreut von ihren Worten und eingenommen von ihrer Redegewandtheit hält der Herrscher diese Menschen für weise Männer im Reich unter dem Himmel. Bei Hofe wie außerhalb, überall spricht man von ihnen wie aus einem Mund und sagt immer wieder das Gleiche über sie. Auf diese Weise geschieht es schnell, dass eine geachtete Stellung durch diese Unwürdigen entehrt wird, oder ihnen zumindest der Vorteil hoher Ränge und großer Pfründen zuteil wird. Sind jedoch die Ränge und Pfründen dieser arglistigen Männer würdevoll, die sich um sie scharenden Cliquen und Klüngel groß an Zahl und verfolgen sie darüber hinaus ihre unrechten, verräterischen Absichten, dann werden sich treulose Untertanen umso mehr von ihrem Herrscher abwenden und ihn beeinflussen wollen mit den Worten: „Jene, die man im Altertum als tugendhafte Herrscher und weise Könige bezeichnete, kamen nicht als Folge eines natürlichen Generationswechsels an die Macht, sondern sie suchten ihren Vorteil, indem sie Anhänger um sich scharten und einflussreiche Clans auf ihre Seite holten, um ihre Herrscher zu bedrängen und meuchlings zu ermorden." Und wenn sie gefragt werden, woher sie denn das wissen, so entgegnen sie: „*Shun* drängte sich *Yao* auf, *Yu* bedrängte *Shun, Tang* verbannte *Jie* und König *Wu* vernichtete *Zhou*. Diese vier Könige waren Untertanen, die ihre Herrscher ermordeten, und doch lobpries man sie im Reich unter dem Himmel. Sie waren ihrem Wesen nach habgierig und besessen und in ihrem Handeln grausam und aufrührerisch. Da alle vier Herrscher selbst die Kunde von ihren Taten verbreiteten und man sie im Reich unter dem Himmel für mächtig hielt, sie selbst ihre Namen priesen und man sie im Reich unter dem Himmel als Weise verehrte, war ihre Autorität groß genug, um auf das Reich herabzusehen. Sie besaßen genügend Macht, um ihr Zeitalter zu täuschen, sodass ihnen das Reich unter dem Himmel folgte." Erwidert jedoch der Herrscher: „Auf die soeben gehörte Weise nahmen sich *Tian Chengzi* den Staat *Qi*, *Sicheng Zihan* den Staat *Song*, *Taizai Xin* den Staat *Zheng*, der *Shan*-Clan den Staat *Zhou* und *Yi Yazhi* den Staat *Wei* und spalteten die drei Grafen von *Han, Zhao* und *Wei* den Staat *Jin*. Diese acht Männer waren Untertanen, die ihre Herrscher töteten." Wenn die arglistigen Beamten dies vernehmen, werden sie sich voller Schrecken erheben und dem Gesagten zustimmen. Darum bilden sie bei Hofe Cliquen, verbünden sich nach außen mit einflussreichen Clans und warten auf den geeigneten Moment, um mit einem Schlag den Staat an sich zu reißen. Nun gibt es eine unüberschaubare Zahl solcher Untertanen, die im Inneren mit Hilfe von Gleichgesinnten und Cliquen den Herrscher töten und seiner Macht berauben, von außen dank des Einflusses der Lehnsfürsten das eigene Land verraten und ruinieren, den rechten Weg unterdrücken und die persönliche Falschheit kultivieren, um nach oben den Herrscher zu behindern und nach unten die Ordnung zu stören. Warum wohl ist dies so? Weil es der Herrscher nicht versteht, die rechten Untertanen auszuwählen.

In den Annalen heißt es: „Seit der Zeit des Königs *Xuan* von *Zhou* sind dutzende Staaten untergegangen und es geschah unzählige Male, dass Minister ihre Herrscher getötet und sich ihrer Staaten bemächtigt haben." Wenn dem so ist, so wurden die Wirren jeweils zur Hälfte von innen und von außen hervorgerufen. Es waren alles weise Herrscher, die es zuließen, dass die Kräfte ihres Volkes völlig verausgabt, der Staat ruiniert und sie selbst getötet wurden. Es waren ihre größten Fehler, sich selbst herabzusetzen, ihre Stellung aufzugeben, die Massen zu überfordern und die Macht über den Staat abzutreten.

Ein Herrscher, der es wirklich versteht, die Worte seiner Untertanen zu durchschauen, dessen Staat wird selbst dann von Bestand sein, wenn er sich nur mit der Jagd und dem Reisen, dem Spiel der Glocken und den Tänzerinnen befasst. Ein Herrscher hingegen, der die Worte seiner Untertanen nicht durchschaut, dessen Staat geht von selbst zugrunde, auch wenn er sparsam und fleißig ist, sich einfach kleidet und karg ernährt. So sorgte sich Marquis *Jing*, einst Herrscher von *Zhao*, nicht um die Kultivierung tugendhaften Verhaltens, sondern liebte maßlose Ausschweifungen. Er gab sich dem Wohlleben und den sinnlichen Freuden hin. Im Winter ging er tagelang zur Jagd, und im Sommer schwamm und fischte er. Er feierte ganze Nächte und stellte zuweilen seinen Weinbecher mehrere Tage nicht ab. Denen, die nicht mehr trinken konnten, trichterte er den Wein mit Bambusröhrchen ein, und jene, die in ihrem Auftreten nicht schicklich und in ihren Antworten nicht ehrerbietig waren, ließ er an Ort und Stelle enthaupten. Obwohl er derart zügellos in seiner Art zu leben und so maßlos in seiner Art zu strafen war, herrschte er über sein Land mehr als zehn Jahre. Seine Armee wurde nicht von feindlichen Staaten geschlagen, kein Nachbar drang in sein Gebiet ein, im Inneren gab es keine durch Minister und

Amtsträger verursachten Wirren und von außen bestand keine Gefahr durch die Lehnsfürsten. Und das alles, weil er wusste, wie man Untertanen in Dienst nimmt.

Nicht so *Zikuai*, Herrscher von *Yan* und Nachfahre des Herzogs *Shi* von *Shao*. Er regierte ein Gebiet von einigen tausend *li* und befehligte eine Armee aus einigen Hunderttausend Lanzenträgern. Er amüsierte sich nicht mit Frauen und genoss nicht den Klang von Musik. Er ließ weder Seen anlegen und Pavillons errichten in seiner Residenz, noch verließ er den Hof, um auf die Jagd zu gehen. Er nahm persönlich Pflug und Hacke zur Hand, um die Felder in Ordnung zu halten. *Zikuai* war so sehr besorgt um das Wohl des Volkes, dass er selbst von den sogenannten heiligen Königen und weisen Herrschern des Altertums in ihrer Aufopferung und Fürsorge für die Welt nicht übertroffen wurde. Und doch fand *Zikuai* den Tod und verlor seinen Staat. Seine Macht wurde ihm von *Zizhi* aus den Händen gerissen, und er wurde zum Gespött des ganzen Reiches. Warum war das wohl so? Weil er nicht wusste, wie man Untertanen in Dienst nimmt.

So heißt es, dass es fünf Arten von Verrat der Untertanen gibt, die der Herrscher nicht kennt. Es gibt Beamte, die durch Verschwendung von Gütern und Geschenke versuchen, Ehren zu erlangen. Manche wollen die Menschen auf ihre Seite ziehen, indem sie Gunst und Belohnungen austeilen. Andere bauen Cliquen auf, stellen ihre Weisheit heraus und ehren die Gelehrten, um nach ihrem eigenen Willen handeln zu können. Einige streben nach Erfolg und Autorität, indem sie Begnadigungen und Straferlasse erwirken. Und es gibt solche, die sich der Meinung der Menschen über Aufrichtigkeit und Betrug anschließen und die Augen und Ohren des Volkes zu täuschen versuchen durch großartige Worte, ausgefallene Kleider und vornehmes

Auftreten. Ein kluger Herrscher hegt Zweifel gegenüber diesen fünf Arten des Verhaltens, und ein weiser Herrscher verbietet sie. Wenn diese fünf Formen von Arglist verdrängt werden, trauen sich wortreiche, lügnerische Menschen nicht, ihr Gesicht gen Norden zu richten und zu sprechen. Jene, die viel reden, aber wenig tun und wider das Gesetz handeln, werden es nicht wagen, sich zu verstellen und ihre Reden auszuschmücken. In ihren Mußestunden befassen sich die Beamten mit der Kultivierung ihrer eigenen Person. Im Dienst verausgaben sie ihre Kräfte und wagen es nicht, ohne einen Befehl des Herrschers nach eigenem Gutdünken zu handeln, voreilige Reden zu halten und Tatsachen zu entstellen. Das ist die Art und Weise, wie ein weiser König seine Beamten und Untertanen verwaltet.

Weise Herrscher und kluge Regenten beobachten ihre Beamten nicht erst heimlich, wenn zweifelhafte, verdächtige Dinge passieren, denn es ist im Reich unter dem Himmel selten, dass einer, der verdächtigt wird, sich nicht ändert. Heißt es doch: „Manche unehelichen Kinder beanspruchen den Platz des Thronfolgers, manche Konkubinen den Platz der Hauptfrau, manche Beamten bei Hofe den Platz des Ministers und manche Günstlinge unter den Untertanen den Platz des Herrschers." Diese vier Arten von Menschen sind es, die eine Gefahr für den Staat darstellen. Darum sagt man, dass es zu Unordnung führt, wenn Favoritinnen in den inneren Gemächern mit der Herrscherin rivalisieren, Günstlinge bei Hofe die Regierenden ablösen, Söhne von Nebenfrauen den Thronfolger ersetzen und hohe Würdenträger den Herrscher verdrängen wollen. Deshalb heißt es auch in den *Aufzeichnungen von Zhou*: „Achte niemals die Nebenfrau zu sehr und erniedrige die Hauptfrau. Verstoße nie den Erstgeborenen und behandle den Sohn einer Nebenfrau ehrenvoll. Schätze nicht Günstlinge und missachte hoch gestellte Minister. Gib nie hohen Beamten durch zu große Achtung die Möglichkeit, sich mit dem Herrscher zu vergleichen." Gelingt es, diese vier bösen Absichten auszumerzen, ist der Herrscher frei von Sorgen und haben die Untergebenen keine Vorwürfe. Gelingt dies jedoch nicht, droht dem Herrscher der Tod und dem Staat der Untergang.

45. Kapitel

List im Umgang mit Menschen

Es sind drei Dinge, mit deren Hilfe ein weiser Herrscher regiert – Vorteil, Autorität und Ruhm. Mit Vorteil bringt man das Volk auf seine Seite, mit Autorität setzt man Befehle durch, und Ruhm führt Oben und Unten in gemeinsame Bahnen. Nichts ist so notwendig fürs Regieren wie diese drei Dinge. Heute fehlt es nicht am Vorteil, doch das Volk wendet sich dem Herrscher nicht zu. Es mangelt nicht an der Autorität, doch die Untertanen zeigen keinen Gehorsam. In den Ämtern fehlt es nicht an Gesetzen, doch die Ordnung entspricht nicht dem Namen. Wenn diese drei Dinge nicht fehlen, warum lösen dann Zeiten der Ordnung und der Wirren einander ab? Doch wohl deshalb, weil der Herrscher anstatt der Mittel zur Schaffung von Ordnung etwas völlig anderes schätzt.

Die Festlegung von Namen und Titeln dient zur Ehrung, doch heute werden jene „erhaben" genannt, die keinen Wert auf Ruhm legen und die Dinge leichtnehmen. Die Einrichtung von Rang und Stellung ist die Grundlage zur Unterscheidung von gewöhnlichen und ehrbaren Menschen, doch heute werden jene „weise" genannt, die den Herrscher herabwürdigen und nicht um Audienzen ersuchen. Autorität und Nutzen dienen der Durchsetzung der Befehle, doch heute werden jene „würdevoll" genannt, die nicht nach dem Nutzen sehen und die Autorität missachten. Gesetze und Erlasse werden zur Durchsetzung der Ordnung herausgegeben, doch heute werden jene „loyal" genannt, die Gesetzen und Erlassen nicht Folge leisten und eigennützig und wohltätig handeln. Amt und Würden sollen dem Volk Ansporn sein, doch heute werden jene „heldenhaft" genannt, die Ruhm und Pflicht zu lieben vorgeben und doch kein Amt übernehmen. Strafe und Züchtigung sind Mittel zur Schaffung von Autorität, doch heute werden jene „tapfer" genannt, die das Gesetz leichtnehmen und nicht vor harten Bestrafungen und Tod zurückschrecken. Wenn die Menschen größeren Wert auf Ruhm legen, als auf persönlichen Vorteil bedacht zu sein, wen wundert es da, dass unter Hunger und Armut leidende Gelehrte in Berghöhlen ihr Leben fristen und sich Qualen aussetzen, um im Reich unter dem Himmel zu Ansehen zu gelangen. Wenn heute in der Welt keine Ordnung herrscht, ist das nicht die Schuld der Untergebenen, sondern liegt daran, dass der Herrscher vom Weg des Regierens abgekommen ist. Schätzt der Herrscher fortwährend das, was zu Wirrnis führt, und verachtet das, was Ordnung schafft, besteht ein ständiger Widerspruch zwischen den Wünschen der Untertanen und den Regierungsmethoden des Herrschers.

Es ist doch so, dass der Herrscher auf den Gehorsam seiner Untertanen angewiesen ist. Doch ehrliche und aufrichtige Männer, die ihren Verstand gebrauchen und vorsichtig in der Wortwahl sind, gelten heute als „unbedeutend". Jene, die sich strikt an das Gesetz halten und konsequent den Befehlen Folge leisten, gelten als „dumm". Jene, die den Herrscher achten und die Strafen fürchten, gelten als „furchtsam". Jene, die zur rechten Zeit Vorschläge unterbreiten und in ihrem Handeln korrekt sind, gelten als „unwürdig". Und jene schließlich, die nicht doppelzüngig sind und privaten Lehren anhängen, sondern den Beamten gehorchen und dem öffentlichen Anliegen folgen, gelten als „primitiv".

„Aufrecht" nennt man jene, die sich einer Anstellung widersetzen. „Unbestechlich" nennt man jene, die Belohnungen nicht annehmen. „Rechtschaffen" nennt man jene, die keine Verbote achten. „Tapfer" nennt man jene, die Befehlen nicht gehorchen. „Ehrlich" nennt man jene, die sich nicht um den Nutzen des Herrschers kümmern. „Menschenliebend" nennt man jene, die wenig wollen und Güte und Tugend praktizieren. „Vorbildlich" nennt man jene, die einflussreich und selbstherrlich sind. „Lehrer und Schüler" nennt man jene, die sich privaten Schulen anschließen und Cliquen bilden. „Gelehrt" nennt man jene, die sich in Müßiggang und Ruhe ergehen. „Ehrgeizig" nennt man jene, die ihren Mitmenschen Schaden zufügen und nach ihrem Vorteil gieren. „Weise" nennt man jene, die listig und voller Boshaftigkeit sind. „Heilig" nennt man jene, die zuerst an andere und dann an sich denken, ihrem Namen scheinbar gerecht werden und die Liebe zum Reich unter dem Himmel im Munde führen. „Großartig" nennt man jene, die über wichtige, grundlegende Dinge reden, deren Vorschläge jedoch unbrauchbar und deren Handlungen sonderbar sind. „Tugendhaft" nennt man jene, die Ränge und Pfründen verschmähen und sich nicht um die Belange des Herrschers scheren. Menschen, die in dieser Weise auftreten, schaffen als Beamte Verwirrung im Volk und sind ohne Amt von keinerlei Nutzen. Der Herrscher sollte unablässig ihre Ansinnen unterdrücken und ihren Taten Einhalt gebieten. Denn ließe er sie gewähren und würde sie gar noch achten, hieße dies, die Untergebenen zu lehren, den Herrscher zu hintergehen, und das für Ordnung zu halten.

Generell basiert die Macht des Herrschers auf Strafen und Züchtigungen. Heute jedoch werden jene geehrt, die mit eigennützigen Absichten das öffentliche Wohl durchsetzen wollen. Sicherheit und Frieden sind die Voraussetzung für den Bestand des Altars des Erdbodens und der Feldfrüchte, doch boshafte, verleumderische Männer werden in Dienst genommen. Auf Vertrauen und Güte beruht der Gehorsam der Untertanen, doch falsche, umstürzlerische Männer kommen zum Zug. Mit Ehrfurcht und Gehorsam werden Befehle durchgesetzt und Autorität geschaffen. Doch man rühmt jene, die in Berghöhlen hausen und sich aus der Welt zurückziehen. Speicher und Kornkammern sind voll dank der hauptsächlichen Beschäftigung mit Feldarbeit und Ackerbau, doch Reichtum erlangen jene, die sich mit solchen nebensächlichen Dingen befassen wie Seiden- und Brokatstickerei, Gravur und Malerei. Die Krieger und Soldaten sorgen für Ruhm und erobern neue Ländereien. Heute aber hungern und betteln die von den gefallenen Kriegern hinterlassenen Waisen in den Straßen, während Schauspieler, Gaukler, Trinker und Gelehrte in Wagen fahren und sich in Seide kleiden. Belohnungen und Schenkungen sollen das Volk dazu bewegen, all seine Kräfte zu verausgaben und den Tod nicht zu fürchten. Heute jedoch erfahren die im Kampf Siegreichen und in Eroberungszügen Erfolgreichen nicht die Gunst der Belohnung, während Wahrsager, Propheten und Schwindler sich in schönen Worten vor dem Herrscher üben und täglich mit Geschenken bedacht werden. Der Herrscher verwaltet Vorschriften und Regeln, um damit über Leben und Tod zu entscheiden. Heute aber werden jene, die sich an die Regeln und Vorschriften halten und dem Herrscher loyal zu dienen gewillt sind, nicht zu Audienzen vorgelassen, während jene immer wieder von ihm empfangen werden, die schmeichlerische Worte und wohlklingende Phrasen im Munde führen und auf unlauteren Wegen und mit Glück die Welt umgarnen. Die Gesetze zu befolgen und die Worte offen vorzutragen, auf die Entsprechung von Name und Form zu achten und treulose Menschen entsprechend der Richtschnur abzuurteilen – auf diese Weise schafft man im Namen des Herrschers Ordnung. Doch wer dies versucht, wird ferngehalten und verstoßen vom Herrscher, während zu seinen Vertrauten und Nahestehenden jene zählen, die ihm schmeicheln, seinen Ansichten und Wünschen nachkommen und so die Welt in Gefahr bringen. Steuern und Abgaben werden eingesammelt, und die Kraft des Volkes wird auf das Wesentliche ausgerichtet, um auf schlechte Zeiten vorbereitet zu sein und die Speicher und Lager zu füllen, doch es gibt Unzählige, die vor ihrer Pflicht weglaufen und sich verbergen, bei mächtigen Familienclans Rückhalt finden, sich den Fronarbeiten und Abgaben entziehen und vom Herrscher nicht erreicht werden.

Es ist doch so, dass ertragreiche Felder und komfortable Häuser die Krieger und Soldaten zum Kampf ermutigen sollen. Doch jene, die auf den Schlachtfeldern ihren Kopf riskieren, sich den Bauch aufschlitzen und die Knochen brechen lassen, haben kein Dach über dem Kopf und werden nach dem Tod ihrer Felder beraubt. Wer hingegen anmutige Töchter und Schwestern hat oder Beamter und Vertrauter des Herrschers ist, ohne etwas geleistet zu haben, kann sich die schönsten Behausungen und die besten Felder aussuchen und nehmen. Belohnungen und Gewinne werden allein vom Herrscher vergeben, um erfolgreich über die Untertanen herrschen zu können, doch tapfere, aufrechte Kämpfer finden keine Anstellung, während faul in den Tag hinein lebende Schmarotzer Achtung und Würden genießen. Wenn der Herrscher all das zu seiner Maxime macht, wie sollte es da möglich sein, dass sein Name nicht beschmutzt wird und seine Stellung nicht in Gefahr gerät?

Wenn der Name des Herrschers beschmutzt und seine Stellung gefährdet wird, dann fürwahr deshalb, weil seine Untergebenen die Gesetze und Verordnungen nicht befolgen, ein doppeltes Spiel treiben, privaten Lehren anhängen und der Zeit zuwiderhandeln. Die falschen Männer werden in Dienst genommen, wenn der Herrscher ihnen nicht Einhalt gebietet, ihre Cliquen nicht zerschlägt und ihre Anhänger nicht auseinanderjagt, sondern sie sogar noch ehrenvoll behandelt. Mit Schamhaftigkeit und Bescheidenheit weist der Herrscher seine Untertanen zurecht. Heutzutage jedoch nehmen Beamte und Staatsdiener Amtsposten an, ohne sich schmutziger Machenschaften und schändlicher Taten zu schämen, erheischen vorzeitige Anstellungen durch Heiraten ihrer Töchter und Schwestern und dank privater Protektionen. Mit Belohnungen und Geschenken sollen die Verdienstvollen gewürdigt werden, doch im Kampf erfolgreiche, tapfere Männer leiden unter Armut und Missachtung, während Schmeichler und Schauspieler über die Maßen zu Ansehen gelangen. Ruhm und Glaubwürdigkeit dienen zur Festigung der Macht, doch der Herrscher wird von der Welt abgeschirmt. Vertraute und Gespielinnen sind an seiner Seite und die Beamten verteilen Würden und wechseln Personen aus. Die falschen Männer stehen in Diensten. Wenn hohe Würdenträger Ämter verteilen, mit Untergebenen Ränke schmieden, Cliquen bilden und sogar gegen das Gesetz handeln können, wenn Macht und Nutzen in den Händen der Untergebenen liegen, dann verliert der Herrscher seine Würde und besitzen die Amtsinhaber den Einfluss.

Es ist fürwahr so, dass Gesetze und Verordnungen dazu dienen sollen, die Selbstsucht zu beseitigen. Wo Gesetze und Verordnungen wirken, gibt es keinen Eigennutz, denn Eigennutz bringt die Gesetze durcheinander. Nun gibt es aber Gelehrte, die mit zwei Zungen reden und privaten

Lehren anhängen, in Berghöhlen hausen, sich abseits halten und hinter tiefsinnigen Grübeleien verstecken. Wenn sie nicht die Welt zugrunde richten, so verwirren sie doch zumindest das Volk. Anstatt sie zu unterdrücken, würdigt sie der Herrscher mit Ehren und fördert sie mit Unterstützung. So kommen Männer ohne Verdienste zu Ruhm und Reichtum. Doch wenn das so ist, warum sollten dann die mit zwei Zungen redenden Anhänger privater Lehren sich nicht tiefsinnigen Grübeleien hingeben, ihr Wissen für Ränke und Intrigen nutzen, Gesetze und Verordnungen umgehen und nach Dingen streben, die nicht dem Lauf der Welt entsprechen? Es waren immer die doppelzüngigen Anhänger privater Lehren, die den Herrscher verwirrt und der Zeit zuwider gehandelt haben. Deshalb auch sage ich in meinen Schriften: „Mit dem Gesetz schafft man Ordnung. Eigennutz bringt Durcheinander. Ist das Gesetz erst festgelegt, kann niemand mehr selbstsüchtig handeln." Und es heißt auch: „Wer den Weg der Eigennützigkeit geht, endet im Chaos. Wer dem Weg des Gesetzes folgt, hat Ordnung. Wenn der Herrscher den rechten Weg nicht kennt, haben die Klugen eigennützige Vorschläge und die Weisen eigennützige Gedanken. Gibt sich der Herrscher persönlichen Neigungen hin und haben die Untertanen persönliche Wünsche, scharen sich die Weisen und Klugen zusammen, klügeln Worte aus und zimmern Vorschläge zurecht, um auf gesetzlose Weise vor den Herrscher zu treten. Wenn der Herrscher sie nicht unterdrückt, sondern stattdessen noch würdigt, so lehrt er damit das Volk, der Obrigkeit den Gehorsam zu verweigern und dem Gesetz zuwiderzuhandeln. So können weise Männer ihren Ruhm ausleben und werden arglistige Verräter reich durch Belohnungen. Wenn sich aber Weise in ihrem Ruhm sonnen können und Verräter zu Reichtum kommen, ist der Herrscher seinen Untergebenen nicht gewachsen."

ACHTZEHNTES BUCH

46. Kapitel

Die sechs Gegensätzlichkeiten

Wer Tod und Schwierigkeiten fürchtet, desertiert und flieht vor dem Feind, doch alle rühmen ihn als einen Mann, der sein eigenes Leben schätzt. Wer den Weg der alten Weisen studiert und seine eigene Lehre gründet, weicht vom Gesetz ab, doch alle rühmen ihn als einen kultivierten, gelehrten Mann. Wer in Saus und Braus lebt, erwirbt seinen Lebensunterhalt widerrechtlich, doch alle rühmen ihn als einen Mann mit Fähigkeiten. Wer die Worte verdreht und sein Wissen missbraucht, der heuchelt und betrügt, doch alle rühmen ihn als einen redegewandten, intelligenten Mann. Wer das Schwert führt und tötet, ist grausam und hart, doch alle rühmen ihn als einen mutigen, standhaften Mann. Wer Verbrecher schützt und Verräter deckt, ist dem Tode geweiht, doch alle rühmen ihn als einen mitfühlenden, ehrbaren Mann. Diese sechs Arten von Menschen werden heute gepriesen.

Wer sein Leben riskiert und aus Treue stirbt, zieht den Tod der Schande vor, doch alle verachten ihn als einen Mann ohne Berechnung. Wer nur auf den Herrscher hört und die Verordnungen befolgt, hält sich an das Gesetz, doch alle verachten ihn als einen einfachen, gemeinen Mann. Wer hart arbeitet für sein täglich Brot, nützt dem Staat, doch alle verachten ihn als einen Mann ohne besondere Fähigkeiten. Wer treu und unverfälscht handelt, ist gut und aufrichtig, doch alle verachten ihn als einen dummen, einfältigen Mann. Wer die Befehle befolgt und sich um die öffentlichen Tätigkeiten sorgt, achtet den Herrscher, doch alle verachten ihn als einen furchtsamen, ängstlichen Mann. Wer Verbrecher aufhält und Verräter denunziert, trägt zum Ruhm des Herrschers bei, doch alle verachten ihn als einen Schmeichler. Diese sechs Arten von Menschen werden heute gering geschätzt.

Es gibt sechs Arten von verräterischen, falschen, nutzlosen Menschen, die heute allenthalben gerühmt werden, und es gibt sechs Arten von arbeitenden, kämpfenden, nützlichen Menschen, die heute allenthalben verachtet werden. Das ist es, was ich die sechs Gegensätzlichkeiten nenne.

Die Gelehrten ohne Amt und Titel verfolgen selbstsüchtige Interessen und preisen ihresgleichen. Die Herrscher von heute hören auf ihre leeren Worte und ehren sie gar noch dafür. Doch wo Ehre ist, bleibt auch der Nutzen nicht aus. Das einfache Volk lässt sich von seinen Ängsten leiten und verleumdet aufrechte Männer. Die Herrscher von heute sind in den Gewohnheiten befangen und verachten die Aufrechten gar noch. Doch wo Verachtung ist, bleibt der Schaden nicht aus. Kann man etwa eine Stärkung und Bereicherung des Staates erreichen, wenn Ruhm und Lohn den selbstsüchtigen, bösen Menschen zuteilwerden, denen eigentlich Strafe gebührt, während Schande und Verderben über die aufrechten, am Gemeinwohl interessierten Untertanen hereinbrechen, denen eine Belohnung zusteht.

In früheren Zeiten gab es ein Sprichwort, das besagte: „Mit der Regierung ist es wie mit dem Waschen der Haare – obwohl dabei Haare ausfallen, muss man es tun." Wer über der Sorge um den Ausfall von ein paar Haaren den Nutzen für den Haarwuchs vergisst, versteht nichts von der Macht. Es ist unbestritten, dass das Öffnen von Geschwüren Schmerzen bereitet und die Medizin bei der Einnahme bitter schmeckt. Wollte man aber deswegen darauf verzichten, Geschwüre zu öffnen und Medizin einzunehmen, könnte der Körper nicht weiterleben und die Krankheit nicht geheilt werden.

Das Verhältnis zwischen Herrscher und Untertan beruht nicht auf der gleichen Zuneigung, wie sie zwischen Eltern und Kindern besteht. Versucht der Herrscher dennoch, seine Untergebenen mit Gerechtigkeit zu regieren, kommt es unweigerlich zu Uneinigkeiten. Das Verhältnis der Eltern zu ihren Kindern ist so, dass sie sich gegenseitig beglückwünschen zur Geburt eines Sohnes, während man eine Tochter bei der Geburt tötet. Obwohl beide dem Schoß der Eltern entsprießen, beglückwünscht man sich zu dem Sohn und tötet die Tochter. Man denkt an den späteren Vorteil und plant lang anhaltenden Nutzen. Wenn sich aber schon die Eltern in ihrem Verhältnis zu den Kindern von Gefühlen der Berechnung leiten lassen, dann doch umso mehr jene, die nicht die Zuneigung von Eltern und Kindern besitzen.

Nun raten die Gelehrten dem Herrscher, vom Streben nach dem eigenen Vorteil abzulassen und stattdessen den Weg der allgemeinen Liebe zu beschreiten. Sie fordern vom Herrscher mehr Liebe, als die Eltern für ihre Kinder aufbringen. Solches Gerede von Güte ist nichts als Lug und Trug und wird von einem klugen Regenten nicht akzeptiert. Ein wahrhaft weiser Herrscher verlässt sich in seiner Regierung auf Gesetze und Verbote. Sind diese klar und festgeschrieben, herrscht Ordnung in der Verwaltung. Sind Strafen und Belohnungen verbindlich und gerecht, ist das Volk für die Sache zu gebrauchen. Ordnung in der Verwaltung und ein brauchbares Volk bringen dem Staat Reichtum und der Armee Stärke. So kann man die Vorherrschaft erringen.

Sie ist das Größte, was der Herrscher erreichen kann. Mit diesem Ziel vor Augen führt er seine Staatsgeschäfte. Darum haben die Beamten in seinem Dienst die notwendigen Fähigkeiten und sind seine Strafen und Belohnungen frei von Selbstsucht. Der Herrscher sorgt dafür, dass die Beamten und das Volk dies verstehen und ihre Kräfte bis zum Tod verausgaben. So stellen sich Erfolg und Ruhm ein. Die Menschen gelangen zu Rang und Pfründen, werden reich und angesehen. Reichtum und Adel sind der höchste Gewinn für die Untertanen. Mit diesem Ziel vor Augen gehen sie an ihre Tätigkeit, scheuen weder Gefahr noch Tod und verausgaben ihre Kräfte bis zum Letzten ohne Murren. Daher heißt es, dass man die Vorherrschaft erringen kann, wenn sich der Herrscher nicht von Menschlichkeit leiten lässt und die Beamten nicht aus Treue tätig sind.

Verräter werden vorsichtig, wenn ihre Treulosigkeit bekannt wird, und lassen ab davon, wenn sie bestraft werden. Sie entfalten sich jedoch zügellos, wenn sie unerkannt bleiben, und setzen ihren Verrat fort, wenn sie nicht gezüchtigt werden. Stelle einen wertlosen Gegenstand an einen dunklen, geheimen Ort, dann können selbst aufrechte Männer wie *Zeng Can* und *Shi Yu* zum Diebstahl verleitet werden. Hängt man aber einhundert Goldstücke auf dem Marktplatz aus, wagt sich selbst der größte Räuber nicht daran. Unerkannt an einem dunklen Ort überkommt selbst *Zeng Can* und *Shi Yu* die Versuchung zum Diebstahl, während der größte Dieb auf dem Markt das Gold nicht nimmt, wenn er erkannt wird. Ein kluger Herrscher regiert darum den Staat mit vielen Wächtern und harten Strafen. Nicht das Gewissen hält die Menschen in den Grenzen der Ordnung, sondern das Gesetz.

Eine Mutter übertrifft den Vater in ihrer Liebe zu den Kindern, doch die Kinder folgen viel eher den Weisungen des

Vaters, als denen der Mutter. Die Beamten empfinden keine Liebe für das Volk, doch ihre Befehle werden allemal eher ausgeführt, als die eines Vaters. Trotz der großen Liebe der Mutter sind die Kinder nur selten folgsam, doch dank der Autorität und Strenge der Beamten ist das Volk gehorsam und willig. Kann man daraus nicht ersehen, wie wirksam Strenge und Liebe sind? Die Eltern erwarten von ihren Kindern, dass sie mit ihrer Arbeit Geborgenheit und Nutzen schaffen und sich in ihrem Leben nichts zuschulden kommen lassen. Der Herrscher braucht das Volk, damit es in Zeiten der Gefahr in den Tod geht und in Zeiten des Friedens seine Kräfte verausgabt. Die Eltern wollen die Kinder mit viel Liebe zu Geborgenheit und Wohlstand führen. Doch sie finden kein Gehör, während die Befehle des Herrschers befolgt werden, obwohl er ohne Liebe und Vorteil dem Volk Leben und Kraft abverlangt. Der kluge Regent erkennt dies und nährt deshalb nicht Güte und Liebe, sondern mehrt die Macht seiner Autorität und Strenge. Es liegt an der zu großen Güte, wenn das Kind missrät, obwohl die Mutter ihm all ihre Liebe schenkt, und es liegt an der gebührenden Strenge, wenn das Kind gehorsam ist, weil der Vater es mehr mit dem Bambusstock denn mit Liebe erzieht.

Eine Familie, die sich heute um ihren Besitz kümmert, gemeinsam Hunger und Kälte erträgt und harte Arbeit und Schwierigkeiten meistert, wird sogar in Zeiten von Kriegswirren und Hungersnot warme Sachen und reichliches Essen haben. Eine Familie hingegen, in der man sich gegenseitig Kleidung und Nahrung schenkt und sich in Ausschweifungen ergibt, muss in Hunger- und Dürrejahren Frauen verheiraten und Rinder verkaufen. Wer dem Weg des Gesetzes folgt, hat am Anfang zwar die Plage, zieht aber später seinen Nutzen daraus. Wer den Weg der Mitmenschlichkeit geht, genießt zwar die Freuden des Lebens, endet aber in Armut. Ein wahrhaft Weiser wägt zwischen beiden ab und entscheidet sich für den größeren Nutzen. Er greift zurück auf das gemeinsam ertragene Leid des Gesetzes und lässt ab von der Menschlichkeit mit ihrer gegenseitigen Bemitleidung. Die Gelehrten fordern in ihren Reden, die Strafen zu mildern, doch damit werden nur Wirrnis und Untergang heraufbeschworen.

Die Bestimmtheit von Belohnung und Strafe soll dazu dienen, Leistungen zu fördern und Vergehen zu verhindern. Mit hohen Belohnungen und harten Strafen erreicht man schnell das Gewünschte und verhindert wirkungsvoll das Unerwünschte. Wer den Nutzen sucht, muss den Schaden hassen, denn der steht im Gegensatz zum Nutzen. Wie sollte man nicht hassen, was dem Gewünschten widerspricht? Wer die Ordnung der Gesellschaft will, muss demzufolge das Durcheinander hassen, denn das steht im Gegensatz zur Ordnung. Ist jemand besonders an Ordnung interessiert, müssen seine Belohnungen auch sehr hoch sein. Und wer das Durcheinander über alles hasst, dessen Strafen müssen hart sein. Die Verfechter milder Strafen können weder das Durcheinander sehr hassen, noch großes Interesse an der Ordnung haben. Sie verstehen nichts von der Staatskunst und sind nicht zu gebrauchen. In der Frage nach der Höhe von Belohnung und Strafe unterscheiden sich die Weisen von den Dummköpfen.

Die Strafen werden nicht im Hinblick auf die Gesetzesverletzer streng gehandhabt. Das Gesetz eines klugen Herrschers richtet sich nicht gegen die Verbrecher, um diese zur Einhaltung der Ordnung zu bringen. Sie zur Ordnung zu führen hieße, Tote zur Ordnung zu führen. Es straft nicht die Räuber, um sie zur Ordnung zu rufen, denn das hieße, Verbannte zur Ordnung zu rufen. Deshalb heißt es: Begegne dem Vergehen eines Schädlings mit Strenge und stoppe damit gleichzeitig das Böse im ganzen Land. Auf diese Weise schafft man Ordnung. Die Verbrecher und Räuber werden streng bestraft, und dem Volk wird Furcht und Angst eingeflößt. Warum sollte jemand bei der Anwendung strenger Strafen Zweifel haben, wenn er Ordnung wünscht? Auf die gleiche Weise dienen hohe Belohnungen nicht nur dem Zweck der Vergütung von Verdiensten, sondern auch dem ganzen Staat zum Ansporn. Wer belohnt wird, genießt den Gewinn, und die anderen gehen mit Eifer an ihre Aufgaben. Das heißt, man entlohnt einen Menschen für sein Verdienst und spornt zugleich das ganze Volk an. Warum sollte jemand am Verteilen hoher Belohnungen zweifeln, wenn er Ordnung wünscht?

Jene, die nichts von der Ordnung verstehen, behaupten: „Mit harten Strafen schadet man nur dem Volk. Dem Bösen kann man auch mit milden Strafen Einhalt gebieten. Wozu braucht man dann die Härte?" Sie verstehen wirklich nichts von der Ordnung. Was mit Härte verhindert wird, kann man mit Milde nicht immer ausschließen. Was man aber mit Milde erreicht, setzt man mit Härte allemal durch. Der Herrscher kann alle Vergehen stoppen, wenn er harte Strafen ansetzt. Wie kann er dann damit dem Volk Schaden zufügen? Finden harte Strafen Anwendung, ist der mögliche Nutzen für die Verbrecher sehr gering, während der Herrscher viel damit erreicht. Das Volk ist nicht gewillt, für einen kleinen Gewinn eine harte Strafe hinzunehmen. Vergehen werden somit ausgeschlossen. Finden aber die sogenannten milden Strafen Anwendung, ist der mögliche Nutzen für die Verbrecher groß, während der Herrscher nur wenig damit erreicht. Das Volk giert nach dem Gewinn und ignoriert die Strafen. Die Vergehen nehmen so kein Ende. Die Weisen des Altertums hatten ein Sprichwort, das besagte: „Man stolpert nicht über einen Berg, aber man stürzt über einen Ameisenhaufen." Ein Berg ist groß und wird von jedermann beachtet. Ein Ameisenhaufen hingegen ist klein, und jeder sieht darüber hinweg. Wären nun die Strafen nur gering, würde jedermann sie missachten. Bestraft man einen Verbrecher überhaupt nicht, werden die Strafen von allen ignoriert. Vollstreckt man dann doch eine Strafe, stellt man dem Volk damit eine Falle. Darum sind milde Strafen wie ein Ameisenhaufen für das Volk. Wer mit milden Strafen regiert, bringt entweder den Staat durcheinander, oder er stellt dem Volk eine Falle. Über eine solche Herrschaft kann man sagen, dass sie dem Volk Schaden zufügt.

Nun geben sich die Gelehrten der Lobpreisung der klassischen Bücher hin und prophezeien ohne Bezug zur Wirklichkeit, dass es im Reich zu großen Wirren kommen, das Volk nicht genug zum Leben haben und den Herrscher hassen wird, wenn er dem Volk nicht mit Liebe begegnet und Steuern und Abgaben erhöht. Sie meinen, man könne auch mit leichten Strafen Ordnung schaffen, man müsse das Volk nur liebevoll behandeln und ihm genug zum Leben lassen. Doch in Wirklichkeit ist es nicht so. Die Menschen streben nach hohen Ehren und wollen harte Strafen vermeiden. Selbst wenn sie genügend Mittel zum Leben besitzen und vom Herrscher innig geliebt werden, können sie mit milden Strafen nicht vor dem Durcheinander bewahrt werden. So geschieht es, dass der Lieblingssohn einer Familie über so viele Reichtümer verfügt, dass er freigebig wird und in Verschwendung und Übermaß verfällt. Weisen ihn die Eltern dann aus lauter Liebe nicht zurecht, wird er gar hochmütig und unbekümmert. Verschwendung und Übermaß stürzen die Familie in Armut, während Hochmut und Unbekümmertheit zu verderblichem Handeln führen. Das Unheil rührt von der Milde in der Bestrafung her, obwohl es weder an Reichtum noch an Liebe mangelte. Es ist typisch für die Menschen, dass sie die harte Arbeit vernachlässigen, sobald sie ausreichend versorgt sind, und zu unrechtem Handeln neigen, wenn die Herrschaft schwach ist. Ein Mann wie *Shennong* arbeitete körperlich hart, obwohl er reich genug war, und Leute wie *Zeng Can* und *Shi Yu* kultivierten ihr eigenes Auftreten, obwohl ein unfähiger Herrscher regierte. Es ist aber nur zu bekannt, dass das gemeine Volk in seinem Handeln niemals an einen *Shennong, Zeng Can* oder *Shi Yu* heranreichen wird.

Lao Dan sagte einst:
„Kennst du das Maß, musst du Schmach nicht erleiden.
Weißt du die Grenze, kannst Gefahr du vermeiden."

Es war *Lao Dan*, der sich mit dem Lebensnotwendigen begnügte, um Schmach und Gefahr von sich fernzuhalten. Nur wer meint, dass ganze Volk sei so weise wie *Lao Dan*, kann darauf hoffen, mit Zufriedenheit Ordnung im Volk schaffen zu können. *Jie* genügten weder die Ehren des Himmelssohnes, noch die Reichtümer innerhalb der vier Meere. Selbst wenn der Herrscher das Volk zufriedenstellen wollte, so könnte er es doch nicht zum Herrscher machen. Mehr noch, *Jie* war selbst Himmelssohn und dennoch unzufrieden. Wie sollte man da Ordnung schaffen können, indem man das Volk zufriedenstellt?

Ein weiser Herrscher regiert den Staat wie folgt: Er passt seine Politik den Zeiten an, um Reichtum und Waren zu erlangen, bestimmt Abgaben und Steuern, um Arme und Reiche gerecht zu behandeln, vergrößert Ränge und Pfründe, um Weisheit und Fähigkeiten der Menschen voll auszuschöpfen, verschärft Strafen und Züchtigungen, um Verderbtheit und Treulosigkeit auszumerzen. Er lässt das

Volk durch Arbeit zu Reichtum und durch treue Dienste zu Ehren gelangen. Vergehen werden geahndet und Verdienste entlohnt, sodass niemand auf Gunstbezeigungen zu hoffen wagt. Das ist die Politik eines Kaisers.

Im Schlaf findet man einen Blinden nicht aus der Masse heraus. Im Schweigen erkennt man einen Stummen nicht. Wecke sie und lass sie sehen, frage sie und lass sie antworten, dann stehen die Blinden und Stummen erbärmlich da. Hört man nicht auf ihre Worte, kann man die Unfähigen nicht herausfinden. Nimmt man sie nicht in Dienst, erkennt man die Nichtswürdigen nicht. Höre auf ihre Worte und fordere entsprechendes Handeln, stelle sie in Dienst und mache sie für den Erfolg verantwortlich, dann stehen die Unfähigen und Nichtswürdigen erbärmlich da. Wer einen Herkules sucht und nur auf dessen eigene Worte hört, kann einen Durchschnittsmenschen nicht von *Wu Huo* unterscheiden. Lasse sie aber einen Dreifuß anheben, dann kommen die Schwachen und Starken zum Vorschein. Ämter und Posten sind die Dreifüße für die fähigen Beamten. Übertrage ihnen eine Aufgabe, und die Dummen werden von den Weisen getrennt. Wenn die Unfähigen nicht an ihren Worten gemessen werden und die Nichtswürdigen sich nicht im Amtsdienst beweisen müssen, schmücken sie sich selbst mit Redegewandtheit und zieren sich mit Würde. Getäuscht von ihrer Redegewandtheit und geblendet von ihrer Würde achten und ehren die heutigen Herrscher sie gar noch. Das bedeutet, die Sehtüchtigkeit zu bestimmen, ohne auf das Sehvermögen zu achten, und die Redegewandtheit zu bestimmen, ohne die Antwort abzuwarten. Auf diese Weise bleiben die Stummen und Blinden verborgen. Ein kluger Herrscher hört auf die Worte und macht den Sprecher für deren Umsetzung verantwortlich. Er achtet auf das Handeln derer, die er mit Aufgaben betraut hat, und fordert von ihnen Erfolge. Darum gibt es weder leere Diskussionen über die Lehren der Alten, noch wird prahlerisches, trügerisches Verhalten vorgegaukelt.

47. Kapitel

Acht Ratschläge

„Egoistisch" nennt man den, der gegenüber alten Freunden selbstsüchtig ist. „Menschlich" nennt man den, der öffentliche Mittel als Almosen verteilt. „Edel" nennt man den, der Reichtum gering und sich selbst hoch schätzt. „Tüchtig" nennt man den, der Gesetze umgeht und Verwandte betrügt. „Großmütig" nennt man den, der Amtsposten ablehnt und private Beziehungen bevorzugt. „Stolz" nennt man den, der die Welt flieht und sich vom Herrscher fernhält. „Standhaft" nennt man den, der Streit sucht und Befehle missachtet. „Volksverbunden" nennt man den, der sich in Wohltaten übt und die Massen anzieht. Doch Egoismus heißt, dass es unter den Beamten Verräter gibt; Menschlichkeit, dass öffentliche Mittel vergeudet werden; Edelmut, dass das Volk schwer zu führen ist; Geschäftstüchtigkeit, dass Gesetze und Verordnungen wirkungslos sind; Großmut, dass Ämter und Posten unbesetzt sind; Stolz, dass das Volk nicht Untertan ist; Standhaftigkeit, dass Befehle nicht ausgeführt werden; und Volksverbundenheit, dass der Herrscher für sich allein steht. Dem gemeinen Mann bringen diese acht Verhaltensweisen persönlichen Ruhm, für den Herrscher hingegen bedeuten sie große Verluste. Das Gegenteil dieser acht Verhaltensweisen bringt dem einfachen Mann persönlichen Schaden, doch für den Herrscher bedeutet es öffentlichen Nutzen. Es ist unmöglich, den Staat vor Untergang und

Wirrnis zu bewahren, wenn der Herrscher nicht auf Nutzen und Schaden für den Altar des Erdbodens und der Feldfrüchte achtet, sondern den persönlichen Ruhm des einfachen Mannes fördert.

Menschen in Ämter einzusetzen, ist eine Frage von Bestehen oder Untergang, Ordnung oder Chaos. Wenn sich der Herrscher nicht auf die Kunst der Ernennung von Beamten versteht, wird er sich bei der Vergabe von Ämtern jedes Mal irren. Beruft er sie nicht wegen ihrer Redegewandtheit und Weisheit, so vertraut er auf ihre Kultiviertheit und Makellosigkeit. Jemandem ein Amt anzuvertrauen heißt, ihm Macht zu überlassen. Doch weise Männer müssen nicht unbedingt vertrauenswürdig sein. Der Herrscher bringt ihnen irrtümlich Vertrauen entgegen, weil er ihre Weisheit schätzt. Können jedoch die weisen Männer ihre Ziele verfolgen und mit Hilfe der von ihnen besetzten Machtpositionen ihre persönlichen Interessen wahrnehmen, wird sich der Herrscher von ihnen betrogen sehen. Kann er den Weisen nicht trauen, setzt der Herrscher kultivierte Männer als Beamte ein und überlässt ihnen die Entscheidungen. Doch kultivierte Männer sind nicht unbedingt weise. Der Herrscher hält sie irrtümlich für weise wegen der Makellosigkeit ihres Auftretens. Übernehmen jedoch unfähige Männer mit ihrer Einfältigkeit die Entscheidung in Ämtern und können nach ihrem Gutdünken handeln, wird es in den Staatsangelegenheiten ein heilloses Durcheinander geben. Versteht sich der Herrscher nicht auf die Kunst des Einsatzes von Menschen, wird er also entweder selbst betrogen, weil er weise Männer mit der Amtsführung beauftragt, oder die Staatsangelegenheiten werden durcheinandergebracht, weil er kultivierte Männer einsetzt. Das Unheil beruht auf der fehlenden Kunst der Ernennung von Beamten.

Gemäß dem Weg eines klugen Herrschers können einfache Männer Kritik üben an den Edelleuten, und die Niederen urteilen über die Hochgestellten. Über die Aufrichtigkeit wird entschieden nach eingehender Prüfung der Dinge. Beim Anhören von Meinungen werden verwandtschaftliche Beziehung und gesellschaftliche Stellung nicht beachtet. So können weise Männer den Herrscher nicht hintergehen und betrügen. Belohnungen werden nach Maßgabe der Verdienste vergeben und Aufgaben den Fähigkeiten entsprechend übertragen. Man prüft die Angelegenheiten und sieht auf das Ergebnis. Wer versagt, wird bestraft. Wer sich als fähig erweist, wird eingesetzt. So können einfältige Männer nicht mit Staatsangelegenheiten betraut werden. Wenn aber weise Männer den Herrscher nicht zu hintergehen wagen und einfältige Männer keine Entscheidungen treffen können, wird es in den Staatsgeschäften keine Misserfolge geben.

Es darf nichts angeordnet werden, was nur kundige Gelehrte verstehen können, denn nicht alle im Volk sind sachkundig. Man darf nichts zum Gesetz erheben, was nur weise Männer durchführen können, denn nicht alle im Volk sind weise. *Yang Zhu* und *Mo Di* galten im Reich unter dem Himmel als versiert. Sie wollten die Welt vom Chaos befreien und blieben letztlich doch erfolglos. Deshalb darf Sachkunde in Ämtern nicht zur Anordnung gemacht werden. *Bao Jiao* und *Hua Jue* hielt man im Reich unter dem Himmel für weise, doch *Bao Jiao* vertrocknete wie ein morscher Baum und *Hua Jue* stürzte sich selbst in einen Fluss. Trotz ihrer Weisheit taugten sie nicht zum Bauern oder Soldaten. Der Herrscher hält daher nur einen weisen Mann für versiert, der seine geistigen Fähigkeiten voll ausschöpft, und achtet nur den als begabt, der sein Talent voll zu entfalten versteht. Wenn nun aber heute ein Herrscher nutzlose Vorschläge gutheißt und erfolgloses

Handeln würdigt, bleiben Reichtum und Stärke für den Staat unerreichbar.

Was hat der Staat schon von solch gebildeten, gelehrsamen, redegewandten und weisen Männern wie *Kongzi* und *Mozi*, wenn diese nicht auf dem Feld arbeiten? Welchen Nutzen hat der Staat von solch pietätvollen und wunschlosen Männern wie *Zengzi* und *Shizi*, wenn diese nicht in den Krieg ziehen? Der gemeine Mann sieht seinen persönlichen Vorteil, während der Herrscher das öffentliche Wohl im Auge hat. Ausreichend versorgt sein, ohne zu arbeiten, und berühmt sein, ohne ein Amt zu bekleiden – das ist persönlicher Vorteil. Gelehrsamkeit verbieten und die Gesetze klarstellen, persönlichen Vorteil unterdrücken und sich auf Verdienste konzentrieren – das ist öffentliches Wohl. Erlässt man Gesetze, um das Volk zu führen, und schätzt zur gleichen Zeit die Gelehrsamkeit, wird das Volk zweifeln am Vorbild der Gesetze. Belohnt man Verdienste, um das Volk anzuspornen, und legt zur gleichen Zeit Wert auf Selbstkultivierung, wird das Volk nachlässig in der Arbeit. Reichtum und Stärke des Staates sind nicht zu erreichen, wenn man durch die Achtung von Gelehrsamkeit Zweifel am Gesetz nährt und durch die Würdigung von Selbstkultivierung die Leistung hintansetzt.

Das Elfenbeinzepter am Gürtel und Schild und Streitaxt beim Tanz können sich nicht messen mit geschickter Kriegsführung und eisernen, scharfen Waffen im Kampf. Das Empor- und Herabsteigen der Stufen und das ständige Umhergehen bei Hofe sind nicht zu vergleichen mit einem Tagesmarsch von einhundert *li*. Mit „dem Kopf einer Wildkatze" auf eine Zielscheibe zu schießen, ist nicht annähernd so schwer, wie mit einer gespannten Armbrust einen Pfeil abzuschießen. Von der Stadtmauer aus zum Angriff aufzurufen, ist nicht zu vergleichen damit, sich hinter Wällen oder in Höhlen in einen Hinterhalt zu legen. Im Altertum wetteiferte man um Tugend, im Mittelalter strebte man nach Weisheit und heutzutage streitet man um Macht. Im Altertum gab es nur wenig zu tun und die Vorbereitungen darauf waren leicht. Sie waren einfach und verlangten dem Menschen nicht alles ab. Darum gab es Menschen, die ihre Werkzeuge mit Perlmuttgriffen versahen und selbst einen Wagen schoben. Im Altertum gab es nur wenig Menschen und sie waren einander vertraut. Da es genügend von allem gab, fiel es ihnen leicht, auf ihren Vorteil zu verzichten und zurückzutreten. Darum gab es Menschen, die sich höflich zurückzogen und die Herrschaft über das Reich unter dem Himmel weitergaben. So sind denn höfliches Abtreten der Macht an andere, Achtung von Güte und Wohlwollen sowie das Praktizieren übermäßiger Menschlichkeit Formen einer primitiven Herrschaft. Es zeugt nicht von Weisheit, wenn man in einer Zeit, in der es viel zu tun gibt, Mittel aus jenen Zeiten anwendet, in denen es wenig zu tun gab. Und es ist nicht die Politik eines Heiligen, wenn man in Zeiten erbitterter Machtkämpfe auf den Pfaden des höflichen Abtretens der Macht an andere wandelt. Ein weiser Mann schiebt seinen Wagen nicht selbst und ein weiser Herrscher führt keine primitive Herrschaft.

Mit Gesetzen verwaltet man die Tätigkeiten, und mit den Tätigkeiten benennt man die Leistungen. Treten beim Erlassen eines Gesetzes Schwierigkeiten auf, muss der Herrscher diese abwägen, und stellt sich heraus, dass die Angelegenheiten mit diesem Gesetz erfolgreich verwirklicht werden können, erlässt er es. Wird eine Tätigkeit in Angriff genommen und es entsteht durch sie Schaden, muss der Herrscher diesen abwägen, und stellt sich heraus, dass der Nutzen größer ist als der Verlust, lässt er die Tätigkeit aufnehmen. Schließlich gibt es im Reich unter dem Himmel kein Gesetz ohne Schwierigkeiten und keinen Gewinn ohne Verluste. Wer eine Stadt mit einer zehntausend Fuß langen Mauer erobert oder eine hunderttausend Mann starke Armee besiegt, der feiert den Sieg im Kampf und den Gewinn neuer Gebiete, selbst wenn er ein Viertel seiner Truppen dabei verloren hat, die Waffen zerstört und die Offiziere und Soldaten getötet oder verletzt wurden, weil er auf Kosten geringer Verluste großen Gewinn gemacht hat. Wer sich die Haare wäscht, verliert natürlich dabei Haare, und wer Geschwüre heilt, verletzt das Fleisch und vergießt Blut. Wer aufgrund von Schwierigkeiten von einer Sache ablässt, versteht sich nicht aufs Handeln. Die frühen Heiligen kannten folgenden Ausspruch: „Ein Zirkel hat seine Ungenauigkeiten, und zum Wasser gehören Wellen. Selbst wenn ich dies ändern wollte, wie könnte ich das!" Aus diesen Worten spricht die Kenntnis des Abwägens. Da es realisierbare und zugleich völlig wirklichkeitsfremde Ratschläge sowie mit Mängeln behaftete und doch dringend notwendige Vorschläge gibt, sucht ein weiser Herrscher nicht den Rat, der keine Verluste birgt, sondern befasst sich mit den Dingen, die unabwendbar sind.

Wenn jemand Waage und Gewichte verschmäht, geschieht dies nicht aus Tugend und Uneigennützigkeit, denn die Größe der Gewichte und die von der Waage bestimmte Schwere lassen sich vom Menschen nicht beeinflussen. Wer Waage und Gewichte verschmäht, erstrebt etwas, was er nicht haben kann. Im Staat eines klugen Regenten wagen es die Beamten nicht, das Gesetz zu verdrehen, getrauen sich die Vorsteher nicht, persönlichen Vorteil zu erheischen, gibt es keine Bestechung, weil die Angelegenheiten im Staate wirken wie Waage und Gewichte. Jeder Verräter unter den Beamten wird entlarvt, und wer entlarvt wurde, erfährt seine gerechte Strafe. Deshalb sucht ein mit dem rechten Weg des Regierens vertrauter Herrscher nicht nach unbefleckten, unbescholtenen Beamten, sondern vertraut auf die Kunst der Staatsführung zur Entlarvung der Verräter.

In ihrer Liebe zu ihrem kleinen Kind wird eine zärtliche Mutter von niemandem übertroffen. Wenn sich ihr Kind aber schlecht verhält, schickt sie es zur Unterweisung zu einem Lehrer, und wenn es schwer krank ist, schickt sie es zum Arzt zur Behandlung, weil es ohne die Unterweisung des Lehrers in die Fänge der Strafen gerät und ohne die Behandlung des Arztes dem Tod geweiht ist. Kann also eine zärtliche Mutter trotz ihrer Liebe ihr Kind nicht vor Strafen behüten und vor dem Tod retten, so ist es nicht die Liebe, die ihrem Kind das Leben bewahrt. Was Mutter und Kind verbindet, ist die Liebe. Was Herrscher und Untertan zusammenhält, sind die Befehle. Wenn nicht einmal eine Mutter mit ihrer Liebe die Familie bewahren kann, wie könnte da der Herrscher mit Hilfe von Liebe einen Staat lenken? Ein kluger Regent, der sich auskennt mit Reichtum und Stärke, kann mit ihrer Hilfe alle seine Ziele erreichen. Seine Methode zur Erlangung von Reichtum und Stärke besteht darin, aufmerksam zu sein beim Anhören und Verwalten. Er macht seine Gesetze und Verbote bekannt und prüft seine Absichten und Pläne. Sind die Gesetze bekannt, gibt es im Staat weder Aufruhr noch Wirren. Sind die Pläne richtig, gibt es in der Fremde nicht Tod und Gefangenschaft.

Weder mit Menschlichkeit noch mit Grausamkeit kann man einen Staat erhalten. Ein humaner Herrscher ist voller Güte und Barmherzigkeit und legt keinen Wert auf Besitz. Ein grausamer Herrscher hingegen hat ein furchtloses Herz und neigt schnell zu Hinrichtungen. Güte und Barmherzigkeit lassen ihn das Leid der anderen nicht ertragen.

Legt er keinen Wert auf Besitz, so verteilt er gern Almosen. Ist er von Furchtlosigkeit beseelt, offenbart er dem Volk seine Hassgefühle. Neigt er schnell zu Hinrichtungen, tötet er die Menschen wahllos. Kann der Herrscher kein Leid ertragen, werden viele Schuldige begnadigt. Verteilt er gern Almosen, werden viele Verdienstlose belohnt. Offenbart er seine Hassgefühle, werden seine Untertanen über ihn murren. Richtet er wahllos, wird sich sein Volk gegen ihn erheben. Sitzt also ein humaner Herrscher auf dem Thron, wird sich das Volk zügellos verhalten und einfach Gesetze und Verbote übergehen, sich auf das Glück verlassen und vom Herrscher Geschenke erhoffen. Regiert hingegen ein grausamer Herrscher, werden Gesetze und Erlasse willkürlich herausgegeben, sind die Staatsdiener durchtrieben, murrt das Volk und wird der Geist des Aufruhrs genährt. Darum sage ich: „Sowohl Mitmenschlichkeit als auch Grausamkeit richten den Staat zugrunde.“

Wer sich selbst nicht auf die Zubereitung von Speisen versteht und ausgehungerte Menschen auffordert zu essen, kann die Hungernden damit nicht am Leben halten. Wer selbst nicht Unkraut jäten und Getreide anbauen kann und zur Verteilung von Geschenken und Gütern rät, kann dem Volk damit nicht zu Reichtum verhelfen. Genau dies tun aber heute die Gelehrten, die mit ihren Redereien vom Eindringen in das *dao* und von unnützen Heiligen das Volk davon überzeugen wollen, von den eigentlichen Tätigkeiten abzulassen und sich nebensächlichen Beschäftigungen hinzugeben. Ein weiser Herrscher lässt dies nicht zu.

Sind die Schriften kurz, debattieren die Schüler darüber. Sind die Gesetze ungenau, ereifert sich das Volk in Rechtsstreitigkeiten. Deshalb sind in den Büchern eines weisen Mannes die Erörterungen niedergeschrieben und behandeln die Gesetze jede Sache im Detail. Es ist selbst für einen Weisen schwer, alles zu bedenken und Gewinn und Verlust abzuwägen. Andererseits fällt es sogar einem Dummkopf leicht, ohne sich den Kopf zu zerbrechen von jemandem entsprechend seinen Vorschlägen Ergebnisse zu fordern. Ein kluger Herrscher macht das, was Dummköpfen leichtfällt, und nicht das, was Weisen schwerfällt. So herrscht Ordnung im Staat, ohne dass Weisheit und Geist strapaziert werden.

Bestimmt nicht der Herrscher mit seinem Mund, ob das Essen süß oder sauer, salzig oder fade ist, sondern beurteilt dies der Küchenchef, nimmt der Koch den Küchenchef und nicht den Herrscher ernst. Befindet nicht der Herrscher mit seinem Ohr darüber, ob die Töne hoch oder niedrig, klar oder unsauber sind, sondern entscheidet dies der Hofmusikmeister, fürchtet der blinde Musikant den Hofmusikmeister und nicht den Herrscher. Legt nicht der Herrscher mit Hilfe der Staatskunst fest, wie der Staat regiert wird und was Recht und Unrecht ist, sondern befinden darüber die Günstlinge, haben die Untertanen Respekt vor den Günstlingen und nicht vor dem Herrscher. Ein Herrscher, der nicht selbst die Dinge verfolgt und die Vorschläge anhört, sondern das Entscheiden und Festlegen seinen Untergebenen überlässt, ist ein Bettler in seinem eigenen Staat.

Angenommen, die Menschen würden weder Kleidung noch Nahrung brauchen, würden weder frieren noch hungern und würden außerdem den Tod nicht fürchten – sie würden dem Herrscher niemals dienen. Würden sie vom Herrscher nicht geführt werden wollen, könnte er nichts mit ihnen anfangen. Es ist noch nie da gewesen, dass die Befehle des Herrschers befolgt wurden, während die Macht über Leben und Tod in den Händen der hohen

Würdenträger lag. Tiger und Leoparden hätten die gleiche Autorität wie Ratten und Mäuse, wenn sie nicht ihre Klauen und Zähne gebrauchen würden. Familien mit zehntausend Goldstücken hätten den gleichen Status wie ein Torwächter, wenn sie nicht ihren Reichtum und Besitz nutzen würden. Der Herrscher eines Landes, der es nicht versteht, jene zu bevorteilen, die er mag, und jenen zu schaden, die er hasst, wird niemals erreichen, dass ihm die Menschen zu Willen sind und Ehrfurcht entgegenbringen.

Wenn die Untergebenen zügellos nach ihrem eigenen Gutdünken handeln, sagt man, sie sind tapfer. Wenn jedoch der Herrscher zügellos nach seinem eigenen Willen verfährt, sagt man, er ist durcheinander. Wenn die Untergebenen den Herrscher nicht hoch achten, sagt man, sie sind stolz. Wenn jedoch der Herrscher die Untergebenen nicht respektiert, sagt man, er ist grausam. Obwohl sie das Gleiche tun, werden die Untergebenen dafür gerühmt, während der Herrscher dafür angeklagt wird. Wenn die Untergebenen von etwas profitieren, erleidet der Herrscher große Verluste. Im Staat eines weisen Herrschers sind die Beamten geehrt, aber nicht mächtig. Ehrbar sind jene Staatsdiener, deren Rang hoch und deren Amtsposten wichtig ist. Mächtig sind jene Beamte, deren Worte befolgt werden und deren Einfluss groß ist. Im Staat eines weisen Herrschers werden der Leistung gemäß Beförderungen im Amt vollzogen und Adelswürden verliehen. Deshalb sind die Beamten geehrt. Bei wem Wort und Tat nicht übereinstimmen und wer unrecht handelt, erfährt seine Strafe. Deshalb sind die Beamten nicht mächtig.

48. Kapitel

Acht Regeln

1. Den Gefühlen folgen
Wer das Reich unter dem Himmel regieren will, muss den
Gefühlen der Menschen folgen. Die Gefühle der Menschen
kennen Liebe und Hass, und darum können Belohnungen
und Strafen angewandt werden. Kann man sie anwenden,
ist auch die Herausgabe von Verboten und Erlassen möglich und der Weg zur Ordnung geebnet. Der Herrscher hält
die Mittel der Herrschaft fest in seiner Hand und nimmt
seine Machtposition ein, sodass seine Befehle ausgeführt
und seine Verbote eingehalten werden. Die Mittel der
Herrschaft bestimmen über Leben und Tod. Die Macht
schafft Überlegenheit gegenüber den Massen. Der Einfluss
des Herrschers leidet, wenn er bei der Degradierung und
Ernennung von Beamten keine festen Regeln hat, und er
verliert seine Autorität, wenn er das Recht der Belohnung
und Bestrafung an andere abtritt. Deshalb hegt der kluge
Regent beim Anhören von Vorschlägen keine Gefühle der
Zuneigung und lässt sich bei der Planung nicht von Gefühlen der Freude beeinflussen. Ist er nämlich beim Anhören
von Vorschlägen nicht wachsam, wird seine Machtposition von treulosen Beamten untergraben, und nutzt er seine
intellektuellen Fähigkeiten nicht, wird er von seinen Untergebenen übertölpelt. Der weise Herrscher ist darum in seiner Regierung so erhaben wie der Himmel und im Umgang
mit den Menschen so geheimnisvoll wie ein Geist. Denn
wenn er so erhaben ist wie der Himmel, irrt er sich nicht,
und wenn er so geheimnisvoll ist wie ein Geist, gerät er
nicht in Bedrängnis. Ist seine Machtposition gefestigt und
seine Lehre streng, wird ihm niemand ungehorsam sein.
Folgen Schande und Ruhm einheitlichen Bahnen, wird niemand debattieren. Der beste Weg zur Förderung guter Un-

tertanen besteht darin, die Tugendhaften zu belohnen und die Grausamen zu bestrafen. Belohnt man aber die Grausamen und straft die Tugendhaften, fördert man die schlechten Untertanen. Das bedeutet, die Gleichgesinnten zu belohnen und die Widersacher zu bestrafen. Die Belohnungen müssen hoch sein, damit das Volk sie für nützlich hält. Der Ruhm muss glanzvoll sein, damit das Volk ihn hoch schätzt. Die Strafen müssen hart sein, damit das Volk sie fürchtet. Die Schande muss groß sein, damit das Volk sich ihrer schämt. Wenn das so ist und der Herrscher seine Gesetze einheitlich gebraucht, wird den Familienclans Einhalt geboten, ohne dass die Leistungen Schaden davon nehmen. Belohnungen und Strafen müssen bekannt sein, dann ist der Weg des rechten Regierens vollkommen.

2. Das *dao* des Herrschers

Mit der Kraft eines Einzelnen kann man der Masse nicht widerstehen, und mit der Weisheit eines Einzelnen kann man nicht alles schaffen. Anstatt sich auf einen Einzelnen zu verlassen, sollte man sich besser des ganzen Landes bedienen. Dann reichen Weisheit und Kraft aus, um der Masse und den Dingen überlegen zu sein. Wer versucht, ins Ziel zu treffen, macht sich damit selbst zu schaffen. Und wenn er nicht ins Ziel trifft, ist er für den Fehlschuss selbst verantwortlich. Ein schlechter Herrscher schöpft seine eigenen Fähigkeiten voll aus, ein mittelmäßiger Herrscher schöpft die Kraft der Menschen voll aus, ein guter Herrscher hingegen schöpft die Weisheit der Menschen voll aus. Gibt es etwas zu tun, ruft er die Weisen zusammen, hört sich ihre Ratschläge zuerst einzeln an und hält dann eine öffentliche Zusammenkunft ab. Hört er sich die Ratschläge nicht einzeln an, werden die nachfolgenden von den vorhergehenden Sprechern beeinflusst, sodass schließlich die Weisen nicht von den Dummen unterschieden werden können. Hält er keine öffentliche Zusammenkunft ab, würden zwar Vorbereitungen getroffen, aber keine Entscheidungen gefällt, sodass die Sache behindert wird. Wählt er selbst einen der Ratschläge aus, kann er hereingelegt werden. Deshalb lässt er die Ratgeber sprechen und macht sie dann für das Gesagte verantwortlich. Zu diesem Zweck lässt er die Darlegungen noch am gleichen Tag beurkunden. Wer die Weisen zusammenholt, wacht über den Ablauf der Dinge, und wer die Fähigen heranzieht, sieht auf den Erfolg oder Misserfolg einer Tat. Sind Erfolg oder Misserfolg erst erwiesen, ziehen sie Belohnung und Strafe nach sich. Gelingt ein Unternehmen, erntet der Herrscher den Erfolg. Misslingt es, tragen die Beamten die Schuld. Der Herrscher hält nicht einmal die Siegelmarken selbst zusammen. Warum sollte er also seine Kraft gebrauchen? Er tut nicht einmal weise Dinge selbst. Warum sollte er also zweifelhafte Dinge tun? Er setzt niemals auf Vorschläge von Menschen, die mit ihm übereinstimmen, weil er sonst selbst auch die Verantwortung dafür trägt. Sorgt er aber dafür, dass sich die Menschen gegenseitig einsetzen, ist der Herrscher erhaben wie ein Geist und schöpfen die Untergebenen ihre Kräfte voll aus. Wenn dies der Fall ist, versuchen die Untergebenen nicht, sich nach dem Herrscher zu richten, und das *dao* des Herrschers ist vollkommen.

3. Der Ursprung von Aufruhr

Ein Regent, der weiß, dass die Interessen von Herrscher und Untertanen verschieden sind, wird Kaiser werden. Wer jedoch meint, dass die Interessen übereinstimmen, wird seiner Macht beraubt werden. Wer gar zusammen mit seinen Untergebenen tätig ist, wird den Tod finden. Deshalb sieht der kluge Regent auf den Unterschied zwischen öffentlichen und persönlichen Interessen und achtet darauf, wo Nutzen und Schaden liegen, sodass Verrat gar nicht erst entstehen kann. Es gibt sechs Quellen für den Aufruhr: die Regentin-Mutter, die Frauen des Regenten, die Thronerben, die Brüder des Regenten, die hohen Würdenträger und die berühmten Weisen. Die Regentin-Mutter mischt sich nicht in die Politik ein, wenn die Staatsdiener für ihr Handeln verantwortlich gemacht werden. Die Frauen des Regenten zweifeln nicht an der Rechtmäßigkeit des Thronerben, wenn sie ihrem Rang entsprechend unterschiedlich behandelt werden. Es gibt keinen Kampf zwischen den Söhnen der Haupt- und Nebenfrauen, wenn keine Zweideutigkeiten hinsichtlich ihrer Macht bestehen. Die Brüder des Regenten greifen nicht in dessen Befugnisse ein, wenn er seinen Einfluss und Stammbaum nicht verliert. Die hohen Würdenträger können den Herrscher nicht von der Welt abschirmen, wenn die Beamten nicht aus einem Familienclan stammen. Berühmte Weise können kein Unheil stiften, wenn Strafen und Belohnungen konsequent angewandt werden. Unter den Untertanen gibt es zwei Arten von Gefolgschaften – die sogenannten äußeren und inneren. Als die äußeren bezeichnet man die Gefürchteten, als die inneren die Geliebten. Die Gefürchteten erreichen, was sie wollen. Die Geliebten finden mit ihren Worten Gehör. Darum schließen sich verräterische Beamte ihnen an. Niemand wird jedoch auf fremde Mächte setzen, wenn die von diesen Mächten angeworbenen Beamten wegen ihrer engen Beziehungen zu ihnen und wiederholter persönlicher Bereicherung verhört und abgeurteilt werden. Und niemand wird auf innere Gefolgschaften setzen, wenn Amt und Würden den Verdiensten entsprechend vergeben werden und die Fürsprecher anderer die Schuld der Versager mittragen müssen. Können sich die Verräter weder auf fremde Mächte noch auf innere Gefolgschaften stützen, werden sie schließlich unterdrückt.

Klug sind jene Beamten, die Karriere machen, indem sie sich der Ordnung anpassen, um ein hohes Amt zu bekommen. Haben sie eine geachtete Position erreicht und ein hohes Amt übertragen bekommen, werden sie mit Hilfe von drei Mitteln geführt, und zwar mit Geiseln, Garanten und Schutzwällen. Als Geiseln eignen sich Verwandte, Frauen und Söhne. Als Garanten dienen Ränge und Pfründe. Wie ein Schutzwall wirkt die gegenseitige Verantwortung von Fünfergruppen für begangene Fehler. Weise Männer hält man mit den Geiseln davon ab, etwas Falsches zu tun. Habsüchtige Menschen ändert man mit den Garanten. Verrätern und Schurken gebietet man mit den Schutzwällen Einhalt. Wenn der Herrscher zulässt, dass die Untergebenen sich nicht an die Ordnung halten, setzen sie sich über ihn hinweg. Wer kleine Vergehen nicht ausmerzt, muss große Verbrechen bestrafen. Stimmen die Vorwürfe mit den Taten überein, gilt es diesem Vorsatz geradewegs zu folgen. Stören sie als Lebende den Lauf der Staatsgeschäfte und schadet ihr Tod dem Ruf des Herrschers, sollte er ihnen Gift in Speis und Trank mischen, oder sie dem Feind in die Hände spielen. Das nennt man, heimliche Verräter zu beseitigen. Etwas zu verbergen heißt, den Herrscher zu täuschen, und das bedeutet, sich zu verstellen. Doch Arglist wird gestoppt, wenn wirkliche Leistungen belohnt und echte Vergehen bestraft werden. Jene, die sich verstellen, finden keine Anstellung, wenn der Herrscher in der Unterscheidung von Recht und Unrecht nicht nachlässig ist und unbrauchbare Ratschläge nicht vermischt mit ernsthaften Mahnungen.

Man spricht vom „wandelnden Unheil", wenn ältere Verwandte und verdienstvolle Männer in die Verbannung geschickt werden, denn das Übel besteht darin, dass sie die feindlichen Nachbarn vielfältig unterstützen. Man spricht von „zügellosen Räubern", wenn zu verachtende und mit Schande befleckte Menschen dem Herrscher vertraut sind und nahestehen, denn das Übel besteht darin, dass sie anfangen, sich über ihre Verachtung zu entrüsten und an ihrer Schande zu zweifeln. Man spricht vom „Wachsen der Wirren", wenn Menschen, die heimlichen Zorn hegen und eine Schuld auf sich geladen haben, nicht entlarvt werden, denn das Übel besteht darin, dass Glücksritter und falsche Würdenträger aufkommen. Man spricht vom „Hegen des Unheils", wenn zwei hohe Würdenträger sich gegenseitig unterstützen und keiner von beiden zurückgesetzt wird, denn das Übel besteht darin, dass sie zum Wohle ihrer Familien plündern und morden. Man spricht vom „Verlust der Würde", wenn der Herrscher sich nicht verstellt und geheimnisvoll ist wie ein Geist, denn das Übel besteht darin, dass Gauner und Giftmörder aufkommen. Erkennt der Herrscher diese fünf Übel nicht, kommt es so weit, dass er seiner Macht beraubt und getötet wird. Es herrscht Ordnung im Land, wenn die Entscheidung darüber, ob eine Sache verworfen oder in Angriff genommen wird, vom Herrscher ausgeht, und es kommt zum Chaos, wenn diese Entscheidung von anderen getroffen wird. Darum urteilt der kluge Regent im eigenen Land nach der Leistung und lässt sich in seiner Haltung zu anderen vom Nutzen leiten. So herrscht schließlich in seinem eigenen Land Ordnung, während die feindlichen Staaten unter Wirren leiden. Besteht doch der Weg zur Unordnung darin, dass vom Herrscher verachtete Beamte mit Arglist Aufruhr von außen und von ihm geschätzte Beamte mit Gift Aufruhr im Inneren schüren.

4. Die Einrichtung des rechten Weges

Der Weg des Vergleichens und der gegenseitigen Haftung heißt: vergleichen, um die Vielzahl der Gedanken zu bewältigen, und Verbände von fünf Familien zu gründen, um sie für Vergehen zur Verantwortung zu ziehen. Durch den Vergleich lassen sich die Meinungen auseinanderhalten, und durch die Schaffung von Fünferverbänden gewinnt man Autorität. Wird zwischen ihnen nicht differenziert, missachten die Untergebenen den Herrscher. Hat der Herrscher keine Autorität, sind sich die Untergebenen untereinander einig. Durch eine Differenzierung lassen sich die

Mehrheit und die Minderheit offenbaren. Werden sie mit der Autorität konfrontiert, können sich die Untergebenen nicht zu großen Cliquen verbinden. Die Macht des Betrachtens und Anhörens wird verwirklicht, indem man die Anhänger einer Partei auf unterschiedliche Weise würdigt und die Verurteilten und jene, die nicht ihre Aufwartung machen, in gleicher Weise für schuldig befindet. Die unterschiedlichen, in Disputen vorgetragenen Meinungen muss der Herrscher den Prinzipien der Erde entsprechend abwägen, den Prinzipien des Himmels entsprechend überdenken, am Lauf der Dinge erproben und am Verhalten der Menschen messen. Der Herrscher sollte nur Meinungen in Betracht ziehen, die diese vier Proben bestehen.

Der Herrscher sollte die Vorschläge vergleichen, um ihre Richtigkeit festzustellen, die Betrachtungsweise wechseln, um den größtmöglichen Nutzen herauszufinden, und an den Ansichten festhalten, um die regelwidrigen herauszufinden. Er sollte bei der Einsetzung von Beamten einheitlich vorgehen, damit die am Hof Dienenden ihren Amtspflichten nachkommen, und er sollte seinen Worten Nachdruck verleihen, damit die Provinzbeamten die Ehrfurcht vor ihm wahren. Er sollte das Vergangene entlarven, um das Geschehene genau zu kennen, am Hof Spitzel einsetzen, um über die Situation im Inneren informiert zu sein, und Spitzel in die Welt schicken, um über die Dinge in der Ferne unterrichtet zu sein. Er sollte an dem festhalten, was klar ist, um das Geheimnisvolle zu ergründen, und den Menschen mit List begegnen, um Zügellosigkeit und Trägheit zu unterbinden. Er sollte die Worte in ihr Gegenteil verkehren, um die Zweifelhaften herauszukehren, und die Argumente umdrehen, um geheime Arglist aufzudecken. Er sollte ein Zensorat einrichten, um damit die Richtschnur für ein einheitliches Handeln vorzugeben, und bewusst falsche Ernennungen vornehmen, um die Reaktion der treulosen Beamten zu sehen. Er sollte die Standpunkte klarlegen, um damit die Untergebenen zu ermuntern, Fehler zu vermeiden, und bescheiden den Worten anderer folgen, um die Aufrechten und die Schmeichler zu erkennen. Er sollte alles hören, um auch das zu durchdringen, was er noch nicht gesehen hat, und Streit unter den Parteigängern schüren, um Cliquen und Klüngel auseinanderzujagen. Er sollte einen Verräter vollständig bloßstellen als Warnung vor allen bösen Absichten und wunderliche Ideen verbreiten, um die Untergebenen nachdenklich zu machen. Ähnliche Dinge unterziehe der gleichen Kontrolle. Lege die Absichten der Vergehen bloß. Kenne und bestrafe die Schuldigen, um damit ihren Einfluss zu brechen. Sende zu gegebener Zeit geheime Boten aus, um die Absichten der Feinde zu erforschen. Wechsle von Zeit zu Zeit die Gesandtschaften aus, um zu verhindern, dass Beziehungen und Kontakte zum Feind geknüpft werden. Die Untergebenen müssen davon abgehalten werden, widerrechtlich in die Befugnisse ihrer Vorgesetzten einzugreifen. Die Minister müssen ihre Hofbeamten davon abhalten, die Hofbeamten ihre Amtsdiener, die Offiziere ihre Truppen, die Botschafter ihre Gesandtschaftsdiener, die Kreisvorsteher ihre Unterbeamten, die Palastwache die Höflinge und die Hofdamen ihre Dienerinnen. Das nennt man den alles umfassenden Weg. Wenn die Worte durchschaut und die Taten bloßgestellt werden, vertraut niemand auf seine Geschicklichkeit.

5. Das Abwägen der Worte

In seinem Tun ist der kluge Regent geheimnisvoll und verborgen, denn wenn er seine Freude offenbart, verliert er die Macht der Güte, und wenn er seinen Zorn zeigt, tritt er einen Teil seiner Autorität ab. Deshalb sind des weisen Herrschers Worte abgeschottet, damit sie nicht nach außen dringen, und geheimnisvoll, um nicht erkannt zu werden. Mit dem Verstand eines Einzelnen zehn Verräter zu entlarven, ist der einfache Weg. Der vollkommene Weg besteht jedoch darin, mit dem Verstand von zehn Menschen einen Missetäter herauszufinden. Der weise Herrscher geht zur gleichen Zeit den einfachen und den vollkommenen Weg. So bleibt kein einziger Verrat unentdeckt. Die Menschen leben als Nachbarn in Gruppen zu fünf Familien, in Dörfern zu fünfundzwanzig Familien, in Verbänden zu zweihundertfünfzig Familien und in Kreisen zu zweitausendfünfhundert Familien. Wer das Vergehen eines Nachbarn anzeigt, wird dafür belohnt. Wer dies nicht tut, wird ebenso bestraft wie der Schuldige. Das gleiche gilt für die Vorgesetzten hinsichtlich ihrer Untergebenen und umgekehrt. Auf diese Weise flößen sich die Oberen und Unteren, die Vornehmen und Gemeinen gegenseitig Furcht vor dem Gesetz ein und unterweisen sich gegenseitig im Nutzen. Es ist ein von Natur aus gegebener Wunsch der Menschen, das Leben der Form und dem Namen nach zu leben. Der Herrscher wünscht sich, den Namen eines Tugendhaften und Weisen zu tragen und wirklich die Macht der Belohnung und Bestrafung zu besitzen. Wenn Name und Wirklichkeit gleichsam vollkommen sind, ist von Glück und Segen zu hören.

6. Die Kunst des Anhörens

Der Herrscher hat nichts, womit er die Untergebenen zur Verantwortung ziehen kann, wenn er ihre Vorschläge beim Anhören nicht überdenkt, und schlechte Ratschläge gewinnen die Oberhand, wenn die Worte nicht an ihrer Umsetzung gemessen werden. Man glaubt, was über ein Ding gesagt wird, weil es viele sagen. Wenn zehn Leute von einem unnatürlichen Ding sprechen, zweifelt man noch daran. Sprechen einhundert Leute davon, fängt man an, es zu glauben. Sprechen eintausend Leute davon, wagt man nicht mehr, daran zu zweifeln. Wird etwas stammelnd vorgebracht, zweifelt man daran. Den Worten von gewandten Rednern jedoch schenkt man Vertrauen. Die Treulosen fügen dem Herrscher Schaden zu, indem sie sich auf die

Unterstützung durch die Masse verlassen, auf ihre eigene Redegewandtheit vertrauen und ihre eigennützigen Absichten hinter Analogien verschleiern. Tritt ihnen der Herrscher aber nicht mit Zorn und Unlust, sondern bedacht und aufmerksam entgegen, verlieren sie an Ansehen und Einfluss. Ein Herrscher, der sich auf das Regieren versteht, hört sich die Vorschläge an, misst sie an ihrer Umsetzung und prüft die mit ihnen verbundene Leistung. Belohnung und Strafe entspringen aus der Prüfung der Verdienste, sodass nutzlose Redegewandtheit bei Hofe keinen Platz hat. Wer sich der Aufgabe, die er übertragen bekommen hat, nicht gewachsen zeigt, wird von seinem Posten abberufen. Hochstapelei und Prahlerei werden bis zum Ende bloßgelegt, sodass die Verräter herausgefunden und zur Verantwortung gezogen werden. Ohne Grund ausgesprochene, den Tatsachen nicht entsprechende Worte gelten als Lüge, und ein Untergebener, der lügt, wird bestraft. Da die Sprecher für ihre Worte Vergeltung erfahren und die Ratgeber für die Umsetzung ihrer Vorschläge verantwortlich gemacht werden, dringen die Reden der Vertreter und Parteigänger von Cliquen nicht an das Ohr des Herrschers.

Generell besteht die Kunst des Anhörens darin, dass durch die Aufrichtigkeit der Erörterungen der Untergebenen die Verräter entlarvt werden und durch die Gründlichkeit ihrer Erörterungen der rechte Vorschlag Anwendung findet. Wenn der Herrscher nicht weise ist, gewinnen die Verräter an Einfluss. Der kluge Herrscher handelt so: Ist er selbst über einen Vorschlag erfreut, dann fragt er sich, warum er ihn annimmt, und ist er selbst darüber erzürnt, dann prüft er, weshalb. Er erörtert sie erst, nachdem sich seine Gefühle gelegt haben, und kann auf diese Weise die guten und schlechten, allgemeinnützigen und selbstsüchtigen genau erkennen. Die Untergebenen unterbreiten viele Vorschläge, um als intelligent zu gelten und zu erreichen, dass sich der Herrscher selbst für einen der Vorschläge entscheidet und die Untergebenen sich so einer möglichen Schuld entziehen können. Egal, wie viele Vorschläge fehlschlagen würden, es wären Fehlschläge des Herrschers. Er darf nicht zulassen, dass ein ihm unterbreiteter Vorschlag später durch einen anderen ersetzt und der Wirklichkeit angepasst wird. Dann kann er nach der Verwirklichung des Vorschlags erkennen, ob er falsch oder ehrlich war. Ein kluger Herrscher lässt nicht zu, dass ein Beamter zwei verschiedene Vorschläge macht, sondern macht ihn für einen unterbreiteten Vorschlag verantwortlich. Er lässt nicht zu, dass ein Beamter willkürlich handelt, sondern unterzieht ihn der Kontrolle. Deshalb kommen Verräter nicht voran.

7. Die Klassifizierung der Handhaben der Macht

Die Beamten sind zu mächtig, wenn es an Gesetzen fehlt, und die Gesetze verlieren ihre Wirkung, wenn der Herrscher einfältig ist. Unter einem einfältigen, maßlosen Herrscher handeln die Beamten eigenmächtig, und ihre Einkünfte erreichen eine nie gekannte Höhe. Beziehen sie nie da gewesene Einkommen, werden mehr Steuern erhoben und sie werden reich. Übermäßiger Reichtum und zu große Macht der Beamten sind die Wurzel der Unordnung. Ein kluger Herrscher wählt nur vertrauenswürdige Leute aus, überträgt Ämter nur an würdige Männer und verteilt Belohnungen nur an verdienstvolle Untergebene. Wird jemand von einem Beamten empfohlen und wirkt zur Zufriedenheit des Herrschers, ziehen beide den Nutzen daraus. Wird der Empfohlene den Anforderungen aber nicht gerecht und ruft den Zorn des Herrschers hervor, müssen beide die Konsequenzen tragen. Auf diese Weise werden die Untergebenen nicht aus eigennützigen Gründen ihre Verwandten protegieren, sondern sogar ihre Feinde anempfehlen, wenn sie die nötigen Fähigkeiten besitzen. Die Macht der Beamten ist groß genug zur Durchsetzung der

Gesetze und ihre Einkünfte reichen aus zur Erfüllung der Amtsaufgaben. Selbstsüchtige Interessen können gar nicht erst aufkommen. So arbeitet das Volk hart und begegnet den Beamten nicht mit zu großer Ehrfurcht. Wer mit Amtsaufgaben betraut ist, darf nicht zu mächtig sein und muss seinen Rang als Gunst des Herrschers ansehen. Wer ein Amt bekleidet, darf nicht selbstsüchtig sein und muss seinen Vorteil in seinem Salär sehen. Dann wird das Volk die Ränge achten und die Pfründen schätzen. Ränge und Pfründen dienen zur Belohnung, und wenn die Menschen die Mittel der Belohnung wertschätzen, herrscht auch Ordnung im Staat.

Strafen werden als Qual empfunden, wenn die Namen nicht korrekt sind. Entsprechen die Belohnungen und der Ruhm nicht den Namen, hegt das Volk Zweifel an ihnen. Das Volk schätzt die Namen und die Belohnungen in gleicher Weise. Wird nun jemand ausgezeichnet und zur gleichen Zeit Verleumdungen ausgesetzt, kann man mit den Belohnungen die Menschen nicht zum rechten Handeln ermuntern. Und wird jemand bestraft und zur gleichen Zeit gerühmt, kann man mit den Strafen den Gesetzesverletzungen nicht Einhalt gebieten. Deshalb handelt der kluge Herrscher so, dass dem öffentlichen Wohl entsprechende Handlungen Belohnungen nach sich ziehen und Ruhm nur dem Dienst am Herrscher entspringt. Folgen Belohnung und Ruhm den gleichen Bahnen und bedingen Schmach und Strafe einander, wird es für das Volk nichts Ehrwürdigeres geben, als zu den Ausgezeichneten zu gehören. Wer zu einer harten Strafe verurteilt wurde, trägt auch die damit verbundene Schande, sodass das Volk die Strafen fürchtet. Strafen dienen zur Unterbindung von Verfehlungen, und wenn das Volk die Mittel zur Unterbindung von Verfehlungen fürchtet, herrscht auch Ordnung im Staat.

8. Die Autorität des Herrschers

Der Herrscher verliert einen Teil seiner Autorität, wenn er seine Gedanken offenbart. Die Gesetze und Verordnungen büßen ihre Wirksamkeit ein, wenn Bitten um Mitleid und Menschlichkeit bei ihm Gehör finden. Das Volk hat Respekt vor dem Herrscher aufgrund der Verordnungen. Mit seiner Macht hält der Herrscher die Masse auf gebührendem Abstand. Können die Untergebenen jedoch dem Herrscher zügellos und widerspenstig entgegentreten und wird eine Missachtung der Person des Herrschers als ruhmvoll empfunden, ist die Autorität des Herrschers gespalten. Es sind die Gesetze, die es dem Volk schwer machen, sich gegen die Obrigkeit aufzulehnen, und mit deren Hilfe der Herrscher das Geschwätz von Barmherzigkeit und Menschlichkeit unterdrückt.

Die Untergebenen wollen eine für Mildtätigkeit und Bestechung zugängliche Regierung, um damit die Gesetze und Befehle außer Kraft zu setzen. Sie wollen die Autorität des Herrschers spalten, indem sie selbstsüchtige Handlungen preisen, und wollen die Glaubwürdigkeit des Gesetzes in Frage stellen, indem sie Bestechungsgelder in Umlauf bringen. Finden sie Gehör beim Herrscher, ist es mit der Ordnung vorbei. Finden sie kein Gehör, machen sie den Herrscher schlecht. In jedem Fall büßt der Herrscher seine Stellung ein und geraten die Gesetze in den Ämtern in Unordnung. Einen solchen Staat nennt man unbeständig. Ein kluger Herrscher sorgt dafür, dass es die Beamten nicht zu Ruhm bringen, wenn sie ihre eigenen Interessen verwirklichen, und dass es ihnen nicht als Verdienst angerechnet wird, wenn sie ihre eigene Familie bereichern. Verdienst und Ruhm entspringen einzig den amtlichen Gesetzen. Mit ungesetzlichen Handlungen, auch wenn sie noch so schwer durchzuführen sind, darf man es nicht zu Ruhm bringen können. Dann hat das Volk keinen Grund, nach persönlichem Ruhm zu streben. Gesetze und Verordnungen braucht man, um das Volk zu führen. Belohnungen und Strafen müssen glaubhaft sein, um das Volk zur Verausgabung seiner Möglichkeiten zu bringen. Schande und Ruhm müssen klar sein, um die Menschen zu gutem Handeln anzuspornen und von Fehltritten abzuhalten. Ruhm und Name, Belohnung und Strafe, Gesetze und Verordnungen müssen drei zusammengehörende Paare sein. Dann handeln die hohen Würdenträger dem Herrscher zur Ehre und arbeitet das Volk zum Nutzen des Herrschers. Von einem solchen Staat kann man sagen, dass er dem rechten Weg folgt.

Neunzehntes Buch

49. Kapitel

Die fünf Schädlinge

Im tiefen Altertum war die Zahl der Menschen gering, während es eine Vielzahl von wilden Tieren und Vögeln gab. Die Menschen waren nicht in der Lage, die wilden Tiere, Vögel, Insekten und Reptilien zu bezwingen. Da kam ein weiser Mann und baute Nester aus Holz, um den zahllosen Gefahren zu entrinnen. Das Volk freute sich darüber, machte ihn zum Herrscher über das Reich unter dem Himmel und gab ihm den Beinamen „Nestbewohner". Die Menschen aßen wilde Früchte und Muscheln, die verdorben und übel rochen und Magen und Därmen schadeten, sodass die Menschen häufig an Krankheiten litten. Da kam ein weiser Mann und machte Feuer mit aneinander geriebenen Hölzern, um durch Kochen den üblen Geruch zu beseitigen. Das Volk freute sich darüber, machte ihn zum Herrscher über das Reich unter dem Himmel und gab ihm den Beinamen „Mann mit dem Feuerholz". Im mittleren Altertum wurde das Reich von einem großen Hochwasser heimgesucht. Deshalb legten *Gun* und *Yu* Gräben und Abflüsse an. Im späten Altertum führten *Jie* und *Zhou* eine brutale, schlechte Herrschaft. Deshalb zogen *Tang* und *Wu* gegen sie ins Feld. Wollte nun aber jemand zur Zeit der Herrschaft des *Xiahou*-Clans hölzerne Nester bauen oder Feuer durch Reibung von Hölzern erzeugen, wäre er sicher von *Gun* und *Yu* verlacht worden. Wollte jemand zur Zeit der *Yin*- oder *Zhou*-Dynastie durch Anlage von Gräben Wasserabflüsse schaffen, wäre er bestimmt von

Tang und *Wu* verlacht worden. Wer dementsprechend in der heutigen Zeit den Weg von *Yao, Shun, Yu, Tang* und *Wu* preist, der wird sich zweifellos dem Spott der heutigen Weisen aussetzen. Deshalb hofft ein weiser Herrscher weder auf eine Wiedereinrichtung der Ordnung des Altertums, noch erlässt er für alle Zeiten geltende Vorschriften. Er erörtert die Vorgänge seiner Zeit und trifft entsprechende Maßnahmen.

Einst arbeitete ein Mann aus *Song* auf seinem Feld. In der Mitte des Feldes stand ein Baumstumpf. Da trug es sich zu, dass ein Hase über das Feld lief, gegen den Baumstumpf prallte, sich dabei das Genick brach und tot umfiel. Daraufhin legte der Mann seinen Hakenpflug beiseite und hütete den Stumpf in der Hoffnung, noch einmal einen Hasen zu fangen. Das gelang ihm aber nicht, und er wurde zum Gespött des Staates *Song*. Versucht nun jemand, mit der Politik der früheren Könige die Menschen von heute zu regieren, so ist dies dasselbe, als ob er einen Baumstumpf hütet.

Früher arbeiteten die Männer nicht auf den Feldern, denn die Früchte der Gräser und Bäume boten genügend Nahrung. Die Frauen webten nicht, denn die Felle der Tiere genügten als Kleidung. Ohne hart zu arbeiten, waren sie reichlich versorgt. Die Zahl der Menschen war klein, und es gab einen Überfluss an Mitteln, sodass sich die Menschen untereinander nicht stritten. Auf diese Weise mussten weder hohe Belohnungen noch harte Strafen angewandt werden, denn die Menschen hielten sich von selbst an die Ordnung. Heute gelten fünf Söhne nicht als viel. Die Söhne haben wiederum fünf Söhne, sodass der Großvater noch zu seinen Lebzeiten fünfundzwanzig Enkel hat. So kommt es, dass die Zahl der Menschen groß und die Mittel knapp werden. Trotz harter Arbeit sind die Menschen nur spärlich versorgt. Deshalb streiten sie sich und trotz Verdoppelung der Belohnungen und Verschärfung der Strafen ist Unordnung die unausweichliche Folge.

Als *Yao* das Reich unter dem Himmel regierte, war das Schilf auf dem Dach seines Hauses nicht geschnitten und die Balken waren nicht behauen. Er aß grobe Hirse und trank Brühe aus wilden Pflanzen. Im Winter trug er einen Tierfellmantel und im Sommer grobfasrige Kleidung. Nicht einmal die Nahrung und Kleidung eines Torwächters hätten ärmlicher sein können. Als *Yu* das Reich regierte, hielt er selbst die Hacke und den Pflug in der Hand und ging dem Volk als Beispiel voran, sodass auf seinen Schenkeln und Waden kein einziges Härchen mehr wuchs. Nicht einmal die Arbeit eines versklavten Kriegsgefangenen hätte härter sein können. Somit bedeutete das Abtreten der Macht über das Reich im Altertum nichts weiter, als die Versorgung eines Torwächters zu opfern und sich von der Arbeit eines versklavten Kriegsgefangenen loszusagen. Darum galt die Übergabe der Herrschaft über das Reich nicht viel. Stirbt aber heute ein Kreisvorsteher, dann führen Generationen von Söhnen und Enkeln prunkvolle Wagen nach Hause. Darum schätzen die Menschen diese Posten. Die unterschiedliche Haltung der Menschen zur Übergabe der Macht, das leichte Entsagen vom Thron im Altertum und das schwermütige Abtreten des Postens eines Kreisvorstehers heute liegt im Unterschied von Geringfügigkeit und Größe begründet.

Es ist so, dass sich die Bergbewohner, die ihr Wasser im Tal schöpfen müssen, zur Winteropferfeier gegenseitig Wasser schenken. Die Sumpfbewohner jedoch, die unter dem Wasser leiden, stellen noch Leute ein, um Abflüsse graben zu lassen. Auf die gleiche Weise werden im Frühling eines Hungerjahres nicht einmal mehr die Kinder und jüngeren Brüder ernährt, während im Herbst eines ertragreichen Jahres selbst Fremde und Reisende mit Essen bewirtet werden. Das geschieht nicht etwa, weil man sein eigen Fleisch und Blut verstoßen und vorbeiziehende Reisende ins Herz geschlossen hätte, sondern liegt im Unterschied von Überfluss und Mangel begründet. Wenn man früher kein Gewicht auf materielle Güter legte, so nicht aus Menschlichkeit, sondern weil es genügend Mittel gab. Heute streitet und beraubt man sich nicht aus Gründen der moralischen Unvollkommenheit, sondern weil die Mittel knapp sind. Das leichte Abtreten der Herrschaft geschah früher nicht aus Erhabenheit, sondern weil die Stellung gering war. Streitigkeiten um Beamtenposten gibt es heute nicht aus Unwürdigkeit, sondern weil die damit verbundene Macht groß ist. Ein weiser Mann baut seine Politik auf der Beurteilung von Überfluss und Mangel, Größe und Geringfügigkeit auf. Geringe Bestrafungen gelten nicht als Ausdruck von Güte und harte Strafen nicht als Unrecht. Sie werden im Einklang mit den Bräuchen angewandt. Die Tätigkeiten sind dem Zeitalter angepasst und die Vorbereitungen entsprechen den Tätigkeiten.

In früheren Zeiten lebte König *Wen* zwischen den Städten *Feng* und *Hao* in einem Gebiet von einhundert *li*, praktizierte Menschlichkeit und Gerechtigkeit und sorgte sich um die im Westen lebenden Völkerschaften, woraufhin er zum Herrscher über das Reich unter dem Himmel gemacht wurde. König *Yan* aus dem Staate *Xu* herrschte östlich des *Han*-Flusses über ein Gebiet von fünfhundert *li*. Auch er praktizierte Menschlichkeit und Gerechtigkeit. Sechsunddreißig Staaten traten Land an ihn ab und erschienen zu Audienzen an seinem Hof. König *Wen* von *Jing* befürchtete, dass König *Yan* ihm schaden könnte. Deshalb erhob er die Armee, überfiel den Staat *Xu* und vernichtete ihn. Der erste praktizierte Menschlichkeit und Gerechtigkeit und herrschte über das Reich, während der zweite durch sie seinen Staat verlor. Menschlichkeit und Gerechtigkeit konnte man früher nutzen, aber heute sind sie unbrauchbar. Darum heißt es auch: „Andere Zeiten, andere Taten."

Zur Zeit des *Shun* rebellierte der Stamm der *Miao*. Als *Yu* daraufhin einen Vergeltungsfeldzug starten wollte, hielt ihn *Shun* davon ab mit den Worten: „Es darf nicht sein. Es widerspricht dem *dao*, wenn wir aus Mangel an Tugend die Waffen sprechen lassen." Nach drei Jahren Kultivierung und Belehrung vollführte *Shun* den Tanz mit Schild und Streitaxt, worauf sich der Stamm der *Miao* unterwarf. In der Schlacht mit *Gonggong* wurde der Feind mit riesigen eisernen Speeren bekämpft, und jene, deren Panzer nicht fest genug waren, erlitten schwere Wunden. Schild und Streitaxt gebrauchte man früher und nicht heute. Daher heißt es: „Andere Taten, andere Vorbereitungen."

Im Altertum wetteiferte man um Moral und Tugend. Im Mittelalter strebte man nach Weisheit und Können. In der heutigen Zeit streitet man sich um Macht und Einfluss. Als einst *Qi* im Begriff war, *Lu* zu überfallen, entsandte *Lu* den *Zigong*, um *Qi* von seinem Vorhaben abzubringen. In *Qi* entgegnete man ihm: „Ihr seid gewandt im Reden. Doch wir wollen Land, und davon sprecht Ihr nicht." Daraufhin wurde die Armee ausgeschickt, um *Lu* zu unterjochen, und die neue Grenze wurde in zehn *li* Entfernung von den Toren der *Lu*-Hauptstadt errichtet. Der Staat *Xu* ging zugrunde, obwohl König *Yan* Menschlichkeit und Gerechtigkeit übte, und der Staat *Lu* verlor sein Land trotz der Redegewandtheit und Weisheit des *Zigong*. Daraus ist ersichtlich, dass Menschlichkeit, Gerechtigkeit, Redegewandtheit und Weisheit nicht zur Verwaltung eines Staates zu gebrauchen sind. Hätte man von König *Yans* Menschlichkeit abgelassen, auf *Zigongs* Weisheit verzichtet und sich stattdessen auf die Kräfte der Staaten *Xu* und *Lu* besonnen, hätte man einem zehntausend Kampfwagen starken Gegner widerstehen können und die Absichten von *Qi* und *Jing* wären niemals zu verwirklichen gewesen in diesen beiden Staaten.

Früher befolgte man andere Bräuche als in der heutigen Zeit, und so werden heute auch andere Maßnahmen gebraucht als in der Vergangenheit. Mit einer Politik der Nachsicht und Milde in bewegten Zeiten ein Volk regieren zu wollen wäre dasselbe, als wenn man ohne Zügel und Peitsche ein wildes Pferd lenken wollte. Dies ist das Unheil des Nicht-Wissens. Heute schwärmen die Konfuzianer und Mohisten davon, dass die frühen Könige das Reich mit allumfassender Liebe behandelt und das Volk mit elterlichen Augen betrachtet haben. Womit beweisen sie, dass es so war? Sie sagen: „Wann immer der Scharfrichter eine Bestrafung vornahm, ließ der Monarch keine Musik spielen, und wenn er die Mitteilung von einer Hinrichtung erhielt, vergoss er Tränen." Aus diesem Grund preist man die frühen Könige.

Geht man davon aus, dass Ordnung herrscht, wenn Herrscher und Beamte sich wie Vater und Sohn zueinander verhalten, so setzt das voraus, dass es keine Disharmonie zwischen Vater und Sohn gibt. Nichts in der Welt geht über die elterlichen Gefühle. Die Eltern behandeln ihre Kinder mit Liebe und erreichen doch keine Ordnung. Sollte es plötzlich keine Unordnung mehr geben, wenn ihre Liebe noch stärker wäre? In ihrer Liebe zum Volk übertrafen die frühen Könige nicht die Liebe der Eltern zu ihren Söhnen. Wenn es aber nicht einmal zu vermeiden ist, dass die Söhne in Unordnung geraten, wie sollte dann das Volk plötzlich Ordnung wahren. Wenn der Herrscher darüber hinaus Tränen vergießt, weil im Einklang mit dem Gesetz Strafen vollzogen werden, so ist das zwar Ausdruck von Menschenliebe, aber nicht der Weg, um Ordnung zu schaffen. Bittere Tränen weinen und Hinrichtungen hassen heißt Menschenliebe, aber das Gesetz verlangt, in entsprechenden Fällen zu richten. Die frühen Könige vertrauten auf ihre Gesetze und hörten nicht auf ihre Tränen. Daraus wird erneut ersichtlich, dass Menschenliebe nicht zur Herstellung von Ordnung geeignet ist. Das Volk unterwirft sich in jedem Fall der Macht, während man es nur selten durch Gerechtigkeit auf seine Seite ziehen kann.

Zhongni war ein Heiliger im Reich unter dem Himmel, der sein Verhalten kultivierte, das *dao* propagierte und zwischen den Meeren umherreiste. Dennoch gab es nur siebzig Männer, die seine Mitmenschlichkeit rühmten, seine Gerechtigkeit priesen und ihm als Schüler dienten, weil es nur wenige gibt, die Menschlichkeit achten, und weil es schwer ist, rechtschaffen zu sein. Bei der Größe des Reiches fanden sich nur siebzig Menschen, die ihm als Schüler zu dienen bereit waren, und es gab nur einen einzigen Menschen, der wirklich menschlich und rechtschaffen war – *Zhongni* selbst. Im Gegensatz dazu war Herzog *Ai* aus dem Staate *Lu* ein schlechter Herr. Als er jedoch sein Gesicht gen Süden richtete und die Herrschaft über den Staat ergriff, wagte innerhalb der Grenzen niemand, sich zu widersetzen. Das Volk unterwirft sich immer der Macht, und es ist leicht, mit ihrer Hilfe Menschen gefügig zu machen. Deshalb blieb *Zhongni* ein Untertan, während Herzog *Ai* zum Herrscher wurde. *Zhongni* folgte nicht der Rechtschaffenheit des Herzogs, sondern fügte sich seiner Macht. Auf der Grundlage der Gerechtigkeit hätte sich *Zhongni* dem Herzog *Ai* niemals unterstellt, aber mit seiner Macht unterwarf Herzog *Ai* den *Zhongni*. Heute raten die Gelehrten dem Herrscher, sich nicht auf die siegessichere Macht zu stützen, sondern Menschlichkeit und Gerechtigkeit zu praktizieren, um herrschen zu können. Das setzt voraus, dass der Herrscher die moralische Qualität eines *Zhongni* erreichen und das gesamte heute lebende Volk wie dessen Schüler handeln muss. Wahrlich ein nicht zu verwirklichendes Ziel.

Angenommen, die Eltern haben einen missratenen Sohn und ärgern sich über ihn, ohne ihn ändern zu können. Die Rügen der Verwandten sind einflusslos und die Unterrichtungen der Lehrer bleiben wirkungslos. Trotz der Liebe der Eltern, des Verhaltens der Verwandten und der Weisheit der Lehrer bewegt sich letztlich kein einziges Härchen auf seiner Wade und ändert sich sein Verhalten nicht im Geringsten. Führt aber ein Distriktbeamter seine Soldaten an, um auf der Basis des öffentlichen Gesetzes treulose Menschen aufzuspüren, ist er voller Angst und Furcht, ändert sein Auftreten und wandelt sein Verhalten. Die Elternliebe reicht nicht aus, um den Sohn zu erziehen. Man muss sich vielmehr auf die strengen Strafen des Distriktbeamten stützen, weil das Volk hochmütig ist gegenüber der Liebe, doch den Gehorsam wahrt vor der Autorität. Eine achtzig Fuß hohe Stadtmauer wagt nicht einmal *Lou Ji* zu überspringen, weil sie steil ist. An einem achttausend Fuß hohen Berg hingegen kann sogar ein lahmes Schaf mit Leichtigkeit weiden, weil er allmählich ansteigt. Aus dem gleichen Grund schafft der kluge Regent strenge Gesetze und harte Strafen. Auf ein Stück Stoff von acht oder sechzehn Fuß Länge verzichtet selbst ein einfacher Mann nicht, aber fünf Kilogramm reinen Goldes wagt auch Räuber *Zhe* nicht aufzuheben. Wenn es keine bösen Folgen für sie hat, lassen die Menschen nicht einmal ein Stück Stoff liegen. Wenn ihm aber dafür die Hand abgeschlagen wird, greift auch Räuber *Zhe* nicht nach dem Gold. Aus diesem Grund sind die Strafen eines weisen Herrschers unerbittlich. Die Belohnungen müssen hoch und garantiert sein, damit das

Volk davon profitiert. Die Strafen müssen hart und unerbittlich sein, damit das Volk sie fürchtet. Das Gesetz muss einheitlich und bestimmt sein, damit das Volk es kennt. Macht der Herrscher bei der Verteilung von Belohnungen keine Ausnahme, zeigt bei der Anwendung von Strafen keine Gnade und sind darüber hinaus die Belohnungen mit Ruhm und die Strafen mit Schande verbunden, dann schöpfen alle, vom Würdenträger bis zum Pöbel, ihre Kräfte voll aus.

Heutzutage ist es jedoch nicht so. Erfolge im Staatsdienst werden mit Amtswürden entgolten, doch zur gleichen Zeit werden Amtstätigkeiten gering geschätzt. Feldarbeit wird mit Belohnungen bedacht, doch die Familienwirtschaft verliert an Ansehen. Wer ein Amt ablehnt, wird verstoßen, doch man rühmt ihn, weil er die weltlichen Dinge leicht nimmt. Wer Verboten zuwiderhandelt, wird gezüchtigt, doch man preist ihn ob seiner Tapferkeit. Schmach und Ruhm, Strafe und Belohnung werden falsch und irreführend gehandhabt, sodass Gesetze und Verbote ihre Wirkung verlieren und das Volk immer mehr in Verwirrung gerät. Wer für den Bruder Rache nimmt, gilt als redlicher Mensch. Wer eine verschmähte Freundschaft mit Feindschaft heimzahlt, gilt als tugendhaft. Redlichkeit und Tugend gedeihen, während die Gesetze der Obrigkeit verletzt werden. Der Herrscher würdigt solches Handeln gar noch und vergisst darüber die Bestrafung der Gesetzesverletzer. Im Resultat verlässt sich das Volk bei der Beilegung von Streitigkeiten auf die Tapferen, und die Beamten können ihnen nicht beikommen. Als einen fähigen Menschen bezeichnet man den, der über Kleidung und Nahrung verfügt, ohne dafür hart arbeiten zu müssen, und als weise gilt, wer Achtung genießt, obwohl er keine Verdienste im Krieg aufzuweisen hat. Fähigkeit und Weisheit blühen, doch die Armee büßt an Kraft ein, und die Felder liegen brach. Schätzt der Herrscher solche Fähigkeiten und Weisheit gar noch und verliert das Unheil für die Armee und die Felder aus den Augen, sprießt persönlicher Nutzen, während das Gemeinwohl vernachlässigt wird.

Die Konfuzianer bringen mit ihrer Gelehrsamkeit die Gesetze durcheinander und die Tapferen überschreiten mit ihrer Kriegskunst die Verbote, doch der Herrscher verneigt sich vor ihnen. Darum herrscht Unordnung. Wer vom Weg des Gesetzes abkommt, muss bestraft werden, doch die Gelehrten erheischen Ämter durch ihre Gelehrsamkeit. Wer Verbote übertritt, muss hingerichtet werden, doch die tapferen Recken werden gefördert aufgrund ihrer Kunst des Schwertfechtens. Was das Gesetz verbietet, wird vom Herrscher herangezogen. Was die Beamten bestrafen, wird von den Oberen gehegt. Wenn sich diese vier Widersprüche auftun und kein fester Standard vorhanden ist, können selbst zehn gelbe Kaiser keine Ordnung schaffen. Nie und nimmer sollte das Praktizieren von Menschlichkeit und Gerechtigkeit gepriesen werden, da der Erfolg darunter leidet. Wer sich in Gelehrsamkeit und Wissen übt, sollte nicht mit Aufgaben betraut werden, da sonst das Recht durcheinander gebracht würde.

Einst lebte im Staate *Chu* ein Mann, den man den aufrechten *Gong* nannte. Als sein Vater eines Tages ein Schaf gestohlen hatte, zeigte der Sohn ihn beim Vorsteher an. Daraufhin befahl der erste Minister, den Sohn zu richten. Er sprach ihn schuldig, weil er zwar aufrecht zum Herrscher, gegenüber dem Vater aber pietätlos war. Daraus ist ersichtlich, dass ein treuer Untertan des Herrschers dem Vater ein schlechter Sohn sein kann. Es gab auch einen Mann aus *Lu*, der seinem Fürsten in den Krieg folgte und in drei Schlachten dreimal desertierte. Als *Zhongni* ihn nach seinen Gründen dafür zur Rede stellte, entgegnete er: „Ich habe einen alten Vater zu Hause. Sollte ich sterben, ist niemand mehr da, der ihn versorgt." *Zhongni* betrachtete das Handeln dieses Mannes als Sohnesehrfurcht und erhob ihn in Rang und Würden. Daraus ist ersichtlich, dass ein dem Vater ergebener Sohn ein treuloser Untertan des Herrschers sein kann. Nachdem der Minister einen treuen Untertan hatte hinrichten lassen, wurde in *Chu* nie wieder ein Verrat bei der Obrigkeit angezeigt, und weil *Zhongni* einen Deserteur belohnt hatte, war das Volk von *Lu* sehr schnell zu Kapitulation und Fahnenflucht bereit. Der Nutzen des Herrschers und der Untergebenen ist so verschieden, dass der Herrscher nicht darauf hoffen sollte, zur gleichen Zeit das Handeln des Pöbels gutheißen und das Wohl des Staates anstreben zu können.

Als in längst vergangenen Zeiten *Cang Jie* die Schrift erfand, bezeichnete er das Um-sich-selbst-Drehen als Eigennutz und die Kehrseite des Eigennutzes als Gemeinwohl. Die Gegensätzlichkeit von Gemeinwohl und Eigennutz war *Cang Jie* von Anfang an klar. Meint man nun heute, dass der Nutzen von Obrigkeit und Untertanen übereinstimmen könnte, so ist dies Sorglosigkeit. In den Augen des einfachen Mannes geht nichts über die Kultivierung von Mitmenschlichkeit und Gerechtigkeit und das Sich-Üben in Gelehrsamkeit und Wissen. Wer Mitmenschlichkeit und Gerechtigkeit praktiziert, erlangt das Vertrauen der anderen und erhält Amtsaufgaben. Wer sich in Gelehrsamkeit und Wissen übt, avanciert zum bekannten Lehrer und genießt Ruhm und Ehre. Das ist es, was gewöhnliche Menschen preisen: ohne Leistungen aufweisen zu können, Amtsaufgaben übertragen zu bekommen, und ohne Amtswürden zu besitzen, Ruhm und Ehre zu genießen. Sollte eine derartige Politik betrieben werden, gerät der Staat in Unordnung und der Herrscher in Gefahr. Schließlich können miteinander nicht zu vereinbarende Dinge nicht zusammen existieren: das Töten eines Feindes belohnen und zugleich Mitleid und Güte preisen; den Eroberern fremder Städte Rang und Pfründen zukommen lassen und zugleich an die Lehre der alles umfassenden Liebe glauben; Waffen verstärken und Truppen zum Kampf rüsten und zugleich Schärpen und Gürtel als Schmuck anlegen; durch die Bauern den Staat bereichern und mit Hilfe der Soldaten die Feinde abwehren und zugleich die Gelehrten und Gebildeten ehren; jene ausrotten, die den Herrscher achten und das Gesetz fürchten, und stattdessen wandernde Recken und private Schwertträger begünstigen. Wer so handelt, wird niemals Ordnung und Stärke erreichen. In friedlichen Zeiten nährt man die Gelehrten und Edlen, während man im Angesicht von Gefahr auf standhafte Kämpfer zurückgreift. Die Geförderten sind nicht zu gebrauchen, und die Eingesetzten werden nicht gefördert. Aus diesem Grund vernachlässigen die im Amt Tätigen ihre Aufgaben, und die Zahl der Wanderlehrer nimmt täglich zu. Darin liegen die Wirren unserer Zeit begründet.

Als tugendhaft gilt heute treues, aufrichtiges Handeln. Minutiös beschreibende, geheimnisvoll anmutende Worte betrachtet man als Weisheit. Solche Reden sind aber selbst für den größten Weisen nur schwerlich zu erfassen. Wollte man nun mit Worten, die Weise kaum begreifen können, Gesetze für die Volksmassen machen, wäre das Volk nicht in der Lage, sie zu verstehen. Wer sich nicht einmal mit Abfällen und Resten sättigen kann, trachtet nicht nach Hirse und Fleisch. Wer sich nicht einmal in Lumpen hüllen kann, strebt nicht nach verzierten, bestickten Gewändern. Genauso verhält sich die Sache mit der Ordnung in der Welt: Wer noch nicht einmal vermochte, die dringlichsten Angelegenheiten zu regeln, geht nicht an die Lösung nebensächlicher Dinge. Heute muss das Regieren vor allem die Angelegenheiten des Volkes regeln. Verwirft man aber das, was die einfachen Menschen verstehen, und folgt stattdessen Erörterungen, denen nur die weisesten der Weisen folgen können, so ist dies das genaue Gegenteil von Ordnung. Minutiös beschreibende, geheimnisvoll anmutende Worte braucht das Volk nun wahrlich nicht.

Wer Treue und Aufrichtigkeit als Tugend betrachtet, muss zweifellos auf jene Männer warten, die nie jemanden täuschen. Nur wer nie jemanden täuscht, besitzt die Kunst der Ehrlichkeit. Schließen Männer aus dem Volk Freundschaften, suchen sie sich ehrliche Leute, weil sie sich weder durch große Reichtümer von Nutzen sein, noch durch große Autorität Angst einflößen können. Der Herrscher besitzt jedoch die Macht über alle Menschen und den Reichtum des ganzen Staates. Wenn er reich belohnt und streng bestraft, die Mittel der Macht fest in Händen hält und so seine kultivierte, weise Staatskunst hell aufleuchten lässt, wagen selbst schlechte Minister wie *Tian Chang* und *Zihan* nicht, ihn zu hintergehen. Weshalb sollte er auf Männer warten, die nie jemanden täuschen. Es gibt heute kaum mehr als zehn treue und aufrechte Männer, doch die Zahl der Beamtenposten im Land beträgt Hunderte. Wollte man jedes Amt mit einem treuen, aufrechten Mann besetzen, wären nicht genug da. Gäbe es aber mehr Posten als Leute, hätte das wohl kaum Ordnung, sondern ein großes Durcheinander zur Folge. Deshalb gibt es für einen klugen Herrscher nur einen rechten Weg des Regierens. Er vereinheitlicht die Gesetze und verliert sich nicht in der Suche nach Weisheit. Er ergibt sich nicht der Hoffnung auf Aufrichtigkeit, sondern hält beharrlich an seiner Staatskunst fest. Auf diese Weise büßt das Gesetz seine Wirkung nicht ein, und es gibt weder Treulosigkeit noch Lüge unter den Beamten.

In der heutigen Zeit jedoch erfreut sich der Herrscher beim Hören von Vorschlägen an der Redegewandtheit des Sprechers und achtet nicht auf die Brauchbarkeit der Ratschläge. Der Grad der Berühmtheit entscheidet über die Anstellung der Leute, anstatt ihnen für ihre Taten die Verantwortung zu übertragen. Deshalb sorgen sich beim Unterbreiten von Vorschlägen alle im Reich um geschickte Worte und nicht um die Nützlichkeit. Der Hof ist voll von Leuten, die Loblieder auf die frühen Könige singen und von Mitmenschlichkeit und Gerechtigkeit schwärmen, während es um das Regieren schlecht bestellt ist. Jene, die sich selbst anbieten, sorgen sich um ihre Karriere und nicht um Erfolge. Wen wundert es da, dass sich weise Männer in Felshöhlen zurückziehen, ihre Güter verlassen und Ämter ablehnen, während zur gleichen Zeit die Armee schwach und die Politik durcheinander ist. Was ist wohl der Grund dafür? Das Volk rühmt und der Herrscher zelebriert genau das, womit der Staat ins Verderben gestürzt wird.

Alle Welt redet heute von Ordnung, und obwohl die Gesetzbücher des *Shang Yang* und des *Guan Zhong* in fast jeder Familie vorhanden sind, wird der Staat immer ärmer. Das ist so, weil viele über das Pflügen reden, aber nur wenige einen Pflug in die Hand nehmen. Alle reden vom Kriegswesen, und obwohl die Bücher des *Sun Wu* und des *Wu Qi* in fast jeder Familie vorhanden sind, wird die Armee immer schwächer. Das ist so, weil viele vom Krieg reden, aber nur wenige Waffen tragen. Der kluge Herrscher nutzt die Kraft seiner Untertanen und hört nicht auf ihre Worte. Er belohnt ihre Leistungen und entfernt die Nutzlosen. Dann verausgabt sich das Volk im Dienst für den Herrn bis zum Letzten. Das Pflügen ist wahrlich eine kraftaufwendige Arbeit, doch die Bauern sagen sich: So können wir zu Reichtum gelangen. Der

Krieg ist eine gefährliche Tätigkeit, doch die Soldaten sagen sich: So können wir zu Ehren gelangen. Wenn nun aber jene, die Gelehrsamkeit und Wissen kultivieren und sich im Reden und Ratgeben üben, ohne die harte Arbeit des Pflügens zu Reichtum und ohne die Gefahr des Krieges zu Ehren kommen, wie sollten es ihnen da die anderen nicht gleichtun wollen. So kommt es, dass hundert Menschen im Dienste der Weisheit stehen, während einer seine Körperkraft gebraucht. Der Weisheitsdiener große Zahl lässt die Gesetze verkommen, während die kleine Zahl der körperlich Arbeitenden den Staat arm werden lässt. Darin liegt ebenfalls eine Ursache für die Unordnung der heutigen Gesellschaft.

So gibt es in einem klug regierten Staat keine Bücher, sondern nur die Lehre des Gesetzes. Man folgt nicht den Worten der frühen Könige, sondern sieht in den Beamten die Lehrmeister. Man sucht nicht den Schutz privater Schwerter, denn das Töten des Feindes gilt als Tapferkeit. Das Volk lässt sich beim Unterbreiten von Vorschlägen vom Gesetz leiten, achtet auf Erfolg beim Handeln und nutzt seine Tapferkeit in den Reihen der Armee. In Zeiten des Friedens ist der Staat reich und im Krieg ist die Armee stark. Das nennt man das Kapital des Herrschers. Der Weg, die fünf Kaiser zu übertreffen und es den drei Königen gleichzutun, besteht im Festhalten am Kapital des Herrschers und im Anknüpfen an die Schwächen des Gegners.

Heute steht die Sache nicht so. Unter dem Volk und den Beamten herrschen Dreistigkeit und Zügellosigkeit, während sich die Berater im Ausland mächtiger Freunde versichern. Ist es nicht gefährlich, auf einen starken Feind zu treffen, wenn überall Bosheit herrscht! Die außenpolitischen Ratgeber reden der Nord-Süd-Union und der Ost-

West-Koalition das Wort, oder sie versuchen, die Macht des Staates zu missbrauchen, um eigene Feindschaften und Rachefeldzüge auszufechten. Die Nord-Süd-Union will viele schwache Staaten vereinen, um einen mächtigen zu attackieren. Die Ost-West-Koalition will einem mächtigen Staat ihre Dienste anbieten, um die Masse der schwachen Staaten zu vernichten. Beides ist nicht der Weg zur Erhaltung des Staates. Die Apologeten der Koalition sagen: „Wenn wir dem mächtigen Nachbarn nicht dienen, werden Feinde und Unheil über uns hereinbrechen." Wer einem mächtigen Staat dient, muss, noch bevor er sein Ziel erreicht hat, die Landkarten des eigenen Staates und das Staatssiegel aushändigen. Mit der Übergabe der Karten wird das Territorium beschnitten und der Staat geschwächt. Mit der Aushändigung des Siegels verfallen Reputation und Politik. Dem mächtigen Nachbarn in der Koalition zu dienen heißt, ohne sichtbaren Nutzen das Land zu verlieren und die Regierung durcheinanderzubringen. Die Apologeten der Union sagen: „Wenn wir nicht die kleinen Staaten retten, indem wir den großen Feind angreifen, verlieren wir die Unterstützung im Reich, gefährden den Staat und schaden der Reputation des Herrschers." Wer die kleinen Staaten retten will, muss, noch bevor er sein Ziel erreicht hat, die Armee mobilisieren und sich dem großen Staat feindlich gegenüberstellen. Es ist nicht sicher, ob die kleinen Staaten erhalten werden können und dem Kampfbund keine Abtrünnigen angehören. Sollte das der Fall sein, gerät man in die Gewalt des mächtigen Gegners. Zieht man ins Feld, wird die Armee vernichtet, und noch bevor man sich zurückziehen und verteidigen kann, fallen die eigenen Städte in die Hand des Feindes. Mit der Kraft der Union die Kleinen erhalten zu wollen heißt, ohne sichtbaren Nutzen das Land zu verlieren und die Armee zu opfern. Die vom Dienst für den Mächtigen reden, wollen sich mit Hilfe fremder Macht einen Posten im eigenen Land sichern. Die über die Rettung der Schwachen sprechen, wollen aus dem Einfluss im eigenen Land Nutzen in der Fremde schlagen. Die Ratgeber erhalten große Ländereien und Einkommen, ohne dass der Staat Nutzen davon hätte. Der Herrscher verliert sein Ansehen, während die Beamten geachtet sind. Der Staat büßt sein Territorium ein, während die Familienclans zu Reichtum gelangen. Hat ihre Sache Erfolg, bauen sie mit der gewonnenen Macht ihren Einfluss aus. Wenn nicht, ziehen sie sich mit dem erworbenen Reichtum zurück. Beim Anhören von Ratschlägen macht der Herrscher die Beamten nicht für deren Realisierung verantwortlich. Noch vor Abschluss ihrer Arbeit genießen die Ratgeber Amt und Würden. Wenn sie dann bei einem Misserfolg nicht einmal zur Verantwortung gezogen werden, wie sollten da die Wanderprediger nicht versuchen, mit unsinnigen Reden ihr Glück zu machen. Warum werden denn jene leichtfertigen Ratschläge umherziehender Scharlatane, die Staat und Herrscher ins Verderben stürzen, überhaupt zu Gehör gebracht? Doch wohl deshalb, weil der Herrscher nicht zwischen Gemeinwohl und Eigennutz zu unterscheiden vermag, die Worte nicht auf ihre Wahrheit geprüft und Misserfolge nicht unbedingt mit Strafen und Hinrichtungen geahndet werden. Die Ratgeber sagen: „Durch eine erfolgreiche Außenpolitik kann man es unter Umständen bis zum Herrscher über das Reich unter dem Himmel bringen, doch zumindest ist die Ruhe im eigenen Land garantiert." Fürwahr, wer über das Reich herrscht, kann andere angreifen, und wenn im Inneren Ruhe ist, kann man auch von niemandem überfallen werden. Stärke und Ordnung hängen jedoch nicht von außen ab, sondern von der Politik im Inneren. Es ist gewiss nicht der Weg zu Ordnung und Macht, wenn sich der Herrscher auf die Dienste der Weisheit in der Fremde verlässt, anstatt Gesetz und Staatskunst im eigenen Land zu handhaben.

Eine Volksweisheit besagt: „Wer Kleider mit langen Ärmeln trägt, ist ein guter Tänzer. Wer viel Geld besitzt, ist ein guter Händler." Wer über genügend Rohmaterial verfügt, hat ein leichtes Arbeiten. In einem geordneten, starken Staat ist es leicht, große Pläne zu schmieden, doch in einem verwahrlosten, schwachen Land fällt die einfachste Rechnung schwer. Im Staate *Qin* geht kaum ein Plan daneben, auch wenn er zehnmal geändert wird, während im Staate *Yan* kaum ein Vorhaben gelingt, wenn es nur einmal geändert wird. Das liegt nicht daran, dass in *Qin* weise Männer und in *Yan* Dummköpfe am Werke sind, sondern am Unterschied zwischen Ordnung und Durcheinander. Der Staat *Zhou* stellte sich gegen *Qin* und schloss sich der Nord-Süd-Union an, wurde jedoch im darauffolgenden Jahr vernichtet. Der Staat *Wei* trennte sich von seinem Namensvetter *Wei*, um der Ost-West-Koalition beizutreten, wurde aber schon nach einem halben Jahr zerschlagen. Während *Zhou* in der Union zugrunde ging, scheiterte *Wei* in der Koalition. Hätten beide auf ihre Koalitionspläne verzichtet und sich ernsthaft um die Ordnung im eigenen Land bemüht, ihre Gesetze und Verbote klargestellt sowie Belohnungen und Strafen verbindlich gemacht, die Kraft des Bodens genutzt, um die Vorräte zu mehren, und ihr Volk dazu gebracht, dass es bereit ist, für die Verteidigung der Stadtmauern zu sterben, hätte das Reich wenig Nutzen von der Eroberung ihrer Territorien gehabt und jeder Aggressor Schiffbruch erlitten. Selbst ein Staat mit zehntausend Kampfwagen hätte niemals gewagt, ein Lager vor ihren undurchdringlichen Stadtmauern zu errichten, um sie zu maßregeln. So wäre man dem Untergang entronnen. Davon abzulassen und den Weg des Ruins zu beschreiten, war der Fehler der Staatsverwalter. Mit hilfloser Weisheit nach außen und einer wirren Regierung im Inneren kann man dem Untergang nicht entgehen.

Die Menschen haben ein ureigenes Interesse daran, Sicherheit und Nutzen zu erlangen und Gefahr und Armut zu vermeiden. Schickt man sie in den Krieg, bedeutet das für sie Gefahr, da sie beim Angriff durch den Feind und bei Fahnenflucht durch den Richter ihr Leben verlieren. Sie vernachlässigen die Angelegenheiten des Haushaltes und müssen wie Pferde Kriegsdienste leisten. Die Familie gerät in Nöte, und da es die Oberen nicht verstehen, die Verdienste richtig zu werten, bedeutet das für die Familien Armut. Wo auch immer Armut und Gefahr drohen, versucht das Volk, sie zu umgehen. Darum treten sie in den privaten Dienst mächtiger Familien und entziehen sich dem Dienst in der Armee. So halten sie sich von den Schlachten fern und können in Sicherheit leben. Gelingt es ihnen, durch Geld und Geschenke die wichtigen Leute zu beeinflussen, erfüllen sich ihre Forderungen und sie genießen persönliche Sicherheit. Da in der persönlichen Sicherheit ihr eigener Vorteil liegt, streben sie danach. Im Ergebnis stehen nur wenige im öffentlichen Dienst, während die Anhängerscharen privater Familienclans riesig sind. Folglich sorgt ein kluger Herrscher mit seiner Politik der Ordnung des Staates dafür, dass die Zahl der Händler, Handwerker, Wanderprediger und Kostgänger klein und ihre Reputation gering ist, um sie von den Nebensächlichkeiten zu den Hauptbeschäftigungen zu bringen. Da aber in der heutigen Zeit die Bitten der Vertrauten und Nahestehenden des Herrschers Gehör finden, sind Amt und Würden käuflich, und wo Korruption herrscht, ist der Status der Händler und Handwerker nicht gering. Können durch Arglist und Tücke erworbene Reichtümer und Waren auf dem Markt zirkulieren, wächst die Zahl der Händler. Sind gar ihr Einkommen doppelt so hoch und ihre Achtung größer als die der Bauern und Soldaten, muss ja die Zahl der aufrechten Untertanen immer kleiner und die der Handelsleute immer größer werden.

Aus diesem Grund ist es in einem schlecht geführten Staat üblich, dass die Gelehrten den Weg der frühen Könige preisen und von Mitmenschlichkeit und Gerechtigkeit reden. Sie hüllen sich in prächtige Gewänder und verzieren ihre wohlklingenden Reden, um Zweifel an den geltenden Gesetzen zu nähren und des Herrschers Meinung zu verwirren. Die Ratgeber führen verlogene Reden und bauen auf fremde Mächte, um ihr Schäflein ins Trockene zu bringen, während der Altar des Erdbodens und der Feldfrüchte vernachlässigt wird. Die Schwertträger scharen Anhänger um sich und errichten ihre eigene Ordnung, um sich einen Namen zu machen und die Verbote der fünf Ministerien umgehen zu können. Die Deserteure versammeln sich in privaten Residenzen und versuchen, mit Hilfe von Geld, Geschenken und Aufwartungen bei wichtigen Leuten sich den Lasten des Kriegsdienstes zu entziehen. Die Handels- und Handwerksleute bieten wertloses, unnützes Zeug und verschwenderischen Luxus an, um Reichtümer anzuhäufen und zum rechten Zeitpunkt die Bauern übers Ohr zu hauen. Das sind die fünf Schädlinge des Staates. Rottet der Herrscher diese fünf Arten von Parasiten nicht aus und fördert nicht die aufrechten Untergebenen, braucht es niemanden zu wundern, dass im Reich Staaten zugrunde gehen und Dynastien fallen.

50. Kapitel

Die berühmten Lehren

Die berühmten Schulen von heute sind die Literaten und die Mohisten. Sie hatten ihren jeweiligen Höhepunkt mit *Kong Qiu* und *Mo Di*. Nach dem Tode des *Kongzi* entstanden die Gelehrtenschulen des *Zizhang* und des *Zisi* sowie der Fa-

milien *Yan, Meng, Qidiao, Zhongliang, Sun* und *Yuezheng.*
Nach dem Tode des *Mo Di* gab es die mohistischen Schulen der Familien *Xiangli, Xiangfu* und *Dengling.* Nach
Kong und *Mo* wurden also die Gelehrten in acht und die
Mohisten in drei Schulen gespalten. Sie unterschieden und
widersprachen sich in dem, was sie vom Erbe ihrer Meister
weiterführten oder ablehnten, doch alle nannten sich die
wahren Nachfolger von *Kong* und *Mo.* Wer soll nun, da
Kong und *Mo* nicht auferstehen können, deren wahren
Nachfolger unter den heutigen Schulen bestimmen. *Kongzi*
und *Mozi* sprachen beide von *Yao* und *Shun,* und obwohl
sie diese auf verschiedene Weise interpretierten, gab jeder
von ihnen vor, der wahre Erbe von *Yao* und *Shun* zu sein.
Yao und *Shun* werden nicht auferstehen, doch wer wird
über die Wahrhaftigkeit der Literaten oder der Mohisten
entscheiden. Seit der Ablösung der *Yin-* durch die *Zhou-*
Dynastie sind mehr als siebenhundert Jahre vergangen, und
die Herrschaft der Familie *Yu* und der *Xia*-Dynastie liegt
über zweitausend Jahre zurück. Es ist bislang nicht gelungen, die Wahrheit der Gelehrten oder der Mohisten zu beweisen. Und wollte man heute gar versuchen, über den vor
drei Jahrtausenden von *Yao* und *Shun* befolgten Weg zu urteilen, so wäre dies mit Sicherheit nicht möglich. Überzeugt
sein von etwas, ohne eine Untersuchung und einen Vergleich durchzuführen, ist Dummheit. Festhalten an etwas,
ohne davon überzeugt zu sein, ist Schwindel. Wer offen an
den Königen des Altertums festhält und die Wahrheit über
Yao und *Shun* beweisen will, muss also entweder ein
Dummkopf oder ein Betrüger sein. Bei einem klugen Herrscher finden dumme, betrügerische Lehren und verworrene,
widersprüchliche Handlungen kein Gehör.
Die Mohisten tragen bei Beerdigungen im Winter und im
Sommer entsprechende Winter- und Sommerkleidung. Die
aus dem Holz von Ölbäumen gefertigten Särge sind drei
Zoll stark, und es wird eine dreimonatige Trauerzeit einge-

halten. Die heutigen Herrscher betrachten dies als Sparsamkeit und verehren sie. Die Literaten hingegen ruinieren die Familie mit den Beerdigungszeremonien. Sie tragen drei Jahre lang Trauer und richten sich damit so zugrunde, dass sie nur noch an Krücken gehen können. Die Herrscher von heute betrachten dies als Sohnesehrfurcht und verehren sie. Wer die Sparsamkeit des *Mozi* gutheißt, kann nicht umhin, die Verschwendung des *Kongzi* abzulehnen, und wer die Sohnesehrfurcht des *Kongzi* befürwortet, muss die Sittenlosigkeit des *Mozi* zurückweisen. Doch heute existieren Ehrfurcht und Sittenlosigkeit, Verschwendung und Sparsamkeit der Literaten und Mohisten nebeneinander und werden vom Herrscher auf die gleiche Weise geehrt.

Nach Ansicht des *Qidiao* soll man sich nicht vor dem Zorn eines anderen beugen, noch soll man sich scheuen, jemandem in die Augen zu sehen. Wer unrecht handelt, sollte selbst die Sklaven meiden. Wer recht tut, könne es sogar mit dem Fürsten aufnehmen. Die Herrscher von heute betrachten dies als Gewissenhaftigkeit und verehren ihn. *Song Rongzi* hingegen vertritt die Meinung, dass man Streit und Kampf vermeiden und keine Rachegefühle gegen den Feind hegen sollte. Man schäme sich weder, wenn man ins Gefängnis gerät, noch wenn man verhöhnt wird. Die Herrscher von heute betrachten dies als Großherzigkeit und verehren ihn. Wer die Gewissenhaftigkeit des *Qidiao* gutheißt, kann nicht umhin, die Nachsicht des *Song Rong* abzulehnen, und wer die Großmut des *Song Rong* befürwortet, muss die Härte des *Qidiao* zurückweisen. Doch heute existieren Großmut und Gewissenhaftigkeit, Nachsicht und Härte in diesen beiden Männern nebeneinander und werden vom Herrscher gleichermaßen geehrt.

Dumme, betrügerische Lehren und verworrene, widersprüchliche Ratschläge liegen im Wettstreit miteinander, und der Herrscher hört auf alle. Darum kennen die Beamten innerhalb der Meere weder feste Regeln in ihren Ratschlägen, noch konstante Normen in ihrem Handeln. Fürwahr, Eis und glühende Kohlen halten sich nicht lange in ein und demselben Gefäß. Kälte und Hitze kommen nicht zu ein und derselben Zeit. Ebenso wenig kann es Ordnung geben, wenn verworrene, widersprüchliche Lehren zur gleichen Zeit bestehen. Hört man heute in gleicher Weise auf die Ratschläge jener, die wirren Lehren, irrigem Handeln und der Gleichheit der Unterschiede das Wort reden, wie sollte da keine Unordnung herrschen. Ein Herrscher, der beim Anhören und Handeln so verfährt, handelt sicher beim Regieren auf die gleiche Weise.

Wenn die gelehrten Beamten heute über Ordnung reden, sagen sie meist: „Gib den Armen und Mittellosen Land und bereichere damit die Besitzlosen." Angenommen, die Menschen haben alle die gleichen Bedingungen: Wenn nun einer von ihnen ohne eine übermäßig reiche Ernte oder Nebeneinkünfte sich selbst ausreichend versorgt, so liegt das entweder an seinem Fleiß oder an seiner Sparsamkeit. Wenn aber einer ohne Missernte oder Krankheit aus eigenem Verschulden arm und mittellos wird, so liegt das entweder an seiner Verschwendung oder an seiner Faulheit. Die Verschwender und Faulenzer sind arm. Die Fleißigen und Sparsamen sind reich. Nimmt nun der Herrscher den Reichen etwas weg, um es freigebig an die armen Familien auszuteilen, so beraubt er die Fleißigen und Sparsamen und beschenkt die Verschwender und Faulenzer. Auf diese Weise erzieht man das Volk nicht zu angestrengter Arbeit und Sparsamkeit.

Angenommen, jemand hält es für rechtschaffen, niemals in eine bedrohte Stadt hineinzugehen oder in einem Soldatenlager zu leben, und er ist nicht bereit, für das große Wohl des Staates auch nur ein Härchen von seinem Schenkel zu opfern. Die Herrscher von heute werden ihn dafür ehren, seine Weisheit rühmen, sein Handeln preisen und in ihm einen Menschen sehen, der keinen Wert auf materielle Dinge, dafür aber großen Wert auf das Leben legt. Andererseits ist es so, dass der Herrscher gute Ländereien und große Häuser verteilt und Ränge und Pfründen einrichtet, um das Volk dazu zu bringen, den Tod leichtzunehmen. Es ist aber unmöglich, das Volk dazu zu bringen, in den Tod zu gehen und sich für die Sache des Herrschers zu opfern, wenn der Herrscher heute jene achtet und ehrt, die sich nicht um materielle Dinge, sondern um ihr Leben sorgen.

Angenommen, jemand bewahrt beschriebene Bambustafeln auf, übt sich im Disputieren, schart Anhänger und Schüler um sich, befasst sich mit der Gelehrsamkeit und erörtert irgendwelche Dinge. Die Herrscher von heute werden ihn dafür ehren, indem sie sagen, es war der Weg der frühen Könige, die Weisen zu achten. Von den Bauern treiben die Beamten die Steuern ein, während die Gelehrten vom Herrscher ausgehalten werden. Wenn man die, die auf den Feldern hart arbeiten, hohe Steuern zahlen lässt, und zur gleichen Zeit die, die sich mit Gelehrsamkeit befassen, reich belohnt, wird man das Volk wohl kaum dazu bringen, sich der Arbeit anstatt der Schwätzerei zu widmen.

Angenommen, jemand schafft sich seine eigene Ordnung und schart das Volk um sich. Wer sich seinem Willen beugt, wird niemals angegriffen, doch wenn ihm böses Gerede zu Ohren kommt, verfolgt er den Schuldigen mit dem Schwert. Die Herrscher von heute werden ihn dafür ehren und als einen Mann mit Selbstachtung betrachten. Fürwahr, wenn der Dienst des Kopfabschlagens auf dem Schlachtfeld nicht honoriert wird, während Tapferkeit in Familienzwistigkeiten Ehrung und Ruhm einbringt, wird es wohl kaum möglich sein, das Volk dazu zu bringen, sich auf dem Schlachtfeld bei der Zurückschlagung des Feindes zu beweisen und auf private Ränkespiele zu verzichten. In Zeiten des Friedens im Land sorgt man sich um die Literaten und die Edelleute, während man in Notzeiten auf rechtschaffene Männer zurückgreift. Die Umsorgten werden nicht gebraucht. Die zum Einsatz kommen, werden nicht unterstützt. Darum herrscht Chaos. Wenn der Herrscher die Gelehrten anhört und ihre Worte für gut befindet, muss er ihnen ein entsprechendes Amt übertragen und sie in Dienst nehmen. Hält er ihre Worte für unbrauchbar, sollte er sie zurückweisen und ihre Vorschläge ein für alle Mal verwerfen. Doch heute werden denjenigen, deren Worte für gut befunden wurden, keine Ämter übertragen, und für unbrauchbar gehaltene Worte werden nicht für immer verworfen. Es ist der Weg zu Wirrnis und Untergang, wenn die Richtigen nicht eingesetzt und die Falschen nicht vertrieben werden.

Tantai Ziyu besaß das Äußere eines Edlen. *Zhongni* setzte seine Hoffnung in ihn und nahm ihn als Schüler auf. Sie lebten lange Zeit gemeinsam, doch in seinem Handeln entsprach er nicht seinem Aussehen. *Zai Yus* Reden waren vornehm und gebildet. *Zhongni* setzte auch in ihn seine Hoffnung und nahm ihn als Schüler auf. Sie waren lange Zeit zusammen, doch von Weisheit waren seine Erörterungen nicht erfüllt. So sprach denn *Kongzi*: „Als ich mich bei der Auswahl der Menschen von ihrem Äußeren leiten ließ, irrte ich mich in *Ziyu*. Als ich mich von ihren Worten leiten ließ, irrte ich mich in *Zai Yu*." Trotz seiner Weisheit irrte *Zhongni* in der Einschätzung der Wirklichkeit. Jene, die heute debattieren, übertreffen *Zai Yu* noch an Redegewandtheit, und ein Herrscher ist heute vom Anhören ihrer Reden noch verwirrter als *Zhongni*. Wie könnte es da sein, dass er keinen Fehlgriff macht, wenn er sie, betört von ihren Worten, in seine Dienste stellt. So wurde *Meng Mao* wegen seiner Redegewandtheit im Staat *Wei* in Dienst genommen, und es kam zum Unheil bei *Huaxia*. *Ma Fu* wurde dank seiner Reden im Staate *Zhao* eingesetzt, und es kam zum Verhängnis bei *Changping*. In beiden Fällen wurde der Irrtum begangen, einen Posten aufgrund von Redegewandtheit zu übertragen.

Es ist selbst für einen Meister wie *Ou Ye* nicht möglich, die Güte eines Schwertes zu bestimmen, wenn er nur auf die Art des Schmiedens und die Farbe des Schwertes sieht. Benutzt man es aber im Wasser zur Jagd auf Wildgänse und auf dem Land zum Abstechen von Pferden, zweifeln selbst gemeine Sklaven nicht daran, ob das Schwert stumpf oder scharf ist. Betrachtet man nur die Zähne und die äußere Erscheinung eines Pferdes, kann auch ein Mann wie *Bole* die Qualität des Pferdes nicht bestimmen. Spannt man es aber vor einen Wagen und beobachtet es bis zum Ende des Weges, zweifeln selbst gemeine Sklaven nicht daran, ob es sich um einen alten Klepper oder ein Rassepferd handelt. Sieht man nur nach der äußeren Erscheinung und Kleidung eines Untergebenen und hört auf seine Ratschläge und Worte, kann auch ein Weiser wie *Zhongni* die Fähigkeiten des Untergebenen nicht bestimmen. Erprobt man ihn aber in Amtstätigkeiten und misst ihn an seinen Leistungen, hegen selbst einfache Menschen keinen Zweifel daran, ob der Beamte dumm oder weise ist. Deshalb ist der Staatsdienst eines weisen Herrschers so geordnet, dass die höchsten Staatsbeamten aus der Provinzverwaltung hervorgehen und die Generalität ihre Karriere in der Truppe beginnt. Belohne die Erfolgreichen entsprechend, und sie werden umso mehr ermuntert, je höher der Rang und je größer die Pfründen. Befördere die Fähigen in Rang und Amt, und sie werden sich umso mehr um die Ordnung sorgen, je höher ihr Amt und Posten. Mit Rängen und Pfründen ermuntern und die Ordnung durch die Ämter erhalten bedeutet, wahrhaftig den Weg eines Königs zu beschreiten.

Wer tausend *li* felsigen, steinigen Landes besitzt, ist nicht reich, und wer eine Million hölzerne Menschenfiguren befehligt, ist nicht stark. Nicht, dass die Fläche nicht groß und die Zahl nicht gewaltig wäre. Man kann nicht von Reichtum und Stärke sprechen, weil auf Fels keine Hirse wächst und Holzfiguren nicht zur Abwehr des Feindes dienen können. Die korrupten und kunstfertigen Staatsdiener von heute essen auch, ohne den Boden zu bearbeiten, und Brachland ist ebenso nutzlos wie Felsboden. Die Gelehrten und Edlen sind bekannt und geachtet, ohne in der Armee gedient zu haben. Darum ist das Volk unbrauchbar wie Holzfiguren. Wer das von Felsboden und Holzfiguren ausgehende Unheil kennt, nicht jedoch das von korrupten Beamten und gelehrten Edelleuten herrührende Verhängnis brachliegenden Landes und eines unbrauchbaren Volkes, versteht nichts von Vergleichen.

Wir können die Fürsten und Könige feindlicher Staaten nicht zu Tribut zahlenden Vasallen machen, obwohl sie von unserer Gerechtigkeit überzeugt sind. Andererseits bringen wir die Fürsten innerhalb unseres Herrschaftsgebietes dazu, mit wilden Vögeln als Geschenk zur Audienz zu erscheinen, obwohl sie unser Handeln ablehnen. Die Mächtigen lassen die Leute zu Audienzen an ihren Hof kommen, und die Schwachen gehen an fremde Höfe zur Audienz. Darum befasst sich der kluge Herrscher mit der Macht. Es ist fürwahr so, dass es in einer strengen Familie nie einen aufsässigen Diener gibt. Eine liebevolle Mutter hingegen kann einen missratenen Sohn haben. Daher weiß ich, dass man mit Autorität und Macht die Schlechtheit unterdrücken kann, während man mit Güte und Tugend dem Durcheinander nicht entgeht.

Ein weiser Mann verlässt sich bei der Regierung des Staates nicht darauf, dass die Menschen ihm wohlgefällig sind, sondern sorgt dafür, dass sie ihm nicht zuwiderhandeln können. Wenn er auf Wohlgefälligkeit vertraut, gibt es nur sehr wenige Menschen innerhalb der Grenzen, die ihm gehorchen. Nutzt er dagegen den Umstand aus, dass ihm niemand zuwiderhandeln kann, lässt sich ein ganzer Staat leiten. Wer einen Staat regiert, orientiert sich an der Masse und nicht an einigen wenigen. Er sorgt sich nicht um die Tugend, sondern befasst sich mit dem Gesetz. Es ist wahrlich so, dass es in einhundert Generationen keinen einzigen Pfeil geben würde, wollte man auf einen von sich aus geraden Pfeil warten. In eintausend Jahren würde es nicht ein einziges Rad geben, wollte man auf ein von sich aus rundes Stück Holz hoffen. Wie kann es dann sein, dass jede Generation in Wagen fährt und auf Vögel schießt? Doch wohl deshalb, weil man das Winkelmaß gebraucht. Selbst wenn es ohne Winkelmaß von sich aus gerade Pfeile und runde Hölzer gäbe, ein geschickter Handwerker würde sie nicht schätzen. Warum wohl? Weil nicht nur ein Mann fahren will und nicht nur ein Pfeil abgeschossen wird. Warum schätzt es dann ein kluger Regent nicht, sich anstatt auf Belohnung und Strafe auf von Natur aus wohlwollende Leute zu verlassen? Weil dem Gesetz niemand entgehen kann und nicht nur ein Mann mit dem Gesetz regiert wird. Ein Herrscher, der sich aufs Regieren versteht, strebt nicht nach dem zufälligen Wohlwollen der Menschen, sondern geht den Weg der Notwendigkeit.

Angenommen, jemand würde heute sagen, ich kann dir zu Weisheit und Langlebigkeit verhelfen. Die Welt würde ihn für einen Lügner halten, denn Weisheit liegt in der Natur und ein langes Leben liegt im Schicksal begründet. Natur und Schicksal kann man nicht von anderen lernen. Wird etwas versprochen, was Menschen nicht zu tun vermögen, so ist das Betrug. Etwas Unmögliches anzupreisen heißt, leere Worte zu machen. Doch leere Worte sind nicht der Lauf der Natur. Die Menschen mit Menschlichkeit und Gerechtigkeit belehren zu wollen, ist wie das Versprechen von Weisheit und Langlebigkeit. Ein maßvoller Herrscher lässt sich davon nicht betören. Die Schönheit von *Mao Qiang* und *Xi Shi* sind für unsere Gesichter ohne Nutzen, doch mit Schminke, Pomade, Puder und Tusche wird man doppelt so schön wie zuvor. Ebenso ist es ohne Nutzen für die Ordnung, über die Mitmenschlichkeit und Gerechtigkeit der frühen Könige zu reden. Schminke, Pomade, Puder und Tusche für den Staat sind die Bekanntheit der Gesetze und Vorschriften und die Verbindlichkeit der Belohnungen und Strafen. Darum ist der intelligente Herrscher nicht auf Lobgesänge aus, sondern auf echte Unterstützung bedacht. Er redet nicht von Mitmenschlichkeit und Gerechtigkeit.

Magier und Priester beten heutzutage für jemanden, indem sie sagen, möget Ihr eintausend Herbste und zehntausend Jahre alt werden. Der Hall dieser Worte betäubt die Ohren, doch in Wahrheit wird das Leben der Menschen nicht um einen einzigen Tag länger. Deshalb sind Magier und Priester bei den Menschen gering geschätzt. Auf die gleiche Weise beraten die Literaten, die nichts von der Ordnung der heutigen Gesellschaft verstehen, den Herrscher, indem sie von den Erfolgen einer längst vergangenen Ordnung schwärmen. Es geht ihnen nicht darum, ob die Handlungen der Menschen dem öffentlichen Gesetz entsprechen, oder ob sie treulos und falsch sind. Sie reden alle nur von den Überlieferungen des tiefsten Altertums und rühmen die Leistungen der frühen Könige. Die Gelehrten verzieren ihre Reden und sagen: „Hört auf unsere Worte, und Ihr werdet zum uneingeschränkten Herrscher." Ein maßvoller Regent lässt sich von diesen Magiern und Priestern unter den Ratgebern nicht betören. Er fördert die wirklich

Tätigen und verstößt die Nutzlosen. Er spricht nicht von Mitmenschlichkeit und Gerechtigkeit und hört nicht auf das Geschwätz der Gelehrten.

Heute sagen jene, die nichts von der Ordnung verstehen: „Gewinne das Herz des Volkes." Wollte man aber das geheimste Innere des Volkes gewinnen, um Ordnung zu schaffen, kämen nicht einmal *Yi Yin* und *Guan Zhong* zum Einsatz. Man würde ausschließlich auf des Volkes Wünsche hören. Doch die Weisheit des Volkes ist nicht zu gebrauchen. Sie ist wie der Verstand eines Kleinkindes. Wird dem Kind der Kopf nicht geschoren, verschlimmern sich die Schmerzen nur noch mehr. Öffnet man ein Geschwür nicht, wird sein Zustand nur schlechter. Will man einem Kind den Kopf scheren oder ein Geschwür öffnen, muss es festgehalten werden, während die liebevolle Mutter es heilt, denn es wird unaufhörlich schreien und weinen, da es nicht versteht, dass ihm die Beseitigung eines kleinen Übels großen Nutzen bringt. Nun ist der Herrscher darauf bedacht, die Felder bearbeiten und das Grasland urbar machen zu lassen, um den Reichtum des Volkes zu mehren, doch man hält ihn für grausam. Er vervollkommnet die Gesetze und verschärft die Strafen, um dem Bösen Einhalt zu gebieten, doch er gilt als hartherzig. Er erhebt Steuern in Form von Geld und Getreide zur Auffüllung der Vorratslager und Schatzkammern, um in Zeiten der Dürre und Not helfen zu können und auf Kriegszüge vorbereitet zu sein, doch man wirft ihm Habsucht vor. Er will, dass die Menschen im Land Tapferkeit im Krieg schätzen und nicht privaten Häusern ihre Dienste anbieten, um die Kräfte zu sammeln für erbitterte Kämpfe mit dem Feind, doch man betrachtet ihn als Tyrannen. Diese vier Dinge führen zu Ordnung und Frieden, doch das Volk erkennt dies nicht. Der Herrscher sucht Männer mit Weisheit und Verstand, denn das Wissen des Volkes kann nicht als Lehrmeister dienen. Einst legte *Yu* einen Abfluss des *Jiang*-Flusses an und vertiefte das Flussbett des *He*-Flusses, doch das Volk warf mit Steinen nach ihm. *Zichan* legte Felder an und pflanzte Maulbeerbäume, doch die Leute aus *Zheng* beschimpften ihn. *Yu* brachte dem Reich unter dem Himmel Nutzen, und *Zichan* bewahrte *Zheng* vor dem Untergang, doch beide ernteten Schimpf. Nur allzu deutlich ist hieraus zu ersehen, dass die Weisheit des Volkes zu nichts zu gebrauchen ist. Bei der Ernennung von Beamten auf edelmütige, weise Männer hoffen und bei der Durchsetzung der Politik den Wünschen des Volkes entsprechen zu wollen – das ist der Anfang aller Wirren. Auf diese Weise kann man keine Ordnung schaffen.

Zwanzigstes Buch

51. Kapitel

Treue und Pietät

Alle Welt rühmt Pietät und Folgsamkeit in der Familie und
Treue und Ergebenheit im Staat, doch niemand weiß diese
Tugenden zu bestimmen und entsprechendes Verhalten zu
beurteilen. Darum geht es im Reich unter dem Himmel
drunter und drüber. Alle preisen den Weg von *Yao* und
Shun und folgen ihrem Beispiel. Deshalb werden Herrscher
ermordet und Väter hintergangen. *Yao, Shun, Tang* und
Wu handelten als Untertanen gegenüber dem Herrscher
ihren Pflichten zuwider und brachten damit die Lehren der
späteren Generationen durcheinander. Obwohl er selbst
noch Herrscher war, ließ *Yao* seinen Minister regieren,
und *Shun* machte den Herrscher zum Untertan, obwohl er
selbst der Untergebene war. *Tang* und *Wu* waren selbst
Untertanen, aber sie ermordeten ihre Herrscher, verstümmelten ihre Leichen und wurden dafür im ganzen Reich
noch gerühmt. Darum gibt es bis heute im Reich unter dem
Himmel keine Ordnung.

Ein Herrscher ist klug, wenn er es versteht, seine Minister
zu verwalten. Ein Minister ist weise, wenn er es versteht,
die Gesetze klarzustellen und die Amtsgeschäfte in Ordnung zu halten, um seinen Gebieter zu unterstützen. *Yao*
hielt sich selbst für intelligent, doch er war nicht fähig,
Shun in seine Grenzen zu verweisen. *Shun* hielt sich selbst
für weise, doch es gelang ihm nicht, *Yao* zu unterstützen.
Tang und *Wu* hielten sich selbst für rechtschaffen, und

doch ermordeten sie ihre Herrscher. Die angeblich klugen Herrscher traten immer ihre Macht ab, und die angeblich weisen Untertanen waren stets die Nutznießer davon. Deshalb gibt es bis heute Söhne, die ihren Vätern die Familie wegnehmen, und Untergebene, die ihrem Herrscher den Staat rauben. Wenn der Vater den Sohn und der Herrscher den Untertan gewähren lässt, so ist dies bestimmt nicht der Weg, um deren Stellung zueinander zu bestimmen und die Lehren der Moral zu vereinheitlichen.

Der ergebene Diener kennt nur folgenden Satz: „Der Untertan dient dem Herrscher, der Sohn dem Vater und die Frau dem Mann." Wenn diese drei Regeln befolgt werden, herrscht Ordnung im Reich. Wenn nicht, entsteht Chaos. Sind sie allzeit gültig und werden auch von intelligenten Herrschern und weisen Ministern nicht missachtet, wagt es niemand, selbst einen unwürdigen Regenten anzugreifen. Heutzutage werden die Weisen befördert und den Edlen Ämter übertragen. Obwohl man dabei keine festen Maßstäbe hat und dem rechten Weg zuwiderhandelt, spricht man im Reich allenthalben von Ordnung. So war es schließlich möglich, dass im Staate *Qi* die Familie *Tian* die *Lü*-Sippe entmachten konnte und im Staate *Song* der *Zi*-Clan durch die Familie *Dai* von der Macht verdrängt wurde. Waren diese Familien etwa nicht weise und edel, sondern dumm und gewöhnlich? Es kommt zum Chaos, wenn man die Maßstäbe preisgibt und stattdessen die Weisen fördert. Gefahr zieht herauf, wenn man vom Gesetz ablässt und die Edlen in Ämter einführt. Daher heißt es: „Befördere nach dem Gesetz und nicht nach der Weisheit."

In einer alten Aufzeichnung steht geschrieben: „Als *Shun* seinen Vater *Gu Sou* sah, war sein Gesicht vor Kummer getrübt." *Kongzi* bemerkte dazu: „Voller Gefahren war jene Zeit! Dem Reich drohte Unheil, und die Bewahrer des rechten Weges waren weder wie ein Sohn zu ihrem Vater, noch wie ein Untertan zum Herrscher." Der ergebene Diener kann dazu nur sagen, dass *Kongzi* wahrhaftig nichts von Pietät und Folgsamkeit in der Familie und Treue und Ergebenheit im Staat verstand. Wie könnte es sonst sein, dass er von den Hütern des rechten Weges sagt, dass sie im Amt nicht Diener des Herrschers und in der Familie nicht Sohn des Vaters seien? Der Vater wünscht sich einen weisen Sohn, da dieser die Familie in Zeiten der Armut reich machen und den Vater in Zeiten des Leidens erfreuen soll. Der Herrscher wünscht sich weise Untertanen, um mit ihrer Hilfe den Staat in Zeiten des Chaos zur Ordnung zu führen und dem Herrscher, wenn seine Reputation gelitten hat, zu neuen Ehren zu verhelfen. Angenommen, der Vater hätte einen weisen Sohn, der ihn jedoch nicht als Vater anerkennt. Der Vater hätte es schwer, die Familie zu leiten. Oder angenommen, der Herrscher hätte weise Untertanen, die ihn aber nicht als Herrscher anerkennen. Der Herrscher wäre auf seinem Thron in Gefahr. Der Schaden ist folglich groß genug, wenn der Vater einen weisen Sohn und der Herrscher weise Untertanen hat. Wie sollten sie ihnen nützen?

Ein sogenannter treuer Untertan bringt seinen Souverän nicht in Gefahr und ein ehrfürchtiger Sohn handelt seinen Eltern nicht zuwider. Nun raubte *Shun* mit seiner Weisheit dem Herrscher den Staat und setzten *Tang* und *Wu* mit ihrer Rechtschaffenheit ihre Herrscher ab und ermordeten sie. Alle drei stürzten mit ihrer Weisheit den Herrscher ins Unglück und galten dennoch im Reich unter dem Himmel als weise. Die Helden des Altertums waren im Amt keine loyalen Untertanen des Monarchen und kamen außerhalb des Dienstes ihren Pflichten in der Familie nicht nach. Im Dienst missachteten sie ihren Herrscher und außer Dienst ihre Eltern. Das ist der Weg, die Welt ins

Chaos zu stürzen und den Fortbestand der Familie zu gefährden. *Yao, Shun, Tang* und *Wu* für weise zu halten und die alten Helden zu würdigen, bringt nur Verwirrung im Reich.

Shun vertrieb seinen Vater *Gu Sou* und tötete seinen Bruder *Xiang.* Den Vater zu verbannen und den Bruder zu ermorden kann man wahrlich nicht als Menschlichkeit bezeichnen, und es kann nicht rechtschaffen sein, die beiden Töchter des Monarchen zur Frau zu nehmen und das Reich unter dem Himmel an sich zu reißen. Wer nicht menschlich und rechtschaffen handelt, kann auch nicht weise genannt werden.

Im *Buch der Lieder* heißt es:
„*Überall unter des Himmels Band,*
kein Zoll, der nicht des Königs Land.
Bis zur äußersten Grenze der Erde man geht,
niemand, der nicht dem König untersteht."

Entgegen den Worten dieses Liedes machte *Shun* in der Öffentlichkeit den Herrscher zum Untertan und in der Familie den Vater zum Diener. Die Mutter machte er zur Magd und die Töchter des Herrschers zu seinen Frauen. Die alten Heroen sorgten sich innerhalb des Hauses nicht um die Familie, sondern brachten die Welt durcheinander und rotteten die eigenen Nachkommen aus. Nach außen hin widersetzten sie sich dem Herrscher. Selbst dadurch, dass ihre verwesten Knochen und ihr verfaultes Fleisch auf der Erde verstreut und vom Wasser hinweggespült wurden, konnten sie nicht davon abgehalten werden, durch Wasser und Feuer zu gehen, um das Reich unter dem Himmel mit sich zu reißen. Jedermann im Reich starb einen zu frühen Tod. Alle diese Heroen verwarfen die Welt und gingen den falschen Weg der Ordnung.

Die Heroen unserer Zeit handeln abseits der Menge für sich allein und wollen sich von den Menschen abgrenzen. Sie praktizieren die Lehre von Ruhe und Friedfertigkeit und üben sich in verworrenen, haltlosen Reden. Nach meiner unwürdigen Meinung ist die Lehre von Ruhe und Friedfertigkeit ohne jeden Nutzen und stehen verworrene, haltlose Reden im Widerspruch zu jedem Maßstab. Doch die Welt hält Worte ohne Maß und Lehren ohne Nutzen für klug. Der nichtswürdige Diener meint, dass die Menschen, solange sie leben, dem Herrscher zu dienen und für die Eltern zu sorgen haben. Mit Ruhe und Friedfertigkeit ist dies allerdings nicht zu erreichen. Die Herrschaft über die Menschen basiert auf Worten und Erörterungen, Treue und Redlichkeit sowie Gesetz und Staatskunst. Diese sind allerdings mit verworrenen, haltlosen Reden unvereinbar. Mit wirrem Geschwätz und der Lehre von Ruhe und Friedfertigkeit stiftet man nur Durcheinander im Reich.

Ein ehrfürchtiger Sohn dient dem Vater nicht, weil er mit den Brüdern um des Vaters Familie wetteifert. Ein treuer Untertan dient dem Herrscher nicht, weil er mit den anderen um die Übernahme des Staates streitet. Ein Sohn, der stets nur die Eltern eines anderen rühmt, indem er sagt: „Dessen Eltern gehen spät zu Bett und stehen früh auf, arbeiten hart und sammeln Reichtümer an, um ihre Söhne und Enkel zu versorgen und eine große Dienerschaft zu halten", schmäht und verleumdet seine eigenen Eltern. Auf die gleiche Weise schmäht und verleumdet ein Untertan seinen Herrscher, wenn er immerfort nur die große Tugend der alten Könige anpreist und auf sie hofft. Wer seine Eltern nicht achtet, gilt als nicht ehrfurchtsvoll, doch wer den Herrscher verleumdet, gilt im Reich unter dem Himmel allenthalben als weise. Darum herrscht Chaos. Ein wahrhaft aufrechter Untertan ist derjenige, welcher nicht die Weisheit von *Yao* und *Shun* lobpreist, die Verdienste von *Tang* und *Wu* rühmt oder von der Größe der alten Heroen schwärmt, sondern all seine Anstrengungen auf die Einhaltung der Gesetze richtet und sich im Dienst für den Herrscher aufopfert.

Die Schwarzhaarigen waren früher gefühllos und einfältig. So konnte man sie mit leeren Versprechungen für sich gewinnen. Heute ist das Volk schlau und erfahren, will selbst handeln und hört nicht auf die Oberen. Deshalb muss der Herrscher sie mit Belohnungen ermuntern, damit sie in seinen Dienst treten, und mit Strafen abschrecken, damit sie es nicht wagen, dem Dienst zu entsagen. Doch alle Welt sagt: „Da *Xu You* die Herrschaft über das Reich unter dem Himmel ablehnte, ist klar, dass Belohnungen nicht ausreichen, um die Menschen zu etwas zu ermuntern. Da Räuber *Zhe* gegen die Gesetze verstieß und sich in Gefahr begab, ist klar, dass Strafen nicht ausreichen, um die Menschen von etwas abzuhalten." Der unwürdige Diener entgegnet darauf: „Es war *Xu You*, der nichts vom Reich unter dem Himmel wissen wollte, ohne es je besessen zu haben, während *Yao* und *Shun* sich vom Reich lossagten, nachdem sie es besessen hatten. Es war Räuber *Zhe*, der sein Gewissen opferte aus Gier nach Reichtum, die Gesetze übertrat im Streben nach seinem Vorteil und dabei die Gefahr des eigenen Todes vergaß. Beide Handlungsweisen waren extrem gefährlich. Man sollte sie nicht zum Maßstab nehmen für die Regierung des Staates und die Anstellung des Volkes."

Regierung heißt, das einfache Volk zu regieren, und der rechte Weg ist es, die normalen Durchschnittsbürger zu leiten. Gefährliches Handeln und geheimnisumwobene Worte schaden der Ordnung. Die Obersten im Reich sind nicht mit Belohnungen anzuspornen, und die Untersten der Gesellschaft sind nicht mit Strafen aufzuhalten. Wollte man jedoch ihretwegen darauf verzichten, Belohnungen und Strafen einzurichten, geht der rechte Weg der Regierung des Staates und der Anstellung des Volkes verloren. Deshalb redet heute kaum jemand von den Gesetzen des Staates, sondern nur von der Nord-Süd-Union oder der Ost-West-Koalition. Die Verfechter der Union sagen, mit Hilfe der Union kann die Vorherrschaft erobert werden, während die Anhänger der Koalition sagen, mit Hilfe der Koalition wird man König. Wenn jene, die östlich der Berge Tag für Tag ohne Unterlass von der Union und der Koalition sprechen, weder Erfolg und Ruhm erlangt, noch einen Hegemonen oder König hervorgebracht haben, dann deshalb, weil man mit leeren Worten keine Ordnung schaffen kann. Ein König handelt selbstständig, und darum heißt er König. Die drei Könige wahrten die Ordnung, ohne eine Politik der Abspaltung oder des Bündnisses zu betreiben. Die fünf Hegemonen schufen klare Verhältnisse, ohne sich auf eine Union oder Koalition zu stützen. Sie sorgten für Ordnung im Inneren des eigenen Staates und verwalteten damit die anderen.

52. Kapitel

Der Herrscher

Die Person des Herrschers ist in Gefahr und sein Staat steht vor dem Untergang, wenn die hohen Würdenträger zu viel Ansehen genießen und die Umgebung des Herrschers zu große Autorität besitzt. Die vermeintlich Angesehenen scheren sich nicht um das Gesetz, handeln nach ihrem eigenen Gutdünken und reißen zu ihrem Nutzen und Vorteil die Machtmittel des Staates an sich. Die vermeintlichen Autoritäten kümmern sich nicht um Befehle und tun, was ihnen passt, eignen sich Macht und Einfluss an und entscheiden über Recht und Unrecht. Diese zwei Arten von Staatsdienern sollte der Herrscher im Auge behalten.

Es ist die Muskelkraft, die die Pferde befähigt, schwere Lasten zu tragen, Wagen zu ziehen und lange Wege zurückzulegen. Es sind die Autorität und die Macht, die den Herrscher eines Staates mit zehntausend Kampfwagen oder den Regenten eines Staates mit eintausend Kampfwagen in die Lage versetzen, das Reich unter dem Himmel zu verwalten und sich die Lehnsfürsten zu unterwerfen. Autorität und Macht bilden die Muskelkraft des Herrschers. Erheischen nun die hohen Würdenträger die Autorität und reißen die Höflinge die Macht an sich, verliert der Herrscher seine Kraft. Unter Tausenden findet sich nicht ein einziger Herrscher, der dann noch einen Staat beherrschen könnte.

Dank ihrer Klauen und Zähne sind Tiger und Leoparden den Menschen überlegen und beherrschen alle anderen Tiere. Ohne ihre Klauen und Zähne würden Tiger und Leoparden von den Menschen beherrscht. Auf die gleiche Weise bilden Macht und Autorität die Klauen und Zähne des Herrschers. Einem Herrscher, der sie preisgibt, geht es wie den Tigern und Leoparden. So verlor der Fürst des Staates *Song* seine Klauen und Zähne an *Zihan* und Herzog *Jian* überließ sie *Tian Chang*. Da es beide versäumten, sie rechtzeitig zurückzuerobern, verloren sie ihr Leben und ihr Staat ging zugrunde. Die heutigen Herrscher, die sich nicht auf die Kunst der Staatsführung verstehen, kennen das Unheil genau, das dem Fürsten von *Song* und Herzog *Jian* widerfahren ist. Wenn sie dennoch ihre eigenen Fehler nicht begreifen, liegt es daran, dass sie es nicht verstehen, die Dinge zu vergleichen.

Die Verfechter von Gesetz und Staatskunst und die heute bestimmenden Staatsdiener sind nicht identisch miteinander. Wie ist das zu belegen? Wenn der Herrscher Beamte um sich hat, die sich auf die Staatskunst verstehen, gelingt es den hohen Würdenträgern nicht, Entscheidungen zu treffen, und wagen es die Vertrauten des Herrschers nicht, Einfluss zu verkaufen. Die Macht und Autorität der Würdenträger und Höflinge schwindet, sodass der Weg des Herrschers erstrahlt. Heute ist das allerdings ganz anders. Die heute bestimmenden Staatsdiener greifen nach der Macht und treffen eigenmächtige Entscheidungen, um ihren persönlichen Nutzen daraus zu ziehen. Die Höflinge und Vertrauten des Herrschers bilden Cliquen und betreiben Vetternwirtschaft, um die Außenstehenden zu kontrollieren. Wann sollte es da den Verfechtern von Recht und Staatskunst gelingen, in die Dienste des Herrschers zu treten, und wann sollte der Herrscher die Möglichkeit haben, Erörterungen vorzunehmen und Entscheidungen zu treffen? Wenn jene, die sich auf die Kunst der Staatsführung verstehen, nicht in Dienst genommen werden, und zwei Mächte nicht zusammen bestehen können, wie könnte es dann sein, dass die Verfechter von Recht und Staatskunst sich nicht in Gefahr befinden? Wenn der Herrscher weder die Ratschläge der hohen Würdenträger ablehnen und die Anklagen der Höflinge zurückweisen kann, noch sich unabhängig von ihnen Vorschläge anhören kann, warum sollten sich die Verfechter von Gesetz und Staatskunst dann der Gefahr des persönlichen Untergangs aussetzen und Vorschläge an ihn herantragen? Aus diesem Grund herrscht heutzutage keine Ordnung.

Ein kluges Staatsoberhaupt verteilt Ränge und Pfründen nach den gezeigten Leistungen und überträgt Ämter und Aufgaben entsprechend den Fähigkeiten. Nur weise Männer werden im Amt befördert und Fähige in Dienst genommen. Wenn weise, fähige Männer im Amt sind, gibt es keine Bittstellungen privater Familien mehr. Wenn die Erfolgreichen große Pfründen erhalten und die Fähigen hohe Posten bekleiden, wie könnte es da sein, dass die privaten Schwertträger nicht von ihrer in Familienfehden gezeigten Tapferkeit ablassen und sich stattdessen eiligst auf die Feinde des Staates stürzen? Wie sollte es noch möglich sein, dass die Amtsträger nicht aufhören mit ihrer Katzbuckelei vor den Toren mächtiger Clans und sich stattdessen rein und unbefleckt ihrer Aufgabe widmen? Auf diese Weise schart man kluge, fähige Männer um sich, während die Anhängerschar privater Familienclans auseinandergejagt wird.

Die Vertrauten des Herrschers sind nicht unbedingt weise. Hält nun der Herrscher jemanden für klug und hört sich dessen Rat an, um sich danach zurückzuziehen und mit den Vertrauten über die Vorschläge zu debattieren, und schenkt er der Meinung seiner Vertrauten Gehör, ohne über ihr Wissen nachgedacht zu haben, heißt das nichts anderes, als mit Dummköpfen über die Weisen zu beraten. Die einflussreichen Staatsdiener sind nicht unbedingt tugendhaft. Hält nun der Herrscher jemanden für tugendhaft und begegnet ihm entsprechend, um sich danach zurückzuziehen und mit den Einflussreichen dessen Verhalten zu erörtern, und vertraut er auf ihre Worte, ohne auf ihre Tugend zu schauen, heißt das nichts anderes, als mit Unwürdigen über die Tugendhaften zu urteilen. Wie sollte es den Tugendhaften und Weisen gelingen, in Dienst genommen zu werden, wenn Dummköpfe über ihre Pläne entscheiden und Unwürdige ihr Verhalten beurteilen. Auf diese Weise bleibt dem Herrscher die klare Sicht verwehrt.

In alten Zeiten erteilte *Guan Longpeng* dem *Jie* einen Rat und verlor dafür seine Arme und Beine. Prinz *Bigan* ermahnte *Zhou*, und sein Herz wurde durchbohrt. *Zihan* war loyal und aufrichtig zu *Fucha* und fand den Tod durch das *Shulou*-Schwert. Diese drei Männer waren weder unloyale Untertanen, noch waren ihre Worte unzutreffend. Konnten sie dennoch dem Unheil eines frühen Todes nicht entrinnen, so deshalb, weil ihre Herrscher die Worte der Tugend und Weisheit nicht eingehend prüften und von Dummköpfen und Unwürdigen umlagert wurden. Wenn heute ein Herrscher nicht darauf bedacht ist, die Verfechter von Recht und Staatskunst in Dienst zu nehmen, und stattdessen auf dümmliche, nichtswürdige Schwätzer hört, wie sollte es ein tugendhafter, weiser Mann wagen, sein Wissen und Können vorzubringen und sich damit selbst der gleichen Gefahr auszusetzen, wie es die drei genannten Männer taten. Aus diesem Grund herrscht heute Chaos.

53. Kapitel

Ordnung der Befehle

Haben die Befehle eine strikte Ordnung, bleiben die Gesetze durch sie unbeeinflusst. Sind die Gesetze allgemein verbindlich, gibt es unter den Beamten keine Ränke. Man sollte es nicht zulassen, dass wohlklingende Worte ein bereits festgelegtes Gesetz außer Kraft setzen können. Wird Leistung zum Kriterium für die Übertragung von Ämtern gemacht, gibt es im Volk keine Diskussionen. Bilden dagegen schöne Worte den Maßstab, wird es endlose Dispute geben. Zur Entscheidung über richtig und falsch sollte man sich am Gesetz orientieren. Wer sich strikt daran hält, bringt es zum König, wer etwas abweicht, ist immer noch stark, wer aber die Ordnung ganz vernachlässigt, verliert sein Land.

Regiere mit Strafen, belohne Kriegsverdienste und würdige die Anwendung der Staatskunst mit hohen Einkommen. Kommt man den Vergehen in der Hauptstadt auf die Schliche, gibt es keine Bösartigkeit auf den hauptstädtischen Märkten. Sind zu viele Güter in Gebrauch, florieren die nebensächlichen Tätigkeiten. Werden die Feldarbeiten vernachlässigt, nimmt das Böse überhand und richtet den Staat zugrunde. Gestatte denen, die Überschüsse an Getreide haben, dafür Rang und Würde zu erwerben, denn wenn diese vom Fleiß jedes Einzelnen abhängen, werden die Bauern auch nicht nachlässig sein. Einen Schlauch von nur drei Zoll Länge kann man niemals auffüllen, wenn er keinen Boden hat. Dasselbe trifft zu, wenn man Amt, Würden und Pfründen nicht für erbrachte Leistungen verteilt. Ein Staat, der Amt und Würden nur für wirkliche Leistungen vergibt, stützt sich in seinen Plänen auf Weisheit und in Kriegszügen auf Tapferkeit, sodass er keinen Feind zu fürchten braucht. In einem solchen Staat müssen nur wenige zur Ordnung gerufen werden und die Schwätzer werden verdrängt. Das nennt man, die Herrschaft mit Hilfe der Herrschaft und das Gerede durch die Worte selbst abzuschaffen. Man erreicht es, indem man Amt und Würde für wirklich erbrachte Leistungen vergibt. Der Staat ist so mächtig, dass es niemand im Reich wagt, ihn anzugreifen. Eroberungen fremder Städte in Kriegszeiten sind ebenso sicher von Erfolg gekrönt, wie Reichtum in Friedenszeiten garantiert ist. Bei Hofe werden auch kleine Tätigkeiten nicht gering geschätzt. Wer auf Erfolg und Leistung verweisen kann, erhält Amt und Rang, und niemand kann sich mit einschmeichelnden Worten in fremde Angelegenheiten einmischen. Das nennt man eine berechnende Politik. Wer sich auf seine Kraft verlässt, gewinnt mit wenig Einsatz viel. Wer aber nur auf Worte baut, riskiert viel und verliert noch mehr. Ein auf Stärke bedachter Staat ist nur schwer anzugreifen, ein dem Geschwätz frönender Staat hingegen sehr leicht.

Es gibt innerhalb des Staates keinen verborgenen Hass, wenn die Beamten in ihren Fähigkeiten den Posten genügen, die Schwere ihres Amtes leichtnehmen, keine überschüssige Energie durch ihre Gefühle verbrauchen und vor dem Herrscher keine Verantwortung für weitere Aufgaben tragen. Lass nicht zu, dass sich die Weisen in die Angelegenheiten anderer einmischen, dann gibt es auch keine Streitigkeiten. Lass niemanden mehrere Ämter gleichzeitig bekleiden, dann können sich die Talente entfalten. Verhindere, dass zwei Männer Anspruch auf ein und dieselbe Leistung haben, dann kommt es nicht zu Zwistigkeiten.

Der Herrscher liebt seine Untertanen und das Volk geht für die Belohnungen in den Tod, wenn die Strafen unerbittlich und die Belohnungen spärlich gehandhabt werden. Gibt es zu viele Belohnungen und zu leichte Strafen, liebt der Herrscher seine Untertanen nicht und geht das Volk auch nicht für die Belohnungen in den Tod. Entspringt der Nutzen, den das Volk aus den Belohnungen zieht, nur aus einer Quelle, kennt der Staat keine ebenbürtigen Feinde. Kommt der Nutzen aus zwei Quellen, ist die Armee nur noch zur Hälfte brauchbar. Vollends verloren aber ist das Volk, wenn es seinen Vorteil aus mehreren Quellen beziehen kann. Der Vorteil des Herrschers besteht darin, das Volk mit harten Bestrafungen zu erleuchten und mit straffer Hand zu führen. Bestraft er kleine Vergehen mit großer Härte, gebietet er den kleinen Delikten Einhalt und lässt große Verbrechen gar nicht erst aufkommen. Das bedeutet, die Strafe durch die Strafe abzuschaffen. Begegnet er aber großen Verbrechen mit milden Strafen, beschwört er neue Übertretungen der Gesetze herauf. Das heißt, die Strafen durch die Strafen hervorzurufen. Ein solcher Staat muss zugrunde gehen.

54. Kapitel

Die Einschätzung der Absichten

Bei der Regierung des Volkes konzentriert sich der Weise auf das Wesentliche und nicht auf die Wünsche der Menschen. Er lässt sich einzig vom Nutzen des Volkes leiten. Es geschieht nicht aus Hass, sondern aus Liebe zum Volk, dass er Strafen zur Anwendung bringt. Dominieren die Bestrafungen, lebt das Volk in Ruhe, während übermäßiges Belohnen nur Falschheit hervorbringt. Für den Herrschenden gründet sich der Anfang der Ordnung auf eine Dominanz der Strafen und die Wurzel der Wirrnis auf ein Übermaß an Belohnungen. Es liegt in der Natur des Volkes, die Unordnung zu lieben und das Gesetz nicht zu mögen. Ein kluger Herrscher verwaltet deshalb den Staat, indem er das Volk durch die Bekanntmachung der Belohnungen zu Taten motiviert und durch harte Strafen zur Einhaltung der Gesetze bringt. Gelingt es, die Menschen zu erfolgreichem Handeln zu ermuntern, gedeihen die öffentlichen Angelegenheiten. Sind die Menschen mit den Gesetzen vertraut, gibt es für Falschheit keinen Nährboden. Die zivilen Verwalter stoppen die Schlechtheit, noch bevor sie entsteht, und die militärischen Befehlshaber verwurzeln den Kampfeswillen in den Herzen des Volkes. Wer das Übel bei der Wurzel ausrottet, schafft Ordnung, und wer den Kampfeswillen in den Herzen verankert, wird siegreich aus dem Kampf hervorgehen. Jene weisen Männer, die zuerst Wert auf Ordnung und Kampfeswillen legten, erreichten mit ihrer Herrschaft Macht und Siege. Wer die Anliegen des Staates an erste Stelle setzt, vereinheitlicht das Ansinnen des Volkes. Wer die öffentlichen Tätigkeiten fördert, verhindert das Streben nach persönlichen Vorteilen. Wer das Anzeigen von Vergehen belohnt, lässt keine Falschheit aufkommen. Wer die Gesetze klarstellt, kennt keine Störung der Ordnung. Stärke erzielt derjenige, der diese vier Dinge anzuwenden weiß, während derjenige, der dies nicht vermag, schwach bleibt. Es ist die Politik, die den Staat stark macht, und die Macht, auf die sich das Ansehen des Herrschers stützt. Wenn ein kluger und ein schlechter Herrscher über Staatsgewalt und Macht verfügen, so ist dies doch nicht dasselbe, weil sie sich unterscheiden in dem, worauf sie sich stützen. In den Händen eines weisen Herrschers sorgt die Macht dafür, dass die Oberen Einfluss besitzen. Die Ordnung des Staates resultiert aus der Vereinheitlichung der Politik. Das Gesetz ist der Quell der Herrschaft und die Strafe der Anfang der Liebe.

Es liegt in der Natur des Volkes, Arbeit zu verabscheuen und Muße zu genießen. Bequemlichkeit führt aber zu Not, Not schafft Unordnung und Unordnung gipfelt im Chaos. Werden dann gar noch Strafen und Belohnungen vernachlässigt, gibt es keinen Ausweg mehr. Wer etwas Großes unternehmen will, ohne seine ganze Kraft dafür einzusetzen, darf nicht auf Erfolg hoffen. Wer Ordnung in den Gesetzen schaffen will, ohne die alten Bräuche zu ändern, darf nicht auf eine Ordnung des in Wirren geratenen Volkes hoffen. Daher gibt es in der Verwaltung des Volkes keinen festen Maßstab. Allein das Gesetz bringt Ordnung. Folgt das Gesetz den Veränderungen der Zeit, herrscht Ordnung. Entspricht die Ordnung dem Zeitalter, werden Erfolge erreicht. Begegnet man dem Volk in seiner Einfachheit mit den Mitteln von Ehre und Schande, kann man es zur Ordnung führen. Erfasst man die Wissenden der heutigen Zeit mit den Strafen, kann man sie gefügig machen. Passt man die Gesetze den sich wandelnden Zeiten jedoch nicht an, kommt es zum Chaos. Ändert man die Verbote nicht den wachsenden Fähigkeiten der Menschen entsprechend, geht der Staat unter. Deshalb achtet ein Weiser in seiner Herrschaft über das Volk darauf, dass sich die Gesetze mit den Zeiten wandeln und die Verbote den Fähigkeiten angepasst werden.

Wem es gelingt, die Kräfte auf die Bearbeitung des Bodens und den Kampf mit dem Feind zu konzentrieren, der gelangt zu Reichtum und Stärke. Wer aber mächtig genug und nicht von der Wirklichkeit entfernt ist, bringt es zum König. Der Weg zur Erlangung der Herrschaft besteht darin, die Falschheit bloßzulegen und ihr Einhalt zu gebieten. Sich nicht darauf zu verlassen, dass man nicht angegriffen wird, sondern dafür zu sorgen, dass man nicht angegriffen werden kann – das macht die wahre Kunst der Führung eines Staates aus. Wer versucht, Ordnung zu schaffen und sich darauf verlässt, dass er nicht angegriffen wird, dem droht der Untergang, während all jene vorankommen, die die Gesetze wirken lassen und dafür Sorge tragen, dass sie nicht angegriffen werden können. Ein wahrhaft weiser Regent befolgt in seiner Herrschaft die Kunst, unangreifbar zu sein. Wo Amtswürden geschätzt werden, besitzt der Souverän die Macht. Belohnungen verteilt er für gezeigte Erfolge, Amtswürden entsprechen den Verdiensten, und für Verräter gibt es kein Versteck. Ein Herrscher genießt Ruhm und kann es zum König bringen, wenn er die Arbeit hoch schätzt und die Ämter geachtet sind. Dagegen verliert ein Herrscher seinen Ruhm und ist dem Untergang geweiht, wenn er in seinem Staat anstatt der Arbeit private Gelehrtenschulen fördert und die Ämter keine Achtung genießen. Verlässt sich der Herrscher in der Verwaltung des Staates und der Regierung des Volkes auf sich selbst und versteht es, fremde Einflüsse von sich fernzuhalten und private Anliegen zu unterbinden, beschreitet er den Weg zur Vorherrschaft.

55. Kapitel

Bestimmen und Unterscheiden

Es hat noch nie einen großen Staat und einen geehrten Herrscher gegeben, ohne dass die Gesetze geachtet und wirksam gewesen, die Befehle von den Untertanen befolgt und die Verbote eingehalten worden wären. Hat der Herrscher unterschiedliche Ränge festgelegt und die Größe der Pfründen bestimmt, sorgt er mit strikten Gesetzen dafür, dass diese entsprechend geachtet werden. In einem wohlgeordneten Staat lebt das Volk in Ruhe, während ein Durcheinander in den Angelegenheiten das Land in Gefahr bringt. Mit strengen Gesetzen erreicht man die Gefühle der Menschen, mit laschen Verboten hingegen verliert man die Kontrolle über die Dinge. Die Menschen besitzen große Kräfte und es entspricht ihrem Wesen, all ihre Kräfte zur Erfüllung ihrer Wünsche voll auszuschöpfen. Der Herrscher sollte sich an ihre Wünsche und Abneigungen halten. Das Volk liebt den Vorteil und hasst die Strafen. Gelingt es dem Herrscher, die Kräfte des Volkes mit ihren Wünschen und Abneigungen zu führen, wird kein Unternehmen erfolglos bleiben. Wer hingegen mit laschen Verboten die Kontrolle über die Dinge verliert, büßt auch die von Strafen und Belohnungen ausgehende Macht ein. Sich in der Regierung des Volkes nicht vom Gesetz als dem Maß für das Gute leiten zu lassen bedeutet, ohne Maßstab zu sein.

Die Prinzipien von Ordnung und Chaos sollten unbedingt zwischen Strafen und Belohnungen unterscheiden. Einen geordneten Staat ohne Regeln gibt es nicht. Staaten können beständig sein, oder sie gehen unter, wenn bei der Festlegung von Strafen und Belohnungen keine Unterschiede gemacht werden. In einem wohlgeordneten Staat unterscheidet man zwischen Strafen und Belohnungen.

Mit der Unterscheidung ist aber nicht das Festhalten an verschiedenen Standpunkten gemeint. Die einzig wahre Unterscheidung kann die eines prüfenden Herrschers sein. Dann achtet sein Volk die Gesetze und respektiert die Verbote. Niemand möchte sich eines Vergehens schuldig machen oder wagt, auf unbegründete Belohnungen zu hoffen. In diesem Fall kann man sagen, dass das Volk, ohne Strafe oder Belohnung zu erwarten, seinen Aufgaben nachkommt.

In einem wahrhaft geordneten Staat versteht man sich darauf, der Falschheit Einhalt zu gebieten. Warum ist das so? Weil seine Gesetze die Gefühle der Menschen ansprechen und mit den Prinzipien der Ordnung übereinstimmen. Und auf welche Weise gelingt es, auch das kleinste Übel auszumerzen? Indem man die Menschen sich gegenseitig heimlich überwachen lässt. Aber wie kann man das erreichen? Ganz einfach, durch die gegenseitige Haftung des gesamten Dorfes für ein begangenes Verbrechen. Wenn alle wissen, dass sie persönlich für jedes Vergehen belangt werden, wird aus Angst vor der unvermeidbaren Strafe niemand im Dorf seinen Nachbarn nicht überwachen, und jene, die böse Absichten hegen, werden nie vergessen, dass sie von allen Seiten beobachtet werden. In diesem Fall ist jeder vorsichtig in seinem Handeln und überwacht zugleich seine Nachbarn, sodass die Geheimnisse der Falschheit ans Tageslicht kommen. Wer einen Verbrecher denunziert, entgeht der Bestrafung und wird belohnt. Wer dagegen ein Vergehen übersieht, wird mit der gleichen Härte bestraft, wie der Verbrecher selbst. Bei einem solchen Herangehen werden alle Vergehen entlarvt. Mit Hilfe der persönlichen Denunziation und der gegenseitigen Haftung wird selbst die kleinste Übeltat im Keim erstickt.

Die beste Form der Regierung besteht darin, den Regeln und nicht den Menschen zu vertrauen. In einem gut geführten Staat werden die Absichten der Menschen nicht durch Schmeichelei verwischt. Das Vertrauen auf feste Regeln garantiert die Ordnung innerhalb der Grenzen. Muss hingegen ein untergehender Staat zulassen, dass sich fremde Truppen auf seinem Territorium frei bewegen, ohne dass man ihnen Widerstand leisten kann, so liegt das daran, dass auf die Menschen anstatt auf feste Regeln vertraut wird. Wer sich auf die Menschen stützt, wird selbst zum Opfer. Wer sich auf feste Regeln stützt, besiegt die anderen. In einem gut geführten Staat verwirft man deshalb das Gerede und baut auf das Gesetz.

Eine auf Versprechungen beruhende, vorgetäuschte Leistung ist ebenso schwer zu entlarven, wie ein durch schöne Worte getarntes Vergehen. Durch sie werden Strafen und Belohnungen durcheinandergebracht. Schwer auf ihre Einhaltung zu prüfende Versprechen nennt man falsche Verdienste. Man spricht davon, den Ursprung aus den Augen zu verlieren, wenn die Vergehen der Untertanen nur schwer aufgedeckt werden können. Wie sollten Strafen und Belohnungen nicht ihre Wirkung verlieren, wenn man trotz der Befolgung von Grundsätzen leere Verdienste nicht erkennt und sich trotz des Abwägens der Absichten von hinterlistigen Ideen täuschen lässt. Gelingt es den verdienstlosen Staatsdienern, sich im eigenen Land einen Namen zu machen, und den Schwätzern, in der Fremde Pläne zu schmieden, werden die Dummen und Feigen mit den Mutigen und Weisen durcheinandergebracht und finden Anerkennung in der Welt, da sie sich mit ihrem leeren Handeln auf die Traditionen berufen. Man greift nicht auf das Gesetz zurück und die Bestrafungen finden bei den Verbrechern keine Anwendung. Wie könnte man in diesem Fall vermeiden, dass Strafen und Belohnungen zweideutig sind? Deshalb stößt die Wirklichkeit an ihre Grenzen und die Prinzipien verlieren ihren Maßstab. Der Verlust des Maßes hat seine Ursache nicht in der Anwendung der Gesetze, sondern rührt daher, dass die Gesetze zwar bestimmt wurden, aber die Weisheit zur Anwendung kommt. Wie sollten die Amtsträger ihren Pflichten gerecht werden können, wenn man die Gesetze verwirft und sich stattdessen auf die Weisheit stützt. Stimmen die Fähigkeiten nicht mit den Aufgaben überein, verlieren die Gesetze ihre Wirkung und werden die Strafen zur Last. Das Durcheinander in den Strafen und Belohnungen und die Verwirrung in der Politik des Staates liegen darin begründet, dass in der Anwendung von Strafen und Belohnungen nicht klar unterschieden wird.

Anhang

Anmerkungen

Ai: Herzog *Ai* von *Lu;* regierte von 494 bis 466 v. Chr.

Ailing: Ortsname

Altar des Erdbodens und der Feldfrüchte: chin: *sheji;* ursprünglich wurde *Sheji* als Gottheit der Erde und der Ernte verehrt; im Frühjahr und im Herbst wurden ihr Opfer auf dem gleichnamigen Altar dargebracht, der so zum Symbol der Souveränität und Einheit des Landes wurde.

Anli: Herrscher von *We* (1); regierte von 276 bis 243 v. Chr.

Anmen: Ortsname

Anyi: Ortsname

Aufzeichnungen von Zhou: altes Geschichtsbuch aus der Zeit der *Zhou*-Dynastie

Bai: siehe *Baigong Sheng*

Bai Gui: Minister in *Wei* (1) unter Marquis *Wen*

Bai Xuan: Personenname

Baigong: „weißer Herzog"; siehe *Baigong Sheng*

Baigong Sheng: Sohn des Prinzen *Jian* von *Chu;* lebte zur *Chunqiu*-Zeit; verbrachte seine Kindheit in *Wu* und stiftete nach seiner Rückkehr nach *Chu* Aufruhr.

Baili: siehe *Baili Xi*

Baili Xi: ein Mann aus *Yu*, lebte im 7. Jh. v. Chr. und war in verschiedenen Staaten im Staatsdienst tätig.

Bao: siehe *Ximen Bao*

Bao Jiao: Personenname

Bao Qian: Name eines Ministers aus *Han*

Bao Shen: Minister unter König *Wen* von *Chu*

Bao Shu: siehe *Bao Shuya*

Bao Shuya: ein Mann aus *Qi*, lebte im 7. Jh. v. Chr., war mit *Guan Zhong* befreundet, diente als Minister unter Herzog *Huan* von *Qi*.

Bao Wen: siehe *Bao Wenzi*

Bao Wenzi: Minister unter Herzog *Jing* von *Qi*

Ben: siehe *Meng Ben*

Bian He: ein Mann aus *Chu*, lebte im 8. Jh. v. Chr., wurde für seine Loyalität und Standhaftigkeit bekannt.

Bian Qiao: Arzt des Herzogs *Huan* von *Cai*

Bian Sui: lebte zur Zeit der *Xia*-Dynastie; *Tang* wollte ihm die Herrschaft über das Reich überlassen, doch er lehnte ab und ertränkte sich selbst in einem Fluss.

Bifang: mystische Gestalt, Geist des Elementes Holz

Bigan: lebte im 12. Jh. v. Chr., Verwandter des Tyrannen *Zhou*. Er soll den *Zhou* wegen seiner Exzesse getadelt haben, woraufhin dieser schrie: „Ich habe gehört, dass ein Weiser sieben Öffnungen in seinem Herzen hat. Lasst uns nachsehen, ob dies bei Euch der Fall ist", und *Bigan* vor seinen Augen das Herz herausreißen ließ.

Bin Xuwu: Diener des Herzogs *Huan* von *Qi*

Bing: Sohn des *Shusun*

Bo: siehe *Bo Yi* (2)

Bo Yang: Personenname

Bo Yi: 1) ein für seine Aufrichtigkeit und Treue bekannter Mann, lebte im 12. Jh. v. Chr.; Sohn des Prinzen von *Guzhu*, älterer Bruder des *Shu Qi*. Als König *Wu* von *Zhou* den letzten *Shang*-Herrscher stürzte, wollten sie ihn von seinem Vorhaben abbringen. Als dies jedoch misslang, verweigerten sie ihm den Gehorsam und flohen vor lauter Scham in die *Shouyang*-Berge, wo sie verhungerten.

2) Berater des Fürsten *Si* von *Wei* (2)

Bole: berühmter Pferdezüchter des Altertums, hieß eigentlich *Sun Yang*.

Boli Zi: Personenname

Bowu: Name eines Berges
Bu: siehe *Bu Pi*
Bu Pi: Name eines Kreisvorstehers
Bu Zhu: Name eines für seinen Reichtum bekannten Mannes
Buch der Lieder: shijing; älteste Sammlung chinesischer Lieder und Gedichte aus dem 11. bis 6. Jh. v. Chr.; es soll von *Kongzi* redigiert worden sein; wurde von den Konfuzianern zur *Han*-Zeit zum kanonischen Buch erhoben und gehört seitdem zu den fünf klassischen Büchern des Konfuzianismus *(wujing)*.
Buch der Urkunden der Zhou: zhoushu; Geschichte der *Zhou*-Dynastie; altes Geschichtsbuch

Cai: 1) Name eines alten Staates, in der heutigen Provinz *Henan* gelegen, im 11. Jh. v. Chr. als Lehnsstaat von *Zhou* entstanden, wurde 447 v. Chr. von *Chu* vernichtet.
2) Name einer Wahrsagerin
Cang Jie: legendäre Gestalt, soll zur Zeit des Gelben Kaisers gelebt haben, ihm wird die Erfindung der chinesischen Schrift zugeschrieben.
Cao: Name eines alten Staates, im Westen der heutigen Provinz *Shandong* gelegen, im 11. Jh. v. Chr. als Lehnsstaat von *Zhou* entstanden, wurde 487 v. Chr. von *Song* vernichtet.
Cao Ji: Personenname
Chan: 1) Ortsname
2) Name eines Gelehrten aus *Wei* (1)
Chang: siehe *Xibo Chang*
Chang Hong: ein Mann aus *Zhou*, lebte im 6. Jh. v. Chr.
Chang Yuqiao: ein Mann aus *Jin*, lebte im 6. Jh. v. Chr.
Changping: Ortsname
Che: siehe *Liang Che*
Chen: Name eines alten Staates, in den heutigen Provinzen *Henan* und *Anhui* gelegen, im 11. Jh. v. Chr. als Lehns-

staat von *Zhou* entstanden, wurde 479 v. Chr. von *Chu* vernichtet.

Chen Bing: Personenname

Chen Xu: Name eines Ministers aus *Wei* (1)

Chen Zhen: Günstling des Herrschers von *Wei* (1)

Cheng: 1) König *Cheng* von *Chu*, regierte von 671 bis 626 v. Chr.

2) König *Cheng* von *Zhou*, regierte von 1024 bis 1005 v. Chr.

3) Marquis *Cheng von Zhao*, regierte von 374 bis 350 v. Chr.

Cheng Fu: ein Prinz aus *Qi*

Cheng Huan: Berater des Herrschers von *Qi*

Cheng Qiao: Name eines Musikanten

Cheng Tang: siehe *Tang*

Cheng Xu: Personenname

Chengpu: Ortsname

Chi Song: legendäre Gestalt des Altertums, lebte zur Zeit des *Shennong*, besaß die Macht über Regen und Wind.

Chiyi Zipi: Diener des *Tian Cheng* aus *Qi*

Chiyou: mystische Gestalt; Aufrührer, der gegen den Gelben Kaiser kämpfte und von ihm besiegt wurde.

Chizhang Manzhi: Berater des Herrschers von *Qiuyou*

Chong: Name eines alten Staates, in der heutigen Provinz *Henan* gelegen, wurde 608 v. Chr. von *Jin* vernichtet.

Chong Hou: Berater des Tyrannen *Zhou*

Chong Houhu: Personenname

Chonger: Sohn des Herzogs *Xian* von *Jin*, lebte von 696 bis 628 v. Chr.; regierte als Herzog *Wen* von 636 bis 628 v. Chr.

Chongmen: Name eines Ortes im Staate *Song*

Chu: Name eines alten Staates, in der heutigen Provinz *Hubei* gelegen, zur Zeit der westlichen *Zhou*-Dynastie entstanden; gehörte zu den sieben mächtigsten Staaten der *Zhanguo*-Zeit, wurde 223 v. Chr. von *Qin* vernichtet.

Chu Liji: General aus *Qin*

Chu Shi: Personenname

Chuiji: Ortsname

Chun Shen: Bruder des Königs *Zhuang* von *Chu*

Chunqiu: nach den *Frühlings- und Herbstannalen* benannter Zeitraum in der chinesischen Geschichte von 771 bis 475 v. Chr.; beginnt mit der Verlegung der *Zhou*-Hauptstadt durch König *Ping* nach Osten; ist gekennzeichnet durch den Machtverlust der *Zhou*-Herrscher und die zunehmende Unabhängigkeit der ehemaligen Lehnsstaaten, vor allem der 12 mächtigen Staaten *Lu, Qi, Jin, Qin, Chu, Song, Wei* (2), *Chen, Cai, Cao, Zheng* und *Yan*. Aus ihren gegenseitigen Kämpfen um die Vormachtstellung gingen die fünf Hegemonialherrscher (Herzog *Huan* von *Qi*, Herzog *Xiang* von *Song*, Herzog *Wen* von *Jin*, Herzog *Mu* von *Qin* und König *Zhuang* von *Chu*) zeitweilig als Sieger hervor.

Ci: siehe *Li Ci*

Cui: siehe *Cui Zhu*

Cui Zhu: Name eines Ministers aus *Qi*

Dacheng Niu: Personenname

Dafu Zhong: Personenname

Dai: Name eines alten Staates, im Nordosten der heutigen Provinz *Hebei* gelegen; wurde 475 v. Chr. von *Zhao* vernichtet.

Dai Huan: Name eines Ministers aus *Song*

Dai Xie: Personenname

Daliang: Ortsname

Dan: 1) ca. 0,35 Scheffel Reis, Maßeinheit für das Beamtensalär

2) siehe *Zhougong Dan*

Dan Zhu: Sohn des legendären *Yao*; sein Vater hielt ihn für unwürdig und übergab deshalb die Herrschaft nicht an ihn, sondern an *Shun*.

Dao: „Weg", zentraler Begriff der altchinesischen Philosophie und Religion; bedeutete ursprünglich „sprechen" und bezeichnete Opfer an die Ahnen mit gesprochenem Ritual; gewann später die Bedeutung einer allgemeinen Gesetzmäßigkeit in Natur und Gesellschaft; wurde in den einzelnen Schulen der altchinesischen Philosophie auf unterschiedliche Weise interpretiert. *Han Fei* benutzt diesen Begriff vor allem in der Bedeutung „des Weges bzw. der Methode des rechten Regierens", aber auch als abstrakte Gesetzmäßigkeit in Natur und Gesellschaft.

Daodejing: „Buch vom Weg und der Tugend"; das klassische Werk des Daoismus; der Tradition zufolge von *Laozi* verfasst, vermutlich aber erst im 4. bis 3. Jh. v. Chr. entstanden. Die Kapitel 20 und 21 des Buches *Han Feizi* stellen den ersten Kommentar zum *Daodejing* dar.

Dapeng: Schildkrötenorakel; ein auf die *Shang*-Zeit zurückgehendes Wahrsageritual, bei dem Fragen an die Ahnen oder Götter in Form von Inschriften auf Schildkrötenpanzer geritzt wurden. Die Panzer wurden dann dem Feuer ausgesetzt, bis sich Risse auf ihnen bildeten, die man als Verheißung des Glücks oder Unheils deutete.

De: „Tugend", zentraler Begriff der altchinesischen Philosophie; von *Han Fei* vor allem gebraucht als Gegenstück zur Strafe im Sinne von „Tugend bzw. Güte", die der Herrscher bei der Verteilung von Belohnungen zeigt, aber auch im Paar mit *dao* als die den Dingen und Wesen zu eigenen, ihre individuelle Besonderheit ausmachenden Eigenschaften.

Deng: Ortsname

Dengling: Name einer mohistischen Schule

Di: barbarische Randvölker im Norden

Dian Jie: Günstling des Herzogs *Wen* von *Jin*

Dong: siehe *Dong Yanyu*

Dong Anyu: ein Mann aus *Jin*, lebte zur *Chunqiu*-Zeit.

Dong Bushi: Personenname

Dong Yanyu: Name eines Beamten aus *Zhao*

Dongguo Ya: ein Mann aus *Qi*, Berater des Herzogs *Huan*.

Dongting: Ortsname

Dongyang: Ortsname

Du Cang: Name eines Ministers aus *Qin*

Du Shizan: Berater des Marquis *Wen* von *Wei*(1)

Duan Gui: Berater des Grafen *Rang* von *Han*

Fa: Gesetz; zentraler Begriff des Legismus; wird verstanden als schriftlich fixierte Normierung von Strafen und Belohnungen; ist zugleich auch Ausdruck gesellschaftlicher Ordnung und bezeichnet das Recht allgemein.

Fan: 1) einer von sechs einflussreichen Familienclans in *Jin*
   2) siehe *Jiu Fan*

Fan Li: ein Mann aus *Yue*, diente *Goujian* mehr als zwanzig Jahre als Berater.

Fan Qie: Personenname

Fan Sui: ein Mann aus *Wei*(1), Berater in verschiedenen Staaten.

Fan Wenzi: Personenname

Fang: siehe *Tian Zifang*

Fang Wu: Personenname

Fangcheng: Ortsname

Fangfeng: Ortsname

Fanqie: Ortsname

Fei: siehe *Han Fei*

Fei Wuji: ein Mann aus *Jin*

Fei Zhong: Minister des Tyrannen *Zhou*

Fen: Name eines Flusses

Feng: Ortsname, zur Zeit des Königs *Wen* Hauptstadt von *Zhou*.

Feng Ju: Personenname

Feng Li: Name eines Ministers aus *Wei* (1)

Feng Tong: Personenname

Fengbo: mystische Gestalt, Gott des Windes

Fenglong: Name eines Sterns

Frühlings- und Herbstannalen: *chunqiu*; Geschichtsbuch, Chronik des Staates *Lu* von 722 bis 481 v. Chr., soll von *Kongzi* redigiert worden sein; gehört seit der *Han*-Zeit zu den fünf klassischen Büchern des Konfuzianismus (*wujing*).

Fu: Name eines Familienclans

Fu Yue: ein weiser Mann, lebte zur Zeit der *Shang*-Dynastie.

Fucha: Herrscher von *Wu*, regierte von 495 bis 473 v. Chr.

Fuhui: Name eines Flusses

Fuji: siehe *Xi Fuji*

Gan Mu: ein Mann aus *Qin*, Minister unter König *Wu* von *Qin*.

Gan Xiang: Berater des Königs von *Chu*

Ganhou: Ortsname

Ganjiang: Name eines berühmten Schwertes; benannt nach dem Schmied *Gan Jiang* aus dem Staate *Wu*. Der Legende zufolge schnitt er seiner Frau *Mo Ye* und sich selbst die Haare und Fingernägel ab und warf sie in den Schmelzofen; daraufhin floss das Metall heraus, und er schmiedete zwei Schwerter, die nach ihm und seiner Frau benannt wurden.

Ganqi: Ortsname

Gao: Name eines Familienclans

Gao He: Personenname

Gao Qumi: Adliger aus *Zheng*, Minister unter Herzog *Zhuang* von *Zheng*.

Gao Tao: ein Mann vom Stamm der *Youyu*; lebte zur Zeit des *Shun*

Gaolang: Ortsname

Gaoliang: Ortsname

Gen: ein Prinz aus *Zhou*

Gelber Kaiser: *Huangdi*; legendärer Kaiser und Kulturheld des Altertums, regierte der historisierten Tradition gemäß von 2698 bis 2598 v. Chr.

Gong: 1) König *Gong* von *Chu*, regierte von 590 bis 560 v. Chr.

2) siehe *Xue Gong*

Gong Li: Personenname

Gong Ta: Personenname

Gong Zhiqi: ein Adliger aus *Yu*

Gong- und Shang-Töne: die ersten zwei Töne des fünfstufigen halbtonlosen Tonsystems im alten China

Gongcheng Wuzheng: Minister aus *Han*

Gonggong: legendäre Gestalt, Minister für öffentliche Arbeiten unter *Yao*.

Gongshu: siehe *Gongshu Zuo*

Gongshu Zuo: ein Mann aus *Wei* (1), diente als Minister unter König *Hui*.

Gongsun Danhui: Personenname

Gongsun Hong: Diener des Königs von *Yue*

Gongsun Ning: Name eines Beamten aus *Chu*

Gongsun Shu: Personenname

Gongsun Xi: Personenname

Gongsun Yan: ein Mann aus *Wei* (1), stand im Dienst des Königs *Xiang* von *Qin*.

Gongsun Yang: siehe *Shang Yang*

Gongsun You: Personenname

Gongyi: siehe *Gongyi Xiu*

Gongyi Xiu: ein Mann aus *Lu*, Minister unter Herzog *Mu*.

Gongzhong: siehe *Gongzhong Peng*

Gongzhong Peng: Name eines Ministers aus *Han*

Gou Qiang: Berater des Herrschers von *Song*

Goujian: ein Prinz aus *Yue*, regierte von 496 bis 465 v. Chr.

Gu Nan: Personenname

Gu Sou: Vater des legendären Kaisers *Shun*; sein Sohn war immer ehrfürchtig ihm gegenüber, obwohl er ihn schlecht behandelte.

Guan: siehe *Guan Zhong*

Guan Longpeng: Berater des Tyrannen *Jie*; wurde für seine wiederholten Mahnungen getötet.

Guan Qisi: Mann aus *Zheng*, lebte im 8. Jh. v. Chr., Berater des Herzogs *Wu* von *Zheng*.

Guan Yiwu: siehe *Guan Zhong*

Guan Zhong: hieß eigentlich *Guan Yiwu*; ein Mann aus *Qi*, war von 685 bis 645 v. Chr. Minister unter Herzog *Huan* von *Qi*; war sehr erfolgreich in seiner Regierung und machte *Qi* zu einem der stärksten Staaten; gilt als Beispiel für einen loyalen und erfolgreichen Minister.

Gui: 1) Name eines Adligen
2) Name eines bekannten Sängers

Gun: Vater des legendären Kaisers *Yu*, war Minister für öffentliche Arbeiten unter *Yao*.

Guo: 1) Name eines alten Staates, in den heutigen Provinzen *Henan* und *Shenxi* gelegen; im 11. Jh. v. Chr. als Lehnsstaat von *Zhou* entstanden, wurde 655 v. Chr. von *Jin* vernichtet.
2) Name eines Familienclans

Guo Yan: Minister aus *Jin*

Guo Yang: Minister aus *Zheng*

Gusu: Ortsname

Guzhu: Name eines alten Staates während der *Shang-*, West-*Zhou-* und *Chunqiu*-Zeit, in der heutigen Provinz *Hebei* gelegen.

Han: 1) Name eines alten Staates; ursprünglich einer von sechs mächtigen Familienclans in *Jin*, spaltete zusammen mit *Wei* (1) und *Zhao* den Staat *Jin* und wurde 403 v. Chr. vom *Zhou*-König *Weilie* als Lehnsstaat anerkannt; in der heutigen Provinz *Henan* gelegen; gehörte zu den sieben mächtigsten Staaten der *Zhanguo*-Zeit; wurde 230 v. Chr. von *Qin* vernichtet.

2) Name einer Dynastie, 206 v. Chr. bis 220 n. Chr.

3) Name eines Flusses

Han Fei: altchinesischer Philosoph und Staatsmann, auch Meister *Han Fei (Han Feizi)* genannt; Verfasser des gleichnamigen Buches, lebte von 280 bis 233 v. Chr., letzter und bedeutendster Vertreter des altchinesischen Legismus; siehe Vorwort.

Han Kui: Günstling des Herrschers von *Zhou*

Han Jiu: ein Prinz aus *Han*

Han Shu: Name eines für seine Fahrkünste berühmten Kutschers

Han Ta: Personenname

Han Xianzi: Name eines Beamten

Handan: Name einer alten Stadt

Hanzi: Meister *Han*, siehe *Han Xianzi*

Hao: Ortsname

He: 1) Name eines Flusses, Kurzform für *Huanghe*, „Gelber Fluss"

2) siehe *Bian He*

3) siehe *Gao He*

He Lü: Herrscher von *Wu*, regierte von 514 bis 496 v. Chr.

Hebo: mystische Gestalt, Geist des Gelben Flusses

Hegemon: *bawang*; Bezeichnung für den Mächtigsten unter den Lehnsfürsten zur *Chunqiu*-Zeit

Hejian: Ortsname

Hengyong: Ortsname

Hewai: Ortsname

Heyong: Ortsname

Himmelssohn: *tianzi*; seit dem 11. Jh. v. Chr. die Bezeichnung des Kaisers, der als direkter Nachkomme und Vertreter des Himmels auf der Erde galt. Er erhielt das Mandat des Himmels, das ihn zur Herrschaft über das *Reich unter dem Himmel* berechtigte.

Hou: Ortsname

Hou Chi: Berater des Tyrannen *Jie*

Hou Yi: legendärer Bogenschütze des Altertums; auf Befehl des Kaisers *Yao* schoss er neun von zehn gleichzeitig am Himmel erschienenen Sonnen ab und befreite so die Menschen von der Trockenheit.

Houji: auch Herrscher Hirse; legendäre Gestalt des Altertums, Minister für Ackerbau unter dem legendären Kaiser *Yao*.

Hu: Name eines alten Staates, in der heutigen Provinz *Anhui* gelegen, wurde 495 v. Chr. von *Chu* vernichtet.

Hu Buji: ein weiser Mann, lebte zur Zeit der *Zhou*-Dynastie.

Hu Tu: Adliger aus *Jin*, lebte im 7. Jh. v. Chr., Großvater des Prinzen *Chonger*.

Hu Yan: Adliger aus *Jin*, Berater des Herzogs *Wen* von *Jin*.

Hua Deng: Personenname

Hua Jue: Personenname

Hua Shi: Name eines Gelehrten aus *Qi*

Hua Zhi: Name eines Ministers aus *Zhou*

Huan: 1) Herzog *Huan* von *Qi*, regierte von 685 bis 643 v. Chr., der erste der fünf Hegemonialherrscher.

2) Herzog *Huan* von *Lu*, regierte von 711 bis 694 v. Chr.

3) Marquis *Huan* von *Cai*, regierte von 714 bis 695 v. Chr.

4) Herzog *Huan* von *Zheng*, regierte von 806 bis 771 v. Chr.

5) Name eines Familienclans

Huan He: Personenname

Huandou: Name eines Familienclans

Huang Xi: Name eines Ministers aus *Song*

Huangdi: siehe *Gelber Kaiser*

Huashan: einer von fünf heiligen Bergen im alten China, in der heutigen Provinz *Shenxi* gelegen.

Huaxia: Ortsname

Hui: 1) König *Hui* von *Wei* (1), regierte von 370 bis 336 v. Chr.

2) König *Hui* von *Qin*, siehe *Huiwen*

3) Meister *Hui*, siehe *Hui Shi*

Hui Shi: altchinesischer Philosoph, lebte ca. 370 bis 310 v. Chr.; war berühmt für seine sophistischen Ideen.

Huiwen: 1) König *Huiwen* von *Qin*, regierte von 337 bis 311 v. Chr.

2) König *Huiwen* von *Zhao*, regierte von 298 bis 266 v. Chr.

Hun: im religiösen Glauben der Chinesen eine von zwei Seelen im menschlichen Körper (siehe auch *po*); *hun* wurde verstanden als die geistige Seele, die mit der Geburt bzw. dem ersten Atemzug in den Körper eintritt und sich nach dem Tod als der Geist *Shen* in den Himmel erhebt.

Hun Xian: Name eines Adligen

Huni: Name eines Sterns

Huqiu: Ortsname

Hutuo: Ortsname

Ji: 1) Name eines Familienclans

2) Name eines Flusses

3) siehe *Jizi*

Ji Liang: Personenname

Ji Xin: Name eines Ministers aus *Zhongshan*

Ji Yang: Name eines Ministers aus *Wei* (1)

Ji Yu: Personenname

Ji Zheng: Diener des Herzogs *Wen* von *Jin*

Jia: Personenname

Jia Ju: Diener des Herzogs *Zhuang* von *Qi*

Jian: 1) Herzog *Jian* von *Zheng*, regierte von 565 bis 530 v. Chr.

2) Herzog *Jian* von *Qi*, regierte von 484 bis 481 v. Chr.

3) Graf *Jian* von *Zhao*, regierte von 517 bis 458 v. Chr.

Jian Shu: Beamter unter Herzog *Mu* von *Qin*

Jian Zhizi: Name eines reichen Kaufmanns aus *Song*

Jiang: 1) Name eines Flusses, Kurzform für *Changjiang*, „Langer Fluss", auch als *Yangzi* oder *Yangzijiang* bekannt.

2) Name einer Stadt

Jiang Yi: ein Mann aus *Wei* (1), diente später in *Chu*.

Jiang Yu: Personenname

Jiangnan: Ortsname, „südlich des *Jiang*"

Jiantu: Ortsname

Jiao Li: Diener des Tyrannen *Zhou*

Jiaozhi: Ortsname

Jie: auch *Jie Gui*; letzter Herrscher der *Xia*-Dynastie, regierte von 1818 bis 1766 v. Chr.; war bekannt für seine besonders grausame Politik; galt deshalb später zusammen mit *Zhou* vor allem bei den Konfuzianern als Tyrann und abschreckendes Beispiel; wurde 1766 v. Chr. von *Tang* besiegt und in die Verbannung geschickt, wo er drei Jahre später starb.

Jie Hu: ein Mann aus *Jin*, lebte zur *Chunqiu*-Zeit.

Jie Zitui: ein Mann aus *Jin*, lebte im 7. Jh. v. Chr.; soll mit 15 Jahren bereits Minister in *Chu* gewesen sein; stand später im Dienst des Prinzen *Chonger*.

Jin: 1) Name eines alten Staates, im Südwesten der heutigen Provinz *Shanxi* gelegen, im 11. Jh. v. Chr. als Lehnsstaat von *Zhou* entstanden. Im 5. Jh. v. Chr. gewannen sechs adlige Familienclans an Einfluss und bekämpften sich gegenseitig; aus dem Kampf gingen die Clans *Han*, *Zhao* und *Wie* (1) als Sieger hervor; sie spalteten den Staat *Jin* in drei Teile und wurden 403 v. Chr. vom *Zhou*-König *Weilie* als Lehnsstaaten anerkannt.

2) Name eines Flusses

Jing: 1) andere Bezeichnung für den Staat *Chu*

2) Herzog *Jing* von *Qi*, regierte von 547 bis 490 v. Chr.

Jing Guo: siehe *Jing Guojun*

Jing Guojun: Name eines Ministers aus *Qi*

Jing Su: ein Mann aus *Qin*

Jinyang: Ortsname

Jisun: einer von drei Familienclans, die den Staat *Lu* gegen Ende der *Chunqiu*-Zeit spalteten.

Jisun Yiru: Name eines Adligen aus *Lu*

Jiu: ein Prinz aus *Qi*

Jiu Fan: Berater des Herzogs *Wen* von *Jin*

Jiu Liu: Berater des Königs *Xuan* von *Han*

Jiu Shu: Personenname

Jiuli: Ortsname

Jixia: Ortsname

Jizi: Meister *Ji*; lebte im 12. Jh. v. Chr.; Berater des Tyrannen *Zhou*; kam aufgrund seiner Kritik an *Zhous* Politik ins Gefängnis; wurde nach der Machtübernahme durch König *Wu* begnadigt, verweigerte ihm aber den Dienst, weil er nicht zwei Herrschern dienen wollte.

Ju: 1) Name eines alten Staates, in der heutigen Provinz *Shandong* gelegen, als Lehnsstaat von *Zhou* entstanden, wurde 431 v. Chr. von *Chu* vernichtet.
2) Name eines Gelehrten aus *Qi*

Ju Wei: ein Mann aus *Wu*

Ju Xin: Name eines Ministers aus *Yan*

Juan: Name eines Musikers aus *Wei* (2); diente dem Herzog *Ling*.

Jue Rong: ein Mann aus *Wu*

Jun: Geldschnur mit dreißig Kätti (runde Münze mit viereckigem Loch in der Mitte)

Kaifang: ein Prinz aus *Wei* (2), stand im Dienst des Herzogs *Huan* von *Qi*.

Kan Zhi: ein Mann aus *Qi*; Günstling des Herzogs *Jian*.

Kang: 1) Herzog *Kang* von *Qin*, regierte von 620 bis 609 v. Chr.

Konfuzius: altchinesischer Philosoph aus dem Staate *Lu;* Begründer des Konfuzianismus (auch Gelehrtenschule – *rujia* genannt); hieß eigentlich *Kong Qiu*, sein Beiname war *Zhongni*; wurde später auch *Kongzi* oder *Kongfuzi* („Meister *Kong*") genannt; lebte von 551 bis 479 v. Chr.

Kong: siehe *Konfuzius*

Kong Qiu: siehe *Konfuzius*

Kongzi: siehe *Konfuzius*

Kuai: 1) Name eines alten Staates, in der heutigen Provinz *Henan* gelegen, als Lehnsstaat von *Zhou* entstanden, wurde 769 v. Chr. von *Zheng* vernichtet.
2) siehe *Zikuai*

Kuaiji: Ortsname

Kuang: Name eines blinden Musikers aus *Jin*, dessen Musik übernatürliche Dinge bewirkt haben soll.

Kuang Qian: Berater des Königs *Xuan* von *Qi*

Kuang Yu: ein Gelehrter aus *Qi*

Kui: Minister unter dem legendären Kaiser *Shun*

Kuitai: Name eines Sterns

Lantian: Ortsname

Lao Dan: siehe *Laozi*

Laozi: „Alter Meister"; legendärer Begründer des Daoismus, dem das Buch *Daodejing* zugeschrieben wird; der Legende zufolge hieß er eigentlich *Lao Dan* oder *Li Er* und soll im 6. Jh. v. Chr. gelebt haben.

Li: 1) Herzog *Li* von *Jin*, regierte von 580 bis 573 v. Chr.
2) Name eines Berges
3) chinesisches Wegemaß, ca. 516 Meter
4) Ritual; zentraler Begriff der altchinesischen Philosophie; bezeichnete ursprünglich rituelle Verhaltensnormen bei Opferzeremonien und wurde später insbesondere im Konfuzianismus zur moralischen Verhaltensnorm allgemein.

Li Chu: Personenname

Li Ci: Diener des Herrschers von *Zhao*

Li Dui: Name eines Ministers in *Zhao*

Li Ji: Name eines Mannes aus *Yan*

Li Ke: Name eines Ministers in *Zhongshan*

Li Kui: Minister in *Wei* (1) unter Herzog *Wen*; bekannt als Verfasser eines Gesetzbuches *(fajing)*.

Li Lou: auch *Li Zhu* genannt; Name eines Mannes, der zur Zeit des *Gelben Kaisers* lebte und eine besondere Sehkraft besessen haben soll.

Li Qie: Minister unter Herzog *Jing* von *Qi*

Li Shi: Name eines Mannes aus *Song*

Li Si: ein Mann aus *Chu*; 208 v. Chr. gestorben; war zusammen mit *Han Fei* Schüler des Konfuzianers *Xunzi*; ging später nach *Qin* und war Minister unter dem *Quin*-Herrscher *Zheng*, dem späteren *Qin Shihuang* – dem ersten Kaiser Chinas und Begründer der *Qin*-Dynastie.

Li Zhu: siehe *Li Lou*

Liang: 1) Name eines alten Staates, in der heutigen Provinz *Shenxi* gelegen, wurde 641 v. Chr. von *Qin* vernichtet.

2) seit 361 v. Chr. auch Bezeichnung für den Staat *Wei* (1)

Liang Che: Name eines Kreisvorstehers in *Ye*

Liao: Berater des Herzogs *Mu* von *Qin*

Liezi: Meister *Lie*; daoistischer Philosoph, soll im 5./4. Jh. v. Chr. gelebt haben.

Ling: 1) Herzog *Ling* von *Chen,* regierte von 613 bis 599 v. Chr.

2) Herzog *Ling* von *Zheng*, regierte 605 v. Chr.

3) König *Ling* von *Chu*, regierte von 540 bis 529 v. Chr.

4) Herzog *Ling* von *Qin*, regierte von 424 bis 415 v. Chr.

5) Herzog *Ling* von *Wei* (2), regierte von 534 bis 493 v. Chr.

6) Herzog *Ling* von *Jin*, regierte von 620 bis 607 v. Chr.

Lishui: Name eines Flusses

Liu: siehe *Xing Buliu* und *Jiu Liu*
Liushen: Name eines Sterns
Lixia: Ortsname
Lou: Name eines Ministers in *Wei* (1)
Lou Ji: Name eines für seine besondere Schnelligkeit berühmten Mannes
Lou Yuan: Berater des Königs von *Qin*
Lu: 1) Name eines alten Staates, im Südwesten der heutigen Provinz *Shandong* gelegen, im 11. Jh. v. Chr. als Lehnsstaat von *Zhou* entstanden, wurde 256 v. Chr. von *Chu* vernichtet; Heimat des *Konfuzius*.
2) Name eines Gebirges
Lü: Name eines Familienclans aus *Qi*
Lü Cang: Name eines Ministers aus *Wei* (1)
Lu Dan: Berater des Herrschers von *Zhongshan*
Lu Menji: Name eines alten Mannes aus *Qi*
Luan: Name eines Familienclans aus *Jin*
Luo: Name eines Flusses

Ma Fu: Name eines Ministers aus *Zhao*
Mang Mao: Name eines Generals aus *Wei* (1)
Mao: siehe *Zhao Mao*
Mao Qiang: Name einer schönen Frau
Mei: Name eines Adligen, der zur Zeit des Tyrannen *Zhou* lebte.
Meng: Name eines Familienclans
Meng Ben: ein Mann aus *Qi* mit übernatürlichen Kräften; er soll so stark gewesen sein, dass er einem lebenden Ochsen die Hörner herausreißen konnte.
Meng Chang: ein Mann aus *Qi*, starb 279 v. Chr.
Meng Mao: Name eines Ministers in *Wei* (1)
Meng Wu: Name eines Generals aus *Qin*
Mengchang: Ortsname
Mengsun: einer von drei Familienclans, die den Staat *Lu* gegen Ende der *Chunqiu*-Zeit spalteten.

Mi: siehe *Mi Zixia*

Mi Zijian: ein Mann aus *Lu*, lebte gegen Ende der *Chunqiu*-Zeit.

Mi Zixia: Minister unter Herzog *Ling* von *Wei* (2)

Miao: 1) Name eines alten Stammes

2) siehe *Miao Benhuang*

Miao Benhuang: Name eines Gelehrten aus *Jin*

Miji: Name eines Berges

Min: 1) König *Min* von *Qi*, regierte von 323 bis 284 v. Chr.

2) Herzog *Min* von *Lu*, regierte von 295 bis 273 v. Chr.

3) Name eines alten Stammes

Minshan: Name eines Berges

Mizi: Meister *Mi*; siehe *Mi Zijian* und *Mi Zixia*

Mo: siehe *Mozi*

Mo Di: siehe *Mozi*

Mozi: Meister *Mo*; altchinesischer Philosoph aus dem Staate *Lu* oder *Song*; Begründer des Mohismus; hieß eigentlich *Mo Di*; lebte von ca. 468 bis ca. 576 v. Chr.

Mu: 1) Herzog *Mu* von *Qin*, regierte von 659 bis 621 v. Chr.

2) Herzog *Mu* von *Lu*, regierte von 407 bis 376 v. Chr.

Muyi: ein Prinz aus *Song*; lebte im 7. Jh. v. Chr.

Muzi: siehe *Shusun Muzi*

Nangong Jingzi: Name eines Mannes aus *Qi*

Nao Chi: Name eines Ministers aus *Qi*

Ni Yue: Name eines Gelehrten aus *Song*

Ning Qi: Name eines armen Mannes aus *Wei* (2), war Berater des Herzogs *Huan* von *Qi*.

Niu Zigeng: Name eines Mannes aus *Jinyang*, der sehr stark war.

Nord-Süd-Union: ein im 4./3. Jh. v. Chr. von den Staaten *Yan, Qi, Han, Zhao, Wei* (1) und *Chu* gebildetes Bündnis, das sich gegen *Qin* im Westen richtete.

Ost-West-Koalition: ein im 4./3. Jh. v. Chr. von den Staaten *Yan, Qi, Han, Zhao, Wei* (1) und *Qin* gebildetes Bündnis, das sich gegen *Chu* im Süden richtete.

Ou Ye: Name eines berühmten Schmiedes des Altertums

Pan: siehe *Pan Chong*

Pan Chong: Lehrer des Prinzen *Shang Chen* von *Chu*

Pan Qi: Name eines Adligen aus *Wei* (1)

Pan Shou: Berater des Königs von *Yan*

Pang Gong: Name eines Mannes aus *Wei* (1)

Pang Jian: Name eines Mannes aus *Lu*

Pang Jing: Name eines Kreisvorstehers

Pang Meng: Meisterschütze des Altertums, Schüler des *Hou Yi*

Pang Yuan: Name eines Generals aus *Zhao*

Peng: siehe *Gongzhong Peng*

Peng Xi: Berater des Herrschers von *Zheng*

Pi: Name eines Eunuchen aus *Wei* (1)

Ping: Herzog *Ping* von *Jin,* regierte von 557 bis 532 v. Chr.

Pinglu: Ortsname

Pingyang: Ortsname

Po: im religiösen Glauben der Chinesen eine von zwei Seelen im menschlichen Körper (siehe auch *hun*); *po* wurde verstanden als die materielle Seele, die im Moment der Empfängnis entsteht und nach dem Tod mit ins Grab geht und zum Geist *Gui* wird.

Pu: Ortsname

Pucheng: Ortsname

Qi: 1) Name eines alten Staates, im Norden der heutigen Provinz *Shandong* gelegen, im 11. Jh. v. Chr. als Lehnsstaat von *Zhou* entstanden, besaß unter Herzog *Huan* die Vormachtstellung unter den Lehnsfürsten der *Chunqiu*-Zeit, wurde 221 v. Chr. von *Qin* vernichtet.

2) Name eines Flusses

Qiao Ru: Name eines Beraters aus *Wei* (2)

Qidiao: Name eines Schülers des *Konfuzius*

Qin: Name eines alten Staates, in den heutigen Provinzen *Shenxi* und *Gansu* gelegen. Als Lehnsstaat der *Zhou* entstanden, gewann im 4. Jh. v. Chr. unter der Herrschaft des Herzogs *Xiao* dank der Reformen des *Shang Yang* an Stärke; am Ende der *Zhanguo*-Zeit gelang es dem König *Zheng*, die anderen Teilstaaten endgültig zu besiegen und im Jahre 221 v. Chr. das Reich zu vereinigen. Er gründete die *Qin*-Dynastie (221 bis 206 v. Chr.) und bestieg als *Qin Shihuang* den Thron.

Qin Shihuang: erster Kaiser Chinas; hieß eigentlich *Zheng*; regierte den Staat *Qin* von 246 bis 221 v. Chr. und gründete 221 v. Chr. die *Qin*-Dynastie.

Qin Xiba: Diener des *Mengsun*

Qing Feng: Name eines als Aufrührer bekannten Adligen aus *Qi*

Qing Jian: Name eines Ministers aus *Zheng*

Qiuyou: Ortsname

Qiwu: Ortsname

Qiwu Hui: Berater des Herrschers von *Zhou*

Qu Dao: Name eines Gelehrten aus *Chu*; lebte im 6. Jh. v. Chr.

Qu Gong: Name eines Beamten aus dem Kreis *Zheng*

Qu Gu: Name eines Mannes aus *Song*

Qu Ji: ein Prinz aus *Zheng*

Quchan: Name eines für seine Pferdezucht berühmten Ortes

Rang: Name eines Ministers aus *Qin*

Rao Chao: Name eines Beraters aus *Jin*

Reich unter dem Himmel: *tianxia*; seit dem 11. Jh. v. Chr. Bezeichnung für das Herrschaftsgebiet der chinesischen Kaiser und die Welt insgesamt, die man sich in alten Zeiten als ein von Barbaren umgebenes Gebiet mit chinesischer Zivilisation im Zentrum dachte.

Ren: Sohn des *Shusun*
Ren Bi: Personenname
Ren Wang: Berater des Herzogs *Rang* von *Qin*
Ren Zhang: Berater des Barons *Xuan* von *Wei* (1)
Rong: Name eines alten Staates, westliches Barbarenvolk
Ru Er: Berater des Herzogs *Si* von *Wei* (2)
Runan: Ortsname

Se: altes Musikinstrument, eine große Laute mit 25 Saiten
Shan: siehe *Shan Ya*
Shan Ya: Name eines Adligen aus *Zhou*
Shandong: Ortsname, „östlich des Berges *(Yaoshan)*", in
  der heutigen Provinz *Henan* gelegen.
Shanfu: Ortsname
Shang: Name einer Dynastie; im 16. Jh. v. Chr. (andere
  Varianten nennen das Jahr 1766 v. Chr.) gegründet
  von *Tang*; wird auch als *Yin*-Dynastie bezeichnet, weil
  um 1300 v. Chr. die Hauptstadt nach *Yin* verlegt
  wurde; der letzte Herrscher *Zhou* (auch *Zhou Xin*) galt
  als Tyrann und wurde im 11. Jh. v. Chr. von König *Wu*
  gestürzt.
Shang Chen: ein Prinz aus *Chu*; lebte im 7. Jh. v. Chr.
Shang Jun: 1) ein Adliger; lebte zur Zeit des *Shun*.
  2) siehe *Shang Yang*
Shang Yang: berühmter Staatsmann und Philosoph, bedeu-
  tender Vertreter des Legismus; ca. 390 bis 338 v. Chr.;
  hieß eigentlich *Gongsun Yang*, war ein illegitimer Sohn
  des Herrschers von *Wei* (2) und wurde deshalb auch
  Wei Yang genannt; wurde Minister in *Qin* unter Herzog *Xiao*, führte zahlreiche Reformen durch, die *Qin*
  erstarken ließen; wurde dafür mit dem Gebiet *Shang* belohnt, trug fortan den Titel *Shang Jun* und den Namen
  Shang Yang; wurde nach dem Tod von Herzog *Xiao* getötet und in Stücke gerissen, und seine Familie wurde
  ausgerottet.

Shangcai: Ortsname

Shangdang: Ortsname

Shangdi: Ortsname

Shanggai: Ortsname

Shao: 1) Name einer Stadt in der heutigen Provinz *Shandong*
2) siehe *Shao Shizhou*

Shao Hua: Name eines Gesandten aus *Chu*

Shao Jimei: Name eines Mannes aus *Song*

Shao Shi: Name eines Ministers aus *Sui*

Shao Shizhou: Leibwächter des *Zhao*-Herrschers *Xiang*

Shaoling: Ortsname

She Ji: Name eines Meistersängers aus *Song*

Shen: siehe *Shen Buhai*

Shen Buhai: Staatsmann und Philosoph, Vertreter des Legismus; ca. 385 bis 337 v. Chr.; stammt aus *Zheng* und
war Minister in *Han*; wurde auch *Shenzi* (Meister *Shen*)
genannt.

Shen Dao: legistischer Philosoph; lebte von ca. 395 bis
315 v. Chr.; stammte aus dem Staat *Zhao* und war später in *Qi* tätig; wurde auch *Shenzi* (Meister *Shen*) genannt und gilt als Autor des Buches *Shenzi*.

Shen Hai: Name eines Mannes aus *Jing*

Shen Wuxu: Name eines Günstlings des Herzogs *Ling* von
Jin

Shennong: „Göttlicher Bauer"; legendärer Herrscher und
Kulturheld des Altertums; regierte der historisierten
Tradition gemäß von 2838 bis 2698 v. Chr.; soll die
Menschen die Kunst des Ackerbaus gelehrt haben und
wurde deshalb auch als Gott des Ackerbaus verehrt.

Shensheng: ein Prinz aus *Jin*; lebte im 7. Jh. v. Chr.

Shenzi: Meister *Shen*, siehe *Shen Buhai*

Sheti: Name eines Sterns

Shi: 1) Herzog *Shi* von *Shao*
2) Name einer Prinzessin aus *Wei* (2); lebte im 3./2. Jh.
v. Chr.

3) Name eines Handwerksmeisters

4) Macht; zentraler Begriff des Legismus, bezeichnet die aus der gesellschaftlichen Stellung erwachsende Autorität.

Shi Ding: Personenname

Shi Du: Personenname

Shi Ju: Name eines Mannes aus *Shangcai*

Shi Yu: Name eines Adligen aus *Wei* (2)

Shiwo: Ein Prinz aus *Han*

Shiyi: Ortsname

Shizi: Meister *Shi*, siehe *Shi Yu*

Shouyang: Name eines Berges

Shu: Staatskunst; zentraler Begriff des Legismus, bezeichnet die Gesamtheit der Techniken und Methoden der Machtausübung durch den Herrscher.

Shu Diao: Minister unter Herzog *Huan* von *Qi*

Shu Guyang: Diener des Generals *Zifan* aus *Chu*

Shu Niu: Vertrauter des *Shusun*

Shu Qi: jüngerer Bruder des *Bo Yi* (1)

Shu Xiang: Berater des Herzogs *Ping* von *Jin*

Shu Zhan: Berater des Herrschers von *Cao*

Shulou: ein berühmtes Schwert des *Wu*-Königs *Fucha*

Shun: legendärer Herrscher des chinesischen Altertums; regierte der historisierten Tradition gemäß von 2255 bis 2208 v. Chr.; zählte neben *Yao* und *Yu* zu den drei weisen Herrschern des Altertums, deren Herrschaft von den Konfuzianern zum goldenen Zeitalter erklärt wurde.

Shusun: einer von drei Familienclans, die den Staat *Lu* gegen Ende der *Chunqiu*-Zeit spalteten.

Shusun Muzi: Name eines Ministers in *Lu*

Si: 1) Herzog *Si* von *Wei* (2), regierte von 324 bis 283 v. Chr.

2) siehe *Li Si*

Sicheng Zihan: Berater des Herrschers von *Song*

Sikong Gou: Minister unter Herzog *hing* von *Wei* (2)

Sima Qian: Historiker und Literat; lebte von ca. 145 bis 86 v. Chr.; Autor der „Historischen Aufzeichnungen" *(shiji)*, der ersten systematischen Geschichte Chinas von den legendären Anfängen bis zum Jahr 100 v. Chr.

Sima Xi: Name eines Ministers in *Zhongshan*

Sima Ziqi: Personenname

Sohn des Himmels: siehe *Himmelssohn*

Song: Name eines alten Staates, in den heutigen Provinzen *Henan*, *Shandong*, *Jiangsu* und *Anhui* gelegen, im 11. Jh. v. Chr. als Lehnsstaat von *Zhou* entstanden, wurde 286 v. Chr. von *Qi* vernichtet.

Song Gu: Name eines Generals aus *Chu*

Song Jian: Name eines Gelehrten

Song Rong: siehe *Song Rongzi*

Song Rongzi: Name eines Gelehrten

Song Shi: Berater des Herrschers von *Wei* (2)

Su: Marquis *Su* von *Zhao*, regierte von 349 bis 326 v. Chr.

Su Dai: Name eines Gesandten von *Qi*

Sui: Name eines alten Staates, in der heutigen Provinz *Hubei* gelegen, als Lehnsstaat von *Zhou* entstanden, gegen Ende der *Chunqiu*-Zeit von *Chu* unterjocht.

Suixing: Name eines Sterns

Suiyang: Ortsname

Sun: 1) Name eines Familienclans
2) siehe *Sun Wenzi*

Sun Qing: Name eines Mannes aus *Yan*

Sun Shu'ao: Berater des Königs *Zhuang* von *Chu*, wurde dreimal zum Minister ernannt und dreimal wieder abgesetzt.

Sun Shu: siehe *Sun Shu'ao*

Sun Wenzi: ein Mann aus *Wei* (2)

Sun Wu: ein Mann aus *Qi*, lebte im 6. Jh. v. Chr., berühmter Militärstratege; auch *Sunzi* (Meister *Sun*) genannt.

Sunzi: siehe *Sun Wu* und *Sun Wenzi*

Tai Jia: der fünfte Herrscher der *Shang*-Dynastie; Enkel des *Tang*

Taigong: siehe *Taigong Wang*

Taigong Wang: Name eines Adligen, der zur Zeit des Tyrannen *Zhou* freiwillig ins Exil ging; später traf König *Wen* mit ihm zusammen und machte ihn mit 80 Jahren zu seinem Ratgeber.

Taishan: der bekannteste der fünf heiligen Berge im alten China, in der heutigen Provinz *Shandong* gelegen.

Taiyi: Name eines Sterns

Taizai Pi: Name eines Ministers in *Wu*

Taizai Xin: Name eines Ministers in *Zheng*

Tang: auch *Cheng Tang*, ein Prinz aus *Shang*, stürzte 1766 v. Chr. den letzten *Xia*-Herrscher *Jie* wegen seiner tyrannischen Herrschaft und gründete die *Shang*-Dynastie.

Tang Qigong: Name eines Beraters aus *Han*

Tang Yi: siehe *Tang Yiju*

Tang Yiju: Name eines berühmten Bogenschützen aus *Qi*

Tang Yizi: siehe *Tang Yiju*

Tangfu: Ortsname

Tantai Ziyu: ein Mann aus *Lu*, Schüler der *Konfuzius*

Tao: 1) Name eines alten Staates, in der heutigen Provinz *Shanxi* gelegen, wurde vom *Zhou*-König *Cheng* vernichtet.

2) Name eines Gebietes in der heutigen Provinz *Hebei*

Tao Zhu: Name eines für seinen Reichtum bekannten Mannes

Tao Zuo: Name eines Kommentators der *Frühlings- und Herbstannalen*

Tian: siehe *Tian Cheng*

Tian Boding: Personenname

Tian Chang: Name eines Adligen aus *Qi*; stürzte 481 v. Chr. Herzog *Jian* von *Qi*, setzte dessen jüngeren Bruder auf den Thron und machte sich selbst zum Minister.

Tian Cheng: ein Mann aus *Qi*, der zum mächtigen Clan der Familie *Tian* gehörte und in *Qi* als Minister tätig war; ist wahrscheinlich identisch mit *Tian Chang*.

Tian Chengheng: siehe *Tian Cheng*

Tian Chengzi: siehe *Tian Cheng*

Tian Heng: siehe *Tian Cheng*

Tian Jiu: Berater des Herrschers von *Jing*

Tian Lian: Name eines berühmten Musikanten

Tian Ming: Personenname

Tian Si: Name eines Mannes aus *Zou*

Tian Wei: Name eines Gelehrten

Tian Yan: Berater des Marquis *Zhao* von *Han*

Tian Ying: Sohn des Königs *Wei* von *Qi*, war mehr als zwanzig Jahre Minister in *Qi*.

Tian Zhang: Sohn des *Tian Wei*

Tian Zhong: Name eines Gelehrten aus *Qi*

Tian Zifang: Name eines Mannes aus *Wei* (1), lebte zur Zeit des Marquis *Wen* von *Wei*.

Tianhe: Name eines Sterns

Tianque: Name eines Sterns

Wang: Ortsname

Wang Deng: Name eines Beraters aus *Zhongmou*

Wang Er: Name eines berühmten Handwerkers

Wang Liang: ein berühmter Wagenlenker aus *Jin*

Wang Shou: Personenname

Wangsun E: Name eines Ministers aus *Wu*

Wangsun Shen: Name eines Ministers aus *Zheng*

Wangxiang: Name eines Sterns

Warnung des Kang: Name eines alten Buches

Wei: 1) Name eines alten Staates; ursprünglich einer von sechs mächtigen Familienclans in *Jin*, spaltete zusammen mit *Han* und *Zhao* den Staat *Jin* und wurde 403 v. Chr. vom *Zhou*-König *Weilie* als Lehnsstaat anerkannt; in der heutigen Provinz *Shanxi* gelegen; gehörte zu den sieben mächtigsten Staaten der *Zhanguo*-Zeit; wurde 225 v. Chr. von *Qin* vernichtet.

2) Name eines alten Staates; in der heutigen Provinz *Henan* gelegen, im 11. Jh. v. Chr. als Lehnsstaat von *Zhou* entstanden, einflussreicher Staat zur *Chunqiu*-Zeit, verliert später an Bedeutung und wird 254 v. Chr. von *Wei* (1) vernichtet.

3) Name eines Flusses

Wei Jun: Name eines Generals aus *Jing*

Wei Mou: Name eines Gelehrten

Wei Qi: ein Prinz aus *Wei* (1), Minister unter König *Zhao* von *Qin*.

Wei Sheng: ein Mann aus *Lu*, lebte zur westlichen *Zhou*-Zeit, wurde berühmt, weil er sein Wort hielt und dafür sterben musste.

Wen: 1) König *Wen* von *Zhou* (*Zhou Wenwang*), lebte am Ende der *Shang*-Zeit, Oberhaupt des Stammes der *Zhou*, hieß eigentlich *Chang*, auch als *Xibo Chang* bekannt, Vater des Königs *Wu* – des Gründers der *Zhou*-Dynastie.

2) Herzog *Wen* von *Jin*, regierte von 636 bis 628 v. Chr.

3) Marquis *Wen* von *Wei* (1), regierte von 446 bis 397 v. Chr.

4) König *Wen* von *Jing*, regierte von 689 bis 677 v. Chr.

Wen Zhong: ein Adliger aus *Yue*, lebte im 5. Jh. v. Chr.

Wenzi: siehe *Fan Wenzi*

Wu: 1) Name eines alten Staates, in der heutigen Provinz *Jiangsu* gelegen, als Lehnsstaat von *Zhou* entstanden, wurde 473 v. Chr. von *Yue* vernichtet.

2) König *Wu* von *Zhou* (*Zhou Wuwang*), Sohn des Königs *Wen* von *Zhou*; er stürzte den als Tyrannen bekannten letzten Herrscher der *Shang* und begründete die *Zhou*-Dynastie.

3) König *Wu* von *Qin*, regierte von 310 bis 307 v. Chr.

4) Marquis *Wu* von *Wei* (1), regierte von 396 bis 371 v. Chr.

5) Herzog *Wu* von *Zheng*, regierte von 770 bis 744 v. Chr.

6) siehe *Wu Qi*

Wu Guan: Personenname

Wu Guang: ein Weiser des Altertums, lebte zur Zeit des *Tang*.

Wu Huo: ein Mann aus *Qin* mit übernatürlichen Kräften

Wu Lai: Berater des Tyrannen *Zhou*

Wu Qi: ein Mann aus *Wei* (2), 381 v. Chr. gestorben, berühmter Militärstratege, auch als *Wuzi* (Meister *Wu*) bekannt.

Wu wei: Nicht-Handeln; daoistischer Begriff; wird von *Han Fei* gebraucht im Sinne einer Herrschaftstechnik.

Wu Zhang: Berater des Königs *Xuan* von *Han*

Wuan: Ortsname

Wugua: Name eines Sterns

Wuji: siehe *Fei Wuji*

Wuling: König *Wuling* von *Zhao*, regierte von 325 bis 299 v. Chr.

Wulu: Ortsname

Wuxing: Name eines Sterns

Wuzheng: siehe *Gongcheng Wuzheng*

Wuzhu: Ortsname

Wuzi: Vater des *Fan Wenzi*

Xi: 1) siehe *Xi Simi*

2) Marquis *Xi*: siehe *Zhao* (4)

Xi Fuji: Berater des Herrschers von *Cao*

Xi Peng: Minister unter Herzog *Huan* von *Qi*

Xi Shi: eine Frau aus *Yue*, lebte im 5. Jh. v. Chr., eine der berühmtesten Schönheiten des alten China.

Xi Shou: Name eines Ministers in *Qin*

Xi Simi: Name eines Mannes aus *Qi*

Xi Xianzi: Name eines Gelehrten aus *Han*

Xi Yuan: Name eines Mannes aus *Jing*

Xi Zhong: lebte im 20. Jh. v. Chr., soll als Erster Pferde als Zugtiere genutzt haben.

Xia: 1) Name einer Dynastie, ca. 21. Jh. bis 16. Jh. v. Chr.; soll von dem legendären Kaiser *Yu* gegründet worden sein; der letzte Herrscher *Jie* galt als Tyrann und wurde von *Tang* gestürzt.
2) ein Prinz aus *Qi*

Xia Yu: ein Mann aus *Wei* (2) mit übernatürlichen Kräften; er soll so stark gewesen sein, dass er einem lebenden Ochsen die Hörner herausreißen konnte.

Xia Zhengshu: Name eines Mannes aus *Chen*, tötete den Herzog *Ling* von *Chen*.

Xiahou: Name eines alten Stammes- und Familienclans, der im 21. Jh. v. Chr. die *Xia*-Dynastie gründete.

Xian: 1) Herzog *Xian* von *Jin*, regierte von 676 bis 651 v. Chr.
2) Herzog *Xian* von *Wei* (2), regierte von 576 bis 559 v. Chr.

Xian Shang: Name eines Mannes aus *Qi*

Xianbo: siehe *Yu Xianbo*

Xiang: 1) Herzog *Xiang* von *Qin*, regierte von 777 bis 766 v. Chr.
2) Herzog *Xiang* von *Yan*, regierte von 657 bis 618 v. Chr.
3) Herzog *Xiang* von *Song*, regierte von 650 bis 637 v. Chr.
4) Graf *Xiang* von *Zhao*, regierte von 457 bis 425 v. Chr.
5) König *Xiang* von *Wei* (1), regierte von 318 bis 296 v. Chr.
6) siehe *Shu Xiang*

Xiang Ci: Name eines Kreisvorstehers in *Ye*

Xiangfu: Name einer mohistischen Schule

Xiangli: Name einer mohistischen Schule

Xiao: Herzog *Xiao* von *Qin*, regierte von 361 bis 338 v. Chr.

Xiao Lue: Name eines Mannes aus *Qi*

Xiaobai: ein Prinz aus *Qi*

Xibo Chang: siehe *Wen* (1)

Xie Ye: ein Adliger aus *Chen*

Xihe: Ortsname

Ximen Bao: Name eines Kreisvorstehers in *Ye*

Xin: 1) Name eines alten Staates, in der heutigen Provinz
Shandong gelegen.

2) Name des letzten *Shang*-Herrschers *Zhou*

Xing: Name eines alten Staates, in der heutigen Provinz
Hebei gelegen, im 11. Jh. v. Chr. als Lehnsstaat von
Zhou entstanden, wurde 635 v. Chr. von *Wei* (2) ver-
nichtet.

Xing Boliu: Name eines Stadthalters von *Shangdang*

Xing Bozi: Name eines Kreisvorstehers in *Zhongmou*

Xingxing: Name eines Sterns

Xiqi: ein Prinz aus *Jin*, 666 bis 651 v. Chr., Sohn des Herzogs *Xian* von *Jin*

Xiu: siehe *Zheng Xiu*

Xiuwu: Ortsname

Xizi: Meister *Xi*, siehe *Xi Xianzi*

Xu: 1) Name eines alten Staates, in der heutigen Provinz
Anhui gelegen, als Lehnsstaat von *Zhou* entstanden,
wurde 512 v. Chr. von *Wu* vernichtet.

2) siehe *Xu Feng*

Xu Feng: Personenname

Xu Ju: Name eines Mannes aus *Jing*

Xu Tong: Berater des Herzogs *Li* von *Jin*

Xu Ya: Personenname

Xu Yi: Name eines Gelehrten aus *Zhongmou*

Xu You: ein weiser Mann des Altertums, lebte zur Zeit des
Yao

Xuan: 1) König *Xuan* von *Han*, regierte von 325 bis
312 v. Chr.

2) König *Xuan* von *Qi*, regierte von 342 bis 324 v. Chr.

3) König *Xuan* von *Zhou*, regierte von 827 bis 782 v. Chr.

Xuanyuan: Name des Geburtsortes und Beiname des *Gelben Kaisers*

Xue: 1) Name eines alten Staates, in der heutigen Provinz *Shandong* gelegen, zur *Xia*-Zeit entstanden, wurde zur *Chunqiu*-Zeit ein Teil von *Qi*.

   2) siehe *Xue Gong*

Xue Gong: Name eines Mannes aus *Zhao*

Xun Xi: Berater des Herzogs *Xian* von *Jin*

Xunzi: Meister *Xun*; altchinesischer Philosoph, letzter großer Vertreter des frühen Konfuzianismus; lebte von ca. 313 bis 238 v. Chr.

Xuzhou: Ortsname

Xuzi: Name eines Mannes aus *Zhongmou*, der große Kraft besaß.

Ya: siehe *Dongguo Ya*

Yan: 1) Name eines alten Staates, in den heutigen Provinzen *Hebei* und *Liaoning* gelegen, im 11. Jh. v. Chr. als Lehnsstaat von *Zhou* entstanden, wurde 222 v. Chr. von *Qin* vernichtet.

   2) Name eines Herrschers von *Xu*

   3) siehe *Yan Ying*

Yan E: Diener des Herzogs *Xiang* von *Qin*

Yan Sui: Name eines Ministers in *Zhou*

Yan Ying: ein Mann aus *Qi*, 493 v. Chr. gestorben.

Yan Zhuoju: Berater des Herzogs *Jing* von *Qi*

Yang: 1) siehe *Yang Zhu*

   2) siehe *yin* und *yang*

Yang Bu: Bruder des *Yang Zhu*

Yang Hu: 1) Name eines Adligen aus *Wei* (1)

   2) Name eines Mannes aus *Lu*, lebte im 5. Jh. v. Chr.

Yang Qing: Name eines Mannes aus *Song*

Yang Shan: Name eines Ministers aus *Wei* (2)

Yang Zhu: Philosoph, lebte im 4. Jh. v. Chr., propagierte das Prinzip des Egoismus.

Yangchang: Ortsname

Yangcheng: Ortsname

Yangcheng Xie: Name eines Mannes aus *Jin*

Yangcheng Yiju: Name eines Generals aus *Jing*

Yangxia: Ortsname

Yangzi: siehe *Jiang* (1)

Yanling: Ortsname

Yanling Sheng: Berater des Grafen *Xiang* von *Zhao*

Yanling Zhuozi: Personenname

Yao: legendärer Herrscher des chinesischen Altertums; regierte der historisierten Tradition gemäß von 2356 bis 2255 v. Chr.; zählte neben *Shun* und *Yu* zu den drei weisen Herrschern des Altertums, deren Herrschaft von den Konfuzianern zum goldenen Zeitalter erklärt wurde.

Ye: Ortsname

Yi: siehe *Bo Yi* (2) und *Hou Yi*

Yi Dun: Name eines für seinen Reichtum bekannten Mannes

Yi She: Name eines Adligen aus *Qi*

Yi Xingfu: Name eines Mannes aus *Chen*

Yi Ya: Koch des Herzogs *Huan* von *Qi*

Yi Yazhi: Name eines Mannes aus *Wei* (2)

Yi Yin: Minister des Gründers der *Shang*-Dynastie *Tang*, lebte im 18. Jh. v. Chr.

Yin: 1) siehe *Shang*

    2) siehe *yin* und *yang*

Yin Duo: Name eines Mannes aus *Jinyang*

Yin Hu: Personenname

yin und *yang*: zentrales Begriffspaar in der altchinesischen Religion und Philosophie; bezeichnete ursprünglich die Schatten- (*yin*) und Sonnenseite (*yang*) eines Berges; wurde später zum Ausdruck des negativen und positiven Prinzips, des Gegensätzlichen in der Wirklichkeit insgesamt; *yin* steht als Symbol für weiblichen Anfang, Erde, Mond, Norden, Tod, Dunkel usw.; *yang* steht für männlichen Anfang, Himmel, Sonne, Süden, Leben, Licht usw.

Ying: 1) Berater des Herrschers von *Qin*

2) Name der Hauptstadt von *Chu*

3) Name eines Flusses

Yinghuo: Name eines Sterns

Yinqiang: Name eines Sterns

Yinzi: Personenname

Yiwu: siehe *Guan Zhong*

Yiyang: Ortsname

Yong Chu: Name eines Ministers aus *Wei* (2)

Yong Ji: Berater des Herzogs *Wen* von *Jin*

Yongmen: Ortsname

You: siehe *Zilu*

You Ji: Name eines Ministers aus *Zheng*

You Shi: Lehrer der Prinzessin *Li* von *Jin*

You Yu: Name eines Gesandten des *Rong*-Herrschers

Youdu: Ortsname

Youhu: Name eines Familienclans

Youli: Ortsname

Youruo: Name eines Schülers des *Konfuzius*

Youzhou: Ortsname

Yu: 1) legendärer Herrscher des chinesischen Altertums; regierte der historisierten Tradition gemäß von 2208 bis 2197 v. Chr.; zählte neben *Yao* und *Shun* zu den drei weisen Herrschern des Altertums, deren Herrschaft von den Konfuzianern zum goldenen Zeitalter erklärt wurde; gilt als Begründer der *Xia*-Dynastie; mit ihm wird der Beginn der patriarchalischen Erbmonarchie verbunden; ihm wird auch der Sieg über das Hochwasser durch die Anlage von Kanälen und die Korrektur des Flusslaufes des Gelben Flusses zugeschrieben.

2) Name eines alten Staates, in der heutigen Provinz *Shanxi* gelegen, als Lehnsstaat der *Zhou* entstanden, wurde 655 v. Chr. von *Jin* vernichtet.
3) Name eines Musikinstruments, eine Art große Flöte
4) Bruder des Königs *Zhuang* von *Chu*
5) siehe *Xia Yu*

Yu Qing: Personenname
Yu Rang: Minister unter Graf *Zhi*
Yu Shun: siehe *Shun*
Yu Xianbo: Name eines Ministers aus *Jin*
Yu Yin: Name eines Mannes aus *Jing*
Yuan: 1) Ortsname
2) siehe *Xi Yuan*

Yuan Qian: Name eines Mannes aus *Zhongshan*
Yue: Name eines alten Staates, in der heutigen Provinz *Zhejiang* gelegen, wurde 306 v. Chr. von *Chu* vernichtet.
Yue Chi: Name eines Ministers aus *Zhongshan*
Yue Yang: Name eines Generals aus *Wei* (1)
Yuezheng: 1) Name eines Familienclans
2) siehe *Yuezheng Zichun*

Yuezheng Zichun: Name eines Mannes aus *Lu*
Yunzhong: Ortsname
Yuqi: ein Prinz aus *Zhao*
Yushi: mystische Gestalt, Gottheit des Regens, soll zur Zeit des *Shennong* gelebt und die Dürre besiegt haben.

Zai: ein Prinz aus *Zhou*
Zai Yu: Schüler des *Konfuzius*, 480 v. Chr. gestorben.
Zang Sunzi: Name eines Gesandten aus *Song*
Zaofu: berühmter Wagenlenker des Königs *Wu* von *Zhou*
Zeng: siehe *Zeng Can*
Zeng Can: Name eines Mannes aus *Lu*, Schüler des *Konfuzius*, lebte von 505 bis 437 v. Chr.
Zeng Congzi: Name eines Mannes aus *Wei* (2)

Zengzi: Meister *Zeng*, siehe *Zeng Can*
Zhai: siehe *Zhai Huang*
Zhai Huang: Name eines Ministers aus *Wei* (1)
Zhai Jiao: Name eines Mannes aus *Wei* (1)
Zhan He: Name eines Gelehrten
Zhang: 1) Ortsname
    2) siehe *Zhang Mengtan*
    3) siehe *Zhang Yi*
Zhang Ji: Name eines Mannes aus *Wei* (1)
Zhang Luzi: Personenname
Zhang Mengtan: Berater des Grafen *Xiang* von *Zhao*
Zhang Qian: Name eines Ministers aus *Han*
Zhang Shou: Personenname
Zhang Yi: Name eines Ministers aus *Han*
Zhanguo: „streitende Reiche"; Zeitraum in der chine-
sischen Geschichte, der durch ständige kriegerische
Auseinandersetzungen zwischen sieben rivalisierenden
Staaten (*Han, Zhao, Wei* (1), *Qi, Qin, Chu* und *Yan*)
geprägt war; begann 475 v. Chr. im Anschluss an die
Chunqiu-Zeit und endete 221 v. Chr. mit der Reichs-
einigung durch die *Qin*-Dynastie.
Zhao: 1) Name eines alten Staates; ursprünglich einer von
sechs mächtigen Familienclans in *Jin*, spaltete zusammen mit *Wei* (1) und *Han* den Staat *Jin* und wurde
403 v. Chr. vom *Zhou*-König *Weilie* als Lehnsstaat anerkannt; in den heutigen Provinzen *Shanxi, Shenxi* und
Hebei gelegen; gehörte zu den sieben mächtigsten Staaten der *Zhanguo*-Zeit; wurde 222 v. Chr. von *Qin* vernichtet.
2) Herzog *Zhao* von *Lu*, regierte von 541 bis
510 v. Chr.
3) König *Zhao* (*Zhaoxiang*) von *Qin*, regierte von 306
bis 251 v. Chr.
4) Marquis *Zhao* von *Han*, auch Marquis *Xi* oder
Zhaoxi genannt, regierte von 358 bis 333 v. Chr.

Zhao Jia: Berater des Grafen *Xuan* von *Wei* (1)

Zhao Ke: Berater des Herrschers von *Zhao*

Zhao Mao: Name eines Gesandten aus *Wei* (1)

Zhao Shao: Diener des *Shen Buhai*

Zhao Shuai: Personenname

Zhao Wu: Berater des Königs *Ping* von *Jin*

Zhao Xixu: Name eines Generals aus *Chu*

Zhaoxi: siehe *Zhao* (4)

Zhaoxiang: siehe *Zhao* (3)

Zhe: *Dao Zhe*, Räuber *Zhe*, berüchtigter Räuber, lebte im 6./5. Jh. v. Chr.

Zheng: 1) Name eines alten Staates, in der heutigen Provinz *Shenxi* gelegen, als Lehnsstaat von *Zhou* entstanden, wurde 375 v. Chr. von *Han* vernichtet.

2) Name eines Kreises

3) siehe *Qin Shihuang*

Zheng Xiu: Frau des Herrschers von *Jing*

Zheng Zhang: Personenname

Zheng Zhao: Sohn des Herzogs *Zhuang* von *Zheng*

Zhi: einer von sechs einflussreichen Familienclans in *Jin* mit *Zhibo* (Graf *Zhi*, 453 v. Chr. gestorben) als Oberhaupt; vernichtete zusammen mit *Han*, *Zhao* und *Wei* (1) 458 v. Chr. die Clans der *Fan* und *Zhonghang*, wurde schließlich 453 v. Chr. selbst vernichtet.

Zhi Guo: Berater des Grafen *Zhi*

Zhong: 1) Väterchen *Zhong*, siehe *Guan Zhong*

2) siehe *Dafu Zhong*

Zhong Gan: Name eines Mannes aus *Yue*

Zhong Hui: Minister unter *Tang*

Zhong Ming: Personenname

Zhong Qi: Musiker des Königs *Zhao* von *Qin*

Zhong Zhang: Name eines Gelehrten aus *Zhongmou*

Zhongfu: Ortsname

Zhonghang: einer von sechs einflussreichen Familienclans in *Jin*

Zhongliang: Name eines Familienclans

Zhongmou: Ortsname

Zhongni: siehe *Konfuzius*

Zhongshan: Name eines alten Staates, in der heutigen Provinz *Hebei* gelegen, zur *Chunqiu*-Zeit entstanden, wurde 296 v. Chr. von *Zhao* vernichtet.

Zhou: 1) Name einer Dynastie, im 11. Jh. v. Chr. von König *Wu* gegründet; bis 771 v. Chr. auch bekannt als westliche *Zhou*-Dynastie; mit der aufgrund von Aufständen erzwungenen Verlegung der Hauptstadt durch König *Ping* nach *Luoyi* (östlich der alten Hauptstadt *Hao*) beginnt die östliche *Zhou*-Dynastie; sie wird unterteilt in die *Chunqiu*- und *Zhanguo*-Zeit und ist charakterisiert durch einen Verfall der Macht der *Zhou*-Könige und eine zunehmende Selbständigkeit der alten Lehnsfürsten; 256 v. Chr. wurde der letzte *Zhou*-Herrscher von *Qin* gestürzt.

2) auch *Zhou Xin*, letzter Herrscher der *Shang*-Dynastie; war bekannt für seine besonders grausame und verschwenderische Politik; galt deshalb später zusammen mit *Jie* vor allem bei den Konfuzianern als Tyrann und abschreckendes Beispiel; wurde von König *Wu* besiegt und verbrannte in den Flammen seines Palastes.

Zhou Hou: Name eines Ministers aus *Jing*

Zhou Shi: Berater des Grafen *Xuan* von *Han*

Zhou Wenwang: siehe *Wen* (1)

Zhou Wuwang: siehe *Wu* (2)

Zhou Xu: Name eines Ministers aus *Wei* (2)

Zhou Zao: Name eines Ministers aus *Wei* (1)

Zhougong Dan: Herzog *Dan* von *Zhou*, jüngerer Bruder des Königs *Wu* von *Zhou*.

Zhouzhou: mystischer Vogel, bei dem der Kopf schwerer war als der Körper.

Zhu Guo: Name eines Soldaten aus *Zhao*

Zhuan Zhu: Name eines Mannes aus *Wu*, lebte im 6. Jh. v. Chr.

Zhuang: König *Zhuang* von *Chu*, regierte von 613 bis 591 v. Chr.

Zhuang Qiao: ein legendärer Räuber aus *Chu*

Zhuangzi: daoistischer Philosoph, Meister *Zhuang*, hieß eigentlich *Zhuang Zhou*, stammte aus *Song*, lebte im 4. Jh. v. Chr., Autor des nach ihm benannten Buches.

Zhuo: Name eines Flusses

Zhuo Chi: Name eines Ministers aus *Qi*

Zi: Name des herrschenden Familienclans in *Song*

Zi Zheng: Personenname

Zichan: Name eines Ministers in *Zheng*, lebte im 6. Jh. v. Chr., wurde bekannt durch zahlreiche Reformen und ein Gesetzbuch.

Zichang: Name eines Ministers in *Jing*

Zichuo: Personenname

Zidu: Name eines Herrschers aus *Zheng*

Zifan: Name eines Generals aus *Chu*

Zifu Libo: Berater des Herzogs *Mu* von *Lu*

Zigao: ein Schüler des *Konfuzius*

Zigong: Name eines Mannes aus *Wei* (2), Schüler des *Konfuzius*

Ziguo: Vater des *Zichan*

Zihan: Name eines Ministers aus *Song*

Zikuai: Name eines Herrschers von *Yan*, regierte von 320 bis 312 v. Chr.

Zilu: Name eines Mannes aus *Lu*, Schüler des *Konfuzius*

Zinan Jing: Name eines Mannes aus *Wei* (2)

Zipi: siehe *Chiyi Zipi*

Ziqi: Name eines Ministers aus *Jing*

Zisi: Minister in *Lu* unter Herzog *Mu*

Zixi: Name eines Mannes aus *Jing*

Zixia: Name eines Mannes aus *Wei* (2), Schüler des *Konfuzius*

Zixu: Name eines Ministers aus *Wu*

Ziyang: Name eines Herrschers aus *Zheng*

Ziyu: siehe *Tantai Ziyu*

Zizhang: Name eines Mannes aus *Chen*, Schüler des *Konfuzius*

Zizhi: Name eines Ministers aus *Yan*

Zou: Name eines alten Staates, in der heutigen Provinz *Shandong* gelegen, wurde zur *Zhanguo*-Zeit von *Chu* vernichtet.

Zou Yan: Name eines Generals aus *Yan*

Zuoshi: 1) Ortsname
2) siehe *Zuoshi Yixiang*

Zuoshi Yixiang: Berater des Herrschers von *Jing*

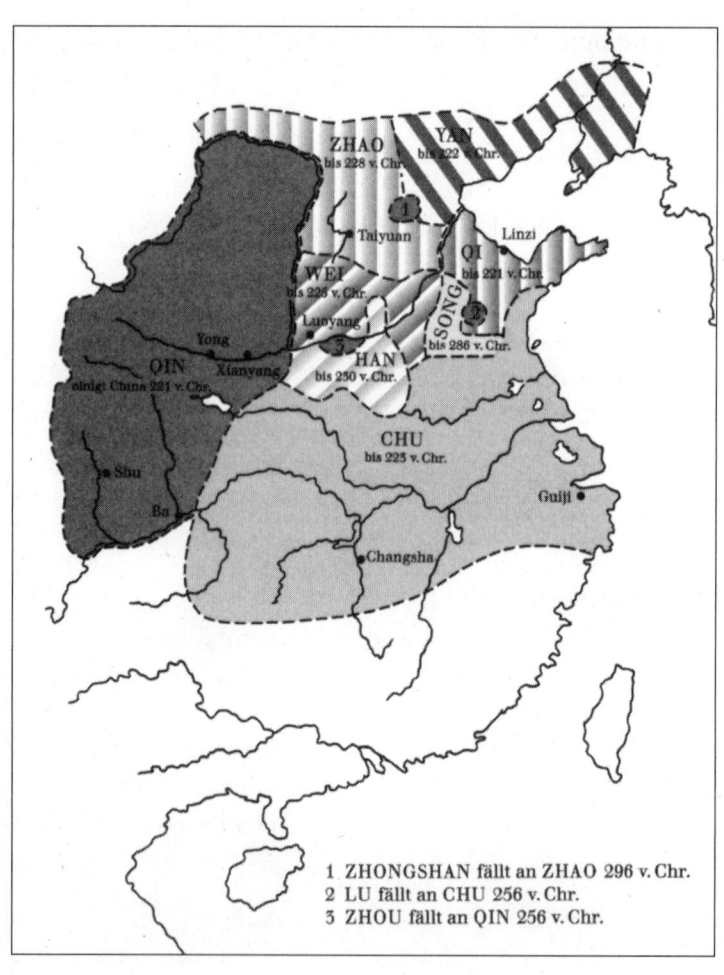

Karte Chinas zur *Zhanguo*-Zeit
(475–221 v. Chr.)

Die Daten geben das Ende der Selbstständigkeit
und die Eroberung durch die Stadt Qin an

1 ZHONGSHAN fällt an ZHAO 296 v. Chr.
2 LU fällt an CHU 256 v. Chr.
3 ZHOU fällt an QIN 256 v. Chr.

ZHAO
bis 228 v. Chr.

YAN
bis 222 v. Chr.

Taiyuan

QI
bis 221 v. Chr.

Linzi

WEI
bis 225 v. Chr.

Luoyang

SONG
bis 286 v. Chr.

QIN
einigt China 221 v. Chr.

Yong

Xianyang

HAN
bis 230 v. Chr.

CHU
bis 225 v. Chr.

Guiji

Shu

Ba

Changsha

620

Chronologie der Dynastien und historischen Ereignisse

Legendäre Phase   3. Jt. v. Chr.

Legendäre Herrscher und ihre Herrschaftsdaten nach der traditionellen chinesischen Historiografie

2953–2838 v. Chr.	Fuxi	
2838–2698 v. Chr.	Shennong	Beginn des Ackerbaus
2698–2598 v. Chr.	Huangdi	Erfindung der Schrift und des Wagenbaus
2598–2514 v. Chr.	Shaohao	
2514–2436 v. Chr.	Zhuanxu	
2436–2366 v. Chr.	Diku	
2366-2356 v. Chr.	Dizhi	
2356-2255 v. Chr.	Yao	Erfindung des Kalenders
2255-2208 v. Chr.	Shun	
2208-2197 v. Chr.	Yu	Einteilung des Landes in neun Bezirke, Hochwasserschutz

Xia-Dynastie   ca. 21.–16. Jh. v. Chr.

insgesamt 17 Herrscher von Yu bis Jie, deren Regierungs-
zeit nach den „Historischen Aufzeichnungen" des Sima
Qian zusammen 471 Jahre betragen hat

Beginn der Erbmonarchie

Shang-Dynastie   ca. 16.–11. Jh. v. Chr.

insgesamt 31 Herrscher von Tang bis Zhou, deren Regie-
  rungszeit zusammen ca. 600 Jahre betragen hat
ca. 1300 v. Chr. – Verlegung der Hauptstadt nach Yin, seit
  dieser Zeit auch als Yin-Dynastie bezeichnet
Inschriften auf Knochen und Schildkrötenpanzern zur Be-
  fragung des Orakels

Zhou-Dynastie   ca. 11. Jh.–256 v. Chr.

   Westliche Zhou   1027–771 v. Chr.

   Östliche Zhou   771–256 v. Chr.

   Chunqiu-Zeit   771–475 v. Chr.

   Zhanguo-Zeit   475–221 v. Chr.

1027 v. Chr. – König Wu von Zhou stürzt die Shang- und
  gründet die Zhou-Dynastie
die ersten Lehnsstaaten werden gegründet (Cai, Cao,
  Chen, Lu, Qi, Yan u. a.)
1024 v. Chr. – König Cheng (Sohn des Wu) besteigt nach
  dem Tod seines Vaters den Thron. Da er minderjährig
  ist, führt Herzog Dan von Zhou (Bruder des Wu) eine
  siebenjährige Regentschaft. Danach soll er die Herrschaft an Cheng übergeben haben.
1024 v. Chr. – Gründung der Lehnsstaaten Chu, Jin, Song,
  Wei (2) u. a.
ca. 890 v. Chr. – Gründung des Lehnsstaates Qin
841 – Beginn der datierten Geschichte (erster Eintrag in
  den chronologischen Tafeln der zwölf Lehnsstaaten –
  Cai, Cao, Chen, Chu, Jin, Lu, Qi, Qin, Song, Wei (2),

Yan und Zheng [ab 806 v. Chr.] – in Sima Qians „Historischen Aufzeichnungen")

806 v. Chr. – Gründung des Lehnsstaates Zheng

771 v. Chr. – Barbaren fallen in die Hauptstadt ein. König You (regierte von 781 bis 771 v. Chr.) wird ermordet. Sein Nachfolger König Ping verlegt die Hauptstadt nach Luoyi, östlich der alten Hauptstadt Hao gelegen – Beginn der Östlichen Zhou-Dynastie und der Chunqiu-Zeit.

722 v. Chr. – Beginn der Frühlings- und Herbstannalen, einer Chronik des Staates Lu von 722 bis 481 v. Chr.

707 v. Chr. – Zheng verweigert dem Zhou-König den Gehorsam und besiegt die Zhou-Armee

685 v. Chr. – Herzog Huan besteigt den Thron von Qi, und Guan Zhong wird 1. Minister in Qi

667 v. Chr. – Treffen der Herrscher von Qi, Lu, Song, Chen und Zheng; Herzog Huan von Qi wird der erste von fünf Hegemonialherrschern

645 v. Chr. – Tod des Guan Zhong

643 v. Chr. – Tod des Herzogs Huan von Qi

632 v. Chr. – Jin besiegt Chu; Treffen der Herrscher von Jin, Qi, Lu, Song, Zheng, Cai, Ju und Wei (2); Herzog Wen von Jin wird zum Hegemonialherrscher

628 v. Chr. – Tod des Herzogs Wen von Jin

594 v. Chr. – erstmalige Erhebung einer Bodensteuer im Staat Lu

551 v. Chr. – Kongzi geboren

543 v. Chr. – Zichan wird Minister in Zheng

538 v. Chr. – Besteuerung des Bodens im Staat Zheng

536 v. Chr. – Zichan erlässt ein Strafgesetzbuch in Zheng

522 v. Chr. – Tod des Zichan

513 v. Chr. – erster Eisenguss in Jin, erstes Strafgesetzbuch in Jin

487 v. Chr. – Song vernichtet Cao

481 v. Chr. – Ende der Frühlings- und Herbstannalen

479 v. Chr. – Tod des Kongzi

478 v. Chr. – Chu vernichtet Chen

475 v. Chr. – Ende der Chunqiu-Zeit, Beginn der Zhanguo-Zeit (nach den „Historischen Aufzeichnungen" des Sima Qian)

468 v. Chr. – Mozi geboren

453 v. Chr. – Han, Zhao und Wei (1) vernichten den Grafen Zhi, teilen den Staat Jin in drei Einflusssphären auf und übernehmen de facto die Macht in Jin

447 v. Chr. – Chu vernichtet Cai

403 v. Chr. – Han, Zhao und Wei (1) werden vom Zhou-Herrscher Weilie als selbstständige Lehnsstaaten anerkannt

395 v. Chr. – Shen Dao geboren

390 v. Chr. – Shang Yang geboren

385 v. Chr. – Shen Buhai geboren

376 v. Chr. – Tod des Mozi

375 v. Chr. – Han vernichtet Zheng

372 v. Chr. – Mengzi geboren

369 v. Chr. – Zhuangzi geboren

359 v. Chr. – Shang Yang wird Minister in Qin

350 v. Chr. – Qin verlagert seine Hauptstadt nach Xianyang (in der Nähe der heutigen Stadt Xi'an)

338 v. Chr. – Tod des Shang Yang

337 v. Chr. – Tod des Shen Buhai

325 v. Chr. – der Herzog von Qin nimmt den Titel wang („König") an

318 v. Chr. – die Staaten Han, Zhao, Wei (1), Yan und Chu bilden unter Führung des Königs Huai von Chu die Nord-Süd-Union, greifen Qin an und erleiden eine verheerende Niederlage

315 v. Chr. – Tod des Shen Dao

313 v. Chr. – Xunzi geboren

311 v. Chr. – Qin und Chu schließen ein Bündnis, die Nord-Süd-Union wird aufgelöst

289 *v. Chr.* – Tod des Mengzi

286 *v. Chr.* – Qi vernichtet Song; Tod des Zhuangzi

280 *v. Chr.* – Han Fei geboren

256 *v. Chr.* – Qin vernichtet Zhou, Ende der Zhou-Dynastie

250 *v. Chr.* – Chu vernichtet Lu

246 *v. Chr.* – Zheng wird Herrscher von Qin (ab 221 v. Chr. bekannt als Qin Shihuang)

241 *v. Chr.* – Han, Zhao, Wei (1), Yan und Chu bilden erneut eine Nord-Süd-Union gegen Qin, bleiben auch diesmal erfolglos

238 *v. Chr.* – Tod des Xunzi

237 *v. Chr.* – Li Si wird Minister in Qin

233 *v. Chr.* – Tod des Han Fei

230 *v. Chr.* – Qin vernichtet Han

225 *v. Chr.* – Qin vernichtet Wei (1)

223 *v. Chr.* – Qin vernichtet Chu

222 *v. Chr.* – Qin vernichtet Zhao und Yan

221 *v. Chr.* – Qin vernichtet Qi und gründet die Qin-Dynastie

Qin-Dynastie   221–206 v. Chr.

214 *v. Chr.* – Beginn des Baus der Großen Mauer (Teilstücke wurden schon früher errichtet)

210 *v. Chr.* – Tod des Qin Shihuang

208 *v. Chr.* – Tod des Li Si

Han-Dynastie   206 v. Chr.–220 n. Chr.

Bibliographie (Auswahl)

Klassische chinesische Originaltexte:

Chen Qiyou: Han Feizi jishi, 2 Bde., Shanghai 1958.
Wang Xianshen: Han Feizi jijie. In: Zhuzi jicheng, Bd. 5.,
    Shanghai 1954.
Zhou Zhongling: Han Feizi suoyin, Beijing 1982.

Übersetzungen:

Drevnekitajskaja filosofija, Bd. 2, Moskau 1973.
Hsü Dauling: Han Fei Dsi: Die Schwierigkeiten des Bera-
    tens. In: Sinica, Vol. IV/1929.
Liao, W. K.: The complete works of Han Fei Tzu, London,
    Bd. 1 1939, Bd. 2 1959.
Thiel, P. J.: Die Staatsauffassung des Han Fei-tzu. In: Si-
    nologica, Vol. VI/1960–61.
Watson, B.: Basic writings of Mo Tzu, Hsün Tzu and Han
    Fei Tzu, New York/London 1967.

Darstellungen:

Hsiao Kung-chuan: Legalism and autocracy in traditional
    China. In: Tsing Hua Journal of Chinese studies, n. s.,
    vol. 4/1964.
Mögling, W.: Macht und Gesetz in den Auffassungen des
    Han Feizi. Eine Studie zum altchinesischen Legismus,
    Dissertation, Leipzig 1987.
Perelomov, L. S.: Konfucianstvo i legizm v politi_eskoj is-
    torii Kitaja, Moskau 1981.
Sah Mongwu: The impact of Hanfeiism on the earlier Han
    censorial System. In: Chinese culture, vol 1/1957.

Tai Tongschung: Der chinesische Legalismus (Fa chia) unter besonderer Berücksichtigung seiner rechtspositivistischen Elemente, Dissertation, Mainz 1969.

Vandermeersch, L.: La formation du légisme, Paris 1965.

Wang Hsiao-po: The philosophical foundations of Han Fei's political theory, Honolulu 1986.

Wu Geng: Die Staatslehre des Han Fei, Wien 1978.

Zhang Chun; Wang Xiaobo: Han Fei sixiangde lishi yanjiu, Beijing 1986.

Zhou Zhongling: Han Feizide luoji, Beijing 1958.

Zhou Xunchu: Han Feizi zhaji, Nanjing 1980.

348, 369 ff., 399, 420, 423,
449 ff., 471 ff., 484, 532
Han Fei 9 ff., 32, 36, 471
Han Feizi 9
Han Jiu 226
Han Kui 208, 295
Han Shu 328
Han Ta 252, 271
Han Xianzi 420
Handan 25 f., 259, 272, 352
Hanzi 420 f.
Hao 532
He 107 f., 160 ff., 217, 228,
302, 415 f., 559
He Lü 228
Hebo 250
Hejian 25
Hengyong 383
Hewai 26
Heyong 187, 197
Hou 236 f., 243, 278, 283,
362, 421, 469, 477
Hou Chi 477
Hou Yi 236 f., 243, 469
Houji 195, 479
Hu 104 f., 145, 149, 280, 296,
335 f., 341, 351 ff., 366,
382 f., 455 ff., 478
Hu Buji 478
Hu Tu 296
Hu Yan 382
Hua Deng 479
Hua Jue 507
Hua Shi 363
Hua Zhi 480
Huan 27, 46, 56, 87 ff., 122,
145, 190 f., 201, 206, 214,
217 ff., 251 f., 264 f., 273,
279 f., 284, 296, 299, 302,
317, 324, 336, 340, 348 ff.,
374 ff., 387, 395 f., 403 f.,
412 ff., 439 ff., 456 f.
Huan He 217
Huandou 477
Huang Xi 280, 296
Huashan 302, 318

Huaxia 24, 554
Hui 200, 207, 211, 214 f., 218,
226, 250, 255 f., 264, 298,
302, 307, 370, 423, 436,
439 f., 474
Hui Shi 255, 302
Huiwen 281, 300, 402
Hun 171, 334, 341
Hun Xian 334, 341
Huni 147
Huqiu 227, 228
Hutuo 26

Ji 23, 38, 46, 97, 189, 210 f.,
217, 251, 255, 260, 279,
283 f., 287 ff., 302, 305, 308,
330, 340 f., 366 f., 407 ff.,
418, 438 f., 455 f., 478, 536
Ji Liang 302, 478
Ji Xin 279, 288
Ji Yang 279, 287 ff.
Ji Yu 367
Ji Zheng 330, 340 f.
Jia 79, 83, 118 f., 124, 210,
481
Jia Ju 124
Jian 54, 79, 113, 188, 205,
218, 295 f., 302 ff., 325 f.,
335 f., 341, 344, 351 ff., 362,
385 ff., 403, 429, 432,
435 ff., 460, 479, 567
Jian Shu 429, 479
Jian Zhizi 218
Jiang 189, 251, 257 f., 295,
436, 450, 559
Jiang Yi 251, 257 f.
Jiang Yu 295
Jiangnan 23
Jiantu 383
Jiao Li 199
Jiaozhi 84
Jie 75, 86, 132, 175, 199,
233 f., 241, 245, 302, 336,
353, 358, 383, 432, 446,
455, 462 ff., 477 f., 484, 503,
529, 539, 569

122 ff., 145 f., 148 ff., 189 f.,
197, 201 ff., 207 f., 212,
222 ff., 233, 237, 250 ff.,
264 ff., 270, 276, 279, 282,
285, 291 ff., 302, 305, 307,
310, 312, 318, 323 ff., 331,
335, 338, 340 f., 345 ff., 355,
358, 360, 363, 365 f., 369 f.,
381 f., 386 ff., 395 ff., 401 ff.,
412, 418 ff., 423, 425,
428 ff., 440, 443, 446,
449 ff., 454 ff., 471, 474,
478 ff.
Qiao Ru 478 f.
Qidiao 549 f.
Qin 9 f., 18, 21 ff., 84, 86,
89 ff., 105, 109 f., 114 ff.,
119, 122, 146 ff., 191, 198,
200, 203, 209, 227 f., 253,
255, 267 f., 271 f., 276,
279 ff., 286, 293, 296 ff.,
306 f., 315 ff., 332 f., 338,
360, 370 f., 391 ff., 418, 429,
436, 449, 471, 474 f., 478,
546
Qin Shihuang 9 f.
Qin Xiba 209
Qing Feng 75, 201
Qing Jian 460
Qiuyou 189, 224
Qiwu 226, 355
Qiwu Hui 226
Qu Dao 460
Qu Gong 304, 323
Qu Gu 312 f.
Qu Ji 456
Quchan 74, 187, 299

Rang 49, 58, 66, 96 f., 109,
122, 126, 305, 322, 329,
349, 379, 385, 409, 413,
474 f., 488, 498, 514, 518,
526, 539 f., 554, 571
Ren 31, 149, 202 f., 235,
256 f.
Ren Bi 235

Ren Wang 203
Ren Zhang 202
Rong 75, 84 ff., 223, 550
Ru Er 258, 366, 449 f.
Runan 474

Se 346
Shan 253, 276, 479, 484
Shan Ya 479
Shandong 25
Shanfu 305
Shang 11, 77, 109 f., 114 ff.,
122, 145, 200, 253, 273,
280, 294 f., 348, 442, 456,
461, 471 ff., 481, 542
Shang Chen 280, 294 f., 442,
456
Shang Jun 481
Shang Yang 109 f., 114 f., 119,
122, 471, 474, 475, 542
Shangcai 297
Shangdang 25 f., 147, 252,
272, 353
Shangdi 268
Shanggai 210 f.
Shao 206, 252, 271, 298, 334,
339, 480, 486
Shao Hua 298
Shao Jimei 206
Shao Shi 480
Shao Shizhou 334, 339
Shaoling 46
She Ji 308
Shen 11, 75, 118, 252, 271,
279, 286, 329, 357, 368,
373, 450 f., 461 f., 472 ff.,
478, 480
Shen Buhai 279, 286, 472 ff.
Shen Hai 480
Shen Wuxu 461
Shennong 503
Shensheng 136, 280, 294
Shenzi 463 ff.
Sheti 147
Shi 11, 15, 136, 235 ff., 248,
255, 258, 273, 279, 286,

640